古代漢語教程

（第二版）

王彥坤　朱承平　熊　焰　曾昭聰　劉衛寧　編著

中國・廣州

圖書在版編目（CIP）數據

古代漢語教程/王彦坤，朱承平，熊焰，曾昭聰，劉衛寧編著．—2版．—廣州：暨南大學出版社，2011.8（2022.6重印）
ISBN 978-7-81135-742-4

Ⅰ.①古…　Ⅱ.①王…②朱…③熊…④曾…⑤劉…　Ⅲ.①漢語—古代—高等學校—教材　Ⅳ.①H109.2

中國版本圖書館CIP數據核字（2011）第012694號

古代漢語教程（第二版）
GUDAI HANYU JIAOCHENG（DI-ER BAN）
編著者：王彦坤　朱承平　熊　焰　曾昭聰　劉衛寧

出 版 人：張晉升
責任編輯：暨　南　侯麗慶
責任校對：黄　球　卜　穎
責任印製：周一丹　鄭玉婷

出版發行：暨南大學出版社（511443）
電　　話：總編室（8620）37332601
營銷部（8620）37332680　37332681　37332682　37332683
傳　　真：（8620）37332661（辦公室）　37332684（營銷部）
網　　址：http://www.jnupress.com
排　　版：暨南大學出版社照排中心
印　　刷：佛山市浩文彩色印刷有限公司
開　　本：787mm×1092mm　1/16
印　　張：26.625
字　　數：685千
版　　次：2000年7月第1版　2011年8月第2版
印　　次：2022年6月第12次
印　　數：17501—18200冊
定　　價：58.00圓

第二版前言

本教材於2000年初版，至今出第二版，恰好十年。十年來的教學實踐證明，本教材選材適中，特色鮮明，知識面廣，精贍實用，故頗得師生好評。在內容上，主要增加了第七單元，包括通論“漢語史基本知識”和文選“中古近代白話文選（今注）”，同時對附録“實用辭書簡介”作了若干修改。之所以增加第七單元，是考慮到古漢語之學習不能没有歷史的觀念，而中古近代白話文作為古代漢語之一部分似不宜完全置之不顧。至於“實用辭書簡介”之修改，則與時俱進之意存焉。

本教材由暨南大學中文系古代漢語教研室教師集體編寫而成，具體分工如下：

王彦坤負責全書基本框架設計，並撰寫第一、第四、第五單元；朱承平負責撰寫第三、第六單元；熊焰負責撰寫第二單元；曾昭聰負責撰寫第七單元；劉衛寧負責撰寫附録一“實用辭書簡介”。此外，全書竣稿後，由王彦坤作統一潤色及最後審定。

由於編者水平所限，書中缺點錯誤或所難免，衷心歡迎讀者批評指正。

編　者

2010年8月3日

前　言

1994 年，暨南大學中文系光榮地被教育部（時稱國家教委）確定為“國家文科基礎學科人才培養和科學研究基地”。為了滿足基地教學的需要，系裏决定編寫“國家文科基地”系列教材，眼下這本《古代漢語教程》，就是其中的一種。

本教材的編寫主要基於以下幾個原則：

第一，完全根據本課程教學目的選定内容。

早在 1962 年，王力先生就在他所主編的《古代漢語》卷首序言中明確指出：“古代漢語是工具課”，“它的目的應該是培養學生閱讀古書的能力”。王力先生的這一看法已經取得學術界的共識，並不同程度地體現於各種古代漢語教材之中。本教材的編寫，更是緊緊圍繞培養學生閱讀古書能力的目的選定内容。比如，在文選方面，鑒於“先秦的典範作品的語言是歷代文學語言的源頭”，“學習先秦典範作品的語言，可以收到溯源及流、舉一反三的效果”①，本教材一半以上文選取自先秦；鑒於經書多數為先秦作品，且對包括語言、文字在内的古代社會生活各個方面影響深遠，讀懂經書對於培養學生閱讀古書能力能起到“舉一反三”的作用，本教材於“十三經”中，除《爾雅》作為詞典不適合選用外，餘皆選録。在通論方面，考慮到學習古代漢語離不開古籍，要真正讀懂古書，除了較好地掌握文字、詞彙、語法等知識外，古籍方面的知識也不可少。本教材特别增加了“古籍基本知識”的内容；考慮到避諱對漢文化特别是文獻典籍的影響至深至廣，每每引致古書内容失實、淆亂，稍有不慎，極易為之所迷惑，甚而以訛傳訛，誤己誤人，本教材又特别增加了“避諱基本知識”的内容。

第二，充分考慮學生已有的古代漢語水平。

我們教學的對象主要是剛從高中畢業進入大學的學生，教學内容的深淺、難易程度衹有跟教學對象的實際水平相適應，才能有的放矢，取得最佳教學效果。20 世纪 80 年代以來，中學語文中的文言文分量不小，教學也相當深入，學生對古代漢語已有了一定程度的感性認識與理性認識。本教材在編寫中充分考慮到學生已有的古代漢語水平，適當加重了學習内容的分量與深度。比如，在詞彙基本知識方面，我們增加了“詞的音義關係與同源詞”的内容，以提高學生的詞彙理論修養；省去了通常少不了講的“古今詞義的異同”，因為後者的精神實質無非是提醒學生注意詞義的古今差别，而實際上經過中學階段的學習，他們已經自然而然地意識到了。順便説一句，古今詞義的異同乃是詞義引申的結果，衹要把詞義的引申講深講透，古今詞義異同的問題也就可以不講而自明。此外，在文選的選取上，我們也儘量避免與中學語文課本重複，同時今注方面力求做到量少而精，以

---

① 見王力主編《古代漢語·緒論》。

給教師實行啓發式教學、學生進行獨立思考留出餘地。

第三，努力貫徹由淺入深、循序漸進的精神。

本教材在教學内容的安排上，遵循教學規律，努力貫徹由淺入深、循序漸進的精神。全書六個單元，前三單元的文選采用今注，接下來兩個單元的文選采用古注，最後一個單元的文選衹有標點而已，不加任何注釋；由易而難，漸次加深，以讓學生一步一個脚印，隨着學習的進程逐步提高閱讀古書的能力。

第四，廣泛借鑒現行同類教材編寫經驗并力求有所創新。

應該説，古代漢語教材，最近几年來已經出了不少，而且這些教材都在不同程度上體現了改革，編出了水平。本教材廣泛借鑒現行同類教材的編寫經驗，同時也結合我們自己的教學實踐與思考，力求有所改進，有所創新。比如，王力先生在其所主編的《古代漢語》中確立的文選與通論相結合的體例，是一種科學的體例，至今已成為古代漢語教材的通則。不過其中某些做法，也並非完全没有改進的餘地，像文選與通論編次先後的問題就是其一。歷來的做法基本是，在每一單元之中，先講文選，後講通論，因而在教學實踐中往往會碰到這樣的情形：講文選時，對其中出現的古今字、通假字、異體字等既然無法回避不談，其後關於這一方面内容的通論也就成了馬後炮。有鑒於此，本教材於每一單元之中都是先講通論，後講文選。這樣，讓學生在瞭解古書用字歧異的基本知識之後再學習文選，在掌握古注基本知識之後再閱讀古注，也就更加順理成章了。又比如，近年新編古代漢語教材大多在文選中增加了古注的内容，但各書在古注的分量與編次等具體問題上做法並不完全相同：有的古注所占分量極少，衹是作為點綴；有的全用古注，不用今注；有的通論、文選分編，各自成册；有的在每一單元之中，古注、今注互見，全書如此。我們認為，古注對於提高學生閱讀古書的能力至關重要，但是如果一開始就純用古注，廢棄今注，恐怕操之過急，超過了學生的接受能力；而在每一單元之中，古注、今注互見的編排，也難以從整體上體現由淺入深、先易後難、循序漸進的教學原則，故本教材改為前三單元文選采用今注，次兩單元文選采用古注，末一單元文選僅有標點的做法。

第五，儘量吸收漢語史及相關學科最新研究成果。

本教材通論與文選今注，儘量吸收漢語史及相關學科最新研究成果，務使學生所學到的不是過時的知識。書中關於六書理論的闡釋，關於同源詞的判定，對避諱知識的介紹等都莫不體現這一精神。其詳具見書中，此不贅述。

本教材由暨南大學中文系古代漢語教材研究室教師集體編寫而成，具體分工如下：

王彦坤負責全書基本框架設計，並撰寫第一、第四、第五單元；朱承平負責撰寫第三、第六單元；熊焰負責撰寫第二單元。此外，全書竣稿後，由王彦坤統一潤色及最後審定。

由於編者水平所限，書中缺點錯誤或所難免，衷心歡迎讀者批評指正。

王彦坤

2000 年 3 月 18 日

目　録

第二版前言 …… (1)
前　言 …… (1)

第一單元

通論一　漢字基本知識 …… (1)
一、漢字寫詞的方法 …… (1)
二、古書用字的歧異 …… (10)

文選一　先秦史籍（今注） …… (21)
左傳 …… (21)
鄭莊公戒飭守臣（21）　季梁諫追楚師（22）
秦晉韓之戰（24）　子魚論戰（27）
鄭敗宋師獲華元（28）　晉靈公不君（29）
宋人及楚人平（31）　齊晉鞌之戰（33）
吕相絶秦（35）　鄭子産爲政（38）
國語 …… (40)
單襄公論陳必亡（40）　臧文仲如齊告糴（42）
敬姜論勞逸（43）　句踐滅吴（45）
戰國策 …… (48)
蘇秦以連横説秦（48）　吕不韋立秦君（52）
顔斶説齊宣王（53）　慎子傅楚襄王（56）
死士豫讓（57）　魯仲連義不帝秦（59）
練習一 …… (63)

第二單元

通論二　詞彙基本知識 …… (65)
一、詞的音義關係與同源詞 …… (65)
二、詞的本義和引申義 …… (68)
三、單音詞與複音詞 …… (75)

文選二　儒家經典（今注） …… (80)

周易 …… (80)
繫辭上 (80)　繫辭下 (83)
尚書 …… (86)
堯典 (86)　盤庚上 (88)
周禮 …… (91)
醫師章 (91)　考工記 (92)
儀禮 …… (94)
士昏禮 (94)　士相見禮 (96)
禮記 …… (98)
禮運 (98)　中庸 (99)
春秋公羊傳 …… (102)
虞假晉道以取亡 (102)　趙盾弒君 (103)
齊侯唁公于野井 (104)
春秋穀梁傳 …… (105)
虞師晉師滅夏陽 (105)　晉殺其大夫里克 (106)
宋公及楚人戰于泓 (107)
論語 …… (108)
公冶長 (108)　顏淵 (108)
子路 (108)　憲問 (109)
陽貨 (109)　微子 (110)
子張 (111)　堯曰 (111)
孝經 …… (112)
開宗明義章 (112)　三才章 (112)
諫諍章 (113)　喪親章 (113)
孟子 …… (114)
夫子當路於齊 (114)　許行 (115)
陳仲子 (119)　君子難罔以非其道 (119)
練習二 …… (121)

第三單元

通論三　語法基本知識 …… (122)
一、詞類活用 …… (122)
二、古代漢語的句式 …… (130)
三、古代漢語的虛詞 …… (136)

文選三　先秦子書（今注）…… (143)
老子 …… (143)
有无相生 (143)　无知无欲 (143)

爲腹不爲目（143） 絶聖棄智（144）
道法自然（144） 以正治國（144）
管子 ……………………………………………………………………………（145）
牧民（145） 形勢（147）
晏子春秋 ………………………………………………………………………（149）
景公欲殺犯所愛之槐者晏子諫（149）
晏子之晉睹齊纍越石父解左驂贖之與歸（150）
孫子 ……………………………………………………………………………（151）
計篇（151）
墨子 ……………………………………………………………………………（152）
尚賢（上）（152） 兼愛（上）（154）
商君書 …………………………………………………………………………（155）
更法（155）
莊子 ……………………………………………………………………………（157）
逍遥游（157） 馬蹄（159）
公孫龍子 ………………………………………………………………………（161）
白馬論（161）
荀子 ……………………………………………………………………………（162）
天論（162） 解蔽（165）
吕氏春秋 ………………………………………………………………………（168）
誣徒（168） 疑似（169）
韓非子 …………………………………………………………………………（171）
説難（171） 難勢（174）
練習三 ………………………………………………………………………（177）

第四單元
通論四 古籍基本知識 ………………………………………………………（179）
一、古籍的源流 ………………………………………………………………（179）
二、古籍的版本 ………………………………………………………………（181）
三、古籍的分類 ………………………………………………………………（185）
四、古籍的整理 ………………………………………………………………（187）

通論五 古注基本知識 ………………………………………………………（191）
一、古籍注疏的類型 …………………………………………………………（191）
二、古籍注疏的内容 …………………………………………………………（193）
三、古籍注疏的術語 …………………………………………………………（196）

文選四 秦後散文（古注） ……………………………………………………（201）

司馬遷　淮陰侯列傳（史記）……（201）
班　固　鼂錯傳（漢書）……（211）
范　曄　虞詡列傳（後漢書）……（222）
司馬遷　報任少卿書……（225）
曹　植　求自試表……（234）
司馬光　曹操與袁紹戰（資治通鑑）……（238）
劉義慶　世說新語（八則）……（242）
殷仲堪爲荆州（242）　蔡洪赴洛（242）
陶公性檢厲（242）　張憑舉孝廉（243）
嵇紹善於絲竹（243）　褚公東出（243）
傅嘏拒交（244）　王濟稱叔美（244）
練習四……（245）

第五單元

通論六　修辭基本知識……（247）
一、引用……（247）
二、借代……（248）
三、藏詞……（249）
四、委婉……（251）
五、雙關……（251）
六、倒文……（252）
七、變文……（253）
八、互文……（253）
九、合敘……（254）
十、連及……（254）

通論七　避諱基本知識……（255）
一、甚麼是避諱……（255）
二、敬諱的方法……（256）
三、敬諱的影響……（260）

文選五　古代韻文（古注）……（265）
詩經……（265）
關雎（265）　行露（266）
擊鼓（267）　碩人（268）
七月（269）　車攻（272）
正月（273）　生民（276）
載芟（278）　玄鳥（279）

楚辭 ……（280）

離騷（280）　湘夫人（291）

思美人（293）　橘頌（296）

漁父（297）

賈　誼　鵩鳥賦　并序 ……（299）

揚　雄　解嘲　并序 ……（302）

張　衡　歸田賦 ……（307）

王　粲　登樓賦 ……（308）

潘　岳　懷舊賦 ……（310）

練習五 ……（311）

第六單元

通論八　音韻基本知識 ……（313）

一、古音與今音 ……（313）

二、上古音的韻部 ……（315）

三、上古音的聲母 ……（323）

四、上古的聲調 ……（328）

五、古書的讀音 ……（328）

文選六　語言學文選（標點） ……（332）

許　慎　説文解字敘（上） ……（332）

范　曄　後漢書・鄭玄列傳 ……（333）

江　式　進古今文字表 ……（335）

顏之推　顏氏家訓・音辭篇 ……（337）

劉知幾　史通・言語 ……（338）

馬建忠　馬氏文通後序 ……（339）

練習六 ……（341）

第七單元

通論九　漢語史基本知識 ……（342）

一、漢語史的分期與語料 ……（342）

二、漢語語音史的基本知識 ……（347）

三、漢語語法史的基本知識 ……（355）

四、漢語詞彙史的基本知識 ……（363）

文選七　中古近代白話文選（今注） ……（372）

王　褒　僮約 ……（372）

修行本起經 ……（373）

干　寶　搜神記 …………………………………………………………（376）
劉義慶　世説新語 ………………………………………………………（377）
　　　　王梵志詩 ………………………………………………………（378）
　　　　朱子語類 ………………………………………………………（378）
趙良嗣　燕雲奉使録 ……………………………………………………（380）
　　　　張協狀元 ………………………………………………………（381）
　　　　合同文字記 ……………………………………………………（384）
　　　　原本老乞大 ……………………………………………………（387）
　　　　掛枝兒 …………………………………………………………（391）
　　　　山歌 ……………………………………………………………（392）
練習七 ………………………………………………………………（393）

附録一　實用辭書簡介 ………………………………………………（395）
附録二　簡化字總表 …………………………………………………（400）

第一單元

通論一　漢字基本知識

學習“古代漢語”課的直接目的是爲了讀懂古書。而古書多用古字、古義，這就決定了讀古書必先識古字、明古義，否則，“讀懂”二字便成空話。要明古義，就必須弄清漢字寫詞的方法；要識古字，就必須知道古書用字的歧異。

一、漢字寫詞的方法

文字是記録語言的符號體系，漢字記録語言是通過記録語言中的詞（造字時代如此，後來也記録詞素）來實現的。

漢語中的詞多得不計其數，有表示具體内容的，有概括抽象意義的；有實詞，有虚詞，各色各樣。我們的祖先按照每個詞的具體情況，采用了或同或異的寫詞法來記録。根據前人歸納，主要采用的寫詞法共有六種，合稱“六書”。

“六書”一名，最早見於《周禮》。《周禮・地官・保氏》説：

> 保氏掌諫王惡，而養國子以道。乃教之六藝：一曰五禮，二曰六樂，三曰五射，四曰五馭，五曰六書，六曰九數。

不過雖有六書的總名，卻無六書的細目。東漢鄭衆注《周禮・地官・保氏》以爲：

> 六書，象形、會意、轉注、處事、假借、諧聲也。

班固在《漢書・藝文志》中則説：

> 古者八歲入小學，故周官保氏掌養國子，教之六書，謂象形、象事、象意、象聲、轉注、假借——造字之本也。

而許慎於《説文解字・敘》中又以爲：六書，一曰指事，二曰象形，三曰形聲，四曰會意，五曰轉注，六曰假借。

雖説三家於六書都有細目，但名稱、次序並不相同。清代以後，一般人於六書名稱大致采用許慎説法，於六書次序則采用班固説法，即：

① 象形；②指事；③會意；④形聲；⑤轉注；⑥假借。

不過，當代學者也有將“假借”置於“會意”之後，而將“轉注”移至“形聲”之前的（如楊五銘編著《文字學》），這樣或許更加符合漢字寫詞法先後出現的實際情況。其六書次序爲：

①象形；②指事；③會意；④假借；⑤轉注；⑥形聲。

至於六書的解説，始見於許慎《説文解字・敘》。需要指出的是，六書解説雖始見於許氏，但其説當有所本，而非許氏所獨創；同時，作爲今天所能見到的六書最早的解説，它也必定是最接近於六書理論創立者本來思想的解説。因此，我們要弄清六書的真諦，就一定不能脱離許氏解説的原文。祇是許氏解説時限於體例，每書定義僅用八字、字例但舉兩個，實在過於簡單，不易説得清楚；而後世聚訟紛紜，言人人殊，也就在所難免了。

下面綜合各家之長，加上我們自己的理解，對六書逐一進行介紹。

（一）象形

《説文解字·敘》："象形者，畫成其物，隨體詰詘，日月是也。"意思是説：所謂象形，就是畫成所記録的詞表示的那個物體，讓文字的筆畫隨著該物體的體形彎轉曲折；日、月二字就是這樣。

"日"字甲骨文作⊖，像一輪紅日。"月"字甲骨文作☽，似半邊明月。可見，象形寫詞法是一種通過把詞所指稱的客觀物體的輪廓特徵描繪下來，讓人一看見字形就能知道它所記録的是語言中的哪個詞的寫詞法。

由象形寫詞法産生的字，根據它描繪客觀物體的特點，可以分爲三種情況：

（1）把客觀物體的大致輪廓整個兒描繪下來，如：

"魚"字伯魚卣寫作[古文字]，像整條魚形：不但頭、身、鰭、尾俱全，而且連身上的鱗片都畫了出來。

"木"字甲骨文、金文大體都寫作[古文字]，像整棵樹形：不但有樹榦、有樹枝，而且還畫出了樹根。

"犬"字甲骨文作[古文字]，"豕"字甲骨文作[古文字]，王國維説："腹瘦尾拳者爲犬，腹肥尾垂者爲豕。"也都分别像犬、豕的全形。

"目"字甲骨文作[古文字]，也完全是對人的眼睛的形象描繪（"目"字本呈横形，衹是後來爲了行款整齊，纔把它竪了起來）。

（2）把客觀物體最具特徵的一部分描繪下來，如：

"牛"字甲骨文作[古文字]，像一牛頭，兩角上彎（商代牛鼎"牛"字作[古文字]，[古文字]即是[古文字]的綫條化）；"羊"字甲骨文作[古文字]，像一羊頭，兩角下彎（商代羊鼎"羊"字作[古文字]，[古文字]即是[古文字]的綫條化）。"牛""羊"兩個字雖没有畫出整頭牛、整隻羊的形體，但因爲描繪了最具特徵的頭部，還是叫人一看就知道它們各自記録的是哪個詞。

"田"字甲骨文中存在田、[古文字]、[古文字]、[古文字]等不同寫法，都像劃分爲若干耕種區域的田地形。寫作"田"，自然衹是描繪了田地最具特徵的一個部分。

"左"字甲骨文作[古文字]，"又"字甲骨文作[古文字]，分别像左、右手形。手指本有五隻，而[古文字]、[古文字]二字卻都衹作三歧，其實這也是象形字表示三以上多數的通例（如"止"字衹畫三隻脚趾，"須"字衹畫三根鬍鬚等，都屬此類）。

（3）把客觀物體連同其襯託物一並描繪下來，如：

"須"字金文（易叔盨）作[古文字]，不但畫了三根鬍鬚，而且連人的頭臉以至身子也都畫了出來，後者實際上衹起著襯託的作用。不過，要是没有頭臉的話，所畫的鬍鬚可就不知爲何物了。

"眉"字金文作[古文字]，之所以連"目"一並畫出，也完全是爲了襯託。

"果"字甲骨文作[古文字]、金文作[古文字]，果實下的"木"，也都是爲了襯託纔加上去的。

"聿"（"筆"字初文）字甲骨文作[古文字]，除了筆外，還畫了一隻抓筆的手。當然，有了這一隻手，筆的形象就更易識别了。

象形寫詞法是六書中最原始的寫詞法，也是其他寫詞法的基礎。由象形寫詞法産生的字，以描繪客觀物體的形象爲特徵，有似於圖畫，但卻與圖畫有本質的區别：因爲它已經作爲語言中詞的記録符號，有了固定的讀音，表示一定的概念，而且形體也相對穩定，得到社會的公認，成了人們進行交際的輔助工具，所以它不是圖畫，而是文字。

（二）指事

《説文解字·敘》："指事者，視而可識，察而見意，上下是也。"意思是説：所謂指事，造出的字一看就可以認出描繪的是啥東西，辨察之後就明瞭表示的意義；上、下二字就是這樣。

許氏對於指事的解説比較含糊，不過從所舉"上"、"下"兩個字例的分析中，我們還是不難弄清它的面目。

"上"字甲骨文、金文字作二或⌣，"下"字甲、金文字作二或⌢。其中長横畫或弧綫表示基準綫；短横畫則屬於指示性符號：在基綫上者則表示"上"，在基綫下者則表示"下"。可見，指事寫詞法其實是一種利用標示性記號表現詞義的寫詞法。

由指事寫詞法産生的字大體可以分爲兩類：

1. 全部使用標示性記號表現詞義的指事字

這種指事字的形體構造全由不代表任何具體事物的抽象綫條組成，是一種具有高度概括意義的純符號指事字。如：

數目字"一、二、三、四"，甲骨文、金文都由積畫組成作 一、二、三、亖。其中的積畫並不代表任何具體事物（如筷子、木棒、火柴桿等），而是一種高度抽象化了的符號，它可以泛用來表示一切與積畫數等量事物的值。

"丩"（"糾"字初文）字甲骨文作𠃌，通過兩條絞在一起的曲綫，表示糾纏的意思。同樣，這裏的曲綫也不代表任何具體事物，而衹是一種純粹的抽象符號。

"叕"（"綴"字初文）字小篆作叕，以幾條曲綫相互交連表示連綴的意思，取法與"丩"字同。

"集"字古作亼。《説文》："亼，三合也。"徐灝曰："亼，古集字。今通用集而本字廢矣。"用三畫相合表示聚集，也屬此類。

2. 部分使用標示性記號表現詞義的指事字

這種指事字在象形字的基礎上增加標示性符號而成，以指明所記詞表示的是一個事物的某一局部。如：

"本"字金文作本，"末"字金文作末，"朱"（"株"字初文）字金文作朱：三字都以象形字"木"爲基礎；"木"上加一圓點或者短横，分别指明所記詞表示樹的根部、梢部或樹幹部。

"亦"（"腋"的古字）字甲骨文作亦，从像大人形的"大"，"大"旁兩點作爲標示性符號，指明所記詞表示的是人的夾肢窩。

"刃"字甲骨文作刃，从刀，刀上一標示性符號指明所記詞表示的是刀的鋒刃。

"曰"字甲骨文作曰，从口，口上一横暗示有語言從口中出。從口中出的語言本非有形可象之物，可知口上之横衹不過是一個標示性符號而已。

指事寫詞法解決了部分無形可象或者有形難象的詞的書寫問題。由指事寫詞法産生的字，比起象形字來符號的作用更加突出，因而在某些時候，它所表示的内容也更加具有概括性。

指事寫詞法與象形寫詞法的區别在於：前者部分或全部地利用了不代表任何具體事物的抽象標示性符號來表現詞義；後者則單純依靠描繪客觀物體的形象來表現詞義。

（三）會意

《説文解字·敘》："會意者，比類合誼，以見指撝，武信是也。"意思是説：所謂會意，就是將兩個或幾個單字拼合成一個新的合體字（比類），並通過會集其中各個單字的意義（合誼）來揭示該合體字的意義指嚮；武、信二字就是這樣。

"武"字《説文》的解釋是："武，楚莊王曰：'夫武，定功戢兵。故止戈爲武。'"不過今人多認爲這種"戰以止戰"的觀點衹是春秋時人的思想，造字之初未必有此。于省吾先生説："武从戈、从止，本義爲征伐示威。征伐者必有行，'止'即示行也。征伐者必以武器，'戈'即武器也。"

"信"字《説文》的解釋是："信，誠也。从人，从言，會意。"對此，後人也有不同看法。徐灝就認爲"信"的本義應是"信使"，他説："使人傳言，故从人、言會意。信使既通，然後知其事實，因有誠信之義。又因之信使所齎之書謂之信也。"

也許許慎解釋"武"、"信"的本義未必正確，但"武"、"信"二字之爲會意，則是可以肯定的。

由會意寫詞法産生的字大體可以分爲兩類：

1．具象會意字

這類會意字富有形象性，偏旁之間在形象上有聯繫。有的還具有方位、方嚮性，必須緊密聯繫它們的形象去意會，纔能體味出其中的含義。如：

"北"字甲骨文、金文作𠂤，从二人相背，實是"背"字初文。"从"字甲骨文、金文作⺈⺈，从二人相從，實是"從"字初文。"比"字甲骨文、金文作⺊⺊，《説文》説："比，密也。二人爲从，反从爲比。"本義是親密。"北"、"从"、"比"三字都从二"人"會意，衹是因爲二人方嚮不同，就成爲不同詞的記録符號。

"各"字甲骨文作[illegible]，从"凵"（"坎"的古字。古人穴居而野處，住的地穴即爲"凵"）及倒寫的"止"，實即"洛"字初文。《方言》卷一説："洛，至也。""出"字甲骨文作[illegible]，从"凵"及正寫的"止"。"各"、"出"二字都从"凵"、从"止"會意，而足趾朝嚮凵内還是朝嚮凵外，所記詞義截然相反。

"杲"字《説文》的解釋是："明也。从日在木上。""杳"字《説文》的解釋是："冥也。从日在木下。""杲"、"杳"二字都从"日"、"木"會意，而"日"、"木"之間的位置關係，起著十分關鍵的作用。

"秉"字《説文》的解釋是："禾束也。从又持禾。""兼"字《説文》的解釋是："并也。从又持秝。兼持二禾，秉持一禾。""禾束也"、"并也"之義，離開了"又持禾或秝"的形象，也很難理解。

2. **純義會意字**

這類會意字偏旁之間没有形象方面的關聯，衹有意義上的會合。如：

雀：《説文》："依人小鳥也。从小隹。"

赤：《説文》："南方色也。从大，从火。"

劣：《説文》："弱也。从力少。"

婢：《説文》："女之卑者也。从女，从卑，卑亦聲。"

幸：《説文》："吉而免凶也。从屰，从夭。夭，死之事。故死謂之不幸。"

會意寫詞法可以通過聯想（如以"大、火"會意表示"赤"，以三"車"會意表示"轟"）、象徵（如以"日、木"會意表示"杲"或"杳"）、修飾（如以"女、卑"會意表示"婢"，以"屰、夭"會意表示"幸"）等，利用不止一種事物的關係來構成一種新的意象以揭示詞義，比起象形寫詞法、指事寫詞法來更適合於表達較複雜、較抽象的概念，同時也就解決了象形寫詞法、指事寫詞法難以勝任的部分詞的記録問題。

會意寫詞法與象形寫詞法、指事寫詞法的區别在於：由前者産生的字，可以分拆成爲兩個或兩個以上的各自都可以獨立運用的字體；而由後兩者産生的字，即使可以分拆成爲兩個或兩個以上的單體，其中也必定至少有一個單體是不能獨立運用的。

（四）假借

《説文解字·敘》："假借者，本無其字，依聲託事，令長是也。"意思是説：所謂假借，就是本來没有記録某個詞的字，仗著一個現成字讀音相同，就把記録該詞的事交付給它；令、長二字就是這樣。

"令"字《説文》的解釋是："發號也。从亼卪。""長"字《説文》的解釋是："久遠也。从兀，从匕。兀者，高遠意也。久則變化。亾聲。𠂆者，倒亾也。""令"、"長"二字之所以爲假借，段玉裁的理解是："漢人謂縣令曰令、長。縣萬户以上爲令，減萬户爲長。令之本義'發號也'，長之本義'久遠也'。縣令、縣長本無字，而由發號、久遠之義引申展轉而爲之。是謂叚借。"

其實，"令"字甲骨文作，畫面上一個張開的口正嚮一個肅然跪著的人發出訓示或命令。從詞的角度説，"縣令"義的"令"實由"發號"義的"令"引申分化而來。由"發號"引申而指一縣中發號的人——"縣令"，詞性已經起了變化，從動詞變成了名詞，因此應該承認它們是兩個不同的詞。不過，繼續使用表示"發號"義的詞 lìng 的書面符號"令"來記録分化出來的新詞——"縣令"義的詞 lìng，確切地説，這是襲用；許氏用它作爲假借字例，至少是不够典型的。同理，"長"字甲骨文作，像一長髮策杖老人之形，本當是記録"長者，長老"義的詞 zhǎng 的專造字。繼續使用它來記録由"長者，長老"義的詞 zhǎng 分化出來的新詞——"縣長"義的詞 zhǎng，也是襲用；許氏用它作爲假借字例，也是不够典型的。

典型的假借應該是指那些借用並無淵源關係的同音詞的記録符號爲記録符號的假借。如：

"來"字甲骨文作，像小麥形，本是記録"小麥"義的詞 lái 的專造字。《詩經·周頌·思文》："貽我來牟"，"來"即用其本義。表示"到來，前來"義的詞 lái 不容易造專用字，於是就借用與它同音而義爲“小麥”的詞 lái 的記録符號“來”來充當。《詩經·小雅·采菽》：“君子來朝”，“來”即屬此用法。

“其”字甲骨文作[illegible]，金文或作[illegible]，像簸箕（或下加墊座的丌）形，本是“箕”的初文。語氣詞 qí、代詞 qí 都很難利用象形、指事、會意諸法創製記録符號，於是就假借它來記録。

“九”字甲骨文作[illegible]，像臂節形，本是“肘”的初文。數詞 jiǔ 没有造專用字，靠著同音的關係，便假借它來記録。

“新”字《説文》的解釋是：“取木也。从斤，亲聲。”段玉裁以爲：“當作从斤、木，辛聲；非從亲聲也。”王筠又以爲：“案：其訓曰取木，則新乃薪之古文。”形容詞 xīn 没有造專用字，靠著同音的關係，便假借它來記録。

假借寫詞法把已有的字作爲音節符號使用，去記録那些無法造字的同音詞，解決了無形可象、無事可指、無意可會的詞的書寫形式的問題，使漢字記詞的功能大大嚮前飛躍了一步。無論實詞還是虚詞，都可利用假借寫詞法去記録，因此有廣泛的適應性。而且，假借寫詞法是一種利用舊字記録新詞的方法，這種方法大大提高了原有記詞符號的利用率，在語言的詞彙日益豐富的情況下，有了這種寫詞法，便可以無須爲每一個新詞都造一個新的書面符號，因而又節制了文字的孳乳。

假借寫詞法與其他五書的區别在於：假借寫詞法所用的字是現成的，而且僅僅被作爲一個音節符號來使用，不能從字形的分析中窺見所記録的詞的詞義；而其他五書所用的字都是專爲所記録的詞創造的，字意與詞義具有一致性。

（五）轉注

《説文解字·敘》：“轉注者，建類一首，同意相受，考老是也。”意思是説：所謂轉注，就是利用一個字頭（所謂“一首”）來建立事物的義類（所謂“建類”），一個詞的義類與該義類相同（所謂“同意”），就把這個字頭（作爲義符）加到該詞原用記録符號之上（所謂“相受”，也即“授之”）；考、老二字就是這樣。

根據許慎的定義，轉注寫詞法其實是一種以詞的原用記録符號爲基礎，加注義符，從而創製出新的記録該詞專字的方法。“轉注”猶言移附，因爲做法是轉移一個能夠表示所記詞意義範疇（義類）的類首符號（義符）附著到該詞原用記録符號之上，從而成爲新的記録該詞的專用字，故稱“轉注”。

關於許氏轉注的定義，我們已經作了如上解釋，那麽，對於許氏所舉轉注的字例，又該如何理解呢?

“考”字《説文》的解釋是：“老也。从老省，丂聲。”“老”字《説文》的解釋是：“考也。七十曰老。从人毛匕，言須髮變白也。”從許氏對二字形體構造的分析看，“考”字似乎形聲，“老”字當屬會意。

黎錦熙先生説：“許氏舉此兩字之意，非‘考’‘老’並列，乃謂‘考字成於老之爲偏旁’，辭太簡而意不瞭。”又説：“古無‘考’字，而稱老輩其音爲‘丂’，遂行用此象形兼指事的古‘丂’字爲其假借字，金文中有此例……因‘丂’字的本義爲‘氣欲舒出，ㄅ上礙於一’，借爲老輩之稱，漸覺得太歧了，就轉注一個‘老’字加在其上，來作表義

的偏旁符號，而成‘考’字。”又說：“‘轉注’是‘形聲’的起原，造字的結果，凡‘轉注’字都是‘形聲’字。”

結合許慎轉注定義來看，黎先生的說法應當是合乎許氏本意的。不過，卻未必與“考”、“老”二字真實情況相符。考、老本一字，甲骨文或作[illegible]，像一長髮曲背老者拄杖之形。後來發生分化，所拄杖下端朝嚮内拐則爲“老”，朝嚮外拐同時聲化則成“考”。“考”、“丂”並見於商代甲骨，說“考”字是在“丂”字基礎上加注義符“老”，没有根據。

由轉注寫詞法産生的字，大體包括三種情況：

（1）在專造字的基礎上加注義符，如：

暮：作爲“日暮”義的詞 mù 的記録符號，本有專造字“莫”。《說文》：“莫，日且冥也。从日在茻中。”後來由於“莫”字又借用爲無指代詞 mò、否定副詞 mò 的記録符號，爲了在書面上有所區别，便在“莫”字上加注義符“日”，作爲新的記録“日暮”義的詞 mù 的專用字。

洲：作爲“沙洲”義的詞 zhōu 的記録符號，本有專造字“州”。《說文》：“州，水中可居曰州。”其字甲骨、金文都像河川中有沙洲形。後來由於“州”字又兼作表行政區劃義的詞 zhōu 的記録符號，爲了在書面上有所區别，便在“州”字上加注義符“水”，作爲新的記録“沙洲”義的詞 zhōu 的專用字。

趾：作爲“足趾”義的詞 zhǐ 的記録符號，本有專造字“止”。後來由於“止”字又兼作表“止息”義的詞 zhǐ 的記録符號，爲了在書面上有所區别，便在“止”字上加注義符“足”，作爲新的記録“足趾”義的詞 zhǐ 的專用字。

（2）在假借字的基礎上加注義符，如：

彰：作爲“彰明”義的詞 zhāng 的記録符號，原借用表示“樂竟爲一章”的“章”來記録。後來爲了在書面上區别詞義，在“章”字上加注義符“彡”，作爲記録“彰明”義的詞 zhāng 的專用字。

嗜：作爲“嗜好”義的詞 shì 的記録符號，原借用表示“耆老”義的“耆”來記録。後來爲了在書面上區别詞義，在“耆”字上加注義符“口”，作爲記録“嗜好”義的詞 shì 的專用字。

眸：作爲“眸子”義的詞 móu 的記録符號，原借用表示“牛鳴”義的“牟”來記録。後來爲了在書面上區别詞義，在“牟”字上加注義符“目”，作爲記録“眸子”義的詞 móu 的專用字。

（3）在襲用字的基礎上加注義符，如：

惛：表示“糊塗”義的詞 hūn，本是由表示“日冥”義的詞“昏”引申分化而來。而作爲“糊塗”義的詞 hūn 的記録符號，初時仍然襲用“昏”字；後來爲了在書面上區别詞義，加注了義符“忄”而成爲“惛”。

娶：表示“娶妻”義的詞 qǔ，本是由表示“捕取”義的詞“取”引申分化而來。而作爲“娶妻”義的詞 qǔ 的記録符號，初時仍然襲用“取”字；後來爲了在書面上區别詞義，加注了義符“女”而成爲“娶”。

殠：表示“腐氣”義的詞 chòu，本是由表示“用鼻子聞”的詞“臭”（xiù）引申分化而來。而作爲“腐氣”義的詞 chòu 的記録符號，初時仍然襲用“臭”字；後來爲了在書面上區別詞義，加注了義符“歹”而成爲“殠”。

轉注寫詞法通過加注義符創製分别文的做法，使大量的詞有了區别於他詞記録符號的專用字。它在假借寫詞法之後産生，具有歷史的必然性。我們知道，假借寫詞法的發明，解决了許許多多無形可象、無事可指、無意可會的詞的書寫問題，但由此帶來的麻煩也是相當突出的：假借寫詞法大量使用的結果，必定是一字記録多詞，而一字記録多詞的結果又必定導致書面語言的混亂。轉注寫詞法就是在這種情况下應運而生的。而且，它不但克服了假借寫詞法的弊端，有效地抑制了書面語言的混亂，還由於這種做法的結果自然而然地産生了一大批半形半聲結構的字（新加注的義符成爲形旁，原用記録符號成爲聲旁），從而給人以啓發並促成了形聲寫詞法的誕生。

轉注寫詞法與象形寫詞法、指事寫詞法、會意寫詞法的區别在於：轉注寫詞法既然是在詞的原用記録符號基礎之上加注義符創製分别文以記詞的，由它産生的字必定存在一個與之相對應的初文（孫雍長先生稱爲“轉注原體字”）；而其他三種寫詞法則無所謂初文。同時，由轉注寫詞法産生的字，結構上都是半爲形旁半爲聲旁，這也與由其他三種寫詞法産生的字絶不相同。

（六）形聲

《説文解字·敘》：“形聲者，以事爲名，取譬相成，江河是也。”意思是説：所謂形聲，就是根據被記録詞所指稱的事物確立名號標識（即確定義符），再選取能够譬况讀音的字（聲符）一起組成該詞記録符號；江、河二字就是這樣。

《説文》對“江”、“河”二字的解釋是：“江，水。出蜀湔氐徼外崏山，入海。从水，工聲。”“河，水。出焞煌塞外昆侖山，發原注海。从水，可聲。”

對於形聲寫詞法的“以事爲名”，孫雍長先生指出：“‘名’足以指‘實’……‘以事爲名’，即是要求在字形上把語詞的意義内容直接而真實地標舉出來。”這就是説，根據許氏的定義，形聲寫詞法創製記詞符號的做法應該是以同義字爲義符，並在此基礎之上加注聲符。不過，從許氏所舉“江”、“河”二字例看，則義符已擴展到表示詞的意義範疇，並不僅限於標識名號的同義字而已。對於這種定義與字例不甚相符的現象，合理的解釋是：形聲寫詞法本身有個發展的過程，最初是在同義字上加注聲符，後來擴展到在表示意義範疇的類義字上加注聲符。有鑒於此，我們以爲形聲寫詞法的“以事爲名”可以放寬，凡是半義半聲的字，不能歸入轉注，即可視爲形聲。

由形聲寫詞法産生的字，大體包括三種情况：

1. 以原出字爲形旁，加注聲旁

這一類形聲字，跟形旁之間的關係，實際上是古今字的關係。它的形旁原來就曾經單獨擔負過記録該形聲字所記録的詞的責任。如：

罔：网（形旁）＋亡（聲旁）

齒：[illegible]（形旁）＋止（聲旁）

寶：[illegible]（形旁）＋缶（聲旁）

曐：晶（形旁）＋生（聲旁）

2. 以同義字爲形旁，加注聲旁

這一類形聲字是最典型的“以事爲名，取譬相成”。如：

到：至（形旁）＋刀（聲旁）

頭：頁（形旁）＋豆（聲旁）

夥：多（形旁）＋果（聲旁）

爸：父（形旁）＋巴（聲旁）

3. 以類義字爲形旁，加注聲旁

這一類形聲字的形旁已經起不到詞所指稱事物的名號標志的作用，而泛化爲表示事物的意義範疇。如：

清：水（形旁）＋青（聲旁）

枯：木（形旁）＋古（聲旁）

徒：辵（形旁）＋土（聲旁）

腳：肉（形旁）＋卻（聲旁）

形聲寫詞法利用已有文字爲符號，使用義符、聲符配合構造新字的方法，可以非常方便地用來記録漢語中的各種詞，包括無形可象、無事可指、無意可會，用其他寫詞法解決不了的詞，這點有似於假借寫詞法。但假借寫詞法是用一個字去記録兩個或兩個以上在意義上彼此無關的同音詞，這種一字寫多詞的現象，容易造成讀書識字的混誤；而形聲寫詞法由於同時使用了表音、表義兩種成分，而且其表義成分不僅指示詞義，還在書面上起了區别同音詞的作用，於識讀和記忆大有幫助，爲假借寫詞法所不及。

形聲寫詞法與象形寫詞法、指事寫詞法、會意寫詞法、轉注寫詞法的區别在於：第一，由形聲寫詞法産生的字，與由會意寫詞法、轉注寫詞法産生的字一樣是合體字，可以分拆成爲兩個或兩個以上的各自都可以獨立運用的字體，因而與象形寫詞法、指事寫詞法相區别。第二，由形聲寫詞法産生的字，從結構上講都是半形半聲，這一點又與會意寫詞法相區别。第三，由形聲寫詞法與由轉注寫詞法産生的字，雖然從結構上説都是半形半聲，但造字的程序並不相同：形聲寫詞法是先形（確定表義偏旁）而後聲（加注表音偏旁），轉注寫詞法是先聲（襲用原記詞符號，自然地成爲新生分别文的表音偏旁）而後形（加注表義偏旁）。

六書是六種漢字寫詞的方法。其中象形、指事、會意、轉注、形聲五法的應用過程也就是新字創造的過程，因而此五者同時又是造字之法；假借一法依靠借用舊字來記詞，因而衹能看作用字之法。不過，造字之法雖説有五，而造出之字若據形體結構而言，則衹有象形、指事、會意、形聲四體而已。因爲轉注造字法所造之字，也由義符、聲符組成，與形聲造字法所造之字無别，本可並爲一類。故此，許慎《説文》具體分析每字結構，也僅限於四體。

字形四體根據結構特點又可分爲兩類：象形、指事爲一類，屬獨體字，古人稱之爲“文”，特點是字體不能分析爲兩個或幾個獨立的字；如果硬要拆開，其中至少有一個成分不能獨立成字。會意、形聲爲一類，屬合體字，古人稱之爲“字”，特點是字體可以分析爲兩個或幾個可以獨立成字的成分。

六書理論是在以小篆爲中心的古文字基礎上建立起來的，它一般適用於分析隸變以前的漢字構造（當然尚不能完全囊括）。漢字隸變以後，特别是現代簡化字的使用，字的形體已徹底地符號化，其中有不少字從形體上已不易看出當初造字時的用意，也就很難應用六書理論進行分析了。要之，六書理論並不能用來分析一切漢字。盡管如此，六書理論奠定了中國文字學的基礎，對後世産生了極其深遠、巨大的影響，無論是它的歷史作用還是現實指導意義，都是不容低估的。

二、古書用字的歧異

漢字在記録漢語的時候，原則上是一個詞（有時是一個詞素）衹用一個字形來記録，但是由於漢字具有幾千年的歷史，而且使用漢字的人又非常多，地域也非常廣，因此古書上同一個詞而用不同構形的字來記録的現象便常常可以見到。我們如果缺乏這一方面的知識，閲讀古書時就會遇到不少困難。

古書中記録同一個詞（或詞素）而用字歧異的現象，如果從不同的角度考察、歸納，可以分爲古今字、異體字、繁簡字、本借字四種情況。今逐一介紹於下。

（一）古今字

1. 古今字的概念

古今字包括古字與今字，是指先後産生或使用的記録同一個詞的不同的字。其中先産生或使用的字叫古字，後産生或使用的字叫今字。段玉裁説："凡讀經傳者不可不知古今字。古今無定時，周爲古則漢爲今，漢爲古則晉、宋爲今，隨時異用者謂之古今字。"可見，古今字概念中的古和今，都是相對而言的，今字不能理解爲"現代的字"。舉例説：

猒：厭：饜 作爲"飽，滿足"義的詞 yàn 的記録符號，原字作"猒"。《説文》："猒，飽也，足也。从甘肰。"段玉裁注："肰，犬肉也。此會意。"《尚書·洛誥》："萬年猒于乃德"，即用此字。後來多寫作"厭"。《左傳·隱公元年》："姜氏何厭之有？"即用"厭"字。再後來又寫作"饜"。如《孟子·離婁下》："其良人出，則必饜酒肉而後反。"於是，作爲記録"飽，滿足"義的 yàn 這個詞的書面符號，對於"猒"字來説，"厭"字屬於今字；而對於"饜"字來説，"厭"字又屬於古字。

气：氣 | 氣：餼 作爲"雲氣"義的詞 qì 的記録符號，原字作"气"。《説文》："气，雲气也。象形。"後來多寫作"氣"。於是，作爲記録"雲氣"義的 qì 這個詞的書面符號，"气"爲古字，"氣"爲今字。其實，"氣"本爲"餼"（音 xì）初文。《説文》："氣，饋客芻米也。从米，气聲。"但自"氣"被用於記録"雲氣"義的詞 qì 以後，又另造"餼"字接替"氣"的本職，成爲義爲"饋客芻米"的詞 xì 的專用字。於是，作爲記録"饋客芻米"義的 xì 這個詞的書面符號，則是"氣"爲古字，"餼"爲今字了。

2. 古今字産生的原因

由於假借寫詞法的大量應用，由於詞義引申而至於分化，上古時代一個字常常兼用作幾個詞的記録符號。這種一字多用現象給人們在認讀上帶來很大困難。後來爲了書面上有所區别，人們就造出新字來分擔古字的記詞任務，以求達到一字一職，於是新字與古字作爲同一個詞在不同時期的書面符號，便形成一對對的古今字。這就是古今字産生的原因。

例如：

辟：避、躄、嬖、壁、僻、闢、譬、擗　“辟”本是表示“法”這一概念的詞 bì 的書面符號。《説文》：“辟，法也。从卩，从辛，節制其辠也；从口，用法者也。”《詩經·大雅·板》：“無自立辟”，意思就是説，不要自己製定法律。由於存在語音同、近關係，又被假借爲表示“躲避”義的詞 bì 的書面符號。如：

《左傳·宣公二年》：“從臺上彈人，而觀其辟丸也。”

又被假借爲表示“足病”義的詞 bì 的書面符號。如：

《荀子·正論》：“王梁、造父者，天下之善馭者也，不能以辟馬、毁輿致遠。”

又被假借爲表示“便嬖”義的詞 bì 的書面符號。如：

《論語·季氏》：“友便辟，友善柔，友便佞，損矣。”

又被假借爲表示“牆壁”義的詞 bì 的書面符號。如：

《逸周書·時訓》：“小暑之日，温風至。又五日，蟋蟀居辟。”

又被假借爲表示“偏僻”義的詞 pì 的書面符號。如：

《史記·范雎列傳》：“夫秦國辟遠，寡人愚不肖，先生乃幸辱至於此。”

又被假借爲表示“開闢”義的詞 pì 的書面符號。如：

《孟子·梁惠王上》：“然則王之所大欲可知矣，欲辟土地，朝秦楚，莅中國而撫四夷也。”

又被假借爲表示“譬如”義的詞 pì 的書面符號。如：

《禮記·中庸》：“君子之道，辟如行遠，必自邇；辟如登高，必自卑。”

又被假借爲表示“捶胸”義的詞 pǐ 的書面符號。如：

《禮記·檀弓下》：“辟踊，哀之至也。”

這樣一來，一個“辟”字就身兼九個詞（實際上尚不止此）書面記録的職能；寫時雖然省事，讀時卻頗困難。爲了從書面上區别詞義，人們便造出“避”字來分擔記録“躲避”義的詞 bì 的那一部分職能，造出“躄”字來分擔記録“足病”義的詞 bì 的那一部分職能，造出“嬖”字來分擔記録“便嬖”義的詞 bì 的那一部分職能，造出“壁”字來分擔記録“牆壁”義的詞 bì 的那一部分職能，造出“僻”字來分擔記録“偏僻”義的詞 pì 的那一部分職能，造出“闢”字來分擔記録“開闢”義的詞 pì 的那一部分職能，造出“譬”字來分擔記録“譬如”義的詞 pì 的那一部分職能，造出“擗”字來分擔記録“捶胸”義的詞 pǐ 的那一部分職能，而“避”、“躄”、“嬖”、“壁”、“僻”、“闢”、“譬”、“擗”等字作爲各自所記録的詞的後起專用字，也就分别成爲“辟”的今字。反過來説，“辟”是它們的古字。

解：懈　“解”這個詞的本義是“解剖”，引申便有“解開”的意思，再引申又有了“松散懈怠”的意義。由於“懈怠”義離“解”的本意已遠，我們衹能把它看成是一個從本義“解剖”的“解”分化出來的新詞。在這個新詞出現後的相當長一段時間裏，人們並没有爲它專門造出一個書寫符號，而是讓它襲用與“解剖”義的“解”相同的符號，如《詩經·大雅·烝民》：“夙夜匪解，以事一人”，“解”即表示“懈怠”義。這樣一來，一個“解”字就兼用爲表示“解剖”和表示“懈怠”等不同概念的詞的記録符號。後人爲了從書面上區别詞義，造了一個“懈”字，使它與“解”字在記録詞義方面各有所主：表示“解剖、解除”等義用“解”；表示“松懈、懈怠”等義用“懈”。於是，“解”、“懈”二字作爲表示“松懈、懈怠”義的詞 xiè 的記録符號，便成爲一對古今字。另外，詞義的分化又引起詞音的分化，“解”、“懈”的讀音也出現了細微的差異。

坐：座　“坐”這個詞本來表示“坐”的動作，引申表示“坐”的位子，但原來都用“坐”字作爲書面符號，如《史記·魏公子列傳》：“公子引侯生坐上坐”，前“坐”字記録的是義爲“坐下”的動詞的 zuò，而後“坐”字記録的則是義爲“座位”的名詞的 zuò。後來爲了在書面上區别詞義，造了一個“座”字，專門用來記録義爲“座位”的名詞的 zuò，於是，在這個意義上，“坐”與“座”便成爲一對古今字。

3．古今字的關係

從形體結構看，古今字的關係主要有以下四種情况：

（1）今字在古字基礎上增加偏旁，如：

暮（今字）←—莫（古字）＋“日”（形旁）

捨（今字）←—舍（古字）＋“手”（形旁）

鼻（今字）←—自（古字）＋“畀”（聲旁）

（2）今字在古字基礎上改换偏旁，如：

悦（今字）←—説（古字）－“言”＋“心”

訃（今字）←—赴（古字）－“走”＋“言”

措（今字）←—錯（古字）－“金”＋“手”

（3）今字在古字基礎上略增、損、改，如：

太（今字）←—大（古字）＋“、”

乞（今字）←—气（古字）－“一”

勾（今字）←—句（古字）改“口”作“厶”

（4）今字不依傍古字另行創造，如：

娠（今字）←—身（古字）

腋（今字）←—亦（古字）

膂（今字）←—吕（古字）

從記詞功能看，古今字的關係主要有以下三種情况：

（1）今字分擔古字記録所爲造字詞義的職能，如：

益：溢　“益”本是記録“滿溢”義的詞 yì 的專造字。由於詞義的引申、分化，“益”字後來又被襲用作“利益”義的 yì、“增益”義的 yì、“更加”義的 yì 等詞的記録符號。爲了書面上有所區别，人們便造出一個“溢”字，分擔原來“益”字記録“滿溢”義的詞 yì 的那一部分職能，於是作爲表示“滿溢”義的詞 yì 的記録符號，“益”、“溢”便成爲一對古今字。

止：趾　“止”本是記録“脚，足”義的詞 zhǐ 的專造字。由於詞義的引申、分化，“止”字後來又被襲用作“停止”義的 zhǐ、“禁止”義的 zhǐ、“僅僅”義的 zhǐ 等詞的記録符號。爲了書面上有所區别，人們便造出一個“趾”字，分擔原來“止”字記録“脚，足”義的詞 zhǐ 的那一部分職能，於是作爲表示“脚，足”義的詞 zhǐ 的記録符號，“止”、“趾”便成爲一對古今字。

須：鬚　“須”本是記録“鬍鬚”義的詞 xū 的專造字。由於用字的假借，“須”字後來又被借用作“等待”義的 xū、“必須”義的 xū、“需要”義的 xū 等詞的記録符號。

爲了書面上有所區别，人們便造出一個“鬚”字，分擔原來“須”字記録“鬍鬚”義的詞 xū 的那一部分職能，於是作爲表示“鬍鬚”義的詞 xū 的記録符號，“須”、“鬚”便成爲一對古今字。

（2）今字分擔古字記録引申詞義的職能，如：

取：娶 表示“捕取”義的 qǔ 這個詞，經過引申，分化出義爲“娶婦”的新詞。不過，新詞產生之初，還衹是襲用“捕取”義的 qǔ 的專造字“取”作記録符號。後來爲了使書面上有所區别，人們便造出一個“娶”字，分擔原來“取”字記録“娶婦”義的詞 qǔ 的那一部分職能，於是作爲表示“娶婦”義的詞 qǔ 的記録符號，“取”、“娶”便成爲一對古今字。

厲：勵 表示“旱石”義的 lì 這個詞，經過引申，分化出義爲“勉勵”的新詞。不過，新詞產生之初，還衹是襲用“旱石”義的 lì 的專造字“厲”作記録符號。後來爲了使書面上有所區别，人們便造出一個“勵”字，分擔原來“厲”字記録“勉勵”義的詞 lì 的那一部分職能，於是作爲表示“勉勵”義的詞 lì 的記録符號，“厲”、“勵”便成爲一對古今字。

見：現 表示“看見”義的 jiàn 這個詞，經過引申，分化出義爲“顯現”的新詞 xiàn。不過，新詞產生之初，還衹是襲用“看見”義的 jiàn 的專造字“見”作記録符號。後來爲了使書面上有所區别，人們便造出一個“現”字，分擔原來“見”字記録“顯現”義的詞 xiàn 的那一部分職能，於是作爲表示“顯現”義的詞 xiàn 的記録符號，“見”、“現”便成爲一對古今字。

（3）今字分擔古字假借用法的記詞職能，如：

章：彰 “章”本是“樂章”義的詞 zhāng 的專造字。《説文》：“樂竟爲一章。从音，从十。十，數之終也。”又假借作“彰明較著”義的詞 zhāng 的記録符號，如《左傳·昭公三十一年》：“或欲蓋而名章。”後來爲了使書面上有所區别，人們便造出一個“彰”字，分擔原來“章”字記録“彰明較著”義的詞 zhāng 的那一部分職能，於是作爲表示“彰明較著”義的詞 zhāng 的記録符號，“章”、“彰”便成爲一對古今字。

耆：嗜 “耆”本是“耆老”義的詞 qí 的專造字。《説文》：“耆，老也。从老省，旨聲。”又假借作“嗜好”義的詞 shì 的記録符號，如《孟子·告子上》：“口之於味，有同耆也。”後來爲了使書面上有所區别，人們便造出一個“嗜”字，分擔原來“耆”字記録“嗜好”義的詞 shì 的那一部分職能，於是作爲表示“嗜好”義的詞 shì 的記録符號，“耆”、“嗜”便成爲一對古今字。

戚：慼 “戚”本是“斧鉞”義的詞 qī 的專造字。《説文》：“戚，戉也。从戉，尗聲。”又假借作“淒慼”義的詞 qī 的記録符號，如《莊子·大宗師》：“哭泣無涕，心中不戚。”後來爲了使書面上有所區别，人們便造出一個“慼”字，分擔原來“戚”字記録“淒慼”義的詞 qī 的那一部分職能，於是作爲表示“淒慼”義的詞 qī 的記録符號，“戚”、“慼”便成爲一對古今字。

（二）異體字

1．異體字的概念

在同一個時期裏，構形不同而讀音和記詞職能完全相同的字，叫做異體字。例如：

《顔氏家訓·勉學篇》："揰挏，此謂撞擣挺挏之，今爲酪酒亦然。"《類説》"擣"字作"搗"。"擣"、"搗"讀音相同，記詞職能也完全相同，因此是異體字。

《顔氏家訓·書證篇》："所以江南《詩》古本皆爲叢聚之叢。"宋本如此，或本"叢"字作"藂"。"叢"、"藂"讀音相同，記詞職能也完全相同，同樣是異體字。

異體字既然在同一個時期裏讀音與記詞職能完全相同，因此具有在相應時期裏可以無條件互相替換而不影響表達效果的特點。

在一組異體字中，習慣上把最通行的一個叫做"正字"，另一個或其餘的叫做"俗字"、"或體"或者"重文"。如：《康熙字典》、《中華大字典》都稱"皐"是"皋"的俗字，而《説文解字》則視"瑻"字爲"琨"的或體。

2．異體字的形體差異

異體字的形體差異主要有四種情況：

（1）造字方法不同，如：

淚：泪，巖：岩，嶽：岳，蠹：蝨，憑：凭，都是前爲形聲後爲會意；騂：縶，次：涎，都是前爲象形後爲形聲。

（2）造字方法相同，而構件不同，如：

綫：線，褲：袴，煙：烟，蚓：螾，粮：糧，礬：矾，都同屬形聲字而所用聲符不同；

詠：咏，歎：嘆，敕：勅，遍：徧，睹：覩，鷄：雞，驅：毆，暖：煖，脣：唇，絝：袴，欣：訢：忻，都同屬形聲字而所用形符不同；

絝：褌，迹：蹟，剩：賸，袜：韤，碗：盌，都同屬形聲字而所用聲符、形符均不相同。

（3）造字方法、構件相同，而構件位置不同，如：

和：咊，鵝：鵞：鵞，胸：胷，峰：峯，慚：慙，花：苍，襍：雜，都衹是由於構件位置不同而形成差異。

（4）造字方法、構件、構件位置相同，而寫法略有變化，如：

冰：氷，册：冊，船：舩，立：立，吳：吴，都是。

3．識别異體字要注意的問題

我們説，異體字是指在同一個時期裏，構形不同而讀音和記詞職能完全相同的字；反之，凡是不符合此定義的字，都不能算異體字。因此，在識别異體字的時候有必要注意下面兩個問題：

● 異體字具有時代性

異體字定義中所説的"同一個時期"，不等同於"現時"，它適應於指任何一個時代、任何一個社會。字作爲詞（或詞素）的記録符號並不是一成不變的，而是有發展、有變化的。前代的異體字，到了後代，有可能由於用法已有明確分工而不再是異體字；前代原

不是異體字，到了後代，也有可能由於讀音及記詞職能趨於同一而成爲異體字。

例如，先秦兩漢"喻"、"諭"兩字通用，在當時爲異體字：

《論語·里仁》："君子喻於義，小人喻於利。"《荀子·儒效》："其言多當矣，而未諭也。""喻"、"諭"都是"懂得，明白"的意思。

《淮南子·脩務》："曉然意有所通於物，故作書以喻意。"《禮記·祭義》："於是諭其志意。""喻"、"諭"都是"告知，告示"的意思。

《孟子·梁惠王上》："王好戰，請以戰喻。"《漢書·賈誼傳》："誼追傷之，因以自諭。""喻"、"諭"都是"比喻"的意思。

可是到了後代，"喻"、"諭"二字逐漸有了分工：在"比喻"的意義上用"喻"不用"諭"；在"上告示下"的意義上用"諭"不用"喻"。於是二字不再是異體字。

又如，殷周甲骨、金文之中，"毓"、"育"、"后"三字爲異體字。造字立意上，三字都像産子之形，表"生育"義。但是，後代三字用法已有區别，其中"毓"、"育"至今雖仍同音，但"毓"通常衹用於人名，不再表"生育"義，不能與"育"無條件替換，自然也就不能算是異體字了。

反之，"腊"與"臘"古代並不是異體字："腊"音 xī，本義是"乾肉"；"臘"音 là，本義是"祭名"，又用來指稱臘祭所在的月份"農曆十二月"。但是時至今日，"腊"的原來音義已經完全廢棄不用，被當作"臘"的簡化字，於是"腊"、"臘"兩字也變成了異體字。

同樣，"奸"與"姦"古代也不是異體字："奸"音 gān，義"干犯"；"姦"音 jiān，義"邪惡"。但是今天兩字也變成了異體字。

● 記詞職能衹是部分相同的字不能算異體字

在同一個時期裏，異體字除了讀音相同之外，還必須具有完全相同的記詞職能；如果記詞的職能衹是部分而非全部相同，就不算是異體字。例如：

"唯"、"維"、"惟"三字同音，作爲表示因由的連詞的記録符號，三字通用，如：

《左傳·昭公二十年》："唯不信，故質其子。"

《詩經·小雅·裳裳者華》："維其有之，是以似之。"

《尚書·西伯戡黎》："非先王不相我後人。惟王淫戲，用自絶。"

"唯"、"維"、"惟"用法相同。作爲句首語氣詞的記録符號，三字也通用，如：

《漢書·五行志中之上》："唯金沴木。"

《史記·太史公自序》："維昔黄帝，法天則地，四聖遵序，各成法度。"

《尚書·五子之歌》："惟彼陶唐，有此冀方。"

"唯"、"維"、"惟"三字可以互換。不過，在"衹"的意義上，衹用"惟"、"唯"而不用"維"；在"思"的意義上，衹用"惟"、"維"而不用"唯"；在表"應答聲"的意義上，衹用"唯"而不用"惟"、"維"；在"聯結，維繫"的意義上，衹用"維"而不用"唯"、"惟"。可見，"唯"、"維"、"惟"三字的記詞職能衹是部分相同，而不是完全相同，因此不能看作是異體字。

同樣，"游"與"遊"都可以表"遨游、交游"義，但"游"又可表"游水"義，而"遊"則無此用法，故二字非異體字。"置"與"寘"都可以表"安放"義，但是除

此之外，“置”還可用作表示“驛站”、“購買”、“釋放”等義的同音詞的記録符號，而“寘”則無此用法，故二字也不是異體字。

（三）繁簡字

1．繁簡字的概念

繁簡字包括繁體字與簡體字，是指作爲同一個詞記録符號而存在構件繁簡、筆畫多少差别的一組字。其中構件繁、筆畫多的是繁體字，構件簡、筆畫少的是簡體字。也就是説，繁簡字是相對而言的，哪個是繁體，哪個是簡體，完全根據筆畫的多少而定。如：“塵”與“尘”，“雞”與“鸡”，“顧”與“顾”，“樂”與“乐”等，前一字筆畫要多於後一字，故前一字是繁體字，後一字是簡體字。

同一個詞的記録符號而有繁簡不同的寫法，自古如此。甲骨文中的“田”就有田、⊞、▦、▦等多種寫法。金文的“車”也有不同形象，繁的像車全形，有輿、有輪、有輈、有衡、有軛、有軸、有轄；簡的衹保留輿、輪與軸。在漢字形體發展的過程中，既有簡化，也有繁化（簡化主要是爲了方便書寫，繁化主要是爲了明確詞義），不過總的趨勢還是簡化。

新中國成立後，曾對漢字進行過系統的簡化，中國文字改革委員會1964年5月編輯出版的《簡化字總表》即是新中國成立後漢字簡化工作的總結和成果的集中體現。總表由三個字表組成，共推出簡體字2 738個。1986年10月，國家語言文字工作委員會重新發表《簡化字總表》，對原總表的個别文字作了調整，作爲現行簡體字的範本，今人通常説的簡化字往往特指這一批簡體字。

2．漢字形體簡化的方法

繁體字是怎樣簡化成爲簡體字的呢？主要採用了以下幾種方式：

（1）以簡單的偏旁代替複雜的偏旁，如：

灯（燈）　机（機）　怜（憐）　迁（遷）　犹（猶）
迟（遲）　种（種）　毙（斃）　阶（階）　认（認）
难（難）　鸡（鷄）　仅（僅）　权（權）　邓（鄧）
对（對）　戏（戲）　乱（亂）　敌（敵）　辞（辭）

（2）保留原字體的一部分，省略其餘，如：

务（務）　条（條）　习（習）　处（處）　触（觸）
寻（尋）　灭（滅）　乡（鄉）　声（聲）　开（開）

（3）以筆畫少的同音字取而代之，如：

谷（穀）　丑（醜）　后（後）　征（徵）　干（乾）
斗（鬥）　帘（簾）　了（瞭）　几（幾）　郁（鬱）

（4）採用筆畫簡省的古體、俗字，如：

从（從）　气（氣）　网（網）　礼（禮）　舍（捨）
采（採）　无（無）　万（萬）　听（聽）　寿（壽）

（5）草書楷化與描取輪廓，如：

东（東）　尽（盡）　为（爲）　当（當）　书（書）

韦（韋）　兰（蘭）　马（馬）　农（農）　龟（龜）
亚（亞）　戋（戔）

（6）另外創製筆畫簡省的新字，如：

笔（筆）　灶（竈）　阴（陰）　阳（陽）　尘（塵）
丛（叢）　忧（憂）　护（護）　泪（淚）

3．識别繁簡字要注意的問題

（1）部分簡體字可與具有不同記詞職能的多個繁體字相對應，因而在閱讀現代用簡化字排印的古書時，辨清所用簡化字對應的是哪一個繁體字，記録的是哪一個詞，就顯得十分必要。如：

簡體字“干”所對應的繁體字有“乾”、“幹”、“榦”，而後者記詞職能並不相同：“乾”用於“乾燥”義；“幹”用於“才幹”義；“榦”用於“樹榦”義。

簡體字“台”所對應的繁體字有“臺”、“檯”、“颱”，而“臺”用於“臺觀”義，“檯”用於“檯桌”義，“颱”用於“颱風”義。

（2）某些簡化字與他詞書面符號同形，兼具有兩方面的記詞職能，因此，在閱讀現代用簡化字排印的古書時，如果遇到這一類字，辨清它們是以簡化字的身份記詞，還是以非簡化字的身份記詞，同樣是十分必要的。如：

“剩餘”的“餘”簡化字作“余”，與第一人稱代詞 yú 的書面符號同形。於是，像杜甫《秋兴》第八首“香稻啄余鹦鹉粒”句中的“余”字，到底是作爲“餘”的簡化字來使用呢，還是作爲並非簡化字的第一人稱代詞的記詞符號來使用呢，就非辨别清楚不可了。

“前後”的“後”簡化字作“后”，與“后妃”義的詞 hòu 書面符號同形。於是，像《史记・孝景本纪》：“孝文在代時，前后有三男”，其中“后”字是否“後”的簡化字，意思大不相同，因而也是非要辨别清楚不可的。

（四）本借字

1．本借字的概念

本借字包括本字與通假字。一個詞固有的寫法，叫做這個詞的本字。不用本來該寫的字而臨時借用一個同音别字相代替，這個被借用的字叫做該詞的借字或假借字。由於這種假借字是“本有其字”的假借，爲了與六書之一的“本無其字”的假借相區别，現在一般又多稱它作“通假字”。

古書用字歧異的通假字，與六書中的假借字是不同的。通假字有一個對立面，也即本字；而假借字則不存在本字的問題，因爲本字還没有造出來，甚至假借字久借不還，一般也就被當作借用它來記録的那個詞的準本字了。例如：

《孟子・離婁下》：“蚤起，施從良人之所之。”其中“蚤”字是通假字，因爲我們可以找出它本來應寫的正字“早”來。“早”字《左傳》已見，如隱公元年：“不如早爲之所。”《説文》也收“早”字，解釋説：“晨也。从日在甲上。”段玉裁注：“甲象人頭，在其上則早之意也。”可見，“蚤”借用來記録早晨義，屬於本有其字的通假。

“來”字本是“小麥”義的專造字，假借來記録“到來”義的“來”，這種假借則屬六書“本無其字”的假借，因爲就“來往”的“來”説，它衹能寫作“來”字，除此之外别無甚麼本字可寫——本來就没有替“來往”的“來”造專字。

“所”字《説文》的解釋是：“伐木聲也。从斤，户聲。”假借作“處所”義的“所”的書面符號。因爲從來不曾給“處所”義的“所”造專用字，“所”字久借不還，也就自然而然地被看作“處所”義的“所”本來應寫的正字，或者説是準本字。而陶淵明《五柳先生傳》首句“先生不知何許人也”中的“許”，則被視爲“所”的通假字。

通假字的存在説到底是一種寫同音别字的現象。不過，通假字一經流行，相沿下來，成了習慣，人們也就不把它看成别字，而視爲甲乙兩字通用，稱之爲“用字通假”了。

2. 通假字成立的條件

古人借用通假字來記詞，純粹是利用它的字音，把它作爲一個音節符號來對待的，至於它的字義則完全置之不顧。讀者遇到了通假字也衹能據音知詞，不拘形體，否則無法知其真意。這就是説，通假字與本字在字義上並没有必然的聯係，但在字音上卻一定是相同或者極其相近的。可見，音同音近是用字通假的必備條件，没有這個基本條件，一個字就不可能被借用去代替另一個在意義上毫不相干的字。

必須指出的是，所謂音同音近，是指使用通假字時代的讀音，而不是現代的讀音。由於語音的發展變化，可能會有這樣的情況：古代讀音相同的字到了後代讀音變得不同了，而古代讀音不同的字到了後代讀音卻相同了。因此，我們説明古書的通假，應當以古音爲依準，而不能用現代語音去衡量。例如：

《孫子·軍争》：“勁者先，罷者後。”“罷”假借爲“疲”。二字今音很不相同，但上古則同屬平聲、歌部、並母字，合乎通假的必備條件。

《周易·繫辭下》：“尺蠖之屈，以求信也。”“信”假借爲“伸”。二字的上古音，韻則同屬真部；聲則“信”讀心母，“伸”讀書母，爲準雙聲：韻同聲近，故得通假。

《史記·陳涉世家》：“趣趙兵亟入關。”“趣”假借爲“促”。二字的上古音，聲則同屬清母；韻則“趣”入侯部，“促”入屋部，有陰入對轉關係：聲同韻近，故得通假。

3. 怎樣識别通假字

識别古書中的通假字，可分别從音、義、形、證四個方面進行考察。

● 從字音上看

通假字與本字，原則上應該是同音字，至少也要極其相近（指用字時代的語音），這是通假的基礎，没有這個基礎便没有通假的可能。（詳説見上文）

● 從字義上看

通假字的字義與所記録的詞的詞義無關，而本字則往往與所記録的詞的詞義一致。在一個有通假字的句子裏，“學者改本字讀之，則怡然理順；依借字解之，則以文害辭”。（王引之語）例如：

《詩經·豳風·七月》：“七月食瓜，八月斷壺。”毛傳：“壺，瓠也。”孔穎達正義：“以壺與食瓜連文，則是可食之物，故知壺爲瓠。謂甘瓠可食，就蔓斷取而食之。”此例若以“壺”的字面意義解釋，斷不可通；改按本字“瓠”所記詞義去理解，則圓通無礙。

《漢書·游俠傳》：“（郭）解爲人静悍。”顔師古注：“性沉静而勇悍。”王念孫以爲此“静”假借爲“精”，曰：“‘精’與‘悍’義相近，故以‘精悍’連文。作‘静’者，

聲近而字通耳。若以‘靜’爲沉靜，則與‘悍’字義相遠矣。”

《吕氏春秋·精通》：“隱志相及，痛疾相救。”楊樹達曰：“‘隱志’文不可通，‘隱’當讀爲‘意’，‘隱志’即‘意志’也。‘意’‘隱’二字一聲之轉，古可通。昭公十年《左氏春秋經》‘季孫意如’，《公羊經》作‘隱如’，《史記·文帝紀》有‘故楚相蘇意’，《漢紀》作‘蘇隱’，並其證也。”

● 從字形上看

有相當部分通假字與本字具有共同的聲符或者互爲聲符。因爲通假是同音字之間的借用代替，而聲符相同的字古必音同音近，故此類字通假的可能性最大。例如：

《戰國策·齊策四》：“斶願得歸，晚食以當肉，安步以當車，無罪以當貴，清靜貞正以自虞。”“虞”爲“娱”借字。二字都以“吴”爲聲符。

《詩經·鄭風·溱洧》：“溱與洧，方涣涣兮。士與女，方秉蕑兮。女曰：‘觀乎？’士曰：‘既且。’”“且”借爲“徂”。通假字是本字的聲符。

《漢書·武五子傳》：“臣聞子胥盡忠而忘其號，比干盡仁而遺其身。”“忘”借爲“亡”。通假字以本字爲聲符。

當然，這裏是説同聲符字通假具有較大的可能性，至於是否通假，還需根據實際情況而定。

● 從例證上看

一個個的通假字雖説是古人臨時寫的同音别字，但實際上這些通假字的使用除了它與本字音同音近之外，還往往同某個作者或者某個時代的習慣有關，甚至還會引起後代的仿效，因而一般説來，某字通某字，常常是這本書裏這樣用，另外的書裏也這樣用。例如：

“蚤”可通“早”，並非絶無僅有，《韓非子》一書中借“蚤”爲“早”即有21處（使用本字“早”的，反而衹有4處），如：《揚權篇》：“主不蚤止，狗益無已。”《亡徵篇》：“太子尊顯，徒屬衆强，多大國之交，而威勢蚤具者，可亡也。”《備内篇》：“且萬乘之主，千乘之君，后妃、夫人適子爲太子者，或有欲其君之蚤死者。”《喻老篇》：“夫事之禍福，亦有腠理之地，故聖人蚤從事焉。”《内儲説上七術篇》：“吾蚤行夫子之教，必不悔至於此矣。”

“得”、“德”通用，古書多見，如：《孟子·告子上》：“萬鍾於我何加焉？爲宫室之美、妻妾之奉、所識窮乏者得我與？”《荀子·禮論》：“貴始，得之本也。”同書《解蔽》：“宋子蔽於欲而不知得。”同書《成相》：“尚得推賢不失序。”上“得”借爲“德”。

《墨子·節用上》：“是故用財不費，民德不勞，其興利多矣。”《潛夫論·慎微》：“政教積德，必致安泰之福；舉錯數失，必致危亡之禍。”同書《釋難》：“此非前燭昧而後燭彰也，乃二者相因而成大光，二聖相德而致太平之功也。”又：“衆良相德，而積施乎無極也。”上“德”借爲“得”。

據此，我們可以利用同類例證作爲確定通假字的依據。

此外，異文也是我們確定通假字的根據。例如：

《尚書·洪範》：“曰：皇，極之敷言，是彝是訓，于帝其訓。”《史記·宋微子世家》末句作“于帝其順”。

《詩經·周頌·烈文》：“無競維人，四方其訓之。”《左傳·哀公二十六年》引

《詩》，作“四方其順之”。

《國語·周語上》：“宣王欲得國子之能導訓諸侯者。”《史記·魯周公世家》作“而問魯公子能道順諸侯者”。

凡此均證明“訓”可借爲“順”。

總的説來，音、義、形、證四個方面，音同音近是産生通假的基礎。因爲所謂通假，説到底就是同音字的借用代替，没有音同音近這個基礎，就不能借用代替，也就通假不了。“改本字讀之，則怡然理順；依借字解之，則以文害辭”，這是判斷通假的準則。音同音近固然有通假的可能性，然而音同音近的字很多，並不是都相通假，要判斷一個字是否通假，還必須從意義方面進行衡量。如果不是“以文害辭”，就不要輕言通假；如果不是“怡然理順”，就不能認爲是本字。例證是確定通假的輔助手段。音義無可指摘，加上例證，就鑿鑿可信；例證不足，總嫌臆説無據，猶有可商。可見，音、義、例三者，於識别通假不可或缺。至於形，衹是作爲識别通假的參考而已，不能拘泥——是否具有相同聲符或者互爲聲符，本來不足作爲是否通假的依據。

古今字、異體字、繁簡字和本借字四對概念，是從不同角度對古書用字歧異現象分析歸納的結果。

古今字是就一個詞在不同時期寫法的變易説的，異體字是就一個詞在相同時期寫法的歧異説的，繁簡字是就一個詞不同寫法的筆畫多少説的，本借字是就一個詞的本來寫法與臨時借用同音字的寫法説的。

古今字的關係表現爲歷時的部分或全部職能的代替（如“知”與“智”，“[illegible]”與“齒”），異體字的關係表現爲共時的無條件的通用（如“峰”與“峯”，“迹”與“蹟”），繁簡字的關係表現爲一個簡體與一個以至多個同義或不同義的繁體相對應（如“习”與“習”，“鸡”與“鷄”、“雞”，“历”與“歷”、“曆”），本借字的關係表現爲字音相同相近而字義卻没有必然的聯係（如“蚤”借爲“早”，“虞”借爲“娛”）。

古今字、異體字、繁簡字和本借字體現了古書用字歧異現象中的四種關係，由於四者觀察問題的角度不同，因而不可避免地存在著交叉的情況。如：

“桮”字見於東漢許慎《説文解字》，“杯”字見於南朝梁顧野王《玉篇》。若就兩字産生時間的先後説，則“桮”是古字，“杯”是今字；若就後世曾經通用的情況説，則“桮”、“杯”屬異體字；若就兩字筆畫的多少説，則“桮”爲繁體字，“杯”爲簡體字。

“气”、“氣”原是本義完全不同的兩個字，“气”表示“雲气”，“氣”表示“饋客芻米”。後來，有人借用“氣”字表示“雲气”義；就此而論，當然“氣”是通假字，“气”是本字。但再後來，“氣”字久借不還，完全取代了“气”的職能，而它表示“饋客芻米”的本義又推卸給它的或體“餼”字去承擔；在這種情況下，“氣”字已不宜依然看作“气”的臨時性借用，我們衹能説，作爲“雲气”義的“气”這個詞的書寫符號，“气”是古字，“氣”是今字。至於現代漢字簡化，重新起用“气”字，廢除“氣”字，而“气”爲簡體，“氣”爲繁體，同樣是不言而喻的。

文選一　先秦史籍(今注)

左　傳

鄭莊公戒飭守臣（隱公十一年）[1]

秋七月，公會齊侯、鄭伯伐許[2]。庚辰，傅于許[3]。潁考叔取鄭伯之旗蝥弧以先登[4]，子都自下射之，顛[5]。瑕叔盈又以蝥弧登，周麾而呼曰[6]：“君登矣!”鄭師畢登[7]。壬午[8]，遂入許。許莊公奔衛[9]。

齊侯以許讓公。公曰：“君謂許不共[10]，故從君討之。許既伏其罪矣，雖君有命，寡人弗敢與聞[11]。”乃與鄭人。

［1］戒飭：告誡。隱公十一年：公元前712年。

［2］齊侯：指齊釐公（公元前730—前698年在位）。鄭伯：指鄭莊公（公元前743—前702年在位）。許：國名。姜姓，男爵，在今河南許昌東。

［3］庚辰：即（魯隱公十一年七月）初一日。傅：逼近，靠近。

［4］潁考叔：鄭國大夫。蝥弧：旗名。登：指登城。

［5］子都：鄭國大夫，又稱公孫閼（è)。出發前潁考叔曾同子都争車，子都因此懷恨。顛：跌倒，倒下。

［6］瑕叔盈：鄭國大夫。周：遍，朝向四周。麾：揮動。

［7］畢：盡，全部。

［8］壬午：即（魯隱公十一年七月）初三日。

［9］許莊公：許國國君。衛：國名。姬姓，侯爵，在今河南淇縣一带。

［10］共：通“恭”，恭敬。

［11］伏：通“服”。與聞：謂介入其事。與，參與；聞，聞知。

鄭伯使許大夫百里奉許叔以居許東偏[1]，曰：“天禍許國，鬼神實不逞于許君，而假手于我寡人[2]。寡人唯是一二父兄不能共億，其敢以許自爲功乎[3]？寡人有弟，不能和協，而使餬其口于四方，其況能久有許乎？吾子其奉許叔以撫柔此民也，吾將使獲也佐吾子[4]。若寡人得没于地[5]，天其以禮悔禍于許，無寧兹許公復奉其社稷[6]，唯我鄭國之有請謁焉，如舊昏媾，其能降以相從也[7]。無滋他族實偪處此[8]，以與我鄭國争此土也！吾子孫其覆亡之不暇，而況能禋祀許乎[9]？寡人之使吾子處此，不唯許國之爲，亦聊以固吾圉也[10]。”乃使公孫獲處許西偏，曰：“凡而器用財賄[11]，無寘於許。我死，乃亟去之[12]！吾先君新邑於此[13]，王室而既卑矣，周之子孫日失其序[14]。夫許，大岳之胤也[15]；天而既厭周德矣，吾其能與許争乎[16]？”

［1］奉：擁戴。許叔：許莊公弟，名鄭，謚桓公。偏：邊。

［2］逞：快意，滿意。假：借。

［3］唯是：僅此。共億：相安。億，安。其：豈。

[4] 吾子：對對方的尊稱，比“子”更加親熱。其：語氣詞，表示希望。撫柔：安撫。獲：公孫獲，鄭大夫。也：語氣詞，具有頓宕及加重語氣的作用。佐：輔助。

[5] 没于地：埋没地下，謂善終。

[6]（天）其：連詞，表示假設，如果，要是。無寧：不如，寧可。茲：使，讓。奉社稷：奉祀社稷之神，意謂履行國君之職。社稷：古代帝王、諸侯所祭的地神和穀神。社，土神；稷，穀神。

[7] 唯：語氣詞，表示祈望。請謁：請求。舊昏媾：老姻親。昏媾：婚姻。昏，後來寫作“婚”。其：表希望祈請的語氣詞。降以相從：猶言俯允。降：謂屈尊。

[8] 滋：通“茲”，使，讓。實：副詞，表示成爲某種事實，真的。偪：後來寫作“逼”，逼近。處（chǔ）：居。

[9] 此二句之前省略了“若他族實偪處此，以與我鄭國争此土也”這樣的話。覆亡之不暇：顧不上挽救敗亡。覆，反轉，引申爲挽救。暇：閒暇，空閒。禋（yīn）祀：泛指祭祀。禋，古代祭天的典禮，因祭時要燔柴昇煙而得名。

[10] 聊：姑且，暫且。圉（yǔ）：邊境，邊疆。

[11] 而：第二人稱代詞，你，你的。財賄：財貨，財物。

[12] 亟（jí）：急速，趕快。

[13] 先君：可用於稱已故的君主、父親或先人。此鄭莊公稱其父武公。邑：國都。這裏作動詞用，建都。此：指新鄭（在今河南省）。鄭國初封於西周，國土在今陝西華縣東北，周平王東遷後，鄭武公伐虢、檜而併其地，於新鄭立國。

[14] 既：已經。卑：衰微。序：通“緒”，祖先的遺業。

[15] 大（tài）岳：相傳爲堯舜時部落首領，姜姓之先。胤（yìn）：後代。

[16] 周德：指周王朝的政治。德：德行。其：豈，難道。

君子謂鄭莊公“於是乎有禮”。禮，經國家[1]，定社稷，序民人，利後嗣者也。許無刑而伐之，服而舍之，度德而處之[2]，量力而行之。相時而動[3]，無累後人，可謂知禮矣。

[1] 經：治理。

[2] 刑：法，法度。舍：後來寫作“捨”。度（duó）：估量。

[3] 相：視，觀察。

季梁諫追楚師（桓公六年）[1]

楚武王侵隨，使薳章求成焉[2]，軍於瑕以待之[3]。隨人使少師董成[4]。

鬬伯比言于楚子曰[5]：“吾不得志於漢東也，我則使然[6]。我張吾三軍而被吾甲兵，以武臨之[7]，彼則懼而協來謀我，故難間也[8]。漢東之國，隨爲大。隨張[9]，必弃小國。小國離，楚之利也。少師侈，請羸師以張之[10]。”熊率且比曰[11]：“季梁在，何益？”鬬伯比曰：“以爲後圖，少師得其君[12]。”王毁軍而納少師[13]。

[1] 季梁：春秋隨國大夫。諫：以言辭勸阻尊長的錯誤行爲。桓公六年：公元前706年。

[2] 楚武王：楚國國君，名熊通，公元前740—前690年在位。隨：姬姓諸侯國，在今湖北省隨州市。薳（wěi）章：楚國大夫。成：和解。

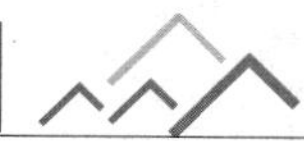

［3］軍：駐軍。瑕：隨國地名。

［4］少師：官名。董成：主持和談。董：主持。

［5］鬭伯比：楚國大夫。楚子：楚王。楚於周封子爵，故《春秋》概稱楚國國君爲楚子。

［6］得志：實現理想，如願以償。這裏指擴張國土。漢東：漢水以東。則：副詞，表示强調。

［7］張：展開，排列開。三軍：周制，諸侯大國擁有中、上、下三軍。此泛稱軍隊。被吾甲兵：讓我們的將士身穿鎧甲，手執兵器。被，後來寫作“披”。臨：對著，對付。

［8］協：合，聯合。謀：圖謀，想辦法對付。間（jiàn）：離間。

［9］張：高傲自大。

［10］侈：驕傲，傲慢。羸（léi）：疲弱。

［11］熊率（lǜ）且（jū）比：楚國大夫。

［12］圖：考慮，打算。得：投合，投契。

［13］毀軍：指毀壞軍容。

少師歸，請追楚師。隨侯將許之。季梁止之，曰：“天方授楚，楚之羸，其誘我也[1]。君何急焉？臣聞小之能敵大也，小道大淫[2]。所謂道，忠於民而信於神也[3]。上思利民，忠也；祝史正辭[4]，信也。今民餒而君逞欲，祝史矯舉以祭[5]，臣不知其可也。”公曰：“吾牲牷肥腯，粢盛豐備[6]，何則不信[7]？”對曰：“夫民，神之主也，是以聖王先成民而後致力於神[8]。故奉牲以告曰[9]：‘博碩肥腯[10]’，謂民力之普存也，謂其畜之碩大蕃滋也，謂其不疾瘯蠡也，謂其備腯咸有也[11]；奉盛以告曰[12]：‘絜粢豐盛[13]’，謂其三時不害而民和年豐也[14]；奉酒醴以告曰[15]：‘嘉栗旨酒[16]’，謂其上下皆有嘉德而無違心也[17]。所謂馨香無讒慝也[18]。故務其三時，脩其五教，親其九族，以致其禋祀[19]，於是乎民和而神降之福，故動則有成。今民各有心，而鬼神乏主；君雖獨豐，其何福之有[20]？君姑脩政而親兄弟之國，庶免於難[21]。”隨侯懼而修政，楚不敢伐。

［1］授：任用。其：將。

［2］敵：抵御，對抗。淫：邪惡。

［3］信：誠心，虔誠。

［4］祝史：主持祭祀祈禱的官。正辭：使禱告的言辭準確而無偏差。也就是説實話的意思。

［5］餒（něi）：饑餓。逞欲：縱欲，盡情享樂。矯舉：詐稱，説謊。

［6］牲牷（quán）：泛指祭祀用的牛、羊、豬等牲畜。牲：祭祀用畜。牷，純色的全牲。肥腯（tú）：同義複詞，肥壯。粢盛（zīchéng）：泛指盛在祭器中供祭祀用的穀物。粢，穀物的總稱。豐備：豐足齊備。

［7］則：副詞，表示强調，就。

［8］成：成全。

［9］奉：獻上。

［10］博：廣，多。碩：大。

［11］力：指物力、財力。蕃滋：同義複詞，繁殖。滋，通“孳”。疾：生（病）。瘯蠡（cùluǒ）：牲畜所生癬疥類皮膚病。腯：借指肥壯的牲畜。咸：都，全。

［12］盛：粢盛。

［13］絜：後來寫作“潔”。

［14］三時：指春、夏、秋三季（皆農時）。不害：没有災害。

[15] 酒醴（lǐ）：泛指酒。醴，甜酒。

[16] 栗：通"洌"，清。旨：甘美。

[17] 違：違背，離異。

[18] 馨（xīn）香：香美。馨，散播很遠的香氣。讒慝（chántè）：姦詐邪惡。

[19] 務：致力。脩：修飭。五教：指以父義、母慈、兄友、弟恭、子孝五個方面爲内容的教育。九族：指包括高祖、曾祖、祖父、父、本人、子、孫、曾孫、玄孫九代人的家族。致：表達。

[20] 其：語氣詞，加强反問。

[21] 庶：或許。

秦晉韓之戰（僖公十五年）[1]

晉侯之入也[2]，秦穆姬屬賈君焉[3]，且曰："盡納羣公子。"晉侯烝於賈君[4]，又不納羣公子，是以穆姬怨之。晉侯許賂中大夫，既而皆背之[5]。賂秦伯以河外列城五[6]，東盡虢略[7]，南及華山，内及解梁城[8]；既而不與。晉饑，秦輸之粟[9]；秦饑，晉閉之糴[10]。故秦伯伐晉。

[1] 韓：又稱韓原，地名，在今山西省河津、萬榮兩縣之間。僖公十五年：公元前645年。

[2] 晉侯：指晉惠公（晉獻公之子，名夷吾，公元前650—前637年在位）。入：指回到晉國。晉獻公有子九人，因寵驪姬，欲立驪姬所生子奚齊，殺太子申生，迫害羣公子，羣公子如重耳、夷吾等皆逃亡國外。後來奚齊被大夫里克所殺，晉國無君。夷吾厚賂秦穆公，於是秦國派軍隊送他回國即位。

[3] 秦穆姬：秦穆公夫人。也是晉獻公的女兒，太子申生的同母姐姐。屬（zhǔ）：委託，交付。賈君：申生妃。

[4] 烝（zhēng）：下淫於上。賈君爲惠公嫡長嫂，故用"烝"。

[5] 中大夫：官名。周代王廷及諸侯國職官，卿以下有上大夫、中大夫及下大夫。此指晉國執政之臣里克、丕鄭。晉惠公回國即位前曾許諾賜田里克、丕鄭，可是即位之後不久就把里克、丕鄭殺害了。

[6] 河外：指黄河以西與以南。晉都於絳（今山西翼城縣東南），位居黄河以東、以北，故稱黄河以西、以南爲河外。列城：泛稱城邑的羣體。

[7] 虢略：地名，在今河南靈寶縣。

[8] 内：指河内。及：謂包括。解梁城：即今山西省永濟縣伍姓湖北之解城。

[9] 事在魯僖公十三年（公元前647年）冬。輸：輸送，運輸。

[10] 事在魯僖公十四年（公元前646年）冬。閉：禁止。糴（dí）：購糧。

卜徒父筮之[1]，吉："涉河，侯車敗[2]。"詰之，對曰："乃大吉也。三敗，必獲晉君。其卦遇《蠱》䷑[3]，曰：'千乘三去；三去之餘，獲其雄狐。'[4]夫狐《蠱》[5]，必其君也。《蠱》之貞，風也；其悔，山也[6]。歲云秋矣[7]，我落其實而取其材，所以克也。實落、材亡，不敗，何待[8]？"

[1] 卜徒父：秦卜官，名徒父。筮（shì）：古代一種利用蓍（shī）草占卜的迷信活動。

[2] 侯：指晉侯。

[3] 蠱（gǔ）：《周易》卦名。

[4] 此爲卦辭。去：通“驅”，進軍。之餘：之後。

[5] 狐《蠱》：《蠱》卦中的雄狐。

[6] 貞：下卦，又稱内卦，代表己方、本國。悔：上卦，又稱外卦，代表外方、敵國。《蠱》卦的卦象作䷑，由巽（☴）下艮（☶）上重叠構成。巽卦象徵風，艮卦象徵山。

[7] 云：語氣助詞，起强調作用。

[8] 待：依靠，憑藉。

三敗及韓，晉侯謂慶鄭曰[1]：“寇深矣，若之何？”對曰：“君實深之，可若何！”公曰：“不孫[2]。”卜右[3]，慶鄭吉；弗使。步揚御戎，家僕徒爲右[4]。乘小駟，鄭入也[5]。慶鄭曰：“古者，大事必乘其産[6]。生其水土而知其人心，安其教訓而服習其道[7]。唯所納之[8]，無不如志。今乘異産以從戎事[9]，及懼而變，將與人易[10]。亂氣狡憤[11]，陰血周作[12]，張脉僨興[13]，外彊中乾[14]；進退不可，周旋不能[15]。君必悔之！”弗聽。

[1] 慶鄭：晉大夫。

[2] 孫：通“遜”，恭敬。

[3] 右：指車右，即兵車的右衛。

[4] 步揚：晉國公族。食采邑於步，因以爲氏。御：駕馭，駕馭。戎：兵車。家僕徒：晉大夫。

[5] 乘：駕馭，駕車。小駟：馬名。鄭：指鄭國。

[6] 大事：指戰争。

[7] 安：對……習慣。服習：熟悉。道：道路。

[8] 唯：聽憑，任隨。納：安置。

[9] 戎事：軍事，戰争。

[10] 變：謂改變常態。與人易：謂與人的意志相反。易：異，不同。

[11] 狡：乖張，不順暢。憤：充塞，脹滿。

[12] 陰血：體内的血液。周作：周身沸騰。

[13] 張脉：擴張的血管。僨（fèn）興：隆起，突起。

[14] 乾：乾竭，空虚。

[15] 周旋：旋轉，轉動。

九月，晉侯逆秦師，使韓簡視師[1]。復曰：“師少於我，鬭士倍我。”公曰：“何故？”對曰：“出因其資[2]，入用其寵[3]，饑食其粟，三施而無報，是以來也。今又擊之。我怠秦奮[4]，倍猶未也。”公曰：“一夫不可狃[5]，况國乎？”遂使請戰，曰：“寡人不佞[6]，能合其衆而不能離也。君若不還，無所逃命[7]。”秦伯使公孫枝對曰[8]：“君之未入，寡人懼之[9]；入而未定列[10]，猶吾憂也。苟列定矣，敢不承命！”韓簡退曰：“吾幸而得囚[11]。”

[1] 逆：迎，迎戰。韓簡：晉大夫。

[2] 出因其資：謂晉惠公出亡時曾依靠秦的資助。

[3] 入用其寵：謂晉惠公能回國爲君是由於秦的寵信。用，因，依靠。

[4] 怠：懈怠。奮：奮勇。

[5] 狃（niǔ）：輕慢，輕侮。

[6] 不佞（nìng）：不才。

［7］無所逃命：没有逃避命令的地方。言外之意是：既然你執意要打，我們也衹好奉陪。

［8］公孫枝：秦大夫，字子桑。

［9］懼：憂慮。

［10］列：行列，位次。此指君位。

［11］而：如果，假如。

壬戌[1]，戰于韓原。晉戎馬還濘而止[2]。公號慶鄭[3]，鄭曰："愎諫違卜[4]，固敗是求，又何逃焉？"遂去之。梁由靡御韓簡，虢射爲右[5]，輅秦伯，將止之[6]。鄭以救公誤之[7]，遂失秦伯。秦獲晉侯以歸。

晉大夫反首拔舍從之[8]。秦伯使辭焉[9]，曰："二三子何其慼也[10]！寡人之從君而西也，亦晉之妖夢是踐[11]，豈敢以至[12]？"晉大夫三拜稽首，曰："君履后土而戴皇天[13]，皇天后土，實聞君之言。羣臣敢在下風！"

［1］壬戌：九月十三日。

［2］還（xuán）：旋轉。濘：泥濘。

［3］號（háo）：大聲呼叫。

［4］愎諫：固執拒諫。

［5］梁由靡：晉大夫。虢射：晉大夫。

［6］輅（yà）：通"迓"，迎，遇上。止：俘獲。

［7］鄭：慶鄭。

［8］反首：披頭散髮。拔舍：拔起帳篷。

［9］辭：講話，告訴。

［10］二三子：猶言諸君，諸位。

［11］亦：表示限止的副詞，衹不過。晉之妖夢：據《左傳・僖公十年》載，晉大夫狐突遇到太子申生的鬼魂，斥責惠公無道，並且預言必敗於韓。踐：應驗。

［12］以至：太過分。以，通"已"，太，甚。至：極端。

［13］后土：對地的尊稱。皇天：對天的尊稱。

穆姬聞晉侯將至，以大子罃、弘與女簡璧[1]，登臺而履薪焉。使以免服衰絰逆[2]，且告曰："上天降災，使我兩君匪以玉帛相見[3]，而以興戎[4]。若晉君朝以入，則婢子夕以死；夕以入，則朝以死。唯君裁之！"乃舍諸靈臺[5]。

［1］以：率領，帶著。大子罃（yíng）：即後來的秦康公。

［2］免（wèn）服：古喪服。脱去帽子，以麻束髮。免，後來寫作"絻"。衰絰（cuīdié）：古喪服。衰，後來寫作"縗"，麻布製成，披在胸前。絰，麻做的喪帶，用於繫腰或者纏頭。

［3］匪：通"非"。以玉帛相見：指以禮相見。玉帛是諸侯互通聘問時常用的禮物。

［4］興戎：動用軍隊。

［5］舍：安置。諸："之於"的合音詞。之，指代晉惠公。靈臺：臺名。楊伯峻先生以爲"此靈臺當在秦都郊外"。

大夫請以入。公曰："獲晉侯，以厚歸也[1]；既而喪，歸焉用之[2]？大夫其何有焉[3]？且晉人慼憂以重我[4]，天地以要我[5]。不圖晉憂，重其怒也；我食吾言，背天地

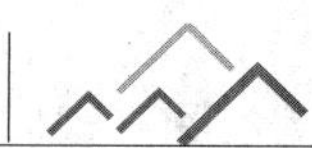

也。重怒，難任[6]；背天，不祥：必歸晉君。”公子縶曰[7]：“不如殺之，無聚慝焉[8]！”子桑曰：“歸之而質其大子，必得大成[9]。晉未可滅，而殺其君，祇以成惡[10]。且史佚有言曰[11]：‘無始禍，無怙亂[12]，無重怒。’重怒，難任；陵人[13]，不祥。”乃許晉平[14]。

[1] 厚：謂豐厚的收獲。

[2] 喪：謂發生喪事。之：指代晉侯。

[3] 何有：有何，得到甚麼。

[4] 重：通“動”，感動。

[5] 要（yāo）：約束。

[6] 任：承擔。

[7] 公子縶：秦公子，字子顯。

[8] 聚慝（tè）：留下禍害。聚：積蓄，留下。慝：邪惡，禍害。

[9] 大成：大的成就。這裏指大的好處。

[10] 成惡：謂造成關係惡化。

[11] 史佚：西周初年的史官，名佚。

[12] 始禍：首先製造禍亂。怙（hù）亂：指乘人之危。怙：依仗，憑藉。

[13] 陵：欺侮，欺凌。

[14] 平：媾和，講和。

子魚論戰（僖公二十二年）[1]

楚人伐宋以救鄭[2]。宋公將戰，大司馬固諫曰[3]：“天之弃商久矣[4]。君將興之，弗可赦也已[5]。”弗聽。

冬十一月己巳朔，宋公及楚人戰于泓[6]。宋人既成列，楚人未既濟[7]。司馬曰：“彼衆我寡，及其未既濟也，請擊之[8]。”公曰：“不可。”既濟而未成列，又以告。公曰：“未可。”既陳而後擊之，宋師敗績[9]。公傷股，門官殲焉[10]。

[1] 子魚：宋襄公庶兄，官大司馬。僖公二十二年：公元前638年。

[2] 本年夏，宋伐鄭。

[3] 宋公：指宋襄公，公元前650—前637年在位。大司馬：官名，主持軍政。此指子魚。固：堅決。

[4] 商：宋國别稱。周滅商後，封商貴族微子啓的後代於宋，故宋又稱商。

[5] 赦：赦免，饒恕。也已：語氣詞連用。“也”表示肯定語氣；“已”通“矣”，表示將然。

[6] 朔：陰曆每月初一。泓：水名，在今河南柘城縣北。

[7] 前“既”：已經。後“既”：盡，完全。濟：渡水，過河。

[8] 司馬：即大司馬子魚。及：趁著。

[9] 陳：擺開陣勢，後來寫作“陣”。敗績：潰敗。

[10] 股：大腿。門官：侍衛。

國人皆咎公[1]。公曰：“君子不重傷，不禽二毛[2]。古之爲軍也，不以阻隘也[3]。寡人雖亡國之餘，不鼓不成列[4]。”子魚曰：“君未知戰。勍敵之人，隘而不列，天贊我也[5]；阻而鼓之，不亦可乎？猶有懼焉。且今之勍者，皆吾敵也。雖及胡耇，獲則取之[6]，何有於二毛？明恥教戰[7]，求殺敵也。傷未及死，如何勿重？若愛重傷，則如勿傷[8]。愛其二毛，則如服焉。三軍以利用也，金鼓以聲氣也[9]。利而用之，阻隘可也；聲盛致志，鼓儳可也[10]。"

[1] 國人：指國都中人。咎：責怪，歸罪。

[2] 君子：指有道德的人。重（chóng）傷：謂再次殺傷已經負傷的人。禽：後來寫作"擒"。二毛：指頭髮斑白（黑白相間）的人。

[3] 爲軍：用兵。不以阻隘：謂不乘人之危。以：趁。阻隘：險阻，指危難境地。

[4] 亡國之餘：被滅亡的商國國君的後代。鼓：謂擊鼓進攻。

[5] 勍（qíng）：强勁。敵：敵對。贊：幫助。

[6] 及：指碰上。胡耇（gǒu）：老年人。取：割下戰俘的左耳。

[7] 明恥：説明白甚麼是恥辱。

[8] 愛：憐憫，可憐，不忍心。如：應當，應該。

[9] 金鼓：偏義複合詞，指鼓。金，指鉦（一種樣子似鈴的軍樂器）。古代鳴金是號令退兵，擊鼓是號令進軍。以聲氣：用聲音鼓舞士氣。

[10] 致志：引發鬥志。儳（chán）：雜亂不齊。這裏指雜亂不齊的敵軍隊伍。

鄭敗宋師獲華元（宣公二年）[1]

二年春，鄭公子歸生受命于楚，伐宋。宋華元、樂吕御之[2]。二月，壬子，戰于大棘[3]。宋師敗績。囚華元，獲樂吕，及甲車四百六十乘[4]。俘二百五十人，馘百人[5]。

狂狡輅鄭人[6]，鄭人入于井。倒戟而出之，獲狂狡。

君子曰："失禮違命[7]，宜其爲禽也。戎，昭果毅以聽之之謂禮[8]。殺敵爲果，致果爲毅[9]。易之[10]，戮也。"

[1] 華元：宋國右師，官居六卿之首。宣公二年：公元前607年。

[2] 樂吕：宋國司寇。御：後來寫作"禦"，抵擋，抵禦。

[3] 大棘：宋地名，在今河南柘城縣西北。

[4] 甲車：兵車。甲車一乘有甲士3人，步卒72人。

[5] 馘（guó）：戰爭中割下被殺敵人的左耳（"馘"的目的是爲了計功）。

[6] 狂狡：宋國大夫。輅：通"迓"，迎（戰）。

[7] 失禮：喪失原則。禮：指制度，原則。

[8] 戎：戰爭。昭：顯示，表現出來。果毅：果敢剛毅。

[9] 致：達到。

[10] 易：變易，改變。

將戰，華元殺羊食士，其御羊斟不與[1]。及戰，曰："疇昔之羊，子爲政[2]；今日之事，我爲政。"與入鄭師，故敗。

君子謂："羊斟，非人也！以其私憾，敗國殄民[3]；於是刑孰大焉[4]！《詩》所謂'人之無良'者[5]，其羊斟之謂乎？殘民以逞[6]！"

[1] 食（sì）：給……喫。御：車伕。羊斟：人名。又稱叔牂。

[2] 疇昔：先前，日前。爲政：掌權，做主。

［3］憾：怨恨。殄（tiǎn）：殘害。

［4］是：代詞，指代羊斟的所作所爲。刑：刑罰。

［5］《詩經·鄘風·鶉之奔奔》有“人之無良，我以爲兄”，“人之無良，我以爲君”的詩句。

［6］逞：實現心願，滿足私欲。

宋人以兵車百乘，文馬百駟[1]，以贖華元于鄭。半入[2]，華元逃歸。立于門外，告而入[3]。見叔牂，曰：“子之馬然也[4]？”對曰：“非馬也，其人也！”既合而來奔[5]。

［1］文馬：毛色有文彩的馬。百駟：四百匹。駟，同駕一輛車的四匹馬。

［2］半入：贖華元的車馬剛送入鄭國一半。

［3］告而入：杜預注以爲：“告宋城門而後人，言不苟。”

［4］也：通“邪”，表疑問語氣詞。

［5］合：回答。來奔：謂逃奔到魯國來。

宋城，華元爲植，巡功[1]。城者謳曰[2]：“睅其目，皤其腹[3]；弃甲而復！于思于思[4]，棄甲復來！”使其驂乘謂之曰[5]：“牛則有皮，犀兕尚多；弃甲則那[6]？”役人曰：“從其有皮，丹漆若何[7]？”華元曰：“去之！夫其口衆我寡[8]！”

［1］城：作動詞用，築城。植：工事主管、監督人。巡功：巡視工程。

［2］謳：謳歌，唱。

［3］睅（hàn）：眼睛凸。皤（pó）：肚皮大。

［4］于：助詞，起湊足音節的作用。思（sāi）：後來寫作“鬛”，多鬚的樣子。

［5］驂乘（cānchéng）：即車右，侍衛。

［6］兕（sì）：雌性犀牛。那（nuó）：“奈何”的合音詞。

［7］從：後來寫作“縱”，縱然。丹：朱砂，一種紅色的礦物質，可作染料。丹和漆都是塗甲的必要用料。

［8］夫其：複合虛詞，用同代詞“彼”，他們。

晉靈公不君（宣公二年）[1]

晉靈公不君。厚斂以彫牆[2]。從臺上彈人，而觀其辟丸也。宰夫胹熊蹯不熟[3]，殺之，寘諸畚[4]，使婦人載以過朝[5]。趙盾、士季見其手[6]，問其故而患之。將諫，士季曰：“諫而不入，則莫之繼也[7]。會請先；不入，則子繼之[8]。”三進及溜[9]，而後視之，曰：“吾知所過矣，將改之。”稽首而對曰[10]：“人誰無過？過而能改，善莫大焉。《诗》曰：‘靡不有初，鮮克有終[11]。’夫如是，則能補過者鮮矣。君能有終，則社稷之固也[12]，豈惟羣臣賴之！又曰：‘衮職有闕，惟仲山甫補之[13]。’能補過也。君能補過，衮不廢矣。”

［1］晉靈公：名夷皐，公元前620—前607年在位，是歷史上有名的暴君。

［2］厚斂：加重賦稅。斂，賦稅。彫：畫，繪飾。

［3］宰夫：廚子。胹（ér）：燉，煮。熊蹯（fán）：熊掌。

［4］畚（běn）：用草繩或竹篾、樹枝等編成的盛物器具。

［5］載：用車裝運。

[6] 趙盾：晉國正卿（相當於首相），謚號宣子。士季：晉國大夫，名會。

[7] 莫：否定性無定代詞，表示“没有誰”。之：代詞。這裏活用來表示第一人稱複數“我們”，作“繼”的賓語。

[8] 之：代詞。這裏活用來表示第一人稱單數“我”。

[9] 溜：通“霤”，房頂瓦壠滴水處，這裏指屋檐下。

[10] 稽（qǐ）首：古代一種跪拜禮：叩頭至地，停留多時。是九拜中最爲恭敬的禮節。

[11] 見《詩經·大雅·蕩》。靡：否定性無定代詞，表示“没有誰”。鮮：少。克：能。

[12] 固：保障。

[13] 見《詩經·大雅·烝民》。衮（gǔn）：帝王穿的禮服，也用於借代天子、國君或君位。職：通“適”，偶然。闕：破裂，破損。仲山甫：周宣王的大臣。此《詩》中以衮袍的破損比喻周宣王的過失，以補衮袍比喻仲山甫匡正宣王的過錯。

猶不改。宣子驟諫[1]。公患之，使鉏麑賊之[2]。晨往，寢門闢矣[3]。盛服將朝[4]，尚早，坐而假寐[5]。麑退，歎而言曰：“不忘恭敬，民之主也。賊民之主，不忠；弃君之命，不信。有一於此，不如死也。”觸槐而死[6]。

[1] 驟：屢次。

[2] 患：厭惡。鉏麑（Xúní）：晉國力士。賊：殺。

[3] 闢：開。

[4] 盛服：盛裝。這裏作動詞用，意爲穿著華丽的朝服。

[5] 假寐：不脱衣帽打盹兒。

[6] 觸：碰撞。

秋九月，晉侯飲趙盾酒[1]，伏甲將攻之[2]。其右提彌明知之[3]，趨登[4]，曰：“臣侍君宴，過三爵[5]，非禮也。”遂扶以下。公嗾夫獒焉[6]。明搏而殺之。盾曰：“弃人用犬，雖猛，何爲[7]？”鬭且出。提彌明死之[8]。

[1] 飲（yìn）：這裏屬使動用法，是“使……飲，給……喝”的意思。

[2] 甲：鎧甲，借代穿戴鎧甲的武士。

[3] 右：指車右，也即驂乘。古制：一車乘三人，尊者居左，御者居中（尊者若是君王或者戰時主帥則改居中，而御者居左），驂乘居右。車右由力士充當，執干戈以禦敵，兼任力役之事。提（chí）彌明：人名。

[4] 趨：快步走。登：指登堂。

[5] 爵：古代飲酒器。

[6] 嗾（sǒu）：本義是嗾狗聲，這裏作動詞用，表示“發聲嗾狗”的意思。夫（fú）：指示代詞，那（條）。獒（áo）：高大兇猛的犬。

[7] 何爲：即爲何，做甚麽，能頂甚麽用。

[8] 死：爲動用法，爲……死。之：代詞，代趙盾。

初，宣子田於首山，舍于翳桑[1]，見靈輒餓[2]，問其病。曰：“不食三日矣。”食之[3]，舍其半。問之。曰：“宦三年矣[4]，未知母之存否。今近焉，請以遺之。”使盡之，而爲之簞食與肉，寘諸橐以與之[5]。既而與爲公介，倒戟以禦公徒[6]，而免之。問何故，

對曰："翳桑之餓人也。"問其名居，不告而退。——遂自亡也[7]。

[1] 田：後來寫作"畋"，打獵。首山：即首陽山，在今山西省永濟縣南。舍：住宿。翳桑：地名。

[2] 靈輒：人名。

[3] 食（sì）：使動用法，使……食，給……喫。之：代詞，代靈輒。

[4] 宦：做貴族的奴僕。

[5] 簞（dān）：古代盛飯用的竹筐。食：飯。橐（tuó）：口袋。

[6] 與（yù）：參加。介：通"甲"，甲士。倒戟（dàojǐ）：把戟掉轉頭。戟：一種古兵器，合戈、矛爲一體，兼具戈之横擊、矛之直刺兩種作用。

[7] 亡：逃亡。

乙丑，趙穿攻靈公於桃園[1]。宣子未出山而復[2]。大史書曰[3]："趙盾弑其君[4]。"以示於朝。宣子曰："不然！"對曰："子爲正卿，亡不越竟，反不討賊[5]，非子而誰？"宣子曰："烏呼！'我之懷矣，自詒伊慼[6]'，其我之謂矣！"

孔子曰："董狐，古之良史也，書法不隱[7]。趙宣子，古之良大夫也，爲法受惡[8]。惜也！越竟乃免[9]。"

[1] 乙丑：即（魯宣公二年九月）二十六日。趙穿：晉卿，趙盾從兄弟。攻：當爲"殺"字之誤（據王引之《經義述聞》卷十八説）。桃園：晉靈公的園囿。

[2] 山：指河内温山（據王引之《經義述聞》卷十八説），在今河南省修武縣北。復：返回。

[3] 大（tài）史：官名，專管記載國家大事。這裏指晉太史董狐。大，後來寫作"太"。

[4] 弑（shì）：古代稱臣殺死君、子殺死父爲弑。

[5] 竟：後來寫作"境"，國境。反：後來寫作"返"，返回。賊：古稱作亂叛國危害人民的人。這裏是指趙穿。

[6] 二句見《詩經·邶風·雄雉》，今本《詩經》"慼"作"阻"。懷：眷戀。詒：通"貽"，給。伊：指示代詞，此，這。慼：憂傷。趙盾引用這兩句詩意思是説：由於自己眷戀祖國而亡不越境，結果給自己帶來了憂傷。

[7] 書法：據法而書。法：原則，這裏指古代史官所共同遵循的記事原則。

[8] 受惡：蒙受惡名（壞名聲）。

[9] 越竟乃免：杜預注曰："越竟則君臣之義絶，可以不討賊。"

宋人及楚人平（宣公十四年、十五年）[1]

楚子使申舟聘于齊[2]，曰："無假道于宋[3]。"亦使公子馮聘于晉[4]，不假道于鄭。申舟以孟諸之役惡宋[5]，曰："鄭昭宋聾[6]；晉使不害，我則必死。"王曰："殺女，我伐之！"見犀而行[7]。

及宋，宋人止之。華元曰："過我而不假道，鄙我也[8]；鄙我，亡也。殺其使者，必伐我；伐我，亦亡也。亡，一也。"乃殺之。

楚子聞之，投袂而起[9]。屨及於窒皇，劍及於寢門之外，車及於蒲胥之市[10]。

秋，九月，楚子圍宋。

[1] 平：媾和，講和。宣公十四年：公元前595年。

[2] 楚子：指楚莊王（公元前613—前591年在位）。申舟：楚大夫。名毋畏，字子舟。聘：古代諸

侯之間或者諸侯與天子之間派使節問候。

[3] 假道：借路。

[4] 公子馮（píng）：楚同姓公族。

[5] 孟諸：澤名，在宋境內（今河南商丘東北）。役：事。魯文公十年（公元前617年），宋昭公曾迎楚穆王來到孟諸射獵。因宋君違楚王命，申舟把宋君的御者痛打了一頓。惡（wù）宋：憎惡於宋。

[6] 昭：昭明，明白。聾：昏聵，糊塗。

[7] 見（xiàn）犀：讓犀謁見楚王。犀：申舟的兒子。

[8] 鄙我：謂楚視宋爲邊邑。鄙：邊邑。

[9] 投袂（mèi）：甩袖子。

[10] 窒皇：宫中甬道。寢門：宫中最裏面的殿門。蒲胥：地名。此三句極寫楚王憤怒之甚、興兵之速。桂馥説："楚子未納屨、未帶劍、未乘車，急遽而走。左右奉屨，追及于窒皇；奉劍，追及于寢門之外；御者駕車，追及于蒲胥之市。"（見所著《札樸》）此上爲宣公十四年事，此下爲宣公十五年事。

宋人使樂嬰齊告急于晉。晉侯欲救之[1]。伯宗曰[2]："不可！古人有言曰：'雖鞭之長，不及馬腹。'天方授楚，未可與争；雖晉之彊，能違天乎？諺曰：'高下在心。'川澤納汙，山藪藏疾，瑾瑜匿瑕，國君含垢[3]，天之道也。君其待之！"乃止。

[1] 晉侯：指晉景公（公元前599—前581年在位）。

[2] 伯宗：晉大夫。

[3] 川澤：泛指江河湖泊。山藪（sǒu）：指山深林密之處。疾：指蛇蝎一類毒害之物。瑾瑜：美玉。瑕：玉上面的瘢疵。含：容忍。垢（gòu）：恥辱。

使解揚如宋[1]，使無降楚；曰："晉師悉起，將至矣！"鄭人囚而獻諸楚。楚子厚賂之，使反其言，不許；三而許之。登諸樓車[2]，使呼宋而告之。遂致其君命[3]。楚子將殺之，使與之言曰："爾既許不穀[4]，而反之，何故？非我無信，女則弃之[5]。速即爾刑[6]！"對曰："臣聞之：君能制命爲義，臣能承命爲信，信載義而行之爲利[7]。謀不失利，以衛社稷，民之主也。義無二信，信無二命。君之賂臣，不知命也。受命以出，有死無霣[8]，又可賂乎？臣之許君，以成命也；死而成命，臣之禄也[9]。寡君有信臣，下臣獲考死[10]，又何求？"楚子舍之以歸。

[1] 解揚：晉大夫。如：前往，到……去。

[2] 樓車：古代一種上面設有瞭望樓的戰車。

[3] 致：傳達，送達。

[4] 不穀：第一人稱代詞，專用於諸侯自稱。

[5] 則：副詞，表示强調。

[6] 即：接受。

[7] 載：承載，擔負。

[8] 霣：通"隕"，廢墜，廢棄。

[9] 禄：福。

[10] 獲考：謂得以完成使命。考：成，完成。

夏，五月，楚師將去宋。申犀稽首於王之馬前，曰："毋畏知死而不敢廢王命。王弃言焉！"王不能荅。申叔時僕[1]，曰："築室，反耕者[2]，宋必聽命。"從之。

宋人懼，使華元夜入楚師。登子反之牀[3]，起之，曰："寡君使元以病告[4]，曰：'敝邑易子而食，析骸以爨[5]；雖然，城下之盟，有以國斃[6]，不能從也。去我三十里，唯命是聽！'"子反懼，與之盟而告王，退三十里。

宋及楚平。華元爲質[7]。盟曰："我無爾詐，爾無我虞[8]！"

［1］申叔時：楚臣。僕：駕車。

［2］反：後來寫作"返"。築室、反耕者，表示準備久留。

［3］子反：楚司馬，名側，字子反。

［4］病：指嚴重的困難。

［5］析：拆散，拆開。骸：人的骨頭。爨（cuàn）：燒火做飯。

［6］以：與，同。斃：滅亡。

［7］質：人質。

［8］詐：欺騙。虞：義同"詐"。

齊晉鞌之戰（成公二年）[1]

六月壬申，師至于靡笄之下[2]。齊侯使請戰[3]，曰："子以君師辱於敝邑[4]，不腆敝賦，詰朝請見[5]。"對曰："晉與魯、衛，兄弟也；來告曰：'大國朝夕釋憾於敝邑之地[6]。'寡君不忍，使羣臣請於大國，無令輿師淹於君地[7]。能進不能退，君無所辱命[8]。"齊侯曰："大夫之許，寡人之願也；若其不許，亦將見也。"齊高固入晉師[9]，桀石以投人，禽之[10]；而乘其車，繫桑本焉，以徇齊壘[11]，曰："欲勇者賈余餘勇[12]！"

［1］鞌（ān）：齊國地名，在今山東濟南市西北。成公二年：公元前589年。齊晉鞌之戰的起因是：齊伐魯，衛救魯侵齊失敗，於是魯衛嚮晉求救，晉派兵助攻齊。

［2］六月壬申：即（魯成公二年）六月十六日。師：軍隊，這裏指晉國的軍隊。靡笄（mǐjī）：齊地山名，即今山東濟南市南郊的千佛山。

［3］齊侯：指齊頃公，名無野，公元前598—前582年在位。

［4］以：率領。辱：謂辱臨，屈尊光臨。敝邑：謙稱自己的國家。敝，用於對自己或自己一方的謙稱。

［5］腆（tiǎn）：充裕。賦：兵員，軍隊。詰朝：次日早晨。

［6］大國：這裏是對齊國的尊稱。釋憾：洩憤。釋，發洩。憾，怨恨。

［7］無令：不讓。輿：衆。淹：久留。

［8］君無所辱命：您没有屈尊發令的必要。連上句意思是說：既然嚮齊國出兵，自然有進無退，用不著您吩咐。

［9］高固：齊大夫，又稱高宣子。

［10］桀：通"揭"，舉。禽：後來寫作"擒"，捕捉。

［11］桑本：桑樹根。徇（xùn）：巡行示威。壘：防護軍營的牆壁或建築物、堆積物。

［12］賈（gǔ）：購買。

癸酉[1]，師陳于鞌。邴夏御齊侯，逢丑父爲右[2]。晉解張御郤克，鄭丘緩爲右[3]。

齊侯曰："余姑翦滅此而朝食!"不介馬而馳之[4]。郤克傷於矢，流血及屨[5]，未絶鼓音，曰："余病矣[6]!"張侯曰："自始合[7]，而矢貫余手及肘；余折以御，左輪朱殷[8]。豈敢言病？吾子忍之。"緩曰："自始合，苟有險[9]，余必下推車。子豈識之？——然子病矣。"張侯曰："師之耳目，在吾旗鼓，進退從之。此車一人殿之，可以集事[10]。若之何其以病敗君之大事也[11]？擐甲執兵，固即死也[12]；病未及死，吾子勉之[13]!"左并轡，右援枹而鼓，馬逸不能止[14]。師從之。齊師敗績。逐之，三周華不注[15]。

[1] 癸酉：即（魯成公二年六月）十七日。

[2] 邴夏：齊大夫。御：駕車。逢丑父（fǔ）：齊大夫。

[3] 解（xiè）張：晉臣，又稱張侯。郤（xì）克：晉軍主帥，又稱郤獻子。鄭丘緩：晉臣。複姓鄭丘，名緩。

[4] 介：通"甲"。

[5] 屨（jù）：鞋。

[6] 病：古代稱病情、傷勢嚴重，或者極度勞累以致體力難以支持爲"病"。

[7] 合：交鋒，交戰。

[8] 朱殷（yān）：殷紅色。

[9] 險：險阻。

[10] 殿：鎮守。集：完成。

[11] 若之何：如何，怎麽。其：語氣詞，加强反問。

[12] 擐（huàn）：穿著。固：本來。即：走向。

[13] 勉：努力。

[14] 轡（pèi）：韁繩。援：抓過來。枹（fú）：同"桴"，鼓槌。逸：狂奔。

[15] 周：圈。這裏作動詞用，繞圈子。華不（huáfū）注：山名。在今山東濟南市東北。

韓厥夢子輿謂己曰[1]："旦辟左右[2]。"故中御而從齊侯[3]。邴夏曰："射其御者，君子也[4]。"公曰："謂之君子而射之[5]，非禮也。"射其左，越于車下；射其右，斃于車中[6]。綦毋張喪車[7]，從韓厥曰："請寓乘[8]。"從左右，皆肘之，使立於後。

[1] 韓厥：晉軍司馬。子輿：韓厥父，已死。

[2] 辟：後來寫作"避"，避開。左右：指兵車左右兩側的位置。

[3] 從：追趕。

[4] 君子：此指貴族。

[5] 君子：此指有才有德的人。"君子"一詞有歧義，齊侯誤會邴夏所説"君子"的意思。

[6] 斃：倒。

[7] 綦（qí）毋張：晉大夫，複姓綦毋，名張。

[8] 寓乘：搭坐（他人的車船）。寓：寄。

韓厥俛，定其右[1]。逢丑父與公易位。將及華泉，驂絓於木而止[2]。丑父寢於轏中[3]，蛇出於其下，以肱擊之，傷而匿之[4]，故不能推車而及[5]。韓厥執縶馬前[6]，再拜稽首，奉觴加璧以進[7]，曰："寡君使羣臣爲魯衛請，曰無令輿師陷入君地。下臣不幸，屬當戎行[8]，無所逃隱，且懼奔辟而忝兩君[9]。臣辱戎士，敢告不敏，攝官承乏[10]。"丑父使公下，如華泉取飲。鄭周父御佐車，宛茷爲右[11]，載齊侯以免。韓厥獻

丑父，郤獻子將戮之。呼曰："自今無有代其君任患者[12]，有一於此，將爲戮乎?" 郤子曰："人不難以死免其君，我戮之不祥。赦之，以勸事君者[13]。" 乃免之[14]。

[1] 俛：同"俯"，彎下身子。右：指上文"斃于車中"的車右。

[2] 華泉：泉名，在華不注山腳下。驂（cān）：駕車的三或四匹馬中，位於兩旁的馬。絓（guà）：絆住。

[3] 轏（zhàn）：即棧車，一種有棚的輕便車。

[4] 肱（gōng）：手臂。匿：隱瞞。

[5] 及：（被）趕上。

[6] 執縶馬前：《説文解字》引作"執䩞前"。"縶"同"䩞"，即絆馬索。今本《左傳》當衍一"馬"字。

[7] 奉：後來寫作"捧"。觴（shāng）：盛滿酒的酒杯。璧：玉器名。扁平，圓形，中心有孔（孔徑小於邊寬）。進：獻。上三句寫韓厥對（假）齊侯行臣僕之禮。

[8] 屬：恰好，碰巧。當：在。戎行（háng）：軍隊。

[9] 忝（tiǎn）：恥辱。兩君：指齊、晉兩國國君。

[10] 戎士：軍士，士兵。敏：聰明。攝：代理。承：擔任。乏：指官職的空缺。

[11] 鄭周父（fǔ）、宛茷（fèi）都是齊臣。佐車：副將所乘戰車。

[12] 自今：于今，當今。任患：承擔患難。

[13] 勸：鼓勵。

[14] 免：赦免。

吕相絶秦（成公十三年）[1]

夏，四月戊午，晉侯使吕相絶秦[2]。曰：

昔逮我獻公及穆公相好，戮力同心[3]，申之以盟誓，重之以昏姻[4]。天禍晉國，文公如齊，惠公如秦[5]。無禄，獻公即世[6]。穆公不忘舊德，俾我惠公用能奉祀于晉[7]。又不能成大勳，而爲韓之師[8]。亦悔于厥心，用集我文公[9]，是穆之成也[10]。

[1] 吕相：晉臣。姓魏名相，因食邑於吕，故稱吕相。絶：與……絶交。成公十三年：公元前578年。

[2] 戊午：即（魯成公十三年四月）初五日。晉侯：指晉厲公（公元前580—前573年在位）。

[3] 昔逮：同義連文，從前，以前。獻公：指晉獻公（公元前676—前651年在位）。穆公：指秦穆公（公元前659—前621年在位）。戮（lù）力：併力，合力。戮，通"勠"。

[4] 申：表明，表達。盟誓：結盟立誓。重：加重，加深。昏：後來寫作"婚"。秦穆公夫人是晉獻公的女兒。

[5] 文公：即公子重耳。如：前往，到……去。惠公：即公子夷吾。晉獻公寵愛驪姬。驪姬要立己子奚齊，讒言加害太子申生及羣公子。於是申生自殺，重耳流亡齊、楚等國，夷吾流亡至秦。

[6] 無禄：不幸。即世：去世。晉獻公死於公元前651年。

[7] 俾：使。用：介詞，因爲，由於。這裏"用"後省略了賓語。奉祀：主持祭祀。指當上國君。晉獻公死後，晉國内亂，秦穆公派兵護送晉公子夷吾返晉，立爲國君。

[8] 勳：功，功勞。爲：有，發生。韓：即韓原，晉地名，在今山西省河津、萬榮兩縣之間。師：軍事行動，戰爭。夷吾（晉惠公）回國後，對秦忘恩負義。公元前645年，秦穆公出兵伐晉，戰於韓原，晉惠公被俘。

[9] 集：成就（動詞）。公元前636年，秦穆公派兵護送晉公子重耳返晉，立爲國君。

[10] 穆：穆公。成：成全。

文公躬擐甲胄，跋履山川[1]，踰越險阻，征東之諸侯虞、夏、商、周之胤而朝諸秦[2]，則亦既報舊德矣。鄭人怒君之疆埸，我文公帥諸侯及秦圍鄭[3]。秦大夫不詢于我寡君，擅及鄭盟[4]。諸侯疾之，將致命于秦[5]。文公恐懼，綏靜諸侯[6]；秦師克還無害，則是我有大造于西也[7]。

[1] 躬：親自。甲胄（zhòu）：鎧甲頭盔。跋履：跋涉。

[2] 胤（yìn）：後代。

[3] 怒：逾越。這裏有"侵犯"的意思。疆埸（yì）：邊疆，邊境。秦、晉圍鄭事見《左傳·僖公三十年》，真正的起因是"以其無禮於晉，且貳於楚也"。

[4] 詢：商量。時鄭派大夫燭之武説服秦穆公單方面撤軍，與鄭訂立盟約的是穆公本人。吕相説成是"秦大夫"，完全出於修辭需要。

[5] 疾：憎恨，厭惡。致命：拼命。致，獻出。據《左傳·僖公三十年》載，當時提出攻打秦軍的是晉文公舅父狐偃。

[6] 綏靜：綏靖，安撫。靜，通"靖"。

[7] 克：能。造：功績。西：指秦國。秦國在晉國之西。

無禄，文公即世。穆爲不弔[1]，蔑死我君，寡我襄公[2]，迭我殽地[3]，奸絶我好[4]，伐我保城，殄滅我費滑[5]，散離我兄弟，撓亂我同盟[6]，傾覆我國家。我襄公未忘君之舊勳，而懼社稷之隕，是以有殽之師。猶願赦罪于穆公。穆公弗聽，而即楚謀我[7]。天誘其衷，成王隕命[8]，穆公是以不克逞志于我。

[1] 不弔：不淑，不善。

[2] 蔑死我君：當從或本作"蔑我死君"（説詳楊伯峻《春秋左傳注》）。死君：指晉文公。寡：弱小。這裏是意動用法，"認爲……弱小（可欺）"。襄公：晉文公的兒子，文公死后嗣立爲君，公元前627—前621年在位。

[3] 迭（yì）：通"軼"，襲擊。殽（yáo）：山名，在今河南洛寧縣西北。魯僖公三十三年（公元前627年），秦軍曾越晉境謀偷襲鄭，至滑，知鄭人有備，滅滑而返。返途中於殽地遭到晉軍截擊，三帥被俘。

[4] 奸絶：遏絶，阻絶。引申指圍困，圍攻。奸，通"扞"。我好：指晉國友好的國家，即鄭國。

[5] 保城：城堡。保，後來寫作"堡"，小城。殄（tiǎn）滅：消滅。殄，滅絶。費（bì）滑：指滑國（春秋時期一個小國）。"滑"是國名，"費"是滑的國都，在今河南偃師縣。

[6] 撓（náo）亂：攪亂，擾亂。鄭、滑二國與晉國同爲姬姓，既是盟國，又是兄弟之邦。

[7] 即：至，到。謀：圖謀，指策劃對付。秦、晉殽之戰後，秦曾釋放楚臣鬬克，企圖與楚聯合起來對付晉國。但因次年（公元前626年）楚成王被太子商臣（楚穆王）逼迫自殺，故謀不成。

[8] 天誘其衷：老天爺動了他的善心。誘：觸動，觸發。衷：内心。隕命：喪命。

穆、襄即世，康、靈即位[1]。康公，我之自出[2]，又欲闕翦我公室[3]，傾覆我社稷，帥我蝥賊以來蕩摇我邊疆，我是以有令狐之役[4]。康猶不悛，入我河曲，伐我涑川，俘我王官，翦我羈馬，我是以有河曲之戰[5]。東道之不通，則是康公絶我好也[6]。

[1] 康：指秦康公罃（秦穆公太子，公元前620—前609年在位）。靈：指晉靈公夷皋（晉襄公太子，公元前620—前607年在位）。

[2] 秦康公的母親穆姬是晉獻公的女兒。

[3] 闕翦：毁滅。公室：諸侯的家族，王室。

[4] 蝥（máo）賊：兩種傷害禾稼的害蟲（蝥食禾根，賊食禾節），比喻害人蟲。這裏指晉公子雍。蕩摇：動摇。令狐：晉地名，在今山西臨猗縣西。公子雍是晉文公的兒子，一直寄居秦國。晉襄公死後，趙盾等卿大夫因爲太子年幼，主張立公子雍，於是派人赴秦迎公子雍；秦國也派軍隊護送公子雍回國。可是這時太子夷皋的母親穆嬴出面堅決反對，趙盾臨時變卦改立夷皋（靈公），而且出兵拒秦，在令狐擊敗秦軍。

[5] 悛（quān）：悔改。河曲：晉地名，在今山西永濟縣東南。涑（sù）川：晉地名，在今山西永濟縣東北。俘：擄掠。王官：晉地名，在今山西聞喜縣西。翦：殺戮。羈馬：晉地名，在今山西永濟縣南。河曲之戰：魯文公十二年（公元前615年）冬，秦爲報令狐之讎伐晉，取羈馬，秦晉兩軍戰於河曲。

[6] 東道之不通：指秦、晉兩國斷絶交往。晉國在秦國東，從秦人角度説，往晉之路爲東道。

及君之嗣也，我君景公引領西望[1]，曰："庶撫我乎[2]？"君亦不惠稱盟[3]，利吾有狄難，入我河縣[4]，焚我箕、郜，芟夷我農功，虔劉我邊垂[5]。我是以有輔氏之聚[6]。君亦悔禍之延，而欲徼福于先君獻、穆，使伯車來命我景公曰[7]："吾與女同好弃惡，復脩舊德，以追念前勳[8]。"言誓未就[9]，景公即世，我寡君是以有令狐之會[10]。

[1] 君：指秦桓公（秦共公之子，公元前603—前577年在位）。景公：晉成公之子，名據，公元前599—前581年在位。引領：伸長脖子。

[2] 庶：或許，大概。

[3] 惠：表敬副詞，加惠。稱盟：舉行盟會。

[4] 狄難（nàn）：狄人入侵的禍難。魯宣公十五年（公元前594年）六月，晉滅赤狄潞氏。吕相所謂的"狄難"指此。河縣：指濱臨黄河的縣邑。

[5] 箕：晉邑名，在今山西蒲縣箕城。郜（gào）：晉地名，在今山西祁縣西。芟（shān）夷：割除，鏟除。農功：農作物。虔劉：殺戮。邊垂：邊疆，邊境。垂，後來寫作"陲"。

[6] 輔氏：晉地名，在今陝西大荔縣東。聚：聚集，指集結軍隊，又引申指軍事行動。魯宣公十五年七月，秦桓公伐晉，與晉軍戰於輔氏，被晉將魏顆打敗。

[7] 徼（yāo）：求。伯車：秦桓公的兒子，名鍼。

[8] 同好：同心友好。惡（è）：不友好，指嫌隙，怨恨。脩：遵循，遵行。德：指得人心的措施、做法。追念：回憶。前勳：前代的功績。

[9] 就：成，完成。

[10] 令狐之會：魯成公十一年（公元前580年），秦、晉約定在晉國令狐會盟，晉厲公先到，秦桓公不肯涉過黄河，派史顆到河東與晉侯盟，晉也派郤犨（xìchōu）過河西與秦伯盟。

君又不祥[1]，背弃盟誓。白狄及君同州[2]，君之仇讎而我昏姻也。君來賜命曰："吾與女伐狄。"寡君不敢顧昏姻，畏君之威而受命于吏[3]。君有二心於狄[4]，曰："晉將伐女。"狄應且憎[5]，是用告我。楚人惡君之二三其德也[6]，亦來告我曰："秦背令狐之盟，而來求盟于我，昭告昊天上帝、秦三公、楚三王曰[7]：'余雖與晉出入[8]，余唯利是視。'

不穀惡其無成德，是用宣之，以懲不壹[9]。"

[1] 不祥：不善。謂不安好心。

[2] 白狄：狄族中的一支。州：指雍州（包括今陝西、甘肅二省及青海的一部分）。

[3] 受命：指下伐狄的命令。受，後來寫作"授"。

[4] 有：又。二心：異心。

[5] 應：接受。且：一面（邊）……一面（邊）……。

[6] 二三：作動詞用，意爲兩次三番地改變。德：心，心意。

[7] 昭：明白。昊（hào）天：皇天。昊：元氣博大的樣子。秦三公：指秦穆公、康公、共公。楚三王：指楚成王、穆王、莊王。

[8] 出入：往來。

[9] 不穀：古代君主自稱謙詞。成：定，固定。宣：揭露，公佈。壹：專一。

諸侯備聞此言，斯是用痛心疾首，暱就寡人[1]。寡人帥以聽命，唯好是求。君若惠顧諸侯，矜哀寡人而賜之盟[2]，則寡人之願也，其承寧諸侯以退[3]，豈敢徼亂？君若不施大惠，寡人不佞，其不能以諸侯退矣[4]！

敢盡布之執事，俾執事實圖利之[5]！

[1] 備：盡，完全。斯：這樣，這就。痛心疾首：形容極度痛恨。暱就：親近。

[2] 顧：顧念。矜（jīn）哀：憐憫，同情。

[3] 其：將。承：承擔，接受。寧：安定。

[4] 不佞（nìng）：不才。其：語氣詞，表示委婉語氣，恐怕，大概。以：率領。

[5] 布：宣告。執事：對對方（尊貴者，尤其是别國君主）的敬稱。實：切實。

鄭子産爲政（襄公三十年）[1]

鄭子皮授子産政[2]。辭曰："國小而偪[3]，族大寵多，不可爲也。"子皮曰："虎帥以聽，誰敢犯子！子善相之[4]。國無小；小能事大，國乃寬[5]。"

[1] 子産：鄭大夫公孫僑字，春秋著名政治家。襄公三十年：公元前543年。

[2] 子皮：鄭國上卿罕虎字，掌國政。

[3] 偪：後來寫作"逼"。這裏指被大國緊緊夾住。

[4] 相：輔助。

[5] 寬：寬松，不緊偪。

子産爲政，有事伯石，賂與之邑[1]。子大叔曰[2]："國皆其國也，奚獨賂焉？"子産曰："無欲實難。皆得其欲，以從其事，而要其成[3]。非我有成，其在人乎[4]？何愛於邑[5]？邑將焉往？"子大叔曰："若四國何[6]？"子産曰："非相違也[7]，而相從也，四國何尤焉[8]！《鄭書》有之曰[9]：'安定國家，必大焉先[10]。'姑先安大，以待其所歸[11]。"既[12]，伯石懼而歸邑，卒與之。

伯有既死[13]，使大史命伯石爲卿[14]，辭。大史退，則請命焉。復命之，又辭。如是三，乃受策入拜[15]。子産是以惡其爲人也，使次己位。

[1] 有事伯石：謂有事需要伯石去做。伯石：鄭大夫公孫段字。賂：贈送。

［2］子大叔：鄭國大夫游吉字。
［3］要（yāo）：求，取。
［4］其：豈，難道。
［5］愛：吝惜。
［6］四國：四方鄰國。
［7］相違：指公私利益相違背。
［8］尤：指責，怪罪。
［9］鄭書：鄭國的史籍。
［10］大焉先：即先大。大，指大族。焉，結構助詞，賓語前置的標誌。
［11］所歸：指結果。
［12］既：不久。
［13］伯有：鄭國卿良霄字。因剛愎酗酒，爲大夫公孫黑所殺。
［14］卿：天子、諸侯所屬高級長官。
［15］策：策書，猶後世之委任狀。

子産使都鄙有章[1]，上下有服[2]，田有封洫[3]，廬井有伍[4]。大人之忠儉者，從而與之[5]；泰侈者，因而斃之[6]。豐卷將祭[7]，請田焉[8]。弗許，曰："唯君用鮮，衆給而已[9]！"子張怒，退而徵役[10]。子産奔晉，子皮止之，而逐豐卷。豐卷奔晉。子産請其田里[11]，三年而復之[12]。反其田里，及其入焉。

［1］都：城市。鄙：鄉村。章：區别。
［2］服：服飾，穿著。
［3］封：田埂，田壟。洫（xù）：田間水道，溝渠。
［4］廬：房舍。井：指水井。伍：行列。
［5］大人：指卿大夫。與：獎賞，贊許。
［6］泰侈：驕横奢侈。斃：挫敗。
［7］豐卷：鄭大夫，字子張。
［8］田：打獵。後來寫作"畋"。
［9］鮮：指新鮮的獵物。給：足够。
［10］徵役：召集兵卒。
［11］田里：田地和住宅。杜預注此句曰："請於公，不没入。"
［12］復：指返國。

從政一年，輿人誦之曰[1]："取我衣冠而褚之[2]，取我田疇而伍之[3]。孰殺子産，吾其與之[4]！"及三年，又誦之曰："我有子弟，子産誨之；我有田疇，子産殖之[5]。子産而死，誰其嗣之？"

［1］輿人：衆人。誦：用抑揚頓挫的語調大聲地唸（詩文）。
［2］褚：通"貯"，儲藏。此句針對上文"子産使都鄙有章，上下有服"而言。
［3］田疇：田畝，田地。疇，已耕作的田地。伍：這裏有（重新）劃分、安排的意思。此句針對上文"田有封洫，廬井有伍"而言。
［4］與：幫助。
［5］殖：增産。

國　語

單襄公論陳必亡（周語中）[1]

定王使單襄公聘於宋[2]。遂假道於陳，以聘於楚。火朝覿矣[3]，道茀不可行[4]，候不在疆，司空不視塗[5]，澤不陂，川不梁[6]，野有庾積，場功未畢[7]，道無列樹，墾田若蓺[8]，膳宰不致餼，司里不授館[9]，國無寄寓，縣無施舍[10]，民將築臺於夏氏[11]。及陳，陳靈公與孔寧、儀行父南冠以如夏氏[12]，留賓不見。

[1] 單（shàn）襄公：周定王卿士，名朝。

[2] 定王：周定王，公元前606—前586年在位。

[3] 火：星宿名，又稱大火，即心宿。覿（dí）：見。火星早晨在天上出現，其時於夏曆十月間。

[4] 茀（fú）：草穢覆蔽之貌。

[5] 候：候人，負責迎送賓客的小官員。疆：邊境。司空：即司工，是主管建築工程的官員。

[6] 陂（bēi）：堤障。梁：橋梁。

[7] 庾（yǔ）積：露天的糧堆。庾，没有頂的糧倉。場功：打穀場上的事。《詩經·豳風·七月》："九月築場圃。"

[8] 列樹：成行的樹。蓺：當作"蓻"（jí），茅草芽。

[9] 膳宰：負責賓客飲食的官員。司里：主管客舍的官員。

[10] 國：指國都。寄寓：客人寄宿的寓所。縣：地方行政區劃名。春秋時期大國諸侯於兼並土地置縣，故縣多在邊地。施舍：旅客歇息的房舍。

[11] 夏氏：指陳國大夫夏徵舒。

[12] 陳靈公：陳國君，名平國，公元前613—前599年在位。孔寧、儀行父：陳國的兩個卿。南冠：楚人的帽子。陳靈公與孔寧、儀行父到夏氏家，是爲了與夏姬（夏徵舒母親）私通。

單子歸，告王曰："陳侯不有大咎[1]，國必亡。"王曰："何故？"對曰："夫辰角見而雨畢[2]，天根見而水涸[3]，本見而草木節解[4]，駟見而隕霜[5]，火見而清風戒寒[6]。故先王之教曰：'雨畢而除道[7]，水涸而成梁，草木節解而備藏[8]，隕霜而冬裘具，清風至而修城郭宮室[9]。'故《夏令》曰[10]：'九月除道，十月成梁。'其時儆曰[11]：'收而場功，偫而畚梮[12]，營室之中，土功其始[13]。火之初見，期於司里[14]。'此先王所以不用財賄，而廣施德於天下者也。今陳國火朝覿矣，而道路若塞，野場若棄，澤不陂障，川無舟梁[15]，是廢先王之教也。

[1] 咎（jiù）：凶，災禍。

[2] 辰：通"晨"。角：星宿名。角宿在清晨出現，時當夏曆九月初寒露節。

[3] 天根：星名，位於亢、氐兩宿之間。天根在清晨出現，時當寒露節後五日。

[4] 本：星宿名，即氐宿。氐宿在清晨出現，時當寒露節後十日。節解：樹木枝葉脱落。

[5] 駟：天駟，星宿名，即房宿。房宿在清晨出現，時當霜降節。

[6] 戒寒：告誡人們寒冬已經到來。

[7] 除：修理，整治。

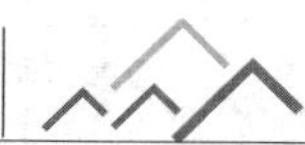

［8］備藏：謂儲備收藏越冬物品。

［9］城郭：泛指城。“城郭”分用時，“城”指内城，“郭”指外城。

［10］夏令：夏代記載月令（一年十二個月的時令、行政及相關事物）的書。

［11］儆：告誡，警告。

［12］而：第二人稱代詞，你們。徛（zhì）：備辦。梮（jú）：擡土的工具。

［13］營室：星名，也叫定星。中：用如動詞，意爲現於天中。營室星黄昏出現在正南方，時當夏曆十月小雪節。土功：營造宫室等土建工程。

［14］期：會合。

［15］舟梁：用船架設的浮橋。

“周制有之曰：‘列樹以表道，立鄙食以守路[1]。國有郊牧，疆有寓望[2]，藪有圃草，囿有林池[3]，所以禦災也。其餘無非穀土[4]，民無懸耜，野無奥草[5]。不奪民時，不蔑民功[6]。有優無匱，有逸無罷[7]。國有班事，縣有序民[8]。’今陳國道路不可知[9]，田在草閒，功成而不收[10]，民罷於逸樂，是棄先王之法制也。

［1］表：標記。鄙食：指郊外路邊專門接待過往賓客的飲食點。

［2］郊牧：指郊外牧場。寓：寓所，客舍。望：指候望接待賓客的人。

［3］藪（sǒu）：水少而草木茂盛的湖澤。圃：繁茂，茂盛。囿（yòu）：畜養禽獸的園子。

［4］穀土：種糧食的土地。

［5］耜（sì）：古代一種類似鍬的農具。奥：深。

［6］民功：指農事。

［7］優：優裕，富足。匱：缺乏。罷：通“疲”。

［8］班事：輪作之事。班，排列。序民：依次服役之民。

［9］知：辨認。

［10］功成：農事完畢。這裏指莊稼成熟。

“周之《秩官》有之曰[1]：‘敵國賓至，關尹以告[2]，行理以節逆之[3]，候人爲導，卿出郊勞[4]，門尹除門，宗祝執祀[5]，司里授館，司徒具徒[6]，司空視塗，司寇詰姦[7]，虞人入材，甸人積薪[8]，火師監燎，水師監濯[9]，膳宰致饔，廩人獻餼[10]，司馬陳芻，工人展車[11]，百官以物至，賓入如歸。是故小大莫不懷愛[12]。其貴國之賓至，則以班加一等，益虔[13]。至於王吏，則皆官正莅事[14]，上卿監之。若王巡守[15]，則君親監之。’今雖朝也不才，有分族於周[16]，承王命以爲過賓於陳，而司事莫至，是蔑先王之官也。

［1］秩官：佚書名。

［2］敵國：力量地位相等的國家。敵，匹敵，相當。關尹：守關的官員。

［3］行理：負責出使聘問及迎送外賓的官員。節：符節，古代使臣持作憑證的信物。逆：迎。

［4］卿：爵位在公以下，大夫以上的高級官員，有上卿、中卿、下卿之分。勞：慰勞。

［5］門尹：門官。除門：掃除門庭。宗：宗伯，主管宗廟祭祀等禮儀的官。祝：太祝，祭祀時負責祝詞祈禱的官。

［6］司徒：負責土地、人口、教育等事務的官。具徒：安排好徒役。

［7］司寇：掌管刑獄的官。詰姦：查問壞人。

［8］虞人：掌管山澤的官。入：進獻。材：木材。甸人：主管柴火的官。

[9] 火師：主管火燭的官。監：監察，照料。燎：庭燎，宮庭中照明的火炬。水師：管水的官。濯（zhuó）：洗，洗滌。

[10] 饔（yōng）：熟食。廩人：主管糧倉的官。

[11] 司馬：負責飼養馬匹的官。芻（chú）：牲口喫的乾草。工人：工師，主管手工業的官。

[12] 懷愛：心懷愛悦。

[13] 班：位次。虔：恭敬。

[14] 官正：官長。

[15] 巡守（shòu）：天子巡察諸侯國。

[16] 分（fèn）：名分。

"先王之令有之曰[1]：'天道賞善而罰淫[2]。故凡我造國，無從非彝，無即慆淫[3]，各守爾典，以承天休[4]。'今陳侯不念胤續之常[5]，棄其伉儷妃嬪[6]，而帥其卿佐以淫於夏氏，不亦嬻姓矣乎[7]？陳，我大姬之後也[8]。棄袞冕而南冠以出，不亦簡彝乎[9]？是又犯先王之令也！"

"昔先王之教，懋帥其德也，猶恐殞越[10]；若廢其教而棄其制，蔑其官而犯其令，將何以守國？居大國之閒[11]，而無此四者，其能久乎？"

六年[12]，單子如楚。八年，陳侯殺於夏氏。九年，楚子入陳[13]。

[1] 先王之令：指周文王、周武王的教令。

[2] 善：指善良的人。淫：指邪惡的人。

[3] 造國：封建的諸侯國。從：從事。彝：常規，常法。即：走向。慆（tāo）淫：怠惰縱樂。慆，怠慢。

[4] 天休：天賜的福佑。休，吉祥。

[5] 胤（yìn）續：後代，繼嗣。

[6] 伉儷：配偶，此指妻子。妃嬪（pín）：君主的妾侍。

[7] 嬻（dú）：褻瀆，污辱。夏姬之夫夏御叔，是陳靈公的從祖父，靈公與夏姬通奸，也就是侄孫與叔祖母通奸，因此説是褻瀆己姓。

[8] 大（tài）姬：周武王長女。大姬之夫爲陳始祖虞胡公。

[9] 袞（gǔn）：帝王或三公穿的繡有卷龍的禮服。冕：帝王或大夫以上貴族戴的大禮帽。簡：怠慢，廢棄。

[10] 懋：勉力，努力。帥：通"率"，遵循。德：心意，意旨。殞（yǔn）越：墮落，摔跟頭。

[11] 大國：指晉、楚。

[12] 六年：指周定王六年，即公元前601年。

[13] 楚子：指楚莊王。周定王九年，楚莊王借討伐夏徵舒的名義攻入陳國。

臧文仲如齊告糴（魯語上）[1]

魯饑，臧文仲言於莊公曰："夫爲四鄰之援，結諸侯之信，重之以婚姻，申之以盟誓，固國之艱急是爲。鑄名器[2]，藏寶財，固民之殄病是待[3]。今國病矣，君盍以名器請糴于齊！"公曰："誰使？"對曰："國有饑饉[4]，卿出告糴，古之制也。辰也備卿[5]，辰請如齊。"公使往。

從者曰："君不命吾子，吾子請之，其爲選事乎[6]？"文仲曰："賢者急病而讓夷[7]，居官者當事不避難，在位者恤民之患，是以國家無違[8]。今我不如齊，非急病也。在上不恤下，居官而惰，非事君也。"

[1] 臧文仲：魯國卿，名辰。告：請求。糴（dí）：購糧。

[2] 名器：名貴的器物，如鐘鼎之類。

[3] 殄（tiǎn）病：疲敝困乏。

[4] 饑饉：饑荒。

[5] 備：謙詞。謂充數居職。

[6] 選事：選擇職事。

[7] 夷：平易。此指平易的事。

[8] 違：逆，不順。

文仲以鬯圭與玉磬如齊告糴[1]，曰："天災流行，戾于弊邑[2]，饑饉荐降，民羸幾卒[3]，大懼乏周公、太公之命祀[4]，職貢業事之不共而獲戾[5]。不腆先君之幣器[6]，敢告滯積，以紓執事[7]；以救弊邑，使能共職。豈唯寡君與二三臣實受君賜，其周公、太公及百辟神祇實永饗而賴之[8]！"齊人歸其玉而予之糴。

[1] 鬯（chàng）圭：古代禮器，玉製，祭祀時用以酌鬯酒（用於祭祀的香酒）。磬（qìng）：古代打擊樂器。由玉、石或金屬製成，狀如曲尺，懸挂架上，擊之而鳴。

[2] 戾：至。弊：通"敝"。

[3] 荐：重複，頻仍。羸（léi）：瘦弱。

[4] 周公：周文王子姬旦。輔助武王滅紂建周王朝，封於魯，爲魯國始祖。太公：姓姜，氏吕，名尚。周文王尊之爲師，號太公望。輔助武王滅紂建周王朝，封於齊，爲齊國始祖。命祀：奉天子之命進行的祭祀。這裏指命祀的祭品。

[5] 職貢：古代藩屬之國按時進貢物品。業事：事情。共：敬奉（職事），後來寫作"供"。戾：罪。

[6] 腆（tiǎn）：豐厚。幣：通"敝"。

[7] 滯積：指積壓的餘糧。紓：紓緩。執事：辦事人員。這裏指齊國管糧倉的官員。

[8] 辟（bì）：君。神祇（qí）：泛指神靈。神，天神。祇，地神。饗：通"享"，神鬼享用祭品。

敬姜論勞逸（魯語下）[1]

公父文伯退朝[2]，朝其母，其母方績[3]。文伯曰："以歜之家而主猶績[4]，懼忓季孫之怒也[5]，其以歜爲不能事主乎！"

[1] 敬姜：春秋魯大夫公父穆伯的妻子，公父文伯的母親。

[2] 公父（fǔ）文伯：春秋魯國大夫，名歜（chù）。

[3] 績：緝綫，把麻搓成綫或者繩。

[4] 主：一家之長，此文伯稱其母親。

[5] 忓（gān）：觸犯。季孫：即季康子，名肥，魯國卿，其時把持朝政。

其母歎曰："魯其亡乎！使僮子備官而未之聞耶[1]？居[2]，吾語女。

“昔聖王之處民也，擇瘠土而處之，勞其民而用之，故長王天下。夫民勞則思，思則善心生；逸則淫[3]，淫則忘善，忘善則惡心生。沃土之民不材，逸也；瘠土之民莫不嚮義，勞也。

[1] 僮子：指稱未成年的男子。備官：充任官職。

[2] 居：坐。

[3] 淫：放蕩，放縱。

“是故天子大采朝日[1]，與三公、九卿祖識地德[2]；日中考政，與百官之政事，師尹維旅牧相宣序民事[3]。少采夕月[4]，與大史、司載糾虔天刑[5]；日入監九御[6]，使潔奉禘、郊之粢盛[7]，而後即安[8]。

[1] 大采：五彩的禮服。朝（cháo）日：古代天子每年於春分日之早晨拜祭日神，稱爲“朝日”。

[2] 三公：太師、太傅、太保，是周代朝廷輔助天子執掌政權的最高長官。九卿：少師、少傅、少保、冢宰、司徒、宗伯、司馬、司寇、司空，是周代朝廷直屬各部門的行政長官。祖：熟習。識：知道，瞭解。地德：大地賜予人類的物產，特指五穀。

[3] 師：衆。尹：部門行政長官。維：與。旅：衆。牧：地方長官。相（xiàng）：輔助。宣：普遍，全面。

[4] 少采：三彩的禮服。夕月：古代天子每年於秋分日之傍晚拜祭月神，稱爲“夕月”。

[5] 司載：官名，掌管天文。糾虔：恭敬。天刑：天象。

[6] 九御：九嬪，天子内宫的各種女官。

[7] 禘（dì）：大祭，天子祭祀祖先的大典。郊：天子在郊外祭祀天地的典禮。粢盛（zīchéng）：盛在祭器内供祭祀的穀物。

[8] 即安：謂就寢。安，安歇。

“諸侯朝修天子之業命[1]，晝考其國職，夕省其典刑[2]，夜儆百工[3]，使無慆淫[4]，而後即安。卿大夫朝考其職，晝講其庶政[5]，夕序其業，夜庀其家事[6]，而後即安。士朝受業，晝而講貫[7]，夕而習復[8]，夜而計過無憾[9]，而後即安。自庶人以下，明而動，晦而休，無日以怠。

[1] 業：事。

[2] 省（xǐng）：檢查。典刑：法令。

[3] 儆（jǐng）：告誡，警告。百工：衆官。

[4] 慆（tāo）：怠慢，懈怠。

[5] 庶政：各種政務。

[6] 庀（pǐ）：治理。

[7] 講貫：講解學習。貫，學習，復習。

[8] 習復：復習。

[9] 計過：計算、檢討過失。

“王后親織玄紞[1]，公侯之夫人加之以紘、綖[2]，卿之内子爲大帶[3]，命婦成祭服[4]，列士之妻加之以朝服[5]，自庶士以下[6]，皆衣其夫[7]。

[1] 玄紞（dǎn）：古代冠冕兩旁懸繫玉瑱的黑色絲帶。

[2] 紘（hóng）：古代繫冠冕的带子，由頷下挽上繫在笄的兩端。綖（yán）：古代覆蓋在冠冕上的布飾。

[3] 内子：妻子。大带：絲帛做的束腰带。

[4] 命婦：古代獲賜封號的婦女，這裏指大夫的妻子。

[5] 列士：周代士分元士、中士、下士三等，統稱列士。

[6] 庶士：下士。

[7] 衣（yì）：作動詞用，做衣服。

“社而賦事[1]，蒸而獻功[2]，男女效績[3]，愆則有辟[4]，古之制也。君子勞心，小人勞力，先王之訓也。自上以下，誰敢淫心舍力？

[1] 社：指春分祭社（土地神）。賦：給予，分配。

[2] 蒸：祭名，在冬天舉行。功：指勞動成果，如五穀、布帛之類。

[3] 效：獻出。績：業績，功績。

[4] 愆：過失。辟：懲罰。

“今我，寡也，爾又在下位，朝夕處事，猶恐忘先人之業，況有怠惰，其何以避辟？吾冀而朝夕修我曰[1]：‘必無廢先人！’爾今曰：‘胡不自安？’以是承君之官，余懼穆伯之絕嗣也！”

仲尼聞之曰：“弟子志之，季氏之婦不淫矣！”

[1] 修：儆誡。

句踐滅吴（越語上）[1]

越王句踐棲於會稽之上[2]，乃號令於三軍曰：“凡我父兄、昆弟及國子姓[3]，有能助寡人謀而退吴者，吾與之共知越國之政[4]。”大夫種進對曰[5]：“臣聞之，賈人夏則資皮，冬則資絺[6]，旱則資舟，水則資車，以待乏也。夫雖無四方之憂，然謀臣與爪牙之士[7]，不可不養而擇也。譬如蓑笠，時雨既至，必求之。今君王既棲於會稽之上，然後乃求謀臣，無乃後乎？”句踐曰：“苟得聞子大夫之言[8]，何後之有？”執其手而與之謀。

[1] 句（gōu）踐：春秋末越國國君，公元前497—前465年在位。

[2] 棲：停留。會（kuài）稽：山名。在今浙江紹興市東南。公元前494年，吴國軍隊在夫椒山大敗越軍，越王句踐率領殘軍五千人退保會稽。

[3] 子姓：同姓者。

[4] 知：主持。

[5] 種：即文種。字子禽，楚國郢人，入越爲大夫。

[6] 資：蓄積，儲存。絺（chī）：細麻布。

[7] 爪牙之士：指武士。

[8] 子大夫：古代國君對大夫、臣下的尊稱。

遂使之行成於吴[1]，曰：“寡君句踐乏無所使，使其下臣種，不敢徹聲聞於天王，私於下執事曰[2]：‘寡君之師徒不足以辱君矣[3]，願以金玉、子女賂君之辱[4]，請句踐女女於王[5]，大夫女女於大夫，士女女於士；越國之寶器畢從；寡君帥越國之衆以從君之師徒，唯君左右之[6]。若以越國之罪爲不可赦也，將焚宗廟，係妻孥[7]，沈金玉於江；有带甲五千人將以致死[8]，乃必有偶[9]，是以带甲萬人事君也。無乃即傷君王之所愛乎？與其殺是人也，寧其得此國也，其孰利乎？'"

[1] 行成：議和。

[2] 徹：通達。天王：這裏是對吴王的尊稱。下執事：指對方手下的辦事人員。

[3] 師徒：指軍隊。

[4] 賂：贈送的財物。這裏作動詞用，是"作爲……的贈送財物"的意思。辱：指辱臨（屈尊光臨）。

[5] 女（nǜ）於王：作王的婢妾。

[6] 唯：聽憑，任隨。

[7] 係：綑縛。

[8] 致死：戰鬥到死。

[9] 有偶：謂有一個頂倆的作用。偶：成雙，成對。

夫差將欲聽與之成，子胥諫曰[1]："不可。夫吴之與越也，仇讎敵戰之國也。三江環之[2]，民無所移，有吴則無越，有越則無吴，將不可改於是矣！員聞之，陸人居陸，水人居水。夫上黨之國[3]，我攻而勝之，吾不能居其地，不能乘其車。夫越國，吾攻而勝之，吾能居其地，吾能乘其舟。此其利也，不可失也已。君必滅之！失此利也，雖悔之，必無及已。"

越人飾美女八人納之太宰嚭[4]，曰："子苟赦越國之罪，又有美於此者將進之。"太宰嚭諫曰："嚭聞古之伐國者，服之而已。今已服矣，又何求焉？"夫差與之成而去之。

[1] 夫差（Fūchāi）：春秋末吴國國君，公元前495—前473年在位。子胥：吴國大夫伍員，字子胥。

[2] 三江：指吴淞江、錢塘江、浦陽江。

[3] 上黨之國：指中原各諸侯國。上：高。黨：處所。總體而言，中原各諸侯國多陸少水，地勢比吴越高，故稱上黨之國。

[4] 太宰：吴國官名，相當於正卿。嚭（pǐ）：人名。

句踐説於國人曰："寡人不知其力之不足也，而又與大國執讎[1]，以暴露百姓之骨於中原[2]，此則寡人之罪也。寡人請更！"於是葬死者，問傷者，養生者；弔有憂[3]，賀有喜；送往者，迎來者；去民之所惡，補民之不足。然後卑事夫差，宦士三百人於吴，其身親爲夫差前馬[4]。

[1] 執讎：結仇。

[2] 中原：原野之中。

[3] 弔：慰問。

[4] 宦：臣僕。前馬：指馬前卒。

句踐之地，南至於句無，北至於禦兒，東至於鄞，西至於姑蔑，廣運百里[1]。乃致其父母昆弟而誓之曰[2]："寡人聞，古之賢君，四方之民歸之，若水之歸下也。今寡人不

能，將帥二三子夫婦以蕃[3]。”令壯者無取老婦，令老者無取壯妻。女子十七不嫁，其父母有罪；丈夫二十不娶[4]，其父母有罪。將免者以告[5]，公令醫守之。生丈夫，二壺酒，一犬；生女子，二壺酒，一豚。生三人，公與之母[6]；生二人，公與之餼[7]。當室者死，三年釋其政[8]；支子死[9]，三月釋其政。必哭泣葬埋之如其子。令孤子、寡婦、疾疹、貧病者，納宦其子[10]。其達士[11]，絜其居，美其服，飽其食，而摩厲之於義[12]。四方之士來者，必廟禮之[13]。句踐載稻與脂於舟以行[14]，國之孺子之遊者，無不餔也，無不歠也[15]，必問其名。非其身之所種則不食，非其夫人之所織則不衣。十年不收於國，民俱有三年之食。

[1] 句（gōu）無：地名，在今浙江諸暨縣南。禦兒：地名，在今浙江桐鄉縣。鄞（yín）：地名，在今浙江鄞縣。姑蔑：地名，在今浙江金華縣。廣運：縱橫。東西爲“廣”，南北爲“運”。

[2] 致：召集。

[3] 二三子：猶言諸君，諸位。蕃：繁殖。

[4] 丈夫：泛稱男性。

[5] 免：通“娩”，分娩。

[6] 母：乳母。

[7] 餼：糧食。

[8] 當室者：指嫡子。政：通“征”，指徭役。

[9] 支子：庶子。

[10] 孤子：鰥夫，喪妻者。疾疹（chèn）：疾病。貧病：貧苦。納宦：猶言“收養”。“宦”當作“宧（yí）”，養育。

[11] 達士：知名人士。

[12] 摩厲：通“磨礪”，磨煉。

[13] 廟：廟堂（人君接受朝見、議論政事的殿堂）。

[14] 脂：油。

[15] 孺子：年輕人。遊：謂離家在外。餔（bū）：喂養。歠：同“啜”，飲，喝。

國之父兄請曰：“昔者夫差恥吾君於諸侯之國；今越國亦節矣[1]，請報之！”句踐辭曰：“昔者之戰也，非二三子之罪也，寡人之罪也。如寡人者，安與知恥？請姑無庸戰！”父兄又請曰：“越四封之内[2]，親吾君也，猶父母也。子而思報父母之仇，臣而思報君之讎，其有敢不盡力者乎？請復戰！”句踐既許之，乃致其衆而誓之，曰：“寡人聞古之賢君，不患其衆之不足也，而患其志行之少恥也。今夫差衣水犀之甲者億有三千[3]，不患其志行之少恥也，而患其衆之不足也。今寡人將助天滅之。吾不欲匹夫之勇也，欲其旅進旅退也[4]。進則思賞，退則思刑；如此，則有常賞[5]。進不用命，退則無恥；如此，則有常刑。”

[1] 節：謂有節度，走上軌道。

[2] 四封：四境。封，邊界，界域。

[3] 水犀：犀牛的一種，因生活在水中而得名。億：十萬。

[4] 匹夫：個人。旅：俱，共同。

[5] 常：長久，永久。

果行[1]，國人皆勸。父勉其子，兄勉其弟，婦勉其夫，曰："孰是君也而可無死乎?"是故敗吴於囿，又敗之於没[2]，又郊敗之。

夫差行成，曰："寡人之師徒不足以辱君矣。請以金玉、子女賂君之辱!"句踐對曰："昔天以越予吴，而吴不受命；今天以吴予越，越可以無聽天之命而聽君之令乎？吾請達王甬、句東[3]，吾與君爲二君乎!"夫差對曰："寡人禮先壹飯矣[4]，君若不忘周室而爲弊邑宸宇[5]，亦寡人之願也。君若曰：'吾將殘汝社稷，滅汝宗廟。'寡人請死，余何面目以視於天下乎？越君其次也[6]!"遂滅吴。

[1] 果行：終於出發。

[2] 囿：吴地名，在今太湖一帶。没：吴地名，不詳所在。

[3] 達：送達。甬：甬江。句：地名，在今浙江慈谿縣。

[4] 禮先壹飯：依禮先一次給予飯（意謂先有存活之恩）。飯，用如動詞。

[5] 宸（chén）宇：屋檐。比喻極小的立身之地。

[6] 次：軍隊駐扎。

戰國策

蘇秦以連橫説秦（秦策一）[1]

蘇秦始將連横説秦惠王曰[2]："大王之國，西有巴、蜀、漢中之利[3]，北有胡貉、代馬之用[4]，南有巫山、黔中之限[5]，東有肴、函之固[6]。田肥美，民殷富[7]，戰車萬乘，奮擊百萬[8]，沃野千里，蓄積饒多，地勢形便[9]，此所謂天府，天下之雄國也[10]。以大王之賢，士民之衆，車騎之用，兵法之教，可以并諸侯，吞天下，稱帝而治。願大王少留意，臣請奏其效[11]。"

秦王曰："寡人聞之，毛羽不豐滿者，不可以高飛；文章不成者[12]，不可以誅罰；道德不厚者，不可以使民；政教不順者，不可以煩大臣[13]。今先生儼然不遠千里而庭教之[14]。願以異日。"

[1] 蘇秦：戰國時東周洛陽人。連横：戰國時稱西聯强秦以攻打關東其他弱國爲連横。説（shuì）：勸説别人聽取自己的意見。

[2] 秦惠王：秦國國君嬴駟，公元前337—前311年在位。

[3] 巴：古國名，在今四川東部。蜀：古國名，在今四川西部。公元前316年，秦惠王滅巴、蜀，分置巴、蜀二郡。漢中：今陝西秦嶺以南一帶。原爲楚地，後入秦，公元前312年秦惠王置郡。

[4] 胡貉（hé）、代馬：皆地名。用：資財。

[5] 巫山：山名，在今四川巫縣東。黔中：在今湖南西北部和湖北西南部一帶。時爲楚地，後入秦置郡。限：險阻，屏障。

[6] 肴（xiáo）：山名。也寫作"殽"、"崤"。在今河南洛寧縣北。函：指函谷關，在今河南靈寶縣。

[7] 殷富：富裕，富足。

[8] 奮擊：指奮擊之士，即能奮勇作戰的將士。

[9] 形便：特指地形地勢有利。

[10] 天府：天然的府庫。雄國：强大的國家。

[11] 少：稍微。效：效驗，功效。

[12] 文章：法令。

[13] 煩：煩勞。

[14] 儼然：嚴肅認真的樣子。

蘇秦曰："臣固疑大王之不能用也。昔者神農伐補遂[1]，黄帝伐涿鹿而禽蚩尤[2]，堯伐驩兜[3]，舜伐三苗[4]，禹伐共工[5]，湯伐有夏[6]，文王伐崇[7]，武王伐紂[8]，齊桓任戰而伯天下[9]。由此觀之，惡有不戰者乎？古者使車轂擊馳[10]，言語相結，天下爲一[11]；約從連横，兵革不藏[12]；文士並餙[13]，諸侯亂惑；萬端俱起，不可勝理；科條既備[14]，民多僞態；書策稠濁[15]，百姓不足；上下相愁，民無所聊[16]；明言章理，兵甲愈起；辯言偉服[17]，戰攻不息；繁稱文辭[18]，天下不治；舌弊耳聾[19]，不見成功；行義約信，天下不親。於是乃廢文任武，厚養死士[20]，綴甲厲兵，效勝於戰場[21]。夫徒處而致利[22]，安坐而廣地，雖古五帝、三王、五伯[23]，明主賢君，常欲坐而致之，其勢不能，故以戰續之。寬則兩軍相攻，迫則杖戟相橦[24]，然後可建大功。是故兵勝於外，義强於内；威立於上，民服於下。今欲并天下，凌萬乘，詘敵國[25]，制海内，子元元[26]，臣諸侯，非兵不可！今之嗣主，忽於至道[27]，皆惛於教[28]，亂於治；迷於言，惑於語；沈於辯，溺於辭。以此論之，王固不能行也。"

[1] 神農：傳説中遠古部落聯盟首領。因教民耕種，故號神農氏。補遂：上古部落名。

[2] 黄帝：傳説中古帝名，號軒轅氏。涿鹿：山名，在今河北涿鹿縣東南。蚩（chī）尤：傳説中的上古東方九黎部落首領。曾和黄帝大戰於涿鹿，被黄帝所擒殺。

[3] 堯：古代部落聯盟首領，名放勳。驩兜（Huāndōu）：堯臣，因作亂被放逐。

[4] 舜：繼堯任部落聯盟首領，名重華。三苗：古部族名。原居江淮一帶，因數作亂，舜把他們遷到三危（今甘肅敦煌一帶）。

[5] 禹：夏后氏部落首領。因治水有功受舜禪讓爲帝，國號夏。共工：堯臣。因治水無功被流放到幽州。

[6] 湯：商朝開國君主。有夏：夏朝。有，名詞詞頭。

[7] 文王：指周文王。姓姬，名昌，商末周族首領。崇：國名。崇侯虎爲商紂王卿士，助紂爲虐，被周文王所滅。

[8] 武王：周文王子，名發，周王朝建立者。紂：商朝末代君主，名辛。是歷史上有名的暴君。

[9] 齊桓：指春秋齊桓公。姓姜，名小白。公元前685—前642年在位。爲春秋五霸之一。任：依靠。伯：通"霸"，稱霸。

[10] 使：使者。車轂（gǔ）擊馳：車轂相互碰撞而奔馳。形容車輛衆多，往來頻繁。轂，車輪中心的圓木，與車輻一端相接，中有圓孔，可以插軸。

[11] 結：結交。一：一個整體。

[12] 約從（zònɡ）：即合縱，與"連横"相對，指聯合山東六國抗擊西方的秦國。從，後來寫作"縱"。兵革不藏：意謂戰争不止。革，皮製的鎧甲。

[13] 餙：同"飾"。指巧飾辭令。

［14］科條：法規條例。

［15］稠濁：多而混亂。

［16］愁：怨恨。聊：依靠，依賴。

［17］偉服：奇異的服裝。偉，奇異。

［18］繁稱：繁瑣的稱引。文辭：文飾的言辭。

［19］舌弊：舌頭磨破了。形容説得多。弊，壞。耳聾：耳朵震聾了。形容聽得多。

［20］死士：敢死之士。

［21］效勝：制勝，取勝。

［22］徒處：無所作爲地空待著。

［23］五帝：指黄帝、顓頊（Zhuānxū）、帝嚳（kù）、唐堯、虞舜。三王：指夏禹、商湯、周武王。五伯（bà）：指春秋時期先後稱霸的五個諸侯，即齊桓公、宋襄公、晉文公、秦穆公、楚莊王。

［24］寬：謂相距遠。迫：近。杖：持。橦（chōng）：刺。

［25］凌：凌駕。萬乘：指擁有萬輛兵車的大國。詘（qū）：屈服。

［26］元元：百姓。

［27］嗣主：繼承王位的君主。至道：最重要的道理。

［28］惛（hūn）：同“惽”，糊塗。

説秦王書十上而説不行[1]，黑貂之裘弊，黄金百斤盡，資用乏絶，去秦而歸。羸縢履蹻[2]，負書擔橐，形容枯槁，面目犂黑，狀有歸色[3]。歸至家，妻不下紝[4]，嫂不爲炊，父母不與言。蘇秦喟歎曰[5]：“妻不以我爲夫，嫂不以我爲叔，父母不以我爲子，是皆秦之罪也。”乃夜發書，陳篋數十[6]，得太公《陰符》之謀[7]，伏而誦之，簡練以爲揣摩[8]。讀書欲睡，引錐自刺其股[9]，血流至足，曰：“安有説人主不能出其金玉錦繡，取卿相之尊者乎？”期年揣摩成[10]，曰：“此真可以説當世之君矣！”

［1］説不行：説，學説，主張。

［2］羸（léi）：通“縲”，纏繞。縢（téng）：綁腿布。履：踩著。蹻（jué）：通“屩”，草鞋。

［3］形容：形體容貌。枯槁（gǎo）：乾瘦。犂黑：顏色黑中帶黄。犂，通“黧”，黑中帶黄的顏色。歸：通“愧”，慚愧。

［4］下紝（rèn）：從織機上下來。紝，紡織。

［5］喟：鮑彪本作“喟然”。

［6］發：取出。陳：陳列，擺列。篋（qiè）：小箱子，這裏指書箱。

［7］太公：指助周武王滅商的姜尚（世稱姜太公）。陰符：即《陰符經》，姜尚所著兵法。

［8］簡練：選擇（精要）。揣摩：反復思考研究。

［9］引：拿過來。

［10］期（jī）年：一週年。

於是乃摩燕烏集闕[1]，見説趙王於華屋之下，抵掌而談[2]。趙王大悦，封爲武安君[3]，受相印。革車百乘，錦繡千純[4]，白璧百雙，黄金萬溢[5]，以隨其後。約從散横[6]，以抑强秦。故蘇秦相於趙而關不通[7]。

［1］摩：迫近，接近。燕烏集闕：趙國宫闕名。

［2］趙王：指趙肅侯。名語。公元前 349—前 326 年在位。華屋：指華麗的宫殿。抵（zhǐ）掌：擊掌。這是談話投機、情緒興奮的表現。

［3］武安：趙邑，在今河北武安縣西南。

［4］革車：兵車。純（tún）：量詞。匹。

［5］溢：通“鎰”（yì），古代重量單位，合二十兩（一説二十四兩）。

［6］約從：訂立南北六國聯合的條約。散横：離散六國同秦的聯係。

［7］關：指函谷關。函谷關爲六國通秦要道，不通意謂與秦不相往來。

當此之時，天下之大，萬民之衆，王侯之威，謀臣之權，皆欲決蘇秦之策[1]。不費斗糧，未煩一兵，未戰一士，未絶一絃，未折一矢，諸侯相親，賢於兄弟[2]。夫賢人在而天下服，一人用而天下從。故曰：式於政[3]，不式於勇；式於廊廟之内[4]，不式於四境之外。當秦之隆[5]，黄金萬溢爲用，轉轂連騎，炫熿於道[6]，山東之國，從風而服[7]，使趙大重。且夫蘇秦特窮巷掘門桑户棬樞之士耳[8]，伏軾撙銜，横歷天下[9]，廷説諸侯之王，杜左右之口，天下莫之能伉[10]。

［1］權：權變，靈活。決：取決。

［2］賢：勝過，超過。

［3］式：用，起作用。

［4］廊廟：朝廷。

［5］隆：興盛。

［6］轉轂連騎：形容車騎盛多。轉轂：車輪轉動。連騎：從騎相連。炫熿（xuànhuáng）：顯耀。熿，同“煌”。

［7］山東之國：戰國時期指秦以外的國家，這些國家都在崤山以東。從風而服：像草一樣隨風倒伏，比喻迅速服從。服，通“伏”，這裏含雙關義。

［8］特：衹是，僅僅。窮巷：陋巷，偏僻簡陋的小巷。掘（kū）門：鑿牆洞而成門。掘，通“窟”。桑户：用桑樹條編成門扇。棬（quān）樞：用彎曲木料做成門軸。

［9］伏軾：俯靠車軾。軾，車厢前用作扶手的横木。撙（zǔn）銜：拉緊繮繩。撙，勒住。銜，馬嚼子。横歷：遍遊。横，廣，遍。歷，經過。

［10］杜：堵塞。伉：匹敵，抗衡。

將説楚王，路過洛陽，父母聞之，清宫除道，張樂設飲[1]，郊迎三十里。妻側目而視，傾耳而聽[2]；嫂虵行匍伏，四拜自跪而謝[3]。蘇秦曰：“嫂，何前倨而後卑也[4]？”嫂曰：“以季子之位尊而多金[5]。”蘇秦曰：“嗟乎！貧窮則父母不子，富貴則親戚畏懼。人生世上，勢位富貴蓋可忽乎哉[6]！”

［1］宫：房屋。除：修理，整治。張樂：佈置樂隊。

［2］側目而視：不敢正視。形容畏懼。傾耳而聽：側著耳朵聽。形容聽時小心翼翼的樣子。

［3］虵：同“蛇”。匍伏：同“匍匐”，伏在地上爬行。謝：道歉，請罪。

［4］倨（jù）：高傲。卑：低下。

［5］季子：嫂嫂對小叔的尊稱。

［6］蓋（hé）：通“盍”，何。忽：不重視。

吕不韋立秦君（秦策五）[1]

濮陽人吕不韋賈於邯鄲[2]，見秦質子異人[3]，歸而謂父曰："耕田之利幾倍?"曰："十倍。""珠玉之赢幾倍[4]?"曰："百倍。""立國家之主赢幾倍?"曰："無數。"曰："今力田疾作[5]，不得煖衣餘食；今建國立君，澤可以遺世[6]。願往事之。"

[1] 吕不韋：戰國末衛國濮陽（今河南濮陽縣）人。早年爲大商人，因助秦莊襄王繼承王位，被任爲相，封文信侯。秦王政即位，尊爲"仲父"，主政。後因嫪毐（Lào'ǎi）犯罪牽連，流放四川，途中自殺。傳世的《吕氏春秋》，是吕不韋命他的門客編成的。

[2] 賈（gǔ）：做買賣。邯鄲：趙國國都。在今河北邯鄲市。

[3] 質子：古代交往兩國互相派往對方做人質的太子或宗室子弟。異人：秦昭襄王之孫、孝文王之子，初名子楚。昭王時質於趙。

[4] 赢：餘利，利潤。

[5] 力田：努力種田。疾作：辛勤勞作。

[6] 澤：恩澤，恩惠。

秦子異人質於趙，處於鄗城[1]，故往説之，曰："子傒有承國之業[2]，又有母在中[3]。今子無母於中，外託於不可知之國[4]，一日倍約，身爲糞土。今子聽吾計事，求歸，可以有秦國。吾爲子使秦，必來請子。"

[1] 鄗（liáo）城：趙邑。在今山東聊城縣西北。

[2] 子傒（xī）：秦太子，異人的異母兄。業：基業，本錢，條件。

[3] 中：指宫中。

[4] 不可知：指多變而難料。

乃説秦王后弟陽泉君曰[1]："君之罪至死，君知之乎？君之門下無不居高尊位[2]，太子門下無貴者。君之府藏珍珠寶玉，君之駿馬盈外廐，美女充後庭。王之春秋高[3]，一日山陵崩，太子用事[4]，君危於累卵，而不壽於朝生[5]。説有可以一切而使君富貴千萬歲[6]，其寧於太山四維[7]，必無危亡之患矣。"陽泉君避席[8]，請聞其説。不韋曰："王年高矣，王后無子。子傒有承國之業，士倉又輔之[9]。王一日山陵崩，子傒立，士倉用事，王后之門必生蓬蒿。子異人賢材也，棄在於趙，無母於内，引領西望，而願一得歸[10]。王后誠請而立之，是子異人無國而有國，王后無子而有子也。"陽泉君曰："然。"入説王后，王后乃請趙而歸之。

[1] 秦王后：指秦孝文王之妻華陽夫人。

[2] 高：《史記·吕不韋列傳》張守節《正義》引，作"高官"。

[3] 王：指秦孝文王。春秋高：年歲大。

[4] 山陵崩：婉言帝王之死。用事：掌權，執政。

[5] 朝生：即"朝菌"，一種朝生暮死的菌類植物。

[6] 説：主張，辦法。一切：權宜，變通。

[7] 寧：安穩，安定。太山：即泰山。四維：四隅，四角。

[8] 避席：離開坐席起立。這是表示謙敬的禮節。

［9］士倉：當作“杜倉”，秦丞相。“士”爲“土”誤，“土”與“杜”通。

［10］引領：伸長脖子。一：一日，一旦。

趙未之遣，不韋説趙曰：“子異人，秦之寵子也，無母於中，王后欲取而子之。使秦而欲屠趙，不顧一子以留計[1]，是抱空質也[2]。若使子異人歸而得立，趙厚送遣之，是不敢倍德畔施，是自爲德講[3]。秦王老矣，一日晏駕[4]，雖有子異人，不足以結秦。”趙乃遣之。

［1］留計：停止（屠趙）計劃。

［2］抱：擁有。空質：没有實際作用的人質。

［3］德：恩德。講：通“媾”，和好，結好。

［4］晏駕：婉言君王之死。

異人至，不韋使楚服而見[1]。王后悦其狀，高其知，曰：“吾楚人也。”而自子之，乃變其名曰楚。王使子誦，子曰：“少棄捐在外，嘗無師傅所教学，不習於誦。”王罷之，乃留止。間曰[2]：“陛下嘗軔車於趙矣[3]，趙之豪桀，得知名者不少。今大王反國，皆西面而望。大王無一介之使以存之[4]，臣恐其皆有怨心。使邊境早閉晚開。”王以爲然，奇其計[5]。王后勸立之。王乃召相，令之曰：“寡人子莫若楚。”立以爲太子。

子楚立，以不韋爲相，號曰文信侯，食藍田十二縣[6]；王后爲華陽太后。諸侯皆致秦邑[7]。

［1］因爲華陽夫人是楚人。

［2］間（jiàn）：乘間，趁機。

［3］軔（rèn）車於趙：在趙逗留。這是對秦孝文王從前曾在趙國當過質子的委婉説法。軔車，停車。軔，墊在車輪下用來阻止車輪滚動的木頭。

［4］介：通“芥”，比喻微小。存：問候，看望。

［5］計：金正煒以爲當作“材”，草書相似而訛。（見《戰國策補釋》）

［6］藍田：在今陝西省藍田縣。

［7］致：進獻。秦邑：王念孫以爲“秦”當爲“奉”字之誤。奉邑，謂太后之養邑。

顔斶説齊宣王（齊策四）[1]

齊宣王見顔斶，曰：“斶，前！”斶亦曰：“王，前！”宣王不悦。左右曰：“王，人君也；斶，人臣也。王曰‘斶，前’，亦曰‘王，前’，可乎？”斶對曰：“夫斶前爲慕勢，王前爲趨士[2]；與使斶爲趨勢，不如使王爲趨士。”王忿然作色曰：“王者貴乎？士貴乎？”對曰：“士貴耳，王者不貴。”王曰：“有説乎？”斶曰：“有。昔者秦攻齊，令曰：‘有敢去柳下季壟五十步而樵采者[3]，死不赦！’令曰：‘有能得齊王頭者，封萬户侯，賜金千鎰[4]。’由是觀之，生王之頭，曾不若死士之壟也[5]。”宣王默然不悦。

［1］顔斶（chù）：戰國齊隱士。齊宣王：田氏，名辟彊，公元前319—前301年在位。

［2］慕勢：貪慕權勢。趨士：接近賢士。

［3］柳下季：春秋魯國賢士。姓展，名禽，字季，食邑柳下。死後謚“惠”，故又稱柳下惠。壟：

墳墓。樵：打柴。采：摘果。

［4］萬户侯：食邑一萬户的侯。鎰（yì）：古代重量單位，合二十兩（一説二十四兩）。

［5］曾：竟，居然。

左右皆曰："斶來[1]！斶來！大王據千乘之地[2]，而建千石鐘、萬石簴[3]，天下之士，仁義皆來役處[4]；辯知並進，莫不來語[5]；東西南北，莫敢不服。求萬物不備具[6]，而百無不親附[7]。今夫士之高者乃稱匹夫、徒步而處農畝[8]，下則鄙野監門閭里[9]。士之賤也亦甚矣！"

［1］來：句末語氣詞，相當於現代漢語的"啊"。

［2］千乘：金正煒以爲當作"萬乘"，涉下文"千石"而誤。萬乘，萬輛兵車，借代大國。

［3］石：重量單位，合一百二十斤。簴（jù）：古代懸挂鐘、磬的架子兩側的柱子。建千石鐘、萬石簴，表示對禮樂的重視。

［4］仁義：指仁者、義者。役處：服事供職。

［5］並進：都來。語：陳言。這裏有出謀劃策的意思。

［6］不備具："不"上脱一"無"字，當依鮑彪本作"無不備具"。

［7］百："百"下脱一"姓"字，當依鮑彪本作"百姓"。

［8］處農畝：處於農田之間，意謂從事農耕。

［9］鄙野：邊遠偏僻的鄉野。監門：看門。閭里：里巷。

斶對曰："不然。斶聞古大禹之時，諸侯萬國。何則？德厚之道得[1]，貴士之力也。故舜起農畝，出於野鄙，而爲天子。及湯之時，諸侯三千。當今之世，南面稱寡者乃二十四。由此觀之，非得失之策與[2]？稍稍誅滅[3]，滅亡無族之時[4]，欲爲監門閭里，安可得而有乎哉？是故《易傳》不云乎[5]：'居上位未得其實，以喜其爲名者[6]，必以驕奢爲行；据慢驕奢[7]，則凶從之。是故無其實而喜其名者削，無德而望其福者約[8]，無功而受其禄者辱：禍必握[9]！'故曰：'矜功不立，虚願不至[10]。'此皆幸樂其名[11]，華而無其實德者也[12]。是以堯有九佐[13]，舜有七友[14]，禹有五丞[15]，湯有三輔[16]，自古及今而能虚成名於天下者[17]，無有。是以君王無羞亟問[18]，不媿下學[19]。是故成其道德而揚功名於後世者，堯、舜、禹、湯、周文王是也。故曰：'無形者，形之君也；無端者，事之本也[20]。'夫上見其原，下通其流，至聖人明學[21]，何不吉之有哉！《老子》曰：'雖貴必以賤爲本，雖高必以下爲基。是以侯王稱孤、寡、不穀，是其賤之本與，非夫[22]？'孤、寡者，人之困賤下位也，而侯王以自謂，豈非下人而尊貴士與[23]？夫堯傳舜，舜傳禹，周成王任周公旦[24]，而世世稱曰明主，是以明乎士之貴也。"

［1］德厚之道得：掌握了崇厚道德的方法。

［2］得：指得士。失：指失士。策：謀略，政策。

［3］稍稍：漸漸。

［4］滅亡無族：四字當是衍文，由注文誤入。有的版本無此四字。

［5］易傳：《周易》的組成部分。是對經文部分進行解釋。共十篇，也稱《十翼》。本篇所引《易傳》，不見於今本。

［6］以喜其爲名者：金正煒以爲"爲"爲衍文。

［7］据慢驕奢：高傲，怠慢，驕横，奢侈。据，通"倨"。

［8］削：指地削。約：貧窮困窘。

［9］握：通“渥”，嚴重。

［10］矜（jīn）功：浮夸的事業。矜，夸耀。虛願：虛妄的理想。至：達到，實現。

［11］幸樂：喜愛，愛好。

［12］鮑彪本無“華”字。

［13］九佐：舊説指舜（司徒）、契（司馬）、禹（司空）、稷（田疇）、夔（樂正）、倕（工師）、伯夷（秩宗）、皋陶（大理）、益（驅禽）。

［14］七友：舊説指雄陶、方回、續牙、伯陽、東不訾、秦不虛、靈甫。

［15］五丞：舊説指益、稷、皋陶、倕、契。

［16］三輔：舊説指誼伯、仲伯、咎單。按：“九佐、七友、五丞、三輔”中之數詞“九、七、五、三”大概衹是虛指，舊説未必可信。

［17］虛：憑空。謂無賢人輔助，不修實德。

［18］亟（qì）：屢次。問：問學，請教。

［19］媿：同“愧”。

［20］君：主宰。無端：指事情尚未開端之時。“無形”二句意欲闡明人君須有高遠的預見性。

［21］至聖人：“人”字衍。至聖：道德最高尚的人。明學：通曉學問。

［22］見《老子》第三十九章。帛書《老子》乙本末句作“此其賤之本與，非也?”

［23］尊貴士：何建章以爲“尊”字爲衍文，“‘下人’與‘貴士’對文，作‘尊貴士’則不諧”。

［24］周成王：周武王子，名誦，公元前1063—前1027年在位。周公旦：成王叔父。名旦，采邑在周，故稱周公旦。武王死，成王年幼繼位，周公攝政以輔成王。

宣王曰：“嗟乎！君子焉可侮哉！寡人自取病耳[1]。及今聞君子之言，乃今聞細人之行[2]。願請受爲弟子，且顏先生與寡人游[3]。食必太牢[4]，出必乘車，妻子衣服麗都[5]。”顏斶辭去曰：“夫玉生於山，制則破焉[6]，非弗寶貴矣，然夫璞不完[7]。士生乎鄙野，推選則禄焉，非不得尊遂也[8]，然而形神不全。斶願得歸，晚食以當肉，安步以當車[9]，無罪以當貴，清靜貞正以自虞[10]。制言者王也[11]，盡忠直言者斶也。言要道已備矣[12]，願得賜歸，安行而反臣之邑屋[13]。”則再拜而辭去也。

斶知足矣，歸反撲[14]，則終身不辱也。

［1］自取病：自找苦喫，自討没趣。

［2］乃今：張清常、王延棟疑“今”承上文而衍。細人：小人。

［3］顏：金正煒以爲當由“願”字形似而訛。游：交往。

［4］太牢：牛、羊、豕三牲具備叫做太牢。

［5］麗都：雍容華貴。都，美盛。

［6］制：通“製”。

［7］夫璞：當依鮑彪本作“大（tài）璞”。大璞，未經加工的玉石。

［8］鮑彪本無“得”字。尊遂：尊貴顯達。

［9］晚食：飯喫得遲。安步：從容步行。

［10］清靜：清心寡慾。貞正：貞潔正直。虞：通“娛”，樂。

［11］制：裁定，判斷。

［12］要道：主要道理。

［13］邑屋：家鄉的住處。

［14］揲："楪"字形誤。楪，本質，本性。

慎子傅楚襄王（楚策二）[1]

楚襄王爲太子之時，質於齊。懷王薨，太子辭於齊王而到歸[2]。齊王隘之[3]："予我東地五百里[4]，乃歸子。子不予我，不得歸。"太子曰："臣有傅，請追而問傅[5]。"傅慎子曰："獻之。地所以爲身也，愛地不送死父，不義。臣故曰獻之便[6]。"太子入，致命齊王曰[7]："敬獻地五百里。"齊王歸楚太子。

［1］楚襄王：即楚頃襄王。戰國楚國國君，懷王之子，名横，公元前298—前263年在位。

［2］懷王：名槐，公元前328—前299年在位。齊王：指齊閔王（名地，公元前300—前284年在位）。據《史記·楚世家》載，公元前299年懷王入秦被拘，楚太子由齊返國即位，即位之第三年（公元前296年），懷王客死於秦。與此不同。

［3］隘（è）：通"阨"，阻止。

［4］東地：指楚國東部與齊國接壤的地方。

［5］傅：輔佐之官。追：招引，徵召。

［6］便：利，有利。

［7］致命：復命，答復。

太子歸，即位爲王。齊使車五十乘，來取東地於楚。楚王告慎子曰："齊使來求東地，爲之奈何？"慎子曰："王明日朝群臣，皆令獻其計。"

上柱國子良入見[1]。王曰："寡人之得求反[2]，王墳墓[3]、復羣臣[4]、歸社稷也[5]，以東地五百里許齊。齊令使來求地，爲之奈何？"子良曰："王不可不與也。王身出玉聲[6]，許强萬乘之齊而不與[7]，則不信，後不可以約結諸侯[8]。請與而復攻之。與之，信；攻之，武。臣故曰與之。"

子良出，昭常入見[9]。王曰："齊使來求東地五百里，爲之奈何？"昭常曰："不可與也。萬乘者，以地大爲萬乘。今去東地五百里，是去戰國之半也[10]，有萬乘之號而無千乘之用也，不可。臣故曰勿與。常請守之。"

昭常出，景鯉入見[11]。王曰："齊使來求東地五百里，爲之奈何？"景鯉曰："不可與也。雖然，楚不能獨守。王身出玉聲，許萬乘之强齊也而不與，負不義於天下。楚亦不能獨守[12]。臣請西索救於秦[13]。"

［1］上柱國：楚官名，是楚國最高軍事長官。

［2］求反：王念孫以爲"求"爲"來"之訛字（見《讀書雜誌·戰國策第二》）。

［3］王墳墓：謂主辦其父懷王喪葬事宜。王，當依鮑彪本作"主"。

［4］復羣臣：使羣臣復歸各自職位。

［5］歸：恢復。

［6］身：親自。

［7］疑當依下文作"許萬乘之强齊而不與"。

［8］約：盟約，約言。結：結交，交往。

［9］昭常：楚王同族，事蹟不詳。

［10］戰國：潘和鼎以爲"戰國"是"東國"之訛。"東"誤爲"單"，因又加"戈"旁。東國，

義同“東地”，指楚國東部地區。

[11] 景鯉：楚貴族，爲懷王寵臣。

[12] 曾鞏本圈去“王身出玉聲”至“楚亦不能獨守”二十七字。

[13] 索：求。

景鯉出，慎子入。王以三大夫計告慎子曰：“子良見寡人曰：‘不可不與也，與而復攻之。’常見寡人曰：‘不可與也，常請守之。’鯉見寡人曰：‘不可與也，雖然，楚不能獨守也，臣請索救於秦。’寡人誰用於三子之計？”慎子對曰：“王皆用之。”王怫然作色曰[1]：“何謂也？”慎子曰：“臣請效其説[2]，而王且見其誠然也。王發上柱國子良車五十乘[3]，而北獻地五百里於齊。發子良之明日，遣昭常爲大司馬[4]，令往守東地。遣昭常之明日，遣景鯉車五十乘，西索救於秦。”王曰：“善。”乃遣子良北獻地於齊。遣子良之明日，立昭常爲大司馬，使守東地。又遣景鯉西索救於秦。

[1] 怫（fú）然：憤怒的樣子。作色：改變臉色。

[2] 效：呈，獻。

[3] 發：派遣。

[4] 大司馬：總領軍事的長官。

子良至齊，齊使人以甲受東地[1]。昭常應齊使曰：“我典主東地[2]，且與死生。悉五尺至六十[3]，三十餘萬弊甲鈍兵，願承下塵[4]。”齊王謂子良曰：“大夫來獻地，今常守之，何如[5]？”子良曰：“臣身受命弊邑之王，是常矯也[6]。王攻之。”齊王大興兵，攻東地，伐昭常。未涉疆[7]，秦以五十萬臨齊右壤[8]。曰：“夫隘楚太子弗出，不仁；又欲奪之東地五百里，不義。其縮甲則可[9]，不然，則願待戰[10]。”

齊王恐焉。乃請子良南道楚[11]，西使秦，解齊患。士卒不用，東地復全。

[1] 甲：指甲士，武裝的士兵。

[2] 典主：主持，主管。

[3] 五尺：指五尺高的兒童。戰國時五尺大約相當於現在的三尺半。六十：指六十歲的老人。

[4] 願承下塵：堅決迎戰的委婉説法。

[5] 何如：爲甚麽。

[6] 矯：假託，詐稱。

[7] 涉：進入。

[8] 臨：來到。右：西。

[9] 縮甲：收兵。縮，收斂。

[10] 待：依靠，憑藉。

[11] 道：取道。

死士豫讓（趙策一）[1]

晉畢陽之孫豫讓[2]，始事范、中行氏而不説[3]，去而就知伯[4]，知伯寵之。及三晉分知氏，趙襄子最怨知伯[5]，而將其頭以爲飲器[6]。豫讓遁逃山中，曰：“嗟乎！士爲知己者死，女爲悦己者容[7]。吾其報知氏之讎矣[8]。”乃變姓名，爲刑人，入宫塗廁[9]，欲以刺襄子。襄子如廁，心動[10]，執問塗者，則豫讓也，刃其扜[11]。曰：“欲爲知伯報讎！”左右欲殺之。趙襄子曰：“彼，義士也。吾謹避之耳。且知伯已死，無後，而其臣至爲報讎，此天下賢人也。”卒釋之。

[1] 死士：不怕死的勇士。豫讓：春秋戰國之際晉國人。

[2] 畢陽：春秋時晉國義士。

[3] 范、中行（háng）氏：指范昭子士吉射及中行文子荀寅。范氏、中行氏同爲春秋末晉國六卿中的大家族。公元前458年，晉國知、韓、趙、魏四家共分范氏、中行氏地，范氏、中行氏亡。

[4] 知伯：即“智伯”。晉卿，姓荀，名瑶，食采邑於智（今山西永濟縣），因以智爲氏。

[5] 三晉：戰國時趙、韓、魏三國的合稱。公元前453年，晉韓、趙、魏三家聯合滅亡智氏，分其地，後各立爲國，故三國有此合稱。趙襄子：晉卿，名無恤。趙襄子曾同知伯飲酒，知伯用手批襄子頭；又知伯率領知、韓、魏三家軍隊圍趙晉陽，三年不能拔，乃決晉水灌之，城不没者三板，故趙襄子最怨知伯。

[6] 將：持，拿。飲器：指盛酒之器。

[7] 容：修飾，打扮。

[8] 王念孫以爲“之讎”二字爲後人所加，衍文。

[9] 刑人：判刑服勞役的人。塗：塗抹，塗飾。

[10] 動：指驚悸。

[11] 刃其扜：“扜”當作“杇”（wū），形近而誤。杇，同“杅”，即泥瓦匠用的抹子。“刃其杇”意思是木抹子上安裝著利刃。

豫讓又漆身爲厲[1]，滅鬚去眉，自刑以變其容[2]，爲乞人而往乞。其妻不識，曰：“狀貌不似吾夫，其音何類吾夫之甚也。”又吞炭爲啞，變其音[3]。其友謂之曰：“子之道甚難而無功，謂子有志則然矣，謂子智則否。以子之才而善事襄子，襄子必近幸子[4]；子之得近而行所欲，此甚易而功必成。”豫讓乃笑而應之曰：“是爲先知報後知[5]，爲故君賊新君，大亂君臣之義者無此矣[6]。凡吾所謂爲此者[7]，以明君臣之義，非從易也。且夫委質而事人[8]，而求弑之，是懷二心以事君也[9]。吾所爲難[10]，亦將以愧天下後世人臣懷二心者。”

[1] 漆身爲厲：用漆塗身，使身長瘡有如癩病患者。厲，通“癩”，即麻風病。

[2] 刑：指毁傷。

[3]《史記·刺客列傳》司馬貞《索隱》引，作：“讓遂吞炭以變其音也。”王念孫以爲《戰國策》原文當作“吞炭以變其音”。

[4] 近幸：親近寵愛。

[5] 爲先知報後知：爲從前的知己報復後來的知己。

[6] 義：指道德規範要求。

[7] 凡：所有，全部。謂：爲（wèi）。

[8] 委質：猶言“委身”，交出身子。

[9] 二心：異心，不忠之心。

[10] 所爲難：所以行其難者。

居頃之[1]，襄子當出[2]，豫讓伏所當過橋下。襄子至橋而馬驚。襄子曰："此必豫讓也。"使人問之，果豫讓。於是趙襄子面數豫讓曰[3]："子不嘗事范、中行氏乎？知伯滅范、中行氏，而子不爲報讎，反委質事知伯。知伯已死，子獨何爲報讎之深也？"豫讓曰："臣事范、中行氏，范中行氏以衆人遇臣[4]，臣故衆人報之；知伯以國士遇臣[5]，臣故國士報之。"襄子乃喟然歎泣曰："嗟乎，豫子！豫子之爲知伯[6]，名既成矣，寡人舍子亦以足矣[7]。子自爲計，寡人不舍子。"使兵環之。豫讓曰："臣聞明主不掩人之義，忠臣不愛死以成名[8]。君前已寬舍臣，天下莫不稱君之賢。今日之事，臣故伏誅[9]。然願請君之衣而擊之，雖死不恨[10]。非所望也，敢布腹心[11]。"於是襄子義之，乃使使者持衣與豫讓。豫讓拔劍三躍，呼天擊之曰："而可以報知伯矣[12]。"遂伏劍而死[13]。死之日，趙國之士聞之，皆爲涕泣。

[1] 居頃之：過了不久。

[2] 當：將，將要。

[3] 數（shǔ）：數説，責備。

[4] 衆人：一般人。遇：對待。

[5] 國士：一國中的桀出人物。

[6] 鮑彪本作"子之爲知伯"，無"豫"字。

[7] 以：通"已"。

[8] 愛：吝惜，舍不得。

[9] 故：通"固"。伏誅：認罪願受死刑。

[10] 恨：遺憾。

[11] 布：表露。腹心：此指内心意願。

[12] 而：第二人稱代詞。這裏實際上是豫讓自呼。

[13] 伏劍而死：趴在劍上而死，意謂用劍自刎而死。

魯仲連義不帝秦（趙策三）[1]

秦圍趙之邯鄲[2]。魏安釐王使將軍晉鄙救趙[3]，畏秦，止於蕩陰[4]，不進[5]。

魏王使客將軍新垣衍間入邯鄲[6]，因平原君謂趙王曰[7]："秦所以急圍趙者，前與齊湣王争强爲帝，已而復歸帝，以齊故[8]；今齊湣王已益弱，方今唯秦雄天下，此非必貪邯鄲，其意欲求爲帝。趙誠發使尊秦昭王爲帝[9]，秦必喜，罷兵去。"平原君猶豫未有所決。

[1] 魯仲連：又稱魯連，戰國時齊國高士。

[2] 邯鄲：趙國國都，在今河北邯鄲市。秦圍邯鄲事在趙孝成王七年至八年（公元前259—前258年）。

[3] 魏安釐（xī）王：魏國國君，名圉（yǔ），公元前276—前243年在位。

[4] 蕩（tāng）陰：地名，當趙魏兩國交界處，在今河南湯陰縣。

[5]《史記·魏公子列傳》載其事曰："魏王使將軍晉鄙將十萬衆救趙。秦王使使者告魏王曰：'吾攻趙旦暮且下，而諸侯敢救者，已拔趙，必移兵先擊之。'魏王恐，使人止晉鄙，留軍壁鄴，名爲救趙，實持兩端以觀望。"

[6] 客將軍：一個國家的人在另一個國家當將軍，稱"客將軍"。新垣衍：下文皆作"辛垣衍"，鮑

彪本此處也作“辛垣衍”。其人姓辛垣，名衍。間（jiàn）：悄悄地，偷偷地。

[7] 平原君：趙孝成王叔父，名勝，封平原君，其時爲趙相。趙王：指孝成王。名丹，公元前265—前245年在位。

[8] 齊湣王：名地，公元前300—前284年在位。周赧（nǎn）王二十七年（公元前288年），齊湣王稱東帝，秦昭王稱西帝。不久，蘇代説服齊湣王廢除帝號，秦昭王跟著也取消了帝號。

[9] 秦昭王：秦國國君，名稷，一名則，謚號昭，公元前306—前251年在位。生前不可能稱謚，“昭王”二字當爲旁注誤入的衍文。

此時魯仲連適游趙，會秦圍趙，聞魏將欲令趙尊秦爲帝，乃見平原君曰：“事將奈何矣？”平原君曰：“勝也何敢言事？百萬之衆折於外[1]，今又内圍邯鄲而不能去。魏王使客將軍辛垣衍令趙帝秦，今其人在是。勝也何敢言事？”魯連曰：“始吾以君爲天下之賢公子也，吾乃今然後知君非天下之賢公子也[2]。梁客辛垣衍安在[3]？吾請爲君責而歸之！”平原君曰：“勝請召而見之於先生[4]。”

平原君遂見辛垣衍，曰：“東國有魯連先生[5]，其人在此，勝請爲紹介而見之於將軍[6]。”辛垣衍曰：“吾聞魯連先生，齊國之高士也[7]。衍，人臣也，使事有職[8]，吾不願見魯連先生也。”平原君曰：“勝已泄之矣。”辛垣衍許諾。

[1] 折：損失。趙孝成王六年（公元前260年），秦將白起大破趙軍於長平（在今山西高平縣西北），坑殺趙國降卒40餘萬。此言百萬，屬於誇張之辭。

[2] 乃今然後：從今以後纔。

[3] 梁：魏的别稱。魏國原都安邑（今山西夏縣西北），惠王時遷都大梁（今河南開封市），故又稱梁。

[4] 見（xiàn）之：使之見。

[5] 東國：指齊國。因齊國在趙國東方，故稱東國。

[6] 紹介：介紹。

[7] 高士：品德高尚的隱士。

[8] 使事：因事出使。

魯連見辛垣衍而無言。辛垣衍曰：“吾視居北圍城之中者[1]，皆有求於平原君者也；今吾視將軍之玉貌，非有求於平原君者，曷爲久居此圍城之中而不去也？”魯連曰：“世以鮑焦無從容而死者[2]，皆非也。今衆人不知，則爲一身[3]。彼秦者，弃禮義而上首功之國也[4]，權使其士，虜使其民[5]；彼則肆然而爲帝，過而遂正於天下，則連有赴東海而死矣[6]，吾不忍爲之民也！所爲見將軍者，欲以助趙也。”辛垣衍曰：“先生助之奈何？”魯連曰：“吾將使梁及燕助之，齊、楚則固助之矣。”辛垣衍曰：“燕，則吾請以從矣[7]；若乃梁[8]，則吾乃梁人也，先生惡能使梁助之耶？”魯連曰：“梁未睹秦稱帝之害故也；使梁睹秦稱帝之害，則必助趙矣。”辛垣衍曰：“秦稱帝之害將奈何？”魯仲連曰：“昔齊威王嘗爲仁義矣[9]，率天下諸侯而朝周。周貧且微[10]，諸侯莫朝，而齊獨朝之。居歲餘，周烈王崩[11]，諸侯皆弔[12]，齊後往。周怒，赴於齊曰[13]：‘天崩地坼，天子下席[14]。東藩之臣田嬰齊後至，則斮之[15]！’威王勃然怒曰[16]：‘叱嗟[17]！而母，婢也！’卒爲天下笑[18]。故生則朝周，死則叱之[19]，誠不忍其求也。彼天子固然，其無

足怪[20]。”

[1] 北：“此”字形訛，當依鮑彪本作“此”。

[2] 鮑焦：周代隱士，因不滿當時社會，抱樹自焚而死。從容：指寬闊的胸襟，雅量。

[3] 一身：個人。

[4] 上：通“尚”，崇尚，注重。首功：斬敵首之功。秦制：爵位分二十級，戰場上斬敵越多爵位越高。

[5] 權：指權詐之術。虜：奴隸。

[6] 則：假設連詞，如果。肆然：肆無忌憚地。過：甚至。正：通“政”，執政。赴：投入，跳進。

[7] 以：以爲，認爲。

[8] 若乃：至於。

[9] 齊威王：戰國齊君。姓田，名嬰齊，公元前358—前320年在位。

[10] 微：弱小。

[11] 周烈王：名喜，公元前375—前369年在位。崩：天子死的專稱。

[12] 弔：弔喪。

[13] 赴：後來寫作“訃”，訃告，報喪。

[14] 天崩地坼（chè）：比喻天子死。坼，裂開。天子：指繼周烈王即天子位的周顯王。下席：指離開原來居處，爲了守孝下到草席上去睡。

[15] 東藩：東方的藩國，即指齊。斮（zhuó）：同“斫”，斬。

[16] 勃然：怒容滿面的樣子。

[17] 叱嗟：怒斥聲。

[18] 周烈王死後十餘年田嬰齊始爲齊國國君，以上記載不足爲據。

[19] 叱：呵斥，責罵。

[20] 其：語氣詞，表示委婉語氣。

辛垣衍曰：“先生獨未見夫僕乎[1]？十人而從一人者，寧力不勝、智不若耶[2]？畏之也。”魯仲連曰：“然梁之比於秦，若僕耶？”辛垣衍曰：“然。”魯仲連曰：“然吾將使秦王烹醢梁王[3]！”辛垣衍怏然不悦[4]，曰：“嘻！亦太甚矣，先生之言也！先生又惡能使秦王烹醢梁王？”魯仲連曰：“固也[5]！待吾言之：昔者鬼侯之鄂侯、文王，紂之三公也[6]。鬼侯有子而好[7]，故入之於紂。紂以爲惡[8]，醢鬼侯。鄂侯争之急，辨之疾[9]，故脯鄂侯。文王聞之，喟然而歎，故拘之於牖里之車百日[10]，而欲舍之死[11]。——曷爲與人俱稱帝王，卒就脯醢之地也？”

[1] 獨：偏偏。夫：指示代詞，那。僕：奴僕。

[2] 寧：難道。

[3] 烹醢（hǎi）：古代的兩種酷刑。烹，用鼎煮人。醢，將人剁成肉醬。

[4] 怏（yàng）然：不高興的樣子。

[5] 固：本來，當然。

[6] 鬼侯：商紂王時諸侯，又稱九侯，封地在今河北臨漳縣境。之：衍文。當依鮑彪本删。鄂侯：商紂王時諸侯，封地在今山西寧鄉縣境。文王：即周文王，封地在今陝西鄠縣一帶。公：諸侯的通稱。

[7] 子：指女兒。好：貌美。

[8] 惡（è）：醜。

[9] 急：急切。辨：通“辯”。疾：激烈。

[10] 牖（yǒu）里：地名，也作“羑里”，在今河南湯陰縣北。車：當依鮑彪本及《史記·魯仲連列傳》作“庫”。庫：監獄。

[11] 舍：置。鮑彪本及《史記·魯仲連列傳》作“令”。

齊閔王將之魯[1]，夷維子執策而從[2]，謂魯人曰：“子將何以待吾君？”魯人曰：“吾將以十太牢待子之君[3]。”維子曰[4]：“子安取禮而來待吾君？彼吾君者[5]，天子也。天子巡狩[6]，諸侯辟舍[7]，納於筦鍵[8]，攝衽抱几[9]，視膳於堂下[10]；天子已食，退而聽朝也。”魯人投其籥[11]，不果納[12]，不得入於魯。將之薛[13]，假塗於鄒[14]。當是時，鄒君死，閔王欲入弔。夷維子謂鄒之孤曰[15]：“天子弔，主人必將倍殯柩[16]，設北面於南方，然後天子南面弔也。”鄒之羣臣曰：“必若此，吾將伏劍而死。”故不敢入於鄒。鄒、魯之臣，生則不得事養[17]，死則不得飯含[18]，然且欲行天子之禮於鄒、魯之臣，不果納。今秦萬乘之國，梁亦萬乘之國，俱據萬乘之國，交有稱王之名[19]。賭其一戰而勝[20]，欲從而帝之，是使三晉之大臣，不如鄒、魯之僕妾也[21]。

[1] 齊閔王：即齊湣王。周赧王三十一年（前284年），燕將樂毅合秦、楚、趙、魏、韓五國之兵攻入齊都臨淄，閔王逃至衛國，因態度傲慢激怒了衛人，祇好離開衛國，前往魯國。

[2] 夷維子：齊閔王臣，姓夷維，名不詳。子，男子的美稱。策：馬鞭。

[3] 太牢：古代祭祀或宴會，牛、羊、豬三牲齊全，合稱“太牢”。十太牢，就是牛、羊、豬各十隻。這是接待諸侯的規格。

[4] 維子：當依鮑彪本作“夷維子”。“夷維”爲複姓，不得單稱“維”。

[5] 彼：發語詞。

[6] 巡狩（shòu）：天子巡察諸侯國。

[7] 辟舍：讓出宫室，避居於外。

[8] 納：交出。於：衍文。筦鍵：鑰匙。筦，同“管”。

[9] 攝：持，提起。衽（rèn）：衣襟。几：几案。

[10] 視膳：照料喫飯。視，照料，照看。

[11] 投其籥：謂關閉城門。投，猶言“插下”。籥（yuè），通“闟”，豎插的門閂（上端穿過横閂，下端插入地下）。

[12] 不果：終於没有，到底没有。

[13] 薛：齊邑名，在今山東滕州市東南。

[14] 鄒：小國名，在今山東鄒縣。

[15] 孤：父死則子稱“孤”，這裏指已故鄒君之子。

[16] 倍殯柩：把靈柩移到相反的方位。倍，通“背”。殯，停喪待葬（的）。柩：已經入殮屍體的棺材。

[17] 事養：侍奉供養。

[18] 飯含（fǎnhàn）：古代喪禮，把米粒及珠、玉、貝等物放在死者口中。

[19] 交：互相，彼此。

[20] 賭：“睹”的形訛字。當據鮑彪本作“睹”。

[21] 僕妾：奴僕婢妾。這裏是對小國鄒、魯之臣的賤稱。

“且秦無已而帝[1]，則且變易諸侯之大臣，彼將奪其所謂不肖而予其所謂賢[2]，奪其所憎而與其所愛；彼又將使其子女讒妾爲諸侯妃姬[3]，處梁之宫，梁王安得晏然而已乎[4]？而將軍又何以得故寵乎？”

於是辛垣衍起，再拜謝曰：“始以先生爲庸人[5]，吾乃今日而知先生爲天下之士也！吾請去，不敢復言帝秦！”

[1] 無：否定性無定代詞，没有辦法。已：止，阻止。

[2] 不肖：不賢。

[3] 子女：女兒。讒妾：喜歡毁謗人的侍婢。妃姬：妻妾。

[4] 晏然：安然，平安地。已：止，了結，完事。

[5] 庸人：平凡的人。

秦將聞之，爲郤軍五十里[1]。適會魏公子無忌奪晉鄙軍以救趙擊秦[2]，秦軍引而去[3]。

於是平原君欲封魯仲連，魯仲連辭讓者三，終不肯受。平原君乃置酒。酒酣[4]，起，前，以千金爲魯連壽[5]。魯連笑曰：“所貴於天下之士者，爲人排患、釋難、解紛亂而無所取也；即有所取者[6]，是商賈之人也。仲連不忍爲也。”遂辭平原君而去，終身不復見。

[1] 郤：當作“卻”，撤退，退卻。

[2] 公子無忌：魏昭王的少子，安釐王的異母弟，封信陵（今河南寧陵縣），號信陵君。

[3] 引：撤退，退卻。

[4] 酣：酒喝得暢快的時候。

[5] 壽：通“酬”，報酬。

[6] 即：若，如果。

練習一

1. 六書的本質是甚麽？請説明理由。
2. 分析下面各字的形體構造，並指出其於六書中屬於何書：

   ①豢　②豆　③旦　④戍　⑤自　⑥男　⑦而　⑧牟　⑨志　⑩修　⑪溢

   ⑫賴　⑬亡　⑭鬢　⑮擒　⑯寸　⑰及　⑱元　⑲韋　⑳悌　㉑看　㉒甘
3. 簡單説明古今字、異體字、繁簡字、本借字的概念，並各舉出兩個例子。
4. 寫出與下面各繁體字對應的簡化字：

   ①竊　②蠶　③書　④薦　⑤興　⑥獄　⑦隻　⑧憑　⑨釁　⑩雜　⑪遞

   ⑫辦　⑬曬　⑭韆　⑮齋　⑯慶　⑰憲　⑱藝　⑲纔　⑳齣　㉑膚　㉒繭
5. 舉例説明六書中的“假借”與古書用字歧異的“通假”有何不同。
6. 從下列各句中找出通假字及古字，並注明相應的本字及今字：

   ①諸將皆莫信，詳應曰：“諾。”

   ②諸士在己之左，愈貧賤，尤益敬，與鈞。

③生之有時，而用之亡度，則物力必屈。
④曲眉豐頰，清聲而便體，秀外而惠中。
⑤於是舉酒於亭上，以屬客而告之。
⑥衆制鋒起，源流間出。
⑦雍水暴益，荆人弗知。
⑧入則無法家拂士，出則無敵國外患者，國恒亡。
⑨位尊而無功，奉厚而無勞。
⑩出國門而軫懷兮，甲之鼂吾以行。
⑪三日乙酉夕，月有食。
⑫天不可與慮兮，道不可與謀。
⑬公而不當，易而無私。
⑭後八世，穆公稱伯，以河爲竟。
⑮人之所以爲人者，何已也？曰：“以其有辨也。”
⑯利用刑人，用說桎梏。
⑰猿獮猴錯木據水，則不若魚鼈。
⑱其後，上郡以西旱，復修賣爵令，而裁其賈以招民。

7. **給下面短文加上標點，並翻譯成現代漢語：**

衛嗣君之時有胥靡逃之魏因爲襄王之后治病衛嗣君聞之使人請以五十金買之五反而魏王不予乃以左氏易之羣臣左右諫曰夫以一都買胥靡可乎王曰非子之所知也夫治無小而亂無大法不立而誅不必雖有十左氏無益也法立而誅必雖失十左氏無害也魏王聞之曰主欲治而不聽之不祥因載而往徒獻之

第二單元

通論二　詞彙基本知識

通常認爲，在語言諸要素中，詞彙的變化最爲顯著，詞義更幾乎是處在經常的變動之中；因而，今天的人閱讀古代作品，所遇到的最大障礙也在於詞彙，尤其是詞義。這一單元的通論，我們就從學習古漢語的實際需要出發，有選擇地對詞彙基本知識進行介紹。

一、詞的音義關係與同源詞

（一）詞的音義關係

詞是音義的結合體。聲音是詞的形式，意義是詞的內容。義存乎聲，聲表現義，兩位一體，不可分離。古人把詞的聲音稱做“名”，把詞的內容稱做“實”。《荀子·正名》說：“制名以指實。”瑞士語言學家德·索緒爾則把詞的聲音稱爲“能指”，把詞的內容稱爲“所指”。

詞的音義結合，既是任意的，又不是任意的。

說詞的音義結合是任意的，是因为在語言形成之初，一個詞使用甚麼樣的聲音來表示，完全是偶合的，“名”與“實”之間，本無必然的聯係。同一聲音可以表達多種完全無關的意義，由此語言中產生了大量的同音詞，如：“桂”與“貴”，“江”與“姜”、“漿”，“金”與“今”、“斤”、“巾”等；同樣，相同或相近的意義又可以用不同的聲音来表達，由此語言中又有了大量的同义詞，如：“兄”與“哥”、“脚”與“足”、“假”與“僞”等。而同樣一個意思，不同的語言甚至不同的方言說法也不相同，如意義爲“喫”的詞，漢語說 chī，英語說 eat，而日語說“食べる”。並不是“喫”這個概念就非要用 chī 這個聲音來表示不可的。所以荀子說：“名無固宜，約之以命。約定俗成謂之宜；異於約，則謂之不宜。”莊周也說：“道行之而成，物謂之而然。”

說詞的音義結合不是任意的，是因爲詞一經約定俗成，它的音義間的聯係也就相對地固定，不能隨意變動。在這以前，就漢語說，可以稱“天”爲“地”，稱“牛”爲“馬”。在這以後，“至高無上”的衹能叫“天”，而不能叫“地”，有角的“大牲”衹能叫“牛”，而不能叫“馬”。否則，别人就聽不懂，失去了語言作爲交際工具的意義。

不但如此，說詞的音義結合不是任意的，還因爲一個詞在產生之後，由於社會的“約定”，本無必然聯係的音義關係不但有了嚴格的規定性，而且還反過來對自身所處的語言系統產生作用，使語言的發展接受其已有音義關係的影響和制約。許威漢先生把它稱做音義關係的回授性。

因爲客觀事物之間有聯係，有共同點，人們既然把某種聲音規定爲某種事物的名稱，由於習慣，由於聯想，往往會自覺或不自覺地用與此名稱相同或相近的聲音去稱呼與此事物相關的、有共同點的事物。例如房門有楣，如人之有眉，就用“眉”的聲音去稱呼門楣。又如，太陽總是圓圓實實的，因此就把它叫做“日”；“日，實也。”月亮圓實時少，虧缺時多，因此就把它叫做“月”；“月，缺也。”另外，隨著社會的發展和人類認識的發展，詞彙需要不斷豐富，新詞也不斷地産生，而新詞産生的一條重要途徑，就是在舊詞基礎上分化派生，即通過舊詞詞義引申，到了距離本義較遠之後，在一定條件下，脱離舊詞而獨立。由於這種新詞，音和義都是從舊詞早已約定俗成而結合在一起的音和義發展而來，因而新詞與舊詞之間，或者説派生詞與源詞之間，總免不了會有音與音、義與義方面的關聯，這就是前人所謂的“音近義通”現象。如“懈”由“解”派生而來，二詞古同音；而“解”是解開，“懈”是松懈，意義的聯係是很明顯的。又如“巫”由“舞”派生而來，二詞音近（僅僅聲調不同）；而“舞”是舞蹈，“巫”是以舞降神的人，意義的聯係也是不言而喻的。

綜上所述，詞的音義關係，可以説是任意性與非任意性的統一。

（二）同源詞

由同一個語源直接或間接派生出來，因而具有音近義通關係的一組詞，叫同源詞。如：昇、騰、登、乘四詞，從意義上説都含有“嚮上”的意思，從語音上説上古音又同屬“登”部、“端”母，一般認爲它們出自同一語源，是一組同源詞。

1. 同源詞研究的意義

學習古代漢語，研究同源詞有甚麼作用呢？大致説來，至少有以下兩個方面的用處：

第一，有助於瞭解事物得名之義。

如：古代梳頭的工具有梳、有篦。爲甚麼叫“梳”？梳得名於“疏”，因齒距稀疏；爲甚麼叫“篦”？篦得名於“比”，因齒距比密（《説文》曰：“比，密也。”）。根據同源詞“疏”和同源詞“比”，我們並不難弄清楚“梳”和“篦”得名之義。

又如，古人席地而坐，放置器皿的家具是几。几比較矮，因爲它要適應跪坐席上的人使用。後來，爲了讓身體得以伸展，人們使用的家具開始更新，首先是坐具昇高，隨之而來，放置器皿的家具也相应昇高。這種昇高的坐具叫做“凳”，義來源於“登”，意取其登高；昇高的放置器皿的家具叫做“桌”，義來源於“卓”，意取其高超。再後來，又出現了一種有靠背的凳子，叫做“椅”，義來源於“倚”，意取其倚靠。可見，“凳”、“桌”、“椅”的得名之義同樣可從各自的源詞推知。

又如，通過繫聯“騢”（《説文》：“馬赤白雜毛。”）、“瑕”（《説文》：“玉小赤也。”）、“霞”（《説文新附》：“赤雲气也。”）等同源詞，我們可以推求出“鰕”之得名由於色赤。通過繫聯“窗”（天窗）、“囱”（竈突）、“葱”等同源詞，我們可以推知“聰”之取義當是耳通。

第二，有助於確切瞭解詞所概括事物的特徵，辨別詞義之間的細微差別。

如，《莊子·天地》：“子貢瞞然慚，俯而不對。”成玄英疏：“瞞，羞怍之貌也。”到底是怎麽樣的羞怍之貌，語焉不詳。其實，“瞞”與“穈”、“璊”、“䊳”（皆音 mén）諸詞同源。“穈”爲“赤苗嘉穀”（《集韻·魂韻》：“虋，《説文》：‘赤苗嘉穀也。’或作穈、穈。”），“璊”爲“玉䞓色”（見《説文》。䞓 chēng：赤色），“䊳”爲“赤色罽名”（見《廣韻·魂韻》。罽 jì：氊類毛織品），義皆與赤有關，顯然“瞞然”是指因爲羞愧而“面紅耳赤”之貌。

又如，《大戴禮記·勸學》：“譬之如洿邪，水潦灟焉，莞蒲生焉。”王聘珍解詁：“莞，草名；蒲，水草也：竝可以作席者。”王注實據《説文》。《説文》曰：“莞，艸也，可以作席。”又：“蒲，水艸也，可以作席。”那麼，莞、蒲有何不同？段玉裁説：“‘莞’之言‘管’也。凡莖中空者曰‘管’。莞蓋即今席子草，細莖，圓而中空，鄭謂之‘小蒲’，實非蒲也。《廣雅》謂之‘葱蒲’。”段氏推求“莞”的語源是“管”，大凡莖中空者曰“管”，所以“莞”是指細莖、圓而中空的席子草，《廣雅》称之爲“葱蒲”，即用“葱”突出了它的“莖中空”的特點。至於“蒲”，據其同源詞“匍”（《説文》：“手行也。”）、“舖”、“敷”（散布）、“溥”、“薄”等可以推知，其草當匍伏柔韌而且扁平。今之所見莞席、蒲席，正是如此。

2. 同源詞的判定

要判定一組詞是不是有同一來源，即是不是同源詞，並不是容易的事。雖説同源詞必定存在音近義通的關係，可是並不能反過來説，凡存在音近義通關係的詞就是同源詞。音雖近，義雖通，卻不是來自同一語源的詞也非絶無僅有，如“境”與“界”：讀音上，聲紐同屬見母；韻部“境”歸陽、“界”歸月，陽月通轉。意義上，二詞可以互訓：《吕氏春秋·贊能》：“至齊境。”高誘注：“境，界也。”《説文·田部》：“界，境也。”不過，“境”、“界”並不是來自同一語源。“境”源於“竟”：“竟”義“樂曲盡”，引申爲終竟，領土之終竟就是“境”。“界”源於“介”：“介”義爲鎧甲，引申爲動詞夾（jiā），又引申爲間隔，再引申爲分界，領土分界之處就是“界”。可見“境”、“界”不是同源詞。類似的情况還有“徒”與“但”與“特”、“漂”與“浮”、“庠”與“序”等。這種詞實際上衹是同義詞，至於語音的彼此相近，純粹屬於偶然，並不具備普遍意義。盡管如此，我們還是可以肯定地説，存在音近義通關係的詞絶大多數都是同源詞。因此，判定一組詞是否同源的通常做法是：如果没有證據證明來自不同語源，就衹需看其是否具備以下兩個條件：一是音近，二是義通。

●關於音近

同源詞既來自同一語源，在讀音上不可能没有聯係，因而音同或者音近是判定同源詞能否成立的一个重要的標準。這裏説的音同或者音近，必須以先秦古音爲依據，因爲同源詞的形成，絶大多數是上古時代的事。

音同的標準容易掌握，至於音近，怎樣纔算是音近呢？最可靠的當然是雙聲兼叠韻，如“買：賣”（明母，支部），“怖：怕”（幫滂旁紐，魚鐸對轉），“省：相”（生心準雙聲，耕陽旁轉）等。至於僅僅雙聲或者僅僅叠韻，則須有其他聲韻訓詁材料輔助證明，方爲穩妥。例如：

空：孔：竅　三詞雙聲（同爲溪母）；而空、孔屬東部，竅屬藥部，“竅”與“空”、“孔”，就韻部言，並不存在旁轉、對轉或者通轉關係。但古文獻中三詞經常互訓，《説文·穴部》：“竅，空也。”又：“空，竅也。”《廣雅·釋言》：“竅，孔也。”因而定之爲同源詞，是不成問題的。

黑：墨　二詞叠韻（同爲職部）；而黑屬曉母，墨屬明母，聲母相去甚遠。但《説文·土部》説：“書墨也。从土，从黑，黑亦聲。”許氏既認定“墨”中之“黑”兼有表音的作用，可見二詞古音相近；至於義之相關，也甚顯而易見：故可斷定“黑”、“墨”爲同源詞。

●關於義通

同源詞的義通，實際上包括不同的情形。可以是語用義的相同相近，如“背”與“負”，“琱”與“琢”，“坑”與“坎”，“命”與“令”等。但更多的則是表現爲具有共同的義素，特別是隱性義素①。例如：

“至、經、莖、脛、頸”同源，它們的語用意義既不相近更不相同，但它們都含有“直立的”這一隱性義素。

“騢、瑕、霞、鰕”同源，它們都含有“赤色的”這一隱性義素。

“枸簍、岣嶁、痀僂、甌窶”同源，它們都含有“中高而四下”的隱性義素。

“長（cháng）、長（zhǎng）、張、脹、漲、帳、韔、掌”同源，它們都含有“張大”的隱性義素。

二、詞的本義和引申義

（一）甚麽是詞的本義和引申義

由於語言的發展，漢語的詞，別説是在今天，就是在我們所能見到的古書中，也絕大多數是一詞多義。在一個詞的幾個、十幾個，甚至於幾十個義項中，其中有一個義項是該詞産生時最初的意義，這就是詞的本義；而其他的義項則是由本義通過聯想派生出來的，稱為詞的引申義。

詞的本義，從理論上説，就是詞的原始義。但實際上，通常説的詞的本義，衹能追溯到造字時代詞的意義。語言的歷史要比文字的歷史悠久得多；未有漢字，先有漢語。根據現代學者研究所得，記録漢語的漢字衹不過幾千年的歷史，而在漢字産生以前，一個詞的意義究竟是甚麽，已經很難考證清楚了。因此，今天我們所説的詞的本義，其實是也衹能是詞在造字時代的意義，它與字的本義基本是一致的。例如：

“北”有“違背”之義，《戰國策・齊策六》：“食人炊骨，士無反北之心，是孫臏、吴起之兵也。”“反北”謂“反叛違背”，此義今字作“背”。又有“敗逃”之義，《左傳・桓公九年》：“鬬廉衡陳其師於巴師之中，以戰，而北。”《荀子・議兵》：“大寇則至，使之持危城則必畔，遇敵處戰則必北。”都取此義。又有“北方”之義（此義至今猶用），《詩・邶風・北風》：“北風其凉，雨雪其雱。”其中，“違背”之義是“北”本義，甲骨文中“北”字作[illegible]，像二人相背形，可以爲證。而其餘兩義皆屬於引申義：由於臨陣逃跑，不是面嚮敵人而是背朝敵軍，故“北”引申而有“敗逃”義。中國地理位置居北半球，北風寒凉，南面嚮陽，古人深明此理，宫殿建築多爲坐北朝南，由此決定了主客的位置。所謂古人以坐北朝南爲尊位，天子諸侯見羣臣、卿大夫見僚屬，皆南面坐，實出此理。人既南面，則背朝北方，故“北”又引申出“北方”義。

---

① 所謂隱性義素，是指衹在特定語境中顯現，並不構成義位直接介入言語交際的詞義因素。

“向”可解釋爲“朝北的窗户”，《詩經·豳風·七月》：“穹窒熏鼠，塞向墐户。”毛傳：“向，北出牖也。”又有“朝向”義，《戰國策·燕策三》：“秦并趙，北向迎燕。”又有“歸向”義，《新唐書·賈敦頤傳》：“咸亨初，敦實爲洛州長史，亦寬惠，人心懷向。”又有“接近”義，陶潛《歲暮和張常侍》詩：“向夕長風起，寒雲没西山。”又有“崇尚”義，《史記·汲鄭列傳》：“上方向儒術，尊公孫弘。”其中，“朝北的窗户”是“向”本義，餘皆爲引申義。“向”甲骨文作[illegible]，爲窗户之象形。窗户總是面對著屋外某個方向的景物，故“向”又引申出“朝向”義，再從“朝向”引申而爲“接近”、“歸向”，由“歸向”引申出“崇尚”義。

“絶”有“斷絶”義，《吕氏春秋·本味篇》：“鍾子期死，伯牙破琴絶弦，終身不復鼓琴。”又有“横渡，穿越”義，《荀子·勸学》：“假舟檝者，非能水也，而絶江河[海]。”又有“昏厥，暈倒”義，《南史·師覺授傳》：“捨車奔歸，聞家哭聲，一叫而絶，良久乃蘇。”又有“極，最”義，《史記·伍子胥列傳》：“秦女絶美，王可自取，而更爲太子取婦。”其中，“斷絶”爲“絶”本義，《説文》古文作㡭，從刀斷二絲會意。餘義皆爲“斷絶”義之引申：“横渡”是斷流，“昏厥”是斷氣。又，斷絶則至此而盡，故引申之又有“極，最”義。

（二）詞義引申的形式、依據與趨勢

1. 詞義引申的形式

詞義引申的形式可分爲鏈鎖式與放射式兩種。

●鏈鎖式的引申

由本義A派生出引申義a，再由引申義a派生出引申義b，再由引申義b派生出引申義c，再由引申義c派生出引申義x，有如鏈鎖一環套一環的引申，就是鏈鎖式的引申。如：

“閒”（後世多寫作“間”）的本義爲“間隙”，其書寫符號从門，从月，是一個會意字，徐鍇《説文解字繫傳》説：“大門當夜閉，閉而見月光，是有閒隙也。”《史記·管晏列傳》：“晏子爲齊相，出，其御之妻從門閒而闚其夫。”即用本義。

由“間隙”引申而爲“間隔”，《漢書·西域傳下》：“車師去渠犂千餘里，間以河山，北近匈奴。”即用“間隔”義。

由“間隔”引申而爲“隔閡”，《左傳·哀公二十七年》：“公患三桓之侈也，欲以諸侯去之；三桓亦患公之妄也，故君臣多間。” “君臣多間”就是説“君臣間存在許多隔閡”。

又由“隔閡”引申爲“離間”（即“使……隔閡”），《史記·廉頗藺相如列傳》：“趙王信秦之閒。”

以上“閒”的引申歷程“間隙— →間隔— →隔閡— →離間”，即屬於鏈鎖式的引申。

●放射式的引申

由本義A分别派生出引申義a、b、c、d……，有如光束向四周放射的引申，就是放射式的引申。如：

“節”的本義爲“竹節”，其書寫符號从竹，即聲，是一個形聲字。《南史·王僧虔傳》載：“文惠太子鎮雍州，有盗古冢者，相傳云是楚王冢，大獲寶物：玉屐、玉屏風、竹簡書、青絲綸。簡廣數分，長二尺，皮節如新。”即用本義。

由於竹節居兩段竹筒之交接處，故引申之，樹木枝榦之交接處（木節）也可稱“節”，《周易·説卦》：“艮爲山……其於木也，爲堅多節。”

動物骨骼之連接處（骨節）也可稱“節”，《莊子·養生主》：“彼節者有間，而刀刃者無厚。”

時令之交接處（節氣）也可稱“節”，李白《贈從弟冽》：“風飄落日去，節變流鶯啼。”

音樂中體現著規律性變化之强弱、長短交替（節奏）也可稱“節”，蔡琰《胡笳十八拍》：“十五拍兮節調促，氣填胸兮誰識曲？”

以上“節”的引申可以圖示如下：

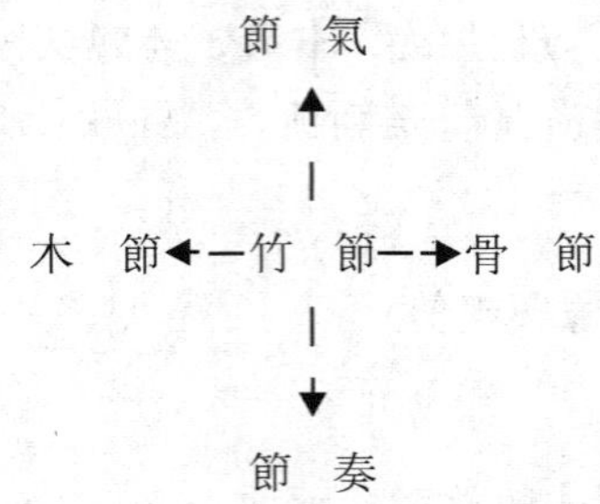

這就是放射式的引申。

上面將鏈鎖式和放射式兩種詞義引申形式分别加以介紹，衹是爲了方便説明而已。事實上，一個詞從單義發展成爲多義，其引申形式往往不局限於單一的“鏈鎖式”或“放射式”，而是兩式並用，“鏈鎖”之中有“放射”，“放射”之中有“鏈鎖”。例如：

閒（間）從“間隙”義又引申出“中間”義，如《論語·先進》：“千乘之國，攝乎大國之間。”

引申出“頃刻之間”義，如《莊子·大宗師》：“莫然有閒，而子桑户死。”

引申出“乘間”義，如《後漢書·譙玄傳》：“玄於是縱使者車，變易姓名，閒竄歸家。”

從“中間”義又引申出“參與”義，如《左傳·莊公十年》：“肉食者謀之，又何間焉！”

從“間隔”義又引申出“差别”義，如《淮南子·俶真訓》：“則醜美有間矣。”

引申出“更迭”義，如《尚書·益稷》：“笙鏞以間。”孔穎達正義：“吹笙擊鐘，以次迭作。”

從“差别”義又引申出“病情好轉”義，如《論語·子罕》：“（子）病間。”何晏集解：“孔曰：‘少差曰間。’”

“閒”（間）之引申脈絡如下：

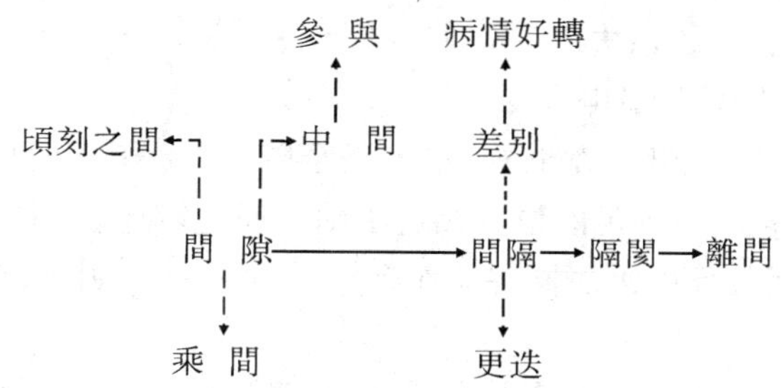

2. 詞義引申的依據

詞義引申靠聯想來進行。聯想通常包括相關聯想（由於事物彼此關涉而形成聯想）、類似聯想（由於事物具有相似特點而形成聯想）、接近聯想（由於事物的時空位置接近而形成聯想）和對比聯想（由於事物存在相反、相對關係而形成聯想），因而事物之間存在的相關性、類似性，以及對立關係等，也就成爲詞義引申的依據。反過來説，既没有相關性、類似性，又不存在對立關係或者其他聯係的事物，必不可能産生聯想，也不可能會有詞義的引申。其例如下：

●由相關聯想産生的詞義引申

朝　甲骨文作𣎴，本義爲早晨。羅振玉《增訂殷虚書契考釋》説："此朝暮之朝字，日已出茻中，而月猶未没，是朝也。"《論語·里仁》："朝聞道，夕死可矣。"用的即是本義。由於古代大臣晤見國君定在早晨，故"朝"引申而有"朝見"義，如《孟子·公孫丑下》："孟子將朝王。"又由於朝見的場所是在朝廷，故引申又有了"朝廷"義，如《禮記·曲禮下》："在朝言朝。"

息　本義爲呼吸、喘息，《説文·心部》："息，喘也。从心，从自，自亦聲。"《漢書·蘇武傳》："武氣絶，半日復息。""復息"就是説"又恢復呼吸"。呼吸急劇便成喘息，人喘息則思歇息，於是"息"引申而有"歇息，休息"義，如《論衡·吉驗》："高皇帝母曰劉媪，嘗息大澤之陂，夢與神遇。"

愛　古書中多用來表示"喜愛，愛好"義，如《論語·顔淵》："愛之欲其生，惡之欲其死。"喜愛的結果極易滋生吝惜之心，故引申而有"吝惜，舍不得"義，如《孟子·梁惠王上》："百姓皆以王爲愛也，臣固知王之不忍也。"

●由類似聯想産生的詞義引申

牢　《説文·牛部》："牢，閑。養牛馬圈也。"本義是關養牲畜的欄圈。《戰國策·楚策四》："亡羊而補牢，未爲遲也。"就是用的本義。因爲關押犯人的監牢與關養牲畜的欄圈有相似處，故"牢"引申而有了"監牢"義，如司馬遷《報任安書》："故士有畫地爲牢，勢不可入。"

題　《説文·頁部》："題，頟也。"本義是額頭。《韓非子·解老》："是黑牛也而白題。"就是用的本義。因爲額頭位居人首之上端，而文章的題目、標題則居於文章之頂部，兩者有相似處，故"題"由"額頭"義又引申出"題目，標題"義，如《世説新語·文學》："謝（謝安）看題，便各使四坐通。"

亡　《説文·亡部》："亡，逃也。"本義是逃亡。《左傳·宣公二年》："問其名居，不告而退。——遂自亡也。"就是用的本義。東西丢失與人逃亡有相似處，故"亡"由

"逃亡"義又引申出"丢失，遺失"義，如《周易·旅》："射雉，一矢亡，終以譽命。"

●由接近聯想産生的詞義引申

脚 《説文·肉部》："脚，脛也。"本義是小腿。《墨子·明鬼下》："羊起而觸之，折其脚。"就是用的本義。由於足的位置接近小腿，通過聯想，"脚"由"脛"義又引申出"足"義，如杜甫《乾元中寓居同谷縣作歌》七首之一："中原無書歸不得，手脚凍皴皮肉死。"

本 《説文·木部》："本，木下曰本。"本義是樹根。《詩經·大雅·蕩》："枝葉未有害，本實先撥。"就是用的本義。由於樹幹的部位接近樹根，通過聯想，"本"由"樹根"義又引申出"樹幹"義，如《後漢書·李固傳》："夫表曲者景必邪，源清者流必絜，猶叩樹本，百枝皆動也。"

夕 《説文·夕部》："夕，莫也。"本義爲傍晚。《左傳·昭公元年》："君子有四時：朝以聽政，晝以訪問，夕以脩令，夜以安身。"就是用的本義。由於夜晚在時間上與傍晚接近，通過聯想，"夕"由"傍晚"義又引申出"夜晚"義，如《後漢書·第五倫傳》："吾子有疾，雖不省視而竟夕不眠。"

●由對比聯想産生的詞義引申

去 《説文·去部》："去，人相違也。"本義是離開。《尚書·胤征》："伊尹去亳適夏。"就是用的本義。由於離開此地也就意味著前往彼地，故"去"又引申出"前往"義，如李白《贈韋秘書子春》二首之二："終與安社稷，功成去五湖。"

乞 《説文》無"乞"字，《廣韻·迄韻》："乞，求也。"《左傳·僖公十三年》："晋荐饑，使乞糴于秦。"即用"乞求"義。乞求的反面是給予，於是"乞"又引申出"給予"義，如《漢書·朱買臣傳》："妻自經死，買臣乞其夫錢，令葬。"

冤家 本用於指稱仇人。（唐）張鷟《朝野僉載》卷六："梁簡文王之生，誌公謂武帝曰：'此子與冤家同年生。'其年侯景生於雁門，亂梁誅蕭氏略盡。"仇人原是自己最爲痛恨的人，但是由這最爲痛恨的人而聯想到最爲心愛的人，後來"冤家"又被用來暱稱"情人"，如（宋）吴處厚《青箱雜記》卷一載陳亞《生查子》"閨情"三首之三："擬續斷朱弦，待這冤家看。"

3. 詞義引申的趨勢

一般來説，由本義派生出各種引申義，總的趨勢是從具體到抽象、從特殊到一般、從實義到虚義，這與人類思維的發展是相一致的。例如：

●從具體到抽象

道 《説文·辵部》："道，所行道也。"本義指道路，具體而可見。《詩經·小雅·大東》："周道如砥，其直如矢。"引申而有"途徑"、"方法"、"事理"、"規律"諸義，抽象而無形。如《商君書·更法》："治世不一道，便國不必法古。""道"指"途徑"、"方法"。《鄧析子·無厚》："夫舟浮于水，車轉于陸，此自然道也。""道"指"事理"、"規律"。

綱 《説文·糸部》："綱，网紘也。"（此據段玉裁注本）本義指漁網上的總繩，爲具體之物，《韓非子·外儲説右下》："善張網者引其綱。"用的就是本義。引申表示事物的總要部分，就抽象化了，如《北史·源懷傳》："爲政貴當舉綱，何必須太子細也！"

●從特殊到一般

理　《説文·玉部》:“理,治玉也。”《戰國策·秦策三》:“鄭人謂玉未理者璞。”用的就是本義。引申而泛指一般的“治理”、“整理”。如《荀子·天論》:“政令不明,舉錯不時,本事不理,夫是之謂人祆。”《漢書·食貨志上》:“理民之道,地著爲本。”《木蘭詩》:“阿姊聞妹來,當户理紅妝。”“本事”(指農業)可以用“理”,“民”可以用“理”,“紅妝”也可以用“理”,再不限於治玉了。

末　“末”的本義是樹梢。《左傳·昭公十一年》:“末大必折,尾大不掉。”用的就是本義。引申而泛稱一般事物的“末尾”、“尾端”。如,《周禮·考工記·弓人》:“下柎之弓,末應將興”,“末”指弓端;《禮記·曲禮上》:“獻杖者執末”,“末”指杖尾;《史記·平原君虞卿列傳》:“夫賢士之處世也,譬若錐之處囊中,其末立見”,“末”指錐尖。

●從實義到虛義

因　“因”的本義是墊席(今字作“茵”),是名詞。引申而有“依靠,憑藉”義,成爲動詞,如《左傳·僖公三十年》:“因人之力而敝之,不仁。”再行引申,則虛化成爲表示“依據”的介詞,如《史記·孫子吳起列傳》:“善戰者因其勢而利導之。”再行引申,又虛化成爲表示“因由”的介詞,如《後漢書·張衡傳》:“振聲激揚,伺者因此覺知。”再行引申,更虛化成爲表示承接的連詞,相當於“因而”,如《史記·韓信盧綰列傳》:“及至積當城,生子,因名曰積當。”

果　“果”的本義是樹木所結的果實,是名詞。《韓非子·五蠹》:“民食果蓏蜯蛤,腥臊惡臭而傷害腹胃。”用的就是本義。引申爲“結果,結局”義,如《南史·范縝傳》:“貴賤雖復殊途,因果竟在何處?”再行引申,則虛化爲表示結果的副詞,相當於“終於”,如《左傳·僖公二十八年》:“晉侯在外十九年矣,而果得晉國。”再行引申,又虛化成爲表示假設的連詞,相當於“如果”,如《史記·晉世家》:“果爲亂,弗誅,後遺子孫憂。”

(三)探求詞本義的意義、方法及注意事項

1. 探求詞本義的意義

歷來搞訓詁學、詞義學的人都十分重視探求詞的本義,這是因爲弄清詞的本義,對於執簡馭繁地掌握多義詞的義項,對於加深對詞義文意的理解,對於識別古書文字訓詁的錯誤,都具有非常重要的意義。

●執簡馭繁掌握詞義

多義詞的詞義少則幾個,多則十幾個、幾十個,往往顯得紛繁複雜。不過,這些詞義也不是一盤散沙,而是互有關聯,並且存在一個共同的根頭,這就是詞的本義。

無論幹甚麼事情,都要學會抓住事物的根本,掌握詞義也是如此。本義好比詞義網絡的總綱,抓住了它,就綱舉而目張,紛繁複雜的詞義,也會變得比較簡明而有系統了。前面所舉詞義引申的例子,都足以説明這個問題,此不贅述。

●加深對詞義文意的理解

許慎《説文解字·敘》説:“倉頡之初作書,蓋依類象形,故謂之文。其後形聲相

益，即謂之字。文者，物象之本；字者，言孳乳而寖多也。”[1] 這是有關文字起源與文字名義的一段十分重要的論述，後人據此而有“獨體爲文，合體爲字”的説法。可是，爲甚麽“依類象形”（依據事物的類别，畫出它們的形狀）、“物象之本”（事物形象的本來面目）就“謂之文”呢？又爲甚麽“形聲相益”（形旁與聲旁相加）、“孳乳而寖多”（滋生而漸多）就“謂之字”呢？如果我們明白“文”、“字”二詞的本義，就不難理解了。

原來“文”的本義是花紋、圖紋，其書面符號後來寫作“紋”；既然一個字是用描繪物象之本的象形法造出來的，稱之爲“文”，不是很合適的麽？至於“字”，本義是“生育”；既然一個字是在舊有的“文”的基礎上滋生出來，即分别以舊有的“文”作爲形旁、聲旁組合而成的，稱之爲“字”，不也是很自然的麽？

●識别古書文字訓詁的錯誤

陶潛《讀山海經》詩十三首之十：“刑天舞干戚，猛志固常在！”

此二句詩，前一句有的版本作“形夭無千歲”。一般認爲，作“舞干戚”是，作“無千歲”誤；但對於當作“刑天”還是當作“形夭”，則見解不同。這裏陶詩所詠的“刑天”，是《山海經》中的天神名，據《山海經·海外西經》載：“形天與帝至此爭神，帝斷其首，葬之常羊之山，乃以乳爲目，以臍爲口，操干戚以舞。”比照詞義，我們基本可以斷定，本字當作“刑天”。因爲“天”的本義指人的額顛、頭，“刑天”即“斷首”之意。大概這個天神最初叫甚麽名字已經不清楚了，斷首之後便被叫做“刑天”。“刑”或作“形”，不是通假就是音訛。至於“天”或作“夭”，則爲形訛無疑。

2. 探求詞本義的方法及注意事項

前面我們曾經指出：今天我們所説的詞的本義，其實是也衹能是詞在造字時代的意義，它與字的本義基本是一致的。因此，探求詞本義的方法，主要靠的便是對詞的書寫符號進行形體結構分析，同時利用歷史文獻印證其義。實際上，上文中對於“北”、“向”、“絶”、“閒”、“節”、“朝”等詞本義的分析，即是這一方法的具體應用。下邊我們再以本節提到的“文”、“字”、“天”三詞爲例，略作示範。

文　“文”的書寫符號甲骨文作[甲骨文字形]，像人身有花紋形，而從文獻所見“文”的各個義項來看，又以“花紋，圖紋”義與“文”字形體最爲密契，故基本可以判定“文”的本義是花紋、圖紋。至於爲甚麽以人身上刺或者繪的花紋來表達花紋、圖紋義，則大概時人以文身爲風尚，“近取諸身”更容易得到認同。《禮記·樂記》：“五色成文而不亂”，用的就是“文”的本義。

字　“字”的書寫符號是個會意字，从子在宀下。“子”像嬰兒，“宀”像房屋，“子在宀下”即是説室内有嬰兒，故可會“生育”意。《説文·子部》：“字，乳也。”段玉裁注：“人及鳥生子曰乳。”所釋極是。《山海經·中山經》：“其上有木焉，名曰黄棘，黄華而員葉，服之不字。”用的就是“字”的本義。

天　“天”的書寫符號甲骨文作[甲骨文字形]，像人形而突出其頭部。《説文·一部》：“天，顛也。至高無上。从一大。”許氏以會意字釋“天”，那是囿於小篆的字形，不確；不過釋義爲“顛”，則是可信的。《周易·睽》：“其人天且劓。”陸德明《音義》引馬融云：“剠

---

① 此據段注本，大徐本無“文者，物象之本”六字。

鑿其額曰天。”“天”之“�鑿其額”義當由“天”之“額顛”義用如動詞之後演變而來。

下面談談探求詞本義時必須注意的事項。

●字形分析當以正確古體爲依據

方塊漢字在漫長的歷史中，字形都或多或少發生了變化，特别是隸變後，很多字從形體上已很難“因形見義”了，有的還發生了訛變。如果根據後世訛變的字體探求詞義，就必定會得出錯誤的結論。如：

“爲”字甲骨文作，金文作，从爪（或𠂇）从象，以手牽象鼻會意“勞作”、“作爲”義。然而由於其字小篆發生了訛變，許慎《説文》竟釋之爲：“母猴也。其爲禽好爪，爪，母猴象也。下腹爲母猴形。”

“出”字甲骨文作，“止”（趾）朝“凵”（坎）外，會“外出”之意。可是《説文》卻解釋説：“出，進也。象艸木益滋上出達也。”許慎之所以如此解釋，也是因爲“出”字小篆已經訛變爲，與早期字形大異其趣了。

因此，當我們分析字形時，必須特别當心字體訛變的情形。利用《説文》查考詞本義，最好還與甲骨、金文參照，方免以訛傳訛。

●字形分析與文獻印證不可偏廢

探求詞的本義，歷來做法都是首先從分析字形入手，但是，即使所根據的字形無誤，也很難單憑這種分析達到目的。這是因爲字形表義本來就是模糊的，不明晰的。同一字形結構，往往可以從不同的角度去理解。“旦”字之所以説它是本義爲“早晨”的詞的記錄符號，“莫”字之所以説它是本義爲“傍晚”的詞的記錄符號，僅憑“旦”从日見一上，“莫”从日在茻中，是無法説明問題的。更何況佔漢字絶大多數的是形聲字，而其具有表意作用的形符，充其量也衹能起到示意詞的義類而已。如《説文·足部》共有形聲字84個，通過字形分析，我們最多可以知道這些字所記錄的詞，本義應當與“足”相關，至於它們的具體含義，那是非依靠文獻材料論證不可的。

三、單音詞與複音詞

漢語的詞，若就音節的數目分，可分爲單音詞與複音詞，古今並無不同。盡管如此，古代漢語無論是在單音詞的比重方面，還是在複音詞的構成方面，都與現代漢語存在很大的差别。下面著重從閲讀古書的立足點出發，談一談古漢語的單音詞與複音詞。

（一）單音詞

現代漢語以雙音節詞爲主；而古代漢語則是單音節詞佔優勢，特别是上古漢語，更是如此。這表現在：一方面，當我們試著將古漢語的句子譯成現代漢語時，原來的單音節詞有不少便變成了雙音節詞，如：

“都城過百雉，國之害也”，翻譯成現代漢語，則“都$\xrightarrow{譯成}$封邑，城$\xrightarrow{譯成}$城牆，過$\xrightarrow{譯成}$超過，百$\xrightarrow{譯成}$一百，雉$\xrightarrow{譯成}$雉，國$\xrightarrow{譯成}$國家，之$\xrightarrow{譯成}$的，害$\xrightarrow{譯成}$禍害”。

“失禮違命，宜其爲禽也”，翻譯成現代漢語，則“失$\xrightarrow{譯成}$喪失，禮$\xrightarrow{譯成}$原則，違$\xrightarrow{譯成}$違背，命$\xrightarrow{譯成}$命令，宜$\xrightarrow{譯成}$合該，其$\xrightarrow{譯成}$他，爲$\xrightarrow{譯成}$被，禽$\xrightarrow{譯成}$擒（俘虜）”。

另一方面，後世有許多雙音節詞，本來就是由古代兩個單音節詞合成的，如：

學校$\xleftarrow{來自}$學＋校　《漢書·平帝紀》元始三年夏：“立官稷及學官。郡國曰學，縣、道、邑、侯國曰校。”

弔唁$\xleftarrow{來自}$弔＋唁　《玉篇·人部》：“弔生曰唁，弔死曰弔。”

衣裳$\xleftarrow{來自}$衣＋裳　《説文·衣部》：“上曰衣，下曰裳。”

事業$\xleftarrow{來自}$事＋業　《周易·坤·文言》“發於事業”疏：“所營謂之事，事成謂之業。”

因此，對於今天的讀者來説，很容易犯的錯誤是：由於習慣於現代漢語的雙音節詞，往往也把古代漢語的兩個單音節詞當成一個雙音節詞去理解。以下各句中加著重號的兩個字，就很容易被誤解成一個詞；實際上它們都是由兩個單音節詞組成的短語，而不是一個雙音節詞：

《周易·革卦》：“湯武革命，順乎天而應乎人。”

《晏子春秋·内篇雜下》：“橘生淮南則爲橘，生于淮北則爲枳；葉徒相似，其實味不同。”

《韓非子·五蠹》：“古者文王處豐、鎬之間，地方百里，行仁義而懷西戎，遂王天下。”

《漢書·霍光傳》：“黨親連體，根據於朝廷。”

諸葛亮《前出師表》：“先帝不以臣卑鄙，猥自枉屈，三顧臣於草廬之中。”

白居易《與元九書》：“因覽足下去通州日所留新舊文二十六軸，開卷得意，忽如會面。”

當然也應看到，現代漢語中有許多雙音節詞，也不是到了臨近現代的某一天突然冒出來的，其實它們早在古代漢語中就已經出現了。從古代漢語到現代漢語，單音詞比率由多到少、複音詞比率由少到多的演變過程，是一個逐漸量變的過程。正因爲如此，當我們閲讀古書的時候，正確分清詞與短語的界限，就顯得十分重要了。下面幾組例句，都是前例加著重號者爲短語，後例加著重號者爲詞，讀者可以從中體味：

①《禮記·月令》季夏之月：“温風始至，蟋蟀居壁，鷹乃學習，腐草爲螢。”

《史記·秦始皇本紀》：“百姓當家則力農工，士則學習法令辟禁。”

②《左傳·僖公四年》：“公惠徼福於敝邑之社稷，辱收寡君，寡君之願也。”

《孟子·離婁上》：“天子不仁，不保四海；諸侯不仁，不保社稷。”

③《左傳·襄公三年》：“於是羊舌職死矣。晉侯曰：‘孰可以代之?’對曰：‘赤也可。’於是使祁午爲中軍尉，羊舌赤佐之。”

④方勺《方臘起義》：“天下國家，本同一理。”

賈誼《過秦論》：“施及孝文王、莊襄王，享國日淺，國家無事。”

⑤《左傳·莊公十年》：“忠之屬也，可以一戰。”

《荀子·解蔽》：“故心不可以不知道，心不知道，則不可道而可非道。”

（二）複音詞

古代漢語的複音詞，主要是雙音節詞；至於多音節詞，可以説是鳳毛麟角，少之又

少。古代漢語的雙音節詞，與現代漢語一樣可以再分爲“單純詞”與“複合詞”。再進一步分下去，單純詞又可以分出“叠音詞”與“聯綿詞”；複合詞又可以分出“並列式複合詞”、“偏正式複合詞”、“動賓式複合詞”、“附加式複合詞”等。在“並列式複合詞”中，還可以再分出“同義複合詞”與“反義複合詞”。在“反義複合詞”中，又可以再分出“偏義複詞”與“轉義複詞”。其中，最值得我們注意的是“叠音詞”、“聯綿詞”以及“偏義複詞”、“轉義複詞”，因爲這四種複音詞大都不能够或不容易從字面上看出意義。下面就對這四種複音詞略作介紹。

1. 叠音詞

由兩個相同的音節重叠成詞，叫叠音詞，古代也叫做“重言”。古代漢語中的叠音詞比起現代漢語來要多得多，或模聲，或狀物，色彩鮮明生動，且富有音樂美，起著很好的修辭作用。

叠音詞屬於單純詞，兩個音節衹包含一個詞素。大多數的叠音詞，兩個音節中之單一音節，在該叠音詞中並不表示意義；詞同記錄詞的字没有意義上的關聯，例如：

《詩經·周南·關雎》：“關關雎鳩，在河之洲。”

《詩經·召南·小星》：“肅肅宵征，夙夜在公。”

《詩經·魏風·伐檀》：“坎坎伐檀兮，寘之河之干兮。”

《詩經·小雅·采薇》：“昔我往矣，楊柳依依。”

《孫子·軍爭》：“勿擊堂堂之陳。”

陶潛《歸去來兮辭》：“木欣欣以向榮。”

還有一部分叠音詞，實際上是兩個相同單音詞的重叠形式，其詞義與單獨一個音節所表示的意義相同，詞同記錄詞的字在意義上是一致的，如：

《詩經·衛風·伯兮》：“其雨其雨，杲杲出日。”

《詩經·鄭風·風雨》：“風雨淒淒，雞鳴喈喈。”

以上兩種情況，前一種情況一般稱之爲叠字，後一種情況一般稱之爲叠詞。必須指出的是，無論是叠字還是叠詞，都衹包含一個詞素，都屬於單純詞。

2. 聯綿詞

在古代漢語中，還存在另一類雙音節單純詞，盡管從語音上看是兩個不同的音節，從書寫形式看是兩個不同的字，但從意義上看，則衹包含一個詞素而非兩個詞素。由於這種詞由兩個音節連綴成義而不能分割，故前人稱之爲“聯綿詞”，也有人從書寫形式出發，稱之爲“聯綿字”。

聯綿詞的最大特點是字義與詞義毫無關係，構成聯綿詞的兩個音節中的任何一個，在聯綿詞中都不具備任何意義，這兩個音節乃是作爲一個整體，合起來纔表示意義的。正因爲此，聯綿詞絶不允許拆開來逐字解釋。古代有些學者不明乎此，强行將聯綿詞拆開解釋，那是錯誤的。例如：

“猶豫”是一個聯綿詞，用來表示“遲疑不決的樣子”；無論是“猶”還是“豫”，在該詞中均衹代表其中一個音節，不具有詞素義。然而卻有人望文生義，强作解人。如北齊顔之推説：“《尸子》曰：‘五尺犬爲猶。’《説文》云：‘隴西謂犬子爲猶。’吾以爲人將犬行，犬好豫在人前，待人不得，又來迎候，如此返往，至於終日，斯乃豫之所以爲未定也，故稱猶豫。或以《爾雅》曰：‘猶如麂，善登木。’猶，獸名也。既聞人聲，乃豫緣木，如此上下，故稱猶豫。”

“狐疑”是一個聯綿詞，意爲懷疑。可北魏酈道元卻説“狐性多疑，故俗有狐疑之説”。顔之推也説：“狐之爲獸，又多猜疑，故聽河冰無流水聲，然後敢渡。今俗云：‘狐疑，虎卜。’則其義也。”

“畔援”是一個聯綿詞，用來形容强横跋扈。可是毛傳卻把《詩經·大雅·皇矣》“無然畔援”解釋爲：“無是畔道，无是援取。”而朱熹《詩集傳》也説：“畔，離畔也；援，攀援也。言舍此而取彼也。”

“葡萄”是一個聯綿詞，最早見於《史記·大宛列傳》（寫作“蒲陶”和“蒲萄”），原爲當時大宛語的譯音詞。可是李時珍卻釋之曰：“葡萄，《漢書》作‘蒲桃’，可以造酒人酺，飲之則醄然而醉，故有是名。”

相當部分聯綿詞可能是由於單音詞的聲音衍化而形成，如“頾”向前衍化出一個音節而成“斯須”，向後衍化出一個音節而成“須臾”，“飆”緩讀分化而成“扶摇”。有一部分聯綿詞可能是由於叠音詞或者另一個聯綿詞的語音轉化而産生，如“發發”語轉而成“觱發”，“綢繆”語轉而成“纏綿”。還有一部分聯綿詞則是模擬某種聲音的結果，如“劈歷”、“鋃鐺”模擬自然界的聲音，“歔欷”、“匍匐”模擬人類的聲音。由於聯綿詞的形成大多存在著語音上的原因，因而兩個音節之間往往具有或雙聲、或叠韻、或雙聲兼叠韻的關係。這種語音關係，反過來又成爲聯綿詞的一個重要的標誌。今依聯綿詞兩個音節之間語音關係的不同情況，各舉若干例子於下：

●雙聲聯綿詞

猶豫　蒹葭　流連　倉卒　参差　倜儻　蕭瑟　憔悴　伶俐　坎坷

●叠韻聯綿詞

窈窕　爛漫　逡巡　蹉跎　蕭條　崢嶸　從容　逍遥　依稀　徘徊

●雙聲兼叠韻聯綿詞

優游　輾轉　燕婉　繾綣

●既非雙聲亦非叠韻聯綿詞

狼狽　葡萄　扶摇　浩蕩　鏗鏘　滂沱　寂寞　跋扈

最後還須指出的是，聯綿詞由於衹取字音，不用字義，所以書寫形式多有不同。如“猶豫”又寫作猶預、猶與、由豫、容與等，“望洋”又寫作望羊、望陽、望佯、眈洋等。符定一《聯緜字典·凡例》説：“委蛇八十三形，音同而義相邇；崔嵬十有五體，音近而義無殊。凡此同音異文，古字不堪枚舉。”

3. 偏義複詞

古漢語中有一部分複合詞，是由兩個意義相對或相反的單音節詞素合成的，但其中衹有一個表示意義，另一個則僅作陪襯而已，出現詞義偏落的現象，這種複合詞通常叫偏義複詞。

偏義複詞的詞義究竟偏落在哪個詞素，衹有聯係上下文意進行分析，纔能作出正確的判斷。例如：

●詞義偏落於前

《列子·楊朱》："無羽毛以禦寒暑。"

賈誼《論積貯疏》："世之有飢穰，天之行也，禹、湯被之矣。"

諸葛亮《前出師表》："宮中府中，俱爲一體，陟罰臧否，不宜異同。"

曹操《整齊風俗令》："聞冀州俗，父子異部，更相毀譽。"

●詞義偏落於後

《國語·吳語》："大夫種勇而善謀，將還玩吳國於股掌之上，以得其志。"

《列子·楊朱》："趨走不足以逃利害。"

《史記·刺客列傳》："多人，不能無生得失，生得失則語泄。"

《後漢書·何進傳》："先帝嘗與太后不快，幾至成敗。"

4. **轉義複詞**

古漢語中有一部分複合詞，是由兩個意義相對或相反的單音節詞素合成的，其複合詞的意義既不同於兩個詞素中的任何一個，也不是兩個詞素義的間單相加，出現詞義轉化的現象，這種複合詞叫做轉義複詞。例如：

春秋 原來是兩個意義相對的單音節詞，分別指"春季"和"秋季"。如《禮記·王制》："春秋教以《禮》《樂》，冬夏教以《詩》《書》。"但是後來"春秋"由短語變成爲複合詞（相應地，"春"和"秋"也由詞變成爲詞素），同時意義也發生了轉化，被用來表示"光陰，歲月"的意思，如《漢書·鼂錯傳》："刻於玉版，藏於金匱，歷之春秋，紀之後世，爲帝者祖宗，與天地相終。"這裏，表示"光陰，歲月"義的"春秋"，既不同於"春"和"秋"兩個詞素義中的任何一個，也不是"春"和"秋"兩個詞素義的簡單相加，而是在原來意義上的借代加引申，是一個轉義複詞。

尋常 原來是兩個表示長度單位的意義相對的單音節詞，"尋"是八尺，"常"是十六尺。如《國語·周語下》："夫目之察度也，不過步武尺寸之閒；其察色也，不過墨丈尋常之閒。"但是後來"尋常"由短語變成爲複合詞，同時意義也發生了轉化，被用來表示"平常，普通"的意思，如劉禹錫《烏衣巷》詩："舊時王謝堂前燕，飛入尋常百姓家。"這裏，表示"平常，普通"義的"尋常"，既不同於"尋"和"常"兩個詞素義中的任何一個，也不是"尋"和"常"兩個詞素義的簡單相加，而是在原來意義上的引申，是一個轉義複詞。

消息 原來是兩個意義相反的單音節詞，"消"指消亡，"息"指生長。如《周易·豐·彖辭》："日中則昃，月盈則食；天地盈虛，與時消息。"但是後來"消息"由短語變成爲複合詞，同時意義也發生了轉化，被用來表示"音訊"的意思，如蔡琰《悲憤》詩："有客從外來，聞之常歡喜。迎問其消息，輒復非鄉里。"表示"音訊"義的"消息"，也是一個轉義複詞。

出入 原來是兩個意義相反的單音節詞，"出"指外出，"入"指進入。如《史記·項羽本紀》："故遣將守關者，備他盜出入與非常也。"但是後來"出入"由短語變成爲複合詞，同時意義也發生了轉化，被用來表示"數量上的接近"，如《論衡·氣壽》："武王崩，周公居攝七年，復政退老，出入百歲矣。"表示"數量上的接近"這個意義的"出入"，也是一個轉義複詞。

文選二　儒家經典(今注)

周　易

繫辭上[1]

天尊地卑，乾坤定矣[2]。卑高以陳[3]，貴賤位矣。動靜有常，剛柔斷矣[4]。方以類聚[5]，物以羣分，吉凶生矣。在天成象[6]，在地成形[7]，變化見矣[8]。是故剛柔相摩[9]，八卦相盪[10]。鼓之以雷霆[11]，潤之以風雨；日月運行，一寒一暑。乾道成男[12]，坤道成女。乾知大始，坤作成物[13]。乾以易知，坤以簡能[14]。易則易知，簡則易從。易知則有親，易從則有功。有親則可久，有功則可大[15]。可久則賢人之德，可大則賢人之業。易簡，而天下之理得矣；天下之理得，而成位乎其中矣[16]。

[1]《繫辭》是《易經》的通論，因作者繫其論述之辭於《易經》之下，故名爲《繫辭》；又因篇幅較長，故分上、下兩篇。課文所選《繫辭》上、下篇，均僅錄取其中的一部分，並非全文。

[2] 尊：高。卑：低。乾：八卦之一，代表天。坤：八卦之一，代表地。

[3] 以：通“已”。

[4] 常：指常規。斷：分。古人認爲天體常動，支配地，爲剛；地體常靜，順承天，爲柔。

[5] 方：“人”的形訛字（據高亨説）。

[6] 如日月星辰等。

[7] 如山澤草木鳥獸等。

[8] 見（xiàn）：顯現。後來寫作“現”。

[9] 摩：摩擦。

[10] 八卦：《周易》中的八種基本圖形，由“—”（陽爻）和“--”（陰爻）兩種符號三叠組成。八卦名稱是：乾（☰）、坤（☷）、震（☳）、巽（☴）、坎（☵）、離（☲）、艮（☶）、兑（☱），分别象徵天、地、雷、風、水、火、山、澤八種自然現象。盪：沖激。

[11] 鼓：鼓動。雷霆：雷電。

[12] 道：指規律，事理。

[13] 知：主持，掌管。大（tài）始：原始。作：爲，從事。

[14] 易：平易。知（zhì）：後來寫作“智”，顯示智慧。簡：簡單。能：顯示功能。

[15] 大：弘揚光大。

[16] 成：確定。

聖人設卦觀象，繫辭焉而明吉凶[1]，剛柔相推而生變化[2]。是故“吉”“凶”者，失得之象也；“悔”“吝”者，憂虞之象也[3]；變化者，進退之象也；剛柔者，晝夜之象也[4]。六爻之動，三極之道也[5]。是故君子所居而安者，《易》之序也[6]；所樂而玩者[7]，爻之辭也。是故君子居則觀其象而玩其辭，動則觀其變而玩其占[8]，是以“自天祐之，吉无不利”[9]。

[1] 設卦：指創立八卦及由八卦兩兩重疊而成的六十四卦。象：指卦象（即卦形）、爻象（指爻的陰陽、位次）。繫辭：指在卦爻後面寫上卦辭與爻辭。

[2] 剛：指陽爻。柔：指陰爻。推：推演。

[3] 吝：取“悔恨，遺憾”義。憂虞：憂慮。

[4] 晝夜：借代陰陽。

[5] 六爻（yáo）：《周易》用兩短畫“--”表示陰，稱陰爻；用一長畫“—”表示陽，稱陽爻。由陰爻“--”與陽爻“—”三叠變化組成八單卦，又由八卦兩兩相叠變化組成六十四重卦。因而六十四重卦中的每一卦都由六爻所組成。三極：指天、地、人。極，表示居於宇宙萬物中的最高地位。

[6] 安：通“按”，考察，觀察。序：當依虞翻本作“象”，指《易》之卦象、爻象。

[7] 玩：玩味，揣摩。

[8] 動：行動。占（zhān）：推測。

[9] 自天祐之，吉无不利：見《大有》卦上九爻辭。

彖者[1]，言乎象者也；爻者，言乎變者也；“吉”“凶”者，言乎其失得也；“悔”“吝”者，言乎其小疵也[2]；“无咎”者[3]，善補過也。是故列貴賤者存乎位[4]，齊小大者存乎卦[5]，辯吉凶者存乎辭[6]，憂悔吝者存乎介[7]，震无咎者存乎悔[8]。是故卦有小大[9]，辭有險易。辭也者，各指其所之[10]。

[1] 彖（tuàn）：指卦辭。

[2] 小疵：小毛病，小過失。

[3] 咎（jiù）：災禍。

[4] 存乎：在於。位：指六爻的位次。

[5] 齊：列，陳列。

[6] 辭：指卦辭、爻辭。

[7] 介：通“芥”（小草），比喻細小的方面。

[8] 震：振奮，情緒激動。悔：悔改。

[9] 乾、震、坎、艮屬陽卦，象君、象男、象君子，爲大；坤、巽、離、兑屬陰卦，象臣民、象女、象小人，爲小。又六十四卦皆合兩個單卦而成，凡上下兩卦爲陽卦者爲大，上下兩卦爲陰卦者爲小。

[10] 所之：指發展方嚮。之，往。

易與天地準，故能彌綸天地之道[1]。仰以觀於天文，俯以察於地理，是故知幽明之故[2]。原始反終，故知死生之説[3]。精氣爲物，遊魂爲變，是故知鬼神之情狀[4]。與天地相似，故不違；知周乎萬物而道濟天下[5]，故不過；旁行而不流[6]，樂天知命[7]，故不憂；安土敦乎仁[8]，故能愛；範圍天地之化而不過，曲成萬物而不遺[9]，通乎晝夜之道而知[10]，故神无方而《易》无體[11]。

[1] 準：相等，一樣。彌：普遍。綸（lún）：包羅。

[2] 幽：昏暗。明：光明。

[3] 原始：推究事物的初始。原，追究根源。反終：返求事物的終結。説：學説，理論。

[4] 古人以爲陰精陽氣凝聚成有形之物，是神；魂魄離開人身四處遊蕩屬於人的變化，是鬼。

[5] 知：知識。周：周遍，遍及。濟：有利，有益。

[6] 旁行：廣泛推行。流：通“留”，停留，停滯。

[7] 樂天知命：樂於接受天意的安排，了解自己的命運。

[8] 安土：安心鄉土。敦：厚，富於。

[9] 範圍：包括。曲成：多方設法使有成就。成，成就（動詞），助成。

[10] 晝夜之道：借代陰陽之道。知：後來寫作“智”。

[11] 神：指玄妙之道。无方：没有一定的規矩。方，規矩。无體：没有固定的形式。體，形體，形式。

一陰一陽之謂道。繼之者善也，成之者性也。仁者見之謂之仁，知者見之謂之知[1]，百姓日用而不知，故君子之道鮮矣[2]！顯諸仁，藏諸用，鼓萬物而不與聖人同憂[3]，盛德大業至矣哉！富有之謂大業，日新之謂盛德[4]。生生之謂易[5]，成象之謂乾[6]，效法之謂坤[7]，極數知來之謂占[8]，通變之謂事[9]，陰陽不測之謂神。

[1] 知：後來寫作“智”。

[2] 君子之道：指不同於仁者知者片面理解、普通百姓一无所知的認識全面的道。鮮：少。

[3] 鼓：鼓動。不與聖人同憂：聖人有思有爲；而道無思無爲，故不與聖人同憂。

[4] 日新：天天更新。

[5] 生生：生而又生。謂滋生不絶，繁衍不已。易：變易。

[6] 象：指日月星辰之象。乾：謂天。《繫辭下》有“仰則觀象於天”語。

[7] 效：呈現。法：法則，規律。坤：謂地。《繫辭下》有“俯則觀法於地”語。

[8] 極數：窮盡蓍數。數，指蓍草的數目。知來：預知未來。占：占筮。

[9] 通變：通曉事物變化（從而采取行動）。

夫《易》，廣矣大矣！以言乎遠則不禦[1]，以言乎邇則静而正[2]，以言乎天地之間則備矣。夫乾，其静也專，其動也直，是以大生焉[3]。夫坤，其静也翕，其動也闢，是以廣生焉[4]。廣大配天地，變通配四時[5]，陰陽之義配日月[6]，易簡之善配至德[7]。

子曰[8]：“《易》其至矣乎[9]！夫《易》，聖人所以崇德而廣業也[10]。知崇禮卑[11]，崇效天，卑法地。天地設位，而《易》行乎其中矣。成性存存[12]，道義之門[13]。”

[1] 不禦：通行無阻。禦，阻擋，阻止。

[2] 静而正：明白而正確。静，明審。

[3] 專：通“團”，圓。大生：謂大量生育萬物。高亨：“天静而晴明，其形爲圓；天動而降雨雪，其勢直下。圓形則無不包，直下則無不至，是以能大生。”（見《周易大傳今注》）

[4] 翕（xī）：閉合。闢：張開。廣生：謂廣泛生育萬物。高亨：“地静而不生草木，則土閉；地動而生草木，則土開。唯其能閉能開，是以能廣生。”

[5] 變通：變化交通。四時：四季。

[6] 義：義理，道理。

[7] 善：優點。至德：最高的道德。

[8] 子：指孔子。

[9] 至：指最高境界。

[10] 崇德：增崇道德。廣業：開拓事業。廣，擴大，開拓。

［11］知崇禮卑：謂聖人智慧崇高而禮儀謙卑。

［12］成性：成全天性。存存：使已存在的東西繼續存在，即“保存自然”的意思。

［13］道義：道德義理。

繫辭下

八卦成列，象在其中矣[1]。因而重之[2]，爻在其中矣。剛柔相推[3]，變在其中矣。繫辭焉而命之，動在其中矣[4]。吉凶悔吝者，生乎動者也。剛柔者，立本者也[5]。變通者，趣時者也[6]。吉凶者，貞勝者也[7]。天地之道，貞觀者也[8]。日月之道，貞明者也。天下之動，貞夫一者也[9]。夫乾確然，示人易矣[10]。夫坤隤然[11]，示人簡矣。爻也者，效此者也[12]。象也者，像此者也。爻象動乎内，吉凶見乎外[13]，功業見乎變，聖人之情見乎辭[14]。天地之大德曰生，聖人之大寶曰位[15]。何以守位？曰：“仁[16]。”何以聚人？曰：“財。”理財，正辭，禁民爲非曰義。

［1］象：卦象，指卦形所具有的象徵意義。

［2］因：依據。重：重叠。

［3］剛：指陽爻。柔：指陰爻。推：推衍，移易。

［4］命：指示。動：指人的行動。

［5］本：指六十四卦之本。

［6］趣時：順應時勢。趣，通“趨”，緊隨。

［7］貞：正。謂居於正位。

［8］觀：顯示。

［9］貞夫一：正於一，即一個方面居於正位。

［10］確然：剛健的樣子。易：平易。

［11］隤（tuí）然：柔順的樣子。

［12］此：指代上文的乾坤。

［13］内：指卦内。見：讀爲“現”，表現，顯現。外：指卦外。

［14］情：指思想感情。

［15］生：指生殖繁衍。位：地位。

［16］仁：通“人”。《經典釋文》作“人”。

古者包犧氏之王天下也[1]，仰則觀象於天，俯則觀法於地[2]，觀鳥獸之文與地之宜[3]，近取諸身，遠取諸物，於是始作八卦。以通神明之德[4]，以類萬物之情[5]。作結繩而爲罔罟[6]，以佃以漁[7]，蓋取諸“離”[8]。

［1］包（fú）犧氏：即伏羲氏，傳説中的古代部落首領。

［2］象：指天象，即日月星辰的運行變化。法：法式。這裏指山川地理形勢。

［3］文：後來寫作“紋”，紋理。地之宜：指適宜於本土生長的植物。

［4］通：交通。神明：指大自然。大自然既神妙莫測又光明磊落，故稱神明。德：德性，性質。

［5］類：分類。情：情況，狀況。

［6］作：出現，發明。結繩：編結繩子。罔罟（gǔ）：漁獵用的網。罔，後來寫作“網”。

［7］佃（tián）：通“畋”，打獵。

[8] 離：卦名。於六十四卦中，卦形爲☲。古人認爲離卦像罔罟形。

包犧氏没，神農氏作[1]。斲木爲耜，揉木爲耒[2]；耒耨之利[3]，以教天下，蓋取諸“益”[4]。日中爲市，致天下之民[5]，聚天下之貨，交易而退，各得其所[6]，蓋取諸“噬嗑”[7]。

[1] 没（mò）：後來寫作“歿”，死。神農氏：傳説中比包犧氏稍晚的古代部落首領。作：出現，興起。

[2] 斲（zhuó）：砍削。耜（sì）：古代一種類似鍬的農具。揉（róu）：通“煣”，火烤使木料彎曲。耒（lěi）：古代一種翻土的農具，形狀像木叉。

[3] 耨（nòu）：古代一種除草農具。高亨以爲當依《漢書·食貨志》所引作“耜”。利：好處。

[4] 益：卦名。卦形爲䷩，上巽下震。古人認爲巽象徵木，震表示動，益卦的卦象是木動；耒耜用木製成，動而耕田，神農氏創造耒耜大概取法於益卦。

[5] 日中：中午。市：集市。致：招致。

[6] 所：指所需之物。

[7] 噬嗑（shìhé）：卦名。卦形爲䷔，上離下震。古人認爲離象徵日，震表示動，噬嗑的卦象是人在日下動；日中爲市，衆人在日下交易，這種原始的市場交易形式大概取法於噬嗑。

神農氏没，黄帝、堯、舜氏作。通其變，使民不倦[1]；神而化之，使民宜之[2]。《易》，窮則變[3]，變則通，通則久。是以“自天祐之，吉无不利”[4]。黄帝、堯、舜垂衣裳而天下治[5]，蓋取諸“乾”、“坤”[6]。刳木爲舟，剡木爲楫[7]；舟楫之利，以濟不通[8]，致遠以利天下，蓋取諸“涣”[9]。服牛乘馬，引重致遠[10]，以利天下，蓋取諸“隨”[11]。重門擊柝，以待暴客[12]，蓋取諸“豫”[13]。斷木爲杵，掘地爲臼[14]。臼杵之利，萬民以濟[15]，蓋取諸“小過”[16]。弦木爲弧[17]，剡木爲矢。弧矢之利，以威天下，蓋取諸“睽”[18]。

[1] 通：通曉。其變：指《易》理的變化。倦：厭倦。

[2] 神：神妙，神奇。化：化裁。宜：適宜，適應。

[3] 窮：終極，盡頭。

[4] 自天祐之，吉无不利：見《大有》卦上九爻辭。

[5] 垂衣裳：使衣裳下垂。衣，上衣；裳，下衣，即裙子。遠古時代，人們用獸皮、樹葉、羽毛等物遮體，破敝而短小。黄帝時開始用麻、布、絲等製作衣裳；衣裳長大，所以説“垂衣裳”。到了堯、舜時代，服飾開始有上下尊卑的等級分别，並逐漸發展成爲禮儀制度。有了禮儀制度，治理國家就方便多了，所以説“垂衣裳而天下治”。

[6] 乾卦象徵天，坤卦象徵地。衣取法於乾，居上而覆物；裳取法於地，在下以含物。

[7] 刳（kū）：挖空。剡（yǎn）：削尖，削。楫（jí）：船槳。

[8] 濟：渡（水）。不通：指非舟楫不能通過的江河。

[9] 涣：卦名。卦形爲䷺，上巽下坎。古人認爲巽象徵木，坎象徵水，涣的卦象是木在水上，舟楫的發明大概取法於涣卦。

[10] 服牛：用牛駕車。服，駕馭。乘馬：用馬駕車。乘，駕車。引重：拉載重物。

[11] 隨：卦名。卦形爲䷐，上兑下震。高亨以爲上兑下震也就是前兑後震，兑象徵畜生，震象徵車，“隨之卦象是畜牲在車之前，即牛馬引車也”。

［12］重（chóng）門：設置一層又一層的門。柝（tuò）：巡夜打更用的梆子。待：對付。暴客：指盜賊。

［13］豫：卦名。卦形爲☳☷，上震下坤。古人認爲震象徵雷、象徵動，坤象徵地，豫的卦象是地上有動而有聲之物；人巡夜擊柝似之。又認爲豫之卦形，上下五個陰爻象徵重門，中間陽爻象徵巡夜擊柝的人。

［14］杵（chǔ）：舂米的棒槌。臼（jiù）：舂米的坑。

［15］濟：受益。

［16］小過：卦名。卦形爲☳☶，上震下艮。古人認爲震象徵雷、象徵動，艮象徵山、象徵止，小過的卦象是上動而下不動；以杵搗臼似之。

［17］弦木：加弦木上。弧：弓。

［18］睽（kuí）：卦名。卦形爲☲☱，上離下兑。古人認爲離象徵火，具威嚴，兑通於“悦”，表悦服，睽卦的卦象是上面威嚴，下面悦服；弧矢之用似之。

上古穴居而野處；後世聖人易之以宫室[1]，上棟下宇[2]，以待風雨，蓋取諸“大壯”[3]。古之葬者，厚衣之以薪[4]，葬之中野，不封不樹，喪期无數[5]；後世聖人易之以棺椁[6]，蓋取諸“大過”[7]。上古結繩而治；後世聖人易之以書契[8]，百官以治，萬民以察[9]，蓋取諸“夬”[10]。

是故《易》者，象也[11]；象也者，像也。彖者，材也[12]。爻也者，效天下之動者也。是故吉凶生而悔吝著也[13]。

［1］宫室：房屋。

［2］棟：屋梁。宇：屋檐。

［3］大壯：卦名。卦形爲☳☰，上震下乾。古人認爲震象徵雷，乾象徵天，天體穹隆有似圓蓋覆於地上，故大壯的卦象是上有雷雨，下有穹隆似天體之物；宫室之用似之。

［4］衣：包裹，覆蓋。薪：柴草。

［5］封：堆土爲墳。樹：植樹。无數：没有規定的年、月、日數。

［6］棺椁（guǒ）：古代厚葬者棺木數層，最内一層叫棺，其餘各層叫椁。

［7］大過：卦名。卦形爲☱☴，上兑下巽。古人認爲兑象徵澤、象徵洼坑，巽象徵木，大過的卦象是木在洼坑之内；以棺椁下葬似之。

［8］結繩：在繩子上打結，據説這是文字發明以前人類曾經用來記事的方法。書契：文字。書，書寫。契，刻畫。

［9］察：知曉，理解。

［10］夬（guài）：卦名。卦形爲☱☰，上兑下乾。古人認爲兑象徵口舌，引申爲言語，乾象徵金，夬的卦象是將言語刻在金屬上；故書契似之。

［11］象：象徵。

［12］材：通“裁”，裁決，判斷。

［13］著：顯現。

尚 書

堯 典[1]

曰若稽古[2]，帝堯曰放勳，欽明文思安安[3]，允恭克讓[4]，光被四表，格于上下[5]。克明俊德，以親九族[6]。九族既睦，平章百姓[7]。百姓昭明，協和萬邦，黎民於變時雍[8]。

[1] 本篇記敘堯的事蹟，故稱《堯典》。

[2] 曰若稽古：跨越此時以考古事。曰：通“越”。若：此。稽：考。

[3] 欽：敬，指敬事。明：指明察。文：謂足文。思：謂敏思。安安：謂處事穩妥。

[4] 允：誠實。克：能够。讓：指讓賢。

[5] 被：覆蓋，遍及。四表：四海之外，四方極遠的地方。格：至。上下：指天地。

[6] 明：使……明，顯揚。俊德：大德。俊，大。九族：指包括高祖、曾祖、祖父、父、本人、子、孫、曾孫、玄孫九代人的家族。

[7] 平：“釆”（biàn）的形訛字。釆，辨别。章：顯揚。後來寫作“彰”。百姓：指百官族姓。

[8] 協和：和睦，融洽。黎民：百姓。黎，衆。於：用同介詞“以”。時：善，友善。雍：和睦。

乃命羲和[1]，欽若昊天[2]，厤象日月星辰[3]，敬授人時[4]。分命羲仲，宅嵎夷，曰暘谷[5]。寅賔出日，平秩東作[6]。日中，星鳥，以殷仲春[7]。厥民析，鳥獸孳尾[8]。申命羲叔，宅南交[9]。平秩南訛，敬致[10]。日永，星火[11]，以正仲夏。厥民因，鳥獸希革[12]。分命和仲，宅西，曰昧谷。寅餞納日，平秩西成[13]。宵中，星虚[14]，以殷仲秋。厥民夷，鳥獸毛毨[15]。申命和叔，宅朔方[16]，曰幽都。平在朔易[17]。日短，星昴[18]，以正仲冬。厥民隩，鳥獸氄毛[19]。帝曰：“咨，汝羲暨和[20]！朞三百有六旬有六日，以閏月定四時，成歲[21]。允釐百工，庶績咸熙[22]。”

[1] 羲和：羲氏、和氏。羲、和二氏爲世掌天地之官，羲氏掌天官，和氏掌地官。

[2] 欽：敬。若：順，遵從。昊（hào）天：對天的尊稱。昊，廣大。

[3] 厤：推算。象：觀察。

[4] 人：《史記》、《漢書》及《尚書大傳》等並作“民”。今本《尚書》作“人”，當由唐人避太宗諱所追改。

[5] 宅：居。嵎（yú）夷：古代指山東東部海濱地區。暘（yáng）谷：地名，傳説爲日出之處。

[6] 寅：敬。賔：同“賓”，迎接。平秩：辨别先後。平，“釆”（biàn）的形訛字。秩：次序。作：起，昇起。

[7] 日中：謂白晝不長不短，剛好是一晝夜之半；即春分。鳥：星宿名，即二十八宿中的星宿。殷：正，這裏有“確定”的意思。古人以黄昏時鳥星出現在正南方爲仲春。

[8] 厥民：謂其時之民。析：離開。這裏指離開室内。孳尾：交配繁殖。孳，繁殖。尾，交配。

[9] 申：重，又。南交：古代指五嶺以南交趾地區。曾運乾以爲“宅南交”下當依鄭玄注增“曰明都”三字。

[10] 南訛：南移。訛，動，移動。致：至，到來。

[11] 日永：謂白晝變長，即夏至。火：星宿名，即二十八宿中的心宿。古人以黄昏時心星出現在

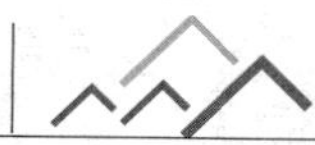

正南方爲仲夏。

［12］因：高。此謂居住到地勢高的地方。希革：謂毛疏皮現。希，後來寫作“稀”，稀疏。革，去毛的獸皮。

［13］餞：送行。納日：落日。西成：指太陽西落的最後時刻。成，完成，終結。

［14］宵中：謂夜晚不長不短，剛好是一晝夜之半；即秋分。虛：星宿名，二十八宿之一。古人以黄昏時虛星出現在正南方爲秋分。

［15］夷：平。此謂居住到地勢平的地方。毨（xiǎn）：鳥獸新毛更生。

［16］朔方：北方。

［17］平在：辨别觀察。在，觀察。朔易：北移。易，變動，移易。

［18］日短：謂白晝變短，即冬至。昴：星宿名，二十八宿之一。古人以黄昏時昴星出現在正南方爲冬至。

［19］隩（yù）：藏。這裏指進入室内。氄（rǒng）毛：柔軟細毛。這裏作動詞用，意謂長出柔軟細毛。

［20］咨：感嘆詞。暨：與。

［21］朞（jī）：一周年。日行三百六十五日又四分之一日是一周年，舉其整數則稱三百有六旬有六日。古曆一年十二個朔望月，大月三十天，小月二十九天，總計三百五十四天，比一年的實際天數少十一又四分之一天，故須通過設置閏月來確定四季，從而構成一年。

［22］允：通“以”。釐（lí）：治，管理。百工：百官。庶：衆。績：功績，事業。熙：興起。

帝曰：“疇咨，若時，登庸[1]？”放齊曰[2]：“胤子朱啓明[3]。”帝曰：“吁！嚚訟，可乎[4]？”

帝曰：“疇咨，若予采[5]？”驩兜曰[6]：“都！共工方鳩僝功[7]。”帝曰：“吁！静言庸違，象恭滔天[8]。”

帝曰：“咨，四岳[9]！湯湯洪水方割[10]，蕩蕩懷山襄陵[11]，浩浩滔天[12]。下民其咨，有能俾乂[13]？”僉曰[14]：“於！鯀哉[15]。”帝曰：“吁！咈哉，方命圮族[16]。”岳曰：“異哉！試可乃已[17]。”帝曰：“往，欽哉！”九載，績用弗成[18]。

［1］疇：誰。咨：嘆詞，表示嘆息。若時：順應四時。登庸：進用。馬融曰：“羲、和爲卿官，堯之末年皆以老死，庶績多闕，故求賢順四時之職，欲用以代羲、和。”

［2］放齊：人名，堯的臣子。

［3］胤（yìn）子：嗣子。朱：指堯的兒子丹朱。啓明：開明。啓，開通。

［4］吁：嘆詞，表示驚訝。嚚（yín）：言辭虛妄。訟：争辯。這裏是愛好争辯的意思。

［5］采：事，指政務。

［6］驩兜：人名，爲堯大臣。

［7］都：嘆詞，表示贊美。共工：人名，堯時任水官。方：通“防”。鳩：通“救”。僝（zhuàn）：顯現。

［8］静言：言辭漂亮。静，善美。庸：通“用”，行事，行動。違：相背。象：外貌。滔：彌漫，引申爲遮蔽、蒙蔽。

［9］四岳：官名。主持四岳的祭祀，爲四方諸侯之長。

［10］湯湯（shāngshāng）：水流盛大的樣子。方：通“旁”，廣泛，普遍。割：通“害”，爲害。

［11］蕩蕩：水流奔突的樣子。懷：包圍。襄：上。

［12］浩浩：水勢盛大的樣子。滔天：彌漫天際。

[13] 其：指示代詞，那。俾（bǐ）：使。乂（yì）：治。治理。

[14] 僉（qiān）：都，皆。

[15] 於（wū）：嘆詞，表示贊美。鯀（gǔn）：堯大臣，夏禹的父親。

[16] 咈（fú）：違誤。方命：放棄教命。方，通“放”，捨棄。圮（pǐ）族：毀壞族類。圮，毀。

[17] 試可乃已：《史記·五帝本紀》作：“試不可用而已。”太史公作《史記》，每喜以“不”字易《尚書》之“弗”，疑今本《尚書》“可”前脱一“弗”字。

[18] 績用：功用。

帝曰：“咨，四岳！朕在位七十載，汝能庸命，巽朕位[1]！”岳曰：“否德忝帝位[2]。”曰：“明明揚側陋[3]。”師錫帝曰[4]：“有鰥在下[5]，曰虞舜。”帝曰：“俞[6]！予聞，如何？”岳曰：“瞽子，父頑，母嚚，象傲[7]，克諧。以孝烝烝，乂不格姦[8]。”帝曰：“我其試哉！女于時，觀厥刑于二女[9]。”釐降二女于嬀汭，嬪于虞[10]。帝曰：“欽哉！”

[1] 朕：我。庸命：執行命令，聽從命令。庸，通“用”。巽（xùn）：踐，走上。

[2] 否（pǐ）：鄙陋，卑微。忝（tiǎn）：辱。

[3] 明明：表彰賢明。揚：推舉。側陋：偏僻，僻遠。這裏指身居偏僻地方的賢人，即民間地位低微的賢人。

[4] 師：衆。錫：後來寫作“賜”，這裏指獻言。

[5] 鰥（guān）：困苦的人。

[6] 俞：嘆詞，表示應答。

[7] 瞽（gǔ）：瞎子。相傳舜的父親是個瞎子，名瞽瞍。頑：愚妄無知。象：舜的異母弟。

[8] 烝烝：盛美的樣子，這裏用於形容孝德醇厚。格：至。姦：邪惡。

[9] 女：嫁女。時：通“是”，此人。刑：後來寫作“型”，法度（行爲的準則），表現。二女：長女名娥皇，次女名女英。

[10] 釐（lài）：通“賚”，賜予。嬀汭（guīruì）：嬀水彎曲處，是舜所居住的地方。嬀，水名，在今山西永濟縣南。汭，河灣。嬪（pín）：婦。此作動詞用，爲婦。虞：有虞氏，舜的姓氏。

盤庚上[1]

盤庚遷于殷[2]，民不適有居[3]，率籲衆慼出矢言[4]。曰[5]：“我王來，既爰宅于兹[6]，重我民，無盡劉[7]。不能胥匡以生，卜稽，曰其如台[8]？先王有服，恪謹天命[9]，兹猶不常寧，不常厥邑，于今五邦[10]！今不承于古，罔知天之斷命[11]，矧曰其克從先王之烈[12]？若顛木之有由蘖，天其永我命于兹新邑[13]，紹復先王之大業，厎綏四方[14]。”

[1] 盤庚：商代第二十位君主，成湯的第十世孫。《尚書·商書》中共有《盤庚》三篇，此爲上篇。《史記·殷本紀》説：“帝盤庚崩，弟小辛立，是爲帝小辛。帝小辛立，殷復衰。百姓思盤庚，乃作《盤庚》三篇。”

[2] 盤庚十四年（公元前1385年），爲了逃避水患及抑制奢侈的惡習，自奄（今山東曲阜）遷都至殷（今河南安陽）。

[3] 適：愛悦，滿意。有居：居處，居所。有，名詞詞頭。

[4] 率：盡，皆。籲（yù）：呼籲。慼：通“戚”，指貴戚大臣。矢：陳述。

[5]“曰”下爲貴戚之矢言。

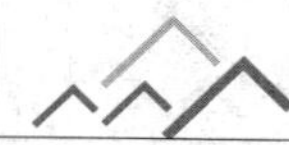

［6］爰：易，改。宅：居。兹：此，指殷。

［7］劉：殺，傷害。

［8］胥：相，互相。匡：救助。生：生存。卜稽：占卜求問。稽，卜問。曰：語氣詞，加重疑問語氣。其：將。如台（yí）：如何。

［9］服：事。恪謹：恭敬謹慎。

［10］兹：如此，這樣。于今五邦：指中丁遷囂，河亶甲遷相，祖乙遷耿，耿圮遷庇，南庚遷奄（楊樹達説）。邦：此指國都。

［11］罔：不。斷命：旨意。斷，決定。

［12］矧（shěn）：何况。從：繼承。烈：事業。

［13］顛：仆倒，倒下。由蘖（niè）：樹木枯槁或被砍伐後重新長出的枝芽。由，樹木生出的新枝。蘖，樹木砍伐後在其殘留部分長出的新芽。其：語氣詞，表示揣測，或許。

［14］紹復：繼續復興。厎（zhǐ）綏：安定。厎，定。

盤庚斆于民，由乃在位[1]；以常舊服[2]，正法度。曰："無或敢伏小人之攸箴[3]！"王命衆悉至于庭[4]。王若曰[5]："格汝衆，予告汝訓汝[6]。猷黜乃心，無傲從康[7]。古我先王，亦惟圖任舊人共政[8]。王播告之脩[9]，不匿厥指，王用丕欽[10]。罔有逸言[11]，民用丕變。今汝聒聒，起信險膚，予弗知乃所訟[12]。非予自荒兹德，惟汝含德，不惕予一人[13]。予若觀火，予亦拙謀，作乃逸[14]。若網在綱[15]，有條而不紊；若農服田，力穡乃亦有秋[16]。汝克黜乃心，施實德于民，至于婚友[17]，丕乃敢大言汝有積德[18]？乃不畏戎毒于遠邇[19]，惰農自安，不昬作勞[20]，不服田畝，越其罔有黍稷[21]。汝不和吉言于百姓[22]，惟汝自生毒，乃敗禍姦宄[23]，以自災于厥身。乃既先惡于民，乃奉其恫[24]，汝悔身何及？相時憸民，猶胥顧于箴言，其發有逸口[25]，矧予制乃短長之命？汝曷弗告朕，而胥動以浮言[26]，恐沈于衆[27]？若火之燎于原，不可嚮邇，其猶可撲滅？則惟汝衆自作弗靖[28]，非予有咎。

［1］斆（xiào）：教導，開導。由：通過。乃：指示代詞，那，那些。在位：指身居要職的大臣。"乃在位"之前承上省略"斆"字。

［2］常：維持。舊服：舊制。

［3］伏：隱匿。小人之攸箴：指所規誡百姓的話。攸：所。箴：規誡，規勸。

［4］衆：指羣臣。庭：通"廷"，朝廷，宫廷。

［5］若：如此，這樣。

［6］格：來。訓：訓示，開導。

［7］猷：順。黜：降。乃：你們的。從：追求。康：安樂。

［8］惟：衹，衹是。舊人：指舊臣。

［9］王：指先王。播告：布告，此指布告之教令。脩：施行，實行。

［10］丕：大。欽：敬重。

［11］逸言：出格的言論。

［12］聒聒（guōguō）：吵吵嚷嚷。信：通"申"，申説。險膚：指險惡浮夸的言辭。膚，虚浮。訟：争辯。

［13］荒：廢棄。兹德：指任舊人共政之美德。含：懷，藏。惕：通"錫"，給予。

［14］若觀火：言觀察事物明白清楚。亦：不過，衹不過。拙謀：不工於心計。作：造成。逸：

放縱。

[15] 綱在綱：網結在綱上。綱，網上的大繩。

[16] 服田：種田。服，治，從事。穡（sè）：本指收穫莊稼，也泛指耕種。秋：收成，收穫。

[17] 婚友：親友。婚，姻親，泛指親戚。

[18] 丕乃：不就。

[19] 戎：大。毒：害，禍害。

[20] 昏（mǐn）：通"暋"，努力，盡力。勞：指勞苦的事。

[21] 越：於是。

[22] 和：宣，宣布。吉言：善言，指遷都的好話。

[23] 敗禍姦宄（guǐ）：爲害作惡。敗，禍害。姦，作惡於外。宄，作惡於内。

[24] 先：引導，倡導。惡：指壞事。奉：承受。恫：痛苦。

[25] 相：視，看。時：通"是"，這些。憸（xiān）民：小民。胥：相。發：開口説話。逸口：説漏了嘴。

[26] 浮言：没有根據的話。

[27] 恐：恐嚇。沈（dǎn）：通"扰"，蠱惑，欺詐。

[28] 靖：善。

"遲任有言曰[1]：'人惟求舊，器非求舊，惟新。'古我先王暨乃祖乃父胥及逸勤，予敢動用非罰[2]？世選爾勞[3]，予不掩爾善。兹予大享于先王[4]，爾祖其從與享之[5]。作福作災，予亦不敢動用非德[6]。予告汝于難[7]。若射之有志[8]，汝無侮老成人，無弱孤有幼[9]，各長于厥居[10]，勉出乃力，聽予一人之作猷[11]。無有遠邇，用罪伐厥死，用德彰厥善[12]。邦之臧，惟汝衆；邦之不臧，惟予一人有佚罰[13]。凡爾衆，其惟致告[14]：自今至于後日，各恭爾事，齊乃位，度乃口[15]。罰及爾身，弗可悔。"

[1] 遲任：古代賢史官。

[2] 胥及：相與，共同。逸勤：甘苦。逸，安樂。勤，勞苦。非罰：不恰當的懲罰。

[3] 選：數説。

[4] 享：祭祀。

[5] 享：（鬼神）享用（祭品）。

[6] 非德：指不合乎德的賞賜或懲罰。

[7] 于：用同"以"。

[8] 志：準的，箭靶。

[9] 侮老：《唐石經》作"老侮"，"輕視、欺侮"的意思。弱孤："輕視，欺侮"的意思。有幼：年幼的人。有，名詞詞頭。

[10] 長（zhǎng）：爲官長，充當首領。居：指居處，封邑。

[11] 作猷：泛指所做所謀。

[12] 遠邇：喻親疏。罪：懲罰。伐：討伐。死：惡，罪惡。德：獎賞。

[13] 佚罰：罪過。佚，失，過錯。罰，罪。

[14] 惟：思。致告：指所表達、告知的話。

[15] 齊：正，端正。位：職位。度：通"杜"，閉。

周　禮

醫師章（天官）

醫師[1]：掌醫之政令，聚毒藥以共醫事[2]。凡邦之有疾病者、疕瘍者造焉[3]，則使醫分而治之。歲終，則稽其醫事，以制其食[4]：十全爲上，十失一次之，十失二次之，十失三次之，十失四爲下。

［1］醫師：古代主管醫務的長官。

［2］毒藥：辛烈的藥物。

［3］疕（bǐ）瘍：泛指瘡瘍。疕，頭瘡。

［4］食：俸禄。

食醫：掌和王之六食、六飲、六膳、百羞、百醬、八珍之齊[1]。凡食齊眡春時[2]，羹齊眡夏時，醬齊眡秋時，飲齊眡冬時。凡和，春多酸，夏多苦，秋多辛，冬多鹹，調以滑甘[3]。凡會膳食之宜[4]，牛宜稌，羊宜黍，豕宜稷，犬宜粱，鴈宜麥[5]，魚宜苽。凡君子之食恒放焉[6]。

［1］和（hè）：調和，協調。六食：指稌（音 tú，粳稻）、黍（黏黃米）、稷（高粱）、粱（上等小米）、麥、苽（音 gū，菰米）。六飲：指水、漿（一種微酸的飲料）、醴（甜酒）、涼（冰鎮冷飲）、醫（由粥釀成的酒）、酏（音 yí，稀粥）。六膳：指牛、羊、豕、犬、鴈、魚六種肉食。百羞：泛稱美味食品。羞，後來寫作“饈”，精美的食品。百醬：泛稱調味品。八珍：古代八種珍貴食品，即：淳（zhūn）熬、淳（zhūn）母、炮豚、炮牂（zāng）、擣珍、漬、熬、肝膋（liáo）。齊（jì）：後來寫作“劑”，調配。

［2］食齊（jì）：食物。齊，後來寫作“劑”，指加工過的某一類型的食物。眡：同“視”，比照。

［3］滑：指滑潤之物，如淀粉、榆粉等。甘：指甘甜之物，如棗、栗、飴、蜜等。

［4］會：組合。膳：指六膳。食：指六食。

［5］鴈：鵝。

［6］君子：泛指貴族。恒：常，總是。放：通“仿”，仿效。

疾醫：掌養萬民之疾病[1]。四時皆有癘疾[2]：春時有痟首疾[3]，夏時有痒疥疾[4]，秋時有瘧寒疾，冬時有漱、上氣疾[5]。以五味、五穀、五藥養其病[6]。以五氣、五聲、五色眡其死生[7]；兩之以九竅之變，參之以九藏之動[8]。凡民之有疾病者，分而治之。死終[9]，則各書其所以而入于醫師。

［1］養：醫治。

［2］癘疾：指季節性流行病。

［3］痟（xiāo）：酸痛。

［4］痒疥：疥瘡。

［5］漱：通“嗽”，咳嗽。上氣疾：氣喘病。

［6］五味：指酸（如醋）、苦（如酒）、甘（如飴蜜）、辛（如姜）、鹹（如鹽）。五穀：指麻、黍、

稷、麥、豆。五藥：指草、木、蟲、石、穀五類中藥材。

[7] 五氣：指肝、心、脾、肺、腎五臟之氣。五聲：指呼、笑、歌、哭、呻。五色：指青、赤、黄、白、黑等不同臉色。

[8] 兩之：第二眂之。兩，第二，其次。九竅：指頭臉部的耳、目、鼻、口七竅及下部的前、後陰二竅。參（sān）之：第三眂之。九藏（zàng）：指心、肝、脾、肺、腎、胃、大腸、小腸、膀胱。藏，後來寫作“臟”。

[9] 死終：泛指死亡。若分而言之，則少亡爲“死”，老死爲“終”。

瘍醫：掌腫瘍、潰瘍、金瘍、折瘍之祝藥劀殺之齊[1]。凡療瘍，以五毒攻之[2]，以五氣養之[3]，以五藥療之，以五味節之[4]。凡藥，以酸養骨，以辛養筋，以鹹養脈，以苦養氣，以甘養肉，以滑養竅[5]。凡有瘍者，受其藥焉。

[1] 腫瘍：已腫結而未成膿、潰破的癰瘡疾患。潰瘍：成膿且已潰破的癰瘡疾患。金瘍：被刀箭等金屬利器所創傷的疾患。折瘍：泛指跌打導致傷筋折骨的疾患。祝藥：外敷藥。祝，通“注”，附著。劀殺之齊：指刮除膿血、銷蝕腐肉的藥劑。劀，後來寫作“刮”。殺：除去。

[2] 五毒：指石膽、丹砂、雄黄、礜石、慈石五種有毒的中藥。攻：治。

[3] 五氣：鄭玄以爲：“當爲‘五穀’，字之誤也。”

[4] 節：調節。

[5] 滑：指中藥滑石。

獸醫：掌療獸病，療獸瘍。凡療獸病，灌而行之，以節之，以動其氣[1]，觀其所發而養之。凡療獸瘍，灌而劀之，以發其惡[2]，然後藥之、養之、食之。凡獸之有病者、有瘍者，使療之。死則計其數以進退之[3]。

[1] 灌：指灌藥。節：止。氣：指脈氣。

[2] 發：消除。惡：指惡肉（即腐肉）。

[3] 進退：指職務的陞降與俸禄的增減。

考工記（冬官）

國有六職[1]，百工與居一焉。

或坐而論道；或作而行之[2]；或審曲面埶，以飭五材，以辨民器[3]；或通四方之珍異以資之[4]；或飭力以長地財[5]；或治絲麻以成之[6]。

坐而論道，謂之王公。作而行之，謂之士大夫。審曲面埶，以飭五材，以辨民器，謂之百工。通四方之珍異以資之，謂之商旅。飭力以長地財，謂之農夫。治絲麻以成之，謂之婦功。

[1] 六職：指王公、士大夫、百工、商旅、農夫、婦功六類職務。

[2] 作：起身。

[3] 審曲面埶（shì）：審視曲直，觀察形勢。面，面對，引申爲觀察。埶，後來寫作“勢”。飭：整治，加工。五材：指金、木、皮、玉、土五種材料。辨（bàn）：後來寫作“辦”，備辦，製作。

[4] 資：供應。

［5］飭（chì）力：努力，致力。

［6］成之：謂將之織成衣物。

粵無鎛[1]，燕無函[2]，秦無廬[3]，胡無弓車[4]。粵之無鎛也，非無鎛也，夫人而能爲鎛也[5]；燕之無函也，非無函也，夫人而能爲函也；秦之無廬也，非無廬也，夫人而能爲廬也；胡之無弓車也，非無弓車也，夫人而能爲弓車也。

知者創物，巧者述之[6]；守之世[7]，謂之工。百工之事，皆聖人之作也[8]。爍金以爲刃[9]，凝土以爲器[10]，作車以行陸，作舟以行水，此皆聖人之所作也。

［1］粵：古稱今之江、浙、閩、粵一帶地區。無鎛（bó）：謂無製作鎛的工匠。鎛，古代一種除草用的鋤頭。

［2］燕：周代諸侯國名，在今河北北部和遼寧南部一帶。函：鎧甲。

［3］秦：周代諸侯國名，在今陝西中部和甘肅東部一帶。廬：通“籚”，矛、戟等長兵器的柄。

［4］胡：古代稱我國西北部地區的民族，也指稱西北部地區。

［5］夫：指示代詞，彼。

［6］述：遵循，依照。

［7］世：世代。

［8］作：創製，創作。

［9］爍：通“鑠”，熔化。刃：泛指刀劍一類利器。

［10］凝：捏合。器：指陶器。

天有時，地有氣[1]，材有美，工有巧。合此四者，然後可以爲良。材美工巧，然而不良，則不時、不得地氣也[2]。橘踰淮而北爲枳[3]，鸜鵒不踰濟[4]，貉踰汶則死[5]。此地氣然也。鄭之刀，宋之斤，魯之削，吳粵之劍[6]，遷乎其地而弗能爲良，地氣然也。燕之角，荆之幹[7]，妢胡之笴[8]，吳粵之金錫，此材之美者也。天有時以生，有時以殺；草木有時以生，有時以死；石有時以泐[9]；水有時以凝，有時以澤[10]：此天時也。

［1］時：指四時。氣：指寒、温、燥、濕等。

［2］得：相適合，相適應。

［3］淮：淮河。枳：又名臭橘。一種葉子與橘相似的灌木，果實不能食用但可入藥。

［4］鸜鵒（qúyù）：鳥名。俗稱八哥。多見於南方。濟：濟水。古水名，發源於今河南，流經山東入渤海。

［5］貉（hé）：獸名。多見於北方。外形似狐，毛棕灰色。穴居河谷、山邊、田野之間，晝伏夜出，以魚、鼠、蛙、蝦、蟹和野果等爲食。汶（wèn）：水名，在今山東。

［6］斤：古代一種類似斧頭的砍木工具。削（xiāo）：古代一種專門用來削除木牘或竹簡上所寫錯字的刀子，又稱書刀。吳粵：即吳越。粵，通“越”。

［7］角：指牛角。荆：地名，在今湖北荆山與湖南衡山之間地區。幹（gàn）：製造弓身的木料。

［8］妢（fén）胡：古國名，在今安徽阜陽一帶。笴（gǎn）：箭桿。

［9］泐（lè）：石頭按其紋理裂開。

［10］澤：通“釋”，“凝”的反面，散開，消融。

儀　禮

士昏禮[1]

昏辭曰[2]：“吾子有惠，貺室某也[3]。某有先人之禮，使某也請納采[4]。”對曰[5]：“某之子惷愚，又弗能教。吾子命之[6]，某不敢辭。”致命[7]，曰：“敢納采。”

問名，曰：“某既受命[8]，將加諸卜，敢請女爲誰氏[9]？”對曰：“吾子有命，且以備數而擇之[10]，某不敢辭。”

［1］昏：後來寫作“婚”。

［2］昏辭：求婚的言詞。“曰”下是婚禮納采時男方使者所說的話。

［3］吾子：對對方的尊稱，您，此指女方之父。貺（kuàng）：贈，賜。室：妻室。某：代替男方（即壻）之名。

［4］使某：某，代替男方使者所自稱名。納采：獻上采禮。納，貢獻。

［5］“對曰”之後爲女方協助行禮者的答語。

［6］命：指示，指教。

［7］致命：傳達使命。

［8］受命：受教，得到（許婚的）指示。

［9］請：詢問。誰氏：誰人，哪一位。

［10］備數：充數。

醴[1]，曰：“子爲事故，至於某之室。某有先人之禮，請醴從者。”對曰：“某既得將事矣[2]，敢辭。”“先人之禮，敢固以請。”“某辭不得命，敢不從也？”

納吉，曰：“吾子有貺命[3]，某加諸卜，占曰‘吉’。使某也敢告。”對曰：“某之子不教，唯恐弗堪[4]。子有吉，我與在[5]。某不敢辭。”

［1］醴：甜酒。這裏作動詞用，納醴，獻醴。

［2］將事：行事。將，施行。

［3］貺命：賜命。此指賜告女名。

［4］堪：擔當得了，承受得起。

［5］與在：跟著在其中。

納徵[1]，曰：“吾子有嘉命，貺室某也。某有先人之禮，儷皮束帛[2]，使某也請納徵。”致命，曰：“某敢納徵。”對曰：“吾子順先典，貺某重禮，某不敢辭，敢不承命？”

請期[3]，曰：“吾子有賜命，某既申受命矣[4]。惟是三族之不虞[5]，使某也請吉日。”對曰：“某既前受命矣，唯命是聽。”曰：“某命某聽命于吾子。”對曰：“某固唯命是聽。”使者曰：“某使某受命，吾子不許，某敢不告期？”曰：“某日。”對曰：“某敢不敬須[6]？”

［1］納徵：也稱納幣。進獻訂婚的禮物。徵，證物。

［2］儷（lì）皮：成對的鹿皮。古代用为聘問、酬謝或訂婚的禮物。儷，兩，雙。

[3] 請期：徵求婚期。期，指婚期，即迎親的日期。

[4] 申：再三。

[5] 惟：思，考慮。三族：指父、己、子三代人的兄弟組合成的家族。虞：意料，預料。

[6] 須：等待，等候。

凡使者歸，反命[1]，曰："某既得將事矣，敢以禮告[2]。"主人曰："聞命矣。"

父醮子[3]，命之曰："往迎爾相，承我宗事[4]。勗帥以敬，先妣之嗣[5]。若則有常[6]。"子曰："諾。唯恐弗堪，不敢忘命。"

[1] 反命：復命。

[2] 將事：謂辦理喜事。禮：指從女方那裏帶回的禮物。

[3] 醮（jiào）：古代冠禮、婚禮中的一種簡單儀式：尊者對卑者酌酒，卑者接酒後飲盡，不需回敬。

[4] 相（xiàng）：内助，妻子。宗事：宗廟祭祀之事。

[5] 勗：勉力，努力。帥：带領，引導。先妣（bǐ）：女性祖先。

[6] 若：第二人稱代詞，你，你的。則：指起著示範作用的行爲。常：指常規，法度。

賓至，擯者請[1]，對曰："吾子命某[2]，以兹初昏，使某將[3]，請承命。"對曰："某固敬具以須。"

父送女，命之曰："戒之敬之，夙夜毋違命[4]！"母施衿結帨[5]，曰："勉之敬之，夙夜無違宫事[6]！"庶母及門内，施鞶，申之以父母之命[7]，命之曰："敬恭聽，宗爾父母之言[8]。夙夜無愆，視諸衿鞶[9]！"

壻授綏，姆辭曰[10]："未教，不足與爲禮也。"

宗子無父，母命之[11]。親皆没，己躬命之；支子，則稱其宗[12]；弟[13]，稱其兄。

[1] 賓：此指壻，即新郎。擯（bìn）：同"儐"，接引賓客的人。

[2] 某：此代替新郎父親之名。

[3] 兹：此，今日。初昏：天剛黄昏。將：施行。這裏指行迎親之禮。

[4] 戒：謹慎。命：指公婆之命。

[5] 衿（jīn）：衣上代紐扣的带子。帨（shuì）：佩巾。

[6] 勉：努力，盡力。宫事：家務。宫，古代對房屋、居室的通稱，引申指家中。

[7] 鞶（pán）：鞶囊（古人佩於革带上用以裝手巾細物的小袋子）的簡稱。申：重複。

[8] 宗：尊奉。

[9] 愆（qiān）：過錯，過失。視諸衿鞶：要女見物而思父母之言。

[10] 綏（suí）：登車時拉手用的繩子。姆：古代以師傅身份用婦道教女子的婦人。

[11] 宗子：嫡長子。命之：謂派遣使者到女家行禮。命，派遣。

[12] 支子：庶子。宗：宗子。

[13] 弟：指宗子之同母弟。

若不親迎，則婦入三月，然後壻見[1]，曰："某以得爲外昏姻，請覿[2]。"主人對曰[3]："某以得爲外昏姻之數，某之子未得濯溉於祭祀[4]，是以未敢見。今吾子辱，請吾子之就宫，某將走見。"對曰："某以非他故，不足以辱命[5]，請終賜見。"對曰："某得以爲昏姻之故，不敢固辭，敢不從！”主人出門左[6]，西面。壻入門[7]，東面；奠摯[8]，再拜；出。擯者以摯出，請受[9]。壻禮辭，許；受摯，入。主人再拜受，壻再拜送[10]，出。見主婦[11]；主婦闔扉，立于其内。壻立于門外，東面。主婦一拜，壻荅再拜[12]；主婦又拜，壻出。主人請醴，及揖讓入[13]，醴以一獻之禮[14]。主婦薦[15]，奠酬，無幣[16]。壻出，主人送，再拜。

[1] 見：指見岳父、岳母。

[2] 外昏姻：由婚姻關係而結成的親戚。

[3] 主人：指岳父。

[4] 未得濯溉於祭祀：古婚禮，婦入夫家，若公婆已故，則於三月後至家廟參拜公婆神位，稱爲廟見。廟見祭祀的前夕必先洗滌祭器，未得濯溉於祭祀，也就是説還不嘗廟見。

[5] 他故：别的原因。辱命：委屈您指教。這裏的意思是委屈您“走見”。

[6] 門：指内門。

[7] 門：指大門。

[8] 奠摯：古人相見，位卑者不敢親授而把見面禮放在地上。奠：放置。摯：通“贄”，古代初次拜見尊長時所送的禮物，即所謂見面禮。

[9] 請受：謂請求按照賓客相見的禮節來接受禮物。

[10] 送：謂送摯。

[11] 主婦：指岳母。

[12] 荅：後來寫作“答”，回報，報答。

[13] 及：介詞，與。揖讓：古代迎賓的禮儀：主人與賓三揖，至階三讓。

[14] 一獻：古代祭祀和宴飲時進酒一次爲一獻。

[15] 薦：進獻。此指進獻酒菜。

[16] 奠酬：進酒酬賓。奠，進獻。酬：勸酒，敬酒。幣：財物。

士相見禮

士見於大夫，終辭其摯。於其入也，一拜其辱也[1]。賓退；送，再拜。

若嘗爲臣者[2]，則禮辭其摯，曰：“某也辭，不得命[3]，不敢固辭。”賓入，奠摯，再拜；主人荅壹拜。賓出，使擯者還其摯于門外，曰：“某也使某還摯。”賓對曰：“某也既得見矣，敢辭。”擯者對曰：“某也命某：‘某非敢爲儀也[4]。’敢以請。”賓對曰：“某也，夫子之賤私，不足以踐禮[5]，敢固辭！”擯者對曰：“某也使某，不敢爲儀也，固以請。”賓對曰：“某固辭，不得命，敢不從？”再拜，受。

[1] 辱：指辱臨，屈尊光臨。

[2] 臣：指家臣。

[3] 不得命：意謂不獲允許。

[4] 爲儀：謂擺出主人的樣子。儀，儀容，容貌。

[5] 賤私：家臣的謙稱。踐禮：謂行賓客之禮。踐，行。

下大夫相見以鴈[1]，飾之以布，維之以索，如執雉[2]。上大夫相見以羔，飾之以布，四維之，結于面[3]；左頭，如麛執之[4]。如士相見之禮[5]。

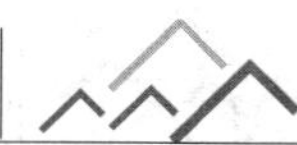

始見于君執摯，至下，容彌蹙[6]。庶人見於君，不爲容，進退走[7]。士大夫則奠摯，再拜稽首；君荅壹拜。

若他邦之人，則使擯者還其摯，曰："寡君使某還摯。"賓對曰："君不有其外臣[8]，臣不敢辭。"再拜稽首，受。

［1］下大夫：古代職官名。周王室及諸侯各國卿以下有上大夫、中大夫、下大夫。

［2］飾之以布：謂用布縫製鳥衣來裝扮鴈。維：拴，綁住。如執雉：謂如同士相見禮執雉的姿勢一樣，雙手捧鴈，鴈頭朝左。雉，鳥名，即野雞。

［3］四維之：謂拴住四隻脚。面：前。此指胸前。

［4］如麛（mí）執之：謂如同獸人獻麛的成禮，左手抓住前足，右手抓住後足。麛，幼鹿。

［5］此句謂大夫唯摯不同，禮儀則與士相見同。

［6］下：指堂下。容：面部表情。蹙：局促不安。

［7］庶人：特指官府的吏役。走：快步走。

［8］有其外臣：承認其外臣的存在。有，存在。外臣：古代諸侯國士大夫對别國君主的自稱。

凡燕見于君，必辯君之南面[1]。若不得，則正方，不疑君[2]。君在堂，升見無方階[3]，辯君所在。

凡言，非對也，妥而後傳言[4]。與君言，言使臣[5]。與大人言[6]，言事君。與老者言，言使弟子。與幼者言，言孝弟於父兄[7]。與衆言，言忠信慈祥[8]。與居官者言，言忠信。

凡與大人言，始視面[9]，中視抱[10]，卒視面[11]，毋改。衆皆若是。若父，則遊目[12]，毋上於面，毋下於帶。若不言，立則視足，坐則視膝。

凡侍坐於君子，君子欠伸[13]，問日之早晏，以"食具"告[14]，改居[15]，則請退可也。夜侍坐，問夜，膳葷[16]，請退可也。

［1］燕見：古代帝王退朝閒居時召見或接見臣子。燕，疑：通"宴"，安逸，安閒。辯：正。

［2］正方：謂正對或東、或西、或南、或北的方向。方，方向。不疑君：謂不按照國君實際所居方向而朝著邪向（如東南、東北、西南、西北等）行禮。疑通"擬"，比擬，比照。

［3］方：常規的，法定的。

［4］對：答話。妥：安坐。傳言：把話説出。

［5］言使臣：談使用臣子的道理。

［6］大人：指卿大夫。

［7］弟（tì）：後來寫作"悌"，弟弟順從兄長。

［8］慈祥：慈愛、和善。

［9］鄭注："始視面，謂觀其顔色可傳言未也。"

［10］抱：人體胸腹間的部位。鄭注："中視抱，容其思之，且爲敬也。"

［11］鄭注："卒視面，察其納己言否也。"

［12］遊目：讓目光遊移。

［13］欠伸：打呵欠、伸懶腰。

［14］晏：晚，遲。具：備辦，準備好。

［15］改居：改換坐處。居，坐，引申指坐的地方。

［16］膳葷：謂以"膳葷"告。膳，進食。葷，泛指葱、蒜、韭、薤等有辛辣氣味的蔬菜。

若君賜之食，則君祭先飯[1]，徧嘗膳，飲而俟[2]，君命之食，然後食。若有將食者[3]，則俟君之食，然後食。若君賜之爵，則下席[4]，再拜稽首，受爵；升席祭，卒爵而俟；君卒爵，然後授虛爵[5]。退，坐取屨[6]，隱辟而后屨[7]。君爲之興[8]，則曰："君無爲興，臣不敢辭[9]。"君若降送之[10]，則不敢顧辭，遂出。大夫則辭[11]，退下，比及門三辭。

[1] 君祭先飯：於喫飯之前國君先行祭祀。

[2] 徧嘗膳，飲而俟：此二句謂國君祭祀之後，臣先爲君嘗食。膳，飯食。

[3] 將食者：進奉飲食的人，指膳宰（主管國君飲食的官員）。將，奉獻，進獻。

[4] 爵：古代飲酒器，借代酒。下席：離開坐席。

[5] 授虛爵：把空爵交給侍候飲食的人。

[6] 退：退席。坐：坐下。君賜食堂上，臣屨留堂下。

[7] 隱辟：指躲在一邊。辟，後來寫作"避"。后：通"後"。

[8] 興：起身。

[9] 臣不敢辭：君既起身，則臣子不敢讓君降下身子，故不敢辭。辭，推辭，辭謝。

[10] 降：降階，也即下堂。

[11] 大夫則辭：據此可知，前稱"不敢辭"者，當是對士而言。

若先生異爵者請見之[1]，則辭。辭不得命，則曰："某無以見，辭不得命，將走見。"先見之。

非以君命使，則不稱寡[2]。大夫士則曰"寡君之老"[3]。

凡執幣者，不趨，容彌蹙以爲儀[4]。執玉者，則唯舒武[5]，舉前曳踵[6]。

凡自稱於君，士大夫則曰"下臣"。宅者在邦[7]，則曰"市井之臣"；在野[8]，則曰"草茅之臣"。庶人則曰"刺草之臣"[9]。他國之人則曰"外臣"。

[1] 先生：指已退休的官員。異爵者：指爵位異於士者，即卿大夫。

[2] 不稱寡：謂擯贊之辭不稱"寡君之某"，但稱姓名而已。

[3] 大夫士則曰"寡君之老"：上言"非以君命使，則不稱寡"，此既稱寡，則當就以君命使者而言。

[4] 幣：泛指錦帛、禽鳥等禮物。趨：小步快走，表示恭敬。儀：禮儀，禮節。

[5] 舒武：放開脚步。舒，舒展。武，古時以六尺爲步，半步爲武。

[6] 前：指脚前掌。

[7] 宅者：指退休居家的官員。邦：國都。

[8] 野：鄉村。

[9] 刺：鏟除。

禮　記

禮　運

昔者仲尼與於蜡[1]，賓事畢，出遊於觀之上[2]，喟然而嘆。仲尼之嘆，蓋嘆魯也。

言偃在側[3]，曰："君子何嘆？"孔子曰："大道之行也，與三代之英[4]，丘未之逮也，而有志焉[5]。大道之行也，天下爲公。選賢與能，講信脩睦[6]。故人不獨親其親，不獨子其子；使老有所終，壯有所用，幼有所長，矜寡、孤獨、廢疾者皆有所養[7]；男有分，女有歸[8]。貨[9]，惡其弃於地也，不必藏於己；力，惡其不出於身也，不必爲己。是故謀閉而不興，盜竊亂賊而不作[10]，故外户而不閉，是謂大同[11]。

［1］與（yù）：參加。蜡（zhà）：祭名，古代國君年終舉行的祭祀。

［2］賓事：指助祭贊禮之事。賓，通"儐"。觀（guàn）：宗廟門外兩旁的高建築物。

［3］言偃：孔子的學生，姓言名偃，字子游。

［4］三代：指夏、商、周三個朝代。英：傑出人物。

［5］志：後來寫作"誌"，記載，記述。

［6］與：通"舉"，推舉。脩睦：培養和睦感情。

［7］矜（guān）：通"鰥"，老而無妻的人。獨：老而無子的人。

［8］分（fèn）：職分，職位。歸：出嫁，引申指嫁的地方，即夫家。

［9］貨：財物。

［10］亂：作亂，造反。賊：害人。

［11］閉：用門閂插門。大同：取"高度和諧"之義。同，和諧。

"今大道既隱[1]，天下爲家。各親其親，各子其子，貨、力爲己；大人世及以爲禮[2]，城郭溝池以爲固[3]，禮義以爲紀[4]，以正君臣，以篤父子[5]，以睦兄弟，以和夫婦，以設制度，以立田里[6]，以賢勇知，以功爲己。故謀用是作[7]，而兵由此起。禹、湯、文、武、成王、周公，由此其選也[8]。此六君子者，未有不謹於禮者也，以著其義，以考其信[9]，著有過[10]，刑仁講讓，示民有常[11]。如有不由此者，在埶者去，衆以爲殃[12]。是謂小康[13]。"

［1］隱：消逝。

［2］大人：統治者。世及：世襲。父子相傳叫"世"，兄弟相傳叫"及"。

［3］溝池：指護城河。固：屏障。

［4］禮義：禮樂道義。包括統治者推行、提倡的政教及道德規範。紀：綱紀，準則。

［5］篤：純厚。這裏是使動用法。

［6］田里：田地住宅。這裏指田里的分配制度。

［7］用：因，由。

［8］選：選拔。這裏作被動詞用，意爲被選拔。

［9］著：顯揚，表彰。義：合宜的道德、行爲或道理。考：成，促成。

［10］著：彰明，揭露。有過：存在的過錯。

［11］刑：後來寫作"型"，鑄造器物的模子，引申而有法式、典範義。常：指常規。

［12］由：遵循。埶：後來寫作"勢"，這裏指職位。殃：禍害。

［13］小康：取"比較安樂"之義。康，安樂。

中　庸

自誠明，謂之性[1]。自明誠，謂之教。誠則明矣，明則誠矣。

唯天下至誠，爲能盡其性[2]；能盡其性，則能盡人之性；能盡人之性，則能盡物之性；能盡物之性，則可以贊天地之化育[3]；可以贊天地之化育，則可以與天地參矣[4]。

其次致曲[5]，曲能有誠，誠則形[6]，形則著，著則明[7]，明則動，動則變，變則化[8]。唯天下至誠爲能化。

[1] 自誠明：謂由誠而至於明。誠，誠實，誠心。明：明智。性：天賦的品質，本性。

[2] 至誠：指至誠的人，即聖人。盡：使……達到極限。這裏有最大限度發揮的意思。

[3] 贊：輔助。

[4] 參（sān）：配合成三。

[5] 其次：天下至誠（聖人）之次，指賢人。致曲：謂其誠實至於細小之事。致：通“至”，至於。曲：細事，小事。

[6] 形：表現，表露。

[7] 明：清楚，明白。

[8] 動：謂使人感動。變：改變。化：轉化，謂惡人轉化爲善人。

至誠之道，可以前知[1]。國家將興，必有禎祥[2]。國家將亡，必有妖孽[3]。見乎蓍龜，動乎四體[4]。禍福將至：善，必先知之；不善，必先知之。故至誠如神。

誠者，自成也[5]；而道，自道也[6]。誠者物之終始[7]，不誠無物。是故君子誠之爲貴[8]。誠者非自成己而已也，所以成物也。成己，仁也；成物，知也[9]。性之德也，合外内之道也[10]，故時措之宜也[11]。

[1] 至誠之道：謂具備至誠之道德。前知：預知未來。

[2] 禎祥：吉祥，吉兆。

[3] 妖孽：泛稱怪異不祥的事物。

[4] 動：變動，變化。四體：四肢。此指人們的舉止。

[5] 自成：自己成全自己。

[6] 自道：自己引導自己。道，後來寫作“導”。

[7] 物之終始：謂貫穿物之始終。

[8] 誠之爲貴：貴誠，以誠爲貴，即重視誠。之爲，凝固結構，助成賓語提前。

[9] 知（zhì）：後來寫作“智”。

[10] 性之德也：謂誠爲人性之美德。道：規律。

[11] 時措之：謂時時把它放在心上。措，放置。

故至誠無息[1]。不息則久，久則徵[2]，徵則悠遠，悠遠則博厚，博厚則高明。博厚，所以載物也；高明，所以覆物也；悠久，所以成物也。博厚配地，高明配天，悠久無疆。如此者，不見而章，不動而變，無爲而成[3]。天地之道，可壹言而盡也：其爲物不貳[4]，則其生物不測[5]。天地之道：博也，厚也，高也，明也，悠也，久也。

[1] 息：止息。

[2] 徵：效驗。

[3] 成：獲得成功。

[4] 不貳：精誠專一。

[5] 不測：無法預測，意謂神妙之極。

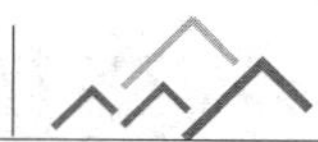

今夫天，斯昭昭之多[1]，及其無窮也，日月星辰繫焉，萬物覆焉。今夫地，一撮土之多，及其廣厚，載華嶽而不重，振河海而不洩[2]，萬物載焉。今夫山，一卷石之多[3]，及其廣大，草木生之，禽獸居之，寶藏興焉[4]。今夫水，一勺之多，及其不測[5]，黿、鼉、鮫龍、魚、鱉生焉[6]，貨財殖焉[7]。《詩》曰："惟天之命，於穆不已！"[8]蓋曰天之所以爲天也。"於乎不顯[9]，文王之德之純！"蓋曰文王之所以爲文也，純亦不已。

[1] 斯：此。昭昭：指小小的光亮。之：至，至於。

[2] 振：收容。

[3] 卷（quán）石：如拳頭大的石塊。卷，通"拳"。

[4] 興：產生。

[5] 不測：言其深。

[6] 黿（yuán）：大鱉。鼉（tuó）：揚子鰐，俗名豬婆龍。鮫龍：古代傳説中一種能興風作浪、發動洪水的龍。鮫，通"蛟"。

[7] 殖：繁殖，生長。

[8] 見《詩經·周頌·維天之命》。惟：思，想。於（wū）穆：對美好的贊嘆。於，贊嘆詞。穆，美好。不已：没有終止。

[9] 於（wū）乎：嘆詞，表贊嘆。不（pī）顯：偉大而光明。不，通"丕"，大。

大哉，聖人之道[1]！洋洋乎，發育萬物，峻極于天[2]。優優大哉[3]！禮儀三百，威儀三千，待其人然後行[4]。故曰："苟不至德，至道不凝焉[5]。"故君子尊德性而道問學[6]，致廣大而盡精微[7]，極高明而道中庸[8]；温故而知新，敦厚以崇禮。是故居上不驕，爲下不倍[9]；國有道[10]，其言足以興；國無道，其默足以容[11]。《詩》曰："既明且哲，以保其身。"[12]其此之謂與！

[1] 道：道德。

[2] 洋洋：充塞滿溢的樣子。峻：高。極：至。

[3] 優優：寬裕的樣子。

[4] 禮儀：禮節的儀式。威儀：莊重的儀容，引申指禮儀中對於儀容舉止所規定的細則。其人：指聖人。

[5] 至德：最高尚的道德。至道：最好的學説或政治制度。凝：形成。

[6] 德性：指人的自然至誠之性。道：實行，遵循。問學：求學。

[7] 致：獲得。廣大：指廣大的德性。精微：指學問的精微。

[8] 極：達到。中庸：儒家的政治、哲學思想。主張待人、處事不偏不倚，無過無不及。

[9] 倍：通"背"，違背。

[10] 有道：指政治清明。

[11] 容：指容身。

[12] 見《詩經·大雅·烝民》。明：明達。哲：有智慧，叡智。

春秋公羊傳

虞假晉道以取亡（僖公二年）[1]

虞師晉師滅夏陽[2]。

虞，微國也。曷爲序乎大國之上？使虞首惡也。曷爲使虞首惡？虞受賂，假滅國者道[3]，以取亡焉。其受賂奈何？獻公朝諸大夫而問焉[4]，曰："寡人夜者寢而不寐，其意也何[5]？"諸大夫有進對者曰："寢不安與？其諸侍御有不在側者與[6]？"獻公不應。荀息進曰[7]："虞、郭見與[8]？"獻公揖而進之，遂與之入而謀曰："吾欲攻郭，則虞救之；攻虞，則郭救之。如之何？願與子慮之！"荀息對曰："君若用臣之謀，則今日取郭而明日取虞爾。君何憂焉？"獻公曰："然則奈何？"荀息曰："請以屈産之乘與垂棘之白璧往[9]，必可得也。則寶出之内藏，藏之外府[10]；馬出之内廄，繫之外廄爾。君何喪焉？"獻公曰："諾！雖然，宫之奇存焉[11]，如之何？"荀息曰："宫之奇知則知矣，雖然，虞公貪而好寶，見寶必不從其言。請終以往！"於是終以往。虞公見寶，許諾。宫之奇果諫："記曰[12]：'脣亡則齒寒。'虞、郭之相救，非相爲賜[13]。則晉今日取郭，而明日虞從而亡爾。君請勿許也！"虞公不從其言，終假之道以取郭。還四年，反取虞。虞公抱寶牽馬而至，荀息見曰："臣之謀何如？"獻公曰："子之謀則已行矣，寶則吾寶也；雖然，吾馬之齒亦已長矣。"蓋戲之也。夏陽者何？郭之邑也。曷爲不繫于郭？國之也。曷爲國之？君存焉爾。

[1] 虞：周代諸侯國名，故地在今山西平陸東北。假：借給。僖公二年：公元前658年。

[2] 黑體字爲《春秋》經文。下非黑體字爲《公羊傳》文。夏陽：《左傳》作"下陽"，虢國邑名，在今山西平陸北。

[3] 滅國者：指晉國。

[4] 獻公：指晉獻公（公元前676—前651年在位）。

[5] 寢：躺在牀上休息、睡覺。寐：睡著，入睡。意：指心思，心事。

[6] 侍御：侍奉帝王、君主的人。

[7] 荀息：晉國大夫。

[8] 郭：通"虢"，周代諸侯國名，故地在今河南陜縣、山西平陸一帶。見：後來寫作"現"，出現。

[9] 屈：晉國地名，在今山西吉縣北，盛産良馬。乘（shèng）：馬。垂棘：晉國地名，確址無考，盛産美玉。

[10] 内藏（zàng）：宫内的倉庫。外府：宫外的倉庫。

[11] 宫之奇：虞國大夫。

[12] 記：史記，史書。

[13] 爲賜：施恩。賜，恩惠。

趙盾弑君（宣公六年）[1]

六年，春，晉趙盾、衛孫免侵陳。

趙盾弑君，此其復見何[2]？親弑君者，趙穿也。親弑君者趙穿，則曷爲加之趙盾？不討賊也。何以謂之不討賊？晉史書賊曰[3]："晉趙盾弑其君夷獋。"趙盾曰："天乎，無辜！吾不弑君，誰謂吾弑君者乎！"史曰："爾爲仁爲義，人弑爾君，而復國不討賊，此非弑君如何？"

［1］宣公六年：公元前603年。

［2］《春秋》通例，大夫弑君之後，若非記其被誅，多不再次出現。

［3］史：史官。

趙盾之復國奈何？靈公爲無道，使諸大夫皆内朝[1]，然後處乎臺上，引彈而彈之，己趨而辟丸[2]，是樂而已矣。趙盾已朝而出，與諸大夫立於朝[3]。有人荷畚，自閨而出者[4]。趙盾曰："彼何也？夫畚曷爲出乎閨？"呼之，不至，曰："子，大夫也；欲視之，則就而視之。"趙盾就而視之，則赫然死人也。趙盾曰："是何也？"曰："膳宰也[5]。熊蹯不熟，公怒，以斗摮而殺之[6]，支解，將使我棄之。"趙盾曰："嘻！"趨而入。靈公望見趙盾，愬而再拜[7]。趙盾逡巡北面[8]，再拜稽首，趨而出。靈公心怍焉[9]，欲殺之。於是使勇士某者往殺之。勇士入其大門，則無人門焉者；入其閨，則無人閨焉者；上其堂，則無人焉；俯而闚其户，方食魚飧[10]。勇士曰："嘻！子誠仁人也！吾入子之大門，則無人焉；入子之閨，則無人焉；上子之堂，則無人焉；是子之易也[11]。子爲晉國重卿而食魚飧，是子之儉也。君將使我殺子，吾不忍殺子也。雖然，吾亦不可復見吾君矣！"遂刎頸而死。靈公聞之，怒滋，欲殺之甚。衆莫可使往者。於是伏甲于宫中，召趙盾而食之。趙盾之車右祁彌明者，國之力士也，仡然從乎趙盾而入，放乎堂下而立[12]。趙盾已食，靈公謂盾曰："吾聞子之劒蓋利劒也，子以示我，吾將觀焉。"趙盾起，將進劒，祁彌明自下呼之，曰："盾！食飽則出，何故拔劒於君所？"趙盾知之，躇階而走[13]。靈公有周狗[14]，謂之獒。呼獒而屬之[15]，獒亦躇階而從之。祁彌明逆而踆之，絶其頷[16]。趙盾顧曰："君之獒，不若臣之獒也！"然而宫中甲鼓而起。有起于甲中者，抱趙盾而乘之。趙盾顧曰："吾何以得此于子？"曰："子某時所食活我于暴桑下者也[17]。"趙盾曰："子名爲誰？"曰："吾君孰爲介[18]？子之乘矣，何問吾名！"趙盾驅而出，衆無留之者。趙穿緣民衆不説，起弑靈公；然後迎趙盾而入，與之立于朝，而立成公黑臀[19]。

［1］内朝：入宫内朝見。

［2］己：通"其"，指代諸大夫。

［3］立於朝：此"朝"指外朝。周代天子、諸侯處理政務的地方有三朝：外朝一，位於王宫最外一層門與第二層門之間。内朝二，其一在路門（古代宫室最内層的正門）外，又稱治朝；其一在路門内，又稱燕朝。

［4］荷：擔，挑。閨：宫中小門。

［5］膳宰：主管國君飲食的官員。

［6］斗：古代一種有長柄的酒器。摮（áo）：擊。

[7] 愬（sè）：驚恐。

[8] 逡（qūn）巡：倒退著走，退步。

[9] 怍（zuò）：慚愧。

[10] 闚（kuī）：從小孔或隙縫裏偷看。飧（sūn）：飯食。

[11] 易：簡易，簡省。

[12] 仡（yì）然：健壯勇猛的樣子。放（fǎng）：至，到。

[13] 躇（chuò）：超越，不按順序而進。

[14] 周狗：周地産的狗。

[15] 屬：嗾，嗾使。

[16] 踆（cún）：踢。頷（hàn）：下巴，此指下巴骨。

[17] 暴桑：枝葉茂密的桑樹。

[18] 君：國君。介：通“甲”，甲士，這裏作動詞用，有“動用甲士”的意思。

[19] 成公黑臀：晉靈公叔父，公元前606—前600年在位。

齊侯唁公于野井（昭公二十五年）[1]

九月己亥，公孫于齊，次于楊州[2]。齊侯唁公于野井。

唁公者何？昭公將弑季氏，告子家駒曰[3]：“季氏爲無道，僭於公室久矣[4]。吾欲弑之，何如？”子家駒曰：“諸侯僭於天子，大夫僭於諸侯，久矣！”昭公曰：“吾何僭矣哉？”子家駒曰：“設兩觀，乘大路[5]，朱干、玉戚以舞《大夏》[6]，八佾以舞《大武》[7]，此皆天子之禮也。且夫牛馬，維婁委已者也而柔焉[8]。季氏得民衆久矣，君無多辱焉！”昭公不從其言，終弑而敗焉，走之齊。

[1] 齊侯：指齊景公杵臼，公元前547—前490年在位。唁：對遭遇非常變故者進行慰問。野井：齊地名，在今山東齊河縣東南。昭公二十五年：公元前517年。

[2] 孫：通“遜”，逃。次：暫住，停留。楊州：即陽州，齊邑名，在今山東東平縣北。

[3] 弑：古代專用於臣殺君、子殺父。昭公殺季氏，本不當用“弑”，何休注以爲：“《傳》言‘弑’者，從昭公之辭。”又曰：“昭公素畏季氏，意者以爲如人君，故言‘弑’。”季氏：魯公族，魯桓公子季友的後裔，世爲大夫，自文公後，專國政，權勢日重。此指季平子（即季孫意如）。子家駒：魯大夫。

[4] 僭：越位冒用名分、職權。公室：王室，此指君主。

[5] 大路：大車，天子所乘的車子。路，通“輅”。

[6] 朱干：紅色的楯。干，楯牌。玉戚：玉製的斧。大夏：周代“六舞”之一，相傳本爲夏禹時的樂舞。

[7] 八佾（yì）：縱横各八人，共六十四人的舞列。佾，古代樂舞的行列，一行八人叫一佾。舞蹈用佾的多少表示等級的差别。大武：周代“六舞”之一，相傳爲周武王時創製的樂舞。

[8] 維婁：繫縛。繫馬曰維，繫牛曰婁。委（wèi）：喂食。柔：柔順，馴服。

齊侯唁公于野井，曰：“奈何君去魯國之社稷？”昭公曰：“喪人不佞[1]，失守魯國之社稷，執事以羞！”再拜顙[2]。慶子家駒[3]，曰：“慶子免君於大難矣！”子家駒曰：“臣不佞，陷君於大難，君不忍加之以鈇鑕、賜之以死[4]。”再拜顙。高子執簞食與四脡

脯[5]，國子執壺漿[6]，曰："吾寡君聞君在外，餕饔未就，敢致糗于從者[7]。"昭公曰："君不忘吾先君，延及喪人，錫之以大禮！"再拜稽首，以衽受[8]。高子曰："有夫不祥，君無所辱大禮！"昭公蓋祭而不嘗。景公曰："寡人有不腆先君之服，未之敢服；有不腆先君之器，未之敢用。敢以請！"昭公曰："喪人不佞，失守魯國之社稷，執事以羞，敢辱大禮？敢辭！"景公曰："寡人有不腆先君之服，未之敢服；有不腆先君之器，未之敢用。敢固以請！"昭公曰："以吾宗廟之在魯也，有先君之服，未之能以服；有先君之器，未之能以出；敢固辭！"景公曰："寡人有不腆先君之服，未之敢服；有不腆先君之器，未之敢用。請以饗乎從者[9]！"昭公曰："喪人其何稱？"景公曰："孰君而無稱？"昭公於是噭然而哭[10]，諸大夫皆哭。既哭，以人爲菑，以幦爲席，以鞌爲几，以遇禮相見[11]。孔子曰："其禮與其辭，足觀矣[12]！"

[1] 喪（sàng）人：失位流亡的人。

[2] 顙（sǎng）：稽顙，叩頭。

[3] 慶：慶賀。

[4] 鈇鑕（fūzhì）：指腰斬之刑。鈇，古代斬人用的鍘刀。鑕，古代用於腰斬人的砧板。

[5] 高子：齊臣。脡（tǐng）：表示乾肉條的量詞。脯：乾肉。

[6] 國子：齊臣。壺漿：茶水、酒漿。

[7] 餕饔（jùnyōng）：煮熟的食物。糗（qiù）：乾糧。

[8] 衽（rèn）：衣襟。

[9] 饗：通"享"，獻。

[10] 噭（jiào）然：形容嚎啕大哭的聲音。

[11] 菑（zì）：圍牆。幦（mì）：古代車前橫木上的覆蓋物。鞌：同"鞍"。遇禮：指諸侯外出相遇之禮。

[12] 觀：觀摩。

春秋穀梁傳

虞師晉師滅夏陽（僖公二年）

虞師、晉師滅夏陽。

非國而曰"滅"，重夏陽也。虞無師[1]，其曰"師"，何也？以其先晉，不可以不言"師"也。其先晉，何也？爲主乎滅夏陽也。夏陽者，虞、虢之塞邑也[2]。滅夏陽而虞、虢舉矣[3]。虞之爲主乎滅夏陽，何也？晉獻公欲伐虢，荀息曰："君何不以屈產之乘、垂棘之璧而借道乎虞也？"公曰："此晉國之寶也，如受吾幣而不借吾道，則如之何？"荀息曰："此小國之所以事大國也？彼不借吾道，必不敢受吾幣。如受吾幣而借吾道，則是我取之中府而藏之外府，取之中廄而置之外廄也。"公曰："宮之奇存焉，必不使受之也。"荀息曰："宮之奇之爲人也，達心而懦[4]；又少長於君。達心則其言略，懦則不能彊諫，少長於君則君輕之。且夫玩好在耳目之前[5]，而患在一國之後，此中知以上乃能慮之；臣料虞君中知以下也。"公遂借道而伐虢。宮之奇諫曰："晉國之使者，其辭卑而幣重，必不便於虞。”虞公弗聽，遂受其幣而借之道。宮之奇諫曰：“語曰：‘脣亡則齒寒。’其斯之謂與!”挈其妻子以奔曹[6]。獻公亡虢，五年而後舉虞。荀息牽馬操璧而前曰：“璧則猶是也，而馬齒加長矣!”

[1] 楊士勛疏曰：“小國不合言師。”

[2] 塞（sài）邑：形勢險要的邊境城邑。

[3] 舉：攻下，占領。

[4] 達心：內心明白。達，明達。

[5] 玩好（hào）：供玩賞的奇珍異寶。

[6] 挈（qiè）：攜带，带領。

晉殺其大夫里克（僖公十年）[1]

晉殺其大夫里克。

稱國以殺，罪累上也[2]。里克弑二君與一大夫[3]，其以“累上”之辭言之，何也?其殺之不以其罪也。其殺之不以其罪奈何?里克所爲殺者，爲重耳也。夷吾曰：“是又將殺我乎?”故殺之，不以其罪也。其爲重耳弑奈何?晉獻公伐虢，得麗姬[4]，獻公私之[5]。有二子，長曰奚齊，稚曰卓子。麗姬欲爲亂，故謂君曰：“吾夜者夢夫人趨而來[6]，曰：‘吾苦畏[7]!’胡不使大夫將衛士而衛冢乎?”公曰：“孰可使?”曰：“臣莫尊於世子[8]，則世子可。”故君謂世子曰：“麗姬夢夫人趨而來，曰：‘吾苦畏!’女其將衛士而往衛冢乎!”世子曰：“敬諾[9]!”築宮，宮成。麗姬又曰：“吾夜者夢夫人趨而來，曰：‘吾苦飢!’世子之宮已成，則何爲不使祠也[10]?”故獻公謂世子曰：“其祠!”世子祠。已祠，致福於君[11]。君田而不在。麗姬以鴆爲酒，藥脯以毒[12]。獻公田來，麗姬曰：“世子已祠，故致福於君。”君將食，麗姬跪曰：“食自外來者，不可不試也。”覆酒於地而地賁[13]。以脯與犬，犬死。麗姬下堂而啼呼，曰：“天乎天乎!國，子之國也，子何遲於爲君?”君喟然歎曰：“吾與女未有過切，是何與我之深也[14]!”使人謂世子曰：“爾其圖之!”世子之傅里克謂世子曰[15]：“入自明!入自明則可以生，不入自明則不可以生。”世子曰：“吾君已老矣，已昏矣。吾若此而入自明，則麗姬必死；麗姬死，則吾君不安。所以使吾君不安者，吾不若自死。吾寧自殺以安吾君。”以重耳爲寄矣，刎脰而死[16]。故里克所爲弑者，爲重耳也；夷吾曰：“是又將殺我也。”

[1] 僖公十年：公元前650年。

[2] 上：國君，此指晉惠公夷吾。

[3] 晉獻公死後，大夫荀息輔立獻公寵妃麗姬之子奚齊，里克欲接納逃亡在外的公子重耳回國即位，因殺奚齊。荀息又立奚齊之弟卓子，里克又殺之，併及荀息。

[4] 麗（lí）姬：即驪姬。

[5] 私：偏愛，寵愛。

[6] 夫人：指太子申生的母親，已死。

[7] 畏：畏懼，恐怖。

[8] 世子：帝王和諸侯的嫡長子，即太子。

[9] 敬諾：猶言遵命。

［10］祠：祭祀。

［11］福：祭祀所用酒肉。

［12］鴆（zhèn）：一種毒鳥。用它的羽毛泡酒能毒死人。藥：特指毒藥。這裹是使動用法。

［13］賁（fèn）：通“墳”，隆起。

［14］過切：過分苛刻。與（yǔ）：通“予”，讎，讎恨。

［15］傅：老師。

［16］脰（dòu）：脖子。

宋公及楚人戰于泓（僖公二十二年）[1]

冬，十有一月，己巳，朔，宋公及楚人戰于泓。宋師敗績。

日事遇朔曰朔[2]。《春秋》三十有四戰，未有以尊敗乎卑，以“師”敗乎“人”者也。以尊敗乎卑，以“師”敗乎“人”，則驕其敵。襄公以“師”敗乎“人”而不驕其敵，何也？責之也[3]。泓之戰，以爲復雩之恥也[4]。雩之恥，宋襄公有以自取之。伐齊之喪[5]，執滕子[6]，圍曹[7]；爲雩之會，不顧其力之不足而致楚成王，成王怒而執之。故曰：禮人而不荅，則反其敬[8]；愛人而不親，則反其仁；治人而不治，則反其知。過而不改，又之，是謂之過。襄公之謂也。古者被甲嬰冑[9]，非以興國也，則以征無道也，豈曰以報其恥哉？宋公與楚人戰于泓水之上。司馬子反曰：“楚衆我少，鼓險而擊之，勝無幸焉。”襄公曰：“君子不推人危[10]，不攻人厄。須其出。”既出，旌亂於上，陳亂於下。子反曰：“楚衆我少，擊之，勝無幸焉。”襄公曰：“不鼓不成列。”須其成列而後擊之，則衆敗而身傷焉，七月而死。

［1］宋公：指宋襄公（公元前650—前637年在位）。

［2］日事：記事件的日子。

［3］責：譴責。

［4］雩（yú）之恥：魯僖公二十一年（公元前639年）秋，宋襄公欲爲盟主，會諸侯於雩；楚執宋公以伐宋。是年冬，諸侯盟於薄，楚釋宋襄公。雩，宋地名，在今河南省睢縣境。

［5］伐齊之喪：魯僖公十七年十二月，齊桓公卒，易牙與寺人貂立公子無虧，太子昭奔宋。翌年正月，宋襄公率領諸侯軍隊伐齊；三月，齊殺無虧；五月，宋敗齊師，立齊太子昭（即齊孝公）而還。

［6］滕子：指滕宣公嬰齊。執滕子事在魯僖公十九年三月。

［7］圍曹：事在魯僖公十九年秋，原因是“討不服”。

［8］反：反省。

［9］嬰：繫，穿戴。

［10］危：不穩，這裹指站不穩。

倍則攻，敵則戰，少則守。人之所以爲人者，言也。人而不能言，何以爲人？言之所以爲言者，信也。言而不信，何以爲言？信之所以爲信者，道也。信而不道，何以爲道[1]？道之貴者時，其行，勢也。

［1］何以爲道：“道”爲“信”之誤，當依鈔本《北堂書鈔》所引改。

論　語

公冶長

子張問曰[1]：“令尹子文三仕爲令尹[2]，無喜色；三已之，無愠色。舊令尹之政，必以告新令尹。何如?”子曰[3]：“忠矣。”曰：“仁矣乎?”曰：“未知；——焉得仁?”

“崔子弑齊君[4]，陳文子有馬十乘，棄而違之[5]。至於他邦，則曰：‘猶吾大夫崔子也。’違之。之一邦，則又曰：‘猶吾大夫崔子也。’違之。何如?”子曰：“清矣[6]。”曰：“仁矣乎?”曰：“未知；——焉得仁?”

[1] 子張：孔子學生顓孫師的字。

[2] 令尹：楚國官名，相當於宰相。子文：姓鬬，名穀於菟（gòuwūtú），字子文，是春秋楚成王時著名的賢相。

[3] 子：指孔子。

[4] 崔子：春秋齊莊公時大夫崔杼。齊君：指齊莊公。

[5] 陳文子：齊國大夫，名須無。乘（shèng）：一車四馬或馬四匹稱爲一乘。違：離開。

[6] 清：清白。

顏　淵

樊遲問仁[1]。子曰：“愛人。”問知[2]。子曰：“知人。”樊遲未達。子曰：“舉直錯諸枉[3]，能使枉者直。”樊遲退，見子夏[4]，曰：“鄉也吾見於夫子而問‘知’[5]，子曰：‘舉直錯諸枉，能使枉者直’，何謂也?”子夏曰：“富哉言乎！舜有天下，選於衆，舉皋陶[6]，不仁者遠矣。湯有天下，選於衆，舉伊尹[7]，不仁者遠矣。”

[1] 樊遲：孔子學生，名須，字子遲。

[2] 知：後來寫作“智”。

[3] 直：指正直的人。錯：通“措”，放置，安放。枉：彎曲，指不正直的人。

[4] 子夏：孔子學生卜商的字。

[5] 鄉（xiàng）：剛纔。

[6] 皋陶（yáo）：舜時賢臣，主管刑獄。

[7] 伊尹：湯的輔相。

子　路

子路曰：“衛君待子而爲政[1]，子將奚先?”子曰：“必也正名乎[2]！”子路曰：“有是哉，子之迂也[3]！奚其正?”子曰：“野哉由也[4]！君子於其所不知，蓋闕如也[5]。名不正，則言不順；言不順，則事不成；事不成，則禮樂不興；禮樂不興，則刑罰不中[6]；刑罰不中，則民無所錯手足。故君子名之必可言也，言之必可行也。君子於其言，無所苟而已矣[7]。”

[1] 衛君：指春秋衛出公輒。待：留。魯哀公六年（公元前489年），也即衛出公輒四年，孔子自楚再次至衛。

[2] 正名：訂正名號。

[3] 迂：迂闊，脱離實際。

[4] 野：鄙陋，見識淺薄。

[5] 闕如：空缺的樣子，指存疑不論。

[6] 中（zhòng）：適中，得當。

[7] 苟：隨便，馬虎。

憲 問

子貢曰[1]："管仲非仁者與[2]？桓公殺公子糾[3]，不能死，又相之。"子曰："管仲相桓公，霸諸侯，一匡天下[4]，民到于今受其賜。微管仲[5]，吾其被髮左衽矣[6]。豈若匹夫匹婦之爲諒也[7]，自經於溝瀆而莫之知也[8]？"

[1] 子貢：孔子學生端木賜的字。

[2] 管仲：名夷吾，字仲，春秋齊國人。初爲公子糾傅，後任齊桓公相。主張通貨積財，富國强兵，輔助齊桓公九合諸侯，成爲春秋五霸之首。

[3] 桓公：春秋齊桓公，名小白。公子糾：齊桓公異母兄。

[4] 一：盡，全。匡：匡正。

[5] 微：非，不是。

[6] 被：後來寫作"披"。左衽（rèn）：衣襟左掩。衽，衣襟。被髮左衽是當時所謂夷狄的風俗。

[7] 匹夫匹婦：男女個人，泛指普通百姓。諒：誠信，信用。

[8] 自經：自縊。

陽 貨

(1) 陽貨欲見孔子[1]，孔子不見，歸孔子豚[2]。孔子時其亡也而往拜之[3]，遇諸塗。

謂孔子曰："來！予與爾言。"曰："懷其寶而迷其邦[4]，可謂仁乎？"曰："不可！——好從事而亟失時[5]，可謂知乎？"曰："不可。——日月逝矣，歲不我與[6]！"

孔子曰："諾！我將仕矣。"

[1] 陽貨：春秋魯國公族季氏的家臣。季氏世爲大夫，把持魯國政，陽貨則是季氏家臣中最有權勢的人。見（xiàn）：動詞使動用法，使……見。

[2] 歸：通"饋"，贈送。

[3] 時：通"待"。亡：外出，不在家。

[4] 寶：比喻治國的才能。

[5] 事：特指政事，政治。亟（qì）：屢次。

[6] 與：等待。

(2) 宰我問[1]："三年之喪[2]，期已久矣[3]。君子三年不爲禮，禮必壞；三年不爲樂，樂必崩[4]。舊穀既没，新穀既升[5]，鑽燧改火[6]，期可已矣[7]。"

子曰："食夫稻，衣夫錦，於女安乎？"

曰："安。"

"女安則爲之！夫君子之居喪，食旨不甘[8]，聞樂不樂，居處不安[9]，故不爲也。今女安，則爲之！"

宰我出。子曰："予之不仁也！子生三年，然後免於父母之懷。夫三年之喪，天下之通喪也。予也有三年之愛於其父母乎？"

[1] 宰我：孔子學生，名予，字子我。

[2] 喪：守喪，守孝。古禮，父母死，孝子須服喪三年。

[3] 已：太，過分。

[4] 崩：敗壞。

[5] 升：登場。

[6] 燧（suì）：燧木，古代用來鑽取火種之木。改火：古人鑽木取火，因季節不同而取用不同的木料，春取榆柳，夏取棗杏，季夏取桑柘（zhè），秋取柞楢（yóu），冬取槐檀。一年之中所取木火各異，稱爲改火。

[7] 期（jī）：一周年。

[8] 旨：味美好喫的東西。

[9] 居處（chǔ）：指日常生活起居。古代孝子守孝，要求住在臨時用草料木料搭成的凶廬裏，睡在用草編成的藁墊上，用土塊當枕頭，即所謂"居倚廬，寢苫枕塊"。

微　子

（1）長沮、桀溺耦而耕[1]，孔子過之，使子路問津焉[2]。長沮曰："夫執輿者爲誰[3]？"子路曰："爲孔丘。"曰："是魯孔丘與？"曰："是也。"曰："是知津矣[4]。"問於桀溺，桀溺曰："子爲誰？"曰："爲仲由。"曰："是魯孔丘之徒與？"對曰："然。"曰："滔滔者天下皆是也[5]，而誰以易之[6]？且而與其從辟人之士也，豈若從辟世之士哉？"耰而不輟[7]。子路行，以告，夫子憮然[8]，曰："鳥獸不可與同羣，吾非斯人之徒與而誰與[9]？天下有道，丘不與易也。"

[1] 耦：古代二人一組的耕作方法。

[2] 津：渡口。

[3] 執輿：謂執轡（繮繩）駕車。

[4] 是知津矣：意謂孔子周遊列國，已是識途老馬，何須問人。表現了長沮對孔子所作所爲的反感。

[5] 滔滔：大水瀰漫的樣子。

[6] 而：第二人稱代詞。以：用同"與"。

[7] 耰（yōu）本爲古農具，形如鋤頭，用來擊碎土塊，平整土地。這裏作動詞用，指用耰平整土地。

[8] 憮（wǔ）然：悵惘失意的樣子。

[9] 人之徒：人類的成員，人羣。後兩個"與"字都是"在一起"的意思。

（2）子路從而後，遇丈人以杖荷蓧[1]。子路問曰："子見夫子乎？"丈人曰："四體

不勤[2]，五穀不分，孰爲夫子？”植其杖而芸[3]。子路拱而立[4]。止子路宿，殺雞爲黍而食之[5]，見其二子焉[6]。明日，子路行，以告，子曰：“隱者也。”使子路反見之。至，則行矣。子路曰：“不仕，無義。長幼之節，不可廢也；君臣之義，如之何其廢之[7]？欲絜其身，而亂大倫[8]。君子之仕也，行其義也。道之不行[9]，已知之矣。”

[1] 丈人：老漢，老頭。蓧（diào）：古代田中除草用的農具。

[2] 勤：勞動。

[3] 植：拄。芸：通“耘”，除草。

[4] 拱：拱手（兩手相抱胸前，一般用左手握住右手，以表示敬意）。

[5] 爲黍：做黄米飯。黍，黄米。

[6] 見（xiàn）：使……見。

[7] 其：語氣詞，加强反問。

[8] 大倫：指君臣間的倫理關係。在君臣、父子、兄弟、夫婦、朋友所謂“五倫”之中，君臣的倫理關係居於首位，故稱大倫。倫，人倫，指古代社會所規定的人與人之間的正常關係。

[9] 道：指政治主張，學説。

子　張

（1）子夏之門人問交於子張。子張曰：“子夏云何？”

對曰：“子夏曰：‘可者，與之；其不可者，拒之。’”

子張曰：“異乎吾所聞。君子尊賢而容衆[1]，嘉善而矜不能[2]。我之大賢與，於人何所不容？我之不賢與，人將拒我，如之何其拒人也？”

[1] 衆：指一般人，普通人。

[2] 嘉：贊許。矜：同情。

（2）衛公孫朝問於子貢曰[1]：“仲尼焉學？”子貢曰：“文武之道[2]，未墜於地，在人。賢者識其大者，不賢者識其小者。莫不有文武之道焉。夫子焉不學，而亦何常師之有？”

[1] 公孫朝：衛國大夫。

[2] 文武：指周文王和周武王。

堯　曰

子張問於孔子曰：“何如斯可以從政矣？”子曰：“尊五美，屏四惡[1]，斯可以從政矣。”子張曰：“何謂五美？”子曰：“君子惠而不費，勞而不怨，欲而不貪，泰而不驕[2]，威而不猛。”子張曰：“何謂惠而不費？”子曰：“因民之所利而利之[3]，斯不亦惠而不費乎？擇可勞而勞之，又誰怨？欲仁而得仁，又焉貪？君子無衆寡，無小大，無敢慢，斯不亦泰而不驕乎？君子正其衣冠，尊其瞻視[4]，儼然人望而畏之，斯不亦威而不猛乎？”子張曰：“何謂四惡？”子曰：“不教而殺謂之虐；不戒視成謂之暴[5]；慢令致期謂之賊[6]；猶之與人也[7]，出納之吝，謂之有司[8]。”

[1] 屏（bǐng）：除去，排除。

[2] 泰：大，偉大。

[3] 因：順，順應。

[4] 瞻視：觀瞻，指外觀。

[5] 視成：謂看著百姓鑄成錯誤。

[6] 慢令：下達命令遲緩。致期：規定期限緊迫。致，後來寫作“緻”，密。

[7] 猶：均，同樣。

[8] 有司：不可解，疑“司”當作“私”。

孝　經

開宗明義章[1]

仲尼居[2]，曾子侍[3]。子曰：“先王有至德要道，以順天下[4]。民用和睦，上下無怨。汝知之乎?”曾子避席曰：“參不敏[5]，何足以知之?”

子曰：“夫孝，德之本也，教之所由生也。復坐，吾語汝。身體髮膚，受之父母，不敢毀傷，孝之始也。立身行道[6]，揚名於後世，以顯父母，孝之終也。夫孝，始於事親[7]，中於事君，終於立身。《大雅》云：‘無念爾祖，聿脩厥德。’[8]”

[1] 開宗：謂揭開全書的根本。明義：謂闡明關於孝的義理。本章爲《孝經》全書之首章。

[2] 居：坐。

[3] 曾子：名參，孔子學生。

[4] 順：通“訓”，教導。

[5] 敏：聰明。

[6] 立身：指處世、爲人。

[7] 親：指雙親，父母。

[8] 見《詩經·大雅·文王》。無：助詞，無義。聿：助詞，無義。

三才章[1]

曾子曰：“甚哉！孝之大也。”

子曰：“夫孝，天之經也[2]，地之義也，民之行也[3]。天地之經，而民是則之[4]。則天之明，因地之利，以順天下[5]。是以其教不肅而成[6]，其政不嚴而治。先王見教之可以化民也，是故先之以博愛，而民莫遺其親[7]；陳之於德義[8]，而民興行[9]；先之以敬讓，而民不争；導之以禮樂，而民和睦；示之以好惡，而民知禁。《詩》云：‘赫赫師尹，民具爾瞻。’[10]”

[1] 三才：古稱天、地、人爲三才。

[2] 經：常，指常道，即通行的義理、準則、法制。

[3] 民：當作“人”。唐人避太宗皇帝李世民諱，改“民”作“人”；後世回改，乃有把本來作

"人"的字也誤改成"民"的，本例即屬此類。

[4] 是則：遵從、效法。

[5] 順：定，安定。

[6] 肅：嚴厲。

[7] 遺：遺棄，拋棄。

[8] 陳：陳述，述説。

[9] 興行：起而實行。

[10] 見《詩經·小雅·節南山》。師：太師，周代最高的官職。尹：尹氏，太師的姓。

諫諍章

曾子曰："若夫慈愛恭敬，安親揚名，則聞命矣。敢問子從父之令，可謂孝乎？"

子曰："是何言與？是何言與？昔者天子有争臣七人[1]，雖無道，不失其天下；諸侯有争臣五人，雖無道，不失其國；大夫有争臣三人，雖無道，不失其家。士有争友，則身不離於令名[2]；父有争子，則身不陷於不義。故當不義，則子不可以不争於父，臣不可以不争於君。故當不義，則争之；從父之令，又焉得爲孝乎？"

[1] 争（zhèng）：後來寫作"諍"，諍諫（以直言勸告，使人改正錯誤）。

[2] 令：善，美好。

喪親章

子曰："孝子之喪親也，哭不偯[1]，禮無容[2]，言不文，服美不安，聞樂不樂，食旨不甘，此哀戚之情也。三日而食，教民無以死傷生，毁不滅性[3]，此聖人之政也。喪不過三年，示民有終也。爲之棺椁衣衾而舉之[4]；陳其簠簋而哀慼之[5]；擗踊哭泣[6]，哀以送之；卜其宅兆，而安措之[7]；爲之宗廟，以鬼享之；春秋祭祀，以時思之。生事愛敬[8]，死事哀慼，生民之本盡矣[9]，死生之義備矣，孝子之事親終矣！"

[1] 偯（yǐ）：拖長哭的餘聲，氣竭聲嘶地哭。

[2] 禮：謂行禮。容：儀容。作動詞用，妝飾儀容。

[3] 毁：哀毁（居喪時因悲哀過度而損害健康）。性：生命。

[4] 衣衾（qīn）：衣服與被子。此指壽衣及覆屍墊屍所用的單被。舉：辦理。這裏指收殮。

[5] 簠簋（fǔguǐ）：古代祭祀、宴享時用來盛食物的兩種禮器，方形的叫簠，圓形的叫簋。

[6] 擗（pì）：捶胸。踊（yǒng）：頓足。

[7] 宅兆：墓地。宅，指墓穴。兆，通"垗"，墓地界域。措：通"厝"，殯葬。

[8] 事：奉事。

[9] 生民：即生人，活著的人。

孟　子

夫子當路於齊（公孫丑上）

公孫丑問曰[1]：“夫子當路於齊[2]，管仲、晏子之功，可復許乎[3]？”

孟子曰：“子誠齊人也，知管仲、晏子而已矣。或問乎曾西曰[4]：‘吾子與子路孰賢[5]？’曾西蹵然曰[6]：‘吾先子之所畏也[7]。’曰：‘然則吾子與管仲孰賢？’曾西艴然不悦[8]，曰：‘爾何曾比予於管仲[9]？管仲得君，如彼其專也[10]！行乎國政[11]，如彼其久也！功烈，如彼其卑也[12]！爾何曾比予於是？’”曰：“管仲，曾西之所不爲也，而子爲我願之乎？”

[1] 公孫丑：孟子學生，姓公孫，名丑。

[2] 當路：當時成語，猶言當權，執政。當，把持。

[3] 晏子：名嬰，字平仲，春秋有名的政治家，曾歷相齊靈公、齊莊公、齊景公。許：期望。

[4] 曾西：名申字子西，孔子學生曾參的兒子。

[5] 賢：勝過，强。

[6] 蹵（cù）然：局促不安的樣子。

[7] 先子：古人稱已死的父親。畏：敬畏。

[8] 艴（fú）然：惱怒的樣子。

[9] 曾：竟然，居然。

[10] 專：專一。

[11] 行：行使。

[12] 功烈：功業。卑：微小。

曰：“管仲以其君霸[1]，晏子以其君顯。管仲、晏子猶不足爲與？”

曰：“以齊王，由反手也[2]。”

曰：“若是，則弟子之惑滋甚。且以文王之德[3]，百年而後崩，猶未洽於天下[4]。武王、周公繼之[5]，然後大行。今言王若易然[6]，則文王不足法與？”

[1] 以：使，令。

[2] 由：通“猶”，如同。

[3] 文王：指周文王。

[4] 洽：周遍。

[5] 武王：周武王，文王之子。周公：武王之弟，曾輔助武王建立、健全周朝統治。

[6] 易然：很容易的樣子。

曰：“文王何可當也[1]？由湯至於武丁[2]，賢聖之君六七作[3]，天下歸殷久矣，久則難變也。武丁朝諸侯，有天下，猶運之掌也[4]。紂之去武丁未久也[5]，其故家遺俗，流風善政[6]，猶有存者；又有微子、微仲、王子比干、箕子、膠鬲——皆賢人也——相與輔相之[7]，故久而後失之也。尺地莫非其有也，一民莫非其臣也，然而文王猶方百里

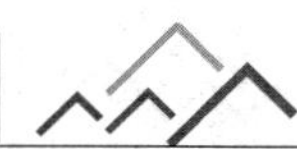

起[8]，是以難也。齊人有言曰：‘雖有智慧，不如乘勢；雖有鎡基，不如待時[9]。’今時則易然也：夏后、殷、周之盛[10]，地未有過千里者也，而齊有其地矣；雞鳴狗吠相聞，而達乎四境，而齊有其民矣。地不改辟矣[11]，民不改聚矣，行仁政而王，莫之能禦也。且王者之不作，未有疏於此時者也；民之憔悴於虐政[12]，未有甚於此時者也。飢者易爲食，渴者易爲飲。孔子曰：‘德之流行，速於置郵而傳命[13]。’當今之時，萬乘之國行仁政，民之悦之，猶解倒懸也。故事半古之人，功必倍之，惟此時爲然。”

[1] 當：相比。

[2] 湯：商王朝開國君主。武丁：商朝第二十二代君主。

[3] 作：興起，出現。

[4] 運：轉動。

[5] 據《史記·殷本紀》，由武丁至於紂，中歷祖庚、祖甲、廩辛、庚丁、武乙、太丁、帝乙七帝。

[6] 故家：指舊臣之家。流風：特指前代流傳下來的好風氣。

[7] 微子：名啓，紂的庶兄。微仲：名衍，微子的弟弟。王子比干：紂的叔父。箕子：紂的叔父。膠鬲（gé）：紂的臣子。相與：共同。

[8] 猶：通“由”，自，從。

[9] 鎡（zī）基：鋤頭。待：依靠。

[10] 夏后：指禹受舜禪建立的夏王朝。

[11] 改：更，重新。

[12] 憔悴：困苦。

[13] 置郵：古代傳遞文書信息的驛站。

許　行（滕文公上）

有爲神農之言者許行，自楚之滕[1]，踵門而告文公曰[2]：“遠方之人，聞君行仁政，願受一廛而爲氓[3]。”

文公與之處。其徒數十人，皆衣褐[4]，捆屨織席以爲食[5]。

陳良之徒陳相與其弟辛[6]，負耒耜而自宋之滕，曰：“聞君行聖人之政，是亦聖人也，願爲聖人氓。”

[1] 爲：指研究。神農：傳説中的遠古酋長。相傳是他開始教導人民耕種，故稱神農。滕：周代諸侯國名，在今山東滕縣西南。

[2] 踵：至。文公：指滕國君滕文公。

[3] 廛（chán）：古代城市平民一家所居的房地。氓（méng）：外來的百姓。

[4] 褐（hè）：獸毛或粗麻編織的衣服。

[5] 捆屨：編鞋。捆，砸打。大凡編麻鞋或草鞋，都要一邊編織，一邊砸打使緊，所以説“捆”。爲食：混飯喫，維持生活。

[6] 陳良：楚人，屬儒家學派。

陳相見許行而大悦，盡棄其學而學焉。

陳相見孟子，道許行之言曰：“滕君則誠賢君也；雖然，未聞道也。賢者與民並耕而食，饔飧而治[1]；今也滕有倉廩府庫，則是厲民而以自養也[2]，惡得賢?”

[1] 饔（yōng）：早餐。飧（sūn）：晚餐。這裏“饔飧”作動詞用，表示做早、晚飯。
[2] 厲：損害。

孟子曰：“許子必種粟而後食乎？”

曰：“然。”

“許子必織布然後衣乎？”

曰：“否。許子衣褐。”

“許子冠乎[1]？”

曰：“冠。”

曰：“奚冠？”

曰：“冠素[2]。”

曰：“自織之與？”

曰：“否。以粟易之。”

曰：“許子奚爲不自織？”

曰：“害於耕。”

曰：“許子以釜甑爨，以鐵耕乎[3]？”

曰：“然。”

“自爲之與？”

曰：“否。以粟易之。”

[1] 冠（guàn）：戴帽子。
[2] 素：生絹。這裏借代生絹做的帽子。
[3] 釜（fǔ）：鍋。甑（zèng）：蒸東西的陶製炊具。爨（cuàn）：燒火做飯。鐵：借代鐵製的農具。

“以粟易械器者，不爲厲陶冶[1]；陶冶亦以械器易粟者，豈爲厲農夫哉？且許子何不爲陶冶，舍皆取諸其宫中而用之[2]？何爲紛紛然與百工交易[3]？何許子之不憚煩[4]？”

曰：“百工之事，固不可耕且爲也。”

“然則治天下獨可耕且爲與？有大人之事，有小人之事。且一人之身而百工之所爲備，如必自爲而後用之，是率天下而路也[5]。故曰：或勞心，或勞力。勞心者治人，勞力者治於人；治於人者食人[6]，治人者食於人：天下之通義也。

[1] 陶：借代燒製陶器的人，陶匠。冶：借代冶煉鐵器的人，鐵匠。
[2] 舍：後來寫作“啥”，甚麼。宫：室。
[3] 紛紛然：忙忙碌碌的樣子。百工：泛稱各種工匠。
[4] 憚（dàn）：畏懼，害怕。
[5] 路：作動詞用，意爲奔波於道路。
[6] 食（sì）：給……喫，供養。

“當堯之時，天下猶未平[1]。洪水横流，氾濫於天下。草木暢茂[2]，禽獸繁殖，五穀不登[3]，禽獸偪人[4]。獸蹄鳥迹之道，交於中國。堯獨憂之，舉舜而敷治焉[5]。舜使益掌火[6]，益烈山澤而焚之，禽獸逃匿。禹疏九河[7]，瀹濟漯[8]，而注諸海；決汝漢，排

淮泗，而注之江；然後中國可得而食也[9]。當是時也，禹八年於外，三過其門而不入，雖欲耕，得乎？

[1] 平：安定，太平。

[2] 暢茂：旺盛繁茂。

[3] 登：成熟。

[4] 偪：後來寫作“逼”，威脅。

[5] 獨：特別。敷治：治理。敷，治。

[6] 益：舜的大臣。

[7] 九河：據《爾雅·釋水》，九河指徒駭、太史、馬頰、覆鬴、胡蘇、簡、絜、鉤盤、鬲津。

[8] 瀹（yuè）：疏導。濟：指濟水。漯（tà）：指漯水，古漯水出今山東朝城縣境。

[9] 食：糧食，這裏用如動詞，是種糧食的意思。

“后稷教民稼穡，樹藝五穀[1]；五穀熟而民人育。人之有道也[2]，飽食、煖衣、逸居而無教，則近於禽獸。聖人有憂之[3]，使契爲司徒[4]，教以人倫[5]：父子有親，君臣有義，夫婦有別，長幼有敘[6]，朋友有信。放勳曰[7]：‘勞之來之[8]，匡之直之[9]，輔之翼之[10]，使自得之，又從而振德之[11]。’聖人之憂民如此，而暇耕乎？

[1] 后稷：名棄，周的始祖。堯時任稷官（主管農事的官員），周人因稱之爲后稷（“后”是“君”的意思）。稼穡（sè）：泛指農事。稼，耕種。穡，收割莊稼。樹藝：種植。

[2] 有：於。

[3] 聖人：指堯。有：通“又”。

[4] 契（xiè）：堯的臣子，商的始祖。司徒：官名，主管教育。

[5] 人倫：指古代社會所規定的人與人之間的正常關係。

[6] 敘：通“序”，等級。

[7] 放勳：堯的名。

[8] 勞（lào）：慰勞。來（lài）：通“勑”，勸勉。

[9] 匡：糾正。

[10] 翼：輔佐，扶助。

[11] 振：振興。

“堯以不得舜爲己憂，舜以不得禹、皋陶爲己憂。夫以百畝之不易爲己憂者[1]，農夫也。分人以財謂之惠，教人以善謂之忠，爲天下得人者謂之仁。是故以天下與人易，爲天下得人難。孔子曰：‘大哉，堯之爲君！惟天爲大，惟堯則之[2]，蕩蕩乎，民無能名焉[3]！君哉，舜也！巍巍乎，有天下而不與焉[4]！’堯舜之治天下，豈無所用其心哉？亦不用於耕耳。

[1] 易：治，整治。

[2] 則：效法。

[3] 蕩蕩：廣大遼闊的樣子。名：稱說，形容。

[4] 巍巍：高大的樣子。而：如同。不與（yù）：不相干。與，參與。

“吾聞用夏變夷者[1]，未聞變於夷者也。陳良，楚産也[2]，悦周公、仲尼之道，北學於中國；北方之學者，未能或之先也。彼所謂豪傑之士也。子之兄弟，事之數十年，師死而遂倍之。昔者，孔子没[3]，三年之外，門人治任將歸[4]，入揖於子貢[5]，相嚮而哭，皆失聲[6]，然後歸。子貢反築室於場[7]，獨居三年，然後歸。他日，子夏、子張、子游以有若似聖人[8]，欲以所事孔子事之，强曾子[9]。曾子曰：'不可。江漢以濯之，秋陽以暴之[10]，皜皜乎不可尚已[11]！'今也，南蠻鴃舌之人[12]，非先王之道；子倍子之師而學之，亦異於曾子矣。吾聞出於幽谷，遷于喬木者[13]，未聞下喬木而入于幽谷者。《魯頌》曰：'戎狄是膺，荆舒是懲。'[14]周公方且膺之[15]，子是之學，亦爲不善變矣！"

[1] 夏：華夏，當時中原各國自稱本民族。夷：當時中原各國蔑稱四方異族。

[2] 産：出生。

[3] 没：通"殁"，死。

[4] 治任：收拾行裝。任，擔子，這裏指行李。

[5] 子貢：姓端木，名賜，孔子學生。

[6] 失聲：悲痛過度而泣不成聲。

[7] 場：指墓場。

[8] 子游：即言偃。有若：字子有，孔子學生。聖人：指孔子。

[9] 强（qiǎng）：勉强。

[10] 秋陽：指周曆七八月的太陽，也即夏曆五六月的太陽，正是陽光最强的時候。暴（pù）：後來寫作"曝"，曬。

[11] 皜皜（hàohào）：光明潔白的樣子。尚：通"上"。已：通"矣"。

[12] 南蠻：古代中原地區的人對南方人的蔑稱。鴃（jué）舌：借代伯勞鳥的叫聲，比喻語言難懂。鴃，鳥名，又名伯勞。

[13]《詩經·小雅·伐木》："出自幽谷，遷于喬木。"

[14] 見《詩經·魯頌·閟宫》。戎：我國古代泛稱西部少數民族。狄：我國古代北部民族名。膺：打擊。荆：楚國的别稱。舒：楚屬國，故地在今安徽廬江縣西南。

[15] 方且：正要。

"從許子之道，則市賈不貳，國中無僞[1]；雖使五尺之童適市，莫之或欺[2]。布帛長短同[3]，則賈相若；麻縷絲絮輕重同[4]，則賈相若；五穀多寡同，則賈相若；屨大小同，則賈相若。"

曰："夫物之不齊，物之情也[5]：或相倍蓰，或相什百[6]，或相千萬。子比而同之[7]，是亂天下也。巨屨小屨同賈[8]，人豈爲之哉？從許子之道，相率而爲僞者也[9]，惡能治國家？"

[1] 賈：後來寫作"價"。國：國都。僞：弄虚作假的行爲。

[2] 適：到……去。莫：無定代詞，没有人。或：副詞，表示動作行爲或情況的偶然發生、出現。

[3] 布帛：上古布帛並稱，布指麻織品，帛指絲織品。

[4] 縷（lǚ）：綫。絮：剝取蠶繭表面亂絲整理而成的像棉花的東西，即粗絲棉。

[5] 情：本性。

[6] 蓰（xǐ）：五倍。什：十倍。

[7] 比：並列。

[8] 巨屨：指加工粗糙的鞋。小屨：指加工精細的鞋。

[9] 相率：彼此跟著，互相學著。

陳仲子（滕文公下）

匡章曰[1]："陳仲子，豈不誠廉士哉？居於陵[2]，三日不食，耳無聞，目無見也。井上有李，螬食實者過半矣[3]，匍匐往，將食之[4]，三咽，然後耳有聞，目有見。"

［1］匡章：戰國齊人。

［2］於（wū）陵：齊地名，在今山東長山縣西南。

［3］螬（cáo）：蠐螬，一種生活在土裏，喫農作物根莖的害蟲。

［4］將：持，拿。

孟子曰："於齊國之士，吾必以仲子爲巨擘焉[1]。雖然，仲子惡能廉？充仲子之操，則蚓而後可者也[2]。夫蚓，上食槁壤[3]，下飲黄泉。仲子所居之室，伯夷之所築與，抑亦盗跖之所築與[4]？所食之粟，伯夷之所樹與，抑亦盗跖之所樹與？是未可知也。"

［1］巨擘（bò）：手的大拇指。

［2］充：使動用法，使……充滿，使……處處得到體現。蚓：蚯蚓。

［3］槁壤：乾土。

［4］伯夷：殷時孤竹國君的長子，因反對武王伐紂，不食周粟而餓死於首陽山，在古代被視爲廉潔之士的代表。盗跖（zhí）：春秋時著名的大盗。

曰："是何傷哉？彼身織屨，妻辟纑[1]，以易之也。"

曰："仲子，齊之世家也[2]。兄戴，蓋禄萬鍾[3]。以兄之禄爲不義之禄而不食也，以兄之室爲不義之室而不居也，辟兄離母，處於於陵。他日歸，則有饋其兄生鵝者，己頻顣曰[4]：'惡用是鶃鶃者爲哉[5]？'他日，其母殺是鵝也，與之食之。其兄自外至，曰：'是鶃鶃之肉也。'出而哇之[6]。以母則不食，以妻則食之；以兄之室則弗居，以於陵則居之，是尚爲能充其類也乎[7]？若仲子者，蚓而後充其操者也。"

［1］織屨：編鞋。辟纑（bìlú）：績麻。纑，麻縷。

［2］世家：世代爲卿大夫的家族。

［3］蓋（gě）：陳戴采邑地名。鍾：六斛四斗。

［4］頻：通"顰"，皺眉頭。顣（cù）：皺鼻子。

［5］鶃鶃（yìyì）：鵝的叫聲。

［6］哇：嘔吐。

［7］類：指同樣的操守。

君子難罔以非其道（萬章上）

萬章問曰[1]："《詩》云：'娶妻如之何？必告父母。'[2]信斯言也，宜莫如舜。舜之不告而娶，何也？"

孟子曰："告則不得娶。男女居室，人之大倫也。如告，則廢人之大倫，以懟父母[3]，是以不告也。"

萬章曰："舜之不告而娶，則吾既得聞命矣；帝之妻舜而不告[4]，何也？"

曰："帝亦知告焉則不得妻也。"

[1] 萬章：孟子弟子。

[2] 見《詩經·齊風·南山》。

[3] 懟（duì）：怨恨。

[4] 帝：此指堯。

萬章曰："父母使舜完廩[1]，捐階[2]，瞽瞍焚廩[3]。使浚井[4]，出，從而揜之[5]。象曰[6]：'謨蓋都君咸我績[7]。牛羊，父母。倉廩，父母。干戈，朕[8]。琴，朕。弤[9]，朕。二嫂，使治朕棲[10]。'象往入舜宫[11]，舜在牀琴。象曰：'鬱陶思君爾[12]。'忸怩[13]。舜曰：'唯兹臣庶[14]，汝其于予治[15]。'不識舜不知象之將殺己與？"

[1] 完：修繕。廩：糧倉。

[2] 捐：棄，除。階：梯子。

[3] 瞽瞍：舜的父親。

[4] 浚（jùn）：疏通。

[5] 揜：後來寫作"掩"，覆蓋。

[6] 象：舜異母弟。

[7] 謨（mó）：謀劃，策劃。蓋：通"害"。都君：古稱諸侯，此特指舜。績：功勞。

[8] 朕：第一人稱代詞，我。

[9] 弤（dǐ）：弓名。

[10] 棲：居處，牀鋪。

[11] 宫：室，房屋。

[12] 鬱陶（yáo）：表示苦苦思念的形容詞。

[13] 忸怩：形容羞愧的樣子。

[14] 唯：據趙岐注，當作"惟"，意爲"思，念"。

[15] 于：爲。

曰："奚而不知也？象憂亦憂，象喜亦喜。"

曰："然則舜僞喜者與？"

曰："否。昔者有饋生魚於鄭子産，子産使校人畜之池[1]。校人烹之，反命曰：'始舍之，圉圉焉[2]；少則洋洋焉[3]；攸然而逝[4]。'子産曰：'得其所哉！得其所哉！'校人出，曰：'孰謂子産智？予既烹而食之，曰："得其所哉，得其所哉。"'故君子可欺以其方[5]，難罔以非其道[6]。彼以愛兄之道來，故誠信而喜之，奚僞焉？"

[1] 校（jiào）人：管理池沼的小吏。

[2] 圉圉（yǔyǔ）：困倦疲乏的樣子。

[3] 洋洋：生機活潑的樣子。

[4] 攸然：忽然。

[5] 方：道。

[6] 罔：欺騙。

練習二

1. 如何看待詞的音義關係？
2. 甚麼是同源詞？舉例說明如何判定同源詞。
3. 舉例說明探求詞本義的意義與方法。
4. 下列句子裡加著重號的兩個字，記録的是詞還是短語？並請説明其所記詞語的意義。
   ①聖人盡隨於萬物之規矩。
   ②不以規矩，不能成方員。
   ③妻子好合，如鼓瑟琴。
   ④父母孔愛，妻子嬉兮。
   ⑤東方未明，顛倒衣裳。
   ⑥（楊）行密入宣州，諸將爭取金帛，徐温獨據米囷，爲粥以食餓者。
   ⑦是故大臣之禄雖大，不得藉威城市；黨與雖衆，不得臣士卒。
   ⑧昨日入城市，歸來淚滿巾，徧身羅綺者，不是養蠶人。
   ⑨鄭子展卒，子皮即位。於是鄭饑，而未及麥，民病。
   ⑩相如視秦王無意償趙城，乃前曰："璧有瑕，請指示王。"
   ⑪今臣至，大王見臣列觀，禮節甚倨；得璧，傳之美人，以戲弄臣。
   ⑫雖然，每至於族，吾見其難爲，怵然爲戒，視爲止，行爲遲。
5. 從下列句子中找出聯綿詞、偏義複詞、轉義複词，並解釋其意義：
   ①故國興亡已十年。
   ②參差荇菜，左右芼之。
   ③多少殘生事，飄零似轉蓬。
   ④亞之前應貢在京師，而長幼骨肉萍居于吴。
   ⑤生子不生男，緩急無可使者！
   ⑥子貢逡巡而有愧色。
   ⑦汝曾短長我，又謂國家兵力當由我盡壞，誠有否？
   ⑧摇脣鼓舌，擅生是非，以迷天下之主。
   ⑨子仲之子，婆娑其下。
   ⑩簞食壺漿以迎王師，豈有它哉？避水火也。
   ⑪方介甫用事，呼吸成禍福，凡有施置，舉天下莫能奪。
   ⑫綢繆束薪，三星在天。
6. 舉例説明叠字與叠詞的異同。
7. 給下面短文加上標點，並翻譯成現代漢語：

   瓠里子自吴歸粤相國使人送之曰使自擇官舟以渡送者未至於是舟泊于滸者以千數瓠里子欲擇之而不能識送者至問之曰舟若是多也惡乎擇對曰甚易也但視其敝篷折櫓而破颿者即官舟也從而得之瓠里子仰天嘆曰今之治政其亦以民爲官民與則爱之者鮮矣宜其敝也

第三單元

通論三　語法基本知識

古代漢語和現代漢語的差異，也突出地表現在語法上。對閱讀古書者來説，學習一些古代漢語語法知識十分必要。古代漢語語法的學習，除了通過閱讀古代文言作品，日積月累地掌握相當數量的古代語言結構，瞭解和熟悉古書中各種常用句式及句型變化規則外，也有必要學習一些古代漢語語法常識，從理論上熟悉和掌握古代漢語的詞法和句法規律，在古籍閱讀中自覺地運用這些知識去分析和理解古書文句組成的規則。這樣做不但可以加深對古書文意的理解，也可以牢固地掌握所學過的文言語法知識。大量閱讀文言作品，是獲取感性知識，學習古漢語語法的一條基本途徑；而學習古代漢語語法知識，則能够把那些感性的知識變成理性認識，兩者結合得好，纔能有效地提高古籍閱讀的能力。

一、詞類活用

詞類活用現象，是指本屬甲類的詞，按照一定的語言習慣，在句子中臨時改變它的句法功能，當作乙類詞來使用。詞類活用，能使甲類詞在特定語言條件下，臨時具備乙類詞的某些語法功能，表現出與它原屬詞類不同的語法特點。如《史記・項羽本紀》："范增數目項王。""目"字本爲名詞，不能受副詞修飾，也不能帶賓語。但在這個句子中它放在謂語的位置上，具備了動詞的一些語法特點，如能受副詞"數"的修飾，能帶賓語"項王"，已經活用爲動詞。"目"字作名詞時，這些語法功能都是不具備的。可見，詞類活用，不但使活用的詞語發生了臨時性的詞性的變化，詞義也有了很大改變。如果拘泥原有詞義理解文意，就難免誤解古書了。如上例"數目項王"，本意是"屢次用眼睛看項王"；如果解釋成"有幾隻眼睛的項王"，就不合原文之意了。

學習詞類活用還要注意兩個問題：一是要對古代漢語中的句法結構和詞類分工的特點有一個明確的認識。古代漢語的詞類活用都是在一定句法結構中實現的，孤立地看一個詞，不能判斷它是不是詞類活用。所以學習古代漢語詞類活用，一定要知道古代漢語的一個句子包括哪些句法成分，這些句法成分主要由哪些詞類充當。如果分辨不出哪些詞屬於哪一詞類和這一詞類在句子中經常充當甚麽句子成分，就很難判斷哪些詞是詞類活用，哪些詞不是詞類活用了。二是要注意將詞類活用現象與詞的兼類現象相區分。詞類活用是一個詞在特定的句子中臨時具備了另一類詞的語法功能。離開了這一句子，它就不再具有其他詞類的語法功能了。而詞的兼類，是指一個詞同時具備兩種或兩種以上詞類的語法特點。在長期的語言應用中，它所具有的不同詞類的用法都已經固定下來了，從而形成了自己特有的語法功能，這些語法功能决不會因它在具體句子中語法地位的改變而發生變化。如：

① 於是入朝見威王。（《戰國策・齊策一》）

② 一舉而伯王之名可成也，四鄰諸侯可朝也。（《戰國策·秦策一》）

例①"入朝"之"朝"是名詞，用在賓語位置上，表"朝廷"之義。例②"可朝"之"朝"是動詞，用在謂語位置上，表"朝見"之義。"朝"字這兩種用法，體現出它的兼類詞特點。無論它是作名詞用，還是作動詞用，都是這個詞語本身所具有的，不能說哪一種用法是詞類活用，哪一種用法不是詞類活用。古代漢語中有許多這樣的兼類詞，在學習中要特別注意將它們與詞類活用的詞語相區分。

（一）名詞作狀語

1. 名詞作狀語的概念

現代漢語中普通名詞一般不可以直接作狀語。但在古代漢語中，普通名詞卻經常放在狀語的位置上，用作狀語，來限制、修飾動詞性謂語或形容詞性謂語。如賈誼《過秦論上》："天下雲集而響應，贏糧而景從。""雲集"，等於說"像雲一樣聚集"；"響應"，等於說"像回聲一樣相應"；"景從"，等於說"像影子一樣跟隨"。"雲"、"聲"、"景"，就都是名詞直接作狀語的用例。

2. 普通名詞作狀語

普通名詞作狀語時，大都可以在名詞性狀語前加上一個介詞來理解。隨著所加介詞的不同，用作狀語的普通名詞也體現出它的不同的作用：

（1）名詞性狀語表示動作的狀態。這是用名詞所代表的人或物的行動特徵，來描繪動詞所表示的行動方式或狀態。這種用法的名詞前面，可以加介詞"像"理解。如：

① 將不勝其忿而蟻附之。（《孫子·謀攻》）

② 嫂蛇行匍伏，四拜自跪而謝。（《戰國策·秦策一》）

③（子產）治鄭二十六年而死，丁壯號哭，老人兒泣。（《史記·循吏列傳》）

例①"蟻附"，等於說"像螞蟻一樣附在上面"。例②"蛇行"，等於說"像蛇一樣爬行"。例③"兒泣"，等於說"像小兒一樣哭泣"。

（2）名詞性狀語表示動作所採取的態度。這是用對待名詞所代表的人或物的態度，來對待動詞的賓語。這種用法的名詞前面可以加介詞"像"理解。如：

①今而後知君之犬馬畜伋。（《孟子·萬章下》）

②齊將田忌善而客待之。（《史記·孫子吳起列傳》）

③吾亡之後，汝兄弟父事丞相。（《三國志·蜀書·先主傳》）

例①"犬馬畜伋"，等於說"像對狗和馬一樣對待伋"。例②"客待之"，等於說"像客人一樣對待他"。例③"父事丞相"，等於說"像對待父親一樣對待丞相"。

（3）名詞性狀語表示動作行爲發生的條件或依據。這些條件或依據可以是具體的，也可以是抽象的。這種用法的名詞，可以加介詞"以"理解。如：

①復立楚國之社稷，功宜爲王。（《史記·陳涉世家》）

②秦惠王車裂商君以徇。（《史記·商君列傳》）

③會天大雨，道不通，度已失期。失期，法皆斬。（《史記·陳涉世家》）

例①"功宜爲王"，等於說"憑他的功勞應該封王"。例②"車裂商君"，等於說"用大車撕裂商君"。例③"法皆斬"，等於說"依照法律都應斬首"。

(4) 名詞性狀語表示動作行爲發生的處所。這種用法的名詞前面，一般要加介詞“於”理解。如：

①四方之士來者，必廟禮之。(《國語·越語上》)

②黎丘之鬼效其子之狀，扶而道苦之。(《吕氏春秋·奇鬼》)

③弘奏事，有所不可，不肯庭辯。(《漢書·公孫弘傳》)

例①“廟禮之”，等於説“在祖廟裏用禮接待他們”。例②“道苦之”，等於説“在道路上折磨他”。例③“庭辯”，等於説“在朝庭上争辯”。

3. 時間名詞作狀語

古代漢語和現代漢語一樣，時間名詞可以直接用作狀語。不過，古代漢語中的“日”、“月”、“歲”三個時間名詞作狀語時，用法上比較特殊，不能像普通名詞那樣在名詞狀語前面加介詞理解。

(1)“日”、“月”、“歲”三詞，放在具有行動性的動詞前面，表示行動的經常性。作“每日”、“每月”、“每年”講。如：

①君子博學而日參省乎己。(《荀子·勸學》)

②請損之，月攘一雞，以待來年然後已。(《孟子·滕文公下》)

③良庖歲更刀，割也。族庖月更刀，折也。(《莊子·養生主》)

例①“日參省乎己”，等於説“每天反省自己”。例②“月攘一雞”，等於説“每月偷一隻雞”。例③“歲更刀”，等於説“每年更换一把刀”；“月更刀”，等於説“每月更换一把刀”。

(2)“日”字，放在形容詞或表示性質變化的動詞前，表示情況的逐漸發展。有“一天天地”、“一天比一天”的意思。如：

①如是，則彼日積敝，我日積完；彼日積貧，我日積富；彼日積勞，我日積佚。(《荀子·王制》)

②事日急，諸公莫敢復明言於上。(《史記·魏其武安侯列傳》)

例①“日積敝”，等於説“一天天地積敝（衰敗）”；“日積完”，等於説“一天天積完（完滿）”；“日積貧”，等於説“一天天積貧”；“日積富”，等於説“一天天積富”；“日積勞”，等於説“一天天積勞”；“日積佚”等於説“一天天積佚”。例②“事日急”，等於説“事情一天比一天急”。

(3)“日”字放在句首時，表示追溯過去，有“往日”之意。如：

①日君以夫公孫段爲能任其事，而賜之州田。(《左傳·昭公七年》)

②日（韓）起請夫環，執政弗義，弗敢復也。(《左傳·昭公十六年》)

例①、例②兩个句子都是對往日事情的回顧，“日”字當譯作“往日”。

(二) 名詞、形容詞用作動詞

1. 名詞活用爲動詞的概念

名詞在句子中主要用作主語和賓語，有時也作定語。但古代漢語中的名詞性詞語卻能够充當句子的謂語。如《左傳·成公二年》：“從左右，皆肘之，使立於後。”“肘”，是名詞，它用在謂語的位置上，前面受副詞“皆”的修飾，後面帶代詞賓語“之”。名詞性詞語的這種用法與動詞性詞語的用法基本相似，所以人們稱這種現象爲名詞活用爲動詞。

名詞活用爲動詞是文言文中一種常見的語法現象。

2. 名詞活用爲動詞的外部語法標誌

分辨一個名詞是不是活用作動詞，要根據名詞前後的詞語來判斷。比如說，名詞前面有副詞修飾，後面帶賓語，或不帶賓語而緊跟著介賓短語的，就都是名詞活用爲動詞的標誌。如：

①假舟楫者，非能水也，而絕江河。（《荀子·勸學》）

②夫鼠，晝伏夜動，不穴於寢廟，畏人故也。（《左傳·襄公二十三年》）

③徐庶見先主，先主器之。（《三國志·蜀書·諸葛亮傳》）

④后妃率九嬪蠶於郊，桑於公田。（《吕氏春秋·上農》）

例①“非能水也”的“水”，受能願動詞“能”的修飾。例②“不穴於寢廟”的“穴”，受副詞“不”的修飾。例③“器之”的“器”，後面帶賓語“之”。例④“蠶於郊”、“桑於公田”中的“蠶”、“桑”二字，後面都有補語“於郊”、“於公田”。這些有外部語法標誌的名詞都活用爲動詞。名詞前面後面的這些條件可以單獨出現，也可以一同出現。衹要具備了其中一個條件，就可以認定這個名詞活用爲動詞。

又如，兩個名詞連用，既非並列結構，也非修飾或者領屬關係，其中一個當用如動詞。如：

⑤是故古之王者，建國君民，教學爲先。（《禮記·學記》）

⑥昔禹水湯旱，百姓匱乏。（《鹽鐵論·力耕》）

例⑤“君民”的“君”字後面帶賓語“民”，“君”字活用爲動詞。例⑥“禹水”的“禹”、“湯旱”的“湯”是句子主語，“水”、“旱”兩字活用爲動詞。

有時，我們還可以利用古人喜用對稱句式、並列結構的特點來判斷名詞活用爲動詞的現象。如：

⑦秦有鄭地，得垣雍，決熒澤而水大梁，大梁必亡矣。（《戰國策·魏策三》）

⑧軍壘成，秦人聞之，悉甲而至。（《史記·廉頗藺相如傳》）

例⑦“決熒澤而水大梁”中，“決熒澤”是動賓結構，“水大梁”也應該是動賓結構，“水”字活用爲動詞。例⑧“悉甲而至”，“至”是動詞，“悉甲”的“甲”字活用爲動詞。

此外，“者”字短語和“所”字短語中的名詞，也都活用爲動詞。這種結構中名詞活用的情況比較特殊，極易忽略，要特別加以注意。如：

⑨趙王之子孫侯者，其繼有在者乎？（《戰國策·趙策四》）

⑩昔齊人有欲金者，清旦，衣冠而之市。（《列子·說符》）

⑪共而從君，神之所福也。（《左傳·成公十八年》）

⑫乃丹書帛曰：“陳勝王。”置人所罾魚腹中。（《史記·陳涉世家》）

例⑨“趙王之子孫侯者”，等於說“趙王子孫中封了侯的”。例⑩“欲金者”，等於說“想得到金子的人”。例⑪“神之所福”，等於說“神降福保佑的”。例⑫“人所罾魚”，等於說“漁人用網捕捉到的魚”。“者”字或“所”字一般與動詞或動詞性結構組成名詞性短語。所以，“者”字短語和“所”字短語中的名詞，就一定活用爲動詞。

3. 名詞活用爲動詞後的詞義變化情況

名詞活用爲動詞，會帶來詞義的變化。這種詞義變化主要表現在以下三個方面：

（1）活用後的名詞相當於一個動詞意義。這個動詞的意義與名詞所表示的意義相關。如：

①赤之適齊也，乘肥馬，衣輕裘。（《論語·雍也》）

②臣竊跡前事，大抵彊者先反。（《漢書·賈誼傳》）

例①“衣”字的名詞義是“衣服”；“衣輕裘”的“衣”字活用爲動詞，表“穿著”之義。例②“跡”的名詞義是“痕跡”；“跡前事”的“跡”，活用爲動詞，表“推究”之義。

（2）活用後的名詞相當於一個動賓短語。這時活用的名詞既表示了動作，也表示了動作所涉及的對象。翻譯時，要在這個名詞意義之前加上一個與之相關的動詞意義。這種情況多出現在句中不帶賓語的情況下。如：

①勇士入其大門，則無人門焉者。（《公羊傳·宣公六年》）

②春幸繭館，率皇后、列侯夫人桑。（《漢書·元后傳》）

例①“無人門焉”的“門”字，有“守門”之意。例②“皇后、列侯夫人桑”的“桑”，有“採摘桑葉”之意。

（3）活用後的名詞相當於一個介賓短語。這種活用後的名詞既表示了動作，又表示了實行這一動作的憑藉或工具。翻譯時一般把活用的名詞譯成狀語，另外再加上一個與之相關的動詞詞義。如：

①魏氏人張儀，材士也，將西遊於秦，願君之禮貌之也。（《吕氏春秋·報更》）

②曹子手劍而從之。（《公羊傳·莊公十三年》）

例①“願君之禮貌之”中的“禮貌”，譯成“有禮貌地接待”（以禮相待）。例②“手劍”中的“手”，譯成“用手拿”（以手持）。

4．方位詞活用爲動詞

方位詞是名詞的一個小類。方位詞用作動詞，也是名詞活用爲動詞的一種表現形式。如：

①滕侯曰：“我，周之卜正也。薛，庶姓也。我不可以後之。（《左傳·隱公十一年》）

②語曰：“騏驥之衰也，駑馬先之。孟賁之倦也，女子勝之。”（《戰國策·齊策五》）

③王曰：“吾亦欲東耳，安能鬱鬱久居此乎？”（《史記·淮陰侯列傳》）

④齊軍既已過而西矣。（《史記·孫子吳起列傳》）

方位詞活用爲動詞，詞義也會發生變化。翻譯時，一般要在方位詞的含義之外，再加上一個意義相關的動詞詞義。如例①“後之”，等於説“落在他後面”；例②“先之”，等於説“走在它前面”；例③“欲東”，等於説“打算向東走”；例④“既已過而西”，等於説“已經過去而向西方走了”。

5．形容詞活用爲動詞

形容詞作謂語的時侯，不能帶賓語。形容詞作謂語，如果後面帶賓語，就是形容詞活用爲動詞了。如：

①老吾老，以及人之老。幼吾幼，以及人之幼。（《孟子·梁惠王上》）

②卒使上官大夫短屈原於頃襄王。（《史記·屈原賈生列傳》）

例①“老吾老”，等於説“尊重我家的老人”；“幼吾幼”，等於説“愛護我家的幼童”。

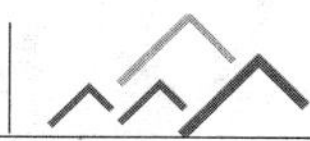

例②“短屈原”，等於說“説屈原的短處”（詆毁屈原）。

（三）使動用法

1. 使動用法的概念

一般句子裏，謂語動詞通常表示主語所發出的動作行爲，賓語則是這個動作行爲所涉及的對象。但在古代漢語中，有些謂語動詞所表示的動作行爲，不是從主語那裏發出的，而是主語强使它的賓語發出的。如《史記·陳涉世家》：“廣故數言亡，忿恚尉。”“忿恚尉”，不是吴廣對尉憤怒，而是吴廣設法使軍尉變得憤怒起來。可見，使動用法中的動賓結構，實際上是以動賓結構的形式表達了兼語式的内容。

在使動用法中，充當使動詞的有動詞、形容詞、名詞等。不同詞類作使動用法時，它們所表達的意義各不相同，要分别理解。

2. 動詞的使動用法

動詞的使動用法，指動詞謂語表示的動作行爲不是由句子主語直接發出的，而是主語强使賓語發出來的。如：

①將戰，華元殺羊食士。（《左傳·宣公二年》）

②能謗譏於市朝，聞寡人之耳者，受下賞。（《戰國策·齊策一》）

③四年春正月，朝諸侯王於甘泉宫。（《漢書·武帝紀》）

例①“食士”，等於説“使士喫（羊肉）”。例②“聞寡人之耳”，等於説“使寡人的耳朵聽到”。例③“朝諸侯”，等於説“使諸侯朝見（武帝）”。這些例句中的動詞都是及物動詞。及物動詞作句子謂語時要帶賓語。從上述例句中看到，及物動詞作使動用法，在語法位置上與及物動詞的一般用法没有甚麼區别，都是放在主語之後，後面帶賓語。辨别一個及物動詞作普通動詞，還是作使動詞，主要是依據它所處的上下文語境，根據句子所表達的意思來判斷。好在古代漢語中用作使動用法的及物動詞數量有限，衹要留心觀察，都是能够看出來的。

不及物動詞的使動用法，在古書中倒是經常可以見到。如：

④既而與爲公介，倒戟以禦公徒，而免之。（《左傳·宣公二年》）

⑤夫如是，故遠人不服，則脩文德以來之。（《論語·季氏》）

⑥王如改諸，則必反予。（《孟子·公孫丑下》）

例④“免之”，等於説“使他脱免”。例⑤“來之”，等於説“使他們來”。例⑥“反予”，等於説“使我返回”。不及物動詞作一般動詞用時，不能帶賓語。但不及物動詞用作使動詞時，卻可以帶賓語。不及物動詞在句子中帶不帶賓語的特點，可以幫助我們識别不及物動詞的使動用法。

有時我們也可以看到不及物動詞作使動用法時省略了它的賓語。這時判斷一個不及物動詞是作使動詞用，還是作普通動詞用，就要根據上下文語意來分辨了。如：

⑦魏其謝病，屏居藍田南山之下數月，諸賓客辯士說之，莫能來。（《史記·魏其武安侯列傳》）

⑧今以鐘磬置水中，雖大風浪不能鳴也。（蘇軾《石鐘山記》）

例⑦“莫能來”，等於説“没有哪個人能使（他）來”。例⑧“不能鳴”，等於説“不能使（鐘磬）鳴”。不及物動詞作使動用法時，如果省略了賓語，理解時都要根據上下文補出這個省略了的賓語，句意纔能完整。

3．形容詞的使動用法

形容詞後面如果帶上賓語，就活用爲動詞了。要是這種用法的形容詞所表示的性質或狀態，不是主語所具有的，而是主語强使賓語具有的，那就是形容詞的使動用法。如：

①是以令吏人完客所館，高其閈閎，厚其牆垣，以無憂客使。（《左傳·襄公三十一年》）

②鼻大可小，小不可大也。目小可大，大不可小也。（《韓非子·説林下》）

③於是梁王虛上位，以故相爲上將軍。（《戰國策·齊策四》）

例①“高其閈閎”，等於説“使所館的閈閎變得高大”；“厚其牆垣”，等於説“使所館的牆垣變得厚實”。例②“可小”，等於説“可以使它變小”；“可大”，等於説“可以使它變大”。例③“虛上位”，等於説“使上位空出來”。形容詞的這些意義和用法，也要根據上下文意纔能够分辨出來。

4．名詞的使動用法

名詞的使動用法，是指名詞性詞語用在句子謂語或主謂短語的謂語位置上，活用爲使動詞。名詞作使動詞用時，與這個名詞密切關聯的動作行爲不是由主語發出的，而是主語强使賓語發出的。如：

①臣諸侯者王，友諸侯者霸，敵諸侯者危。（《荀子·王制》）

②天子不得而臣也，諸侯不得而友也。（劉向《新序·節士》）

③縱江東父兄憐而王我，我何面目見之？（《史記·項羽本紀》）

例①“臣諸侯者”，等於説“使諸侯成爲臣子的人”；“友諸侯者”，等於説“使諸侯成爲朋友的人”；“敵諸侯者”，等於説“使諸侯成爲敵人的人”。例②“不得而臣”，等於説“不能使他成爲自己的臣子”；“不得而友”，等於説“不能使他成爲自己的朋友”。例③“王我”，等於説“使我成爲他們的王”。名詞的使動用法也是由上下文語境決定的。

專有名詞和方位詞也有使動用法。如：

④公若曰：“爾欲吴王我乎？”（《左傳·定公十年》）

⑤是欲臣妾我也，是欲劉豫我也。（胡銓《戊午上高宗封事》）

⑥我疆我理，南東其畝。（《詩·小雅·信南山》）

⑦故王不如東蘇子，秦必疑齊而不信蘇子矣。（《史記·蘇秦列傳》）

例④“吴王我”，等於説“使我成爲吴王”。例⑤“劉豫我”，等於説“使我成爲劉豫”。例⑥“南東其畝”，等於説“使我的田畝向東或向南”。例⑦“東蘇子”，等於説“使蘇子向東走”。

（四）意動用法

1．意動用法的概念

意動用法，是指賓語不具備謂語所表示的那種性質或狀態，也不屬於謂語所代表的那種人或物；而是主語在主觀上認爲賓語具有謂語所表示的這種性質、狀態，或把賓語就當作謂語所代表的人或物看待。古代漢語中的意動用法，主要體現在形容詞和名詞上。

2. 形容詞的意動用法

形容詞的意動用法，指形容詞所表示的那種性質或情態，不是主語具有的，而是主語主觀上認爲賓語具有的。但在許多情況下，賓語並不真的具有這種性質或情態，衹是主語的一種主觀認識而已。如：

①禹稷當平世，三過其門而不入，孔子賢之。（《孟子・離婁下》）

②吾妻之美我者，私我也。（《戰國策・齊策一》）

③是故明君貴五穀而賤金玉。（晁錯《論貴粟疏》）

例①“賢之”，等於説“認爲禹稷賢能”。例②“美我”，等於説“認爲我美”。例③“貴五穀”，等於説“認爲五穀貴重”；“賤金玉”，等於説“認爲金玉輕賤”。

3. 名詞的意動用法

名詞的意動用法，是名詞性詞語在動詞謂語或主謂短語中的謂語位置上活用爲動詞，但這個名詞所代表的人和事物並不與主語相關，而是主語把賓語當作這個名詞所代表的人和物看待，實際上賓語仍舊保持自己原有的性質特徵，並無變化。如：

①寶珠玉者，殃必及身。（《孟子・盡心下》）

②（雲）託地而遊宇，友風而子雨。（《荀子・賦篇》）

③《春秋傳》曰：“其謂之秦何？夷狄之也。”（《白虎通・誅伐》）

例①“寶珠玉者”，等於説“認爲珠玉是寶貝的人”。例②“友風”，等於説“認爲風是朋友”；“子雨”，等於説“認爲雨是兒子”。例③“夷狄之”，等於説“認爲秦是夷狄”。

4. 意動用法和使動用法的區別

使動用法和意動用法，可以從兩個方面加以區分：

（1）在動詞、形容詞、名詞這三類詞語中，動詞性詞語衹有使動用法，没有意動用法；而形容詞性詞語和名詞性詞語兼有使動用法和意動用法。因此，區分使動用法和意動用法，可以縮小到形容詞性詞語和名詞性詞語的範圍。

（2）形容詞和名詞作使動用法和意動用法時，都可以受副詞修飾，都可以帶賓語，語法形式上没有甚麼區别，它們的差别主要表現在句意上。一般説來，凡使動用法的詞語在客觀上都能够成爲現實，而意動用法詞語所表示的事物或概念，衹存在於主語心中，即衹是主語在主觀上認爲賓語具有某種性狀或能够成爲某種人、物，但賓語的實際情況並不一定如此，它不會因主語的看法不同而有所改變。如：

①工師得大木，則王喜，以爲能勝其任也。匠人斲而小之，則王怒，以爲不勝其任矣。（《孟子・梁惠王下》）

②孔子登東山而小魯，登太山而小天下。（《孟子・盡心上》）

這兩例分别是形容詞“小”字的使動用法和意動用法。例①“小之”，是“使大木變小”，能够成爲現實，是使動用法。例②“小魯”、“小天下”，是“認爲魯國小”、“認爲天下小”，這些都衹能存在於主語心中，都不能够成爲現實，所以是意動用法。以上是形容詞，再看名詞的用例：

③公若曰：“爾欲吳王我乎？”遂殺公若。（《左傳・定公十年》）

④夫人之，我可以不夫人之乎？（《穀梁傳・僖公八年》）

例③“吳王我”，等於説“使我成爲吳王”，能够變成現實，是使動用法。例④“夫人之”，等於説“認爲她是夫人”，但她並不是夫人，不能成爲現實，所以是意動用法。

二、古代漢語的句式

文言句式可以從不同方面分類。如，按句子的結構，分爲名詞謂語句、動詞謂語句、形容詞謂語句、主謂謂語句；按句子的語氣，分爲陳述句、疑問句、祈使句、感歎句；按動詞謂語的性質，分爲主動句、被動句；按詞序，分爲順裝句、倒裝句，等等。許多文言句式的基本結構都與現代漢語相同，但也有一些不同的地方。其中最大的不同，主要表現在判斷句、被動句和賓語前置句等幾個方面。

（一）判斷句

1. 古漢語判斷句的特點

判斷句，是對主語的性質、情況進行判斷，表示主語所代表的人或事物是甚麽或不是甚麽的句子形式。現代漢語的判斷句，一般用判斷動詞“是”聯繫主語和謂語，但古代漢語判斷句的主語和謂語之間卻多不用判斷動詞“是”，而直接用名詞或名詞性短語充當句子謂語，這是古代漢語判斷句和現代漢語判斷句的不同之處。

古代漢語判斷句主語後面經常用句中語氣詞“者”，謂語後面常用句尾語氣詞“也”。“……者……也”這種固定搭配結構遥，形成了一種典型的判斷句句型。如：

①南冥者，天池也。（《莊子・逍遥遊》）

②韓子盧者，天下之疾犬也。東郭逡者，海内之狡兔也。（《戰國策・齊策三》）

③張良者，其先韓人也。（《史記・留侯世家》）

但“……者……也”結構的搭配使用，衹是古代漢語判斷句中一種常見的表現形式，並不是決定判斷句能不能够成立的主要條件。一個句子用“……者……也”，或者不用“……者……也”，對判斷句的構成没有多大影響。古代漢語中還常常可以看到衹在主語後面用“者”字，不在謂語後面用“也”的判斷句。如：

④少君者，故深澤侯舍人。（《史記・封禪書》）

⑤陳軫者，遊説之士。（《史記・張儀列傳》）

⑥天下者，高祖天下。（《史記・魏其武安侯列傳》）

也有衹在判斷句句尾用“也”，而不在主語後面用“者”的。如：

⑦公子州吁，嬖人之子也。（《左傳・隱公三年》）

⑧彼，丈夫也。我，丈夫也。吾何畏彼哉？（《孟子・滕文公下》）

⑨晏嬰，齊之習辭者也。（《晏子春秋・内篇雜下》）

還有一些例句，就直接用名詞或名詞性短語作謂語，根本不用語氣助詞“者”字和“也”字。如：

⑩韓，天下之咽喉。（《戰國策・秦策四》）

⑪荀卿，趙人。（《史記・孟子荀卿列傳》）

⑫朕，高皇帝側室之子。（《漢書・文帝紀》）

可見，辨識一個句子是不是判斷句，主要是看這個句子的謂語是不是由名詞或名詞性短語

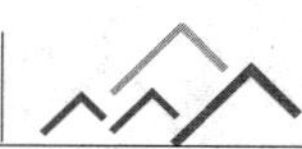

充當，而不能光看句子有没有用“……者……也”結構。從這一點看，人們把古代漢語的判斷句又稱作名詞謂語句是有一定道理的。

2. 肯定判斷和否定判斷

判斷句的作用，主要是用名詞性詞語對主語進行判斷，因此這類句型多是一種肯定形式的句子，以上諸例可以説明這點。有時，爲了幫助和加强這種肯定判斷的語氣，人們還習慣於在古代漢語判斷句的主語和謂語之間用上一些副詞，如“惟”、“則”、“亦”、“乃”、“必”、“皆”、“即”等來强調主語和謂語之間的聯繫。如：

①今秦，萬乘之國。梁，亦萬乘之國。（《戰國策·趙策三》）

②吕公女，乃吕后也。（《史記·高祖本紀》）

③少府徐仁，即丞相車千秋女婿也。（《漢書·杜延年傳》）

如果在判斷句主語和謂語之間用否定副詞“非”（“匪”），就表明主語和謂語不是同一事物。用了否定副詞“非”（“匪”）的判斷句，就是判斷句的否定形式。如：

④我心匪石，不可轉也。（《詩·邶風·柏舟》）

⑤若夫山林川澤之實，器用之資，皂隸之事，官司之守，非君之所及也。（《左傳·隱公五年》）

⑥此非君子之言，齊東野人之語也。（《孟子·萬章上》）

3. 判斷句的主語和謂語之間用“爲”字聯繫

判斷句的主語和謂語之間有用“爲”字聯繫的。如：

①余爲伯儵。余，而祖也。（《左傳·宣公三年》）

②桀溺曰：“子爲誰?”曰：“爲仲由。”（《論語·微子》）

③汝姓何，是荷葉之荷，爲河水之河。（《北史·何妥傳》）

這些例句中的“爲”字，都可以用“是”字翻譯。其中例①“余爲伯儵”，與“余，而祖也”兩句連用，前一句用“爲”字，後一句不用“爲”字，這兩句都是判斷句。兩相比照，“爲”字的判斷詞性質就表現得十分明顯了。

古代漢語中的“爲”字是一個用途很廣的動詞。過去人們認爲“爲”既然是動詞，就不能認爲它是判斷詞，所以不承認“爲”字句中有判斷句；或者衹把它稱作“准判斷詞”，這些看法都是不對的。現在學術界已經普遍承認動詞“爲”字也可以用作判斷詞了。如果“爲”字連接的前後兩項是同一事物，這類句子也應當作判斷句看待。

4. 指示代詞“是”和判斷詞“是”

古漢語判斷句的主語多是單個的名詞或名詞性短語，但有些判斷句的主語是用主謂短語充當的。如：

①君惠徼福於敝邑之社稷，辱收寡君，寡君之願也。（《左傳·僖公四年》）

②孟嘗君爲相數十年，無纖介之禍者，馮諼之計也。（《戰國策·齊策四》）

判斷句的主語太長，句子結構就不那麼清楚，影響到句子的表意功能，所以有必要在謂語前面用指示代詞“是”、“此”複指主語，以體現主語和謂語之間的相互關係。如：

③吾不能早用子，今急而求子，是寡人之過也。（《左傳·僖公三十年》）

④幼而不孫弟，長而無述焉，老而不死，是爲賊。（《論語·憲問》）

⑤和氏之璧，隋侯之珠，三棘六異，此諸侯之所謂良寶也。（《墨子·耕柱》）

⑥荆之地，方五千里；宋之地，方五百里。此猶文軒之與敝輿也。（《墨子·公輸》）

在這些句子中，指示代詞“是”、“此”複指前面的主語，構成同位主語。這類句子結構簡潔，表意明白，同時指示代詞“是”、“此”也有强調主語的意味。

有時，即使主語較短，也有人會在主語和謂語之間用“是”、“此”來强調主語。如：

⑦貧與賤，是人之所惡也。（《論語·里仁》）

⑧我多陰謀，是道家之所禁。（《史記·陳丞相世家》）

⑨今公子有急，此乃臣效命之秋也。（《史記·魏公子列傳》）

用在主語和謂語之間的指示代詞“是”，後來發展成判斷詞。如：

⑩襄子曰：“此必是豫讓也。”（《史記·刺客列傳》）

⑪天子識其手書，問其人，果是僞書。（《史記·封禪書》）

⑫客人不知其是商君也。（《史記·商君列傳》）

⑬此是君家之蠶食。（《搜神記》卷四）

區分指示代詞“是”與判斷詞“是”，主要看“是”字前面有没有用副詞或指示代詞。如果“是”字用在副詞的後面（如例⑩“此必是豫讓也”、例⑪“果是僞書”），或者“是”字前面另外還用了指示代詞（如例⑫“不知其是商君也”、例⑬“此是君家之蠶食”），這樣的“是”字就是判斷詞，不再是指示代詞了。

5. 判斷句主語的省略

判斷句的主語也可以省略。省略主語的判斷句，多出現在對話中。如：

①問其僕曰：“追我者誰也？”其僕曰：“庾公之斯也。”（《孟子·離婁下》）

②問桓公曰：“敢問公之所讀者，何言邪？”公曰：“聖人之言也。”（《莊子·天道》）

③孟嘗君怪之，曰：“此誰也？”左右曰：“乃歌夫‘長鋏歸來’者也。”（《戰國策·齊策四》）

這種判斷句的句子祇有謂語，没有主語。此因其主語蒙上省略，不過理解時還是要補加上去的。

（二）被動句

被動句，是表示被動意義的句子。被動句的主語不是動作行爲的施事者，而是動作行爲的受事者，這一點與主動句正好相反。古代漢語的被動句，有的有形式標誌，有的没有形式標誌。有形式標誌的被動句，動詞的被動用法表現得比較明顯；没有形式標誌的被動句，就要從句意上將它與主動句相區分了。

1. 没有形式標誌的被動句

没有形式標誌的被動句，是被動詞前後没有用上表被動的詞語，動詞的被動用法祇能從句意上加以理解。如：

①蔓草猶不可除，況君之寵弟乎？（《左傳·隱公元年》）

②宋師敗績，華元虜。（《吕氏春秋·察微》）

③今項梁軍破，士卒恐。（《史記·項羽本紀》）

2. 有形式標誌的被動句

有外部形式標誌的被動句，是被動詞的前後用了一些虚詞來幫助表示動詞的被動用法。這些虚詞有的可以引進動作行爲的施事者，有的不能引進動作行爲的施事者。有外部語法標誌的被動句，先秦時期就已經形成，漢以後又有了新的發展。常見的有標誌的古代

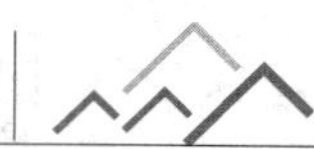

漢語被動句式可以分爲以下幾種類型：

（1）動詞後用介詞“於”（“于”、“乎”）引進動作行爲的施事者。如：

①夫弩弱而矢高者，激於風也。（《韓非子·難勢》）

②萬嘗與莊公戰，獲乎莊公。（《公羊傳·莊公十二年》）

③故有備則制人，無備則制於人。（《鹽鐵論·險固》）

（2）動詞前用助詞“見”作表被動的標誌。如：

①百姓之不見保，爲不用恩焉。（《孟子·盡心下》）

②愛人者必見愛也，而惡人者必見惡也。（《墨子·兼愛下》）

③國一日見攻，雖欲事秦，不可得也。（《史記·高祖本紀》）

（3）動詞前用介詞“爲”表示被動。介詞“爲”字可以引進動作的主動者。如：

①戰而不克，爲諸侯笑。（《左傳·襄公十年》）

②齊弱，則必爲王役矣。（《戰國策·秦策二》）

③吾子，白帝子也，化爲蛇，當道，今爲赤帝子斬之。（《史記·高祖本紀》）

“爲”字的賓語也可以省略。這樣，“爲”字就直接用在被動詞前面，作被動句的標誌。如：

④失禮違命，宜其爲禽矣。（《左傳·宣公二年》）

⑤吴廣素愛人，士卒多爲用者。（《史記·陳涉世家》）

⑥秦之遇將軍可謂深矣，父母宗族皆爲戮没。（《史記·刺客列傳》）

這兩種用法的“爲”都可以與助詞“所”相結合，組成“爲……所……”、“爲所……”的格式，構成新的被動句型。如：

⑦申徒狄諫而不聽，負石自投於河，爲魚鼈所食。（《莊子·盗蹠》）

⑧（侯）嬴聞如姬父爲人所殺。（《史記·魏公子列傳》）

⑨不者，若屬皆且爲所虜。（《史記·項羽本紀》）

⑩用此，其將兵數困辱，其射猛獸，亦數爲所傷云。（《史記·李將軍列傳》）

（4）動詞前用介詞“被”字表示被動。介詞“被”字可以引進動作行爲的施事者。如：

①今月十三日，臣被尚書召問。（蔡邕《被收時表》）

②禰衡被魏武謫爲鼓吏。（《世説新語·言語》）

③若官未通顯，每被公私使令，亦爲猥役。（《顔氏家訓·雜藝》）

如果“被”字後的主動者不出現，它就直接附加在被動詞前面，作爲被動句的一個標誌。如：

④今兄弟被侵，必攻者，廉也。知友被辱，隨仇者，貞也。（《韓非子·五蠹》）

⑤曾子見疑而吟，伯奇被逐而歌。（《論衡·感虚》）

⑥信而見疑，忠而被謗，能無怨乎？（《史記·屈原賈生列傳》）

用於引進動作行爲施事者的“被”字，也可與助詞“所”字結合，構成“被……所……”形式的被動句。如：

⑦父子並有琴書之藝，尤妙丹青，常被元帝所使，每懷羞恨。（《顔氏家訓·雜藝》）

⑧因被匈奴所破，西踰葱嶺，遂有其國。（《隋書·西域列傳》）

（5）“見”、“被”諸字，都可以分别與介詞“於”結合，組成“見……於……”、

“被……於……”等不同類型的被動句。在這些被動句中，“見”、“被”諸字都放在被動詞的前面，作爲被動的標誌，介詞“於”則放在被動詞的後面，引進動作行爲的施事者。如：

①吾長見笑於大方之家。(《莊子·秋水》)

②萬乘之國，被圍於趙，壤削主困，爲天下戮，公聞之乎？(《戰國策·齊策六》)

③栗腹以十萬之衆五折於外，以萬乘之國被圍於趙。(《史記·魯仲連鄒陽列傳》)

(三)賓語前置句

古今漢語語序基本相同，大多按“主語——謂語——賓語”的位序排列。但在古代漢語中，賓語有時卻要放到動詞謂語前面，形成“主語——賓語——謂語”的位序。這種結構的句子，就是賓語前置句。古代漢語的賓語前置句主要有三種表現形式。

1. 疑問代詞作賓語前置

古代漢語中常用的疑問代詞有：“誰”、“孰”、“何”、“胡”、“奚”、“曷”、“安”、“焉”、“惡”等。這些疑問代詞作動詞的賓語時，都要放在動詞謂語的前面。如：

①皮之不存，毛將安傅？(《左傳·僖公十四年》)

②既富矣，又何加焉？(《論語·子路》)

③天下之父歸之，其子焉往？(《孟子·離婁上》)

④問臧奚事？則挾策讀書。問穀奚事？則博塞以遊。(《莊子·駢拇》)

⑤君臣擾亂，上下不分別。雖聞，曷聞？雖見，曷見？雖知，曷知？(《吕氏春秋·任教》)

⑥楊子謂弟子曰：“行賢而去自賢之心，惡往而不美？”(《韓非子·説林上》)

⑦寡人將置相，置於季成子與翟觸，我孰置而可？(《説苑·臣術》)

⑧齊景公謂子貢曰：“子誰師？”曰：“臣師仲尼。”(《説苑·善説》)

⑨三代受命，其符安在？(《漢書·董仲舒傳》)

疑問代詞作賓語必須前置的規律十分嚴格，即使是作介詞的賓語，也要放在介詞前面。如：

⑩何以贈之？瓊瑰玉佩。(《詩·秦風·渭陽》)

⑪百姓足，君孰與不足？百姓不足，君孰與足？(《論語·顏淵》)

⑫許子奚爲不自織？(《孟子·滕文公上》)

⑬死者若可作也，吾誰與歸？(《國語·晉語八》)

⑭曷爲久居此圍城之中而不去也。(《戰國策·趙策三》)

⑮伯高死于衛，赴於孔子，孔子曰：“吾惡乎哭諸？兄弟，吾哭諸廟；父之友，吾哭諸廟門之外。(《禮記·檀弓上》)

⑯即不幸有二三千里之旱，國胡以相恤？(賈誼《論積貯疏》)

2. 否定句中代詞賓語前置

古代漢語否定句中的代詞作句子賓語也要前置到動詞之前。這裏有兩個條件：一是句子是否定句，句中用了否定副詞“不”、“未”、“毋”(“無”)、“弗”或無定代詞“莫”等詞語；二是句中用了代詞作賓語。如：

①今鄭人貪賴其田，而不我與，我若求之，其與我乎？(《左傳·昭公十二年》)

②驕而不亡者，未之有也。(《左傳·定公十三年》)

③我無爾詐，爾無我虞。（《左傳・宣公十五年》）

④以吾一日長乎爾，毋吾以也。（《論語・先進》）

⑤故作事不以禮，弗之敬也；出言不以禮，弗之信矣。（《禮記・禮器》）

⑥每自比于管仲、樂毅，時人莫之許也。（《三國志・蜀書・諸葛亮傳》）

否定句中代詞賓語前置的兩個條件，缺一不可。如例①的“不我與”，就是人稱代詞“我”作動詞“與”的賓語，前置到动词前，这是因为句子是否定句，還用了否定副詞“不”字；下句的“其與我乎”的“與我”，也是人稱代詞作賓語，但由於句中没有用否定副詞，所以代詞賓語“我”就不前置了。

3. 用“之”、“是”幫助賓語前置

古代漢語中名詞作賓語時，爲了强調這個名詞，也可以將其前置到動詞之前。不過，前置的名詞賓語要用結構助詞“之”、“是”來幫助前置。如：

①戎狄是膺，荆舒是懲。（《詩・魯頌・閟宫》）

②愎諫違卜，固敗是求，又何逃焉？（《左傳・僖公十五年》）

③君子居之，何陋之有？（《論語・子罕》）

④吾百姓之不圖，唯舟與車。（《國語，晉語二》）

“之”、“是”幫助賓語前置的做法也可以用在其他方面。比如指示代詞“是”字作動詞賓語時，也有用結構助詞“之”字來幫助前置的。如：

⑤古者民有三疾，今也或是之亡也。（《論語・陽貨》）

⑥若狄公子，吾是之依兮。（《國語・晉語三》）

動詞“謂”字句中，由於經常用“之”字幫助代詞賓語或名詞賓語前置，以至形成了一種“前置賓語＋之/是＋謂”的固定格式。如：

⑦君子曰：穎考叔，純孝也，愛其母，施及莊公。《詩》曰：“孝子不匱，永錫爾類。”其是之謂乎？（《左傳・隱公元年》）

⑧禮也者，小事大、大字小之謂也。（《左傳・昭公三十年》）

⑨《詩》云：“自西自東，自南自北，無思不服。”此之謂也。（《孟子・公孫丑上》）

用“之”、“是”幫助前置的賓語，往往是句子特意强調的對象。爲了更好地突出這個前置賓語，古人還往往在前置賓語之前加上語氣副詞“唯”來突出動作對象的單一性。這種“唯＋前置賓語＋之/是＋動詞謂語”的句式，著重强調前置賓語，有强烈的排他意味。如：

⑩無非無儀，唯酒食是議。（《詩・小雅・斯干》）

⑪其敢不唯禮是事而受此盟也？（《左傳・定公八年》）

⑫此子也才，吾受子之賜；不才，吾唯子之怨。（《左傳・文公七年》）

⑬父母唯其疾之憂。（《論語・爲政》）

結構助詞“之”、“是”也可以幫助介詞賓語前置。如：

⑭叔仲昭伯曰：“我楚國之爲，豈爲一人？行也！”（《左傳・襄公二十八年》）

⑮大夫陳子，陳之自出。（《左傳・哀公二十七年》）

⑯晉居深山，戎狄之與鄰，而遠於王室。（《左傳・昭公十五年》）

三、古代漢語的虚詞

虚詞是古代漢語語法學習中的重點和難點。虚詞是構詞成句的重要組成部分。完全不用虚詞的句子，句意的表達就不能準確生動，句子結構也會受到一些影響。古代漢語句子中，虚詞出現的頻率很高，有時一句話中，虚詞用得比實詞還要多；虚詞的用法也十分靈活。虚詞，一般都没有實在意義，要結合句子的意義來理解，但由於虚詞在句子構成中有十分重要的作用，是否能够準確地理解和把握它們的詞義和語法作用，就顯得十分關鍵了。古籍閲讀中常有這樣的情況，一個虚詞的意義弄不明白，以至於誤會全句的意思；一句話弄不明白，甚至可能影響到對全篇文意的理解。清代劉淇《助字辨略》説："一字之失，一句爲之蹉跎；一句之誤，通篇爲之梗塞。"这道出了虚詞學習在古書閲讀中的重要性。

（一）介詞

介詞通常用在名詞、代詞或名詞性短語前面，組成介詞短語，表示與動作或狀態相關的時間、處所、人物、工具、方式、條件、目的等意義。介詞和介賓短語的應用，能使句意的表達更加具體明晰。古代漢語中常用的介詞主要有："於"（"于"、"乎"）、"以"、"爲"、"與"、"由"、"自"、"從"、"及"、"至"、"因"等。

1．以

介詞"以"的用法主要是：

（1）引進動作行爲賴以發生的具體事物。如：

①以此衆戰，誰能禦之？以此攻城，何城不克？（《左傳·僖公四年》）

②臣聞古之君人，有以千金求千里馬者，三年不能得。（《戰國策·燕策一》）

③君王與沛公飲，軍中無以爲樂，請以劍舞。（《史記·項羽本紀》）

（2）引進動作行爲賴以實施的抽象憑藉。如：

①君若以德綏諸侯，誰敢不服？（《左傳·僖公四年》）

②鄭人立子良，辭曰："以賢，則去疾不足；以順，則公子堅長。"乃立襄公。（《左傳·宣公四年》）

③欲以所事孔子事之，强曾子。（《孟子·滕文公上》）

（3）引進動作行爲發生的原因。如：

①且吾不以一眚掩大德。（《左傳·僖公三十三年》）

②君子不以言舉人，不以人廢言。（《論語·衛靈公》）

③秦以往者數易君，君臣乖亂，故晉復强，奪秦河西地。（《史記·秦本紀》）

（4）引進動作行爲發生的時間。這種用法的"以"字和介詞"於（于）"的用法相同。如：

①曰："不可使共叔無後於鄭。"使以十月入。（《左傳·莊公十六年》）

②斧斤以時入山林，林木不可勝用也。（《孟子·梁惠王上》）

③乃有蜚語，爲惡言聞上，故以十二月晦，論棄市渭城。（《史記·魏其武安侯列傳》）

介詞“以”的賓語，也可以放到介詞的前面。如：

①君若以力，楚國方城以爲城，漢水以爲池。雖衆，無所用之。（《左傳·僖公四年》）
②敏而好學，不恥下問，是以謂之文也。（《論語·公冶長》）
③江漢以濯之，秋陽以暴之。（《孟子·滕文公上》）

2. 於（于、乎）

介詞“於”和“乎”的上古音近同，“于”字和它們不同音。但這三個字在先秦古籍中同時應用，没有多大的語法差别，所以一般不作區分。

介詞“於”（“于”、“乎”）的用法主要有五種：

（1）引進動作行爲涉及的範圍。如：

①遂寘姜氏於城潁。（《左傳·隱公元年》）
②伯夷叔齊餓于首陽之下，民到于今稱之。（《論語·季氏》）
③雞鳴狗吠相聞，而達乎四境。（《孟子·公孫丑上》）

（2）引進動作行爲發生的時間。如：

①自我不見，于今三年。（《詩·豳風·東山》）
②繁啓蕃長於春夏，畜積收臧於秋冬。（《荀子·天論》）
③試用於昔日，先帝稱之曰能。（《三國志·蜀書·諸葛亮傳》）

（3）引進動作行爲涉及的對象。如：

①北戎伐齊，齊使乞師于鄭。（《左傳·桓公六年》）
②當仁，不讓於師。（《論語·衛靈公》）
③或問乎曾西曰：“吾子與子路孰賢?”（《孟子·公孫丑上》）

（4）引進比較的對象。這種“於”字短語，常常放在形容詞後面作補語。如：

①我不如顔羽而賢於邴泄。（《左傳·哀公十一年》）
②王如知此，則無望民之多於鄰國也。（《孟子·梁惠王上》）
③青，取之於藍而青於藍。冰，水爲之而寒於水。（《荀子·勸學》）

（5）引進動作行爲的主動者。如：

①刑賞已諾，信乎天下矣。（《荀子·王霸》）
②夫弩弱而矢高者，激於風也。（《韓非子·難勢》）
③然而兵破於陳涉，地奪於劉氏者，何也?。（《漢書·賈山傳》）

（二）連詞

連詞，是用來連接兩個語言單位的詞語。古代漢語的連詞，主要用來連接詞與詞、短語與短語、句子與句子，這與現代漢語完全相同。但古漢語中還有一部分連詞可以用來連接主語和謂語，或連接狀語和謂語，這種用法是現代漢語連詞所没有的。古漢語連詞的作用是由它所連接前後兩項的語意關係所決定的，所以，判斷一個連詞的語法功能，要注意分析它所連接的前後兩項之間存在的語意關係，不能脱離上下文孤立判斷。

1. 而

古代漢語連詞“而”可以連接兩個詞、兩個短語，或者兩個句子，這些用法與現代漢語相同。如：

①宰予之辭，雅而文也。（《韓非子·顯學》）

②高祖爲人，隆準而龍顔。（《史記·高祖本紀》）

③公子即合符，而晉鄙不授公子兵而復請之，事必危矣。（《史記·魏公子列傳》）

例①“雅而文”，“而”字連接的是兩個詞。例②“隆準而龍顔”，“而”字連接的是兩個短語。例③“晉鄙不授公子兵而復請之”，“而”字連接的是兩個句子。

古代漢語中的“而”字還可以用在狀語和謂語之間，連接狀語和謂語；或者在主語和謂語之間，連接主語和謂語。這兩種用法都是現代漢語所没有的。如：

④太后盛氣而胥之。（《戰國策·趙策四》）

⑤令天下重足而立，側目而視矣。（《史記·汲黯列傳》）

⑥人而無恒，不可以作巫醫。（《論語·子路》）

⑦王室而既卑矣，周之子孫日失其序。（《左傳·隱公十一年》）

例④“盛氣而胥之”，“盛氣”是句子狀語，“胥”是動詞謂語。例⑤“重足而立”，“重足”是狀語，“立”是動詞謂語；“側目而視”，“側目”是狀語，“視”是動詞謂語。以上“而”字連接的是狀語和謂語。例⑥“人而無恒”，“人”是主語，“無恒”是謂語部分。例⑦“王室而既卑”，“王室”是主語，“既卑”是謂語部分。以上“而”字連接的是主語和謂語。

“而”字連接的前後兩項，有多種語義關係。這些關係可以概括爲順接和逆接兩種。所謂順接，是指“而”字連接的兩個成分或者是並列關係，或者是前後相承的關係。有並列關係的兩項，前後位序可以調換，無輕重之分；有前後相承關係的兩項，後項表示的情況緊接著前項發生，前後兩項順遞相承，語義上没有轉折。如：

⑧敏於事而慎於言，就有道而正焉。（《論語·學而》）

⑨鄒忌脩八尺有餘而形貌昳麗。（《戰國策·齊策一》）

⑩是故質的張而弓矢至焉，林木茂而斧斤至焉。（《荀子·勸學》）

⑪見兔而顧犬，未爲晚也。亡羊而補牢，未爲遲也。（《戰國策·楚策四》）

所謂逆接，是指“而”字連接的兩個成分不是語意並列或者前後連貫，而是有轉折，甚至前後兩項的意思相反。如：

⑫老而無妻曰鰥，老而無夫曰寡，老而無子曰獨，幼而無父曰孤。（《孟子·梁惠王下》）

⑬斬敵者受賞，而高慈惠之行；拔城者受爵禄，而信廉愛之說。（《韓非子·五蠹》）

⑭雖才高於世，而無驕尚之情。（《後漢書·張衡傳》）

用在狀語和謂語之間的“而”字，都是順接。如：

⑮吾嘗終日而思矣，不如須臾之所學也。（《荀子·勸學》）

⑯晏子爲齊相，出。其御之妻從門間而窺其夫。（《史記·管晏列傳》）

用在主語和謂語之間的“而”字，多是逆接。

⑰人而無情，何以謂之人？（《莊子·德充符》）

⑱朋而不心，面朋也。友而不心，面友也。（《法言·學行》）

⑲匹夫而爲百世師，一言而爲天下法。（蘇軾《潮州韓文公廟碑》）

2. 則

古代漢語的連詞“則”，多用在複合句的下一個分句之前，連接複合句中的兩個分句。“則”字的基本用法也可以概括爲順接和逆接兩種。

順接的“則”字，主要表示兩事之間在語意上的自然相承，它可以是兩個先後動作

的順遞相承，也可以表示條件和結果關係、假設和結果關係，等等。如：

①凡稻旬日失水，則死期至。（《天工開物·乃粒·稻》）

②藥稍熔，則以一平板按其面。（《夢溪筆談·技藝》）

③彊本而節用，則天不能貧。（《荀子·天論》）

④且夫水之積也不厚，則其負大舟也無力。（《莊子·逍遥遊》）

⑤公子若反晉國，則何以報不穀？（《左傳·僖公二十三年》）

⑥先生之方能若是，則太子可生也。（《史記·扁鵲倉公列傳》）

逆接的“則”字，表示前後兩個分句之間語意上存在著相反相違的關係，或者後一分句與前一分句所預料的情況正好相反，或者後一分句與前一分句所要達到的目的正好相反，如：

⑦公使陽處父追之。及諸河，則在舟中矣。（《左傳·僖公三十三年》）

⑧二子西行如周，至於岐陽，則文王已歿矣。（《吕氏春秋·誠廉》）

⑨滕，小國也。竭力以事大國，則不得免焉。（《孟子·梁惠王下》）

⑩實欲言十則言百，百則言千矣。（《論衡·儒增》）

連詞“則”也常常在前後結構相同的兩個並列複句中，兩兩相對，表示前後句子之間的比較對舉關係。如：

⑪欲速則不達，見小利則大事不成。（《論語·子路》）

⑫治則進，亂則退。（《孟子·萬章下》）

⑬窮則獨善其身，達則兼善天下。（《孟子·盡心上》）

（三）助詞

助詞，是附著在詞、短語、句子上面，表示一定語法意義的虚詞。古代漢語的助詞與現代漢語相比，較爲特殊的一類是結構助詞。結構助詞，主要用在名詞性短語中，起一定結構作用，表示一定的結構關係。古漢語中常用的結構助詞主要有“者”、“所”、“之”等。

1. 者

結構助詞“者”，用在動詞、形容詞，或動詞短語、形容詞短語的後面，和這些動詞、形容詞，或動詞短語、形容詞短語組成一個名詞性的結構。如：

①往者不可諫，來者猶可追。（《論語·微子》）

②賢者識其大者，不賢者識其小者。（《論語·子張》）

③夫山居而谷汲者，膢臘而相遺以水。澤居苦水者，買庸而決竇。（《韓非子·五蠹》）

④子苟赦越國之罪，又有美於此者將進之。（《國語·越語上》）

“者”字也可以用在數詞、時間詞之後，表示一定的範圍或種類。如：

⑤必不得已而去，於斯三者何先？（《論語·顔淵》）

⑥此五者，明君之所疑也，而聖主之所禁也。（《韓非子·説疑》）

⑦昔者有饋生魚於鄭子産，子産使校人畜之池。（《孟子·萬章上》）

⑧今者臣來，過易水，蚌方出曝。（《戰國策·燕策二》）

如果“者”字用在名詞或名詞短語之後，就是語氣詞了。如《孫子·計篇》：“兵者，詭道也。”“兵”字後面的“者”，是語氣詞，不是結構助詞。

2. 所

結構助詞“所”，在句中主要是和後面的動詞和動詞性短語組成一個名詞性結構。所字結構在句子中可以充當主語、賓語或者定語。結構助詞“所”和“者”的性質相同，它們都要和其他詞語結合起來使用，而不能單獨充當句子成分。如：

①仲子所居之室，伯夷之所築與？抑亦盜蹠之所築與？（《孟子·滕文公下》）

②其北陵，文王之所避風雨也。（《左傳·僖公三十二年》）

③所愛者，撓法活之。所憎者，曲法誅滅之。（《史記·酷吏列傳》）

在所字結構中，助詞“所”字之後、動詞或動賓短語之前，還可以加上介詞“以”、“與”、“從”、“爲”、“由”等，組成“所＋介詞＋賓語”的結構。這種結構也是一個名詞性短語。如：

④其妻問所與飲食者，則盡富貴也。（《孟子·離婁下》）

⑤彼兵者，所以禁暴除害也，非爭奪也。（《荀子·議兵》）

⑥所由入者隘，所從歸者迂，彼寡可以擊吾之衆者，爲圍地。（《孫子·九地》）

⑦梁乃召故所知豪吏，諭以所爲起大事。（《史記·項羽本紀》）

⑧魏王所以貴張子者，欲得韓地也。（《史記·張儀列傳》）

3. 之

結構助詞“之”的主要作用是放在主謂結構的主語和謂語之間，表示這個主謂結構已經失去了獨立成句的能力，它衹能在一個更大的句子中充當句子成分。這種用法的“之”字，實際上是古代漢語主謂短語形成的一種外部標誌。人們習慣上將這種用法的“之”字稱爲取消句子獨立性的“之”。

取消句子獨立性的“之”，主要用在以下兩方面：

（1）“之”字用在充當單句句子成分的主謂短語中，表示這個主謂短語不能獨立成句，衹能在一個更大的句子中作它的句子成分。這種取消了句子獨立性的短語，有的充當句子主語，如：

①子之哭也，壹似重有憂者。（《禮記·檀弓下》）

②甚矣，汝之不惠。（《列子·湯問》）

有的充當句子的賓語，如：

③歲寒，然後知松柏之後彫也。（《論語·子罕》）

④諸侯見齊之罷獘，君臣之不和也，興兵而伐齊，大破之。（《史記·范雎蔡澤列傳》）

如果主語和賓語都由主謂短語充當，兩個主謂短語同時都要用上結構助詞“之”。如：

⑤鄭之有原圃，猶秦之有具囿也。（《左傳·僖公三十三年》）

⑥子曰：“夷狄之有君，不如諸夏之亡也。”（《論語·八佾》）

（2）“之”字用在複句的前一分句中，表明這個分句的意思未完，要與下一分句結合，纔能表達一個完整的意思。如：

①晉公子重耳之及於難也，晉人伐諸蒲城。（《左傳·僖公二十三年》）

②堯之王天下也，茅茨不翦，采椽不斲。（《韓非子·五蠹》）

③古人有言曰：“雖鞭之長，不及馬腹。”（《左傳·宣公十五年》）

④苟子之不欲，雖賞之不竊。（《論語·顏淵》）

古代漢語中，結構助詞“之”字的另外一種常見用法是放在定語和中心詞之間，表示領屬、修飾或同一關係。如《列子·湯問》：“以君之力，曾不能損魁父之丘，如太行、王屋何?”這種用法的“之”字與取消句子獨立性的“之”字不同之處在於：用在定語與中心詞之間的“之”字，後面跟的都是名詞或名詞性短語，而取消句子獨立性的“之”字，後面跟的都是動詞或形容詞。根據“之”字後面詞語的詞性，可以區分“之”字的不同語法作用。

指示代詞“其”用在名詞之前作定語時，表“他（它）的”之意。如《論語·衛靈公》：“工欲善其事，必先利其器。”“其事”是指他的事，“其器”是指“他的器（工具）”。這個“其”字也常用在動詞或形容詞之前，其作用相當於指示代詞“他（它）”加“之”字。其所隱含的“之”字，並不是表示修飾和領屬關係，而是用來取消句子的獨立性，表明這個“其+動詞/形容詞”結構是一個主謂短語。如：

①孟子，吾見師之出而不見其入也。（《左傳·僖公三十三年》）

②彼衆我寡，及其未既濟也，請擊之。（《左傳·僖公二十二年》）

③人之有是四端也，猶其有四體也。（《孟子·公孫丑上》）

例①“不見其入”，等於説“不見師之入”，與上句“吾見師之出”相互對應。例②“及其未既濟也”，“其未既濟”作介詞“及”的賓語，等於説“及彼之未既濟”。例③“猶其有四體”，等於説“猶人之有四體”，與上句“人之有四端”相對應。

（四）語氣詞

語氣詞主要用在單句或複句分句的末尾，配合上下文意表示肯定、疑問、反詰、驚訝、感歎等語氣，有明顯的感情色彩。古代漢語常用的句尾語氣詞可以分爲三大類：

1. 陳述語氣詞

這類語氣詞表明句子是用平直的語調表明意見，敘述事實。常用的陳述語氣詞有“也”、“矣”、“耳”、“焉”等。如：

①陳丞相平者，陽武户牖鄉人也。（《史記·陳丞相世家》）

②其子趨而往視之，苗則槁矣。（《孟子·公孫丑上》）

③狡兔有三窟，僅得免其死耳。（《戰國策·齊策四》）

④將有西師過軼我，擊之，必大捷焉。（《左傳·僖公三十二年》）

陳述語氣詞有一定分工。“也”一般表示肯定、判斷、確認的語氣。“矣”是把事情發展的狀態當作一種新情況告訴給別人，如例②“苗則槁矣”，原來不知道苗槁了，現在知道了，也是一種新的情況。“耳”字表示動作行爲的發生局限在某一範圍之内，不會超過這個範圍。“焉”字則主要用來加强語氣。

2. 疑問語氣詞

這類語氣詞表示詢問的語氣，主要用在疑問句中。常用的疑問語氣詞有“乎”、“與”（“歟”）、“耶”、“邪”等。如：

①王曰：“叟不遠千里而來，亦將有以利吾國乎?”（《孟子·梁惠王上》）

②漁父見而問之曰："子非三閭大夫歟？何故而至此？"（《史記·屈原賈生列傳》）

③今亂晉國之政，乏不虞之備，以成節，以絜私名，獻伯之儉也可與？（《韓非子·外儲説左下》）

④王怒曰："道固然乎？妄其欺不穀邪？"（《國語·越語下》）

⑤明者睹未萌，況已著耶？（《後漢書·班超傳》）

這些疑問詞，可以表示真正的疑問，問話者不知道情況或者不敢肯定自己的判斷，希望得到回答，如例①、例②；也可以表示反問，是一種明知故問，目的在於强調，如例③、例④、例⑤。

3. 感歎語氣詞

這類語氣詞主要用以表達驚訝、感歎、愛憎等感情。古代漢語中常用的感歎語氣詞有"哉"、"夫"等。如：

①楚國若有大事，子其危哉！（《左傳·昭公二十七年》）

②善哉！吾請無攻宋矣。（《墨子·公輸》）

③逝者如斯夫，不舍晝夜。（《論語·子罕》）

④悲夫！本細末大，弛必至心。（賈誼《大都》）

兩個語氣詞相互比較，"哉"字所表達的感歎語氣要强烈些，而"夫"字感歎的意味顯得略爲低沈。

先秦時期的句尾語氣詞常常連用。連用時，各個語氣詞原有的語氣未變，能够充分表達句子的複雜語氣。但從全句來看，衹有句末使用的那個語氣詞，纔是句子語氣表達的重點。如：

①夫能齊萬不同，愚智工拙皆盡力竭能，如出乎一穴者，其唯聖人矣乎？（《吕氏春秋·不二》）

②若乃得去不肖者，而為賢者狗，豈特攫其腓而噬之耳哉！（《戰國策·齊策六》）

③鄙夫可與事君也與哉？（《論語·陽貨》）

④崔杼果弑莊公。晏子立崔杼之門，從者曰："死乎？"晏子曰："獨吾君也乎哉？吾死也。"（《晏子春秋·内篇雜上》）

文選三　先秦子書（今注）

老　子

有无相生

天下皆知美之爲美，斯惡已[1]；皆知善之爲善，斯不善已。故有无相生[2]，難易相成，長短相形[3]，高下相傾[4]，音聲相和[5]，前後相隨。是以聖人處無爲之事[6]，行不言之教。萬物作焉而不辭[7]，生而不有，爲而不恃[8]，功成不居。夫唯不居，是以不去。

［1］斯：則，這就。惡：醜陋。已：語氣詞，通“矣”。

［2］生：存，依存。

［3］形：表現，表露。

［4］傾：依靠。

［5］音：聲的組合，有旋律，有節奏的聲。聲：簡單的發音。和：和諧。

［6］處：處於，處在。無爲：無所作爲的，自然的。

［7］此句謂萬物順其自然生長發展，聖人不替它開端（不爲其始）。作：興起。辭：通“始”。帛書《老子》乙本作“始”。

［8］此句謂施澤萬物，而不以爲恩。

无知无欲

不上賢[1]，使民不争；不貴難得之貨[2]，使民不盜；不見可欲[3]，使心不亂。聖人治：虚其心[4]，實其腹，弱其志，强其骨。常使民无知无欲，使夫知者不敢爲[5]，則无不治。

［1］上賢：崇尚賢能。

［2］貨：財物，指金銀珠玉之類。

［3］可欲：指能引起欲望的東西。

［4］虚其心：謂使民的頭腦空虚。

［5］知：後來寫作“智”。

爲腹不爲目

五色令人目盲[1]，五音令人耳聾[2]；五味令人口爽[3]；馳騁田獵，令人心發狂；難得之貨，令人行妨[4]。是以聖人爲腹不爲目。故去彼取此。

［1］五色：青、赤、白、黑、黄五種顔色。古代以此五者爲正色。

［2］五音：古代五聲音階中的五個音級，即宫、商、角、徵、羽。

［3］五味：指酸、甜、苦、辣、咸五種味道。

［4］此句謂使人行動處處受妨礙，受限制，即處處要提防盗賊。

絶聖棄智

絶聖棄智[1]，民利百倍。絶民棄義[2]，民復孝慈。絶巧棄利，盗賊无有。此三者，爲文不足[3]，故令有所屬[4]：見素抱朴[5]，少私寡欲。

［1］聖：具有最高智慧和道德。

［2］民：朱謙之認爲是“仁”的訛字。

［3］聖智、仁義、巧利三者，都是以僞詐文飾所不足。爲：于省吾認爲是“僞”的假借字，虚僞姦詐。文：文飾。

［4］令有所屬：令人另有歸屬。

［5］見素抱朴：表現事物的本質和本性。素，未染色的絲。朴，通“樸”，未雕琢成器的木材。

道法自然

有物混成[1]，先天地生。寂漠[2]！獨立不改，周行不殆[3]，可以爲天下母[4]。吾不知其名，字之曰道，吾强爲之名曰大[5]。大曰逝[6]，逝曰遠，遠曰返[7]。道大，天大，地大，王大[8]。域中有四大，而王處一。人法地，地法天，天法道，道法自然。

［1］混成：渾然而成。

［2］寂漠：無聲無形。

［3］殆：馬敘倫認爲“殆”通“怠”，懈怠。

［4］天下母：帛書甲、乙本均作“天地母”，較確。母：喻指根本。

［5］强：勉强。大：舊脱，據朱謙之説補。

［6］大曰：舊脱，據朱謙之説補。逝：行進，進行。

［7］蔣錫昌認爲以上三句的意思是：道大而無所不包，而且不斷向前演進；演進得愈久，民智就離真愈遠；民智去真既遠，聖人則用無爲使他們返回。

［8］王：稱代人。王者爲人中之尊，此用“王”代人，有尊君之意，范應元説。傅奕本“王”作“人”，帛書甲、乙本均作“王”。古人認爲天、地、人爲三才。

以正治國

以正治國[1]，以奇用兵，以無事取天下。吾何以知其然？以此：天下多忌諱，而人彌貧[2]；民多利器，國家滋昏[3]；人多伎巧[4]，奇物滋起；法令滋彰[5]，盗賊多有。故聖人云：“我無爲，人自化[6]；我好靜，人自正；我無事，人自富；我無欲，人自朴[7]。”

［1］正：老子的慣用語，指清靜無爲。

［2］彌：更加。

［3］滋：益，更加。昏：昏亂。

［4］伎：後來寫作“技”，技藝。

［5］彰：明白。

［6］人：帛書甲、乙本均作“民”。此作“人”，避唐諱所改。化：歸化，順化。

［7］朴：通“樸”，質樸、樸實。

管　子

牧　民[1]

凡有地牧民者，務在四時[2]，守在倉廩。國多財則遠者來，地辟舉則民留處[3]；倉廩實則知禮節，衣食足則知榮辱；上服度則六親固[4]，四維張則君令行[5]。故省刑之要，在禁文巧[6]；守國之度，在飾四維[7]。順民之經[8]，在明鬼神，祗山川[9]，敬宗廟，恭祖舊。不務天時則財不生，不務地利則倉廩不盈。野蕪曠則民乃菅[10]，上無量則民乃妄[11]，文巧不禁則民乃淫；不璋兩原則刑乃繁[12]。不明鬼神則陋民不悟，不祗山川則威令不聞，不敬宗廟則民乃上校[13]，不恭祖舊則孝悌不備。四維不張，國乃滅亡。

右國頌

［1］牧民：統治人民。

［2］務：致力。

［3］辟舉：開發，開墾。辟，後來寫作“闢”。

［4］服：行事，處事。

［5］四維：繫在網四角上的繩索，喻指禮、義、廉、恥。維，繫物的大繩子。

［6］文巧：華麗奇巧。

［7］飾：通“飭”，整飭，整頓。

［8］經：常規，原則。

［9］祗（zhī）：敬。

［10］菅，通“姦”，姦詐。

［11］量：度。

［12］璋：通“墇”，堵塞。兩原：兩個根源。即上所言“上無量”和“文巧不禁”。

［13］校（jiào）：抗爭，抵抗。

國有四維，一維絕則傾，二維絕則危，三維絕則覆，四維絕則滅。傾可正也，危可安也，覆可起也，滅不可復錯也[1]。何謂四維？一曰禮，二曰義，三曰廉，四曰恥。禮不踰節，義不自進，廉不蔽惡，恥不從枉[2]。故不逾節則上位安，不自進則民無巧詐，不蔽惡則行自全，不從枉則邪事不生。

右四維

［1］錯：通“措”，安置。

［2］從枉：跟隨邪曲。

政之所興[1]，在順民心；政之所廢，在逆民心。民惡憂勞，我佚樂之[2]；民惡貧賤，我富貴之；民惡危墜，我存安之；民惡滅絕，我生育之。能佚樂之，則民爲之憂勞；能富貴之，則民爲之貧賤；能存安之，則民爲之危墜；能生育之，則民爲之滅絕。故刑罰不足以畏其意，殺戮不足以服其心。故刑罰繁而意不恐，則令不行矣；殺戮衆而心不服，則上位危矣。故從其四欲，則遠者自親；行其四惡，則近者叛之。故知予之爲取者，政之寶也。

右四順

［1］興：王念孫以爲“興”是“行”的訛字。

［2］佚：通“逸”，安逸，安閒。

錯國於不傾之地，積於不涸之倉，藏於不竭之府，下令於流水之原[1]，使民於不争之官[2]，明必死之路，開必得之門，不爲不可成，不求不可得，不處不可久，不行不可復。

錯國於不傾之地者，授有德也。積於不涸之倉者，務五穀也。藏於不竭之府者，養桑麻育六畜也。下令於流水之原者，令順民心也。使民於不争之官者，使各爲其所長也。明必死之路者，嚴刑罰也。開必得之門者，信慶賞也[3]。不爲不可成者，量民力也。不求不可得者，不强民以其所惡也。不處不可久者，不偷取一時也[4]。不行不可復者，不欺其民也。故授有德，則國安；務五穀，則食足；養桑麻育六畜，則民富；令順民心，則威令行；使民各爲其所長，則用備；嚴刑罰，則民遠邪；信慶賞，則民輕難；量民力，則事無不成。不强民以其所惡，則詐僞不生；不偷取一時，則民無怨心；不欺其民，則下親其上。

右士經[5]

［1］原：後來寫作“源”。

［2］官：職位。

［3］慶賞：獎賞。

［4］偷：苟且，得過且過。

［5］士：顧廣圻認爲當是“十一”二字誤合爲一。

以家爲鄉[1]，鄉不可爲也；以鄉爲國，國不可爲也；以國爲天下，天下不可爲也。以家爲家，以鄉爲鄉，以國爲國，以天下爲天下。毋曰不同生[2]，遠者不聽。毋曰不同鄉，遠者不行。毋曰不同國，遠者不從。如地如天，何私何親？如月如日，唯君之節。

禦民之轡，在上之所貴；道民之門[3]，在上之所先；召民之路[4]，在上之所好惡。故君求之則臣得之，君嗜之則臣食之，君好之則臣服之，君惡之則臣匿之。毋蔽汝惡，毋異汝度，賢者將不汝助。言室滿室，言堂滿堂[5]，是謂聖王。城郭溝渠不足以固守，兵甲强力不足以應敵，博地多財不足以有衆，唯有道者能備患於未形也，故禍不萌。

天下不患無臣，患無君以使之；天下不患無財，患無人以分之。故知時者可立以爲長；無私者可置以爲政[6]；審於時而察於用，而能備官者，可奉以爲君也。緩者後於事，吝於財者失所親[7]，信小人者失士。

右六親五法

［1］爲：治理。

［2］生：通“姓”，姓氏。

［3］道：後來寫作“導”。

［4］召：招引，引導。

［5］言室滿室，言堂滿堂：在室裏、堂上説話，就要使全室、全堂的人聽到。

［6］政：通“正”，官長。

［7］丞：同“吝”。

形　勢[1]

山高而不崩，則祈羊至矣[2]；淵深而不涸，則沈王極矣[3]。天不變其常，地不易其則，春秋冬夏不更其節，古今一也。蛟龍得水而神可立也，虎豹託幽而威可載也，風雨無鄉而怨怒不及也[4]。貴有以行令，賤有以忘卑，壽夭貧富，無徒歸也[5]。銜命者，君之尊也；受辭者，名之運也[6]。上無事，則民自試；抱蜀不言[7]，而廟堂既脩[8]。鴻鵠鏘鏘［9］，唯民歌之；濟濟多士[10]，殷民化之[11]。飛蓬之問[12]，不在所賓[13]；燕雀之集，道行不顧。犧牷圭璧[14]，不足以亨鬼神[15]，主功有素[16]，寶幣奚爲？羿之道[17]，非射也；造父之術[18]，非馭也；奚仲之巧[19]，非斲削也。召遠者使無爲焉[20]，親近者言無事焉，唯夜行者獨有也[21]。

［1］本篇一名《山高》，以篇首二字爲題。

［2］祈羊：祭祀山林用的羊。

［3］沈王（chényù）：投入水中祭祀河川用的玉器。王，古“玉”字。極：至，來到。

［4］鄉：方向，趨向。後來寫作“嚮”。

［5］徒：空，憑空。

［6］名：指君臣間的名分、地位。運：運用，作用。

［7］抱蜀：懷抱祭器。蜀，王念孫以爲“器”的訛字。

［8］脩：治。

［9］鏘鏘：象聲詞。此形容鴻鵠動聽的鳴聲。

［10］濟濟：衆多的樣子。

［11］此下原有“紂之失也”四字，顔昌嶢認爲是衍文，今删去。

［12］飛蓬：根底不牢、枯後遇風飛旋的蓬草，比喻没有根據的事物。問：論。

［13］賓：敬服。

［14］犧牷（quán）：古代祭祀時天子用的純色牲或諸侯用的全體之牲。泛指祭祀用的牲畜。圭璧：古代祭祀用的玉器。

［15］亨（xiǎng）：供奉（鬼神），獻。

［16］主功：君主的功業。素：常，指根基。

［17］羿：古代傳説中夏代有窮國的國君，善射箭。

［18］造父：古代傳説中善於駕車的人。

［19］奚仲：古代傳説中的能工巧匠。

［20］召：後來寫作“招”，招徠。使：使者。

［21］夜行者：指暗中行德，不事聲張的人。

平原之隰[1]，奚有於高？大山之限[2]，奚有於深？訾讆之人[3]，勿與任大。譕巨者可以遠舉[4]，顧憂者可與致道[5]。其計也速而憂在近者，往而無召也。舉長者，可遠見也。裁大者[6]，衆之所比也[7]。美人之懷[8]，定服而勿厭也[9]。必得之事，不足賴也。必諾之言，不足信也。小謹者不大立，訾食者不肥體[10]。有無棄之言者[11]，必參［之］於天地也[12]。墜岸三仞，人之所大難也，而猿猱飲焉。故曰：伐矜好專[13]，舉事之禍也。

［1］隰：低窪潮濕的地方。

［2］隈：山、水彎曲的地方。

［3］訾讆（zīwèi）：詆毁賢者而讚譽惡者。

［4］譕：同“謨”，謀。巨：原書作“臣”，王引之認爲是“巨”的訛字，今據改。

［5］憂：通“優”。

［6］裁：通“材”。

［7］比：比附。

［8］美：形容詞意動用法，“喜歡，樂意”的意思。

［9］定服：堅定實行。

［10］訾（cí）食：厭食。訾，通“饕”。

［11］之：指示代詞，此，這些。

［12］參（sān）：配合成三。

［13］伐矜（jīn）：高傲自誇。

不行其野，不違其馬[1]。能予而無取者，天地之配也。怠倦者不及，無廣者疑神[2]。［疑］神者在内[3]，不及者在門。在内者將假[4]，在門者將待[5]。曙戒勿怠，後穉逢殃[6]。朝忘其事，夕失其功。邪氣襲内，正色乃衰。君不君則臣不臣，父不父則子不子。上失其位，則下踰其節；上下不和，令乃不行；衣冠不正，則賓者不肅[7]；進退無儀，則政令不行。且懷且威，則君道備矣。莫樂之則莫哀之，莫生之則莫死之。往者不至，來者不極[8]。

［1］違：離開。

［2］廣：通“曠”，曠費時日。疑：通“擬”。

［3］疑：“疑”字舊脱，據（日）豬飼彥博説補。

［4］假：通“暇”，閒暇，悠閒自得。

［5］待：通“殆”，疲憊。

［6］穉：通“遲”，遲緩。

［7］賓者：導引賓客的人。賓，通“儐”。

［8］極：至。

道之所言者一也，而用之者異。有聞道而好爲家者，一家之人也。有聞道而好爲鄉者，一鄉之人也。有聞道而好爲國者，一國之人也。有聞道而好爲天下者，天下之人也。有聞道而好定萬物者，天（下）［地］之配也。道往者，其人莫來；道來者，其人莫往。道之所設[1]，身之化也。持滿者與天[2]，安危者與人。失天之度，雖滿必涸；上下不和，雖安必危。欲王天下而失天之道，天下不可得而王也。得天之道，其事若自然；失天之道，雖立不安。其道既得，莫知其爲之；其功既成，莫知其澤之[3]。藏之無形，天之道也。疑今者察之古，不知來者視之往。萬事之生也[4]，異趣而同歸[5]，古今一也。

[1] 設：施，施行。

[2] 持滿：謂始终保持强盛。與：隨，順從。

[3] 澤：通“釋”，放下，離開。

[4] 生：通“性”。

[5] 趣（qū）：趨嚮。

生棟覆屋[1]，怨怒不及。弱子下瓦[2]，慈母操箠[3]。天道之極，遠者自親；人事之起，近親造怨。萬物之於人也，無私近也，無私遠也。巧者有餘，而拙者不足。其功順天者，天助之；其功逆天者，天圍之[4]。天之所助，雖小必大；天之所圍，雖成必敗。順天者有其功，逆天者懷其凶，不可復振也。

[1] 生棟：用未乾的木材做成的棟梁。

[2] 下：拆下。

[3] 箠：通“棰”，木棍。

[4] 圍：通“違”。

烏鳥之狡[1]，雖善不親；不重之結，雖固必解。道之用也，貴其重也[2]。毋與不可[3]，毋强不能，毋告不知。與不可，强不能，告不知，謂之勞而無功。見與之（交）［友］[4]，幾於不親；見哀之役[5]，幾於不結；見施之德，幾於不報。四方所歸，心行者也。獨王之國[6]，勞而多禍；獨國之君[7]，卑而不威。自媒之女，醜而不信[8]。未之見而親焉，可以往矣；久而不忘焉，可以來矣。日月不明，天不易也。山高而不見，地不易也。言而不可復者，君不言也；行而不可再者，君不行也。凡言而不可復，行而不可再者，有國者之大禁也。

[1] 交：交往。

[2] 重：慎重。

[3] 與：結交。

[4] 見與：表面親密。見，後來寫作“現”。與，親密，友好。

[5] 見哀之役：劉績説此句當作“見愛之交”。

[6] 獨王：獨裁者，暴君。

[7] 獨國：孤立而無友好鄰邦的國家。

[8] 醜：羞恥。

晏子春秋

景公欲殺犯所愛之槐者晏子諫[1]

景公有所愛槐，令吏謹守之，植木縣之下[2]，令曰：“犯槐者刑，傷之者死。”有不聞令，醉而犯之者，公聞之曰：“是先犯我令。”使吏拘之，且加罪焉[3]。

[1] 選自《内篇諫下》。

［2］植：豎立。縣：後來寫作“懸”。

［3］且：將。

其女子往辭晏子之家[1]，託曰[2]：“負廓之民[3]，賤妾請有道于相國[4]，不勝其欲，願得充數乎下陳[5]。”晏子聞之，笑曰：“嬰其淫于色乎？何爲老而見犇[6]？雖然，是必有故。”令内之。女子入門，晏子望見之，曰：“怪哉！有深憂。”進而問焉，曰：“所憂何也？”對曰：“君樹槐縣令，犯之者刑，傷之者死。妾父不仁，不聞令，醉而犯之，吏將加罪焉。妾聞之，明君莅國立政[7]，不損禄，不益刑，又不以私恚害公法，不爲禽獸傷人民，不爲草木傷禽獸，不爲野草傷禾苗。吾君欲以樹木之故殺妾父，孤妾身，此令行于民而法于國矣。雖然，妾聞之，勇士不以衆彊淩孤獨，明惠之君不拂是以行其所欲[8]。此譬之猶自治魚鼈者也[9]，去其腥臊者而已。昧墨與人比居庾肆，而教人危坐。今君出令于民，苟可法於國，而善益于後世，則父死亦當矣，妾爲之收亦宜矣。甚乎！今之令不然，以樹木之故，罪法妾父，妾恐其傷察吏之法[10]，而害明君之義也。鄰國聞之，皆謂吾君愛樹而賤人，其可乎？願相國察妾言以裁犯禁者。”晏子曰：“甚矣！吾將爲子言之于君。”使人送之歸。

［1］辭：告，訴説。

［2］託：吴則虞認爲是“説”的形訛字。

［3］負廓之民：住在城牆邊的百姓。負，靠近。廓：通“郭”，外城。

［4］道：訴説，陳請。

［5］下陳：古代殿堂下陳放禮品、站列婢妾的地方。此處指地位低下的姬妾。

［6］犇：同“奔”。

［7］莅：從上監視，統治。

［8］拂：違背，不順。

［9］自“此譬之”以下四句，吴則虞認爲他處錯簡文句，誤寄於此，不類不倫，强爲之釋，轉成理障。

［10］察吏：明察之吏。

明日，早朝，而復于公曰：“嬰聞之，窮民財力以供嗜欲謂之暴，崇玩好，威嚴擬乎君謂之逆，刑殺不辜謂之賊。此三者，守國之大殃。今君窮民財力，以羨餒食之具[1]，繁鍾鼓之樂，極宫室之觀，行暴之大者；崇玩好，縣愛槐之令，載過者馳，步過者趨，威嚴擬乎君，逆之明者也；犯槐者刑，傷槐者死，刑殺不稱，賊民之深者。君享國，德行未見于衆，而三辟著于國[2]，嬰恐其不可以莅國子民也。”公曰：“微大夫教，寡人幾有大罪以累社稷。今子大夫教之，社稷之福，寡人受命矣。”

晏子出，公令趣罷守槐之役[3]，拔置縣之木，廢傷槐之法，出犯槐之囚。

［1］羨：多餘，豐足。餒食：王念孫認爲是“飲食”之誤。

［2］辟：邪僻，後來寫作“僻”。

［3］趣：通“促”，趕快，急促。

晏子之晉睹齊纍越石父解左驂贖之與歸[1]

晏子之晉，至中牟[2]，睹獘冠反裘負芻息于塗側者[3]，以爲君子也，使人問焉。曰：

“子何爲者也?”對曰：我越石父者也。”晏子曰：“何爲至此?”曰：“吾爲人臣[4]，僕于中牟，見使將歸。”晏子曰：“何爲爲僕?”對曰：“不免凍餓之切吾身，是以爲僕也。”晏子曰：“爲僕幾何?”對曰：“三年矣。”晏子曰：“可得贖乎?”對曰：“可。”遂解左驂以贈之。因載而與之俱歸。

[1] 選自《内篇雜上》。

[2] 中牟：春秋時衛國都邑，在今河南省中牟縣境内。

[3] 獘冠：破帽子。獘，同“弊”。反裘：反穿皮裘。芻：牲口喫的草。

[4] 臣：臣僕，奴僕。

至舍，不辭而入。越石父怒而請絶[1]。晏子使人應之曰：“吾未嘗得交夫子也。子爲僕三年，吾迺今日睹而贖之，吾于子尚未可乎？子何絶我之暴也[2]?”越石父對之曰：“臣聞之，士者詘乎不知已[3]，而申乎知已，故君子不以功輕人之身，不爲彼功詘身之理。吾三年爲人臣僕，而莫吾知也。今子贖我，吾以子爲知我矣。嚮者子乘[4]，不我辭也，吾以子爲忘；今又不辭而入，是與臣我者同矣。我猶且爲臣，請鬻于世[5]。”

[1] 絶：謂絶交。

[2] 暴：急迫，匆忙。

[3] 詘：通“屈”。

[4] 嚮者：往昔，先前。

[5] 鬻（yù）：賣。

晏子出見之，曰：“嚮者見客之容，而今也見客之意。嬰聞之，省行者不引其過[1]，察實者不譏其辭[2]。嬰可以辭而無棄乎！嬰誠革之[3]。”迺令糞灑改席[4]，尊醮而禮之[5]。越石父曰：“吾聞之，至恭不修途，尊禮不受擯[6]。夫子禮之，僕不敢當也。”晏子遂以爲上客。

君子曰：“俗人之有功則德，德則驕。晏子有功，免人于厄，而反詘下之，其去俗亦遠矣。此全功之道也。”

[1] 省行：審察别人德行。

[2] 譏：指責，非難。

[3] 革：改正。

[4] 糞灑：掃除清洗。改席：换上潔淨的坐席。

[5] 尊醮（jiào）：酌酒。

[6] 擯：通“儐”，儐相，迎接賓客和贊禮的人。

孫　子

計　篇

孫子曰：兵者，國之大事，死生之地，存亡之道，不可不察也。

故經之以五事[1]，校之以計[2]，而索其情：一曰道，二曰天，三曰地，四曰將，五曰法。道者，令民與上同意也，故可以與之死，可以與之生，而不畏危。天者，陰陽、寒暑、時制也[3]。地者，遠近、險易、廣狹、死生也。將者，智、信、仁、勇、嚴也。法者，曲制、官道、主用也[4]。凡此五者，將莫不聞，知之者勝，不知者不勝。故校之以計，而索其情，曰：主孰有道？將孰有能？天地孰得？法令孰行？兵衆孰强？士卒孰練[5]？賞罰孰明？吾以此知勝負矣。

[1] 經：籌劃。

[2] 校：考覈，考察。計：計量，計算。

[3] 時制：時令，季節。

[4] 曲制：軍隊編制的制度。曲，古代軍隊的編制單位，居部之下。官道：管理將士的制度。主用：指主掌軍資費用的制度。

[5] 練：精練。

將聽吾計，用之必勝，留之；將不聽吾計，用之必敗，去之。計利以聽[1]，乃爲之勢，以佐其外。勢者，因利而制權也[2]。兵者，詭道也。故能而示之不能，用而示之不用，近而示之遠，遠而示之近。利而誘之，亂而取之，實而備之，强而避之，怒而撓之[3]，卑而驕之，佚而勞之，親而離之。攻其無備，出其不意。此兵家之勝，不可先傳也[4]。

夫未戰而廟算勝者[5]，得算多也[6]；未戰而廟算不勝者，得算少也。多算勝，少算不勝，而況於無算乎！吾以此觀之，勝負見矣。

[1] 計利：謂計算的結論是形勢有利於我。聽：指"將聽吾計"的"將聽"。

[2] 權：謀略。

[3] 撓：攪亂。

[4] 先傳：預先傳述。

[5] 廟算：戰前朝廷對敵我雙方形勢進行比較並在此基礎上制訂作戰計劃。廟，朝廷。算，計算。

[6] 算：算籌，籌碼。此指戰爭中有利於己方的因素。

墨　子

尚　賢（上）

子墨子言曰："今者王公大人爲政於國家者，皆欲國家之富，人民之衆，刑政之治。然而不得富而得貧，不得衆而得寡，不得治而得亂，則是本失其所欲，得其所惡，是其故何也？"

子墨子言曰："是在王公大人爲政於國家者，不能以尚賢事能爲政也[1]。是故國有賢良之士衆，則國家之治厚；賢良之士寡，則國家之治薄。故大人之務，將在於衆賢而已[2]。"

[1] 事能：使用有才能的人。事，役使。

［2］衆賢：使賢人增多。

曰："然則衆賢之術將奈何哉？"

子墨子言曰："譬若欲衆其國之善射御之士者，必將富之貴之，敬之譽之，然後國之善射御之士將可得而衆也。況又有賢良之士，厚乎德行，辯乎言談，博乎道術者乎[1]？此固國家之珍，而社稷之佐也。亦必且富之貴之[2]，敬之譽之，然后國之良士亦將可得而衆也。是故古者聖王之爲政也，言曰：'不義不富[3]，不義不貴，不義不親，不義不近。'是以國之富貴人聞之，皆退而謀曰：'始我所恃者，富貴也。今上舉義不辟貧賤[4]，然則我不可不爲義。'親者聞之，亦退而謀曰：'始我所恃者，親也。今上舉義不辟疏，然則我不可不爲義。'近者聞之，亦退而謀曰：'始我所恃者，近也。今上舉義不辟遠，然則我不可不爲義。'遠者聞之，亦退而謀曰：'我始以遠爲無恃，今上舉義不辟遠，然則我不可不爲義。'逮至遠鄙郊外之臣[5]、門庭庶子[6]、國中之衆[7]、四鄙之萌人聞之[8]，皆競爲義。是其故何也？曰：上之所以使下者，一物也；下之所以事上者，一術也。譬之富者有高牆深宫，牆立既[9]，謹上爲鑿一門[10]，有盗人入，闔其自入而求之，盗其無自出。是其故何也？則上得要也[11]。

［1］道術：學術，學問。

［2］且：將。

［3］不義不富：不義之人不讓他富足。下句句式同。

［4］舉：推舉。

［5］鄙：邊邑。

［6］門庭庶子：指在宫庭内外朝守衛、值宿的貴族子弟。

［7］國：國都。

［8］萌人：老百姓。萌，通"氓"，民。

［9］牆立既：孫詒讓認爲此句當作"宫牆既立"。

［10］謹：通"僅"。

［11］要：要領，關鍵。

"故古者聖王之爲政，列德而尚賢。雖在農與工肆之人[1]，有能則舉之，高予之爵[2]，重予之禄，任之以事，斷予之令[3]。曰：'爵位不高則民弗敬，蓄禄不厚則民不信[4]，政令不斷則民不畏。'舉三者授之賢者，非爲賢賜也，欲其事之成。故當是時，以德就列，以官服事[5]，以勞殿賞[6]，量功而分禄。故官無常貴，而民無終賤，有能則舉之，無能則下之，舉公義，辟私怨[7]，此若言之謂也[8]。故古者堯舉舜於服澤之陽[9]，授之政，天下平。禹舉益於陰方之中[10]，授之政，九州成[11]。湯舉伊尹於庖廚之中，授之政，其謀得。文王舉閎夭、泰顛於罝罔之中[12]，授之政，西土服。故當是時，雖在於厚禄尊位之臣，莫不敬懼而施[13]；雖在農與工肆之人，莫不競勸而尚意[14]。故士者所以爲輔相承嗣也[15]。故得士則謀不困，體不勞。名立而功成，美章而惡不生，則由得士也。"

是故子墨子言曰："得意賢士不可不舉，不得意賢士不可不舉。尚欲祖述堯、舜、禹、湯之道[16]，將不可以不尚賢。夫尚賢者，政之本也。"

［1］工肆：作坊。

[2] 予：給予。
[3] 斷：決斷。
[4] 蓄禄：俸禄。
[5] 服事：指承擔公務。
[6] 殿：定。
[7] 辟：消除，排除。
[8] 此若：同義代詞連用，這。
[9] 服澤：古地名。陽：山的南面或水的北面。
[10] 陰方：古地名。
[11] 成：平定，安定。
[12] 閎夭、泰顛：周文王的大臣。罝（jiē）：捕獸的網。罔：漁獵用的網，後來寫作“網”。
[13] 施：通“惕”，擔心，這裏指謹慎小心。
[14] 意：孫詒讓認爲是“悳”（古“德”字）的訛字。
[15] 承嗣：讀爲“丞司”，佐官。
[16] 尚：通“儻”。祖述：仿效，效法。

兼　愛（上）

聖人以治天下爲事者也，必知亂之所自起[1]，焉能治之[2]；不知亂之所自起，則不能治。譬之如醫之攻人之疾者然[3]，必知疾之所自起，焉能攻之；不知疾之所自起，則弗能攻。治亂者何獨不然[4]？必知亂之所自起，焉能治之；不知亂之所自起，則弗能治。

[1] 自：介詞，從。
[2] 焉：義同“乃”，纔。
[3] 攻：治療。
[4] 獨：副詞，表示反問，難道，偏偏。

聖人以治天下爲事者也，不可不察亂之所自起。當察亂何自起[1]？起不相愛。臣子之不孝君父，所謂亂也。子自愛不愛父，故虧父而自利[2]；弟自愛不愛兄，故虧兄而自利；臣自愛不愛君，故虧君而自利，此所謂亂也。雖父之不慈子[3]，兄之不慈弟，君之不慈臣，此亦天下之所謂亂也。父自愛也不愛子，故虧子而自利；兄自愛也不愛弟，故虧弟而自利；君自愛也不愛臣，故虧臣而自利。是何也？皆起不相愛。雖至天下之爲盜賊者亦然[4]。盜愛其室不愛其異室[5]，故竊異室以利其室；賊愛其身，不愛人［身］[6]，故賊人以利其身[7]。此何也？皆起不相愛。雖至大夫之相亂家[8]，諸侯之相攻國者亦然。大夫各愛其家，不愛異家，故亂異家以利其家；諸侯各愛其國，不愛異國，故攻異國以利其國。天下之亂物具此而已矣[9]。察此何自起？皆起不相愛。

[1] 當：通“嘗”，副詞，嘗試。
[2] 虧：損害。自利：使自己得利。
[3] 雖：連詞，即使，縱使。慈：憐愛，愛惜。
[4] 至：連詞，表示另提一事，至於。盜：竊賊，小偷。賊：强盜。
[5] 室：家。其異室：王引之認爲“異室”上的“其”字是衍文。異室：别人的家。

[6] 身：原本無“身”字，據俞樾説補。

[7] 賊：害，殘害。

[8] 家：諸侯統治的地方叫國，大夫統治的地方叫家。

[9] 亂物：亂事。物，事。具：後來寫作“俱”，全，盡。

若使天下兼相愛[1]，愛人若愛其身，猶有不孝者乎？視父兄與君若其身，惡施不孝[2]？猶有不慈者乎？視弟子與臣若其身，惡施不慈？故不孝不慈亡有[3]，猶有盜賊乎？故視人之室若其室[4]，誰竊？視人身若其身，誰賊？故盜賊亡有。猶有大夫之相亂家，諸侯之相攻國者乎？視人家若其家，誰亂？視人國若其國，誰攻？故大夫之相亂家、諸侯之相攻國者亡有。若使天下兼相愛，國與國不相攻，家與家不相亂，盜賊無有，君臣父子皆能孝慈，若此則天下治。故聖人以治天下爲事者，惡得不禁惡而勸愛[5]？故天下兼相愛則治，交相惡則亂[6]。故子墨子曰“不可以不勸愛人”者，此也。

[1] 兼：副詞，全，都，全部。

[2] 惡（wū）：哪里。施：實行。

[3] 亡：通“無”。

[4] 故：孫詒讓認爲“故”字是衍文。

[5] 惡（wū）得：怎麽能够。不禁惡（wù）：惡，厭惡，憎惡。

[6] 交：副詞，互相。

商君書

更　法

孝公平晝[1]，公孫鞅、甘龍、杜摯三大夫御於君[2]，慮世事之變，討正法之本[3]，求使民之道。君曰：“代立不忘社稷，君之道也。錯法務民主張[4]，臣之行也。今吾欲變法以治，更禮以教百姓，恐天下之議我也。”公孫鞅曰：“臣聞之，疑行無成[5]，疑事無功。君亟定變法之慮，殆無顧天下之議之也[6]。且夫有高人之行者，固見負於世[7]；有獨知之慮者，必見驁於民[8]。語曰：‘愚者闇於成事，知者見於未萌[9]。民不可與慮始，而可與樂成[10]。’郭偃之法曰[11]：‘論至德者不和於俗，成大功者不謀於衆。’法者，所以愛民也；禮者，所以便事也。是以聖人苟可以彊國，不法其故；苟可以利民，不循其禮。”孝公曰：“善！”

[1] 孝公：秦孝公（公元前 361—前 338 年在位）。用商鞅新法十年，國大治。平：評議。晝：謀劃。

[2] 公孫鞅：即商鞅。戰國中期衛國人，本稱公孫鞅或衛鞅，後在秦封爲“商君”，歷史上稱他爲商鞅。甘龍、杜摯：都是秦國的貴族大夫。御：侍候。

[3] 討：研討，討論。正：通“政”，政治。正法：指政治法度。

[4] 錯：通“措”，施行。民：孫詒讓認爲是“明”的訛字，宣揚。張：孫詒讓認爲是“長”的訛字。主長：君王。

［5］疑：猶豫不決。

［6］殆：必，一定。顧：顧忌。

［7］見負於世：猶言被世人所指責。

［8］驁：通“警”，嘲笑。

［9］未萌：指事情尚未發端。萌，萌芽。

［10］樂成：享受成功的歡樂。

［11］郭偃：春秋時晉文公的大臣，佐文公變法。

甘龍曰：“不然。臣聞之，聖人不易民而教[1]，知者不變法而治。因民而教者[2]，不勞而功成。據法而治者，吏習而民安。今若變法，不循秦國之故，更禮以教民，臣恐天下之議君，願孰察之[3]。”公孫鞅曰：“子之所言，世俗之言也。夫常人安於故習，學者溺於所聞[4]。此兩者，所以居官而守法，非所與論於法之外也。三代不同禮而王[5]，五霸不同法而霸[6]。故知者作法，而愚者制焉。賢者更禮，而不肖者拘焉。拘禮之人，不足與言事；制法之人，不足與論變，君無疑矣。”

［1］易民：改易民俗。

［2］因民：遵循百姓的習俗。因，沿襲，遵循。

［3］孰：後來寫作“熟”，仔細，周詳。

［4］溺：沈溺，沈迷不悟。

［5］三代：指夏、商、周三個朝代。

［6］五霸：指春秋時齊桓公、晉文公、宋襄公、楚莊王、秦穆公。

杜摯曰：“臣聞之：利不百，不變法；功不十，不易器。臣聞法古無過，循禮無邪[1]。君其圖之[2]。”公孫鞅曰：“前世不同教，何古之法？帝王不相復[3]，何禮之循？伏羲、神農教而不誅[4]。黃帝、堯、舜誅而不怒[5]。及至文、武[6]，各當時而立法，因事而制禮；禮法以時而定，制令各順其宜，兵甲器備各便其用。臣故曰：‘治世不一道，便國不必法古。’湯、武之王也，不脩古而興[7]。殷、夏之滅也，不易禮而亡。然則反古者未必可非[8]，循禮者未足多是也[9]。君無疑矣。”

孝公曰：“善！吾聞窮巷多怪[10]。曲學多辨[11]。愚者笑之，知者哀焉。狂夫之樂，賢者喪焉[12]。拘世以議！寡人不之疑矣。”於是遂出《墾草令》[13]。

［1］邪：不正，有偏差。

［2］其：副詞，表示希望、請求的語氣。圖：想，考慮。

［3］復：重複，走老路。

［4］伏羲：傳説中的古帝王名，又稱太昊，風姓。相傳他始畫八卦，教民捕魚。神農：傳説中的古帝王名，又稱炎帝。相傳他始教民爲耒、耜以興農業，嘗百草以治百病。

［5］黃帝：傳説中的古帝王名，又稱軒轅氏。敗炎帝、蚩尤，諸侯尊爲天子。堯：傳説中的古帝王名，又稱唐堯。五帝之一，與舜一起被認爲是最早的賢君聖人。舜：傳説中的古帝王名，號有虞氏，爲五帝之一。怒：濫，過分。

［6］文：周文王。武：周武王。

［7］脩：王時潤説“脩”是“循”的訛字，依循。

［8］非：非難，責怪。

[9] 多：稱讚。是：高亨認爲是衍文。

[10] 窮巷：偏僻的小巷。悋：同“吝”，鄙吝。

[11] 曲學：囿於一隅的學者。多辨：好辯論。辨，通“辯”。

[12] 喪：悲悼，傷悼。

[13] 墾草令：開墾荒地的法令。

莊　子

逍遥遊[1]

北冥有魚[2]，其名爲鯤[3]。鯤之大，不知其幾千里也。化而爲鳥，其名爲鵬。鵬之背，不知其幾千里也；怒而飛[4]，其翼若垂天之雲[5]。是鳥也，海運則將徙於南冥[6]。南冥者，天池也。

[1] 本篇節錄《莊子·内篇·逍遥遊》的前半篇。

[2] 北冥：北海。冥，通“溟”，海。

[3] 鯤：本指魚卵，借用爲大魚之名。

[4] 怒：奮發。

[5] 垂天：籠罩天空。垂，覆蓋，籠罩。

[6] 海運：海動，海水振蕩。

《齊諧》者[1]，志怪者也[2]。《諧》之言曰：“鵬之徙於南冥也，水擊三千里，摶扶搖而上者九萬里[3]，去以六月息者也[4]。”野馬也，塵埃也[5]，生物之以息相吹也[6]。天之蒼蒼，其正色邪[7]？其遠而無所至極邪？其視下也[8]，亦若是則已矣。

[1] 齊諧：書名，簡稱“《諧》”，齊國俳諧之書。

[2] 志：後來寫作“誌”，記載。怪：怪異。

[3] 摶（tuán）：旋繞。扶搖：向上行的旋風。

[4] 六月息：颱風。因常發生在夏曆六月份而得名。

[5] 野馬：天地間如野馬奔騰的霧氣。塵埃：飄揚在空中的細土叫“塵”，細碎的塵粒叫“埃”。

[6] 息：氣息。

[7] 蒼蒼：深藍色。其：用在並列問句中表示選擇。正色：真正的顔色。

[8] 其：指大鵬鳥。

且夫水之積也不厚，則其負大舟也無力。覆杯水於坳堂之上[1]，則芥爲之舟[2]；置杯焉則膠，水淺而舟大也。風之積也不厚，則其負大翼也無力。故九萬里則風斯在下矣，而後乃今培風[3]，背負青天而莫之夭閼者[4]，而後乃今將圖南[5]。

[1] 坳（ào）堂：堂上凹陷之地。

[2] 芥：小草。

[3] 而後乃今：等於説然後纔。培風：等於説乘風。培，憑藉。

［4］負：揹。夭閼（yāo'è）：雙聲連綿詞，阻擋。

［5］圖：圖謀，打算。南：向南飛。

蜩與學鳩笑之曰[1]："我決起而飛[2]，搶榆、枋[3]，時則不至，而控於地而已矣[4]，奚以之九萬里而南爲[5]？"適莽蒼者[6]，三飡而反[7]，腹猶果然[8]；適百里者，宿舂糧[9]；適千里者，三月聚糧。之二蟲又何知[10]！

［1］蜩（tiáo）：寒蟬。學鳩：小鳥名。

［2］決（xuè）：迅疾的樣子。

［3］搶（qiāng）：碰，觸。榆：榆樹。枋（fáng）：檀樹。

［4］時則不至：等於説有時還飛不到。則，連詞。控：投，落下。

［5］奚以……爲：固定結構，表示反問的一種習慣説法，哪裏用得著……呢。

［6］適：到……去。莽蒼：疊韻連綿詞，郊野之色，這裏指代郊野。

［7］飡：同"餐"。

［8］果然：飽滿的樣子。

［9］宿：指頭天晚上。舂（chōng）：用杵在臼中搗去穀物的皮殼。

［10］之：指示代詞，此，這。二蟲：指蜩與學鳩。

小知不及大知[1]，小年不及大年[2]。奚以知其然也？朝菌不知晦朔[3]，蟪蛄不知春秋[4]，此小年也。楚之南有冥靈者[5]，以五百歲爲春，五百歲爲秋。上古有大椿者[6]，以八千歲爲春，八千歲爲秋。而彭祖乃今以久特聞[7]。衆人匹之[8]，不亦悲乎？

［1］知：後來寫作"智"。及：趕得上。

［2］年：壽命。

［3］朝菌：一種朝生暮死的菌類。晦：陰曆每月的最後一天。朔：陰曆每月的第一天（初一）。

［4］蟪蛄：寒蟬，春生夏死，夏生秋死。

［5］冥靈：樹名，一種類似松柏的喬木，生於江南。

［6］大椿：木槿，又名蕣椿。傳説中的大樹，與現在的椿樹不同。

［7］彭祖：名鏗，堯臣，封於彭城，經歷虞、夏、商三代，活了七百歲。乃今：而今。久：指長壽。特：獨。

［8］匹：比。

湯之問棘也是已[1]：窮發之北[2]，有冥海者，天池也。有魚焉，其廣數千里[3]，未有知其修者[4]，其名爲鯤。有鳥焉，其名爲鵬。背若太山，翼若垂天之雲。摶扶搖羊角而上者九萬里[5]。絶雲氣[6]，負青天，然後圖南，且適南冥也[7]。斥鴳笑之曰[8]："彼且奚適也？我騰躍而上，不過數仞而下[9]，翱翔蓬蒿之間，此亦飛之至也。而彼且奚適也？"此小大之辯也[10]。

［1］湯：商湯，商代的開國君主。棘：商湯的大夫，賢人。已，句尾語氣詞，作用同"矣"。

［2］窮發：傳説中的極北不生草木的荒遠之地。

［3］廣：寬。

［4］修：長。

［5］羊角：彎曲上行的旋風，因形狀如同羊角而得名。

[6] 絶：穿越。

[7] 且：將。

[8] 斥鴳（yàn）：小澤中的雀。斥，小澤。鴳，鴳雀。

[9] 仞：八尺。戰國時代一尺，約相當於今七寸。

[10] 辯：通“辨”。

夫知效一官[1]，行比一鄉[2]，德合一君，而徵一國者[3]，其自視也，亦若此矣。而宋榮子猶然笑之[4]。且舉世而譽之而不加勸[5]，舉世而非之而不加沮[6]，定乎内外之分，辯乎榮辱之境[7]，斯已矣[8]。彼其於世未數數然也[9]。雖然，猶有未樹也。夫列子御風而行，泠然善也[10]。旬有五日而後反。彼於致福者[11]，未數數然也。此雖免乎行，猶有所待者也[12]。若夫乘天地之正[13]，而御六氣之辯[14]，以遊無窮者[15]，彼且惡乎待哉！故曰：至人无己[16]，神人无功[17]，聖人无名[18]。

[1] 效：功效，這裏是勝任的意思。

[2] 行：品行。比：合。

[3] 而：通“能”，才能。徵：信，指取信。

[4] 宋榮子：先秦思想家宋鈃（jiān），宋國賢者。猶然：微笑自得的樣子。猶，通“逌”。

[5] 舉：全。加：副詞，更加，越發。勸：勉勵。

[6] 非：責難。沮：沮喪。

[7] 境：境界，界限。

[8] 斯：此。已：止。

[9] 數數（shuò）然：拼命追求的樣子。

[10] 泠（líng）然：輕妙的樣子。

[11] 致福：使福來，等於説招福。

[12] 待：憑藉，依靠。

[13] 乘：駕馭。天地之正：天地間的純正之氣。

[14] 六氣：指陰、陽、風、雨、晦、明。辯：通“變”，變化。

[15] 無窮：指時間的無始無終，空間的無窮無盡。

[16] 至人：是莊子理想中修養最高的人。

[17] 神人：是莊子理想中修養僅次於至人的人。

[18] 聖人：本是儒家理想中修養最高的人，莊子卻將他置於“至人”、“神人”之下。

馬　蹄

馬，蹄可以踐霜雪，毛可以禦風寒。齕草飲水[1]，翹足而陸[2]，此馬之真性也。雖有義臺、路寢[3]，無所用之。及至伯樂[4]，曰：“我善治馬。”燒之，剔之[5]，刻之，雒之[6]，連之以羈馽[7]，編之以阜棧[8]，馬之死者十二三矣。饑之，渴之，馳之，驟之[9]，整之，齊之，前有橛飾之患[10]，而後有鞭筴之威，而馬之死者已過半矣。陶者曰：“我善治埴[11]。”圓者中規，方者中矩。匠人曰：“我善治木。”曲者中鉤，直者應繩。夫埴、木之性，豈欲中規矩鉤繩哉？然且世世稱之曰：“伯樂善治馬，而陶、匠善治埴、木。”此亦治天下者之過也。

[1] 齕（hé）：以齒斷物，咬。

[2] 陸：通“踛”，跳躍。

[3] 義臺：高臺。義，通“巍”（章炳麟説）。路寢：大屋。

[4] 伯樂：春秋秦穆公時人，姓孫名陽，字伯樂，善相馬。

[5] 剔之：指翦馬毛。剔，翦。

[6] 雒：通“烙”，指給馬烙上印記。

[7] 羈（jì）：馬絡頭。馽（zhí），同“縶”，絆馬足的繩索。

[8] 皁：同“皂”，槽櫪。棧：馬棚。

[9] 驟：馬奔馳。

[10] 橛（jué）飾：在馬嚼子兩端加上飾物。橛，馬嚼子。

[11] 埴（zhí）：黏土。

吾意善治天下者不然。彼民有常性，織而衣，耕而食，是謂同德[1]。一而不黨[2]，命曰天放[3]。故至德之世，其行填填[4]，其視顛顛[5]。當是時也，山无蹊隧[6]，澤无舟梁[7]。萬物羣生，連屬其鄉；禽獸成羣，草木遂長[8]。是故禽獸可繫羈而遊[9]，烏鵲之巢可攀援而闚[10]。夫至德之世，同與禽獸居，族與萬物並[11]，惡乎知君子小人哉！同乎无知，其德不離；同乎无欲，是謂素樸。素樸而民性得矣。及至聖人，蹩躠爲仁[12]，踶跂爲義[13]，而天下始疑矣；澶漫爲樂[14]，摘僻爲禮[15]，而天下始分矣。故純樸不殘[16]，孰爲犧尊[17]？白玉不毁，孰爲珪璋[18]？道德不廢，安取仁義？性情不離，安用禮樂？五色不亂，孰爲文采？五聲不亂，孰應六律[19]？

[1] 同德：共性。德指人類的本性。

[2] 一而不黨：渾然一體，而無偏愛。黨，偏袒，袒護。

[3] 天放：自然賜予的自由。放，放任。

[4] 填填：行步穩重徐緩的樣子。

[5] 顛顛：專一的樣子。

[6] 蹊（xī）：小路。隧：通路，通道。

[7] 梁：橋。

[8] 遂長：順利地成長。

[9] 繫羈：用繩子拴。

[10] 闚：同“窺”。

[11] 族：聚集在一起。

[12] 蹩躠（biēxiè）：跛足行走費勁的樣子。

[13] 踶（zhì）跂：踮起腳後跟努力向上的樣子。

[14] 澶（dàn）漫：放縱的樣子。

[15] 摘僻：拘泥瑣碎的樣子。

[16] 純樸：未經加工的木頭。

[17] 犧尊：古代酒器。作牛形，背上開孔以盛酒。尊，通“樽”。

[18] 珪璋：玉製的禮器。古代用於朝聘、祭祀。

[19] 六律：古代樂音標準名，即黄鐘、大蔟、姑洗、蕤賓、夷則、無射。

夫殘樸以爲器，工匠之罪也。毁道德以爲仁義，聖人之過也。夫馬，陸居則食草飲水，喜則交頸相靡[1]，怒則分背相踶[2]。馬知已此矣。夫加之以衡扼[3]，齊之以月題[4]，而馬知介倪、闉扼、鷙曼、詭銜、竊轡[5]。故馬之知而態至盗者[6]，伯樂之罪也。夫赫胥氏之時[7]，民居不知所爲，行不知所之，含哺而熙[8]，鼓腹而遊，民能以此矣[9]。及至聖人，屈折禮樂以匡天下之形，縣企仁義以慰天下之心[10]，而民乃始踶跂好知，争歸於利，不可止也。此亦聖人之過也。

[1] 靡：通“摩”。

[2] 踶（dì）：踢。

[3] 衡：車轅前端的横木，用於縛軛。扼：通“軛”，駕車時套在牲口頸上的曲木。

[4] 月題：一種佩在馬額上的形狀如月的金屬飾物。

[5] 介倪：“介”是“兀”的形訛字，“兀倪”即“杌輗”，意爲摇動車輗。闉（yīn）扼：謂馬曲縮頸脖，企圖從軛下逃脱。闉，曲。鷙（zhì）曼：抵觸車幔。曼，通“幔”。詭銜：吐出銜橛。竊（niè）轡：咬壞繮繩。竊，通“齧”。

[6] 態：狀態。

[7] 赫胥氏：傳説中的上古時代的帝王。

[8] 熙：通“嬉”。

[9] 以：通“已”，止。

[10] 縣跂：高懸。

公孫龍子

白馬論

“白馬非馬[1]，可乎？”曰：“可。”曰：“何哉？”曰：“馬者，所以命形也[2]；白者，所以命色也。命色形，非命形也。故曰：白馬非馬。”

[1] 非：異，不同。

[2] 命：命名。形：形體。

曰：“有白馬，不可謂無馬也。不可謂無馬者，非馬也？有白馬爲有馬，白之非馬[1]，何也？”曰：“求馬，黄、黑馬皆可致；求白馬，黄、黑馬不可致。使白馬乃馬也[2]，是所求一也[3]。所求一者，白者不異馬也[4]。所求不異如黄、黑馬，有可有不可，何也？可與不可，其相非[5]，明。故黄、黑馬一也，而可以應有馬[6]，而不可以應有白馬。是白馬之非馬，審矣。”

[1] 白之：謂馬有了白的顔色。

[2] 使：假使，假如。

[3] 一：一致、一樣。

[4] 白者：《道藏》本如此，《百子全書》本作“白馬”。

[5] 相非：彼此不同。

[6] 而：乃。

曰："以馬之有色爲非馬，天下非有無色之馬也，天下無馬，可乎？"曰："馬固有色，故有白馬。使馬無色，有馬如已耳[1]，安取白馬？故白者，非馬也。白馬者，馬與白也[2]，白與馬也。故曰：白馬非馬也。"

[1] 如已：而已。如，通"而"。

[2] 馬與白：等於説"馬加上白色"。

曰："馬未與白爲馬[1]，白未與馬爲白[2]。合白與馬，復名'白馬'[3]，是相與。以不相與爲名[4]，未可。故曰：白馬非馬，未可。"曰："以有白馬爲有馬；謂有馬爲有黄馬，可乎？"曰："未可。"曰："以有馬爲異有黄馬，是異黄馬於馬也[5]。異黄馬於馬，是以黄馬爲非馬。以黄馬爲非馬，而以白馬爲有馬，此飛者入池，而棺槨異處[6]，此天下之悖言亂辭也。"

[1] 馬未與白：等於説馬未與白色結合。

[2] 白未與馬：等於説白色未與馬結合。

[3] 這是説"白馬"是"馬"與"白"兩個概念的複合體。復：通"複"。

[4] 相與：結合在一起。不相與：不結合在一起。

[5] 異：區别。

[6] 槨（guǒ）：棺材外面套的大棺材。

曰："有白馬不可謂無馬者，離白之謂也[1]。不離者，有白馬不可謂有馬也。故所以爲有馬者[2]，以獨馬爲有馬耳，非有白馬爲有馬。故其爲有馬也，不可。

[1] 離白之謂：離開了白色的説法。

[2] 爲：通"謂"。下"故其爲有馬"的"爲"同。

"以謂：馬，馬也。曰白者不定所白[1]，忘之而可也[2]。白馬者，言白定所白也。定所白者，非白也。馬者，無去取於色[3]，故黄、黑馬皆所以應。白馬者，有去取於色，黄、黑馬皆以所色去，故唯白馬獨可以應耳。無去取者[4]，非有去取也，故曰：白馬非馬。"

[1] 所白：指白色附著的物體。

[2] 忘之而可也：意謂可以置之不論。

[3] 去取：取捨。這裏衹取"取"義。

[4] 去取："去"字下原脱"取"字，據屈志清説補。下句"非有去取也"同。

荀　子

天　論[1]

天行有常[2]，不爲堯存，不爲桀亡。應之以治則吉[3]，應之以亂則凶。彊本而節

用[4]，則天不能貧；養備而動時[5]，則天不能病；脩道而不貳[6]，則天不能禍。故水旱不能使之饑渴[7]，寒暑不能使之疾，祆怪不能使之凶[8]。本荒而用侈，則天不能使之富；養略而動罕，則天不能使之全；倍道而妄行[9]，則天不能使之吉。故水旱未至而饑，寒暑未薄而疾[10]，祆怪未至而凶。受時與治世同[11]，而殃禍與治世異，不可以怨天，其道然也[12]。故明於天人之分[13]，則可謂至人矣[14]。

[1] 本文選自《荀子・天論》，各段後均有刪節。

[2] 天：指大自然。荀子認爲天是自然存在著的物質，不受人類社會的主宰。行：運行變化。常：指常規。

[3] 應：適應。

[4] 本：根本，這裏指農業生產。

[5] 養：給養，指衣、食、住、行等物質條件。

[6] 脩：王念孫説"脩"是"循"的訛字。循，遵循。貳：王念孫説"貳"是"貣（tè）"的訛字。貣，同"忒"，差錯。

[7] 渴：劉台拱認爲是衍文。

[8] 祆：同"妖"。祆怪：指自然界的怪異反常現象。

[9] 倍：通"背"，違反。

[10] 薄：迫近。

[11] 受時：稟受的天時。治世：太平世道。

[12] 道：法則，規律。

[13] 分（fèn）：職分。

[14] 至人：指思想和道德修養最高超的人。正文自此以下有刪節。

治亂，天邪？曰：日月、星辰、瑞厤[1]，是禹、桀之所同也；禹以治，桀以亂，治亂非天也。時邪？曰：繁啓蕃長於春夏[2]，畜積收臧於秋冬[3]，是又禹、桀之所同也；禹以治，桀以亂，治亂非時也。地邪？曰：得地則生，失地則死，是又禹、桀之所同也；禹以治，桀以亂，治亂非地也。

[1] 星辰：星的總稱。瑞厤：曆象，天體運行的現象。古人用璿璣玉衡來測量天象，制定曆法，所以叫"瑞厤"。

[2] 繁：多。啓：萌芽。蕃：茂盛。長：生長。

[3] 畜（xù）：後來寫作"蓄"。臧：通"藏"。此下有刪節。

星隊、木鳴[1]，國人皆恐。曰：是何也？曰：無何也。是天地之變，陰陽之化[2]，物之罕至者也[3]。怪之可也，而畏之非也。夫日月之有蝕[4]，風雨之不時，怪星之黨見[5]，是無世而不常有之[6]。上明而政平，則是雖竝世起，無傷也。上闇而政險[7]，則是雖無一至者，無益也。夫星之隊，木之鳴，是天地之變，陰陽之化，物之罕至者也。怪之可也，而畏之非也[8]。

[1] 星隊：指流星墜落。隊，後來寫作"墜"。木鳴：指樹木乾裂發出的響聲。

[2] 古人認爲自然的變化是由陰陽兩氣對立造成的。

[3] 罕至：等於説少見。

[4] 蝕：虧蝕，特指日食和月食。

[5] 黨（tǎng）：通“儻”，副詞，偶然。見（xiàn）：後來寫作“現”，出現。

[6] 常：通“嘗”，曾經。

[7] 闇（àn）：昏暗，愚昧。

[8] 此下有刪節。

雩而雨[1]，何也？曰：無何也，猶不雩而雨也。日月食而救之[2]，天旱而雩，卜筮然後決大事[3]，非以爲得求也[4]，以文之也[5]。故君子以爲文，而百姓以爲神。以爲文則吉，以爲神則凶也。

[1] 雩（yú）：古代天旱求雨，向神禱告的一種祭祀儀式。這裏是名詞活用爲動詞，舉行雩祭。

[2] 古人認爲日食和月食都是天上的怪物（如天狗）吞食了日、月，所以常採用敲擊鑼鼓或盆缶的方法來嚇跑怪物，救出日、月。

[3] 卜：用龜甲獸骨來預測吉凶。筮：用蓍（shī）草來預測吉凶。

[4] 得求：獲得所求的東西。

[5] 文之：指文飾政事。

在天者莫明於日月，在地者莫明於水火，在物者莫明於珠玉，在人者莫明於禮義。故日月不高，則光暉不赫[1]；水火不積，則暉潤不博；珠玉不睹乎外[2]，則王公不以爲寶；禮義不加於國家，則功名不白[3]。故人之命在天，國之命在禮。君人者隆禮尊賢而王，重法愛民而霸，好利多詐而危，權謀、傾覆、幽險而盡亡矣[4]。

[1] 暉：同“輝”。赫：顯赫，顯著。

[2] 睹：王念孫認爲是“睹（dǔ）”的訛字。睹：顯著。

[3] 白：顯明。

[4] 權謀：權術，這裏指耍弄權術。傾覆：傾軋陷害。幽險：陰險，指暗中使用陰險的手段。盡：王先謙認爲是衍文。

大天而思之[1]，孰與物畜而制之[2]？從天而頌之[3]，孰與制天命而用之[4]？望時而待之，孰與應時而使之[5]？因物而多之[6]，孰與騁能而化之[7]？思物而物之[8]，孰與理物而勿失之也[9]？願於物之所以生[10]，孰與有物之所以成[11]？故錯人而思天[12]，則失萬物之情。

[1] 大：尊崇。

[2] 孰與：哪裏比得上。畜（xù）：養。

[3] 從：服從。頌：歌頌，讚美。

[4] 天命：大自然的規律。

[5] 應：順應，適應。

[6] 此句謂依憑萬物的自然繁殖來求它增多。因：依靠，憑藉。

[7] 騁能：馳騁才能。化之：謂使之變化增多。

[8] 物之：把所思之物當物。

[9] 理：料理，管理。

[10] 願：願望，寄希望。所以生：指藉以生長的條件。

[11] 有：佔有，掌握。

［12］錯：通“措”，放棄，捨棄。

解　蔽[1]

凡人之患，蔽於一曲而闇於大理[2]。治則復經[3]，兩疑則惑矣[4]。天下無二道，聖人無兩心，今諸侯異政，百家異説，則必或是或非，或治或亂。亂國之君，亂家之人，此其誠心莫不求正而以自爲也[5]，妬繆於道而人誘其所迨也[6]。私其所積，唯恐聞其惡也[7]；倚其所私，以觀異術，唯恐聞其美也[8]。是以與治雖走而是己不輟也[9]，豈不蔽於一曲而失正求也哉[10]！心不使焉[11]，則白黑在前而目不見，雷鼓在側而耳不聞[12]，況於使者乎[13]！德道之人[14]，亂國之君非之上，亂家之人非之下，豈不哀哉！

［1］此文節錄《荀子·解蔽》的上半部分。蔽：蒙蔽，壅蔽。

［2］一曲：一端之曲説，即一己之見。闇：昏暗，迷惑。

［3］治則復經：經過整理，一切的曲就能够回到正常的軌道。治：治理，整理。復：恢復。經：常。

［4］兩疑則惑：一曲與大道勢均力敵，就會使人迷惑。兩，指兩兩並立的事物，指心不專。疑，通“擬”，比擬。

［5］誠心：真心。求正：追求正道。以自爲：用它來治理自己的國和家。

［6］此句謂妬繆於道，人家就會針對其所愛好來誘惑他。妬：同“妒”，嫉妒。繆（miù）：通“謬”，錯誤。迨：通“殆”。近；這裏指接近、愛好。

［7］私：偏私，偏愛。積：指積習。惡：不好的行爲。這兩句話是針對上文“妬繆”的“繆”説的。

［8］異術：不同的學説。這三句話是針對上文“妬繆”的“妬”説的。

［9］治：同上文“治則復經”的“治”，指追求正道的行爲。雖：郝懿行認爲是“離”的訛字，偏離。是己：認爲自己對。輟：停止。

［10］正求：指對正道的追求。

［11］心不使焉：心不在焉的意思。使，用。

［12］雷鼓：巨響如雷的鼓聲。

［13］使：俞樾認爲是“蔽”的訛字。

［14］德道之人：指有賢德的人。德，通“得”。

故爲蔽[1]：欲爲蔽[2]，惡爲蔽；始爲蔽，終爲蔽；遠爲蔽，近爲蔽；博爲蔽，淺爲蔽[3]；古爲蔽，今爲蔽。凡萬物異則莫不相爲蔽，此心術之公患也[4]。

［1］故：句首助詞，表示將發議論，用同“夫”。

［2］欲：慾望，情慾，貪慾。

［3］淺：淺陋。

［4］心術：人認識事物的方法和途徑。公患：通病。

昔人君之蔽者，夏桀、殷紂是也。桀蔽於末喜、斯觀[1]，而不知關龍逢[2]，以惑其心而亂其行。紂蔽於妲己、飛廉[3]，而不知微子啓[4]，以惑其心而亂其行。故群臣去忠而事私[5]，百姓怨非而不用[6]，賢良退處而隱逃，此其所以喪九牧之地而虛宗廟之國也[7]。桀死於亭山[8]，紂縣於赤斾[9]；身不先知，人又莫之諫，此蔽塞之禍也。成湯監於夏桀[10]，故主其心而慎治之[11]，是以能長用伊尹而身不失道[12]，此其所以代夏王而受九有也[13]。文王監於殷紂，故主其心而慎治之，是以能長用呂望而身不失道[14]，此其所以代殷王而受九牧也。遠方莫不致其珍，故目視備色[15]，耳聽備聲，口食備味，形居備宫，名受備號，生則天下歌，死則四海哭，夫是之謂至盛。《詩》曰："鳳凰秋秋[16]，其翼若干[17]，其聲若簫。有鳳有凰[18]，樂帝之心。"[19]此不蔽之福也。

[1] 末喜：即妹喜。相傳桀伐有施，有施人進妹喜以爲桀妃。斯觀：無考，當是桀的佞臣。

[2] 關龍逢：桀的賢臣。桀爲酒池，可以運舟，牛飲者三千人。關龍逢進諫，立於朝不肯離開，桀因而殺之。

[3] 妲己：紂的妃子。飛廉：紂的佞臣。

[4] 微子啓：紂的庶兄。微，國名。子，爵名。啓，人名。

[5] 事：用，行。

[6] 非：通"誹"，非議。

[7] 九牧之地：中國九州之地。牧，治理民衆的人，特指一州之長。虚：通"墟"，廢墟。

[8] 亭山：古地名。又作鬲山；鬲，通"歷"。《淮南子·脩務》："湯放桀於歷山。"

[9] 縣：後來寫作"懸"，懸挂。赤斾（pèi）：紅旗。斾，通"旆"，本指旗邊下垂的裝飾品。相傳周武王斬下紂的頭，懸挂在紅旗上。

[10] 監：後來寫作"鑑"，借鑑。

[11] 主其心：以自己的心爲主，等於説不被邪佞之臣迷惑。

[12] 伊尹：一名摯，湯的賢相。

[13] 九有：指中國的九州。有，通"域"。

[14] 呂望：即姜太公，周文王的賢臣。本名呂尚，號太公望，後世亦稱呂望。

[15] 備色：特指天下所有的美色。備：完備，齊備。下文"備聲"、"備味"、"備宫"、"備號"中的"備"字意義相同。

[16] 秋秋：猶蹌蹌，翩翩起舞的樣子。

[17] 干：盾牌。

[18] 鳳凰雄性稱"鳳"，雌性稱"凰"。

[19] 此爲逸《詩》。

昔人臣之蔽者，唐鞅、奚齊是也[1]。唐鞅蔽於欲權而逐載子[2]，奚齊蔽於欲國而罪申生[3]，唐鞅戮於宋，奚齊戮於晉。逐賢相而罪孝兄，身爲刑戮，然而不知，此蔽塞之禍也[4]。故以貪鄙、背叛、争權而不危辱滅亡者，自古及今，未嘗有之也。鮑叔、甯戚、隰朋仁知且不蔽[5]，故能持管仲而名利福禄與管仲齊[6]。召公、呂望仁知且不蔽[7]，故能持周公而名利福禄與周公齊。傳曰："知賢之謂明，輔賢之謂能。勉之彊之，其福必長。"此之謂也。此不蔽之福也。

[1] 唐鞅：戰國宋康王之臣。奚齊：春秋晉獻公寵妃驪姬之子。

[2] 載子：戴子，即《孟子》中的戴不勝，宋國的太宰，被唐鞅所逐奔齊。

[3] 欲國：欲得國君之位。申生，晉獻公的太子，奚齊之兄，因驪姬之譖被獻公所殺。

[4] 蔽塞：蒙蔽。

[5] 鮑叔、甯戚、隰朋：都是春秋齊桓公時的賢臣，與管仲共同輔佐齊桓公使成霸業。

［6］持：扶持，扶助。

［7］召（shào）公：姓姬，名奭，周武王的賢臣。因封地在召，故稱召公。

昔賓孟之蔽者[1]，亂家是也[2]。墨子蔽於用而不知文[3]，宋子蔽於欲而不知得[4]，愼子蔽於法而不知賢[5]，申子蔽於埶而不知知[6]，惠子蔽於辭而不知實[7]，莊子蔽於天而不知人[8]。故由用謂之，道盡利矣[9]；由俗謂之，道盡嗛矣[10]；由法謂之，道盡數矣[11]；由埶謂之，道盡便矣[12]；由辭謂之，道盡論矣[13]；由天謂之，道盡因矣[14]；此數具者[15]，皆道之一隅也。夫道者，體常而盡變[16]，一隅不足以舉之[17]。曲知之人[18]，觀於道之一隅而未之能識也，故以爲足而飾之，内以自亂，外以惑人，上以蔽下，下以蔽上。此蔽塞之禍也。

［1］賓孟：戰國時往來諸侯之間的遊士的專稱。賓，客。孟，通“萌”，民。

［2］亂家：雜家。下文所指的墨子、宋子、愼子、申子、惠子、莊子等，荀子認爲他們都是飾邪説，爲姦言，擾亂天下的雜家。

［3］墨子尚功用，凡論事均以有用無用爲標準，主張先質而後文，唯恐人們懷其文而忘其用，與儒家重視禮樂文飾作用的觀點不同。用：實用。文：文飾。

［4］宋子：即宋鈃，戰國時宋人。他認爲人的本性是欲寡而不欲多，但任其所欲，則自治也。欲：情慾。得：通“德”，道德。

［5］愼子：即愼到，戰國時趙人，法家。認爲權重位尊，纔能令行禁止，達於治。絶對地排除人治，不知法也需待賢人而後纔能施行。法：法令。賢：賢人，賢才。

［6］申子，申不害，戰國時鄭人，主刑名，强調君王憑藉權勢、權術來駕馭臣下的重要性，而不知任用才智之士。埶：通“勢”，權勢。知知：下“知”字，後來寫作“智”。

［7］惠子：即惠施，《莊子·天下篇》載其學説。其説如天與地卑，卵有毛，雞三足等，文辭甚辯，但多與事實乖謬。

［8］莊子主張一切順應自然，回歸自然，放棄人類社會的一切努力。天：指自然狀況。

［9］由：從。用：實用。道：學説。這句話批評墨子的觀點。

［10］俗：楊倞認爲是“欲”的訛字。嗛：通“慊”，快意。此句論宋子。

［11］數：條文，這裏指法律的條文。此句論愼子。

［12］便：即因勢利便之便，便利，方便。此句論申子。

［13］論：辯論，辯説。此句論惠子。

［14］因：順，依。此句論莊子。

［15］數具：猶言幾套。具，量詞。

［16］此句謂道是以内在規律爲本體而盡其變化之極。體：本體。常：指規律。

［17］舉：全，這裏是囊括、包括的意思。

［18］曲知之人：指不見道的全面，衹見道的一隅者。曲：局部，不全。

孔子仁知且不蔽，故學亂術[1]，足以爲先王者也[2]。一家得周道[3]，舉而用之[4]，不蔽於成積也[5]。故德與周公齊，名與三王竝；此不蔽之福也。

聖人知心術之患，見蔽塞之禍，故無欲無惡，無始無終，無近無遠，無博無淺，無古無今，兼陳萬物而中縣衡焉[6]。是故衆異不得相蔽以亂其倫也[7]。

［1］亂術：指治理偏弊錯誤的學術。亂：治。

[2] 爲：助，輔佐。先王：指前代聖君。

[3] 周道：周到全面的學說，有別於一隅之道。周：遍，全。

[4] 舉：取。

[5] 成積：既成的積習。

[6] 縣：後來寫作“懸”。衡：天平。

[7] 倫：條理，順序。

吕氏春秋

誣 徒[1]

達師之教也，使弟子安焉、樂焉、休焉、游焉、肅焉、嚴焉[2]。此六者得於學，則邪辟之道塞矣，理義之術勝矣[3]。此六者不得於學，則君不能令於臣，父不能令於子，師不能令於徒。人之情，不能樂其所不安，不能得於其所不樂。爲之而樂矣，奚待賢者？雖不肖者猶若勸之[4]。爲之而苦矣，奚待不肖者？雖賢者猶不能久。反諸人情，則得所以勸學矣。子華子曰[5]：“王者樂其所以王，亡者亦樂其所以亡。故烹獸不足以盡獸，嗜其脯則幾矣。”然則王者有嗜乎理義也，亡者亦有嗜乎暴慢也。所嗜不同，故其禍福亦不同。

[1] 本篇選自《吕氏春秋·孟夏紀》，又名《詆役》。

[2] 肅：恭敬。嚴：認真。

[3] 術：道。

[4] 猶若：尚且。

[5] 子華子：戰國時魏人。

不能教者，志氣不和[1]，取舍數變，固無恒心，若晏陰喜怒無處[2]；言談日易，以恣自行[3]，失之在己，不肯自非，愎過自用[4]，不可證移[5]；見權親勢及有富厚者[6]，不論其材，不察其行，毆而教之，阿而諂之，若恐弗及；弟子居處修潔[7]，身狀出倫[8]，聞識疏達[9]，就學敏疾[10]，本業幾終者[11]，則從而抑之，難而懸之，妬而惡之。弟子去則冀終，居則不安，歸則愧於父母兄弟，出則慙於知友邑里：此學者之所悲也，此師徒相與異心也。人之情，惡異於己者，此師徒相與造怨尤也[12]。人之情，不能親其所怨，不能譽其所惡，學業之敗也，道術之廢也，從此生矣。善教者則不然，視徒如己；反己以教，則得教之情也。所加於人，必可行於己，若此則師徒同體。人之情，愛同於己者，譽同於己者，助同於己者，學業之章明也，道術之大行也，從此生矣。

[1] 志：指意志。氣：指精神。

[2] 晏陰：晴陰。

[3] 恣：放縱。

[4] 愎過自用：堅持錯誤，自以爲是。

[5] 證：俞樾以爲字當作“証”；証，勸諫。

[6] 親：陳昌齊以爲衍文。
[7] 修潔：高尚純潔。
[8] 出倫：超出同類。倫，類。
[9] 疏達：通達。
[10] 敏疾：敏捷。
[11] 幾：近。
[12] 怨尤：埋怨責怪。

不能學者，從師苦而欲學之功也[1]，從師淺而欲學之深也。草木雞狗牛馬，不可譙詬遇之[2]，譙詬遇之，則亦譙詬報人，又況乎達師與道術之言乎？故不能學者，遇師則不中[3]，用心則不專，好之則不深，就業則不疾[4]，辯論則不審，教人則不精。於師愠[5]，懷於俗，羈神於世[6]；矜勢好尤[7]，故湛於巧智[8]，昏於小利，惑於嗜欲；問事則前後相悖，以章則有異心[9]，以簡則有相反[10]；離則不能合，合則弗能離，事至則不能受。此不能學者之患也。

[1] 苦（gǔ）：通“盬”，麤劣不精。功：精善。
[2] 譙詬（qiàogòu）：責罵詬辱。遇：對待。
[3] 不中（zhòng）：不適合。
[4] 疾：盡力，努力。
[5] 於師愠：王念孫以爲當作“愠於師”。
[6] 神：通“申”，約束。
[7] 矜：誇耀。尤：奇異。
[8] 故：陳奇猷認爲是衍文。湛（chén）：同“沈”，沈迷。
[9] 章：詳明。有：通“又”。
[10] 簡：简省。

疑　似

使人大迷惑者，必物之相似者也[1]。玉人之所患，患石之似玉者；相劍者之所患，患劍之似吴干者[2]；賢主之所患，患人之博聞辯言而似通者。亡國之主似智，亡國之臣似忠。相似之物，此愚者之所大惑，而聖人之所加慮也。故墨子見練絲而泣之，爲其可以黄可以黑；楊子見歧道而哭之，爲其可以南可以北[3]。

[1] 相似者：今本脱“者”字，此據孫蜀丞説補。
[2] 吴干：春秋吴國的“干將”劍。干將，春秋吴人干將所鑄、獻給吴王闔閭的名劍。
[3] “故墨子”至“可以北”：本但作“故墨子見歧道而哭之”，文字有脱漏，今據陳昌齊説補。練絲：煮熟的生絲，柔軟潔白。歧道：岔路，歧途。

周宅酆、鎬[1]，近戎人[2]。與諸侯約，爲高葆禱於王路[3]，置鼓其上，遠近相聞。即戎寇至[4]，傳鼓相告[5]，諸侯之兵皆至救天子。戎寇當至[6]，幽王擊鼓，諸侯之兵皆至，褒姒大悦而笑[7]，喜之。幽王欲褒姒之笑也，因數擊鼓[8]，諸侯之兵數至而無寇。至於後戎寇真至，幽王擊鼓，諸侯兵不至，幽王之身，乃死於麗山之下[9]，爲天下笑。

此夫以無寇失真寇者也。賢者有小善以致大善，不肖者有小惡以致大惡[10]。褒姒之敗，乃令幽王好小説以致大滅。故形骸相離，三公九卿出走，此褒姒之所用死，而平王所以東徙也[11]，秦襄、晉文之所以勞王勞而賜地也[12]。

[1] 酆：古地名，周文王曾建都於此，在今陝西省户縣東。鎬：古地名，周武王滅商，建都於此，在今陝西省西安市西南。

[2] 戎：古代對西部少數民族的統稱。

[3] 葆禱：同“堡壔（dǎo）”，同義連文，土臺。王路：大路。

[4] 即：如果，假如。

[5] 傳鼓：傳遞鼓音。

[6] 當：通“嘗”，曾經。

[7] 褒姒（Bāosì）：周幽王寵妃。今本“大悦”之後無“而笑”二字，此據陳奇猷説補。

[8] 數（shuò）：屢次。

[9] 麗山：即驪山，又名藍田山，在今陝西省臨潼縣東南。

[10] 原文“賢者有”與“小惡”之間脱去“小善以致大善，不肖者有”十字，今據陳奇猷説補。

[11] 平王：周平王，周幽王之子。東徙：指周平王由鎬京遷都洛邑之事。洛邑在鎬京東，故稱東徙。

[12] 秦襄：秦襄公。周平王東徙，秦襄公帶兵救周有功，被賜予酆、鎬之地，列爲諸侯。晉文：晉文侯。周平王東徙時，晉文侯與鄭武公協力輔佐王室，立下大功。勞王勞：下“勞”字爲衍文。

梁北有黎丘部[1]，有奇鬼焉，喜効人之子姪昆弟之狀[2]。邑丈人有之市而醉歸者，黎丘之鬼効其子之狀，扶而道苦之。丈人歸，酒醒而誚其子[3]，曰：“吾爲汝父也，豈謂不慈哉[4]？我醉，汝道苦我，何故？”其子泣而觸地曰：“孽矣[5]！無此事也。昔也往責於東邑人[6]，可問也。”其父信之，曰：“譆[7]！是必夫奇鬼也，我固嘗聞之矣。”明日端復飲於市[8]，欲遇而刺殺之。明旦之市而醉，其真子恐其父之不能反也，遂逝迎之[9]。丈人望其真子，拔劍而刺之。丈人智惑於似其子者，而殺於真子。夫惑於似士者而失於真士，此黎丘丈人之智也。疑似之迹[10]，不可不察。察之必於其人也。舜爲御，堯爲左，禹爲右，入於澤而問牧童，入於水而問漁師[11]。奚故也？其知之審也[12]。夫人子之相似者[13]，其母常識之，知之審也。

[1] 梁：即魏國。戰國時魏國遷都大梁（今河南開封市），故又稱梁。黎丘：山丘名。部（pǒu）：小山丘。

[2] 効：同“效”，模仿。

[3] 誚（qiào）：譴責，責備。

[4] 慈：慈愛。

[5] 孽：通“糵”，酒麴，釀酒用的發酵劑，這裏指醞釀其罪，猶言冤枉。

[6] 責：後來寫作“債”，收債。

[7] 譆：歎息聲。

[8] 端：通“耑”。“耑”同“專”，特地，專門。

[9] 逝：往。

[10] 疑似：同義連文，相似。

［11］漁師：漁人。

［12］審：詳細，清楚。

［13］人子：當作“攣子”，即雙胞胎。

韓非子

說　難[1]

凡說之難，非吾知之難[2]，有以說之之難也；又非吾辯之難[3]，能明吾意之難也；又非吾敢橫失而能盡之難也[4]。凡說之難，在知所說之心[5]，可以吾說當之[6]。所說出於爲名高者也，而說之以厚利，則見下節而遇卑賤[7]，必棄遠矣[8]。所說出於厚利者也，而說之以名高，則見無心而遠事情[9]，必不收矣[10]。所說陰爲厚利而顯爲名高者也[11]，而說之以名高，則陽收其身而實疏之[12]；說之以厚利，則陰用其言顯棄其身矣。此不可不察也。

［1］本篇論遊說（shuì）人主的困難，故名《說難》。

［2］知：後來寫作“智”。知之難：原文脱“難”字，據陳奇猷說補。

［3］辯之難：原文脱“難”字，據陳奇猷說補。

［4］橫失（yì）：指極騁智辯，無所顧忌。失，通“佚”。

［5］所說：遊說的對象。

［6］當（dàng）：適應。

［7］下節：節操低下。

［8］棄遠：鄙棄，疏遠。

［9］無心：没有頭腦。遠事情：遠離事物的實情，猶言脱離實際。情，真實情況。

［10］收：收留，收用。

［11］陰：暗中，私下。顯：外表，公開。

［12］陽：表面上。

夫事以密成[1]，語以泄敗[2]，未必其身泄之也，而語及所匿之事，如此者身危。彼顯有所出事[3]，而乃以成他故[4]，說者不徒知所出而已矣，又知其所以爲，如此者身危。規異事而當[5]，知者揣之外而得之，事泄於外，必以爲己也，如此者身危。周澤未渥也[6]，而語極知[7]，說行而有功則德忘，說不行而有敗則見疑，如此者身危。貴人有過端[8]，而說者明言禮義以挑其惡，如此者身危。貴人或得計而欲自以爲功[9]，說者與知焉[10]，如此者身危。彊以其所不能爲，止以其所不能已，如此者身危。故與之論大人則以爲間己矣[11]，與之論細人則以爲賣重[12]，論其所愛則以爲藉資[13]，論其所憎則以爲嘗己也[14]。徑省其說則以爲不智而拙之[15]，米鹽博辯則以爲多而交之[16]。略事陳意則曰怯懦而不盡[17]，慮事廣肆則曰草野而倨侮[18]，此說之難，不可不知也。

［1］密：秘密，保密。

［2］語：陳奇猷認爲是“而”的訛字。泄：泄露，泄密。

[3] 所出事：指要做的事。出：行。

[4] 成：完成。他：别的，其他的。故：事。

[5] 規：謀劃，策劃。異事：不平常的事。當：恰當，合適。

[6] 周澤：恩寵。渥（wò）：深厚。

[7] 極知：極盡其智慧。

[8] 貴人：指人主。過端：過錯，錯事。

[9] 或：有時。

[10] 與（yù）：參與。

[11] 大人：指大臣。間（jiàn）：離間。

[12] 細人：小人。賣重：賣弄權勢。重：權勢。

[13] 藉（jiè）資：憑藉以爲資助。

[14] 嘗：試探。

[15] 徑：直截了當。省：簡略。

[16] 米鹽博辯：指説辭繁雜瑣碎。交：陳奇猷認爲是“棄”的訛字，抛棄。

[17] 不盡：謂不敢盡言。

[18] 廣肆：廣泛而没有拘束。草野：粗野。倨侮：倨傲侮慢。

凡説之務，在知飾所説之所矜而滅其所恥[1]。彼有私急也[2]，必以公義示而强之[3]。其意有下也，然而不能已，説者因爲之飾其美而少其不爲也[4]。其心有高也，而實不能及，説者爲之舉其過而見其惡[5]，而多其不行也[6]。有欲矜以智能，則爲之舉異事之同類者，多爲之地[7]，使之資説於我[8]，而佯不知也以資其智[9]。欲内相存之言[10]，則必以美名明之，而微見其合於私利也[11]。欲陳危害之事，則顯其毁誹而微見其合於私患也[12]。譽異人與同行者[13]，規異事與同計者[14]。有與同汙者[15]，則必以大飾其無傷也；有與同敗者，則必以明飾其無失也[16]。彼自多其力，則毋以其難概之也[17]；自勇其斷，則無以其謫怒之[18]；自智其計，則毋以其敗窮之[19]。大意無所拂悟[20]，辭言無所繫縻[21]，然後極騁智辯焉。此道所得，親近不疑而得盡辭也。伊尹爲宰[22]，百里奚爲虜[23]，皆所以干其上也[24]。此二人者，皆聖人也，然猶不能無役身以進，如此其汙也。今以吾言爲宰虜[25]，而可以聽用而振世[26]，此非能仕之所恥也[27]。夫曠日離久[28]，而周澤既渥，深計而不疑，引争而不罪[29]，則明割利害以致其功[30]，直指是非以飾其身[31]，以此相持[32]，此説之成也。

[1] 飾：粉飾，美化。矜（jīn）：誇耀。滅：掩蓋。

[2] 急：指急事。

[3] 强（qiǎng）：勉勵，鼓勵。

[4] 少：輕視，看不起。

[5] 惡：壞處。

[6] 多：稱讚，讚美。

[7] 多爲之地：多給他提供挑選的餘地。

[8] 資説：借取意見。資，借取，借用。

[9] 資：供給，資助。

[10] 内（nà）：後來寫作“納”，進獻。相存之言：救人活命的意見。

[11] 微：隱微，隱約。

[12] 毁誹：詆謗和非議。

[13] 異人與同行者：與國君行爲相同的另一個人。

[14] 規：規劃，謀劃。

[15] 汙：道德、行爲卑劣。

[16] 失：過失。

[17] 概：古代量糧食時用來刮平斗斛的器具，引申爲刮平、削平。

[18] 謫（zhé）：過失，過錯。

[19] 窮：困窘，難堪。

[20] 大意：指遊説者的基本主張。拂悟：違背，違逆。悟，通“牾”。

[21] 繋縻：通“擊摩”，摩擦，抵觸。

[22] 宰：庖人，廚夫。相傳伊尹是奴隸出身，當初爲了接近並取得湯的信任，曾做湯的廚師。

[23] 百里奚：原爲春秋虞國大夫，虞亡，被晉國俘去，作爲陪嫁之臣送入秦國。後逃到楚國，淪爲奴隸，被秦穆公用五張羊皮贖回，命爲大夫。

[24] 皆所以干其上也：都是藉以謀求人主任用的方法。干：求。

[25] 吾：原作“吾言”，高亨認爲“言”是衍文，今據删。

[26] 聽用：聽從並予任用。振：挽救。

[27] 能仕：有才能的人。仕：通“士”。

[28] 曠日離久：天長日久。曠：久遠。離：經歷。

[29] 引争：引用事理争辯。

[30] 割：剖析。致：招致。

[31] 飾（chì）：通“飭”，整治。

[32] 相持：相對待。

昔者鄭武公欲伐胡[1]，故先以其女妻胡君以娱其意。因問於群臣：“吾欲用兵，誰可伐者？”大夫關其思對曰：“胡可伐。”武公怒而戮之，曰：“胡，兄弟之國也，子言伐之何也？”胡君聞之，以鄭爲親己，遂不備鄭。鄭人襲胡，取之。宋有富人，天雨牆壞，其子曰：“不築，必將有盗。”其鄰人之父亦云。暮而果大亡其財[2]。其家甚智其子，而疑鄰人之父。此二人説者皆當矣，厚者爲戮[3]，薄者見疑[4]，則非知之難也，處知則難也。故繞朝之言當矣[5]，其爲聖人於晉而爲戮於秦也，此不可不察。

[1] 胡：春秋時諸侯國名。

[2] 亡：丢失。

[3] 厚：重。

[4] 薄：輕。

[5] 繞朝：春秋秦國大夫。晉國大夫士會逃秦，晉人用計誘騙他回國，繞朝識破這種計謀，勸秦康公不要放歸士會，未被採納。士會回晉後，用反間計，説繞朝與己同謀，秦人因殺繞朝。

昔者彌子瑕有寵於衛君[1]。衛國之法，竊駕君車者罪刖[2]。彌子瑕母病，人閒往夜告彌子[3]，彌子矯駕君車以出[4]。君聞而賢之，曰：“孝哉！爲母之故，忘其刖罪。”異日，與君遊於果園，食桃而甘，不盡，以其半啗君[5]。君曰：“愛我哉！忘其口味，以啗寡人。”及彌子色衰愛弛，得罪於君，君曰：“是固嘗矯駕吾車，又嘗啗我以餘桃。”故彌子之行未變於初也，而以前之所以見賢而後獲罪者，愛憎之變也。故有愛於主則智當而加親，有憎於主則智不當見罪而加疏。故諫説談論之士，不可不察愛憎之主而後説焉。夫龍之爲蟲也[6]，柔可狎而騎也[7]，然其喉下有逆鱗徑尺[8]，若人有嬰之者則必殺人[9]。人主亦有逆鱗，説者能無嬰人主之逆鱗則幾矣[10]。

[1] 彌子瑕：春秋衛靈公時賤而得寵的小臣。

[2] 刖（yuè）：斷足之刑。

[3] 閒（jiàn）：抄近路。

[4] 矯：假託（命令）。

[5] 啗（dàn）：同“啖”，喫。

[6] 蟲：動物。

[7] 柔可狎：高亨認爲當作“可柔狎”。柔狎：馴習。

[8] 逆鱗：倒長的鱗片。徑尺：直徑一尺。

[9] 嬰：通“攖”，觸。

[10] 幾：庶幾，差不多。

難　勢

慎子曰[1]：“飛龍乘雲，騰蛇遊霧[2]，雲罷霧霽[3]，而龍蛇與螾螘同矣[4]，則失其所乘也[5]。賢人而詘於不肖者[6]，則權輕位卑也；不肖而能服於賢者，則權重位尊也。堯爲匹夫[7]，不能治三人；而桀爲天子，能亂天下。吾以此知勢位之足恃，而賢智之不足慕也。夫弩弱而矢高者[8]，激於風也；身不肖而令行者，得助於衆也。堯教於隸屬而民不聽[9]；至於南面而王天下，令則行，禁則止。由此觀之，賢智未足以服衆，而勢位足以詘賢者也。”

[1] 慎子：即慎到，見《荀子·解蔽》注。

[2] 騰蛇：龍類，傳説中一種能飛的蛇。

[3] 罷：停，止；這裏指消散。霽（jì）：雲霧散，天放晴。

[4] 螾：同“蚓”。螘：同“蟻”。

[5] 乘：憑藉。

[6] 詘：通“屈”。不肖：不賢。

[7] 匹夫：平民，百姓。

[8] 弩：一種利用機械力射箭的弓。

[9] 隸屬：奴隸一類。

應慎子曰[1]：飛龍乘雲，騰蛇遊霧，吾不以龍蛇爲不託於雲霧之勢也[2]。雖然，夫釋賢而專任勢[3]，足以爲治乎？則吾未得見也。夫有雲霧之勢而能乘遊之者，龍蛇之材美也[4]。今雲盛而螾弗能乘也，霧醲而螘不能遊也，夫有盛雲醲霧之勢而不能乘遊者，螾螘之材薄也。今桀、紂南面而王天下，以天子之威爲之雲霧，而天下不免乎大亂者，桀、紂之材薄也。且其人以堯之勢以治天下也[5]，其勢何以異桀之勢也——亂天下者也。

夫勢者，非能必使賢者用已[6]，而不肖者不用已也。賢者用之則天下治，不肖者用之則天下亂。人之情性，賢者寡而不肖者衆，而以威勢之利濟亂世之不肖人[7]，則是以勢亂天下者多矣，以勢治天下者寡矣。夫勢者，便治而利亂者也。故《周書》曰[8]："毋爲虎傅翼[9]，將飛入邑，擇人而食之。"夫乘不肖人於勢，是爲虎傅翼也。桀、紂爲高臺深池以盡民力，爲炮烙以傷民性[10]，桀、紂得乘四行者[11]，南面之威爲之翼也。使桀、紂爲匹夫，未始行一而身在刑戮矣。勢者，養虎狼之心而成暴亂之事者也，此天下之大患也。勢之於治亂，本末有位也[12]，而語專言勢之足以治天下者，則其智之所至者淺矣。夫良馬固車，使臧獲御之則爲人笑[13]，王良御之而日取千里[14]，車馬非異也，或至乎千里，或爲人笑，則巧拙相去遠矣。今以國位爲車[15]，以勢爲馬，以號令爲轡，以刑罰爲鞭筴，使堯、舜御之則天下治，桀、紂御之則天下亂，則賢不肖相去遠矣。夫欲追速致遠，不知任王良；欲進利除害，不知任賢能，此則不知類之患也[16]。夫堯、舜亦治民之王良也。

[1] 應：回答。這段話是韓非子綜述儒生反駁慎子的言論，不是韓非子的主張。

[2] 託：依託，憑藉。

[3] 釋：廢置，放棄。勢：勢力，權力。

[4] 材：資質，本能。

[5] 其人：指主張以勢治的人，即慎到。

[6] 已：太田方説是"之"的訛字，指勢。下句"不用已"的"已"字同。

[7] 濟：成全，幫助。

[8]《周書》：指《逸周書》。以下引語見《逸周書·寤儆》。

[9] 傅：通"附"，附加。

[10] 炮（páo）烙：紂所用酷刑：用炭燒熱銅柱，令人爬行柱上，人往往墮炭燒死。性：生命。

[11] 四：通"肆"，放肆。

[12] 末：顧廣圻認爲是"未"的訛字。未有位：没有定位。

[13] 臧獲：奴隸，奴僕。

[14] 王良：春秋時晉國人，擅長駕御車馬。取：通"趨"，奔走。

[15] 國位：指人君之位。

[16] 類：類比。

復應之曰[1]：其人以勢爲足恃以治官[2]。客曰"必待賢乃治"，則不然矣。夫勢者，名一而變無數者也。勢必於自然，則無爲言於勢矣；吾所爲言勢者，言人之所設也。今曰"堯、舜得勢而治[3]，桀、紂得勢而亂"，吾非以堯、舜爲不然也。雖然，非一人之所得設也[4]。夫堯、舜生而在上位，雖有十桀、紂不能亂者，則勢治也；桀、紂亦生而在上位，雖有十堯、舜而亦不能治者，則勢亂也。故曰："勢治者，則不可亂；而勢亂者，則不可治也。"此自然之勢也，非人之所得設也。若吾所言勢[5]，謂人之所得設也而已矣[6]，賢何事焉[7]！何以明其然也？客曰[8]："人有鬻矛與楯者，譽其楯之堅：'物莫能陷也[9]。'俄而又譽其矛曰：'吾矛之利，物無不陷也。'人應之曰：'以子之矛陷子之楯，何如？'其人弗能應也。"以爲不可陷之楯，與無不陷之矛，爲名不可兩立也[10]。夫賢之爲道不可禁[11]，而勢之爲道也無不禁，以不可禁之賢，處無不禁之勢[12]，此矛楯之説也。夫賢、勢之不相容亦明矣。且夫堯、舜、桀、紂千世而一出，是比肩隨踵而生也[13]，世之治者不絕於中[14]。吾所以爲言勢者，中也。中者，上不及堯、舜，而下亦不爲桀、紂，抱法處勢則治[15]，背法去勢則亂。今廢勢背法而待堯、舜，堯、舜至乃治，是千世亂而一治也；抱法處勢而待桀、紂，桀、纣至乃亂，是千世治而一亂也。且夫治千而亂一，與治一而亂千也，是猶乘驥駬而分馳也[16]，相去亦遠矣。夫棄隱栝之法[17]，去度量之數[18]，使奚仲爲車[19]，不能成一輪；無慶賞之勸[20]，刑罰之威，釋勢委法[21]，堯、舜户説而人辯之，不能治三家。夫勢之足用亦明矣，而曰"必待賢"，則亦不然矣。且夫百日不食以待粱肉[22]，餓者不活[23]；今待堯、舜之賢乃治當世之民，是猶待粱肉而救餓之説也。夫曰"良馬固車，臧獲御之則爲人笑，王良御之則日取乎千里"，吾不以爲然。夫待越人之善海游者以救中國之溺人，越人善游矣，而溺者不濟矣。夫待古之王良以馭今之馬，亦猶越人救溺之説也，不可亦明矣。夫良馬固車，五十里而一置[24]，使中手御之，追速致遠，可以及也，而千里可日致也，何必待古之王良乎？且御非使王良也，則必使臧獲敗之；治非使堯、舜也，則必使桀、紂亂之——此味非飴蜜也[25]，必苦菜、亭歷也[26]——此則積辯累辭，離理失術，兩末之議也[27]，奚可以難夫道理之言乎哉[28]！客議未及此論也。

[1] 以下是韓非子反駁儒生的話。

[2] 其人：指慎到。治官：處理官職範圍内的事務。

[3] 曰：原本訛"日"，據陳奇猷説改。

[4] 一人：太田方認爲"一"是衍文。

[5] 勢：原本脱，據陶鴻慶説補。

[6] 所得設：原書"設"訛"勢"，今據陶鴻慶説改。

[7] 賢人有甚麼用呢！何事：幹甚麼。事，從事。

[8] 客：這個"客"，是韓非假設的某一個人，與上面責難慎到的那個客非同一人。

[9] 陷：刺入，穿透。

[10] 名：名義，概念。兩立：並存。

[11] 道：原書作"勢"，陶鴻慶以爲當作"道"字，今據改。道，法則，原則。禁：禁止，約束。

[12] 原本作"以不可禁之勢"，中間脱"賢處無不禁之"六字，據陳奇猷説補。

[13] 比肩隨踵：肩並著肩，腳跟隨著腳跟。踵：腳後跟。

[14] 治者：治理國家的人，指君主。中：指才能中等的人。

[15] 抱法：猶言守法。處：居於，據有。

[16] 驥：駿馬，良馬。駬（ěr）：騄（lù）駬，一種良馬。分馳：背道而馳。

[17] 隱栝：同"檃括"，矯正彎曲竹木的工具。

[18] 數：技藝。

[19] 奚仲：傳説中夏朝的巧匠，善於造車。

[20] 慶賞：賞賜。

[21] 委：拋棄，捨棄。

[22] 粱肉：泛指好的飯菜。粱，古稱品種優良的粟。

[23] 餓：古代稱一般的飢餓爲"飢"，嚴重的飢餓爲"餓"。

[24] 置：驛站，設立在交通要道上，供行人休息或替換車馬用。

[25] 飴：糖漿。

[26] 亭歷：即"葶藶"，一種味苦的中藥材。

［27］末：末端，極端。
［28］難：責難，駁問。

練習三

1. 指出下列句子中詞類活用的現象。
①師還，館于虞，遂襲虞，滅之。（《左傳・僖公五年》）
②以道觀之，物無貴賤。以物觀之，自貴而相賤。（《莊子・秋水》）
③陳涉首難，豪傑蜂起，相與並爭。（《漢書・陳勝項籍傳》）
④請句踐女女於王，大夫女女於大夫，士女女於士。（《國語・越語上》）
⑤齊桓公合諸侯而國異姓。（《史記・晉世家》）
⑥其家甚智其子，而疑鄰人之父。（《韓非子・説難》）
⑦秦僻在雍州，不與中國諸侯之會盟，夷翟遇之。（《史記・秦本紀》）
⑧（高漸離）乃退，出其裝匣中筑與其善衣，更容貌而前。（《史記・刺客列傳》）
⑨故天下盡以扁鵲爲能生死人。（《史記・廉頗藺相如列傳》）
⑩不如小決使道，不如吾聞而藥之也。（《左傳・襄公三十一年》）
⑪蛟龍水居，虎豹山處，天地之性也。（《淮南子・原道》）
⑫求也退，故進之。由也兼人，故退之。（《論語・先進》）
2. 指出下列判斷句的不同語法特點。
①君者，舟也。庶人者，水也。（《荀子・王制》）
②虎兕出於柙，龜玉毀於櫝中，是誰之過與？（《論語・季氏》）
③違彊淩弱，非勇也。乘人之約，非仁也。（《左傳・定公四年》）
④吾乃今日而知先生爲天下之士也。（《戰國策・趙策三》）
⑤列國之卿當小國之君，固周制也。（《左傳・昭公二十三年》）
⑥桓公九合諸侯，不以兵車，管仲之力也。（《論語・憲問》）
⑦文侯曰：“子之師誰邪？”子方曰：“東郭順子。”（《莊子・田子方》）
3. 指出下列被動句的不同語法特點。
①蓋文王拘而演《周易》，仲尼厄而作《春秋》。（司馬遷《報任安書》）
②勞心者治人，勞力者治於人。（《孟子・滕文公上》）
③故君子恥不修，不恥見汙。恥不信，不恥不見信。恥不能，不恥不見用。（《荀子・非十二子》）
④奪項王天下者，必沛公也。吾屬今爲之虜矣。（《史記・項羽本紀》）
⑤越王弗與，乃攻之，夫差爲禽。（《戰國策・燕策三》）
⑥吾悔不聽蒯通之計，乃爲兒女子所詐。（《史記・淮陰侯列傳》）
⑦劉慶孫在太傅府，於是人士多爲所構。（《世説新語・雅量》）
⑧吾被皇太后徵，未知所爲。（《三國志・魏書・高貴鄉公傳》）
⑨先絕齊而後責地，則必見欺於張儀。見欺於張儀，則王必怨之。（《史記・楚世家》）
4. 指出下列句子中的前置賓語。
①如其善而莫之違也，不亦善乎？（《論語・子路》）
②臣實不才，又誰敢怨？（《左傳・成公三年》）

③寡君其罪之恐，敢與知魯國之難？（《左傳・昭公三十一年》）
④余雖與晉出入，余唯利是視。（《左傳・成公十三年》）
⑤非夫人之爲慟而誰爲？（《論語・先進》）

5. 説明下列句子中加著重號虚詞的語法作用。
①魯丹曰："夫以人言善我，必以人言罪我。"（《韓非子・説林上》）
②千里之行，始於足下。（《老子》六十四章）
③俄而束乎有司，而戮乎大市。（《荀子・非相》）
④魏公子無忌者，魏昭王少子，而魏安釐王母弟也。（《史記・魏公子列傳》）
⑤危而不持，顛而不扶，則將焉用彼相矣。（《論語・季氏》）
⑥東道之不通，則是康公絶我好也。（《左傳・成公十三年》）
⑦使子路反見之，至，則行矣。（《論語・微子》）
⑧有能助寡人謀而退吴者，吾與之共知越國之政。（《國語・越語上》）
⑨始臣之解牛之時，所見無非牛者。（《莊子・養生主》）
⑩魏王怒公子之盗其兵符，矯殺晉鄙，公子亦自知也。（《史記・信陵君列傳》）
⑪士之失位也，猶諸侯之失國家也。（《孟子・滕文公下》）
⑫雖我之死，有子存焉。（《列子・湯問》）
⑬子謂顔淵曰："惜乎！吾見其進也，未見其止也。"（《論語・子罕》）
⑭故言有招禍也，行有招辱也。（《荀子・勸學》）
⑮誠用客之謀，陛下之事去矣。（《史記・留侯世家》）
⑯（張）良曰："料大王士卒足以當項王乎？"（《史記・項羽本紀》）
⑰桀溺曰："子爲誰？"曰："爲仲由。"曰："是魯孔丘之徒與？"（《論語・微子》）
⑱子曰："管仲之器小哉！"（《論語・八佾》）

6. 給下面短文加上標點，並翻譯成現代漢語。

魏文侯借道於趙而攻中山趙肅侯不許趙刻曰君過矣魏攻中山而弗能取則魏必罷罷則魏輕魏輕則趙重魏拔中山必不能越趙而有中山也是用兵者魏也而得地者趙也君必許之許之而大歡彼將知君利之也必將輟行君不如借之道示以不得已也

第四單元

通論四　古籍基本知識

古籍，即“古代典籍。泛指古書。”（據《漢語大詞典》）無論學習還是研究古代漢語都不能離開古籍，因此，瞭解一些關於古籍的基本知識是十分必要的。

一、古籍的源流

中國古籍的歷史，源遠流長。《尚書·周書·多士》說：“惟殷先人，有册有典，殷革夏命。”可見，商代就有記載歷史的典籍了。殷墟出土甲骨卜辭已見“典”、“册”二字，其“册”字作冊，像編簡之形，“典”字作典，从“册”从“収”，像雙手捧册形，這又是至遲商代已有簡册的明證。中國古籍經歷了漫長的發生、發展過程，慢慢地、堅定不移地朝著輕便、實用、經濟、美觀的方嚮前進，今僅從物質形態變化的角度對其源流作一簡單的介紹。

（一）以甲骨為載體的古籍

這是使用於商周時期的書籍，也是中國最早的書籍，通常又稱爲甲骨文獻，因文字刻（個別是用毛筆寫）在龜甲（多爲腹甲）及獸骨（主要是牛肩胛骨）上而得名。1899 年，甲骨文獻首次在河南安陽小屯村（殷代首都遺址）被發現，此後一百年間，發掘出土的带有文字的甲骨總數大約有 10 萬片。這些甲骨片每片字數從三四個到近百個不等，共包括不同單字約 4 500 個，其中公認能識讀的 1 000 多個。商、周時人迷信貞卜，商王、周王預定進行的一切活動，都要先行貞卜，再根據貞卜結果決定行止。殷墟先後出土的商代甲骨文獻以及 1977 年、1979 年兩次在陝西岐山鳳雛村周原遺址出土的周代甲骨文獻，主要都是商王或周王貞卜後契刻上去的記事文字，故又稱爲卜辭。《小屯殷虚文字乙編》4 528 片，有一片龜腹甲的紀事刻辭是“四册，册凡三”，這是記載龜册的數目；而在殷墟第三十六坑所出龜版，都是同一年内的貞卜記録，有人據此推想：“殷代甲骨本來是成編珍藏起來的”，“殷代可能已經有長文典册”了。甲骨文獻内容涉獵甚廣，羅孟禎先生在談到殷墟卜辭的時候認爲：“它是殷代王室的檔案，它雖然還不是有意識的歷史記載，但是它關於農耕、畜牧、風雨陰晴、曆法、計算，關於軍事的田獵戰争，關於宗教的祟祀對象、祀典的豐嗇，都有備稽考、供借鑒的作用，可以稱爲我國最早的原始書籍。”

（二）以金石為載體的古籍

金指青銅器，石指玉石、碑碣。此類古籍出現也甚早。在青銅器上鑄刻銘文，從商代後期一直延續到西漢。特別是商周時期，王室、貴族凡有重要文件需要長期保存或者有重大事件需要永久紀念的，都會鑄造一件器物，在上面鎸刻文字記載下來。據統計，今所發現商周兩代有銘文青銅器共有 1 萬多件，每件銘文字數自 1 個至 497 個不等。在玉石、碑碣上刻寫文字，其源也古，商代就有玉版甲子表、玉戈銘之類；春秋戰國以後尤爲多見，像著名的石鼓文及侯馬盟書，就都是這一時期的產物。漢後歷代王朝也曾多次把儒家經典刻在碑石上，其著名者如漢靈帝時的《熹平石經》、唐文宗時的《開成石經》。羅振玉說："金石文字者，古載籍之權輿也。古者，大事勒之鼎彝。故彝器文字，三古之載籍也。唐以前無雕板，而周秦兩漢有金石刻，故周秦兩漢之金石刻，雕版以前之載籍也。"羅孟禎先生也說："金石文字就是古書。……春秋時代，晉、鄭兩國都曾把國家限制貴族特權的法律，全文鑄刻在鼎上。《左傳》昭公六年（公元前 536 年）鄭國鑄刑書。昭公二十九年（公元前 513 年）晉國鑄刑鼎。這些刑鼎，可算是一部法律專書。"

（三）以簡牘為載體的古籍

甲骨、金石原非書寫專用材料，故該類文獻往往使用於特定的場合。其實自商至漢，專用的書寫材料是加過工的竹片（簡）和木版（牘），作爲當時主要形式、普遍形式的書籍是以簡牘爲載體的。上面已指出過，"册"、"典"二字早見於殷墟甲骨卜辭，證明至遲商代已有簡册，不過，由於竹簡木牘容易腐朽，故至今考古發現的簡册實物，最古的也衹是 1978 年在湖北隨縣曾侯乙墓出土的戰國初期簡。古人在使用簡牘書寫的過程中創造了許多專用名詞，如把單片的竹片叫做"簡"，把由多簡編聯而成的物體叫做"册"（或作"策"），把連簡成册的絲繩叫做"編"，把單塊方狀木版叫做"版"，把已寫了字的版叫做"牘"，等等。古人通常把著作及長篇文章寫在册（策）上，把百字以下短文或者書信寫在簡牘上。杜預《春秋序》說："大事書之於策，小事簡牘而已。"一部著作，用簡很多，爲了保存方便，於是每篇爲一册，每册圍繞最末一簡卷爲一束，再在第一簡的前面加上"贅簡"，寫上篇名。寫信的版一般一尺見方，因此就稱信件爲"尺牘"。地圖通常畫在版上，故稱國家領土爲"版圖"。又簡牘上的文字是用毛筆寫上去的，寫錯了就用小刀削去重寫，因而刀筆同爲書寫時的必備工具，後世"刀筆士"、"刀筆吏"、"刀筆先生"之類說法即本於此。

（四）以縑帛為載體的古籍

簡牘作爲文獻載體，優點是價廉易得，製作方便。但其缺點也顯而易見：笨重纍贅，不便攜帶；編繩易斷，形成錯簡。因此，早在春秋戰國簡牘書籍盛行的同時，就出現了以縑帛（絲織品總稱）爲載體的另一種書籍。縑帛質地輕軟，運筆順暢，舒卷由人，又可根據需要尺寸隨意剪裁，優點很多；然而價貴，又不方便改動，故作爲書寫材料，雖至魏晉時期還在使用，但終未能取代簡牘。在以紙爲載體的書籍全面推廣使用以前，竹帛始終是並行的。《太平御覽》卷六〇六引《風俗通》說："劉向爲孝成皇帝典校書籍二十餘年，皆先書竹，改易刊定；可繕寫者，以上素也。"這是漢代竹帛並用，各取所長的例子。短幅的帛書，通常折疊收藏。長幅的帛書，爲了保存和取用方便，就圍繞小木條，捲成一束，稱爲一卷。"卷"於是演變爲書籍的計量單位。

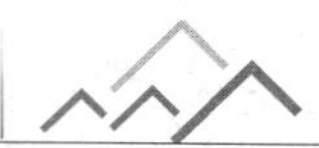

（五）以紙張為載體的古籍

簡牘的笨重和縑帛的昂貴促使人們去尋找一種實用而經濟的書寫材料，公元前 1 世紀前後（西漢武帝、宣帝之間），出現了以麻爲原料的植物纖維紙，又經過東漢蔡倫的繼續探索，終於發明了以樹皮、麻頭、破布、魚網等爲原料的造紙法。蔡倫對造紙術的改進，擴大了原料來源，降低了製造成本，提高了紙的質量，因而很快就在社會上使用開來，形成與簡帛鼎足而三的局面。《三國志・魏書・文帝紀》裴松之注引《吴歷》曰："帝以素書所著《典論》及詩賦饗孫權，又以紙寫一通與張昭。"這是三國時紙帛並用的寫照，而紙帛貴賤，人情輕重，則有不同。直到東晋安帝元興二年（403）十二月桓玄稱帝之後，詔曰："古無紙，故用簡，非主於敬也。今諸用簡者，皆以黄紙代之。"既然有統治者出面推行，紙也就很快地取簡帛而代之。

初期的紙書形制與帛書相仿，爲卷軸式，將若干張抄寫好文字的紙粘接成長條，一頭接在一根木軸上，自左而右捲起來，就是一卷書。一部書有多卷時，就用布、帛等包起來，每 5 卷或 10 卷一包，叫做"帙"。卷軸式書使用並不方便，到了唐朝後期，便逐漸地被册葉式書所取代。册葉式紙書本身在裝訂方面也是個不斷改進完善的過程，因而便有了旋風裝、經摺裝、蝴蝶裝、包背裝、綫裝等名目。册葉式書本發展到綫裝，已經相當完美，於是很快一統天下，因而，今天我們見到的絶大多數古籍都是綫裝書。

初期的紙書文字都是手抄上去的，稱寫本書。到了唐代中期，隨著雕版印刷術的發明而開始有了雕版書。到了北宋仁宗時候，畢昇發明活字印刷，於是又出現了活字印刷書籍。自宋至清，雕版及各類活字印刷的書籍，成爲這一時期古籍的主流。

二、古籍的版本

"版本"一詞，出現於唐代中期雕版印書之後，最初它衹是一個與寫本相對的概念，用來專指雕板刻印的書本。由於雕版印刷術的發明，大大方便了書籍的複製，於是爲教化的，爲揚名的，爲牟利的，既有朝廷、官府，也有坊肆、私家，不約而同，都來印書；一書不同版本之多，前所未有。而不同本子間字句參差、内容出入、真僞互見的問題也隨之突出起來。讀書人爲了讀到和收藏好書，便不得不比較各種版本優劣，以選取精良真實之本，淘汰粗劣僞造之作，由此便形成了版本之學。而"版本"一詞的外延也得到擴大，開始用來泛稱"一書經過多次傳寫或印刷而形成的各種不同本子"①。

中國古籍版本種類複雜，名目繁多。如，從文字附著載體的角度出發，則有寫本、印本之異；從版本産生的朝代年號看，則有唐本、五代本、宋本、遼本等，以及開寶本、淳熙本、嘉靖本、乾隆本等之别；從書籍印行的地區分，則有浙本、蜀本、閩本，以及杭州本、建陽本、麻沙本、眉山本等之殊；從刻印書籍的主持者或出資者身份辨，則有官刻本、坊刻本、私刻本、家刻本，以及監本、公使庫本、經廠本、明毛氏汲古閣刻本、宋黄

① 見《辭海》（1979 年版）"版本"條。

善夫家塾刻本等之不同；從印刷類型説，則有影刻本、寫刻本、活字本、套印本等等叫法；從書品方面考察，則有袖珍本、巾箱本、大字本、小字本、朱印本、插圖本、百納本、叢書本、節本、殘本、批校本種種稱謂。大抵一般的官府刻本往往校勘不精，錯漏頗多；儒學、書院等文化教育機構所刻的書通常校勘精細，品位較高；坊刻本目的主要在於牟利，因而多粗製濫造，乃至脱文短卷，不可卒讀；私宅、家塾刻本（簡稱私刻本）多出於弘揚文化或某種思想學説的目的，因而往往校勘精審，質量上乘，備受藏書家、版本學家青睞；家刻本、自刻本一般也校勘細緻，刻印精良，足堪珍視。又，宋代刻本中，浙本（杭州刻）最佳，蜀本（成都刻）次之，建本（福建建安刻）爲下，也有定論。當然，這都祇是一般而言，並非絶對如此。如明末常熟毛氏（毛晉）汲古閣本雖屬坊刻，卻負盛名；南宋嘉定戊辰建寧書舖蔡琪一經堂刻《後漢書》，雖是建本，卻堪稱宋刻中之佳者，可以爲證。

下面僅就常見的版本稱謂有選擇地作一簡單介紹：

（一）足本　殘本

足本：泛稱不存在缺文、缺卷的書本。

殘本：泛稱存在缺文、缺卷的書本。

（二）清稿本　過録本

清稿本：指謄清的寫本。它有可能是作者本人謄清的手稿本，也有可能是他人謄清的抄本。

過録本：將名家批校文字移録到同一種書的其他本子上，被移録上名家批校文字的書本就稱爲“過録本”。

（三）寫刻本　影寫本　影刻本　影印本　套印本

寫刻本：由書法名家依照個人書法風格將書稿手寫上版，鎸刻印行，所印出來的書本就稱爲“寫刻本”。

影寫本（影抄本）：以某一版本爲底本，逐葉覆紙將其邊欄界行、版口魚尾[①]、行款字體等依照原貌一一描模下來，這種通過影模方法得到的本子就稱爲“影寫本”或“影抄本”。

影刻本：以某一版本爲底本，逐葉覆紙將其邊欄界行、版口魚尾、行款字體等依照原貌一一描模或雙鈎下來，然後將描模好的書葉一一反貼上版鎸刻。所刻印出來的書本就稱爲“影刻本”。影刻本書籍以影刻宋元本古籍爲多見。

影印本：以某一版本爲底本，利用攝影技術將其拍成照片，然後製版印刷，印出來的

① 邊欄界行：指版印書葉四周的界綫。版口：指版印書葉正中折頁的部位，又叫“版心”或“書口”。魚尾：版口款式之一。即在版心中間離上下邊欄四分之一處印的魚尾形標誌 ▔(上魚尾）與▁(下魚尾)。魚尾的作用本爲摺叠書頁時易於對齊，也有在它上下題記書名、卷數、頁碼、篇目、刻工姓名等内容的。

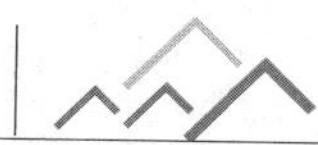

書本就稱爲“影印本”。

套印本：使用兩種以上顔色套版印刷的書本。套印本細分起來又有朱墨兩色套印本、三色套印本、四色套印本、五色套印本等。

（四）重修本（修補本）　**增修本　遞修本　百衲本**

重修本（修補本）：古書版片，雖説多用梨棗硬木，但年代一久，仍然難免缺損，若想再次用它印書，就必須對其中缺損的版片進行修補，這種用修補過的某部書舊版片印刷出來的書本，就稱爲“重修本”或“修補本”。注意：版本著録的重修本，不同於志書書名中所題的重修本，前者的所謂“重修”，取“重新修補（版片）”之義；而後者的所謂“重修”，取“重新纂修”之義。

增修本：在一書舊版片的基礎上，又增刻部分新的内容，印出來的書本就稱爲“增修本”。

遞修本：凡是一部書的版片經過兩次或兩次以上修補之後再次印刷，所印出的書本稱“遞修本”。

百衲本：由零散不全的各種版本拼凑而成一部完整的書，這種書的版本稱“百衲本”。百衲本書籍最早出自清初的宋犖，他曾用兩種宋本、三種元本配置出一部完整的《史記》，稱《百衲本史記》。商務印書館也曾匯集不同版本史書，拼配影印了一部完整的《二十四史》，稱《百衲本二十四史》。

（五）監本　公使庫本　經廠本　藩府本　殿本　聚珍本　局本

監本：五代時期，由國子監（中國封建社會的教育管理機構和最高學府）負責校刻經書事務。此後直至清朝，歷代國子監先後主持刻印過大量四部古籍[①]。這些由歷代國子監主持刻印的古籍版本就被稱爲“國子監刻本”，簡稱“監本”。明代因南北二京均設國子監，故又稱南京國子監所刻書爲“南監本”；北京國子監所刻書爲“北監本”。

公使庫本：公使庫爲宋代官署名，類似現代的招待所，因有餘資，特設印書局專掌印書之事。其所刻印書籍的版本，稱爲公使庫本。

經廠本：經廠是明代司禮監屬下機構，專門負責書籍出版事宜。經廠匠役多至一千人，前後刻印四部書籍 168 種。經廠本特點是開本大，印紙精，行格疏，字體大，粗黑口，舖陳考究。但因出自内宦之手，校勘不精，故並不爲學人所重。

藩府本：泛稱明代各藩王府所刻印的書本。明代諸王受封赴國，皇帝常常頒賜書籍，其中多有宋元善本，而諸王中也頗有潛心學術的人，加之經濟實力雄厚，故所刻書多極講究，質量遠在經廠本上。藩府本是對明代諸藩刻書的總稱，實際著録時很少這樣稱謂，更多的是分别不同封國而稱“周藩刻本”、“秦藩刻本”、“唐藩刻本”、“寧藩刻本”、“蜀藩刻本”等。

殿本：指清代由武英殿修書處主持刻印的書本。清康熙十二年（1673），於宫内武英

---

① 元代除外。因元代中央刻書機構是興文署和廣成局，屬秘書監，不屬國子監，故元代無監本之稱。

殿設修書處。此後，大抵欽定、御製、敕撰諸書，以及經史羣籍，均交武英殿校定印行。凡所印書五百餘種，其版本總稱“武英殿本”，簡稱“殿本”。殿本多用開化紙，書品寬大，寫刻工緻，墨色光澤，校勘精審，爲後世所重。

聚珍本：清乾隆三十七年（1772），設館編纂《四庫全書》，擬先選擇人所罕見而又足資借鑒之書印行以嘉惠士林。翌年四月，先將《易纬八種》等書交武英殿雕版印刷。四庫館副總裁金簡建議改用木活字排印以提高效率，減少消耗。乾隆皇帝同意他的建議，但認爲稱活字不雅，賜名“聚珍”。因爲是武英殿主持印行的書，而且版式行款又完全相同，故稱爲《武英殿聚珍版叢書》。該套叢書共包括134種古籍，其版本就稱“武英殿聚珍本”，簡稱“聚珍本”。《武英殿聚珍版叢書》印行之後，各省或有照式翻雕者，其版本被稱爲“外聚珍”，於是，叢書殿本原版又有了“内聚珍”之名。

局本：泛稱清代各省官書局所刻印的書本。清同治三年四月，曾國藩首設書局於安慶，成爲官書局的濫觴。嗣後，各地官書局如金陵書局、浙江書局、思賢書局（湖南）、崇文書局（湖北）、存古書局（四川）、廣雅書局（廣州）、敷文書局（安徽）等相繼建立。在晚清的半個多世紀中，這些官書局或單獨或聯合刻印了大量的書籍，其中不乏校勘精審、刻印精良的版本。

（六）私刻本　家刻本　自刻本

私刻本：由私家出資、主持刻印他人的著作，所印出的書本稱“私刻本”。私刻本在著録上或據出資、主持人的室名堂號稱，如明代范欽的“天一閣本”，清代黄丕烈的“士禮居本”等；或據出資人、主持人的姓名稱，如宋代的“黄善夫本”、清代的“胡克家本”等；也有據出資人、主持人的姓氏稱的，如稱明代閔齊伋所刻本爲“閔刻本”，凌蒙初所刻本爲“凌刻本”等，不一而足。

家刻本：由自家出資、主持刻印家族先輩的著作，所印出的書本稱“家刻本”。如清光緒至民國間如皋冒氏刊本《如皋冒氏叢書》。

自刻本：由作者本人出資或主持刻印自撰的著作，所印出的書本稱“自刻本”。清代鄭燮自刻《板橋集》屬於此類。

讀古書不能不重視版本，清末張之洞説：“讀書不知要領，勞而無功；知某書宜讀而不得精校精注本，事倍功半。”正道出了版本的重要性。

好的版本古人稱之爲善本。關於善本書的判斷標準問題，張之洞也有很好的看法，他説：“善本非紙白板新之謂，謂其爲前輩通人用古刻數本精校細勘付梨，不譌不闕之本也。”又説：“善本之義有三：一足本 無闕卷 未删削，二精本 一精校 一精注，三舊本 一舊刻 一舊抄。”張氏以“足、精、舊”三項作爲衡量善本的標準，既扼要又全面，是可以接受的。

要瞭解現存歷代古籍善本書的情況，目前可以利用上海古籍出版社1985年起陸續出版的《中國古籍善本書目》。該書著録國内782個藏書機構所藏漢文古籍善本6萬多種，約13萬部，分經、史、子、集、叢書五部出版，是迄今爲止規模最大的中國善本古籍聯合目録。不過該書界定善本的條件相對較寬，它實際上包括了時代久、傳世少，恰切地説應稱之爲“珍本”的古籍版本。時代久、傳世少的版本當然珍貴，但於文字校注方面卻

也未必盡可稱“善”。使用者不可不知。

三、古籍的分類

中國古籍的分類，有一套不同於現代圖書分類體系的傳統做法。由於這種傳統的分類法已經比較完善，基本上能與古籍圖書的現狀相適應，因而至今仍被廣泛使用於各種古籍圖書目録的編纂以及各大、中型圖書館古籍室藏書的分類中。要想較好利用古籍，就不能不瞭解、熟悉傳統的圖書分類法。

（一）從六分法到四分法

圖書分類的思想，早在先秦時期就已經有了。《孟子・離婁下》說：“晉之《乘》，楚之《檮杌》，魯之《春秋》，一也：其事則齊桓、晉文，其文則史。”孟子把三種不同名稱的書，依性質劃歸一類，就是這種思想的具體表現。

不過，第一次在文獻著録中明確對圖書實施分類的，則是西漢的劉歆。歆於成帝時隨父劉向奉旨領校秘書。向死後，歆完成父未竟之業，將國家藏書作了系統分類，於哀帝建平元年（前6）編成我國第一部綜合性圖書分類總目録——《七略》。《七略》之首篇《輯略》屬於全書敘録性質，不是圖書中的一類，故實際上劉歆衹將圖書分成6個大類——六藝、諸子、詩賦、兵書、數術、方技六略。六略之下再細分爲38種。劉歆就把當時國家所藏596家，13 269卷圖書依其種屬進行著録。東漢班固主要根據《七略》編撰的《漢書・藝文志》，沿用了劉歆圖書“六分法”的體系。

西晉荀勗，因魏秘書郎鄭默《魏中經簿》而作《中經新簿》。中經指中秘典籍，也就是宫廷藏書的意思。荀勗在《中經新簿》中將當時宫廷收藏的29 945卷圖書分别歸入甲、乙、丙、丁四部。具體的做法是：甲部收録六藝、小學一類書籍；乙部收録古諸子家、近世子家、兵書、兵家、術數一類書籍；丙部收録史記、舊事、皇覧簿、雜事一類書籍；丁部收録詩賦、圖讚、汲冢書一類書籍。由此開創了我國古代圖書目録分類的四分法。其後，圖書四分基本成爲共識，雖於某個朝代或有個别學者在私撰書目中嘗試過其他分法（如南朝梁阮孝緒的《七録》將圖書七分，宋代李淑的《邯鄲書目》分圖書爲八大類，鄭樵的《通志・藝文志》分圖書爲十二大類），但是終究未能成爲主流。

到了東晉，著作郎李充編製《晉元帝四部書目》，對於荀勗四部次序略作調整：“五經爲甲部，史記爲乙部，諸子爲丙部，詩賦爲丁部”。《晉書・李充傳》稱李充的四部分類“甚有條貫，秘閣以爲永制”，而中國古代圖書四分法中的四部次序也至此確定。

唐初，魏徵奉旨修前朝史，撰成《隋書・經籍志》，直接以經、史、子、集作爲部名，並依照這一順序編次圖書。《隋書・經籍志》的出現，標誌著圖書四分法的最終確立，此後，歷代編撰的絶大多數公私藏書目録也就相沿成習了。時至今日，它仍然是古籍目録的主要分類法。由於在此以前的四分法目録書久已亡佚，《隋書・經籍志》成爲我國現存最早的四部書目。

（二）四部分類法簡介

圖書四分法到了《隋書·經籍志》已經基本定型。而最大規模地實踐這一方法編録的圖書則是清代乾隆年間紀昀等奉敕纂修的《四庫全書總目》。這是一部大型的古籍提要書目。全書200卷，撰寫提要圖書凡10 254種（包括入收《四庫全書》的3 461種，以及未入收《四庫全書》、僅作存目的6 793種）。編排上以經、史、子、集四部爲大類，下轄44小類，内容比較複雜的，小類之下再分子目。“四部之首，各冠以總序，撮述其源流正變，以挈綱領。四十四類之首，亦各冠以小序，詳述其分併改隸，以析條目。如其義有未盡，例有未該，則或於子目之末，或於本條之下，附注案語，以明通變之由。”①

今將《四庫全書總目》部類子目内容簡介如下，讀者從中自可瞭解四部分類法之梗概：

1．經部10類

①易類　②書類　③詩類　④禮類（下分周禮、儀禮、禮記、三禮總義、通禮、雜禮6子目）　⑤春秋類　⑥孝經類　⑦五經總義類　⑧四書類　⑨樂類　⑩小學類（下分訓詁、字書、韻書3子目）

經部書主要包括被歷來封建統治者視爲立國指導思想、典範著作的“十三經”，以及歷代注釋、闡述這些經書的大量古籍（著作方式有傳、記、注、音、疏等），還有語言文字類圖書。經部文獻所記載的知識不等同於現代知識體系的任何門類。它所涉及的知識，除了語言文字之外，還包括政治（如《書》）、哲學（如《易》）、經濟（如《周禮》中的部分内容）、文化（如《儀禮》）、歷史（如《春秋》）、文學（如《詩》）、藝術（如《樂》）等現代知識門類的内容。

2．史部15類

①正史類　②編年類　③紀事本末類　④别史類　⑤雜史類　⑥詔令奏議類（下分詔令、奏議2子目）　⑦傳記類（下分聖賢、名人、總録、雜録、别録5子目）　⑧史鈔類　⑨載記類　⑩時令類　⑪地理類（下分總志、都會郡縣、河渠、邊防、山川、古蹟、雜記、遊記、外紀9子目）　⑫職官類（下分官制、官箴2子目）　⑬政書類（下分通制、典禮、邦計、軍政、法令、考工6子目）　⑭目録類（下分經籍、金石2子目）　⑮史評類

史部書的收録範圍與現代圖書分類法的歷史類收書範圍並不相同。它除了主要收錄歷史類書籍外，還收錄政治、法律、外交、地理、教育等類書籍。

3．子部14類

①儒家類　②兵家類　③法家類　④農家類　⑤醫家類　⑥天文算法類（下分推步、算書2子目）　⑦術數類（下分數學、占候、相宅相墓、占卜、命書相書、陰陽五行、雜技術7子目）　⑧藝術類（下分書畫、琴譜、篆刻、雜技4子目）　⑨譜録類（下分器物、食譜、草木鳥獸蟲魚3子目）　⑩雜家類（下分雜學、雜考、雜説、雜品、雜纂、雜編6子目）　⑪類書類　⑬小説家類（下分雜事、異聞、瑣語3子目）　⑭釋家類　⑮道家類

子部書内容極爲複雜，除收録哲學著作外，還收錄社會科學、自然科學、應用科學、

---

① 見《四庫全書總目》卷首《凡例》。

藝術、宗教等方面的著作。

4. 集部5類

①楚辭類 ②別集類 ③總集類 ④詩文評類 ⑤詞曲類（下分詞集、詞選、詞話、詞譜詞韻、南北曲5子目）

集部書主要收録我國古典文學著作、文學評論書籍。

四、古籍的整理

中國古代文明賴古籍得以保存與流傳。諸多學科，特别是文、史、哲、中醫學等的研究，都離不開古籍的利用。然而古籍歷經數百、千年之後，卷帙或有亡佚，文字或有譌奪，内容或經改竄；又加既不標點，也無句讀；語言發展，文義難明；故要使它真正能爲今人和後人所用，便非給予一定形式的整理不可。

古籍整理可以根據具體情況和不同需要，采取不同的形式，分而言之主要有編訂、校勘、標點、注釋、今譯、輯佚、辨僞7種。必須指出的是，在古籍整理的實踐中，這7種形式往往不是各自獨立，而是綜合爲用的，因而又可組合出若干新的形式來，如既校勘又標點的點校，既校勘又注釋的校注，既注釋又今譯的譯注，等等。今爲方便起見，僅將未經組合的7種形式簡單介紹於下：

（一）編訂

編訂即編纂訂正。將原來蕪雜零亂的古文獻資料，删其繁蕪，理其散亂，正其篇目，定其次序，多數情況下還將原文所用古文字改抄成時行文字，然後重編成書，這種古籍整理工作就是編訂。通常在古籍編訂的過程中，也少不了文字校勘的工作，不過由於主要的工作在於編纂，故不宜把它併入校勘。

古籍編訂工作起源甚早，相傳孔子就曾經整理編訂過《詩》、《書》、《禮》、《樂》、《易》、《春秋》——所謂“六經”。漢代，古籍的整理編訂工作受到高度重視。《漢書·藝文志》説：“漢興，張良、韓信序次兵法，凡百八十二家，删取要用，定著三十五家。諸吕用事而盗取之。武帝時，軍政楊僕捃摭遺逸，紀奏兵録，猶未能備。至於孝成，命任宏論次兵書爲四種。”同在孝成帝時，劉向奉旨整理宫廷藏書，也做了不少古籍編訂的工作；如對《戰國策》的編訂，就是一例。關於該書的編訂過程，劉向在《戰國策書録》曾有説明：“所校中《戰國策》書，中書餘卷，錯亂相糅莒。又有國别者八篇，少不足。臣向因國别者，略以時次之，分别不以序者以相補，除復重，得三十三篇。……中書本號，或曰《國策》，或曰《國事》，或曰《短長》，或曰《事語》，或曰《長書》，或曰《脩書》。臣向以爲戰國時游士輔所用之國，爲之策謀，宜爲《戰國策》。”類似的古籍編訂工作，一直延續到了後世。如，西晉武帝時對“汲冢書”的整理，就是一次大規模的古籍編訂活動。又如，今人據1972年山東臨沂銀雀山一號漢墓出土竹簡整理編定了《孫臏兵法》，也是其例。

（二）校勘

通過對同書不同版本或其他相關資料的異文比較，發現古籍在轉抄、翻刻、流傳過程中產生的文字脱、衍、誤、倒等錯誤並給予訂正（有時衹是指出），這種古籍整理工作就是校勘。

書籍經過多次轉抄、翻刻，文字舛誤在所難免；長期流傳，也極易招致破損缺頁；更兼或有人爲竄改；往往失去本來面目，嚴重的甚至叫人讀不下去。因此，古籍校勘工作很早就受到人們的重視。《國語・魯語下》載："昔正考父校商之名《頌》十二篇於周太師，以《那》爲首。"正考父是周宣王時宋國大夫，孔子的七世祖。可見古籍校勘，起源甚早。前面説到西漢成帝時，劉向奉旨整理宫廷藏書，做了不少編訂古籍的工作，其實，還做了許多更適合於歸入校勘的工作。《漢書・藝文志》載："劉向以中《古文易經》校施、孟、梁丘經，或脱去'無咎'、'悔亡'，唯費氏經與古文同。"又載："劉向以中古文校歐陽、大小夏侯三家經文，《酒誥》脱簡一，《召誥》脱簡二。率簡二十五字者，脱亦二十五字，簡二十二字者，脱亦二十二字，文字異者七百有餘，脱字數十。"這些都是劉向當時校勘古籍的實録，它爲後人樹立了校勘的範例。劉向之後，校勘古籍者代不乏人，至清而校勘之學鼎盛，無論實踐還是理論，都得到很大的發展。近人陳垣撰《校勘學釋例》（原名《元典章校補釋例》），從《元典章》舊刻這一特殊標本出發，總結概括了校勘學中一些帶有普遍性的現象，提出了"校法四例"——對校法、本校法、他校法和理校法，更使校勘學理論研究達到一個新的高度。

（三）標點

考古證明，早在先秦，就已經出現了使用句讀符號的文獻。不過，在通常的情況下，古人寫文章是不加標點的，所抄寫、刻印的書一般也沒有斷句符號，這種情況，一直延續到清末。讀者閲讀時一句話從甚麽地方起到甚麽地方止，須要自己作出判斷，十分不便。褚少孫補《史記・滑稽列傳》上説："（東方）朔初入長安，至公車上書，凡用三千奏牘。公車令兩人共持舉其書，僅然能勝之。人主從上方讀之，止，輒乙其處，讀之二月乃盡。"於是，有識之士，很早就嘗試著用各種符號標點古書，如1959年在甘肅武威出土的西漢《儀禮》簡策上，就發現有□、●、○、▲、・、［ ］、乚、丶等多種用於標示篇、章、句讀、題目、删略等的符號。南宋岳珂在《刊正九經三傳沿革例》中也談到當時已有建監本書，經文"做館閣校書式從旁加圈點，開卷瞭然，於學者爲便。"而"蜀中字本、興國本併點注文，益爲周盡。"這些可以看作早期使用標點形式的古籍整理，衹可惜在當時遠未成爲主流。直到"五四"新文化運動興起，開始在書面語言中推行新式標點，此後新印的古籍，纔普遍給加上了句讀或標點符號。

今天經過整理出版的古籍，在標點斷句方面仍然存在兩種不同的形式：一是將古籍原文重新排版，分段並全面使用配套的各種標點符號；一是衹在原版古籍文中應該休止停頓

的地方加上單一的斷句符號（小圓圈“。”、小圓點“・”或“、”號）[1]。後者即傳統所說的“句讀”。當然，用標點符號標點古籍，比用句讀符號斷句要細緻得多，精確得多，同時工作量也大得多，要求也高得多，不過對於讀者理解古書内容，卻是大有幫助的。

（四）注釋

語言的發展，文字的變化，制度的更迭，風俗的移易，這一切都成爲後人閱讀古籍的極大障礙。爲了讓後人能够讀懂古籍，最好的辦法就是用大家都懂的當代語言對古籍中不易理解的地方進行解釋，這就是古籍整理中的注釋。中國古籍的注釋自西漢始。此後兩千餘年，古籍注釋工作一直没有停止過，而且注釋體式日漸多樣（傳、箋、疏、章句等，應有盡有），注釋範圍不斷拓寬（自經部而至子、史、集部），先後産生了大量高水平的古籍注本（如《十三經注疏》、《諸子集成》兩部叢書中所收的各家注本，以及韋昭《國語注》、高誘《戰國策注》、《史記》三家注、顔師古《漢書注》、裴松之《三國志注》、酈道元《水經注》、胡三省《資治通鑑音注》、王逸《楚辭章句》、李善《文選注》、段玉裁《説文解字注》、郝懿行《爾雅義疏》、王念孫《廣雅疏證》、錢繹《方言箋疏》、王先謙《釋名疏證補》等），湧現出大批著名的注釋專家（如漢代的孔安國、毛亨、王逸、趙岐、鄭玄、何休、服虔、高誘，三國的何晏、王肅、韋昭，晉代的杜預、郭璞，南北朝的裴松之、皇侃、酈道元，唐代的陸德明、孔穎達、顔師古、釋玄應、李善，宋代的邢昺、朱熹，元代的胡三省，清代的毛奇齡、閻若璩、惠棟、戴震、畢沅、段玉裁、王念孫、郝懿行、焦循、馬瑞辰、陳奂、劉寶楠、王先謙、孫詒讓等，現代的許維遹、高亨、王利器、楊伯峻、陳奇猷等）。至今所知，比較常見的四部古籍，幾乎每一時代都有新的注釋。象《詩經》、《周易》、《老子》一類重要古書，更是注釋者衆，即使衹算今人的注本，也均達數十種之多。當然，同一書的不同注本，由於所面嚮的讀者不同，注釋者的功力不等，注文有詳略，水平有高下，因而讀者在使用注本時候也有個選擇的問題。

（五）今譯

用當代使用的語言文字替換古籍中的語言文字而不變更所蘊含的意義，這就是古籍整理中的今譯。注釋衹是有重點地對古籍中的部分字、詞進行解釋，個别句子進行串講，或可偷懶；今譯則須將古籍全文通通譯出，即使想避難就易也無可能，因而它在古籍整理工作中，是比注釋更進一層的整理。同時它也擁有更爲廣泛的讀者面。

古籍今譯同樣具有久遠的歷史淵源。漢司馬遷撰寫《史記》，其中記載遠古及三代史實的篇章幾乎是整篇、整段地譯取自《尚書》，即用當時（西漢）的語言翻譯素稱佶屈聱牙的《尚書》語言，可看作古籍今譯的萌芽。而元明時代出現的一些稱爲“直解”、“句解”的著作（如元朱祖義的《尚書句解》、明劉寅的《司馬法直解》等），使用當時口語，直接明白地解釋經籍全文，則是古籍今譯的先聲。當然，大規模地開展古籍今譯的工作，還是在中華人民共和國建國之後。特别是最近二十年，大量的，包括一大批閱讀難度相當大的、大部頭的重要古籍，已經出版了質量很高的今譯本，其中如許嘉璐主編的《文白對照十

---

① 如中華書局1965年版《四庫全書總目》，上海古籍出版社1981年版《説文解字注》，即采用這種做法。

三經》、《文白對照諸子集成》，王利器主編的《史記注譯》，陳宏天、趙福海、陳復興主編的《昭明文選譯注》，張宏儒、沈志華主編的《文白對照全譯資治通鑒》，史仲文、胡曉林、方鳴、王書良主編的《文白對照全譯續資治通鑒》等，都是古籍今譯中的鴻篇巨製。

古籍今譯可以采用直譯和意譯兩種不同方法，但總的原則是一致的，即要盡量做到近代著名翻譯家嚴復在《〈天演論〉譯例言》中所提出的三個字——“信”（準確性）、“達”（規範性）、“雅”（生動性）。

（六）輯佚

古籍在長期流傳過程之中，或因水火天災，或因兵匪戰亂，或因腐爛蟲害，或因执政禁燬，散失情況十分嚴重。不過，在散失的古籍中，也有不少是原書雖佚，但書中的一些片斷、篇章，甚至全部内容，還保存在各種類書以及其他書籍引用的材料中。如果從類書及其他書籍中將所摘録或引用到某一部書的文字全部輯出，並作必要的加工整理，使之盡量接近原書面目，這就是古籍的輯佚。

古籍輯佚的工作始自宋人。北宋黄伯思所見《相鶴經》已屬輯本；南宋王應麟輯《周易鄭氏注》、《尚書鄭注》、《論語鄭氏注輯》、《三家詩考》等書，更開後世輯佚之風。逮及清代，古籍輯佚成爲時尚。其成就較大者如：王謨《漢魏遺書鈔》，馬國翰《玉函山房輯佚書》，王仁俊《玉函山房輯佚書續編》、《玉函山房輯佚書補編》、《經籍佚文》，黄奭《漢學堂叢書》等，所輯佚書並多至數百種，洋洋巨帙，蔚爲大觀。

關於古籍輯佚的途徑與方法，張舜徽先生曾經總結爲5個方面，今録如次：①取之唐宋類書，以輯周秦古書；②取之子史及漢人箋注，以輯周秦古書；③取之唐人義疏，以輯漢魏經師遺説；④取之諸史及總集（如《文苑英華》之類），以輯歷代遺文；⑤取之《經典釋文》及《一切經音義》（以慧琳《音義》爲大宗），以輯小學訓詁書。

（七）辨僞

在傳世古籍中，有不少書所題作者姓名或成書時代與實際並不相符，前代學者稱這些書爲“僞書”。由此而來的考訂僞書的作者或著作時代的工作，就是古籍整理中的辨僞。

造成僞書的原因極其複雜。有的是爲了追求著作的權威性，如《周禮》初時不題撰人，後世乃題爲周公撰；有的是爲了投機取賞，如隋代劉炫爲取賞賜而僞造《連山易》、《魯史記》等書一百餘卷；有的是爲了攻擊陷害他人，如唐代韋瓘假名牛僧孺撰寫《周秦行紀》，借以誣陷牛氏。總之，形形色色，不一而足。

研究問題要靠材料，材料靠不住，所得結論就會出現錯誤。對於利用古籍進行文史研究的人來説，辨别僞書的工作實在是不可少的。其實早在漢代，就有了辨識僞造的古籍的先例。西漢成帝時，東萊張霸僞造“百兩篇”本《尚書》進獻，成帝出中秘《尚書》校之，“無一字相應者”，遂識其僞。這樣的辨僞也許還算不上古籍整理。不過，同一時代的劉向，奉旨整理宮廷藏書，卻是切切實實做了許多古籍辨僞的工作的。《漢書·藝文志》諸子農家類載“《神農》二十篇”，其下班氏自注：“六國時，諸子疾時怠於農業，道耕農事，託之神農。”顔師古注引劉向《别録》：“疑李悝及商君所説。”一般認爲，班

氏《漢書・藝文志》根據劉歆《七略》寫成，而劉歆《七略》又節選自其父劉向《別録》，因此，班氏自注之辭多半應視爲劉、班二家共同的結論。根據統計，《漢書・藝文志》中像上條這樣注出的託古僞書，竟有四五十種。稍後馬融撰寫《書序》，辨晚出《尚書・泰誓》之僞，不獨指定其僞，而且提出理據，在古籍辨僞方面，比之劉、班，又嚮前邁進了一步。此後，古籍辨僞漸成風氣，至宋而盛，至清而尤盛。明代的胡應麟還撰寫了我國第一部古籍辨僞專著《四部正譌》。今人鄧瑞全、王冠英主編的《中國僞書綜録》（黄山書社 1998 年出版），收録有僞作疑問古籍多至 1200 種，更是一部迄今爲止最大規模的集古籍辨僞大成之作。

通論五　古注基本知識

中國古籍的注釋自西漢始。從此以後，古籍的注釋工作一直都没有停止過。歷代古籍注疏是前人遺留給我們的巨大文化財富，也是今人閲讀古書的津梁。因爲並不是每一種古書都有今注，即使已有今注的古書，其古注也不失參考价值，甚至可以據之糾正今注的錯謬。畢竟古人注書具有得天獨厚的優勢，他們所處的時代離被注文獻的成書時代相對較近，他們生活的社會和前代社會在意識形態上相去不算太遠；在風俗習慣、典章制度上一脉相承，而且他們一直學的、寫的又都是以先秦經典爲範本的文言文，更何況這些注家多是皓首窮經的著名學者、訓詁專家，他們對於古書所載各個方面的内容相對要熟悉得多，對於古文獻的語感相對要强烈得多，而其注文也理所當然的具有較高的可信度。因此，學習一點古注的基本知識，是非常必要的。

一、古籍注疏的類型

古籍注疏主要有五種類型：傳注類、章句類、義疏類、集解類和音義類。下面逐一加以介紹。

（一）傳注類

古代稱流傳久遠、具有典範性的書爲經，最早的古籍注釋工作也即從注釋經書開始。初時，人們把注釋經書的文字稱作“傳”，取傳述經義的意思，如《詩經》的注釋有毛亨《詩故訓傳》，《尚書》的注釋有孔安國《尚書傳》。東漢鄭玄注釋“三禮”，不稱“傳”而稱“注”，孔穎達以爲：“注者，即解書之名。但釋義之人多稱爲傳，傳謂傳述爲義，或親承聖旨，或師儒相傳，故云傳。今謂之注者，謙也，不敢傳授，直注己意而已。”此後，注書稱“注”漸多，遂成通名，且不限於經書。傳注類注疏在内容上可以有所側重，如裴松之《三國志注》側重於引證史實，李善《文選注》側重於注明出典，不過總體而論，則以解釋詞義爲主要内容，如毛亨《詩故訓傳》、鄭玄《三禮注》、杜預《春秋左氏經傳集解》等都是。

（二）章句類

章句類注疏是一種以分析、串講古書章旨、句意爲主要内容的注疏。這種注疏出現也相當早：據《漢書·藝文志》載，西漢時《易》有施、孟、梁丘氏三家章句，《尚書》有歐陽及大、小夏侯三家章句，《春秋》也有《公羊章句》、《穀梁章句》。今天所能見得到的，則有東漢王逸的《楚辭章句》、趙岐的《孟子章句》。章句類注疏雖説重點不在解釋詞義，但於句意串講、分析之中，也往往包含了對原文詞義的解釋。漢儒用章句講經，大都支離煩瑣，至被斥爲“章句小儒”。漢後一般人既然“羞爲章句”，章句之學也就自然而然地式微了。

（三）義疏類

“義疏”又簡稱“疏”，取疏通文義的意思。它興起於魏晉南北朝，是一種經文、舊注同時加以注解的新的注釋體式。義疏類注疏往往旁徵博引，以大量文獻材料證發經注，此其所長；不過，魏晉南北朝人的經書義疏，未免繁蕪駁雜，而且説解多歧，令人思想混亂，莫衷一是。到了唐代，太宗皇帝李世民有鑒於此，敕令孔穎達等對前代義疏進行整理。於是以南北朝時期的南學爲主，兼採北學，按照唐人觀點加以裁斷。既定於一尊，因而又稱“正義”。孔氏等人奉敕爲《周易》、《尚書》、《詩經》、《禮記》、《左傳》編撰的新疏《五經正義》凡180卷，至高宗永徽二年（651）頒行於世，遂使兩漢以來經學派別林立、異説紛紜的局面宣告終結，也使大量的魏晉義疏遭廢棄而亡佚。

義疏與經注本來分别單行，至南宋後合刻的《十三經注疏》，始將義疏連同唐陸德明《經典釋文》所收漢魏以來各家對於經、注文字的注音散入相應經注之後，學者稱便。

（四）集解類

集解類注疏常稱“集解”、“集注”、“集釋”或者“集傳”，如裴駰《史記集解》、朱熹《論語集注》、郭慶藩《莊子集釋》、龍仁夫《周易集傳》等，名異而實同，都是匯集諸家解説爲一編。間或有本屬集解類注疏而不用以上常稱命名的，如顏師古《漢書注》徵引荀悦、服虔、應劭等注文凡23家（注者姓名具列於書前《漢書敍例》），卻衹稱“注”。也有本非集解類注疏卻稱作“集解”的，如杜預《春秋左氏經傳集解》，衹屬個人獨注，其稱“集解”，意謂集《春秋經》與《左氏傳》而解之，與作爲注疏類型之一的“集解”取義不同。

集解類注疏引述各家解説時，往往衹稱姓不稱名，要知所指何人，一般可從各書序言之中找到答案。

（五）音義類

音義類注疏例以注音爲主，兼有簡單釋義，並指出不同版本異文。唐代陸德明所撰《經典釋文》，包括《周易音義》、《尚書音義》、《毛詩音義》、《周禮音義》、《儀禮音義》、《禮記音義》、《左傳音義》、《公羊音義》、《穀梁音義》、《孝經音義》、《論語音義》、《老子音義》、《莊子音義》、《爾雅音義》等十四種，是其代表。

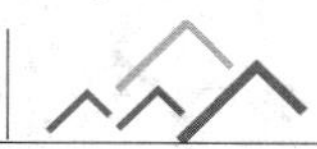

二、古籍注疏的内容

古籍注疏的内容大體包括兩個方面：其一是以排除語言文字障礙爲目的的字、詞、句訓釋，乃至句讀、章旨分析；其二是以排除知識性障礙爲目的的名物制度解説。細分起來，則有10類：

（一）辨正文字

指辨别與訂正文字。包括辨别通假字、異體字，訂正訛文、倒文、脱文、衍文，以及爲生僻字、多音字注音等等。

文字是記録語言的書面符號。原則上説，漢語的每個詞，應該都有固定的寫法。可是，事實上並非絶對如此。各種異體字（包括正體、俗體，古體、今體，繁體、簡體，等等）的存在使同一個詞有使用不同字形記録的可能，假借字的使用又使得一字可記多詞、一詞可用多字的現象發生。因此，注釋古書，必先要辨知用字，弄清楚一個字在具體文句中記録的是哪個詞。如果是屬於該詞本來的寫法、通常的寫法，可以不論；但如果是屬於該詞的臨時寫法、非常寫法，則有加以辨析的需要。因此，古籍注疏多有這一方面内容。如：

《禮記·曲禮下》："君天下曰天子。朝諸侯，分職授政任功，曰予一人。"鄭玄注："《覲禮》曰：'伯父實來，余一人嘉之。'余、予，古今字。"

《史記·老子韓非列傳》："大忠無所拂悟。"張守節正義："'拂悟'當爲'咈忤'，古字假借耳。咈，違也。忤，逆也。"

古書流傳既久，文字錯亂在所難免，若不先予訂正，必致以訛傳訛，誤人誤己。故古籍注疏也多有這一方面内容。如：

《漢書·郊祀志上》："周始與秦國合而别，别五百載當復合，合七十年而伯王出焉。"顔師古注："'七十'當爲'十七'，今《史記》舊本皆作'十七'字。伯王者，指謂始皇。始皇初立，政在太后、嫪毐，未得稱伯。自昭王滅周後，至始皇九年誅嫪毐，止十七年。"

生僻字一般讀者不知它的讀音，多音字往往讀音不同意味著所記詞義、詞性的不同，因而爲此兩者注明讀音，既是辨别文字的需要，也是古籍注疏常見的内容。如：

《史記·五帝本紀》："鳥獸氄毛。"裴駰集解引徐廣曰："氄音茸。"

《禮記·大學》："所謂誠其意者，毋自欺也，如惡惡臭，如好好色，此之謂自謙。"陸德明音義："惡惡：上烏路反，下如字。臭：昌救反。好好：上呼報反，下如字。謙：依注讀爲慊，徐苦簟反。"

（二）解釋詞語

古書難讀，主要障礙在於詞語意義。因此，解釋詞語便成爲古籍注疏的主要内容。如：

《尚書·堯典》："允恭克讓，光被四表，格於上下。"僞孔傳："允，信。克，能。光，充。格，至也。既有四德，又信恭能讓，故其名聞充溢四外，至於天地。"

《詩經·周南·關雎》："關關雎鳩，在河之洲。"毛傳："關關，和聲也。雎鳩，王雎也，鳥摯而有别。水中可居者曰‘洲’。”

（三）確定句讀

古書多不標注句讀符號，爲了正確理解文意，須先弄清句讀，因而確定句讀有時也成爲古籍注疏的一個内容。如：

《左傳·莊公十一年》：“且列國有凶，稱孤，禮也。言懼而名禮，其庶乎！”陸德明音義：“言懼而名禮，絕句。或以名絕句者，非。”

《左傳·昭公十五年》：“福祚之不登叔父，焉在？”杜預注曰：“言福祚不在叔父，當在誰邪？”陸德明音義：“福祚之不登叔父，絕句。”

（四）串講句意

串講句意比較靈活，可以遵照原文直譯，也可衹對大意略作疏解，有時則是將言外之意給予點明。而在句意串講之中也就包含了對原文詞義的解釋。如：

《孟子·離婁上》：“《詩》云：‘不愆不忘，率由舊章。’”朱熹集注：“所行不過差不遺忘者，以其循用舊典故也。”

《荀子·非十二子》：“信信，信也。疑疑，亦信也。”楊倞注：“信可信者，疑可疑者，意雖不同，皆歸於信也。”

《詩經·衛風·伯兮》：“自伯之東，首如飛蓬。”毛傳：“婦人，夫不在，無容飾。”

（五）闡明章旨

章旨指一個篇章的中心思想。章旨明白了，就能從總體上把握文意。一般而言，章句類注疏像趙岐《孟子章句》、王逸《楚辭章句》等，都少不了闡明章旨的内容，而且往往還包含了對篇章結構的分析。不過，闡明章旨也並非章句類注疏的專利，像毛亨的《詩故訓傳》於各詩篇首都有説明主題的“序”，高誘的《淮南子注》對各篇標題都作解説，也屬於闡明章旨的性質。如：

《禮記·禮運》孔穎達疏引皇侃曰：“從‘昔者仲尼’以下至於篇末，此爲四段。自初至‘是謂小康’，爲第一，明孔子爲禮不行而致發嘆。發嘆所以最初者，凡説事必須因漸。故先發嘆，後使弟子因而怪問，則因問以答也。又自‘言偃復問曰：“如此乎，禮之急”’至‘天下國家可得而正也’，爲第二，明須禮之急。前所嘆之意，正在禮急，故以禮急次之也。又自‘言偃復問曰：“夫子之極言禮也”’至‘此禮之大成也’，爲第三，明禮之所起。前既言禮急，急則宜知所起之義也。又自‘孔子曰：“嗚呼哀哉”’訖篇末，爲第四，更正明孔子嘆意也。以前始發未得自言嘆意，而言偃有問，即隨問而答；答事既畢，故更備述所懷也。”

《毛詩·魏風·碩鼠》篇首小序：“《碩鼠》，刺重斂也。國人刺其君重斂蠶食於民，不脩其政，貪而畏人，若大鼠也。”

（六）分析語法

古今語法不同，或有礙於理解。因此，分析語法，也是古籍注疏中的一個内容。如：

《論語·泰伯》：“曾子曰：‘可以託六尺之孤，可以寄百里之命，臨大節而不可奪也——君子人與？君子人也。’”朱熹集注：“與，疑辭。也，決辭。設爲問答，所以深著其必然也。”

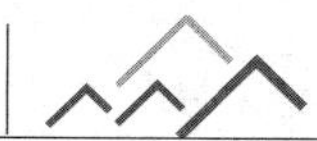

這是解釋虛詞。疑辭，猶今言疑問語氣詞。決辭，猶今言肯定語氣詞。

《詩經·周南·汝墳》："既見君子，不我遐棄。"孔穎達正義："不我遐棄，猶云不遐棄我。古之人語多倒，《詩》之此類衆矣。"

這是闡明語序。

（七）申述修辭

不明修辭，也就很難説得上真正的理解。因此，申述修辭也是古籍注疏中常見的内容。如：

《詩經·邶風·泉水》："毖彼泉水，亦流於淇。"毛傳："興也。"鄭箋："泉水流而入淇，猶婦人出嫁於異國。"

這是指出"毖彼"二句運用了"興"的修辭手法。

《詩經·衛風·河廣》："誰謂河廣？一葦杭之。"鄭玄箋："誰謂河水廣與？一葦加之則可以渡之。喻狹也。"

這是説"一葦杭之"屬於比喻用法。

（八）考稽故實

包括考稽典故與史實。這些工作同樣有助於讀者理解古籍原文，因而也是古籍注疏的内容。如：

《史記·李斯列傳》："今陛下致昆山之玉，有隨、和之寶。"張守節《正義》引《説苑》云："昔隨侯行遇大蛇中斷，疑其靈，使人以藥封之，蛇乃能去，因號其處爲斷蛇丘。歲餘，蛇銜明珠，徑寸，絶白而有光，因號隨珠。"

《三國志·蜀先主傳》："先主少孤，與母販履織席爲業。舍東南角籬上有桑樹生，高五丈餘，遥望見童童如小車蓋，往來者皆怪此樹非凡，或謂當出貴人。"裴松之注引《漢晉春秋》曰："涿人李定云：'此家必出貴人。'"

（九）説明典禮

此之典禮，包括典章、制度、風俗、禮儀。如：

《淮南子·泰族訓》："商鞅爲秦立相坐之法，而百姓怨矣。"高誘注："相坐之法：一家有罪，三家坐之。"

《詩經·邶風·終風》："寤言不寐，願言則嚏。"鄭玄箋："言，我；願，思也。嚏讀當爲'不敢嚏咳'之'嚏'。我其憂悼而不能寐，汝思我心如是，我則嚏也。今俗，人嚏，云：'人道我'，此古之遺語也。"

（十）發凡起例

所謂"發凡起例"，是指揭示一部書的體制和通例。凡例是作者編撰一部書的準則，也是讀者讀懂一部書的嚮導。古籍注疏中的發凡起例，包括兩種情況：一是揭示被注古籍（主要是工具書類著作）的編寫條例；二是注者自明作注的條例。此二者，對於指導讀者讀懂古籍原文，以及更好理解注文，具有重要的意義。如：

《説文·一部》："天，顛也。"段玉裁注："此以同部疊韻爲訓也。凡'門，聞也'、'户，護也’、‘尾，微也’、‘髮，拔也’皆此例。”

段氏於注文中揭示了許書解釋字義的一個重要條例，即“以同部疊韻爲訓”，這對幫助讀者讀懂《説文》，起了很好的作用。

《文選·班固〈兩都賦序〉》：“或曰：賦者，古詩之流也。”李善注：“《毛詩序》曰：《詩》有六義焉，二曰賦。故賦爲古詩之流也。諸引文證，皆舉先以明後，以示作者必有所祖述也。他皆類此。”

李善於此闡述了自己注釋《文選》引用書證的一個原則，即“舉先以明後”，也就使讀者對其注文的理解更加深入一層。

三、古籍注疏的術語

古籍注疏中有一套專門用於辨字、注音、釋義、校勘的習慣用語，今姑稱之爲術語。瞭解這些術語的意義和用法，是真正讀懂古注，進而讀懂古籍的前提。今擇要介紹於下（爲方便説明起見，暫以“~”代表被注釋字詞，以“某”或“某某”代表用來注釋的字、詞、短語）：

（一）辨字方面

1. ~讀爲某；~讀曰某；~讀如某；~讀若某

這組術語用於辨明通假字[①]，前人稱爲破讀。其中“~”爲借字，“某”爲本字。如：

《荀子·天論》：“老子有見於詘，無見於信。”楊**倞**注：“信讀爲伸。”

《漢書·賈誼傳》：“誼既以適去，意不自得。”顔注曰：“適讀曰讁。”

《詩經·邶風·北風》：“其虚其邪，既亟只且。”鄭玄箋：“邪讀如徐。言今在位之人，其故威儀虚徐寬仁者，今皆以爲急刻之行矣。”

《楚辭·九歌·國殤》：“霾兩輪兮縶四馬。”洪興祖補注：“霾讀若埋。”

《禮記·中庸》：“治國其如示諸掌乎!”鄭玄注：“示讀如‘寘諸河干’之‘寘’。寘，置也。”

2. ~之言，某也

主要用於通過音同、音近詞推求語源（例見下文“釋義方面”下）。有時也用於説明文字假借，其中“~”爲借字，“某”爲本字。如：

《詩經·召南·甘棠》：“蔽芾甘棠，勿翦勿拜，召伯所説。”鄭玄箋：“拜之言，拔也。”

3. ~，古某字；~，今之某字；古書某作~

這組術語都用於辨明古今字。其中“~”爲古字，“某”爲今字。如：

《詩經·小雅·鹿鳴》：“我有嘉賓，德音孔昭，視民不**恌**。”鄭玄箋：“視，古‘示’字也。”

《禮記·曲禮上》：“幼子常視毋誑。”鄭玄注：“視，今之‘示’字。”

《周禮·天官·大宰》：“三曰官聯。”鄭玄注：“聯讀爲‘連’，古書‘連’作‘聯’。”

---

① 其中“讀如”、“讀若”兩個術語也用於注音（見下文），須據具體情況作出判斷。

（二）注音方面

1. ~音某；~讀爲某

以上注音方式通常稱爲“直音”，表示“~”的讀音與“某”相同。如：

《史記·李斯列傳》：“粢糲之食，藜藿之羹。”司馬貞《索隱》：“粢音資。”

《漢書·地理志下》安定郡“眴卷”，顏注引應劭曰：“眴音旬日之旬。卷音箘簬之箘。”

《禮記·檀弓上》：“何居？我未之前聞也。”鄭玄注：“居讀爲姬姓之姬，齊魯之間語助也。”

2. ~讀若某；~讀如某①

以上注音方式，表示“~”的讀音與“某”相近。如：

《呂氏春秋·慎大》：“湯立爲天子，夏民大悅，如得慈親，……親郼如夏。”高誘注：“郼讀如衣，今兗州人謂殷氏皆曰衣。”

《呂氏春秋·季夏紀》：“是月也，令漁師伐蛟取鼉。”高誘注：“漁師，掌魚官也。漁讀若‘相語’之‘語’。”

3. ~，如字

表示~是一多音字，而在此處要讀最常見的那個讀音。如：

《詩經·周南·關雎》：“窈窕淑女，君子好逑。”陸德明音義：“好，毛如字，鄭呼報反。”

4. ~，某某反；~，某某切

這種注音方式，前人稱爲“反切”。其中前一“某”字與“~”同聲，後一“某”字與“~”同韻、同調。前“某”字取聲，後“某”字取韻及調，兩相拼合，即得~音。如：

《史記·樊酈滕灌列傳》：“高祖之初與徒屬欲攻沛也，嬰時以縣令史爲高祖使。”張守節正義：“爲，於僞反。使，所吏反。”

《法言·學行》：“睎驥之馬，亦驥之乘也。”汪榮寶《義疏》引《音義》：“（之）乘，繩證切。”

（三）釋義方面

1. ~謂某（也）；~言某（也）；~者，某某之謂

多用於說明詞語在文中所表示的具體意義或真正含义。前兩種形式也用於解釋句子。其中的“謂”、“言”、“（之）謂”相當於現代漢語的“是說”、“說的是”。如：

《詩經·鄘風·柏舟》：“母也天只，不諒人只！”毛傳：“天謂父也。”

《詩經·魏風·伐檀》：“不稼不穡，胡取禾三百廛兮？不狩不獵，胡瞻爾庭有縣貆兮？”鄭玄箋：“是謂在位貪鄙，無功而受祿也。”

《左傳·宣公十二年》：“王巡三軍，拊而勉之。三軍之士，皆如挾纊。”杜預注：“言說以忘寒。”

《論語·述而》：“子曰：志於道，據於德，依於仁，遊於藝。”朱熹集注曰：“志者，心之所之之謂。”

---

① 這組術語也用於表示文字的假借（見上文“辨字方面”下）。

2. 某曰～；某爲～；某謂之～

常用於界定、辨析詞義。其中的“曰”、“爲”、“謂之”相當於現代漢語的“叫做”。如：

《詩經·衛風·淇奧》：“如切如磋，如琢如磨。”毛傳：“治骨曰切，象曰磋，玉曰琢，石曰磨。”

《詩經·邶風·匏有苦葉》：“匏有苦葉，濟有深涉。深則厲，淺則揭。”毛傳：“以衣涉水爲厲。”

《文選·枚乘〈上書重諫吳王〉》：“譬猶蠅蚋之附群牛。”李善注：“《說文》曰：‘秦謂之蚋，楚謂之蚊。’”

3. ～猶某（也）；～，猶言某（也）

用於比況詞語意義。其中的“猶”、“猶言”相當於現代漢語的“如同”、“好比說”。如：

《史記·孝文本紀》：“昔先王遠施不求其報，望祀不祈其福，右賢左戚，先民後己，至明之極也。”裴駰集解引韋昭曰：“右猶高，左猶下也。”

《詩經·魯頌·閟宮》：“春秋匪解，享祀不忒。”鄭玄箋：“春秋，猶言四時也。”

4. ～，某貌；～，某某之貌（也）

用於說明形容詞所描繪的事物性狀。其中的“貌”相當於現代漢語“……的樣子”。如：

《楚辭·九歌·山鬼》：“子慕予兮善窈窕。”朱熹集注：“窈窕，好貌。”

《孟子·公孫丑上》：“伯夷、伊尹於孔子若是，班乎?”趙岐注：“班，齊等之貌也。”

5. ～，所以某某（也）；～，所以某某者

主要用來說明事物的作用。如：

《穀梁傳·僖公四年》：“菁茅之貢不至，故周室不祭。”范甯集解：“菁茅、香草，所以縮酒，楚之職貢。”

《禮記·月令》：“省囹圄。”鄭玄注：“囹圄，所以禁守繫者，若今別獄矣。”

6. ～之言，某也；～之爲言，某也

主要用於通過音同、音近詞推求語源[①]。其中“某”與“～”音同或者音近。如：

《禮記·明堂位》：“庫門，天子皋門。”鄭玄注：“皋之言，高也。”按：皋門因高而得名。

《詩經·大雅·緜》：“迺立皋門，皋門有伉。”毛傳：“王之郭門曰皋門。伉，高貌。”

《公羊傳·桓公二年》：“納於大廟。”何休解詁：“廟之爲言，貌也，思想儀貌而事之。”

7. ～讀如某～之～

主要用於規定多義詞在當前應取的義項。如：

《詩經·魏風·伐檀》：“彼君子兮，不素飧兮。”鄭玄箋：“飧讀如‘魚飧’之‘飧’。”

按：飧有晚飯、熟食、泡飯等義。讀如“魚飧”之“飧”，即取“熟食”之義。

8. 渾言（統言），析言；散言，對言；散文，對文

以上三組術語作用相同。各組術語逗號前的說法表示對詞語的解釋是“籠統地說”、“單獨而言”，逗號後的說法表示對詞語的解釋是“分析地說”、“相對而言”。如：

---

① 有時也用於說明文字假借（見上文“辨字方面”下）。

《說文·鳥部》："鳥，長尾禽總名也。"段玉裁注："短尾名'隹'，長尾名'鳥'，析言則然，渾言則不別也。"

《詩經·小雅·何人斯》："出此三物，以詛爾斯。"毛傳："三物，豕、犬、雞也。民不相信，則盟詛之。君以豕，臣以犬，民以雞。"馬瑞辰《毛詩傳箋通釋》："是詩三物專言'詛'，毛傳通言'盟詛'者，'盟'與'詛'亦散言則通，對言則異。"

《詩經·召南·羔羊》："羔羊之革，素絲五緎。"毛傳："革猶皮也。"孔穎達疏："許氏《說文》曰：'獸皮治去其毛曰革。革，更也。'對文言之異，散文則皮、革通。"

9. 一曰；或曰；又云

用來引出該詞語存在的其他解釋。如：

《漢書·高帝紀上》："遂西入咸陽，欲止宮休舍。"顏注曰："舍，息也，於殿中休息也。一曰，舍謂屋舍也。"

《周禮·天官·內饔》："凡掌共羞、脩、刑、膴、胖、骨、鱐，以待共膳。"鄭玄注："鄭司農云：刑膴，謂夾脊肉。或曰：膺肉也。"

《文選·宋玉〈風賦〉》："獵蕙草，離秦衡。"李善注："秦，香草也。衡，杜衡也。又云：秦，木名也。范子計然曰：秦衡，出於隴西天水。"

10. ~，辭（詞）（也）；~，某辭（也）；~，某某之詞；~，語助

表示被釋詞屬於虛詞。

《詩經·周南·漢廣》："漢有游女，不可求思。"毛傳："思，辭也。"

《楚辭·九歌·湘君》："君不行兮夷猶，蹇誰留兮中洲?"王逸注："蹇，詞也。"

《漢書·董仲舒傳》："烏虖!"顏注曰："虖讀曰呼。嗚呼，歎辭也。"

《史記·封禪書》："其聲殷云，野雞夜雊。"裴駰集解："瓚曰：'殷，聲也。云，足句之詞。"

《左傳·昭公二十一年》："抑君有命可若何?"孔穎達疏："抑，語助。"

（四）校勘方面

1. ~當作某；~當爲某

表示文字有誤。其中，"~"爲誤寫的字，"某"爲正確的字。如：

《詩經·小雅·鹿鳴》："人之好我，示我周行。"鄭玄箋："'示'當作'寘'。寘，置也。"

《國語·晉語一》："國君好艾，大夫殆。"韋昭注："'艾'當爲'外'，聲相似誤也。好外，多嬖臣也。"

2. ~，或爲某；~，一作某；~，本又作某；~，本或作某；~，本亦作某；~，一本作某

表示不同版本的異文。如：

《禮記·聘義》："君子比德於玉焉。溫潤而澤，仁也。"鄭玄注："潤，或爲'濡'。"

《史記·賈生列傳》："庚子日施兮，服集予舍。"裴駰集解引徐廣曰："施，一作'斜'。"

《左傳·宣公三年》："螭魅罔兩，莫能逢之。"陸德明音義："兩，本又作'蜽'，音同。"

《周易·說卦》："幽贊於神明而生蓍。"陸德明音義："幽贊，本或作'讚'。"

《周易·序卦》："比必有所畜，故受之以小畜。"陸德明音義："所畜，本亦作'蓄'。"

《周易·乾·文言》："不易乎世，不成乎名。"陸德明所見本末句但作"不成名"，音義云："不成名，一本作'不成乎名'。"

3. 今文；古文；故書

在指明不同版本異文時分别用來表示今文經、古文經與舊本書。

《儀禮·士相見禮》："凡與大人言，始視面；中視抱；卒視面，毋改。衆皆若是。"鄭玄注："古文'毋'作'無'。今文'衆'爲'終'。"

《周禮·天官·大宰》："二曰嬪貢。"鄭玄注："嬪，故書作'賓'。"

古籍注疏中所見習慣用語極多，今雖姑稱之爲術語，然其使用，遠未規範：同名異用、異名同用的現象，隨時可見。以上所介紹的，衹是部分常見術語的常見意義和用法，未加介紹的術語，以及例外的情況尚多，不可不知。

文選四　秦後散文(古注)

淮陰侯列傳（史記）

（漢）司馬遷撰，（南朝宋）裴駰集解，（唐）司馬貞索隱，（唐）張守節正義

淮陰侯韓信者，淮陰人也[1]。始爲布衣時，貧，無行，不得推擇爲吏[2]；又不能治生商賈。常從人寄食飲，人多厭之者。常數從其下鄉[3]南昌亭長[4]寄食，數月，亭長妻患之，乃晨炊蓐食[5]。食時信往，不爲具食。信亦知其意，怒，竟絶去。

[1] 正義 楚州淮陰縣也。

[2] 集解 李奇曰："無善行可推舉選擇。"

[3] 集解 張晏曰："下鄉，縣，屬淮陰也。" 索隱 案：下鄉，鄉名，屬淮陰郡。

[4] 索隱 案：《楚漢春秋》作"新昌亭長"。

[5] 集解 張晏曰："未起而牀蓐中食。"

信釣於城下[1]，諸母漂[2]，有一母見信飢，飯信，竟漂數十日。信喜，謂漂母曰："吾必有以重報母。"母怒曰："大丈夫不能自食[3]，吾哀王孫而進食[4]，豈望報乎？"

[1] 正義 淮陰城北臨淮水，昔信去下鄉而釣於此。

[2] 集解 韋昭曰："以水擊絮爲漂，故曰漂母。"

[3] 正義 音寺。

[4] 集解 蘇林曰："如言公子也。" 索隱 劉德曰："秦末多失國，言王孫、公子，尊之也。"蘇林亦同。張晏云"字王孫"，非也。

淮陰屠中少年有侮信者，曰："若雖長大，好帶刀劍，中情怯耳。"衆辱之曰："信！能死，刺我；不能死，出我袴下。"[1]於是信孰視之，俛出袴下，蒲伏[2]。一市人皆笑信，以爲怯。

[1] 集解 徐廣曰："袴，一作'胯'。胯，股也。音同。"又云："《漢書》作'跨'，同耳。" 索隱 袴，《漢書》作"胯"。胯，股也，音枯化反。然尋此文作"袴"，欲依字讀，何爲不通？袴下即胯下也，亦何必須作"胯"。

[2] 正義 俛，音俯。伏，蒲北反。

及項梁渡淮，信杖劍從之，居戲下[1]，無所知名。項梁敗，又屬項羽，羽以爲郎中。數以策干項羽，羽不用。漢王之入蜀，信亡楚歸漢，未得知名，爲連敖[2]。坐法當斬，其輩十三人皆已斬，次至信，信乃仰視，適見滕公，曰："上不欲就天下乎？何爲斬壯士！"滕公奇其言，壯其貌，釋而不斬。與語，大説之。言於上，上拜以爲治粟都尉，上未之奇也。

[1] 集解 徐廣曰："戲，一作'麾'。"

[2] 集解 徐廣曰："典客也。" 索隱 李奇云："楚官名。"張晏云："司馬也。"

信數與蕭何語，何奇之。至南鄭，諸將行道亡者數十人，信度何等已數言上，上不我用，即亡。何聞信亡，不及以聞，自追之。人有言上曰："丞相何亡。"上大怒，如失左右手。居一二日，何來謁上，上且怒且喜，罵何曰："若亡，何也？"何曰："臣不敢亡也，臣追亡者。"上曰："若所追者誰？"何曰："韓信也。"上復罵曰："諸將亡者以十數，公無所追；追信，詐也。"何曰："諸將易得耳。至如信者，國士無雙。王必欲長王漢中，無所事信[1]；必欲爭天下，非信無所與計事者。顧王策安所決耳。"王曰："吾亦欲東耳，安能鬱鬱久居此乎？"何曰："王計必欲東，能用信，信即留；不能用，信終亡耳。"王曰："吾爲公以爲將。"何曰："雖爲將，信必不留。"王曰："以爲大將。"何曰："幸甚！"於是王欲召信拜之。何曰："王素慢無禮，今拜大將，如呼小兒耳，此乃信所以去也。王必欲拜之，擇良日，齋戒，設壇場，具禮，乃可耳。"王許之。諸將皆喜，人人各自以爲得大將。至拜大將，乃韓信也，一軍皆驚。

[1] 集解 文穎曰："事猶業也。"張晏曰："無事用信。"

信拜禮畢，上坐。王曰："丞相數言將軍，將軍何以教寡人計策？"信謝，因問王曰："今東鄉爭權天下，豈非項王邪？"漢王曰："然。"曰："大王自料勇悍仁彊孰與項王？"漢王默然良久，曰："不如也。"信再拜賀曰："惟信亦爲大王不如也。然臣嘗事之，請言項王之爲人也。項王喑噁[1]叱咤[2]，千人皆廢[3]，然不能任屬賢將，此特匹夫之勇耳。項王見人，恭敬慈愛，言語嘔嘔[4]；人有疾病，涕泣分食飲；至使人有功當封爵者，印刓敝，忍不能予[5]。此所謂婦人之仁也。項王雖霸天下而臣諸侯，不居關中而都彭城。有背義帝之約而以親愛王，諸侯不平。諸侯之見項王遷逐義帝置江南，亦皆歸逐其主而自王善地。項王所過無不殘滅者，天下多怨，百姓不親附，特劫於威，彊耳。名雖爲霸，實失天下心。故曰其彊易弱。今大王誠能反其道，任天下武勇，何所不誅[6]！以天下城邑封功臣，何所不服！以義兵從思東歸之士，何所不散[7]！且三秦王爲秦將，將秦子弟數歲矣，所殺亡不可勝計，又欺其衆降諸侯。至新安，項王詐阬秦降卒二十餘萬，唯獨邯、欣、翳得脱，秦父兄怨此三人，痛入骨髓。今楚彊以威王此三人，秦民莫愛也。大王之入武關，秋豪無所害[8]，除秦苛法，與秦民約，法三章耳，秦民無不欲得大王王秦者。於諸侯之約，大王當王關中，關中民咸知之。大王失職入漢中，秦民無不恨者。今大王舉而東，三秦可傳檄而定也。"[9]於是漢王大喜，自以爲得信晚。遂聽信計，部署諸將所擊。

[1] 索隱 上於金反，下烏路反。喑啞，懷怒氣。

[2] 索隱 "咤"字或作"吒"。上昌栗反，下卓嫁反。叱咤，發怒聲。

[3] 集解 晉灼曰："廢，不收也。" 索隱 孟康曰："廢，伏也。"張晏曰："廢，偃也。"

[4] 集解音凶于反。索隱音吁。嘔嘔，猶區區也。《漢書》作“姁姁”。鄧展曰：“姁姁，好也。”張晏音吁。

[5] 集解《漢書音義》曰：“不忍授。”

[6] 索隱何不誅。按：劉氏云：“言何所不誅也。”

[7] 索隱何不散。劉氏云：“用東歸之兵擊東方之敵，此敵無不散敗也。”

[8] 索隱案：豪秋乃成。又王逸注《楚詞》云：“鋭毛爲豪，夏落秋生也。”

[9] 索隱案：《説文》云：“檄，二尺書也。”此云“傳檄”，謂爲檄書以責所伐者。

八月，漢王舉兵東出陳倉[1]，定三秦。漢二年，出關[2]，收魏、河南，韓、殷王皆降。合齊、趙共擊楚。四月，至彭城，漢兵敗散而還。信復收兵與漢王會滎陽，復擊破楚京、索之閒，以故楚兵卒不能西。

[1] 正義漢王從關北出岐州陳倉縣。

[2] 正義出函谷關。

漢之敗卻彭城[1]，塞王欣、翟王翳亡漢降楚，齊、趙亦反漢與楚和。六月，魏王豹謁歸視親疾，至國，即絶河關[2]反漢，與楚約和。漢王使酈生説豹，不下。其八月，以信爲左丞相，擊魏。魏王盛兵蒲坂，塞臨晉[3]，信乃益爲疑兵[4]，陳船欲度臨晉[5]，而伏兵從夏陽以木罌缻渡軍[6]，襲安邑[7]。魏王豹驚，引兵迎信，信遂虜豹[8]，定魏爲河東郡[9]。漢王遣張耳與信俱，引兵東，北擊趙、代。後九月，破代兵，禽夏説閼與[10]。信之下魏破代，漢輒使人收其精兵，詣滎陽以距楚。

[1] 正義兵敗散彭城而卻退。

[2] 索隱按：謂今蒲津關。

[3] 索隱塞音先得反。臨晉，縣名，在河東之東岸，對舊關也。

[4] 集解《漢書音義》曰：“益張旍旗，以疑敵者。”

[5] 索隱劉氏云：“陳船，地名，在舊關之西，今之朝邑是也。”案：京兆有船司空縣，不名“陳船”。陳船者，陳列船艘欲渡河也。

[6] 集解徐廣曰：“缻，一作‘缶’。”服虔曰：“以木押縛罌缻以渡。”韋昭曰：“以木爲器如罌缻，以渡軍。無船，且尚密也。”正義按：韓信詐陳列船艘於臨晉，欲渡河，即此從夏陽木押罌缻渡軍，襲安邑。臨晉，同州東朝邑界。夏陽在同州北渭城界。

[7] 正義安邑故城在絳州夏縣東北十五里。

[8] 索隱按：劉氏云：“夏陽舊無船，豹不備之，而防臨晉耳。今安邑被襲，故豹遂降也。”

[9] 正義今安邑縣故城。

[10] 集解徐廣曰：“音余。”駰案：李奇曰：“夏説，代相也。”索隱司馬彪《郡國志》上黨沾縣有閼與聚。閼，音曷，又音嫣。與，音余，又音預。沾，音他廉反。正義閼與聚城在潞州銅

覲縣西北二十里。

信與張耳以兵數萬，欲東下井陘擊趙[1]。趙王、成安君陳餘聞漢且襲之也，聚兵井陘口[2]，號稱二十萬。廣武君李左車說成安君曰："聞漢將韓信涉西河，虜魏王，禽夏說，新喋血[3]閼與，今乃輔以張耳，議欲下趙，此乘勝而去國遠鬬，其鋒不可當。臣聞'千里餽糧，士有飢色；樵蘇後爨[4]，師不宿飽。'今井陘之道，車不得方軌，騎不得成列，行數百里，其勢糧食必在其後。願足下假臣奇兵三萬人，從閒道絶其輜重。足下深溝高壘，堅營勿與戰。彼前不得鬬，退不得還，吾奇兵絶其後，使野無所掠，不至十日，而兩將之頭可致於戲下。願君留意臣之計！否，必爲二子所禽矣。"成安君，儒者也，常稱義兵不用詐謀奇計，曰："吾聞兵法'十則圍之，倍則戰'。今韓信兵號數萬，其實不過數千。能千里而襲我，亦已罷極。今如此避而不擊，後有大者，何以加之！則諸侯謂吾怯，而輕來伐我。"不聽廣武君策，廣武君策不用。

[1] 索隱 案：《地理志》常山石邑縣，井陘山在西。又《穆天子傳》云"至于陘山之隧，升于三道之磴"，是也。

[2] 正義 井陘故關在并州石艾縣東十八里，即井陘口。

[3] 索隱 喋，舊音啟，非也。案：《陳湯傳》："喋血萬里之外"，如淳云："殺人血流滂沱也。"韋昭音徒協反。

[4] 集解 《漢書音義》曰："樵，取薪也。蘇，取草也。"

韓信使人閒視，知其不用，還報，則大喜，乃敢引兵遂下[1]。未至井陘口三十里，止舍。夜半傳發[2]，選輕騎二千人，人持一赤幟，從閒道萆山而望趙軍[3]，誡曰："趙見我走，必空壁逐我，若疾入趙壁，拔趙幟，立漢赤幟。"令其裨將傳飱[4]，曰："今日破趙會食！"[5]諸將皆莫信，詳應曰："諾。"謂軍吏曰："趙已先據便地爲壁，且彼未見吾大將旗鼓，未肯擊前行，恐吾至阻險而還。"信乃使萬人先行，出，背水陳[6]。趙軍望見而大笑。平旦，信建大將之旗鼓，鼓行出井陘口，趙開壁擊之[7]，大戰良久。於是信、張耳詳弃鼓旗，走水上軍。水上軍開入之，復疾戰。趙果空壁爭漢鼓旗，逐韓信、張耳。韓信、張耳已入水上軍，軍皆殊死戰，不可敗。信所出奇兵二千騎，共候趙空壁逐利，則馳入趙壁，皆拔趙旗，立漢赤幟二千。趙軍已不勝，不能得信等，欲還歸壁，壁皆漢赤幟，而大驚，以爲漢皆已得趙王將矣。兵遂亂，遁走，趙將雖斬之，不能禁也。於是漢兵夾擊，大破虜趙軍，斬成安君泜水上[8]，禽趙王歇。

[1] 正義 引兵入井陘狹道，出趙。

[2] 集解 《漢書音義》曰："傳令軍中使發。"

[3] 集解 如淳曰："萆，音蔽。依山自覆蔽。" 索隱 案：謂令從閒道小路向前，望見陳餘軍營即住，仍須隱山自蔽，勿令趙軍知也。萆，音蔽。蔽者，蓋覆也。《楚漢春秋》作"卑山"，《漢書》作"箄山"。《說文》云："箄，蔽也，從竹卑聲。"

[4] 集解 徐廣曰："音湌也。"

［5］集解服虔曰："立駐傳湌食也。"如淳曰："小飯曰湌。言破趙後乃當共飽食也。"索隱如淳曰："小飯曰湌。謂立駐傳湌，待破趙乃大食也。"

［6］正義緜蔓水，一名阜將，一名回星，自并州流入井陘界，即信背水陣陷之死地，即此水也。

［7］正義恒州鹿泉縣，即六國時趙壁也。

［8］集解徐廣曰："泜，音遲。"索隱徐廣音遲。劉氏音脂。

信乃令軍中毋殺廣武君，有能生得者購千金。於是有縛廣武君而致戲下者，信乃解其縛，東鄉坐，西鄉對，師事之。

諸將效首虜[1]休，畢賀，因問信曰："兵法'右倍山陵，前左水澤'。今者將軍令臣等反背水陳，曰'破趙會食'，臣等不服。然竟以勝，此何術也？"信曰："此在兵法，顧諸君不察耳。兵法不曰'陷之死地而後生，置之亡地而後存'？且信非得素拊循士大夫也，此所謂'驅市人而戰之'，其勢非置之死地，使人人自爲戰；今予之生地，皆走，寧尚可得而用之乎！"諸將皆服，曰："善。非臣所及也。"

［1］索隱如淳曰："效，致也。"晉灼云："效，數也。"鄭玄注《禮》："效，猶呈見也。"

於是信問廣武君曰："僕欲北攻燕，東伐齊，何若而有功？"廣武君辭謝曰："臣聞'敗軍之將，不可以言勇；亡國之大夫，不可以圖存。'今臣敗亡之虜，何足以權大事乎？"信曰："僕聞之，百里奚居虞而虞亡，在秦而秦霸，非愚於虞而智於秦也，用與不用，聽與不聽也。誠令成安君聽足下計，若信者亦已爲禽矣。以不用足下，故信得侍耳。"因固問曰："僕委心歸計，願足下勿辭！"廣武君曰："臣聞'智者千慮，必有一失；愚者千慮，必有一得'，故曰'狂夫之言，聖人擇焉'。顧恐臣計未必足用，願效愚忠。夫成安君有百戰百勝之計，一旦而失之，軍敗鄗下[1]，身死泜上。今將軍涉西河[2]，虜魏王，禽夏說閼與，一舉而下井陘，不終朝破趙二十萬衆，誅成安君。名聞海内，威震天下。農夫莫不輟耕釋耒，褕衣甘食[3]，傾耳以待命者[4]。若此，將軍之所長也。然而衆勞卒罷，其實難用。今將軍欲舉倦獘之兵，頓之燕堅城之下，欲戰恐久，力不能拔，情見勢屈，曠日糧竭。而弱燕不服，齊必距境以自彊也。燕齊相持而不下，則劉項之權未有所分也。若此者，將軍所短也。臣愚，竊以爲亦過矣。故善用兵者不以短擊長，而以長擊短。"韓信曰："然則何由？"廣武君對曰："方今爲將軍計，莫如案甲休兵，鎮趙，撫其孤，百里之内，牛酒日至，以饗士大夫醳兵[5]。北首燕路[6]，而後遣辯士奉咫尺之書[7]，暴其所長於燕[8]，燕必不敢不聽從。燕已從，使諠言者東告齊，齊必從風而服，雖有智者，亦不知爲齊計矣。如是，則天下事皆可圖也。兵固有先聲而後實者，此之謂也。"韓信曰："善。"從其策。發使使燕，燕從風而靡。乃遣使報漢，因請立張耳爲趙王，以鎮撫其國。漢王許之，乃立張耳爲趙王。

［1］集解李奇曰："鄗，音臛。今高邑是。"

［2］索隱此之西河當馮翊也。正義即同州龍門河，從夏陽度者。

［3］索隱褕，鄒氏音踰，美也。恐滅亡不久，故廢止作業而事美衣甘食，日偷苟且也，慮不圖久

故也。《漢書》作“靡衣媮食”也。

［4］集解 如淳曰：“恐滅亡不久故也。”

［5］集解《魏都賦》曰：“肴醳順時。”劉逵曰：“醳，酒也。”索隱 劉氏依劉逵音。醳酒謂以酒食養兵士也。案：《史記》古“釋”字皆如此作，豈亦謂以酒食醳兵士，故字從酉乎？

［6］正義 首，音狩，向也。

［7］正義 咫尺，八寸。言其簡牘或長尺也。

［8］正義 暴，音僕。

楚數使奇兵渡河擊趙，趙王耳、韓信往來救趙，因行定趙城邑，發兵詣漢。楚方急圍漢王於滎陽，漢王南出，之宛、葉閒[1]，得黥布。走入成皋，楚又復急圍之。六月，漢王出成皋，東渡河，獨與滕公俱，從張耳軍脩武。至，宿傳舍。晨，自稱漢使，馳入趙壁。張耳、韓信未起，即其卧内上奪其印符，以麾召諸將，易置之。信、耳起，乃知漢王來，大驚。漢王奪兩人軍，即令張耳備守趙地，拜韓信爲相國，收趙兵未發者擊齊[2]。

［1］正義 宛在鄧州。葉在許州。

［2］集解 文穎曰：“謂趙人未嘗見發者。”

信引兵東，未渡平原[1]，聞漢王使酈食其已説下齊，韓信欲止。范陽辯士蒯通説信曰：“將軍受詔擊齊，而漢獨發閒使下齊，寧有詔止將軍乎？何以得毋行也！且酈生一士，伏軾[2]掉三寸之舌，下齊七十餘城；將軍將數萬衆，歲餘乃下趙五十餘城。爲將數歲，反不如一豎儒之功乎？”於是信然之，從其計，遂渡河。齊已聽酈生，即留縱酒，罷備漢守禦。信因襲齊歷下軍[3]，遂至臨菑。齊王田廣以酈生賣己，乃亨之，而走高密，使使之楚請救。韓信已定臨菑，遂東追廣至高密西。楚亦使龍且將，號稱二十萬，救齊。

［1］正義 懷州有平原津。

［2］集解 韋昭曰：“軾，今小車中隆起者。”

［3］集解 徐廣曰：“濟南歷城縣。”

齊王廣、龍且并軍與信戰。未合，人或説龍且曰：“漢兵遠鬬窮戰，其鋒不可當。齊、楚自居其地戰，兵易敗散[1]。不如深壁，令齊王使其信臣招所亡城，亡城聞其王在，楚來救，必反漢。漢兵二千里客居，齊城皆反之，其勢無所得食，可無戰而降也。”龍且曰：“吾平生知韓信爲人，易與耳。且夫救齊不戰而降之，吾何功？今戰而勝之，齊之半可得，何爲止！”遂戰，與信夾濰水陳[2]。韓信乃夜令人爲萬餘囊，滿盛沙，壅水上流，引軍半渡，擊龍且，詳不勝，還走。龍且果喜曰：“固知信怯也。”遂追信渡水。信使人決壅囊，水大至。龍且軍大半不得渡，即急擊，殺龍且。龍且水東軍散走，齊王廣亡去。信遂追北至城陽[3]，皆虜楚卒。

［1］正義 近其室家，懷顧望也。

［2］集解徐廣曰："出東莞而東北流，至北海都昌縣入海。"索隱濰，音維。《地理志》濰水出琅邪箕縣東北，至都昌入海。徐廣云"出東莞而東北流入海"，蓋據《水經》而說，少不同耳。

［3］正義城陽雷澤縣是也，在濮州東南九十一里。

漢四年，遂皆降平齊。使人言漢王曰："齊僞詐多變，反覆之國也，南邊楚；不爲假王以鎮之，其勢不定。願爲假王便。"當是時，楚方急圍漢王於滎陽，韓信使者至，發書[1]，漢王大怒，罵曰："吾困於此，旦暮望若來佐我，乃欲自立爲王！"張良、陳平躡漢王足，因附耳語曰："漢方不利，寧能禁信之王乎？不如因而立，善遇之，使自爲守。不然，變生。"漢王亦悟，因復罵曰："大丈夫定諸侯，即爲真王耳，何以假爲！"乃遣張良往立信爲齊王[2]，徵其兵擊楚。

［1］集解張晏曰："發信使者所齎書。"

［2］集解徐廣曰："四年二月。"

楚已亡龍且，項王恐，使盱眙人武涉[1]往說齊王信曰："天下共苦秦久矣，相與勠力擊秦。秦已破，計功割地，分土而王之，以休士卒。今漢王復興兵而東，侵人之分，奪人之地；已破三秦，引兵出關，收諸侯之兵以東擊楚，其意非盡吞天下者不休，其不知厭足如是甚也。且漢王不可必，身居項王掌握中數矣[2]，項王憐而活之；然得脫，輒倍約，復擊項王，其不可親信如此。今足下雖自以與漢王爲厚交，爲之盡力用兵，終爲之所禽矣。足下所以得須臾至今者，以項王尚存也。當今二王之事，權在足下。足下右投則漢王勝，左投則項王勝。項王今日亡，則次取足下。足下與項王有故，何不反漢與楚連和，參分天下王之？今釋此時，而自必於漢以擊楚，且爲智者固若此乎？"韓信謝曰："臣事項王，官不過郎中，位不過執戟[3]，言不聽，畫不用，故倍楚而歸漢。漢王授我上將軍印，予我數萬衆，解衣衣我，推食食我，言聽計用，故吾得以至於此。夫人深親信我，我倍之不祥，雖死不易。幸爲信謝項王！"

［1］集解張華曰："武涉墓在盱眙城東十五里。"

［2］正義數，色庾反。

［3］集解張晏曰："郎中，宿衛執戟之人也。"

武涉已去，齊人蒯通知天下權在韓信，欲爲奇策而感動之，以相人說韓信曰："僕嘗受相人之術。"韓信曰："先生相人何如？"對曰："貴賤在於骨法，憂喜在於容色，成敗在於決斷：以此參之，萬不失一。"韓信曰："善。先生相寡人何如？"對曰："願少閒。"信曰："左右去矣！"通曰："相君之面，不過封侯，又危不安。相君之背，貴乃不可言。"[1]韓信曰："何謂也？"蒯通曰："天下初發難也，俊雄豪桀建號壹呼，天下之士雲合霧集，魚鱗襍遝，熛至風起。當此之時，憂在亡秦而已。今楚漢分爭，使天下無罪之人肝膽塗地，父子暴骸骨於中野，不可勝數。楚人起彭城，轉鬭逐北，至於滎陽，乘利席卷，威震天下。然兵困於京、索之閒，迫西山而不能進者，三年於此矣。漢王將數十萬之衆，距鞏、雒，阻山河之險，一日數戰，無尺寸之功，折北不救[2]，敗滎陽，傷成皋[3]，遂走宛、葉之閒，此所謂智勇俱困者也。夫鋭氣挫於險塞，而糧食竭於内府，百姓罷極怨望，容容無所倚。以臣料之，其勢非天下之賢聖固不能息天下之禍。當今兩主之命縣於足下。足下爲漢則漢勝，與楚則楚勝。臣願披腹心，輸肝膽，效愚計，恐足下不能用也。誠能聽臣之計，莫若兩利而俱存之，參分天下，鼎足而居，其勢莫敢先動。夫以足下之賢聖，有甲兵之衆，據彊齊，從燕、趙，出空虛之地而制其後，因民之欲，西鄉[4]爲百姓請命[5]，則天下風走而響應矣，孰敢不聽！割大弱彊，以立諸侯；諸侯已立，天下服聽而歸德於齊。案齊之故，有膠、泗之地，懷諸侯以德，深拱揖讓，則天下之君王相率而朝於齊矣。蓋聞'天與弗取，反受其咎；時至不行，反受其殃'。願足下孰慮之！"

[1] 集解 張晏曰："背畔則大貴。"

[2] 集解 張晏曰："折，衂敗也。北，奔北。"

[3] 集解 張晏曰："於成皋傷胸也。"臣瓚曰："謂軍折傷 。"

[4] 正義 鄉，音向。齊國在東，故曰西向也。

[5] 正義 止楚漢之戰鬬，士卒不死亡，故云"請命"。

韓信曰："漢王遇我甚厚，載我以其車，衣我以其衣，食我以其食。吾聞之，乘人之車者載人之患，衣人之衣者懷人之憂，食人之食者死人之事，吾豈可以鄉利倍義乎！"蒯生曰："足下自以爲善漢王，欲建萬世之業，臣竊以爲誤矣。始常山王、成安君爲布衣時，相與爲刎頸之交，後争張黶、陳澤之事，二人相怨。常山王背項王，奉項嬰頭而竄，逃歸於漢王。漢王借兵而東下，殺成安君泜水之南，頭足異處，卒爲天下笑。此二人相與，天下至驩也。然而卒相禽者，何也？患生於多欲而人心難測也。今足下欲行忠信以交於漢王，必不能固於二君之相與也，而事多大於張黶、陳澤。故臣以爲足下必漢王之不危己，亦誤矣。大夫種、范蠡存亡越，霸句踐，立功成名而身死亡。野獸已盡而獵狗亨。夫以交友言之，則不如張耳之與成安君者也；以忠信言之，則不過大夫種、范蠡之於句踐也。此二人者，足以觀矣。願足下深慮之。且臣聞：'勇略震主者身危，而功蓋天下者不賞。'臣請言大王功略：足下涉西河，虜魏王，禽夏説，引兵下井陘，誅成安君，徇趙，脅燕，定齊，南摧楚人之兵二十萬，東殺龍且，西鄉以報。此所謂功無二於天下，而略不世出者也。今足下戴震主之威，挾不賞之功，歸楚，楚人不信；歸漢，漢人震恐：足下欲持是安歸乎？夫勢在人臣之位，而有震主之威，名高天下，竊爲足下危之！"韓信謝曰："先生且休矣，吾將念之！"

後數日，蒯通復説曰："夫聽者事之候也，計者事之機也；聽過計失而能久安者，鮮矣。聽不失一二者，不可亂以言；計不失本末者，不可紛以辭。夫隨廝養之役者，失萬乘之權；守儋石之禄者[1]，闕卿相之位。故知者，決之斷也；疑者，事之害也。審豪氂之小計，遺天下之大數，智誠知之，決弗敢行者，百事之禍也。故曰：'猛虎之猶豫，不若蜂蠆之致螫[2]；騏驥之跼躅[3]，不如駑馬之安步；孟賁之狐疑，不如庸夫之必至也；雖有舜禹之智，吟而不言[4]，不如瘖聾之指麾也。'此言貴能行之。夫功者難成而易敗，時者難得而易失也。時乎時，不再來。願足下詳察之。"韓信猶豫不忍倍漢，又自以爲功

多，漢終不奪我齊，遂謝蒯通。蒯通説不聽，已詳狂爲巫[5]。

[1] 集解 晉灼曰："楊雄《方言》：'海岱之閒名罌爲儋。'石，斗石也。"蘇林曰："齊人名小罌爲儋。石，如今受鲐魚石罌，不過一二石耳。一説，一儋與一斛之餘。" 索隱 儋，音都濫反。石，斗也。蘇林解爲近之。鲐，音胎。

[2] 正義 音適。

[3] 集解 徐廣曰："跼，一作'蹢'也。"

[4] 索隱 吟，鄒氏音拒蔭反，又音琴。

[5] 集解 徐廣曰："一本'遂不用蒯通，蒯通曰："夫迫於細苛者，不可與圖大事；拘於臣虜者，固無君王之意。"説不聽，因去詳狂也'。" 索隱 案：《漢書》及《戰國策》皆有此文。

漢王之困固陵，用張良計，召齊王信，遂將兵會垓下。項羽已破，高祖襲奪齊王軍[1]。漢五年正月，徙齊王信爲楚王，都下邳。

[1] 集解 徐廣曰："以齊爲平原、千乘、東萊、齊郡。"

信至國，召所從食漂母，賜千金[1]。及下鄉南昌亭長，賜百錢，曰："公，小人也，爲德不卒。"召辱己之少年令出胯下者以爲楚中尉。告諸將相曰："此壯士也。方辱我時，我寧不能殺之邪？殺之無名，故忍而就於此。"

[1] 集解 張華曰："漂母冢在泗口南岸。"

項王亡將鍾離眛家在伊廬[1]，素與信善。項王死後，亡歸信。漢王怨眛，聞其在楚，詔楚捕眛。信初之國，行縣邑，陳兵出入。漢六年，人有上書告楚王信反。高帝以陳平計，天子巡狩會諸侯，南方有雲夢，發使告諸侯會陳："吾將游雲夢。"實欲襲信，信弗知。高祖且至楚，信欲發兵反，自度無罪，欲謁上，恐見禽。人或説信曰："斬眛謁上，上必喜，無患。"信見眛計事。眛曰："漢所以不擊取楚，以眛在公所。若欲捕我以自媚於漢，吾今日死，公亦隨手亡矣。"乃罵信曰："公非長者！"卒自剄。信持其首，謁高祖於陳。上令武士縛信，載後車。信曰："果若人言：'狡兔死，良狗亨[2]；高鳥盡，良弓藏；敵國破，謀臣亡。'天下已定，我固當亨！"上曰："人告公反。"遂械繫信。至雒陽，赦信罪，以爲淮陰侯。

[1] 集解 徐廣曰："東海朐縣有伊廬鄉。"駰案：韋昭曰"今中廬縣"。索隱徐注出司馬彪《郡國志》。正義《括地志》云："中廬在義清縣北二十里，本春秋時廬戎之國也，秦謂之伊廬，漢爲中廬縣。項羽之將鍾離眛冢在。"韋昭及《括地志》云皆説之也。

[2] 集解 張晏曰："狡，猾。" 索隱 郊兔死。郊，音狡。狡，猾也。《吴越春秋》作"郊兔"，亦通。《漢書》作"狡兔"。《戰國策》曰："東郭逡，海内狡兔也。"

信知漢王畏惡其能，常稱病不朝從。信由此日夜怨望，居常鞅鞅，羞與絳、灌等列。

信嘗過樊將軍噲，噲跪拜送迎，言稱臣，曰："大王乃肯臨臣!"信出門，笑曰："生乃與噲等爲伍!"上常從容與信言諸將能不，各有差。上問曰："如我，能將幾何?"信曰："陛下不過能將十萬。"上曰："於君何如?"曰："臣多多而益善耳。"上笑曰："多多益善，何爲爲我禽?"信曰："陛下不能將兵，而善將將，此乃信之所以爲陛下禽也。且陛下所謂天授，非人力也。"

陳豨拜爲鉅鹿守[1]，辭於淮陰侯。淮陰侯挈其手，辟左右與之步於庭，仰天歎曰："子可與言乎？欲與子有言也。"豨曰："唯將軍令之。"淮陰侯曰："公之所居，天下精兵處也；而公，陛下之信幸臣也。人言公之畔，陛下必不信；再至，陛下乃疑矣；三至，必怒而自將。吾爲公從中起，天下可圖也。"陳豨素知其能也，信之。曰："謹奉教!"漢十年，陳豨果反。上自將而往，信病不從。陰使人至豨所，曰："弟舉兵，吾從此助公。"信乃謀與家臣夜詐詔赦諸官徒奴，欲發以襲吕后、太子。部署已定，待豨報。其舍人[2]得罪於信，信囚，欲殺之。舍人弟上變，告信欲反狀於吕后。吕后欲召，恐其黨不就，乃與蕭相國謀，詐令人從上所來，言豨已得死，列侯羣臣皆賀。相國紿信曰："雖疾，彊入賀。"信入，吕后使武士縛信，斬之長樂鍾室[3]。信方斬，曰："吾悔不用蒯通之計，乃爲兒女子所詐，豈非天哉!"遂夷信三族。

[1] 集解 徐廣曰："表云爲趙相國，將兵守代也。"

[2] 索隱 按：晉灼曰："《楚漢春秋》云：'謝公也。'"姚氏案《功臣表》云："慎陽侯樂説，淮陰舍人，告信反。"未知孰是。

[3] 正義 長樂宮懸鍾之室。

高祖已從豨軍來，至，見信死，且喜且憐之，問："信死亦何言?"吕后曰："信言恨不用蒯通計。"高祖曰："是齊辯士也。"乃詔齊捕蒯通。蒯通至，上曰："若教淮陰侯反乎?"對曰："然，臣固教之。豎子不用臣之策，故令自夷於此。如彼豎子用臣之計，陛下安得而夷之乎?"上怒曰："亨之!"通曰："嗟乎！冤哉，亨也!"上曰："若教韓信反，何冤?"對曰："秦之綱絶而維弛，山東大擾，異姓並起，英俊烏集。秦失其鹿，天下共逐之[1]，於是高材疾足者先得焉。蹠之狗吠堯，堯非不仁，狗因吠非其主。當是時，臣唯獨知韓信，非知陛下也。且天下鋭精持鋒欲爲陛下所爲者甚衆，顧力不能耳，又可盡亨之邪!"高帝曰："置之!"乃釋通之罪。

[1] 集解 張晏曰："以鹿喻帝位也。"

太史公曰：吾如淮陰，淮陰人爲余言：韓信雖爲布衣時，其志與衆異。其母死，貧無以葬，然乃行營高敞地，令其旁可置萬家。余視其母冢，良然。假令韓信學道謙讓，不伐己功，不矜其能，則庶幾哉！於漢家，勳可以比周、召、太公之徒，後世血食矣。不務出此，而天下已集，乃謀畔逆，夷滅宗族，不亦宜乎！

鼂錯傳（漢書）

（漢）班固撰，（唐）顏師古注

鼂錯，潁川人也[1]。學申商刑名於軹張恢生所[2]，與雒陽宋孟及劉帶同師。以文學爲太常掌故[3]。

［1］晉灼曰："音厝置之厝。"師古曰："據《申屠嘉傳序》云'責通請錯，匪躬之故'，以韻而言，晉音是也。潘岳《西征賦》乃讀爲錯雜之錯，不可依也。"

［2］師古曰："軹縣之儒生姓張名恢，錯從之受申商法也。"

［3］應劭曰："掌故，六百石吏，主故事。"

錯爲人陗直刻深[1]。孝文時，天下亡治《尚書》者，獨聞齊有伏生，故秦博士，治《尚書》，年九十餘，老不可徵。乃詔太常，使人受之。太常遣錯受《尚書》伏生所，還，因上書稱說[2]。詔以爲太子舍人，門大夫[3]，遷博士。又上書言："人主所以尊顯功名揚於萬世之後者，以知術數也[4]。故人主知所以臨制臣下而治其衆，則羣臣畏服矣；知所以聽言受事，則不欺蔽矣；知所以安利萬民，則海内必從矣；知所以忠孝事上，則臣子之行備矣：此四者，臣竊爲皇太子急之。人臣之議或曰皇太子亡以知事爲也[5]，臣之愚，誠以爲不然。竊觀上世之君，不能奉其宗廟而劫殺於其臣者，皆不知術數者也。皇太子所讀書多矣，而未深知術數者，不問書說也[6]。夫多誦而不知其說，所謂勞苦而不爲功。臣竊觀皇太子材智高奇，馭射伎藝過人絶遠，然於術數未有所守者，以陛下爲心也[7]。竊願陛下幸擇聖人之術可用今世者，以賜皇太子，因時使太子陳明於前。唯陛下裁察。"上善之，於是拜錯爲太子家令[8]。以其辯得幸太子，太子家號曰"智囊"[9]。

［1］師古曰："陗字與峭同。峭謂峻陿也，音千笑反。"

［2］師古曰："稱師法而說其義。"

［3］師古曰："初爲舍人，又爲門大夫。"

［4］張晏曰："術數，刑名之書也。"臣瓚曰："術數謂法制，治國之術也。"師古曰："瓚說是也。公孫弘云'擅生殺之力，通壅塞之途，權輕重之數，論得失之道，使遠近情僞必見於上，謂之術。'此與錯所言同耳。"

［5］師古曰："言何用知事。"

［6］師古曰："說謂所說之義也。"

［7］張晏曰："若伯魚須仲尼教，乃讀《詩》《書》也。"

［8］臣瓚曰："《茂陵中書》太子家令秩八百石。"

［9］師古曰："言其一身所有皆是智算，若囊橐之盛物也。"

是時匈奴彊，數寇邊，上發兵以禦之。錯上言兵事，曰：

臣聞漢興以來，胡虜數入邊地，小入則小利，大入則大利；高后時再入隴西，攻城屠邑，敺略畜產[1]；其後復入隴西，殺吏卒，大寇盜。竊聞戰勝之威，民氣百倍[2]；敗兵之卒，没世不復[3]。自高后以來，隴西三困於匈奴矣，民氣破傷，亡有勝意。今茲隴西之吏賴社稷之神靈，奉陛下之明詔，和輯士卒，底厲其節[4]，起破傷之民以當乘勝之匈奴，用少擊衆，殺一王，敗其衆而大有利。非隴西之民有勇怯，乃將吏之制巧拙異也。故兵法曰："有必勝之將，無必勝之民。"繇此觀之[5]，安邊境，立功名，在於良將，不可不擇也。

[1] 師古曰："毆與驅同。"

[2] 師古曰："益奮厲也。"

[3] 師古曰："永挫折也。"

[4] 師古曰："輯與集同。底與砥同。"

[5] 師古曰："繇讀與由同。"

臣又聞用兵，臨戰合刃之急者三[1]：一曰得地形，二曰卒服習，三曰器用利。兵法曰：丈五之溝，漸車之水[2]，山林積石，經川丘阜[3]，屮木所在[4]，此步兵之地也，車騎二不當一。土山丘陵，曼衍相屬[5]，平原廣野，此車騎之地，步兵十不當一。平陵相遠，川谷居閒[6]，仰高臨下，此弓弩之地也，短兵百不當一。兩陳相近，平地淺屮，可前可後，此長戟之地也，劍楯三不當一。萑葦竹蕭[7]，屮木蒙蘢，支葉茂接[8]，此矛鋋之地也[9]，長戟二不當一。曲道相伏，險阸相薄，此劍楯之地也，弓弩三不當一。士不選練，卒不服習，起居不精，動靜不集[10]，趨利弗及，避難不畢，前擊後解，與金鼓之指相失[11]，此不習勒卒之過也，百不當十。兵不完利，與空手同；甲不堅密，與袒裼同[12]；弩不可以及遠，與短兵同；射不能中，與亡矢同；中不能入，與亡鏃同[13]：此將不省兵之禍也[14]，五不當一。故兵法曰：器械不利，以其卒予敵也；卒不可用，以其將予敵也；將不知兵，以其主予敵也；君不擇將，以其國予敵也。四者，兵之至要也。

[1] 師古曰："合刃，謂交兵。"

[2] 師古曰："漸讀曰瀸，謂浸也，音子廉反。"

[3] 師古曰："經川，常流之水也。大陸曰阜。"

[4] 師古曰："屮，古草字。"

[5] 師古曰："曼衍，猶聯延也。屬，續也。衍音弋戰反。屬音之欲反。"

[6] 師古曰："遠，離也。"

[7] 師古曰："萑，薍也。葦，葭也。蕭，蒿也。萑音完。"

[8] 師古曰："蒙蘢，覆蔽之貌也。蘢音來東反。"

[9] 師古曰："鋋，鐵把短矛也，音上延反。"

[10] 師古曰："集，齊也。"

[11] 師古曰："金，金鉦也。鼓所以進衆，金所以止衆也。"

[12] 應劭曰："袒裼，肉袒也。"師古曰："裼音錫。"

[13] 師古曰："鏃，矢鋒也，音子木反。"

[14] 師古曰："省，視也。"

臣又聞小大異形，彊弱異勢，險易異備[1]。夫卑身以事彊，小國之形也；合小以攻大，敵國之形也[2]；以蠻夷攻蠻夷，中國之形也[3]。今匈奴地形技藝與中國異。上下山阪，出入溪澗，中國之馬弗與也[4]；險道傾仄，且馳且射[5]，中國之騎弗與也；風雨罷勞，飢渴不困[6]，中國之人弗與也：此匈奴之長技也。若夫平原易地，輕車突騎[7]，則匈奴之衆易撓亂也[8]；勁弩長戟，射疏及遠[9]，則匈奴之弓弗能格也；堅甲利刃，長短相雜，遊弩往來，什伍俱前[10]，則匈奴之兵弗能當也；材官騶發，矢道同的[11]，則匈奴之革笥木薦弗能支也[12]；下馬地鬭，劍戟相接，去就相薄[13]，則匈奴之足弗能給也[14]：此中國之長技也。以此觀之，匈奴之長技三，中國之長技五。陛

下又興數十萬之衆，以誅數萬之匈奴，衆寡之計，以一擊十之術也。

［1］師古曰："易，平也，音弋豉反。"

［2］師古曰："彼我力均，不能相勝，則須連結外援共制之也。"

［3］師古曰："不煩華夏之兵，使其同類自相攻擊也。"

［4］師古曰："與猶如。"

［5］師古曰："仄，古側字。"

［6］師古曰："罷讀曰疲。"

［7］師古曰："易亦平也。突騎，言其驍鋭可用衝突敵人也。"

［8］師古曰："撓，攪也，音火高反，其字從手。一曰，橈，曲也，弱也，音女教反，其字從木。"

［9］師古曰："疏亦闊遠也。"

［10］師古曰："五人爲伍，二伍爲什。"

［11］蘇林曰："騶音馬騶之騶。"如淳曰："騶，矢也。處平易之地可以矢相射也。"臣瓚曰："材官，騎射之官也。射者騶發，其用矢者同中一的，言其工妙也。"師古曰："騶謂矢之善者也。《春秋左氏傳》作菆字，其音同耳。材官，有材力者。騶發，發騶矢以射也。手工矢善，故中則同的。的謂所射之準臬也。蘇音失之矣。臬音牛列反，即謂槷也。"

［12］孟康曰："革笥，以皮作如鎧者被之。木薦，以木板作如楯。一曰，革笥若楯，木薦之以當人心也。"師古曰："一説非也。笥音息嗣反。"

［13］師古曰："薄，迫也。"

［14］師古曰："給謂相連及。"

雖然，兵，凶器；戰，危事也。以大爲小，以彊爲弱，在俛卬之間耳[1]。夫以人之死爭勝，跌而不振[2]，則悔之亡及也。帝王之道，出於萬全。今降胡義渠蠻夷之屬來歸誼者，其衆數千，飲食長技與匈奴同，可賜之堅甲絮衣，勁弓利矢，益以邊郡之良騎。令明將能知其習俗和輯其心者[3]，以陛下之明約將之。即有險阻，以此當之；平地通道，則以輕車材官制之。兩軍相爲表裏，各用其長技，衡加之以衆[4]，此萬全之術也。

［1］師古曰："言不知其術，則雖大必小，雖强必弱也。俛亦俯字。卬讀曰仰。"

［2］服虔曰："蹉跌不可復起也。"師古曰："跌，足失據也。跌音徒結反。"

［3］師古曰："輯與集同也。"

［4］張晏曰："衡音横。"師古曰："衡即横耳，無勞借音。"

傳曰："狂夫之言，而明主擇焉。"臣錯愚陋，昧死上狂言，唯陛下財擇[1]。

文帝嘉之，乃賜錯璽書寵答焉，曰："皇帝問太子家令：上書言兵體三章，聞之[2]。書言'狂夫之言，而明主擇焉'。今則不然。言者不狂，而擇者不明，國之大患，故在於此。使夫不明擇於"不狂"，是以萬聽而萬不當也。"

［1］師古曰："財與裁同也。"

［2］李奇曰："三者，得地形，卒服習，器用利。"

錯復言守邊備塞，勸農力本，當世急務二事，曰：

臣聞秦時北攻胡貉，築塞河上[1]，南攻楊粤[2]，置戍卒焉。其起兵而攻胡、粤者，非以衛邊地而救民死也，貪戾而欲廣大也，故功未立而天下亂。且夫起兵而不知其勢，戰則爲人禽，屯則卒積死。夫胡貉之地，積陰之處也，木皮三寸，冰厚六尺[3]，食肉而飲酪，其人密理，鳥獸毳毛[4]，其性能寒[5]。楊粤之地少陰多陽，其人疏理，鳥獸希毛，其性能暑。秦之戍卒不能其水土，戍者死於邊，輸者僨於道[6]。秦民見行，如往棄市，因以謫發之，名曰“謫戍”。先發吏有謫及贅壻、賈人，後以嘗有市籍者，又後以大父母、父母嘗有市籍者，後入閭，取其左[7]。發之不順，行者深怨，有背畔之心。凡民守戰至死而不降北者，以計爲之也[8]。故戰勝守固則有拜爵之賞，攻城屠邑則得其財鹵以富家室，故能使其衆蒙矢石，赴湯火[9]，視死如生。今秦之發卒也，有萬死之害，而亡銖兩之報，死事之後不得一算之復[10]，天下明知禍烈及己也[11]。陳勝行戍，至於大澤，爲天下先倡[12]，天下從之如流水者，秦以威劫而行之之敝也。

[1] 師古曰：“貉音莫容反。”

[2] 張晏曰：“楊州之南越也。”

[3] 文穎曰：“土地寒故也。”

[4] 師古曰：“密理，謂其肌肉也。毳，細毛也。”

[5] 師古曰：“能讀曰耐。此下能暑亦同。”

[6] 服虔曰：“僨，仆也。”如淳曰：“僨音奮。”

[7] 孟康曰：“秦時復除者居閭之左，後發役不供，復役之也。或云直先發取其左也。”師古曰：“閭，里門也。居閭之左者，一切皆發之，非謂復除也。解在《食貨志》。”

[8] 師古曰：“北謂敗退。”

[9] 師古曰：“蒙，冒犯也。”

[10] 師古曰：“復，復除也，音方目反。”

[11] 師古曰：“猛火曰烈，取以喻耳。”

[12] 師古曰：“倡讀曰唱。”

胡人衣食之業不著於地[1]，其勢易以擾亂邊竟[2]。何以明之？胡人食肉飲酪，衣皮毛，非有城郭田宅之歸居，如飛鳥走獸於廣壄[3]，美草甘水則止，草盡水竭則移。以是觀之，往來轉徙，時至時去，此胡人之生業，而中國之所以離南畮也[4]。今使胡人數處轉牧行獵於塞下，或當燕代，或當上郡、北地、隴西，以候備塞之卒，卒少則入。陛下不救，則邊民絕望而有降敵之心；救之，少發則不足，多發，遠縣纔至，則胡又已去[5]。聚而不罷，爲費甚大；罷之，則胡復入。如此連年，則中國貧苦而民不安矣。

[1] 師古曰：“著音直略反。”

[2] 師古曰：“竟讀曰境。”

[3] 師古曰：“壄，古野字。”

[4] 師古曰：“畮，古畝字也。南畝，耕種之處也。”

[5] 李奇曰：“纔音裁。”師古曰：“纔，淺也，猶言僅至也。他皆類此。”

陛下幸憂邊境，遣將吏發卒以治塞，甚大惠也。然令遠方之卒守塞，一歲而更[1]，不知胡人之能，不如選常居者，家室田作，且以備之。以便爲之高城深塹，具藺石，布渠答[2]，復爲一城其内，城閒百五十步。要害之處，通川之道，調立城邑，毋下千家[3]，爲中周虎落[4]。先爲室屋，具田器，乃募辠人及免徒復作令居之[5]；不足，募以丁奴婢贖辠及輸奴婢欲以拜爵者；不足，乃募民之欲往者。皆賜高爵，復其家[6]。予冬夏衣、廩食，能自給而止[7]。郡縣之民得買其爵，以自增至卿[8]。其亡夫若妻者，縣官買予之。人情非有匹敵，不能久安其處。塞下之民，祿利不厚，不可使久居危難之地。胡人入驅而能止其所驅者，以其半予之[9]，縣官爲贖其民[10]。如是，則邑

里相救助，赴胡不避死。非以德上也[11]，欲全親戚而利其財也。此與東方之戍卒不習地勢而心畏胡者，功相萬也[12]。以陛下之時，徙民實邊，使遠方無屯戍之事，塞下之民父子相保，亡係虜之患，利施後世，名稱聖明，其與秦之行怨民，相去遠矣[13]。

[1] 師古曰："更謂易代也，音庚，又讀如本字。"

[2] 服虔曰："藺石，可投人石也。"蘇林曰："渠答，鐵蒺藜也。"如淳曰："藺石，城上雷石也。《墨子》曰：'城上二步一渠，立程長三尺，冠長十尺，臂長六尺；二步一答，廣九尺，袤十二尺。'"師古曰："藺石，如説是也。渠答，蘇説是也。雷音來内反。"

[3] 師古曰："調謂算度之也。總計城邑之中令有千家以上也。調音徒釣反。"

[4] 鄭氏曰："虎落者，外蕃也，若今時竹虎也。"蘇林曰："作虎落於塞要下，以沙佈其表，旦視其迹，以知匈奴來入，一名天田。"師古曰："蘇説非也。虎落者，以竹篾相連遮落之也。"

[5] 張晏曰："募民有罪自首，除罪定輸作者也，復作如徒也。"臣瓚曰："募有罪者及罪人遇赦復作竟其日月者，今皆除其罰，令居之也。"師古曰："瓚説是也。復音扶目反。"

[6] 師古曰："復音方目反。"

[7] 師古曰："初徙之時，縣官且廩給其衣食，於後能自供贍乃止也。"

[8] 孟康曰："《食貨志》所謂樂卿者也，朝位從卿而無職也。"師古曰："孟説非也。樂卿武帝所置耳，錯之上書未得豫言之也。然二十等爵内無有卿名，蓋謂其等級同列卿者也。"

[9] 孟康曰："謂胡人入爲寇，驅收中國，能奪得之者，以半與之。"師古曰："孟説非也。言胡人入爲寇，驅略漢人及畜産，而它人能止得其所驅者，令其本主以半賞之。"

[10] 張晏曰："得漢人，官爲贖也。"師古曰："此承上句之言，謂官爲備價贖之耳。張説非也。"

[11] 師古曰："言非以此事欲立德義於主上也。"

[12] 如淳曰："東方諸郡民不習戰鬬當戍邊者也。"

[13] 師古曰："言發怨恨之人使行戍役也。"

上從其言，募民徙塞下。錯復言：

陛下幸募民相徙以實塞下，使屯戍之事益省，輸將之費益寡[1]，甚大惠也。下吏誠能稱厚惠，奉明法[2]，存卹所徙之老弱，善遇其壯士，和輯其心而勿侵刻[3]，使先至者安樂而不思故鄉，則貧民相募而勸往矣。臣聞古之徙遠方以實廣虚也[4]，相其陰陽之和，嘗其水泉之味，審其土地之宜，觀其屮木之饒，然後營邑立城，製里割宅，通田作之道，正阡陌之界，先爲築室，家有一堂二内，門户之閉[5]，置器物焉，民至有所居，作有所用，此民所以輕去故鄉而勸之新邑也[6]。爲置醫巫，以救疾病，以脩祭祀，男女有昏[7]，生死相卹，墳墓相從，種樹畜長[8]，室屋完安，此所以使民樂其處而有長居之心也。

[1] 如淳曰："將，送也。或曰，將，資也。"

[2] 師古曰："稱，副也。"

[3] 師古曰："輯與集同。"

[4] 師古曰："所以充實寬廣空虚之地。"

[5] 張晏曰："二内，二房也。"

[6] 師古曰："之，往也。"

[7] 師古曰："昏謂婚姻配合也。"

[8] 張晏曰："畜長，六畜也。"師古曰："種樹謂桑果之屬。長音竹兩反。

臣又聞古之制邊縣以備敵也，使五家爲伍，伍有長；十長一里，里有假士；四里一連，連有假五百[1]；十連一邑，邑有假候：皆擇其邑之賢材有護[2]，習地形知民心者，居則習民於射法，出則教民於應敵。故卒伍成於内，則軍正定於外。服習以成，勿令遷徙[3]，幼則同游，長則共事。夜戰聲相知，則足以相救；晝戰目相見，則足以相識；驩愛之心，足以相死。如此而勸以厚賞，威以重罰，則前死不還踵矣[4]。所徙之民非壯有材力，但費衣糧，不可用也；雖有材力，不得良吏，猶亡功也。

[1] 服虔曰："假音假借之假。五百，帥名也。"師古曰："假，大也，音工雅反。"

[2] 師古曰："有保護之能者也。今流俗書本護字作讓，妄改之耳。"

[3] 師古曰："各守其業也。"

[4] 師古曰："還讀曰旋。旋踵，回旋其足也。"

陛下絶匈奴不與和親，臣竊意其冬來南也[1]，壹大治，則終身創矣[2]。欲立威者，始於折膠[3]，來而不能困，使得氣去[4]，後未易服也。愚臣亡識，唯陛下財察。

[1] 師古曰："意，疑之也。"

[2] 師古曰："創，懲艾也，音初亮反。"

[3] 蘇林曰："秋氣至，膠可折，弓弩可用，匈奴常以爲候而出軍。"

[4] 師古曰："使之得勝，逞志氣而去。"

後詔有司舉賢良文學士，錯在選中。上親策，詔之曰：

惟十有五年九月壬子，皇帝曰：昔者大禹勤求賢士，施及方外[1]，四極之内，舟車所至，人迹所及，靡不聞命，以輔其不逮[2]；近者獻其明，遠者通厥聰，比善戮力，以翼天子[3]。是以大禹能亡失德，夏以長楙[4]。高皇帝親除大害，去亂從[5]，並建豪英，以爲官師[6]，爲諫争，輔天子之闕，而翼戴漢宗也。賴天之靈，宗廟之福，方内以安，澤及四夷。今朕獲執天子之正，以承宗廟之祀，朕既不德，又不敏，明弗能燭，而智不能治，此大夫之所著聞也。故詔有司、諸侯王、三公、九卿及主郡吏[7]，各帥其志，以選賢良明於國家之大體，通於人事之終始，及能直言極諫者，各有人數，將以匡朕之不逮。二三大夫之行當此三道[8]，朕甚嘉之，故登大夫于朝，親諭朕志[9]。大夫其上三道之要，及永惟朕之不德，吏之不平，政之不宣，民之不寧[10]，四者之闕，悉陳其志，毋有所隱。上以薦先帝之宗廟，下以興愚民之休利，著之于篇[11]，朕親覽焉，觀大夫所以佐朕。至與不至，書之。周之密之，重之閉之[12]。興自朕躬[13]，大夫其正論，毋枉執事[14]。烏虖，戒之[15]！二三大夫其帥志毋怠！

[1] 師古曰："施，延也，音弋豉反。"

[2] 師古曰："意所不及者，取其言以自輔也。"

[3] 師古曰："比，和也。翼，助也。比音頻寐反。"

[4] 師古曰："楙，美也。"

[5] 師古曰："從音子容反。亂從，謂禍亂之蹤跡也。一曰，亂謂作亂者，從謂合從者，若六國時爲從者也。今書本從下或有順字，或有治字，皆非也，後人妄加之也。"

[6] 師古曰："師，長也，各爲一官之長也。字或作帥，音所類反。"

[7] 師古曰："主郡吏，謂郡守也。"

[8] 張晏曰："三道，國體、人事、直言也。"師古曰："二三大夫，總謂當時受策者，非止錯一人焉。"

[9] 師古曰："諭，告也。"

[10] 師古曰："永猶深也。惟，思也。"

［11］師古曰："休，美也。篇謂簡也。"
［12］師古曰："重音直龍反。"
［13］師古曰："言朕自發視之。"
［14］張晏曰："毋爲有司枉橈也。"
［15］師古曰："虖讀曰呼。"

錯對曰：

平陽侯臣窋[1]、汝陰侯臣竈[2]、潁陰侯臣何[3]、廷尉臣宜昌、隴西太守臣昆邪[4]所選賢良太子家令臣錯[5]昧死再拜言：臣竊聞古之賢主莫不求賢以爲輔翼，故黄帝得力牧而爲五帝先[6]，大禹得咎繇而爲三王祖，齊桓得筦子而爲五伯長[7]。今陛下講于大禹及高皇帝之建豪英也[8]，退託於不明，以求賢良[9]，讓之至也。臣竊觀上世之傳[10]，若高皇帝之建功業，陛下之德厚而得賢佐，皆有司之所覽，刻於玉版，藏於金匱，歷之春秋，紀之後世，爲帝者祖宗，與天地相終。今臣窋等乃以臣錯充賦[11]，甚不稱明詔求賢之意。臣錯屮茅臣，亡識知，昧死上愚對，曰：

［1］孟康曰："曹窋，參子也。"
［2］如淳曰："夏侯嬰子也。"
［3］文穎曰："灌嬰子。"
［4］服虔曰："公孫昆邪也。"師古曰："昆讀曰混，音下昆反。"
［5］師古曰："詔列侯九卿及郡守舉賢良，故錯爲窋等所舉。"
［6］服虔曰："力牧，黄帝之佐也。"
［7］師古曰："筦字與管同。伯讀曰霸。"
［8］臣瓚曰："講謂講議也。"
［9］師古曰："自託不明，是謙退。"
［10］師古曰："謂史傳。"
［11］〔如淳〕曰："猶言備數也。"臣瓚曰："充賦，此錯之謙也，云如賦調也。"

詔策曰"明於國家大體"，愚臣竊以古之五帝明之。臣聞五帝神聖，其臣莫能及，故自親事[1]，處于法宫之中，明堂之上[2]；動静上配天，下順地，中得人。故衆生之類亡不覆也，根著之徒亡不載也[3]；燭以光明，亡偏異也[4]；德上及飛鳥，下至水蟲，草木諸產，皆被其澤[5]。然後陰陽調，四時節，日月光，風雨時，膏露降[6]，五穀孰，祅孽滅，賊氣息，民不疾疫，河出圖，洛出書，神龍至，鳳鳥翔，德澤滿天下，靈光施四海。此謂配天地，治國大體之功也。

［1］師古曰："親理萬機之務。"
［2］如淳曰："法宫，路寢正殿也。"
［3］師古曰："有根著地者皆載之也。著音直略反。"
［4］師古曰："燭，照也。"
［5］師古曰："被音皮義反。"
［6］師古曰："甘露凝如膏。"

詔策曰"通於人事終始"，愚臣竊以古之三王明之。臣聞三王臣主俱賢，故合謀相輔，計安天下，莫不本於人情。人情莫不欲壽，三王生而不傷也；人情莫不欲富，三王厚而不困也；人情莫不欲安，三王扶而不危也；人情莫不欲逸，三王節其力而不盡也。其爲法令也，合於人情而後行之；其動衆使民也，本於人事然後爲之。取人以己，内恕及人[1]。情之所惡，不以彊人；情之所欲，不以禁民。是以天下樂其政，歸其德，望之若父母，從之若流水；百姓和親，國家安寧，名位不失，施及後世[2]。此明於人情終始之功也。

[1] 師古曰："以己之心揆之於人也。"

[2] 師古曰："施，延也，音弋豉反。"

詔策曰"直言極諫"，愚臣竊以五伯之臣明之[1]。臣聞五伯不及其臣，故屬之以國，任之以事[2]。五伯之佐之爲人臣也，察身而不敢誣[3]，奉法令不容私，盡心力不敢矜[4]，遭患難不避死，見賢不居其上，受禄不過其量，不以亡能居尊顯之位。自行若此，可謂方正之士矣。其立法也，非以苦民傷衆而爲之機陷也[5]，以之興利除害，尊主安民而救暴亂也。其行賞也，非虚取民財妄予人也，以勸天下之忠孝而明其功也。故功多者賞厚，功少者賞薄。如此，斂民財以顧其功[6]，而民不恨者，知與而安己也。其行罰也，非以忿怒妄誅而從暴心也[7]，以禁天下不忠不孝而害國者也。故辠大者罰重，辠小者罰輕。如此，民雖伏罪至死而不怨者，知罪罰之至，自取之也。立法若此，可謂平正之吏矣。法之逆者，請而更之，不以傷民[8]；主行之暴者，逆而復之，不以傷國[9]。救主之失，補主之過，揚主之美，明主之功，使主内亡邪辟之行，外亡騫汙之名[10]。事君若此，可謂直言極諫之士矣。此五伯之所以德匡天下，威正諸侯，功業甚美，名聲章明。舉天下之賢主，五伯與焉[11]，此身不及其臣而使得直言極諫補其不逮之功也。今陛下人民之衆，威武之重，德惠之厚，令行禁止之勢，萬萬於五伯，而賜愚臣策曰"匡朕之不逮"，愚臣何足以識陛下之高明而奉承之!

[1] 師古曰："伯讀曰霸。"

[2] 師古曰："屬，委也，音之欲反。"

[3] 師古曰："各察己之材用，不敢踰越而誣上。"

[4] 師古曰："矜謂自伐也。"

[5] 孟康曰："機，發也。陷，穽也。"

[6] 師古曰："顧，讎也，若今言雇賃也。"

[7] 師古曰："從讀曰縱。"

[8] 師古曰："更，改也。"

[9] 師古曰："謂逆主意而反還之，不令施行，致傷國也。復音扶目反。"

[10] 師古曰："辟讀曰僻。騫，損也。汙，辱也。"

[11] 師古曰："與讀曰豫。"

詔策曰"吏之不平，政之不宣，民之不寧"，愚臣竊以秦事明之。臣聞秦始并天下之時，其主不及三王，而臣不及其佐[1]，然功力不遲者，何也？地形便，山川利，財用足，民利戰。其所與並者六國，六國者，臣主皆不肖，謀不輯[2]，民不用，故當此之時，秦最富彊。夫國富彊而鄰國亂者，帝王之資也，故秦能兼六國，立爲天子。當此之時，三王之功不能進焉[3]。及其末塗之衰也，任不肖而信讒賊；宫室過度，耆欲亡極[4]，民力罷盡，賦斂不節[5]；矜奮自賢，羣臣恐諛[6]，驕溢縱恣，不顧患禍；妄賞以隨喜意，妄誅以快怒心，法令煩憯[7]，刑罰暴酷，輕絶人命，身自射殺；天下寒心，莫安其處。姦邪之吏，乘其亂法，以成其威，獄官主斷，生殺自恣。上下瓦解，各自爲制。秦始亂之時，吏之所先侵者，貧人賤民也；至其中節，所侵者富人吏家也；及其末塗，所侵者宗室大臣也。是故親疏皆危，外内咸怨，離散逋逃，人有走心。陳勝先倡，天下大潰[8]，絶祀亡世，爲異姓福。此吏不平，政不宣，民不寧之禍也。今陛下配天象地，覆露萬民[9]，絶秦之迹，除其亂法；躬親本事，廢去淫末；除苛解嬈[10]，寬大愛人；肉刑不用，辠人亡帑[11]；非謗不治，鑄錢者除[12]；通關去塞[13]，不孽諸侯[14]；賓禮長老，愛卹少孤；辠人有期[15]，後宫出嫁；尊賜孝悌，農民不租[16]；明詔軍師，愛士大夫；求進方正，廢退姦邪；除去陰刑[17]，害民者誅；

憂勞百姓，列侯就都[18]；親耕節用，視民不奢[19]。所爲天下興利除害，變法易故，以安海内者，大功數十，皆上世之所難及，陛下行之，道純德厚，元元之民幸矣。

[1] 師古曰："臣亦不及三王之佐。"

[2] 師古曰："輯與集同。輯，和也。"

[3] 師古曰："進，前也，言不在秦之前也。"

[4] 師古曰："耆讀曰嗜。"

[5] 師古曰："罷讀曰疲。"

[6] 張晏曰："恐機發陷禍而爲諂諛以求自全也。"師古曰："此説非也。直爲恐懼而爲諂諛也。恐音丘勇反。"

[7] 師古曰："憯，痛也。言痛害於下。憯音千感反。"

[8] 師古曰："倡讀曰唱。"

[9] 如淳曰："覆，蔭也。露，膏澤也。"

[10] 文穎曰："嬈，煩繞也。"師古曰："音如紹反。"

[11] 師古曰："謂除收帑相坐律。亡讀曰無。帑讀曰孥。"

[12] 張晏曰："除鑄錢之律，聽民得自鑄也。"師古曰："非讀曰誹。"

[13] 張晏曰："文帝十二年，除關不用傳。"

[14] 應劭曰："接之以禮，不以庶孽畜之。"如淳曰："孽，疑也。去關禁，明無疑於諸侯。"師古曰："應説是。"

[15] 張晏曰："早決之也。"晉灼曰："《刑法志》云'罪人各以輕重。不亡逃，有年而免'。滿其年，免爲庶人也。"師古曰："晉説是也。"

[16] 張晏曰："足用則除租也。"

[17] 張晏曰："宫刑也。"

[18] 師古曰："各就其國也。"

[19] 師古曰："視讀曰示。"

詔策曰"永惟朕之不德"，愚臣不足以當之。

詔策曰"悉陳其志，毋有所隱"，愚臣竊以五帝之賢臣明之。臣聞五帝其臣莫能及，則自親之；三王臣主俱賢，則共憂之；五伯不及其臣，則任使之。此所以神明不遺，而聖賢不廢也[1]，故各當其世而立功德焉。傳曰"往者不可及，來者猶可待[2]，能明其世者謂之天子"，此之謂也。竊聞戰不勝者易其地，民貧窮者變其業。今以陛下神明德厚，資財不下五帝[3]，臨制天下，至今十有六年，民不益富，盜賊不衰，邊竟未安[4]，其所以然，意者陛下未之躬親，而待羣臣也。今執事之臣皆天下之選已[5]，然莫能望陛下清光[6]，譬之猶五帝之佐也。陛下不自躬親，而待不望清光之臣，臣竊恐神明之遺也[7]。日損一日，歲亡一歲，日月益暮，盛德不及究於天下[8]，以傳萬世，愚臣不自度量，竊爲陛下惜之。昧死上狂惑屮茅之愚，臣言唯陛下財擇。

[1] 師古曰："遺，棄也。不棄神明之德，不廢聖賢之名。"

[2] 師古曰："言各當其時務立功也。"

[3] 師古曰："資，質也，謂天子之財質。"

[4] 師古曰："竟讀曰境。"

[5] 師古曰："已，語終之辭。"

[6] 晉灼曰："今之臣不能望見陛下之光景所及。"

[7] 師古曰："言天子虚棄神明之德。"

［8］師古曰："究，竟也。"

時賈誼已死，對策者百餘人，唯錯爲高第，繇是遷中大夫[1]。

［1］師古曰："繇讀與由同。"

錯又言宜削諸侯事，及法令可更定者，書凡三十篇。孝文雖不盡聽，然奇其材。當是時，太子善錯計策，爰盎諸大功臣多不好錯。

景帝即位，以錯爲内史。錯數請間言事，輒聽，幸傾九卿，法令多所更定。丞相申屠嘉心弗便，力未有以傷。内史府居太上廟堧中[1]，門東出，不便，錯乃穿門南出，鑿廟堧垣。丞相大怒，欲因此過爲奏請誅錯。錯聞之，即請間爲上言之。丞相奏事，因言錯擅鑿廟垣爲門，請下廷尉誅。上曰："此非廟垣，乃堧中垣，不致於法。"丞相謝[2]。罷朝，因怒謂長史曰："吾當先斬以聞，乃先請，固誤。"丞相遂發病死。錯以此愈貴。

［1］師古曰："堧者，内垣之外游地也，音人緣反。"

［2］師古曰："以所奏不當天子意，故謝。"

遷爲御史大夫，請諸侯之罪過，削其支郡[1]。奏上，上令公卿列侯宗室雜議，莫敢難，獨竇嬰爭之，繇此與錯有隙[2]。錯所更令三十章[3]，諸侯讙譁。錯父聞之，從潁川來，謂錯曰："上初即位，公爲政用事[4]，侵削諸侯，疏人骨肉，口讓多怨，公何爲也！"[5]錯曰："固也[6]。不如此，天子不尊，宗廟不安。"父曰："劉氏安矣，而鼂氏危，吾去公歸矣！"遂飲藥死，曰："吾不忍見禍逮身。"

［1］師古曰："支郡，在國之四邊者也。"

［2］師古曰："繇讀與由同。"

［3］師古曰："更，改也。"

［4］如淳曰："錯爲御史大夫，位三公也。"

［5］師古曰："讓，責也。"

［6］師古曰："言固當如此。"

後十餘日，吴楚七國俱反，以誅錯爲名。上與錯議出軍事，錯欲令上自將兵，而身居守。會竇嬰言爰盎，詔召入見，上方與錯調兵食[1]。上問盎曰："君嘗爲吴相，知吴臣田禄伯爲人虖？今吴楚反，於公意何如？"對曰："不足憂也，今破矣。"上曰："吴王即山鑄錢，煑海爲鹽[2]，誘天下豪桀，白頭舉事，此其計不百全，豈發虖？何以言其無能爲也？"盎對曰："吴銅鹽之利則有之，安得豪桀而誘之！誠令吴得豪桀，亦且輔而爲誼，不反矣。吴所誘，皆亡賴子弟，亡命鑄錢姦人，故相誘以亂。"錯曰："盎策之善。"上問曰"計安出？"盎對曰："願屏左右。"上屏人，獨錯在。盎曰："臣所言，人臣不得知。"乃屏錯。錯趨避東箱，甚恨。上卒問盎[3]，對曰："吴楚相遺書，言高皇帝王子弟各有分地[4]，今賊臣鼂錯擅適諸侯，削奪之地[5]，以故反。名爲西共誅錯，復故地而罷。方今計，獨有斬錯，發使赦吴楚七國，復其故地，則兵可毋血刃而俱罷。"於是上默然，良久曰："顧誠何如，吾不愛一人謝天下。"[6]盎曰："愚計出此，唯上孰計之。"乃拜盎爲太常，密裝治行。

［1］師古曰："調謂計發之也，音徒釣反。"
［2］師古曰："即，就也。"
［3］師古曰："卒，竟也。"
［4］師古曰："分音扶問反。"
［5］師古曰："適讀曰讁。"
［6］師古曰："顧，念也。誠，實也。"

後十餘日，丞相青翟、中尉嘉、廷尉歐[1]劾奏錯曰："吴王反逆亡道，欲危宗廟，天下所當共誅。今御史大夫錯議曰：'兵數百萬，獨屬羣臣，不可信[2]，陛下不如自出臨兵，使錯居守。徐、僮之旁吴所未下者可以予吴。'[3]錯不稱陛下德信，欲疏羣臣百姓，又欲以城邑予吴，亡臣子禮，大逆無道。錯當要斬，父母妻子同產無少長皆棄市。臣請論如法。"制曰："可。"錯殊不知。乃使中尉召錯，紿載行市[4]。錯衣朝衣斬東市[5]。

［1］師古曰："張歐也，音區。"
［2］師古曰："屬，委也，音之欲反。"
［3］鄧展曰："徐、僮，臨淮二縣也。"
［4］師古曰："詿云乘車案行市中也。行音下更反。"
［5］師古曰："朝衣，朝服也。"

錯已死，謁者僕射鄧公爲校尉，擊吴楚爲將。還，上書言軍事，見上。上問曰："道軍所來[1]，聞鼂錯死，吴楚罷不？"鄧公曰："吴爲反數十歲矣，發怒削地，以誅錯爲名，其意不在錯也。且臣恐天下之士拑口不敢復言矣。"[2]上曰："何哉？"鄧公曰："夫鼂錯患諸侯彊大不可制，故請削之，以尊京師，萬世之利也。計畫始行，卒受大戮[3]，內杜忠臣之口，外爲諸侯報仇[4]，臣竊爲陛下不取也。"於是景帝喟然長息，曰："公言善，吾亦恨之。"乃拜鄧公爲城陽中尉[5]。

［1］如淳曰："道路從吴軍所來也。"師古曰："道軍所來，即是從軍所來耳，無煩更説道路也。"
［2］師古曰："拑音其炎反。"
［3］師古曰："卒，竟也。"
［4］師古曰："杜，塞也。"
［5］編者按：此下文字稍有刪節。

（贊曰：）鼂錯鋭於爲國遠慮，而不見身害。其父睹之，經於溝瀆[1]，亡益救敗，不如趙母指括，以全其宗[2]。悲夫！錯雖不終，世哀其忠。故論其施行之語著于篇。

［1］師古曰："《論語》稱孔子曰：'豈若匹夫匹婦之爲諒也，自經於溝瀆，人莫之知。'故贊引之云。"
［2］張晏曰："趙奢卒，趙使趙括爲將，其母言之趙王曰：'願王易括。'王不許。母要王：'括有罪，願不坐。'王許之。後括果敗於長平，以母前約故，卒得不坐。"

虞詡列傳（後漢書）

（南朝宋）范曄撰，（唐）李賢等注

虞詡字升卿，陳國武平人也[1]。祖父經，爲郡縣獄吏，案法平允，務存寬恕，每冬月上其狀，恒流涕隨之。嘗稱曰：“東海于公高爲里門，而其子定國卒至丞相[2]。吾決獄六十年矣，雖不及于公，其庶幾乎！子孫何必不爲九卿邪？”故字詡曰升卿。

［1］武平故城在今亳州鹿邑縣東北。酈元《水經注》云武平城西南七里有《漢尚書令虞詡碑》，題云“君諱詡，字定安，虞仲之後”。定安蓋詡之别字也。

［2］《前書》，于定國字曼倩，東海人。其父于公爲縣獄吏、郡決曹，所決皆不恨，爲之生立祠。其門閭壞，父老方共修之，于公曰：“少高大閭門，令容駟馬高蓋車。我決獄多陰德，未嘗有所冤，子孫必有興者。”至定國爲丞相，孫永爲御史大夫也。

詡年十二，能通《尚書》。早孤，孝養祖母。縣舉順孫，國相奇之，欲以爲吏。詡辭曰：“祖母九十，非詡不養。”相乃止。後祖母終，服闋，辟太尉李脩府，拜郎中[1]。

［1］《漢官儀》曰：“脩字伯游，襄城人也。”

永初四年，羌胡反亂，殘破并、涼，大將軍鄧騭以軍役方費，事不相贍，欲弃涼州，并力北邊，乃會公卿集議。騭曰：“譬若衣敗，壞一以相補，猶有所完。若不如此，將兩無所保。”議者咸同。詡聞之，乃説李脩曰：“竊聞公卿定策當弃涼州，求之愚心，未見其便。先帝開拓土宇，劬勞後定，而今憚小費，舉而弃之。涼州既弃，即以三輔爲塞；三輔爲塞，則園陵單外。此不可之甚者也。喭曰：‘關西出將，關東出相。’[1]觀其習兵壯勇，實過餘州。今羌胡所以不敢入據三輔，爲心腹之害者，以涼州在後故也。其土人所以推鋒執鋭，無反顧之心者，爲臣屬於漢故也。若弃其境域，徙其人庶，安土重遷，必生異志。如使豪雄相聚，席卷而東[2]，雖賁、育爲卒，太公爲將，猶恐不足當禦。議者喻以補衣猶有所完，詡恐其疽食侵淫而無限極。弃之非計。”[3]脩曰：“吾意不及此。微子之言，幾敗國事。然則計當安出？”詡曰：“今涼土擾動，人情不安，竊憂卒然有非常之變。誠宜令四府九卿[4]，各辟彼州數人，其牧守令長子弟皆除爲宂官[5]，外以勸厲，荅其功勤，内以拘致，防其邪計。”脩善其言，更集四府，皆從詡議。於是辟西州豪桀爲掾屬，拜牧守長吏子弟爲郎，以安慰之。

［1］《説文》曰：“喭，傳言也。”《前書》曰：“秦、漢以來，山東出相，山西出將。”秦時郿白起，頻陽王翦；漢興，義渠公孫賀、傅介子，成紀李廣、李蔡，上邽趙充國，狄道辛武賢：皆名將也。丞相，則蕭、曹、魏、丙、韋、平、孔、翟之類也。

［2］席卷言無餘也。《前書》曰“雲徹席卷，後無餘灾”也。

［3］疽，癰瘡也。

［4］四府謂太傅、太尉、司徒、司空之府也。九卿謂太常、光禄、衛尉、廷尉、太僕、大鴻臚、宗正、大司農、少府等也。

［5］宂，散也，音人勇反。

鄧騭兄弟以詡異其議，因此不平，欲以吏法中傷詡。後朝歌賊甯季等數千人攻殺長吏，屯聚連年，州郡不能禁，乃以詡爲朝歌長。故舊皆弔詡曰："得朝歌何衰！"詡笑曰："志不求易，事不避難，臣之職也。不遇槃根錯節，何以別利器乎？"始到，謁河内大守馬棱[1]。棱勉之曰："君儒者，當謀謨廟堂，反在朝歌邪？"詡曰："初除之日，士大夫皆見弔勉。以詡譸之，知其無能爲也[2]。朝歌者，韓、魏之郊[3]，背太行，臨黃河，去敖倉百里[4]，而青、冀之人流亡萬數。賊不知開倉招衆，劫庫兵，守城皋，斷天下右臂[5]，此不足憂也。今其衆新盛，難與爭鋒。兵不猒權，願寬假轡策，勿令有所拘閡而已。"[6]及到官，設令三科以募求壯士，自掾史以下各舉所知，其攻劫者爲上，傷人偷盜者次之，帶喪服而不事家業爲下。收得百餘人，詡爲饗會，悉貰其罪，使入賊中，誘令劫掠，乃伏兵以待之，遂殺賊數百人。又潛遣貧人能縫者，傭作賊衣，以采綖縫其裾爲幟[7]，有出市里者，吏輒禽之。賊由是駭散，咸稱神明。遷懷令。

[1] 棱字伯威，援族孫也。

[2] 譸當作"籌"也。

[3] 韓界上黨，魏界河内，相接犬牙，故云郊也。

[4] 敖倉在滎陽，解具《安紀》也。

[5] 右臂，喻要便也。

[6] 閡與"礙"同。

[7] 幟，記也。《續漢書》曰"以絳縷縫其裾"也。

後羌寇武都，鄧太后以詡有將帥之略，遷武都太守，引見嘉德殿，厚加賞賜。羌乃率衆數千，遮詡於陳倉、崤谷，詡即停軍不進，而宣言上書請兵，須到當發。羌聞之，乃分鈔傍縣，詡因其兵散，日夜進道，兼行百餘里。令吏士各作兩竈，日增倍之，羌不敢逼。或問曰："孫臏減竈而君增之[1]；兵法日行不過三十里，以戒不虞[2]，而今日且二百里。何也？"詡曰："虜衆多，吾兵少。徐行則易爲所及，速進則彼所不測。虜見吾竈日增，必謂郡兵來迎。衆多行速，必憚追我。孫臏見弱，吾今示彊，埶有不同故也。"

[1] 孫臏爲齊軍將，與魏龐涓戰，使齊軍入魏地，爲十萬竈，明日爲五萬竈，明日爲三萬竈。龐涓行三日，大喜曰："我固知齊卒怯。入吾地三日，士卒亡過半矣。"事見《史記》。

[2]《前書》王吉上疏曰："古者師行三十里，吉行五十里。"

既到郡，兵不滿三千，而羌衆萬餘，攻圍赤亭數十日[1]。詡乃令軍中，使彊弩勿發，而潛發小弩。羌以爲矢力弱，不能至，并兵急攻。詡於是使二十彊弩共射一人，發無不中，羌大震，退。詡因出城奮擊，多所傷殺。明日悉陳其兵衆，令從東郭門出，北[2]郭門入，貿易衣服，回轉數周。羌不知其數，更相恐動。詡計賊當退，乃潛遣五百餘人於淺水設伏，候其走路。虜果大奔，因掩擊，大破之，斬獲甚衆，賊由是敗散，南入益州。詡乃占相地埶，築營壁百八十所，招還流亡，假賑貧人，郡遂以安。

[1] 赤亭故城在今渭州襄武縣東南，有赤亭水也。

[2] 一作"西"。

先是運道艱險，舟車不通，驢馬負載，僦五致一[1]。詡乃自將吏士，案行川谷，自

沮至下辯[2]，數十里中，皆燒石翦木，開漕船道[3]，以人僦直雇借傭者，於是水運通利，歲省四千餘萬。詡始到郡，户裁盈萬。及綏聚荒餘，招還流散，二三年閒，遂增至四萬餘户。鹽米豐賤，十倍於前[4]。坐法免。

[1]《廣雅》曰："僦，賃也。"音子救反。僦五致一謂用五石賃而致一石也。

[2] 沮及下辯並縣名。沮，今興州順政縣也。下辯，今成州同谷縣也。沮音七余反。

[3]《續漢書》曰"下辯東三十餘里有峽，中當泉水，生大石，障塞水流，每至春夏，輒溢没秋稼，壞敗營郭。詡乃使人燒石，以水灌之，石皆坼裂，因鐫去石，遂無氾溺之患"也。

[4]《續漢書》曰："詡始到，穀石千，鹽石八千，見户萬三千。視事三歲，米石八十，鹽石四百，流人還歸，郡户數萬，人足家給，一郡無事。"

永建元年，代陳禪爲司隸校尉。數月閒，奏太傅馮石、太尉劉熹、中常侍程璜、陳秉、孟生、李閏等，百官側目，號爲苛刻。三公劾奏詡盛夏多拘繫無辜，爲吏人患。詡上書自訟曰："法禁者俗之堤防，刑罰者人之銜轡[1]。今州曰任郡，郡曰任縣，更相委遠，百姓怨窮，以苟容爲賢，盡節爲愚。臣所發舉，臧罪非一，二府恐爲臣所奏，遂加誣罪。臣將從史魚死，即以尸諫耳。"[2]順帝省其章，乃爲免司空陶敦[3]。

[1]《禮記》曰："夫禮，禁亂之所由生，猶坊止水之所自來也。故以舊防爲無用壞之者，必有水敗。"《尸子》曰："刑罰者，人之鞭策也。"

[2]《韓詩外傳》曰"昔者衛大夫史魚病且死，謂其子曰：'我數言蘧伯玉之賢而不能進，彌子瑕不肖不能退。爲人臣生不能進賢而退不肖，死不當理喪正堂，殯我於室足矣。'衛君問其故，子以父言聞，君乃立召蘧伯玉而貴之，彌子瑕而退之，徙殯於正堂，成禮而後去"也。

[3]《漢官儀》曰："敦字文理，京（兆）〔縣〕人也。"

時中常侍張防特用權埶，每請託受取，詡輒案之，而屢寢不報。詡不勝其憤，乃自繫廷尉，奏言曰："昔孝安皇帝任用樊豐，遂交亂嫡統，幾亡社稷。今者張防復弄威柄，國家之禍將重至矣。臣不忍與防同朝，謹自繫以聞，無令臣襲楊震之跡。"[1]書奏，防流涕訴帝，詡坐論輸左校。防必欲害之，二日之中，傳考四獄。獄吏勸詡自引，詡曰："寧伏歐刀以示遠近。"[2]宦者孫程、張賢等知詡以忠獲罪，乃相率奏乞見。程曰："陛下始與臣等造事之時[3]，常疾姦臣，知其傾國。今者即位而復自爲，何以非先帝乎？司隸校尉虞詡爲陛下盡忠，而更被拘繫；常侍張防臧罪明正，反構忠良。今客星守羽林，其占宫中有姦臣[4]。宜急收防送獄，以塞天變。下詔出詡，還假印綬。"時防立在帝後，程乃叱防曰："姦臣張防，何不下殿！"防不得已，趨就東箱[5]。程曰："陛下急收防，無令從阿母求請[6]。"帝問諸尚書，尚書賈朗素與防善，證詡之罪。帝疑焉，謂程曰："且出，吾方思之。"於是詡子顗與門生百餘人，舉幡候中常侍高梵車，叩頭流血，訴言枉狀。梵乃入言之，防坐徙邊，賈朗等六人或死或黜，即日赦出詡。程復上書陳詡有大功，語甚切激。帝感悟，復徵拜議郎。數日，遷尚書僕射。

[1] 震爲樊豐所譖而死。

[2] 歐刀，刑人之刀也。

[3] 謂順帝爲太子，被江京等廢爲濟陰王，程等謀立之時也。

[4]《史記・天官書》曰"虚、危南有衆星，曰羽林"也。

[5]《埤蒼》云："箱，序也。"字或作"廂"。

[6] 阿母，宋娥也。

是時長吏、二千石聽百姓謫罰者輸贖，號爲"義錢"，託爲貧人儲，而守令因以聚斂。詡上疏曰："元年以來，貧百姓章言長吏受取百萬以上者，匈匈不絶，謫罰吏人至數千萬，而三公、刺史少所舉奏。尋永平、章和中，州郡以走卒錢給貸貧人[1]，司空劾案，州及郡縣皆坐免黜。今宜遵前典，蠲除權制。"於是詔書下詡章，切責州郡。謫罰輸贖自此而止。

[1] 走卒，伍伯之類也。《續漢志》曰："伍伯，公八人，中二千石六人，千石、六百石皆四人，自〔四〕百石以下至二百石皆二人。黄綬。武官伍伯，文官辟車。鈴下、侍閤、門蘭、部署、街〔里〕走卒，皆有程品，多少隨所典領，率皆赤幘縫褠。"即今行鞭杖者也。此言錢者，令其出資錢，不役其身也。

先是寧陽主簿詣闕，訴其縣令之枉[1]，積六七歲不省。主簿乃上書曰："臣爲陛下子，陛下爲臣父。臣章百上，終不見省，臣豈可北詣單于以告怨乎?"帝大怒，持章示尚書，尚書遂劾以大逆。詡駮之曰："主簿所訟，乃君父之怨；百上不達，是有司之過。愚惷之人，不足多誅。"帝納詡言，笞之而已。詡因謂諸尚書曰："小人有怨，不遠千里，斷髪刻肌，詣闕告訴，而不爲理，豈臣下之義? 君與濁長吏何親，而與怨人何仇乎?"聞者皆慙。詡又上言："臺郎顯職，仕之通階。今或一郡七八，或一州無人。宜令均平，以厭天下之望。"及諸奏議，多見從用。

[1] 寧陽，縣，屬東平國，故城在今兗州龔丘縣南也。

詡好刺舉，無所回容[1]，數以此忤權戚，遂九見譴考，三遭刑罰，而剛正之性，終老不屈。永和初，遷尚書令，以公事去官。朝廷思其忠，復徵之，會卒。臨終，謂其子恭曰："吾事君直道，行己無愧，所悔者爲朝歌長時殺賊數百人，其中何能不有寃者。自此二十餘年，家門不增一口，斯獲罪於天也。"

[1] 回，曲也。

恭有俊才，官至上黨太守。

報任少卿書[1]

（漢）司馬遷撰，（唐）李善注

太史公牛馬走司馬遷再拜言[2]。少卿足下[3]：曩者辱賜書，教以慎於接物[4]，推賢進士爲務[5]。意氣懃懃懇懇[6]，若望僕不相師，而用流俗人之言。僕非敢如此也[7]。僕雖罷駑，亦甞側聞長者之遺風矣[8]；顧自以爲身殘處穢，動而見尤[9]，欲益反損，是以獨鬱悒而誰與語[10]？諺曰："誰爲爲之？孰令聽之[11]？"蓋鍾子期死，伯牙終身不復鼓琴[12]。何則？士爲知己者用，女爲説己者容[13]。若僕大質已虧缺矣，雖才懷隨和，行若由夷[14]，終不可以爲榮，適足以見笑而自點耳[15]。

[1]《漢書》曰：遷既被刑之後，爲中書令，尊寵任職。故人益州刺史任安乃與書，責以進賢之義。遷報之。遷死後，其書稍出。《史記》曰：任安，滎陽人，爲衛將軍舍人，後爲益州刺史。

[2] 太史公：遷父談也。走：猶僕也。言己爲太史公掌牛馬之僕。自謙之辭也。

[3] 如淳曰："少卿，任安字也。"

[4] 編者按：原書"慎"作"順"，此據《漢書·司馬遷傳》改。

[5]《禮記》曰：儒有推賢而進。

[6] 懃懃懇懇：忠款之皃也。

[7] 蘇林曰："而，猶如也。"《禮記》曰："不從流俗。"鄭玄曰："流俗，失俗也。"

[8] 側聞：謙辭也。《列子》曰："吾側聞之。"《禮記》曰："與長者坐，必異席。"

[9] 言舉動必爲人之所尤過也。

[10] 鬱悒：不通也。《楚辭》曰："獨鬱結其誰語？"編者按：原書"誰與語"作"與誰語"，此據《文選》五臣本改。

[11] 誰爲：猶爲誰也。言己假欲爲善，當爲誰爲之乎？復欲誰聽之乎？

[12]《吕氏春秋》曰：伯牙鼓琴，意在太山，鍾子期曰："善哉！巍巍若太山。"俄而志在流水，子期曰："善哉！湯湯乎若流水。"子期死，伯牙破琴絶絃，終身不復鼓琴，以爲世無賞音者。

[13]《戰國策》曰：晉畢陽之孫豫讓事知伯，知伯寵之。及趙襄子殺知伯，豫讓逃山中，曰："嗟乎！士爲知己者用，女爲悦己者容。吾其報智氏矣。"

[14] 隋：隋侯珠也。和：和氏璧也。由：許由也。夷：伯夷也。

[15] 點：辱也。

書辭宜荅[1]，會東從上來，又迫賤事[2]，相見日淺，卒卒無須臾之閒[3]，得竭指意[4]。今少卿抱不測之罪，涉旬月，迫季冬[5]，僕又薄從上雍，恐卒然不可爲諱[6]，是僕終已不得舒憤懣以曉左右[7]，則長逝者魂魄私恨無窮[8]。請略陳固陋。闕然久不報，幸勿爲過。

[1] 往前與我書，書宜應荅。但有事，故不獲荅。

[2] 服虔曰："從武帝還。"孟康曰："卑賤之事，苦煩務也。"如淳曰："遷爲中書令，任職常知中書，時偶有賊盗之事。"晉灼曰："賤事，家之私事也。"

[3] 文穎曰："卒卒，促遽之意也。閒，隙也。"

[4] 編者按：原書"指意"作"至意"，此據《漢書·司馬遷傳》改。

[5] 如淳曰："平居時不肯報其書，今安有不測之罪在獄，故報往日書，欲使其恕以度己也。"

[6] 李奇曰："薄，迫也。迫當從行。"善曰："難言其死，故云不可諱。"

[7]《廣雅》曰："懣，悶也。"《楚辭》曰："惟煩悶以盈胸。"

[8] 謂任安恨不見報也。

僕聞之：脩身者，智之符也[1]；愛施者，仁之端也；取與者，義之表也；恥辱者，勇之決也[2]；立名者，行之極也[3]。士有此五者，然後可以託於世，而列於君子之林矣。故禍莫憯於欲利，悲莫痛於傷心[4]，行莫醜於辱先，詬莫大於宫刑[5]。刑餘之人，無所

比數，非一世也，所從來遠矣。昔衛靈公與雍渠同載，孔子適陳[6]；商鞅因景監見，趙良寒心[7]；同子參乘，袁絲變色[8]：自古而恥之。夫以中才之人，事有關於宦豎，莫不傷氣，而況於慷慨之士乎？如今朝廷雖乏人，奈何令刀鋸之餘，薦天下豪俊哉[9]！

[1] 符：信也。

[2] 勇士當於此而果決之。

[3] 凡人能立志者，行中之最極也。

[4] 所可憯者，惟欲之與利爲禍之極也；所可痛者，唯傷心之事而可爲悲也。

[5] 醜：穢也。先：謂祖也。詬：音垢。應劭曰："詬，恥也。"《説文》："詬，或作訽。"火逅切。《禮記·儒行》曰："妄常以儒相詬病。"《左氏傳》："宋元公曰：'余不忍其詬。'"尋此二書，其訓頗同。

[6]《家語》曰：孔子居衛月餘，靈公與夫人同車出，令宦者雍渠參乘，使孔子爲次乘，遊過市。孔子曰："吾未見好德如好色。"於是恥之，去衛過曹。此言孔子適陳，未詳。

[7]《史記》：商君謂趙良曰："我化秦孰與五羖大夫賢？"趙良曰："五羖大夫，荆之鄙人也。繆公知其賢，舉之牛口之下，加之百姓之上。今君之見秦王也，因嬖人景監以爲主，非所以爲名也。"又，趙高謂李斯曰："釋此不從，禍及子孫，足爲寒心也。"

[8] 蘇林曰："趙談也。與遷父同諱，故曰'同子'。"《漢書》曰：上朝東宫，趙談參乘。袁絲伏車前曰："臣聞天子所與共六尺輿者，皆天下豪英。今漢雖乏人，陛下獨奈何與刀鋸餘同載？"於是上笑，下趙談。

[9]《史記》："履貂曰：臣刀鋸之餘，不敢二心。"

僕賴先人緒業[1]，得待罪輦轂下，二十餘年矣。所以自惟，上之不能納忠効信，有奇策才力之譽，自結明主；次之又不能拾遺補闕，招賢進能，顯巖穴之士；外之又不能備行伍，攻城野戰，有斬將搴旗之功；下之不能積日累勞，取尊官厚禄，以爲宗族交遊光寵。四者無一遂，苟合取容，無所短長之効，可見於此矣[2]。嚮者，僕常厠下大夫之列，陪外廷末議[3]，不以此時引維綱，盡思慮，今以虧形爲掃除之隸，在闒茸之中[4]，乃欲仰首伸眉，論列是非，不亦輕朝廷，羞當世之士邪？嗟乎！嗟乎！如僕尚何言哉！尚何言哉！

[1]《廣雅》曰："緒，末也。"司馬彪《莊子注》曰："緒，餘也。"

[2] 上之四事無一遂，假欲苟合取容，亦無其所也。《史記》："蔡澤曰：吴起言不苟合，行不苟容。"編者按：原書"於此"作"如此"，此據《漢書·司馬遷傳》改。

[3] 臣瓚曰："太史令千石，故下大夫也。外廷，即今僕射外朝也。"

[4] 闒茸：猥賤也。茸，細毛也。張揖《訓詁》以爲："闒，獰劣也。"吕忱《字林》曰："闒茸，不肖也。"

且事本末未易明也。僕少負不羈之才[1]，長無鄉曲之譽[2]。主上幸以先人之故，使得奏薄伎[3]，出入周衛之中[4]。僕以爲戴盆何以望天[5]，故絶賓客之知，亡室家之業，日夜思竭其不肖之才力[6]，務一心營職，以求親媚於主上[7]。而事乃有大謬不然者夫[8]！僕與李陵，俱居門下，素非能相善也。趣舍異路[9]，未嘗銜盃酒，接慇懃之餘懽。然僕觀其爲人，自守奇士：事親孝，與士信，臨財廉，取與義，分別有讓，恭儉下人，常思奮不顧身以徇國家之急[10]。其素所蓄積也[11]，僕以爲有國士之風[12]。夫人臣出萬死不顧一生之計，赴公家之難，斯已奇矣[13]。今舉事一不當，而全軀保妻子之臣，隨而媒孽其短[14]，僕誠私心痛之。且李陵提步卒不滿五千[15]，深踐戎馬之地，足歷王庭[16]，垂餌[17]虎口，横挑彊胡，仰億萬之師[18]，與單于連戰十有餘日，所殺過[19]當[20]。虜救死扶傷不給[21]，旃裘之君長咸震怖[22]。乃悉徵其左右賢王，舉引弓之民[23]，一國共攻而圍之。轉鬬千里，矢盡道窮，救兵不至，士卒死傷如積[24]。然陵一呼，勞軍士無不起躬，自流涕，沬血飲泣，更張空拳[25]，冒白刃，北嚮争死敵者。陵未没時，使有來報[26]，漢公卿王侯皆奉觴上壽。後數[27]日，陵敗書聞，主上爲之食不甘味，聽朝不怡，大臣憂懼，不知所出。僕竊不自料其卑賤，見主上慘愴怛[28]悼，誠欲効其款款之愚[29]，以爲李陵素與士大夫絶甘分少[30]，能得人死力，雖古之名將，不能過也。身雖陷敗，彼，觀其意，且欲得其當而報於漢[31]。事已無可奈何，其所摧敗，功亦足以暴[32]於天下矣[33]。僕懷欲陳之，而未有路，適會召問，即以此指推言陵之功。欲以廣主上之意，塞睚[34]眦[35]之辭[36]。未能盡明，明主不曉，以爲僕沮貳師，而爲李陵遊説，遂下於理[37]。拳拳之忠，終不能自列[38]，因爲誣上，卒從吏議[39]。家貧，貨賂不足以自贖；交遊莫救，左右親近不爲一言。身非木石，獨與法吏爲伍，深幽囹圄之中，誰可告愬者！此真少卿所親見，僕行事豈不然乎？李陵既生降，隤其家聲[40]，而僕又佴之蠶室[41]，重爲天下觀笑。悲夫！悲夫！事未易一二爲俗人言也。

[1] 编者按：原書“才”作“行”，此據《漢書·司馬遷傳》改。

[2] 不羈：言材質高遠，不可羈縶也。《燕丹子》：“夏扶曰：士無鄉曲之譽，未可以論行也。”

[3] 服虔曰：“薄伎，薄才也。”

[4] 周衛：言宿衛周密也。韋昭曰：“天子有宿衛之官。”

[5] 言人戴盆則不得望天，望天則不得戴盆，事不可兼施。言己方一心營職，不暇修人事也。

[6]《禮記》曰：“某之子不肖。”應劭《風俗通》曰：“生子不似父母曰‘不肖’。”

[7]《毛詩》曰：“藹藹多士，媚于天子。”

[8] 夫：語助也。《論語》：“子曰：‘有是夫？’”

[9]《太公六韜》曰：“夫人皆有性，趣舍不同。”顔師古曰：“趣，所向也。舍，所廢也。”

[10] 顔師古曰：“徇，從也，營也。”

[11] 言其意中舊所蓄積也。

[12] 一國之中，推而爲士。

[13]《新序》：“昭奚恤曰：‘使皆赴湯火，蹈白刃，出萬死不顧一生，司馬子反在此。’”編者按：原書“已”作“以”，此據《漢書·司馬遷傳》改。

[14] 鄭玄《周禮注》曰：“舉，猶行也。”臣瓚以爲：“媒，謂遘合會之。孽，謂生其罪釁也。”

[15] 有五千。言不滿者，痛之甚也。

[16] 胡地出馬，故曰“戎馬”。單于所居之處，號曰“王庭”。

[17] 音二。

[18]《説文》曰：“挑，相呼也。”李奇曰：“挑，身獨戰，不須衆。挑，茶弔切。”臣瓚曰：“挑，挑敵求戰也。古謂之致師。北地高，故曰仰。”

[19] 平聲。

[20] 編者按：原書“過當”作“過半當”，此據《漢書·司馬遷傳》改。

[21] 顧野王決曰：“所殺過半當，言陵軍殺已過半。給，供給也。”

[22] 旃裘：謂匈奴所服也。故言“旃裘之君”。

[23]《漢書》曰："匈奴至冒頓最强大，置左右賢王。"以其善射，故曰"引弓之人"。編者按：原書"民"作"人"，蓋因避唐諱。此據《漢書·司馬遷傳》改。

[24] 子智切。

[25] 孟康曰："沬，音頮。"善曰："頮，古沬字。言流血在面如盥頮也。"《説文》曰："頮，洗面也。"李登《聲類》云："拳或作捲。此言兵已盡，但張空拳以擊耳。"桓寬《鹽鐵論》曰："陳勝無將帥之兵、師旅之衆，奮空捲而破百萬之軍。"何晏《白起故事》："白起雖坑趙卒，向使預知必死，則前驅空捲，猶可畏也，况三十萬被堅執鋭乎？"顔師古曰："讀爲拳者，謬矣。拳則屈指，不當言張。陵時矢盡，故張弩之空弓，非手拳也。"李奇曰："弮者，弩弓也。"編者按：《漢書·司馬遷傳》"拳"作"弮"。

[26]《史記》曰：陵至浚稽山，使麾下騎陳步樂還以聞。步樂召見，道陵將得士死力，上甚悦之。

[27] 史柱切。

[28] 都割切。

[29] 款款：忠實之皃。

[30]《孝經援神契》曰："母之於子，絶少分甘。"宋均曰："少則自絶，甘則分之。"

[31] 張晏曰："欲得相當也，言欲立効以當罪而報漢恩。"

[32] 蒲沃切。

[33] 謂摧破匈奴之兵，其功足暴露見於天下。

[34] 魚解切。

[35] 柴懈切。

[36] 言欲廣主上之意，及塞群臣睚眦之辭。

[37]《漢書》曰：初上遣貳師李廣利出，令陵爲助兵。及陵與單于相值，而貳師少功，上以遷誣罔，欲沮貳師而爲陵遊説，下遷腐刑。鄭玄《禮記注》曰："理，治獄官也。"

[38]《禮記》："子曰：回得一善，拳拳不失之矣。"鄭玄曰："拳拳，捧持之皃。"《説文》曰："列，分解也。"

[39] 言衆吏議以爲誣上。

[40] 蘇林曰："家世爲將有名，陵降而隤之也。"顔師古曰："隤，墜也。"

[41] 如淳曰："佴，次也，若人相次也。人志切。"今諸本作"茸"字。蘇林注《景紀》曰："作密室，廣大如蠶室，故言下蠶室。"衛宏《漢儀》以爲置蠶宫令丞諸法，云："詣蠶室與罪人從事。主天下室者，屬少府。"顔監云："茸，推也。人勇切。推置蠶室之中。"

僕之先非有剖符丹書之功[1]；文史星厤，近乎卜祝之間，固主上所戲弄，倡優畜之[2]，流俗之所輕也[3]。假令僕伏法受誅，若九牛亡一毛，與螻蟻何以異[4]？而世又不與能死節者比[5]，特以爲智窮罪極，不能自免，卒就死耳。何也？素所自樹立使然也。人固有一死，或重於太山，或輕於鴻毛，用之所趨異也[6]。太上不辱先，其次不辱身，其次不辱理色[7]，其次不辱辭令[8]，其次詘體受辱[9]，其次易服受辱[10]，其次關木索、被箠楚受辱[11]，其次剔毛髮、嬰金鐵受辱[12]，其次毁肌膚、斷肢體受辱[13]，最下腐刑極矣[14]！傳曰："刑不上大夫。"此言士節不可不勉勵也[15]。猛虎在深山，百獸震恐，及在檻穽之中，摇尾而求食，積威約之漸也[16]。故士有畫地爲牢[17]，勢不可入；削木爲吏，議不可對：定計於鮮[18]也[19]。今交手足，受木索，暴肌膚，受榜箠，幽於圜牆之中[20]。當此之時，見獄吏則頭槍[21]地，視徒隸則心惕息[22]。何者？積威約之勢也。及以至是，言不辱者，所謂强顔耳，曷足貴乎？且西伯，伯也，拘於羑里[23]；李斯，相也，具于五刑[24]；淮陰，王也，受械於陳[25]；彭越、張敖，南面稱孤，繫獄抵罪[26]；絳侯誅諸吕，權傾五伯，囚於請室[27]；魏其，大將也，衣赭衣，關三木[28]；季布爲朱家鉗奴[29]；灌夫受辱於居室[30]。此人皆身至王侯將相，聲聞鄰國，及罪至罔加，不能引決自裁，在塵埃之中。古今一體，安在其不辱也？由此言之，勇怯，勢也；强弱，形也。審矣，何足怪乎[31]？夫人不能早自裁繩墨之外，以稍陵遲，至於鞭箠之間，乃欲引節，斯不亦遠乎！古人所以重施刑於大夫者，殆爲此也。夫人情莫不貪生惡死，念父母，顧妻子。至激於義理者不然，乃有所不得已也[32]。今僕不幸，早失父母，無兄弟之親，獨身孤立，少卿視僕於妻子何如哉[33]？且勇者不必死節[34]，怯夫慕義，何處不勉焉[35]？僕雖怯懦，欲苟活，亦頗識去就之分矣，何至自沈溺縲紲之辱哉[36]！且夫臧獲婢妾[37]，由能引決，況僕之不得已乎？所以隱忍苟活，幽於糞土之中而不辭者，恨私心有所不盡，鄙陋没世，而文彩不表於後世也[38]。

[1]《漢書》曰：“漢初功臣剖符世爵。”又曰：“論功而定封訖，於是申以丹書之信，重以白馬之盟。”

[2] 编者按：原書“畜之”作“所畜”，此據《漢書・司馬遷傳》改。

[3]《説文》曰：“倡，樂也。”《左氏傳》曰：“鮑氏之圉人爲優。”杜預曰：“俳優也。”

[4] 螻：螻蛄也。蟻：虮蜉也。皆虫之微者，故以自喻。

[5] 與：如也。言時人以我之死，又不如能死節者；言死無益也。编者按：原書無“比”字，此據《漢書・司馬遷傳》補。

[6]《燕丹子》：荆軻謂太子曰：“烈士之節，死有重於太山，有輕於鴻毛者，但問用之所在耳。”

[7] 理：道理也。色：顔色也。

[8] 辭：謂言辭。令：謂教令。

[9] 詘體：謂被縲繫。

[10] 易服：謂著赭衣。

[11]《漢書》曰：“箠長五尺。”《説文》曰：“棰，以杖擊也。”箠與棰同，以之笞人，同謂之“箠楚”。箠、楚，皆杖木之名也。

[12] 謂髡鉗也。

[13] 謂肉刑也。

[14] 蘇林曰：“宫刑腐臭，故曰腐刑。”

[15]《禮記》文也。《東方朔别傳》：“武帝問曰：‘刑不上大夫何?’朔曰：‘刑者，所以止暴亂、誅不義也。大夫者，天下表儀，萬人法則，所以共承宗廟而安社稷也。’”

[16]《周禮注》曰：“穿地爲塹，所以御禽獸；其或超踰，則陷焉。”《尚書》曰：“杜乃擭，敜乃穽。”言威爲人制約，漸積至此。

[17] 编者按：原書無“士”字，此據《漢書・司馬遷傳》補。

[18] 平聲。

[19] 臣瓚曰：“以爲患吏刻暴，雖以木爲吏，期於不對。此疾苛吏之辭也。”文穎曰：“未遇刑自殺，爲鮮明也。”

[20]《廣雅》曰：“榜，擊也。圜牆，獄也。”《周禮》曰：“以圜土教罷民。”

[21] 七良切。

[22] 编者按：原書“心”作“正”，此據《漢書・司馬遷傳》改。

[23]《史記》曰：季歷卒，子昌立，是爲西伯。西伯，文王也。崇侯虎譖西伯於殷紂曰："西伯積善累德，諸侯皆嚮之，將不利於帝。"紂乃囚西伯於羑里。《王制》曰："九州之長曰伯。"注曰："伯，長也。"

[24]《史記》曰：李斯，楚上蔡人也。從荀卿學帝王之術。入秦，秦卒用其計。二十餘年，竟并天下，以斯爲丞相。二世立，以郎中趙高之譖，乃具斯五刑，腰斬咸陽。《漢書・刑法志》曰：漢興之初，其大辟，尚有夷三族之令，曰："當三族者，皆先劓，斬左右趾，笞殺之，梟其首，菹其骨肉於市。其誹謗詈詛者，又斷舌。"故言"具"。具，謂五刑也。

[25]《漢書》曰：韓信爲楚王，都下邳。信因行縣邑，陳兵出入。人有上變告信欲反，上聞患之，用陳平謀，僞遊雲夢。信謁上於陳，高祖令武士縛信，載後車。信曰："果若人言：'狡兎死，良狗烹。'"上曰："人告公反。"遂械信。至洛陽，赦以爲淮陰侯。陳，楚之西界也。械，謂桎梏也。

[26]《史記》曰：高帝立彭越爲梁王。梁王稱疾，上使使掩捕梁王，囚之洛陽。《漢書》曰：趙王張耳，高祖五年薨。子敖嗣立，尚高祖長女魯元公主。七年，高祖從平城過趙，趙王旦暮自上食，體甚卑，有子壻之禮。高祖箕踞罵詈，甚慢之。趙相貫高、趙午説敖曰："天下豪傑並起，能者先立。今王事皇帝甚恭，皇帝遇王無禮。請爲殺之。"八年，上從東垣過，貫高等乃壁人柏人，要之置厠。上過欲宿，心動，問縣名爲何。曰："柏人。"上曰："柏人者，迫於人。"遂去。貫高怨家知其謀反，告之。於是逮捕趙王、諸反者。趙午十餘人皆自刎，貫高獨怒罵曰："誰令公等爲之？今王實無反謀。"檻車與詣長安。高下獄，曰："吾屬爲之，王不知也。"

[27]《史記》曰：絳侯周勃與陳平謀誅諸吕而立孝文，後勃被囚。已見李陵《荅蘇武書》。《漢書音義》："如淳曰：'請室，請罪之室，若今之鍾下也。'"

[28] 三木：在項及手、足也。魏其侯，已見李陵《荅蘇武書》。《周禮》曰："上罪梏拲而桎。"應劭《漢書注》曰："在手曰梏，兩手同械曰拲，在足曰桎。"韋昭曰："桎，兩手合也。"梏，音告。拲，音拱。桎，之栗切。

[29]《漢書》曰：季布，楚人也，爲任俠，有名。項籍使將兵，數窘漢王。項籍滅，高祖購求布千金，敢舍匿者罪三族。布匿於濮陽周氏。周氏曰："漢求將軍急，臣敢進計。"布許之。乃髡鉗布，衣褐，致廣柳車中，與其家僮數十人之魯朱家賣之。朱家心知季布也，買置田舍。乃之洛陽見汝陰滕公，説曰："季布何罪？臣各爲其主耳。君何不從容爲上言之？"滕公許諾。侍間，果言如朱家旨。上乃赦布。召見，謝，拜郎中。

[30]《漢書》：灌夫字仲孺，潁陰人也。爲太僕時，坐與衛尉竇甫飲，輕重不得，徙爲燕相。及竇嬰失勢，兩人相爲引重。夫過丞相田蚡，蚡曰："吾欲與仲孺過魏其侯，會仲孺有服。"夫曰："將軍迺肯幸臨，夫安敢以服爲解！請語魏其帳具，將軍旦日蚤臨之。"蚡許諾。夫以語嬰。嬰益牛酒，夜洒掃帳具。自旦候伺至日中，蚡不來。夫不懌。夫乃自往迎之，蚡尚卧。駕往，又徐行。夫益怒。遂以爲隙。元光四年，蚡取燕王女爲夫人，太后詔曰："列侯宗室皆往賀！"嬰爲壽，夫行酒，至蚡，蚡半膝席，曰："不能滿觴。"夫怒，乃嘻言曰："將軍貴人也，畢之！"時蚡不肯。行酒次至臨汝侯灌賢，方與程不識耳語，又不避席。夫無所發怒，乃罵賢曰："生毀程不識不直一錢，今日長者爲壽，乃効兒女曹呫囁耳語！"蚡謂夫曰："今衆辱程將軍，仲孺獨不爲李將軍地乎？"夫曰："今日斬頭穴胸，何知程、李乎！"乃起。蚡遂怒曰："此吾驕灌夫罪也。"籍福起爲謝，按夫項令謝。夫愈怒，不肯謝。蚡乃麾騎縛夫，置傳舍，召長史曰："今日召宗室，有詔。"劾灌夫罵坐不敬，繫於居室。如淳曰："《百官表》，居室爲保宫。今守宫也。"

[31]《孫子兵法》曰："治亂，數也。勇怯，勢也。强弱，形也。"

[32] 言激於義理者，則不念父母、顧妻子也。

[33] 言己輕妻子，故反問之。

[34] 言勇烈之人，不必死於名節也，造次自裁耳。

[35] 言怯夫慕義以自立名，何處不勉於死哉？言皆勉勵自殺。

[36] 孔安國曰："縲紲，墨索也。紲，攣也，所以拘罪人。"

[37] 晉灼曰："臧獲，敗敵所被虜爲奴隸。"韋昭曰："善人以婢爲妻，生子曰獲；奴以善人爲妻，生子曰臧。荆、楊、海、岱、淮、齊之閒罵奴曰獲；齊之北鄙、燕之北郊，凡男而婿婢謂之臧；女而婦奴謂之獲。皆異方罵奴婢之醜稱也。"

[38]《論語》曰："君子疾没世而名不稱。"

古者富貴而名摩滅，不可勝記，唯倜儻非常之人稱焉[1]。蓋文王拘而演《周易》[2]；仲尼厄而作《春秋》[3]；屈原放逐，乃賦《離騷》[4]；左丘失明，厥有《國語》[5]；孫子臏脚，兵法脩列[6]；不韋遷蜀，世傳《吕覽》[7]；韓非囚秦，《説難》《孤憤》[8]；《詩》三百篇，大氐聖賢發憤之所爲[9]作也[10]。此人皆意有鬱結，不得通其道，故述往事，思來者[11]。乃如左丘無目，孫子斷足，終不可用，退而論書策，以舒其憤，思垂空文以自見[12]。僕竊不遜，近自託於無能之辭[13]，網羅天下放失舊聞，略考其行事，綜其終始，稽其成敗興壞之紀，上計軒轅，下至于玆，爲十表，本紀十二，書八章，世家三十，列傳七十，凡百三十篇。亦欲以究天人之際，通古今之變，成一家之言。草創未就，會遭此禍。惜其不成，是以就極刑而無愠色。僕誠以著此書，藏諸名山，傳之其人、通邑大都[14]，則僕償前辱之責，雖萬被戮，豈有悔哉！然此可爲智者道，難爲俗人言也！

[1]《廣雅》曰："俶儻，卓異也。"

[2]《周易》曰："易之興也，當文王與紂之事邪？"又曰："作易者，其有憂患邪？"《史記》本紀曰：崇侯譖西伯於殷紂曰："西伯積善累德，諸侯皆向之，將有不利於帝。"紂乃囚西伯於羑里。西伯演易之八卦爲六十四。《地理志》曰："河内湯陰有羑里城，西伯所拘。"韋昭曰："羑，音酉。"《蒼頡篇》曰："演，引之也。"

[3]《史記》：孔子曰："吾道不行矣，何以自見於後世哉？"乃約魯史而作《春秋》。

[4]《史記》曰：屈原名平，楚之同姓，爲楚懷王左司徒。博文强志，敏於辭令，王甚任之。上官大夫與之同列，心害其能。懷王使原爲憲令，原草藁未定，上官大夫見而欲奪之，不與，因讒之曰："王使屈原爲令，衆莫不知。每令出，平伐其功，以爲非我莫能爲也。"王怒而踈之。平病聽之不聰，作《離騷經》。

[5]《漢書》曰："《國語》，左丘明著。"失明，未詳。

[6]《史記》曰：孫臏與龐涓俱學兵法。涓事魏惠王，自以爲能不及臏，乃陰使人召臏。臏至，涓恐其賢於己，則以法刑斷其兩足而黥之，欲隱勿見。齊使者田忌善客待之，於是田忌進孫子於威王。威王問兵法而師之。其後，魏伐趙，趙急，請救於齊。齊威王欲將臏，臏曰："刑餘之人，不可。"於是乃以田忌爲將；而孫子爲師，居輜重中，主爲計謀。田忌從之。魏果去邯鄲與齊戰於桂陵，大破魏軍。

[7]《史記》曰：吕不韋，大賈人也。莊襄王即位三年，薨。太子正立爲王，尊不韋爲相國，號仲父。當是時，魏有信陵，楚有春申，趙有平原，齊有孟嘗，皆下士喜賓以相傾。吕不韋以秦之强，大招士，厚遇之，乃致食客三千人。是時諸侯多辯士，如荀卿之徒，著書佈於天下。不韋乃使其客人人著所聞，集論爲八覽、十二紀，三十餘萬言，以爲備天下之物、古今之事，號曰

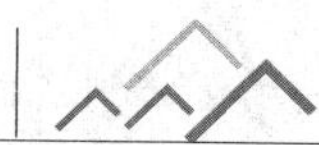

《吕氏春秋》。布咸陽市門，懸千金其上，延諸侯遊士賓客，有能增損一字，與千金。及始皇帝壯，太后通不韋，恐禍及己，私求嫪毐爲舍人，詐令以腐罪告之，遂得侍太后與太后通。九年，人有告嫪毐實非宦者。下吏治之，得情實，事連相國。秦王恐其爲變，乃賜不韋書曰："君何功於秦？秦封君河南，食十萬户。君何親於秦？號稱仲父。"後與家屬徙處蜀，飲鴆而死。

[8]《史記》曰：韓非者，韓之公子也。見韓稍弱，以書諫王，王不能用。非心廉直，不容於邪枉之臣，觀往者得失之變，故作《孤憤》、《五蠹》、《説難》十餘萬言。秦王見《孤憤》、《五蠹》之書，曰："嗟乎，寡人得見此人與游，死不恨矣！"李斯曰："此韓非所著書。"秦因急攻韓。韓乃遣非使秦。秦王悦之，未信用。李斯、姚賈毀之，曰："韓非，韓之諸公子也。今王欲并諸侯，非終爲韓不爲秦，此人情也。今王不用，久留而歸之，此自遺患也，不如以過法誅之。"秦王爲然，下吏治非。李斯使人遺藥，使自殺。韓非欲自陳，不得見。秦王後悔之，使人赦，而非已死矣。《説難》、《孤憤》，《韓子》之篇名也。

[9] 于僞切。

[10]《論語》曰："《詩》三百。"孔安國曰："篇之大數也。"《爾雅》曰："厎，致也。"郭璞曰："音指。"

[11] 言故述往前行事，思令將來人知己之志。

[12] 空文：謂文章也。自見己情。

[13]《論語》："子曰：'唯女子與小人爲難養也，近之則不孫。'"

[14] 其人：謂與己同志者。

且負下未易居，下流多謗議[1]。僕以口語遇此禍，重爲鄉黨所笑，以汙[2]辱先人，亦何面目復上父母之丘墓乎[3]？雖累百世，垢彌甚耳！是以腸一日而九迴，居則忽忽若有所亡，出則不知其所往[4]。每念斯恥，汗未嘗不發背沾衣也！身直爲閨閤之臣，寧得自引深臧於巖穴邪[5]？故且從俗浮沈，與時俯仰，以通其狂惑[6]。今少卿乃教以推賢進士，無乃與僕私心剌[7]謬乎？今雖欲自雕琢，曼辭以自飾[8]，無益；於俗不信，適足取辱耳。要之，死日然後是非乃定。書不能悉意，略陳固陋。謹再拜。

[1] 負累之下，未易可居。《論語》曰："君子惡居下流而訕上者也。"

[2] 烏卧切。

[3] 編者按：原書無"之"字，此從《漢書·司馬遷傳》。

[4]《莊子》：魯哀公問仲尼曰："衛有惡人焉，曰哀駘他。去寡人而行，寡人恤焉若有亡也。"庚桑子曰："吾聞至人尸居環堵之室，不知所如往。"

[5] 編者按：原書"深臧於巖穴"作"於深藏岩穴"，今據《漢書·司馬遷傳》改。

[6]《鬻子》曰："吾聞之於故也，知善不行者謂之狂，知惡不改者謂之惑。夫狂與惑者，聖人之戒也。"

[7] 力割切。

[8] 如淳曰："曼，美也。"《戰國策》：蘇秦曰："夫從人飾辯曼辭，高主之節行。"曼，音萬。

求自試表[1]

（魏）曹植撰，（唐）李善注

臣植言：

臣聞士之生世，入則事父，出則事君[2]；事父尚於榮親，事君貴於興國。故慈父不能愛無益之子，仁君不能畜無用之臣[3]。夫論德而授官者，成功之君也；量能而受爵者，畢命之臣也[4]。故君無虚授，臣無虚受[5]；虚授謂之謬舉，虚受謂之尸禄，《詩》之“素餐”所由作也[6]。昔二虢不辭兩國之任，其德厚也[7]；旦、奭不讓燕、魯之封，其功大也[8]。今臣蒙國重恩，三世于今矣[9]。正值陛下升平之際[10]，沐浴聖澤，潛潤德教，可謂厚幸矣[11]。而竊位東藩[12]，爵在上列[13]，身被輕煖，口厭百味[14]，目極華靡，耳倦絲竹者，爵重禄厚之所致也[15]。退念古之受爵禄者，有異於此，皆以功勤濟國，輔主惠民[16]。今臣無德可述，無功可紀，若此終年，無益國朝，將挂風人“彼已”之譏[17]。是以上慙玄冕，俯愧朱紱[18]。

[1]《魏志》曰：太和二年，植還雍丘，植常自憤怨抱利器而無所施，上疏求自試。

[2]《論語》：“子曰：‘出則事公卿，入則事父兄。’”

[3]《墨子》曰：“雖有賢君，不愛無功之臣；雖有慈父，不愛無益之子。”

[4]《史記》樂毅報燕惠王書曰：“察能而授官者，成功之君也。”《孫卿子》曰：“論德而定次，量能而授官，君子之所長也。”《尸子》曰：“君子量才而受爵，量功而受禄。”

[5] 王符《潛夫論》曰：“故明王不敢以私授，忠臣不敢以虚受。”

[6]《韓詩》曰：“何謂‘素餐’？素者，質也；人但有質朴而無治民之材，名曰素餐。尸禄者，頗有所知，善惡不言，默然不語，苟欲得禄而已，譬若尸矣。”

[7]《左氏傳》：晉侯假道於虞以伐虢，宫之奇諫曰：“虢仲虢叔，王季之穆也，爲王卿士，勳在盟府。”《孫卿子》曰：“德厚者進，廉節者起。”

[8]《史記》曰：武王殺紂，封周公旦於少昊之墟曲阜，是爲魯公。又曰：周武王封召公奭於燕。

[9] 三世：謂武、文、明也。

[10] 陛下：明帝也。《孝經鉤命决》曰：“明王用孝，升平致譽。”

[11]《史記》太史公曰：“成王作頌，沐浴膏澤。”《孝經》曰：“德教加于百姓。”

[12] 編者按：原書“竊位”作“位竊”，此據《三國志·魏書·陳思王植傳》改。

[13]《論語》：“子曰：‘臧文仲其竊位者與?’”《漢書》：中山靖王曰：“位雖卑也，得爲東藩。”

[14]《孝經援神契》曰：“甘肥適口，輕煖適神。”《墨子》曰：“衣服之法，冬則練帛之中，足以爲輕且煖。”崔駰《七依》曰：“雍人調膳，展選百味。”

[15] 鄭玄《禮記注》曰：“‘致’之言，‘至’也。”

[16]《爾雅》曰：“濟，益也。”

[17]《毛詩》：“彼己之子，不稱其服。”

[18]《周禮》曰：“王之五冕，玄冕朱裹。”《禮記》曰：“諸侯佩山玄玉而朱組綬。”《蒼頡篇》曰：“紱，綬也。”

方今天下一統，九州晏如[1]，顧西尚有違命之蜀，東有不臣之吴，使邊境未得稅甲，謀士未得高枕者[2]，誠欲混同宇内以致太和也[3]。故啓滅有扈[4]而夏功昭[5]，成克商、

奄而周德著[6]。今陛下以聖明統世，將欲卒文、武之功，繼成、康之隆[7]，簡賢授能[8]，以方叔、邵虎之臣鎮衛四境[9]，爲國爪牙者，可謂當矣[10]。然而高鳥未挂於輕繳，淵魚未縣於鉤餌者，恐釣射之術或未盡也[11]。昔耿弇不俟光武，亟擊張步，言不以賊遺於君父也[12]。故車右伏劍於鳴轂，雍門刎首於齊境[13]，若此二士[14]，豈惡生而尚死哉？誠忿其慢主而陵君也。夫君之寵臣，欲以除患興利[15]；臣之事君，必以殺身靖亂[16]，以功報主也。昔賈誼弱冠，求試屬國，請係單于之頸而制其命；終軍以妙年使越，欲得長纓纓其王[17]，羈致北闕[18]。此二臣，豈好爲夸主而燿世俗哉？志或鬱結，欲逞才力，輸能於明君也。昔漢武爲霍去病治第，辭曰："匈奴未滅，臣無以家爲！"[19]固夫憂國忘家，捐軀濟難，忠臣之志也[20]。今臣居外，非不厚也，而寢不安席，食不遑味者，伏以二方未尅爲念[21]。

[1]《尚書大傳》曰："周公一統天下，合和四海。"然一統，謂其統緒也。

[2]《爾雅》曰："稅，舍也。"《漢書》："賈誼曰：'陛下高枕垂統，無山東之憂。'"

[3]《法言》曰："或問太和，曰：'其在唐虞成周也。"李軌曰："天下太和。"

[4]户。

[5]《尚書序》曰："啟與有扈戰于甘之野。"《史記》曰："啓遂滅有扈氏，天下咸朝夏。"

[6]《尚書序》曰："武王崩，三監及淮夷叛，周公相成王，將黜殷命。"孔安國曰："三監，管、蔡、商也。淮夷，徐奄之屬。"《史記》曰："成王東伐淮夷徐奄。"

[7]假周之令德，以喻魏之先王也。臣瓚《漢書注》曰："統，總覽也。"《毛詩序》曰："文武之功，起於后稷。"《春秋命歷序》曰："成康之隆，，澧泉涌。"

[8]編者按：原書"賢"作"良"，此據《三國志·魏書·陳思王植傳》改。

[9]編者按："邵虎"，《三國志·魏書·陳思王植傳》作"召虎"。"鎮衛"，《三國志·魏書·陳思王植傳》作"鎮御"。

[10]《爾雅》曰："簡，擇也。"《毛詩》曰："方叔涖止，其車三千。"又曰："江漢之滸，王命邵虎。"又曰："祈父，予王之爪牙。"

[11]高鳥、淵魚，喻吴蜀二主也。

[12]《東觀漢記》曰："耿弇討張步，陳俊謂弇曰：'虜兵盛，可且閉營休士，以須上來。'弇曰：'乘輿且到，臣子當擊牛釃酒，以待百官；反欲以賊虜遺君父邪？'及出大戰，自旦及昏，大破之。"弇，古含切。

[13]《説苑》曰：越甲至齊，雍門狄請死之。齊王曰："鼓鐸之聲未聞，矢石未交，長兵未接，子何務死？知爲人臣之禮邪？"雍門狄對曰："臣聞之：昔王田於囿，左轂鳴，車右請死之，王曰：'子何爲死？'車右曰：'爲其鳴吾君也。'王曰：'左轂鳴者，此工師之罪也。子何爲死？'車右曰：'吾不見工師之乘，而見其鳴吾君也。'遂刎頸而死。有之乎？"齊王曰："有之。"雍門狄曰："今越甲至，其鳴吾君，豈左轂之下哉？車右可以死左轂，而臣獨不可以死越甲邪？"遂刎頸而死。是日，越人引甲而退七十里。齊王葬雍門子以上卿。

[14]編者按：二士，原書作"二子"，此據《三國志·魏書·陳思王植傳》改。

[15]《尸子》曰："禹興利除害，爲萬民種也。"編者按：除患，原書作"除害"，此據袁本、茶陵本及《三國志·魏書·陳思王植傳》改。

[16]編者按：靖亂，原書作"靜亂"，此據《三國志·魏書·陳思王植傳》改。

[17]編者按：纓其王，原書作"占其王"，此據《三國志·魏書·陳思王植傳》改。

[18]賈誼、終軍，已見《薦禰衡表》。《爾雅》曰："占，隱也。"郭璞曰："隱度之。"

[19]《漢書》文也。

[20] 趙岐《孟子章指》曰："憂國忘家。"

[21]《戰國策》曰：秦王告蒙驁曰："寡人一城圍，食不甘味，臥不便席。"

伏見先武皇帝武臣宿將[1]，年耆即世者有聞矣[2]。雖賢不乏世，宿將舊卒，猶習戰也[3]，竊不自量，志在效命，庶立毛髮之功，以報所受之恩。若使陛下出不世之詔，效臣錐刀之用[4]，使得西屬大將軍，當一校之隊[5]，若東屬大司馬，統偏師之任[6]，必乘危躡險，騁舟奮驪[7]，突刃觸鋒，爲士卒先[8]。雖未能禽權馘亮，庶將虜其雄率，殲其醜類[9]，必效須臾之捷，以滅終身之愧[10]，使名挂史筆，事列朝策[11]。雖身分蜀境，首懸吳闕，猶生之年也[12]。如微才不試，没世無聞[13]，徒榮其軀而豐其體，生無益於事，死無損於數，虛荷上位而忝重禄，禽息鳥視，終於白首[14]，此徒圈牢之養物，非臣之所志也[15]。流聞東軍失備，師徒小衄[16]，輟食棄餐，奮袂攘衽，撫劍東顧，而心已馳於吳會矣[17]。

[1] 编者按：宿將，原書作"宿兵"，此據《三國志·魏書·陳思王植傳》改。

[2]《左氏傳》："子朝曰：'太子壽早夭即世。'"

[3]《史記》曰："王翦宿將，始皇師之。"

[4]《文子》曰："欲治之主不世出。"《東觀漢記》：黄香上疏曰："以錐刀小用，蒙見宿留也。"

[5]《魏志》曰："太和二年，遣大將軍曹真擊諸葛亮於街亭。"司馬彪《漢書》曰："大將軍營伍部校尉一人。"

[6]《魏志》曰："太和二年，大司馬曹休率諸軍至皖。"臣瓚《漢書注》曰："統，猶揔覽也。"

[7]《禮記》曰："夏后尚黑，戎事乘驪。"鄭玄云："馬黑色曰驪。"

[8]《漢書》："伍被曰：'大將軍當敵勇，常爲士卒先。'"

[9] 鄭玄《毛詩箋》曰："馘，所獲之左耳也。"《爾雅》曰："殲，盡也。"又曰："醜，衆也。"

[10] 杜預《左氏傳注》曰："捷，獲也。"

[11] 编者按：朝策，原書作"朝榮"，此據《三國志·魏書·陳思王植傳》改。

[12]《北征賦》曰："首身分而不寤。"漢武帝遣使者告單于曰："南越王頭已懸於漢北闕。"傅武仲與荆文姜書曰："雖死之日，猶生之年。"

[13]《論語》曰："君子疾没世而名不稱。"

[14] 鄭玄《周禮注》曰："凡鳥獸未孕曰禽。"

[15]《説文》曰："圈，養獸閑也。"鄭玄《周禮注》曰："牢，閑也。"

[16]《漢書》："王音曰：'失行流聞。'"《魏志》曰："休至皖，與吳將陸遜戰於石亭，敗績。"衄，猶挫折也。

[17] 鄭玄《周禮注》曰："攘，却也。謂却扱衽也。"《左氏傳》曰："子朱撫劍從之。"

臣昔從先武皇帝南極赤岸，東臨滄海，西望玉門，北出玄塞[1]，伏見所以行軍用兵之勢，可謂神妙矣[2]。故兵者不可預言，臨難而制變者也[3]。志欲自效於明時，立功於聖世。每覽史籍，觀古忠臣義士，出一朝之命，以徇國家之難[4]，身雖屠裂，而功銘著於景鍾，名稱垂於竹帛，未嘗不拊心而歎息也[5]。臣聞明主使臣，不廢有罪。故奔北敗軍之將用，秦、魯以成其功[6]；絶纓盜馬之臣赦，楚、趙以濟其難[7]。臣竊感先帝早崩，威王棄世[8]，臣獨何人，以堪長久！常恐先朝露，填溝壑[9]，墳土未乾，而身名並滅[10]。臣聞騏驥長鳴，伯樂昭其能[11]；盧狗悲號，韓國知其才[12]。是以效之齊、楚之路，以逞

千里之任[13]；試之狡兔之捷，以驗搏噬之用。今臣志狗馬之微功，竊自惟度，終無伯樂、韓國之舉，是以於邑而竊自痛者也[14]。

[1]《七發》曰："凌赤岸，篲扶桑。"山謙之《南徐州記》曰："京江，《禹貢》北江，有大濤。濤至江乘北，激赤岸，尤更迅猛。"《漢書》，燉煌郡龍勒縣有玉門關。玄塞，長城也。北方色黑，故曰玄。

[2]《孫子》曰："兵與敵變化而取勝者謂之神。"

[3] 孫卿曰："水因地而制行，兵因敵而制勝。"

[4] 司馬遷書曰："李陵奮不顧身，以殉國家之急。"

[5]《國語》："晉悼公曰：'昔克潞之役，秦來圖敗晉功，魏顆以其身却退秦師于輔氏，親止杜回。其勳銘於景鍾。'"韋昭曰："景鍾，景公鍾也。"《墨子》曰："以其功書於竹帛，傳遺後子孫也。"

[6]《史記》曰：秦繆公使百里奚子孟明視、蹇叔子西乞術及白乙丙將兵襲鄭。晉發兵遮秦兵於殽，虜秦三將以歸。後還秦三將，穆公復三人官秩，復使將兵伐晉，大敗晉人，以報殽之役。又曰：曹沫者，魯人也，以勇力事魯莊公。爲魯將，與齊戰，三敗北。魯莊公懼，乃獻遂邑之地以和；猶復以爲將。齊桓公許與魯會于柯而盟，桓公與莊公既盟於壇上，曹沫執匕首刼齊桓公。公問曰："子將何欲?"曹沫曰："齊强魯弱，而大國侵魯，亦已甚矣。今魯城壞，即壓境，君其圖之!"桓公乃許盡還魯之侵地。曹沫三戰所亡，盡復于魯。

[7]《說苑》曰：楚莊王賜羣臣酒。日暮，華燭滅，有引美人衣者，美人援絶冠纓，告王知之。王曰："賜人酒醉，欲顯婦人之節，吾不取也。"乃命左右勿上火，"與寡人飲，不絶纓者，不懽也。"羣臣纓皆絶，盡懽而去。後與晉戰，引美人衣者五合五獲，以報莊王。《吕氏春秋》曰：昔者秦繆公乘馬右服失之，野人取之。繆公自往求之，見野人方將食之於岐山之陽，繆公笑曰："食駿馬之肉不飲酒，余恐傷汝也。"徧飲而去。韓原之戰，晉人已環繆公之車矣，晉梁靡已扣公左驂矣，野人嘗食馬於岐山之陽者三百有餘人畢力爲繆公疾鬬於車下，遂大克晉，反獲惠公以歸。此秦而謂之趙者，《史記》曰："趙氏之先，與秦共祖"，然以其同祖，故曰趙焉。

[8] 先帝：謂文帝也。《魏志》曰："任城王彰薨，謚曰威。"編者按：原書"棄世"作"棄代"，當屬避唐諱追改，今據《三國志·魏書·陳思王植傳》改回。

[9]《漢書》：李陵謂蘇武曰："人如朝露。"《列女傳》：梁寡婦曰："妾之夫，先犬馬填溝壑。"

[10]《漢書》：霍禹曰："將軍墳土未乾。"李尤《武功歌》曰："身非金石，名倶滅焉。"

[11]《戰國策》：楚客謂春申君曰："昔騏驥駕車吴坂，遷延負轅而不能進。遭伯樂，仰而長鳴，知伯樂知己也。今僕屈厄日久，君獨無意使僕爲君長鳴也?"

[12]《戰國策》曰：齊欲伐魏，淳于髡謂齊王曰："韓子盧者，天下之壯犬也。東郭逡者，海内之狡兎也。韓子盧逐東郭逡，環山者三，騰山者五，兎極於前，犬廢於後，犬兎倶罷，各死其處。田父見之而擅其功。今齊魏相持，臣恐强秦、大楚承其後，有田父之功。"高誘曰："韓國之盧犬，古之名狗也。"然悲號之義，未聞也。

[13] 齊楚，言遠也。《孫卿子》曰："夫驥，一日而千里也。"

[14]《楚辭》曰："長呼吸以於悒。"王逸曰："於悒，啼貌。"

夫臨博而企竦，聞樂而竊抃者，或有賞音而識道也[1]。昔毛遂，趙之陪隸，猶假錐囊之喻，以寤主立功[2]，何況巍巍大魏多士之朝，而無慷慨死難之臣乎！夫自衒[3]自媒者，士女之醜行也[4]。干時求進者，道家之明忌也[5]。而臣敢陳聞於陛下者，誠與國分形同氣，憂患共之者也[6]。冀以塵露之微補益山海[7]，熒燭末光增輝日月[8]，是以敢冒其醜而獻其忠。必知爲朝士所笑。聖主不以人廢言[9]，伏惟陛下少垂神聽，臣則幸矣！

[1]《説文》曰："博，局戲也。六箸十二棊。"又曰："企，舉踵也。"竦，猶立也。《説文》曰："抃，拊也。"

[2]《史記》曰：秦之圍邯鄲，趙使平原君求救合從於楚。約與食客門下有勇力、武備具者二十人俱，得十九人，餘無可取者。毛遂前，自讃於平原君。平原君曰："先生處勝之門下，幾年於此矣？"遂曰："三年于此矣。"平原君曰："夫賢士之處俗，譬若錐之處囊中，其末立見。今先生處勝之門下三年，勝未有所聞。"毛遂曰："臣乃今日請處囊中耳。使遂蚤得處囊中，乃穎脱而出，非特其末見而已也！"平原君竟與毛遂偕十九人。平原君與楚合從，日出而言，日中不决，毛遂按劒歷階而上，曰："合從者爲楚，非爲趙也。"楚王曰："唯。謹奉社稷以從。"

[3] 玄徧。

[4]《越絶書》曰：范蠡其始居楚。之越，越王與言盡日。大夫石買進曰："衒女不貞，衒士不信。客歷諸侯，渡河津，無因自致，殆不真賢也。"

[5]《莊子》曰："功成者隳，名成者虧。孰能去功與名而還與衆人？"

[6]《吕氏春秋》曰："父母之於子也，子之於父母也，一體而分形，同氣血而異息，痛疾相救，憂思相感，生則相驩，死則相哀。此之謂骨肉之親也。"

[7] 謝承《後漢書》：楊喬曰："猶塵附泰山，露集滄海，雖無補益，款誠至情，猶不敢嘿嘿也。"

[8]《淮南子》曰："人主之居也，如日月之明也。"

[9]《論語》："子曰：'君子不以人廢言。'"

曹操與袁紹戰（資治通鑑）

（宋）司馬光撰，（元）胡三省音註

曹操出兵與袁紹戰，不勝，復還，堅壁。紹爲高櫓[1]，起土山，射營中[2]，營中皆蒙楯而行[3]。操乃爲霹靂車[4]，發石以擊紹樓，皆破；紹復爲地道攻操，操輒於内爲長塹以拒之。操衆少糧盡[5]，士卒疲乏，百姓困於征賦，多叛歸紹者。操患之，與荀彧書，議欲還許，以致紹師[6]。彧報曰："紹悉衆聚官渡，欲與公決勝敗。公以至弱當至彊，若不能制，必爲所乘，是天下之大機也。且紹，布衣之雄耳，能聚人而不能用。以公之神武明哲而輔以大順，何向而不濟！今穀食雖少，未若楚、漢在滎陽、成皋間也。是時劉、項莫肯先退者，以爲先退則執屈也。公以十分居一之衆[7]，畫地而守之[8]，搤其喉而不得進，已半年矣[9]。情見執竭，必將有變[10]。此用奇之時，不可失也。"操從之，乃堅壁持之。

[1] 賢曰：《釋名》曰：櫓者，露上無覆屋也。

[2] 射，而亦翻。

[3] 楯，食尹翻。賢曰：今之旁排也。

[4] 賢曰：以其發石聲烈震，呼之爲霹靂，即今之砲車也。張晏曰：范蠡《兵法》，飛石重十二斤，爲機發，行三百步。操蓋祖其遺法耳。《魏氏春秋》曰：以古有矢石。又《傳》云：旝動而鼓。《説》曰：旝，發石也，於是造發石車。車，尺遮翻。

[5] 少，詩沼翻；下同。

［6］賢曰：致，猶至也。兵法：善戰者，致人，不致於人。

［7］賢曰：言與紹衆相懸也。

［8］賢曰：言畫地作限隔也。

［9］搤，於革翻。

［10］見，賢遍翻。

操見運者，撫之曰："卻十五日[1]爲汝破紹，不復勞汝矣[2]。"紹運穀車數千乘至官渡[3]。荀攸言於操曰："紹運車旦暮至，其將韓猛鋭而輕敵，擊，可破也！"操曰："誰可使者？"攸曰："徐晃可。"乃遣偏將軍河東徐晃[4]與史涣邀擊猛，破走之，燒其輜重[5]。

［1］卻，後也。晉人帖中多用"少卻"字，其意猶言"少退"也。

［2］爲，于僞翻。復，扶又翻；下同。

［3］乘，繩證翻；下同。

［4］按沈約《志》，曹魏置將軍四十號，偏將軍、裨將軍居其末。

［5］重，直用翻；下同。

冬，十月，紹復遣車運穀，使其將淳于瓊等將兵萬餘人送之，宿紹營北四十里。沮授説紹："可遣蔣奇别爲支軍於表[1]，以絶曹操之鈔[2]。"紹不從。

許攸曰："曹操兵少而悉師拒我，許下餘守，埶必空弱。若分遣輕軍，星行掩襲[3]，許可拔也。許拔，則奉迎天子以討操，操成禽矣。如其未潰，可令首尾犇命，破之必也。"紹不從，曰："吾要當先取操。"會攸家犯瀍，審配收繫之，攸怒，遂犇操[4]。

［1］説，輸芮翻。支，别也；表，外也。

［2］鈔，楚交翻。

［3］星行，戴星而行也。

［4］《考異》曰：《魏志·武紀》曰："攸貪財，袁紹不能足，來奔。"今從范書《紹傳》。

操聞攸來，跣出迎之，撫掌笑曰："子卿遠來，吾事濟矣[1]！"既入坐[2]，謂操曰："袁氏軍盛，何以待之？今有幾糧乎？"操曰："尚可支一歲。"攸曰："無是，更言之！"又曰："可支半歲。"攸曰："足下不欲破袁氏邪，何言之不實也！"操曰："向言戲之耳。其實可一月，爲之奈何？"攸曰："公孤軍獨守，外無救援而糧穀已盡，此危急之日也。袁氏輜重萬餘乘，在故市、烏巢[3]，屯軍無嚴備，若以輕兵襲之，不意而至，燔其積聚[4]，不過三日，袁氏自敗也。"操大喜，乃留曹洪、荀攸守營，自將步騎五千人，皆用袁軍旗幟[5]，銜枚縛馬口，夜從間道出[6]，人抱束薪，所歷道有問者，語之曰[7]："袁公恐曹操鈔畧後軍，遣兵以益備。"聞者信以爲然，皆自若。既至，圍屯，大放火，營中驚亂。會明，瓊等望見操兵少，出陳門外[8]，操急擊之，瓊退保營，操遂攻之。

［1］許攸字子遠，今呼爲子卿，貴之也。或曰：操字攸曰："子遠卿來，吾事濟矣。"於文爲順。

［2］坐，徂臥翻。

［3］據《水經》，烏巢澤在陳留酸棗縣東南。乘，繩證翻。

［4］積，七賜翻。聚，慈喻翻。

［5］幟，赤志翻。

［6］間，古莧翻。

[7] 語，牛倨翻。

[8] 陳，讀曰陣。

紹聞操擊瓊，謂其子譚曰："就操破瓊，吾拔其營，彼固無所歸矣[1]！"乃使其將高覽、張郃等攻操營[2]。郃曰："曹公精兵往，必破瓊等，瓊等破，則事去矣，請先往救之。"郭圖固請攻操營。郃曰："曹公營固，攻之必不拔。若瓊等見禽，吾屬盡爲虜矣。"紹但遣輕騎救瓊，而以重兵攻操營，不能下。

[1] 就，即也；言即使操破淳于瓊，而我攻拔其營，將無所歸也。

[2] 郃，曷閤翻，又古盍翻。

紹騎至烏巢，操左右或言"賊騎稍近，請分兵拒之。"操怒曰："賊在背後，乃白！"士卒皆殊死戰，遂大破之，斬瓊等，盡燔其糧穀，士卒千餘人，皆取其鼻，牛馬割脣舌，以示紹軍。紹軍將士皆恟懼[1]。郭圖慙其計之失，復譖張郃於紹曰[2]："郃快軍敗。"郃忿懼，遂與高覽焚攻具，詣操營降[3]。曹洪疑不敢受，荀攸曰："郃計畫不用，怒而來奔，君有何疑！"乃受之。

於是紹軍驚擾，大潰。紹及譚等幅巾乘馬[4]，與八百騎渡河。操追之不及，盡收其輜重、圖書、珍寶。餘衆降者，操盡阬之，前後所殺七萬餘人[5]。

[1] 恟，許勇翻。

[2] 復，扶又翻。

[3] 降，户江翻；下同。

[4]《傅子》曰：漢末，王公多委正服，以幅巾爲雅，是以袁紹、崔豹之徒，雖爲將帥，皆著縑巾。魏太祖以天下凶荒，資財乏匱，擬古皮弁，裁縑帛以爲帢，合乎簡易隨時之義，以色別其貴賤，于今施行。可謂軍容，非國容也。

[5]《考異》曰：范書《紹傳》曰："所殺八萬人。"按《獻帝起居注》：曹公上言，凡斬首七萬餘級。

沮授不及紹渡，爲操軍所執，乃大呼曰[1]："授不降也，爲所執耳！"操與之有舊，迎謂曰："分野殊異，遂用圮絶[2]，不圖今日乃相禽也！"授曰："冀州失策，自取犇北[3]。授知力俱困，宜其見禽。"操曰："本初無謀，不相用計，今喪亂未定[4]，方當與君圖之。"授曰："叔父、母弟，縣命袁氏[5]，若蒙公靈，速死爲福。"操歎曰："孤早相得，天下不足慮也。"遂赦而厚遇焉。授尋謀歸袁氏，操乃殺之。

[1] 呼，火故翻。

[2] 二十八宿布列於天，各有躔度。周天三百六十五度四分度之一，分爲十二次。班固取《三統歷》十二次配十二野，而分野之説行焉。費直説《周易》、蔡邕《月令章句》所言頗有先後，魏太史令陳卓更言郡國所入宿度，而分野之説詳矣。皇甫謐曰：黄帝推分星次以定律度，天有十二次，日月之所躔也；地有十二分，王侯之所國也。分，扶問翻。圮，當作"否"；否，隔也。

[3] 紹牧冀州，故稱之，猶劉備以牧豫州，稱之爲劉豫州。

[4] 知，讀曰智。喪，息浪翻。

[5] 縣，讀曰懸。

操收紹書中，得許下及軍中人書，皆焚之，曰：“當紹之彊，孤猶不能自保，況衆人乎！”[1]

冀州城邑多降於操[2]。袁紹走至黎陽北岸，入其將軍蔣義渠營，把其手曰：“孤以首領相付矣！”義渠避帳而處之[3]，使宣號令。衆聞紹在，稍復歸之。

[1] 此光武安反側之意。英雄處事，世雖相遠，若合符節。

[2] 降，户江翻。

[3] 處，昌吕翻。

或謂田豐曰：“君必見重矣。”豐曰：“公貌寬而内忌，不亮吾忠[1]，而吾數以至言迕之[2]，若勝而喜，猶能救我，今戰敗而恚[3]，内忌將發，吾不望生。”紹軍士皆拊膺泣曰：“向令田豐在此，必不至於敗。”紹謂逢紀曰[4]：“冀州諸人聞吾軍敗，皆當念吾，惟田别駕前諫止吾，與衆不同，吾亦慙之。”紀曰：“豐聞將軍之退，拊手大笑，喜其言之中也[5]。”紹於是謂僚屬曰：“吾不用田豐言，果爲所笑。”遂殺之。初，曹操聞豐不從戎[6]，喜曰：“紹必敗矣。”及紹犇遁，復曰[7]：“向使紹用其别駕計，尚未可知也。”

[1] 亮，信也，明也。

[2] 數，所角翻。迕，五故翻。

[3] 恚，於避翻。

[4] 逢，皮江翻。

[5] 中，竹仲翻。

[6] 謂紹囚之，不使從軍也。

[7] 復，扶又翻；下同。

審配二子爲操所禽，紹將孟岱言於紹曰：“配在位專政，族大兵强，且二子在南，必懷反計。”郭圖、辛評亦以爲然。紹遂以岱爲監軍，代配守鄴[1]。護軍逢紀素與配不睦，紹以問之，紀曰：“配天性烈直，每慕古人之節，必不以二子在南爲不義也。願公勿疑。”紹曰：“君不惡之邪[2]？”紀曰：“先所争者，私情也；今所陳者，國事也。”紹曰：“善！”乃不廢配，配由是更與紀親[3]。冀州城邑叛紹者，紹稍復擊定之。

紹爲人寬雅，有局度，喜怒不形於色，而性矜愎自高[4]，短於從善，故至於敗。

[1] 監，古銜翻。

[2] 惡，烏路翻。

[3] 逢紀能爲審配言，而不肯救田豐之死，果爲國事乎！

[4] 愎，平逼翻；戾也，狠也。

世説新語（八則）

（南朝宋）劉義慶撰，（南朝梁）劉孝標注

殷仲堪爲荆州[1]

殷仲堪既爲荆州值水儉食常五盌盤外無餘肴飯粒脱落盤席閒輒拾以噉之雖欲率物亦緣其性真素每語子弟云勿以我受任方州云我豁平昔時意今吾處之不易貧者士之常焉得登枝而捐其本爾曹其存之[2]

[1] 編者按：此一則，見《世説新語·德行第一》。

[2] 晉安帝紀曰仲堪陳郡人太常融孫也車騎將軍謝玄請爲長史孝武説之俄爲黄門侍郎自殺袁悦之後上深爲晏駕後計故先出王恭爲北蕃荆州刺史王忱死乃中詔用仲堪代焉

蔡洪赴洛[1]

蔡洪[2]赴洛洛中人問曰幕府初開羣公辟命求英奇於仄陋采賢儁於巖穴君吴楚之士亡國之餘有何異才而應斯舉蔡荅曰夜光之珠不必出於孟津之河[3]盈握之璧不必采於崑崙之山[4]大禹生於東夷文王生於西羌[5]聖賢所出何必常處昔武王伐紂遷頑民於洛邑[6]得無諸君是其苗裔乎[7]

[1] 編者按：此一則，見《世説新語·言語第二》。

[2] 洪集錄曰洪字叔開吴郡人有才辯初仕吴朝太康中本州從事舉秀才王隱晉書曰洪仕至松滋令

[3] 舊説云隋侯出行有蛇斬而中斷者侯連而續之蛇遂得生而去後銜明月珠以報其德光明照夜同晝因曰隋珠左思蜀都賦所謂隋侯鄙其夜光也

[4] 韓氏曰和氏之璧蓋出於井里之中

[5] 按孟子曰舜生於諸馮東夷人也文王生於岐周西戎人也則東夷是舜非禹也

[6] 尚書曰成周既成遷殷頑民作多士孔安國注曰殷大夫心不則德義之經故徙於王都邇教誨也

[7] 按華令思舉秀才入洛與王武子相酬對皆與此言不異無容二人同有此辭疑世説穿鑿也

陶公性檢厲[1]

陶公性檢厲勤於事[2]作荆州時敕船官悉錄鋸木屑不限多少咸不解此意後正會值積雪始晴聽事前除雪後猶濕於是悉用木屑覆之都無所妨官用竹皆令錄厚頭積之如山後桓宣武伐蜀裝船悉以作釘又云嘗發所在竹篙有一官長連根取之仍當足乃超兩階用之

[1] 編者按：此一則，見《世説新語·政事第三》。

[2] 晉陽秋曰侃練核庶事勤務稼穡雖戎陳武士皆勸厲之有奉饋者皆問其所由若力役所致懽喜慰賜若他所得則呵辱還之是以軍民勤於農稼家給人足性纖密好問頗類趙廣漢嘗課營種柳都尉夏施盜拔武昌郡西門所種侃後自出駐車施門問此是武昌西門柳何以盜之施惶怖首伏三軍稱其明察侃勤而整自强不息又好督勸於人常云民生在勤大禹聖人猶惜寸陰至於凡俗當惜分陰豈可遊逸生無益於

時死無聞於後是自棄也又老莊浮華非先王之法言而不敢行君子當正其衣冠攝以威儀何有亂頭養望自謂宏達邪中興書曰侃嘗檢校佐吏若得樗蒲博奕之具投之曰樗蒲老子入胡所作外國戲耳圍棊堯舜以教愚子博奕紂所造諸君國器何以爲此若王事之暇患邑邑者文士何不讀書武士何不射弓談者無以易也

張憑舉孝廉[1]

張憑舉孝廉出都負其才氣謂必參時彦欲詣劉尹鄉里及同舉者共笑之張遂詣劉劉洗濯料事處之下坐唯通寒暑神意不接張欲自發無端頃之長史諸賢來清言客主有不通處張乃遥於末坐判之言約旨遠足暢彼我之懷一坐皆驚真長延之上坐清言彌日因留宿至曉張退劉曰卿且去正當取卿共詣撫軍張還船同侶問何處宿張笑而不荅須臾真長遣傳教覓張孝廉船同侶惋愕即同載詣撫軍至門劉前進謂撫軍曰下官今日爲公得一太常博士妙選既前撫軍與之話言咨嗟稱善曰張憑勃窣爲理窟即用爲太常博士[2]

［1］编者按：此一則，見《世説新語・文學第四》。

［2］宋明帝文章志曰憑字長宗吴郡人有意氣爲鄉閭所稱學尚所得敏而有文太守以才選舉孝廉試策高第爲惔所舉補太常博士累遷吏部郎御史中丞

嵇紹善於絲竹[1]

齊王冏爲大司馬輔政[2]嵇紹爲侍中詣冏咨事冏設宰會召葛旟[3]董艾等[4]共論時宜旟等白冏嵇侍中善於絲竹公可令操之遂送樂器紹推卻不受冏曰今日共爲歡卿何卻邪紹曰公協輔皇室令作事可法紹雖官卑職備常伯操絲比竹蓋樂官之事不可以先王法服爲伶人之業今逼高命不敢苟辭當釋冠冕襲私服此紹之心也旟等不自得而退

［1］编者按：此一則，見《世説新語・方正第五》。

［2］虞預晉書曰冏字景治齊王攸子也少聰惠及長謙約好施趙王倫篡位冏起義兵誅倫拜大司馬加九錫政皆決之而恣用羣小不復朝覲遂爲長沙王所誅

［3］齊王官屬名曰旟字虛旟齊王從事中郎晉陽秋曰齊王起義轉長史既克趙王倫與董艾等專執威權冏敗見誅

［4］八王故事曰艾字叔智弘農人祖遇魏侍中父綏祕書監艾少好功名不修士檢齊王起義艾爲新汲令赴軍用艾領右將軍王敗見誅

褚公東出[1]

褚公於章安令遷太尉記室參軍[2]名字已顯而位微人未多識公東出乘估客船送故吏數人投錢唐亭住[3]爾時吴興沈充爲縣令[4]當送客過浙江客出亭吏驅公移牛屋下潮水至沈令起彷徨問牛屋下是何物吏云昨有一傖父來寄亭中[5]有尊貴客權移之令有酒色因遥問傖父欲食𩞄不姓何等可共語褚因舉手荅曰河南褚季野遠近久承公名令於是大遽不敢移公便於牛屋下修刺詣公更宰殺爲饌具於公前鞭撻亭吏欲以謝慙公與之酌宴言色無異狀如不覺令送公至界

[1] 編者按：此一則，見《世説新語·雅量第六》。
[2] 按庾亮敵參佐名哀時直爲參軍不掌記室也
[3] 錢唐縣記曰縣近海爲潮漂没縣諸豪姓斂錢雇人輦土爲塘因以爲名也
[4] 未詳
[5] 晉陽秋曰吴人以中州人爲傖

傅嘏拒交[1]

何晏鄧颺夏侯玄並求傅嘏交而嘏終不許[2]諸人乃因荀粲説合之謂嘏曰夏侯太初一時之傑士虚心於子而卿意懷不可交合則好成不合則致隙二賢若穆則國之休此藺相如所以下廉頗也[3]傅曰夏侯太初志大心勞能合虚譽誠所謂利口覆國之人何晏鄧颺有爲而躁博而寡要外好利而内無關籥貴同惡異多言而妒前多言多釁妒前無親以吾觀之此三賢者皆敗德之人耳遠之猶恐罹禍況可親之邪後皆如其言[4]

[1] 編者按：此一則，見《世説新語·識鑒第七》。
[2] 魏略曰鄧颺字玄茂南陽宛人鄧禹之後也少得士名明帝時爲中書郎以與李勝等爲浮華被斥正始中遷侍中尚書爲人好貨臧艾以父妾與颺得顯官京師爲之語曰以官易富鄧玄茂何晏選不得人頗由颺以黨曹爽誅
[3] 史記曰相如以功大拜上卿位在廉頗右頗怒欲辱之相如每稱疾望見引車避匿其舍人欲去之相如曰夫以秦王之威而吾廷叱之何畏廉將軍哉顧秦彊趙弱秦以吾二人故不敢加兵於趙今兩虎鬬勢不俱生吾以公家急而後私讐也頗聞謝罪
[4] 傅子曰是時何晏以才辯顯於貴戚之間鄧颺好交通合徒黨鬻聲名於閭閻夏侯玄以貴臣子少有重名皆求交於嘏嘏不納也嘏友人荀粲有清識遠志然猶勸嘏結交云

王濟稱叔美[1]

王汝南既除所生服遂停墓所兄子濟每來拜墓略不過叔叔亦不候濟脱時過止寒温而已後聊試問近事答對甚有音辭出濟意外濟極惋愕仍與語轉造清微濟先略無子姪之敬既聞其言不覺懍然心形俱肅遂留共語彌日累夜濟雖儁爽自視缺然乃喟然歎曰家有名士三十年而不知濟去叔送至門濟從騎有一馬絶難乘少能騎者濟聊問叔好騎乘不曰亦好爾濟又使騎難乘馬叔姿形既妙回策如縈名騎無以過之濟益歎其難測非復一事[2]既還渾問濟何以暫行累日濟曰始得一叔渾問其故濟具歎述如此渾曰何如我濟曰濟以上人武帝每見濟輒以湛調之曰卿家癡叔死未濟常無以荅既而得叔後武帝又問如前濟曰臣叔不癡稱其實美帝曰誰比濟曰山濤以下魏舒以上[3]於是顯名年二十八始宦

[1] 編者按：此一則，見《世説新語·賞譽第八》。
[2] 鄧粲晉紀曰王湛字處沖太原人隱德人莫之知雖兄弟宗族亦以爲癡唯父昶異焉昶喪居墓次兄子濟往省湛見牀頭有周易謂湛曰叔父用此何爲頗曾看不湛笑曰體中佳時脱復看耳今日當與汝言因共談易剖析入微妙言奇趣濟所未聞歎不能測濟性好馬而所乘馬駿駛意甚愛之湛曰此雖小駛然力薄不堪苦近見督郵馬當勝此但養不至耳濟取督郵馬穀食十數日與湛試之湛未嘗乘馬卒然便馳騁步驟不異於濟而馬不相勝湛曰今直行車路何以别馬勝不唯當就蟻封耳於是就蟻封盤馬果倒踣其儁識天才乃爾

[3] 晉陽秋曰濟有人倫鑒識其雅俗是非少有優潤見湛歎服其德宇時人謂湛上方山濤不足下比魏舒有餘湛聞之曰欲以我處季孟之間乎王隱晉書曰魏舒字陽元任城人幼孤爲外氏甯家所養甯氏起宅相者曰當出貴甥外祖母意以盛氏甥小而惠謂應相也舒曰當爲外氏成此宅相少名遲鈍叔父衡使守水碓每言舒堪八百户長我願畢矣舒不以介意身長八尺二寸不修常人近事少工射箸韋衣入山澤每獵大獲爲後將軍鍾毓長史毓與參佐射戲舒常爲坐畫籌後值朋人少以舒充數於是發無不中加博措閑雅殆盡其妙毓歎謝之曰吾之不足盡卿如此射矣轉相國參軍晉王每朝罷目送之曰魏舒堂堂人之領袖累遷侍中司徒

練 習 四

1. 就載體而言，先秦文獻主要包括哪些類型?
2. 簡單解釋以下文獻學名詞術語:
   ①簡 ②牘 ③編 ④册 ⑤卷 ⑥帙 ⑦版本 ⑧影刻本 ⑨百衲本 ⑩聚珍本 ⑪善本 ⑫句讀
3. 填空:
   ①________代________編撰的________，是我國最早的圖書分類目録。該書將圖書分成六個大類，即:________、________、________、________、________和________。
   ②西晉________編撰的________，將圖書分爲__________、__________、__________、__________四部，開創了我國圖書目録分類的四分法。
   ③中國古代圖書四分法中的四部通常是指________、________、________、________。其次序至東晉________編撰的________即已確定，其最終確立則以唐初________編撰的________爲標誌，而清代________年間官修的________，則是運用這一分類法編録圖書的大規模實踐。
   ④近人________在《校勘學釋例》中提出的校法四例，其内容包括______________、__________、________和________四種校勘方法。
   ⑤近代著名翻譯家________在《〈天演論〉譯例言》中提出的________、________、________三原則，同樣適應於古籍今譯。
   ⑥清代著名的古籍輯佚著作有馬國翰的____________和王仁俊的____________、____________。
   ⑦明代____________撰寫的____________是我國第一部古籍辨僞專著，今人鄧瑞全、王冠英主編的__________是迄今收録古代僞書最多的工具書。
   ⑧唐代孔穎達等奉敕爲________、________、________、________、________等五部經書作注疏，合稱________，凡 180 卷。
   ⑨唐代陸德明所撰__________，共包括____________、____________、____________、__________、__________、________、________、________、________、________、________、__________、__________、__________等 14 種音義。
4. 古代圖書四分法中的經部主要包括哪些方面的著作，其内容與現代知識體系哪些門類相關?
5. 古籍整理主要有哪些形式? 請對其中每種形式作一簡單的説明。
6. 寫出你所知道的 10 個著名古籍注釋專家及其古籍注本代表作。
7. 古籍注疏主要包括哪些類型? 請對每一類型的内容、特點略作説明，並各舉出兩種著作作例子。

8. 古籍注疏大體有哪些方面的內容？
9. 以下各組古籍注疏術語，表示的意義有何不同？

①～讀如某；～讀如某～之～；～之言，某也

②～謂某；某曰～

③～當爲某；～或爲某

④渾言；析言

10. 古籍注疏中常見的注音方式有哪幾種？通常使用甚麼術語？

第五單元

通論六　修辭基本知識

閱讀古書可能會碰到不少“攔路虎”，其中大多數是屬於詞匯和語法方面的，但也有不少是屬於修辭方面的。如果我們對古代漢語修辭一無所知，同樣很難真正讀懂古書。

古代漢語修辭與現代漢語修辭既有聯係又有區别。説它們有聯係，是因爲現代修辭方式有很多是古代修辭方式的繼承和發展。説它們有區别，是因爲它們具有各自不同的特點，比如説，像用典、藏詞、倒文、變文、互文等修辭方式，在古代漢語中是很常見的，而在現代漢語中則或者罕見，或者根本不見；而像借代、委婉等修辭方式，雖然古今漢語都用，但是使用範圍、具體内容卻不盡相同，甚至相差很遠。

下面僅從減少、清除閱讀古書障礙、提高閱讀古書和欣賞古典作品水平的目的出發，對若干古代漢語修辭方式加以介紹。

一、引　用

通過引用前人的話或衆所周知的成語、諺語、歇後語、格言，以及史實、资料、典故等來説明問題、發表見解、表達感情的修辭方式，叫做“引用”。

“引用”這種修辭方式，雖説古今漢語皆可見到，不過古詩文中出現引用的情況要多得多，而且不無獨特之處。今擇其要，簡説於下。

（一）暗用典故

古人酷愛用典，高妙者能將典故融入文中，不露痕蹟。學淺心粗的讀者容易不明就裏，僅從字面意義去理解；既未能領會作者之巧思，自難以咀嚼出作品中的韻味。例如：

青青子衿，悠悠我心。但爲君故，沈吟至今。呦呦鹿鳴，食野之苹。我有嘉賓，鼓瑟吹笙。明明如月，何時可掇？憂從中來，不可斷絕。（曹操《短歌行》）

“青青”二句引自《詩經·鄭風·子衿》，“呦呦”四句引自《詩經·小雅·鹿鳴》，引文雖多，然而全詩渾然一體，天衣無縫，若不熟悉《詩經》，就會分不清哪是引用的文句，哪是作者撰寫的文句。當我們知道作者在詩作中引用了《詩經》這麽多成句，且又用得如此自然美妙的時候，在讚嘆作者巧思之餘，讀起這首詩來也必定會倍感親切的。

（二）斷章取義

古人喜歡引經據典以證成己説，但其引用往往斷章取義，不一定符合經典原意。學者對此當有所認識，否則百思不得其解，强爲之説，反成穿鑿。例如：

《詩》曰：“尸鳩在桑，其子七兮。淑人君子，其儀一兮。其儀一兮，心如結兮。”故君子結於一也。（《荀子·勸學》）

所引《詩》見《曹風·鳲鳩》。原文“淑人君子，其儀一兮”是說有賢德的人處處儀態如一，“一”是“一致”的意思。而荀子要説明的卻是有賢德的人用心專一，“一”是“專一”的意思，差别很大。

（三）反用原意

古人用典，有所謂反其意而用之的，即就前人成句略加改動，變成相反的意思，然後再用這個相反的意思來説明自己的觀點。例如：

①君看赤壁終陳蹟，生子何須似仲謀？　（陸游《黄州》）

②沐芳莫彈冠，浴蘭莫振衣。處世忌太潔，至人貴藏暉。　（李白《沐浴子》）

仲謀是三國吴主孫權的字。史載：建安十八年，曹操攻吴濡須，孫權與之相拒。曹操見孫權軍隊整肅，曾嘆息説：“生子當如孫仲謀！”例①陸游對曹操的話作了改動而反用其意。《楚辭·漁父》：“新沐者必彈冠，新浴者必振衣。安能以身之察察，受物之汶汶者乎？”同書《九歌·雲中君》：“浴蘭湯兮沐芳”。例②李白引用《楚辭》語句而稍作改動，立意遂與屈原原意相反。

（四）别生新意

古人用典，有時並不是按照典故的原來意思去使用，而是賦予典故新意，加以創造性的運用。因此，我們閲讀古代作品時候，遇到用典的地方，既要知道所用典故的原來意思，更要弄清作者此時此地使用這一典故所要表達的意思（這兩者並不總是一致的），否則就會造成理解上的錯誤。例如：

古今之成大事業大學問者，必經過三種之境界：“昨夜西風凋碧樹；獨上高樓，望盡天涯路”，此第一境也。“衣带漸寬終不悔，爲伊消得人憔悴”，此第二境也。“衆裏尋他千百度，回頭驀見，那人正在，燈火闌珊處”，此第三境也。（王國維《人間詞話》）

王氏所謂的三種境界，其第一境界引用的是晏殊《蝶戀花》中的句子，本來是寫秋日悵望，王氏則改用來比喻“追求理想的嚮往之情”；第二境界引用的是柳永的《鳳棲梧》詞句，本來寫的是别後相思之苦，王氏則改用來比喻“追求理想的艱難歷程”；第三境界引用的是辛棄疾的《青玉案》（元夕）[①]，本來寫的是乍見心上人的驚喜，王氏則改用來形容“實現理想時的喜悦”。三處用典，雖别出心裁，卻貼切自然，没有半點牽强。

二、借　代

不直接用事物固有的名稱而臨時借用與該事物有某種内在聯係的詞語來稱呼它，這種修辭方式叫做借代。

借代在古詩文中使用極廣，大凡具有相關性的人、事、物都存在被借代的可能性。例如：

①以粟易械器者，不爲厲陶冶；陶冶亦以械器易粟者，豈爲厲農夫哉？（《孟子·滕文公上》）

---

① 其中“回頭驀見，那人正在”二句，辛詞原作“驀然回首，那人卻在”，此大概王氏一時誤記。

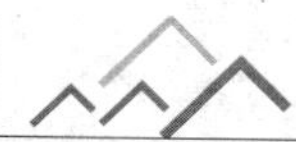

②上規姚姒，渾渾無涯。（韓愈《進學解》）

③張良入，謝曰："沛公不勝桮杓，不能辭。"（《史記・項羽本紀》）

④子貢曰："惜乎，夫子之說君子也！駟不及舌。"（《論語・顏淵》）

⑤醉對數叢紅芍藥，渴嘗一盌綠昌明。（白居易《春盡日》）

⑥君子不重傷，不禽二毛。（《左傳・僖公二十二年》）

⑦老臣賤息舒祺，最少，不肖；而臣衰，竊愛憐之，願令得補黑衣之數，以衛王宮。（《戰國策・趙策四》）

⑧戴圓履方，抱表懷繩。（《淮南子・本經》）

⑨吾以布衣提三尺取天下。（《漢書・高帝紀下》）

⑩一日不見，如三秋兮。（《詩經・王風・采葛》）

⑪子無謂秦無人，吾謀適不用也。（《左傳・文公十三年》）

⑫漢皇重色思傾國，御宇多年求不得。（白居易《長恨歌》）

例①陶冶作動詞用指燒陶、冶鐵，本屬陶匠、鐵匠的行爲，此則借用來指代陶匠及鐵匠。例②"姚姒"可代虞夏，因虞舜姓姚，夏禹姓姒。而這裏實際上則是借代虞夏時代的作品。例③"桮杓"代酒，因桮杓是盛酒、舀酒的工具。例④"舌"代"說出的話"，因舌是說話憑借的器官。例⑤"昌明"是蜀地名，產茶，因以之代該地出產的茶。例⑥"二毛"（頭髮黑白相間）爲老年人的特徵，因借代老年人。例⑦"黑衣"是衛士的代稱，因爲當時王宮的衛士都穿黑衣。例⑧"圓"借代"天"，"方"借代"地"。圓、方分別爲天、地的狀態特徵。例⑨"三尺"爲劍之長度，因指代劍。例⑩"秋"本來是一年中的一個季節，此借代年，屬於以部分代全體。例⑪"人"指有識之士，屬於以一般代特殊。例⑫"傾國"代"佳人"（美女），屬於以結果代原因。（漢）李延年歌曰："北方有佳人，絕世而獨立。一顧傾人城，再顧傾人國。寧不知傾城與傾國，佳人難再得！"

詞語的借代用法本來衹是臨時性的，加上不同的事物或有相似的屬性、特徵及相同的關聯物，因此，有時同一個詞語在不同的語境中可借用來指代不同的東西，這是不足爲奇的。讀者衹有根據特定的上下文細加分辨，纔能作出正確的判斷，别無他法。例如：

①抽矢扣輪，去其金，發乘矢而後反。（《孟子・離婁下》）

② 故木受繩則直，金就礪則利。（《荀子・勸學》）

③ 故功績銘乎金石，著於盤盂。（《吕氏春秋・求人》）

④ 聞鼓聲而縱，聞金聲而止。（《漢書・李陵傳》）

⑤ 衍少事名賢，經歷顯位，懷金垂紫。（《後漢書・馮衍傳下》）

上例①"金"借代箭鏃；例②"金"借代刀劍之屬；例③"金"借代鐘鼎之類；例④"金"借代鉦，與後世小説所謂"鳴金收兵"的"金"同；例⑤"金"借代官印：所取意義各不相同。

三、藏　詞

把古書中的一句話或一個短語割裂開來，以其中的某一部分來作爲另一部分乃至整個語句的替換說法，卻將本來要說的詞語藏了起來，這種修辭方式叫做藏詞。

從形式上看，藏詞主要包括三類：

（1）截取語句後面部分來表示語句前面部分的意思，這種形式又叫“藏頭”。例如：

①漢世良吏，於茲爲盛，故能降來儀之瑞，建中興之功。（《後漢書·左雄傳》）

②至乎耳順之年，履折衝之位，號至將軍，誠士之高致也。（《漢書·蕭望之傳》）

③審塞翁之倚伏，達蒙叟之浮休。（張説《右羽林大將軍王公神道碑奉勅撰》）

例①本於《尚書·益稷》：“簫韶九成，鳳皇來儀。”而藏前之“鳳皇（凰）”，代以後之“來儀”。例②本於《論語·爲政》：“六十而耳順。”而藏前之“六十”，代以後之“耳順”。例③上句出自《老子》第五十八章：“禍兮福所倚，福兮禍所伏。”而藏前之“禍”“福”，代以後之“倚”“伏”；下句出自《莊子·刻意》：“其生若浮，其死若休。”而藏前之“生”“死”，代以後之“浮”“休”。

（2）截取語句前面部分來表示語句後面部分的意思，這種形式又叫“歇後”。例如：

①陛下隆於友於，不忍遏絕。（《後漢書·史弼傳》）

②或因罪而引高，或色斯以求名。（《後漢書·左雄傳》）

③隋盧思道嘗共壽陽庾知禮作詩，已成而思道未就，禮曰：“盧詩何太春日？”（《太平廣記》卷二五三引《啓顏録》）

例①出自《尚書·君陳》：“惟孝、友於兄弟，克施有政。”而歇後之“兄弟”，代以前之“友於”。例②出自《論語·鄉黨》：“色斯舉矣，翔而後集。”而歇後之“舉”，代以前之“色斯”。例③出自《詩經·豳風·七月》：“春日遲遲。”而歇後之“遲遲”，代以前之“春日”。

（3）撮取語句中並不相鄰的兩個字詞來表示整個語句或者語句中其他字詞的意思。例如：

①君匪從流，臣進逆耳。（蕭統《文選序》）

②重以尸素，抱罪枕席。（《晉書·紀瞻傳》）

③四海想中興之美，羣生懷來蘇之望。（劉琨《勸進表》）

④豈不旦夕念，爲爾惜居諸。（韓愈《符讀書城南》詩）

例①“從流”二字撮取自《左傳·成公八年》：“君子曰：‘從善如流，宜哉！’”表示“從善如流”的意思。又，“逆耳”意指“忠言”，本《孔子家語·六本》引孔子語“忠言逆於耳而利於行”，則屬“藏頭”。例②語本《漢書·朱雲傳》：“今朝廷大臣，上不能匡主，下亡以益民，皆尸位素餐，孔子所謂‘鄙夫不可與事君’、‘苟患失之，亡所不至’者也。”撮取“尸素”二字，表示“尸位素餐”的意思。例③語本《尚書·仲虺之誥》：“徯予后，后來其蘇。”撮取“來蘇”二字表示“后來其蘇”。例④語本《詩經·邶風》的《柏舟》與《日月》，兩詩並有“日居月諸”語，此撮取“居諸”二字表示“日月”（時光）。

從形式上看，藏詞的具體做法幾乎無規律可循，從原句中截取哪些字來代稱，完全由作者隨意抽取。如“從流”抽取“從善如流”的首尾字；“尸素”抽取“尸位素餐”的一、三字；“來蘇”則抽取“后來其蘇”的二、四字。

把古人成語硬扯下來，造成大批文理不通的藏詞語，用在自己的文章裏以標新立異，這是六朝以下某些文人的陋習。其法本不足取。但由於古人文章裏有不少這樣的修辭用例，既然是一種歷史事實，我們當然不能不予注意，否則閱讀古籍可就茫然不得其解了。

四、委　婉

話不便直說，而用委婉含蓄的語詞轉彎抹角地把意思表達出來，這種修辭方式叫做委婉。

古人由於等級觀念牢固、迷信思想嚴重、講究爲人禮節、重視交際辭令諸多原因，說話行文，每多委婉。讀古書時，必須細加體會，方能透過委婉語辭的字面意思，深入理解作者的真正思想感情。例如：

①荒侯市人病，不能爲人。(《史記·樊噲列傳》)

②行年四歲，舅奪母志。(李密《陳情表》)

③左右不明，卒從吏訊。(鄒陽《獄中上梁王書》)

④後朞年，齊王謂孟嘗君曰："寡人不敢以先王之臣爲臣。"(《戰國策·齊策四》)

⑤王之春秋高，一日山陵崩，太子用事，君危於累卵，而不壽於朝生。(《戰國策·秦策五》)

⑥（屈原）乃往見太卜鄭詹尹曰："余有所疑，願因先生決之。"詹尹乃端策拂龜，曰："君將何以教之?"(《楚辭·卜居》)

⑦曏者僕常廁下大夫之列，陪外廷末議。(司馬遷《報任少卿書》)

⑧子反曰："如天之福，兩君相見，無亦唯是一矢以相加遺，焉用樂?"(《左傳·成公十二年》)

例①"爲人"實是男女性行爲的委婉說法。這是避粗俗。例②，封建社會裏，婦女改嫁被看作是"失節"的不體面事，李密爲了替母親的改嫁掩飾，用"舅奪母志"作辯護。這是要面子。例③鄒陽雖然滿腹含冤，但是不敢直接指斥梁王，卻把昏庸不明的罪名推到梁王手下人"左右"身上。這是怕冒犯。例④齊王的話實際上是"我要解除你的職務"的委婉語。這是減刺激。例⑤"春秋高"是"老"的委婉語。"山陵崩"是"死"的委婉語。這是忌惡辭。例⑥"君將何以教之"實際的意思是："你要占卜甚麼?"這是表客套。例⑦中，"廁"（夾雜）實際上衹等於說"位居"，"下大夫"衹等於說"羣臣"，"陪"衹等於說"參加"，"末議"衹等於說"議（政）"。這是示謙敬。例⑧：晉國的郤至出使楚國，楚以諸侯之樂待之。郤至辭不敢受，曰："如天之福，兩君相見，何以代此？下臣不敢。"楚子反於是說了以上的話。"無亦唯是一矢以相加遺"（恐怕衹能用一枝箭彼此相贈）云云，本意是說：（晉、楚兩君大概衹有戰爭才會相見，因此）恐怕衹能兵戎相加。古人（特別是上古時代）極其重視外交辭令，即使在兩軍對峙、劍拔弩張、兵戎相見的情況下，使臣們說的話表面上也還是很客氣、很婉轉、娓娓動聽的；如果我們字字句句當作真話來讀，那就錯了。

五、雙　關

利用詞語的音義關係，用同一詞語關顧兩種不同的事物，產生表、裏兩重意思，即表面上說的是這件事，實際上指的是另一件事，這種修辭方式叫做雙關。

雙關根據它的表現形式可以分爲三類：①意義雙關；②諧音雙關；③對象雙關。分別說明如下：

（一）**意義雙關**（以同形詞為雙關語的雙關）

①韓信曰："善。先生相寡人何如？"對曰："願少閒。"信曰："左右去矣！"通曰："相君之面，不過封侯，又危不安。相君之背，貴乃不可言。"（《史記·淮陰侯列傳》）

②謝公始有東山之志，後嚴命屢臻，勢不獲已，始就桓公司馬。於時，人有餉桓公藥草，中有遠志。公取以問謝："此藥又名小草，何一物而有二稱？"謝未即答。時郝隆在坐，應聲答曰："此甚易解：處則爲遠志，出則爲小草。"謝甚有愧色。（《世說新語·排調》）

例①中的"面"有兩個意思：一是"臉面"，二是"面嚮（漢王）"；"背"也有兩個意思：一是"脊背"，二是"背叛（漢王）"。蒯通真正要表達的都是後一個意思。例②郝隆借用了中藥遠志的字面意思，對謝安進行諷刺，說他當初隱居東山時尚有"遠大志嚮"，現在出來做官，卻衹能算一根微不足道的"小草"了。

（二）**諧音雙關**（以同音詞為雙關語的雙關）

①司馬温公名光，一日召僧作道場，念藥師光佛，僧諱"光"字，念作"皎"字。公出行香聽知，問其故，答："避尊諱耳。"公笑曰："我若不出來行香，不知你們攪到幾時去？"（馮夢龍《廣笑府》卷五）

②別後常相思，頓書千丈闕，題碑無罷時。（《樂府詩集·華山畿》二十五首之九）

例①"攪"與"皎"諧音雙關。例②"題碑"與"啼悲"諧音雙關。

（三）**對象雙關**（指桑罵槐式的雙關）

①亞父受玉斗，置之地，拔劍撞而破之，曰："唉！豎子不足與謀。奪項王天下者，必沛公也，吾屬今爲之虜矣。"（《史記·項羽本紀》）

②湖中百種鳥，半雌半是雄。鴛鴦逐野鴨，恐畏不成雙。（《樂府詩集·夜黄》）

例①"豎子不足與謀"，范增（亞父）表面上罵的是項莊，實際上罵的卻是項羽。例②則是以動物的成雙雙關男女的成雙。

六、倒　文

爲了求得語勢陡健、文筆多變，或者爲了突出描寫對象，或者爲了適應韻文對仗、平仄、押韻的需要，而將普通語序加以變動，這在修辭上稱爲倒文。例如：

①武王之伐殷也，革車三百兩，虎賁三千人。王曰："無畏！寧爾也，非敵百姓也。"若崩厥角稽首。（《孟子·盡心下》）

②久拚野鶴如雙鬢，遮莫鄰雞下五更。（杜甫《書堂飲既夜復邀李尚書下馬月下賦絕句》）

③春與猿吟兮，秋鶴與飛。（韓愈《柳州羅池廟碑》）

例①本謂"厥角稽首若崩"，因爲要突出"若崩"而倒文。例②將"雙鬢如野鶴"倒文說成"野鶴如雙鬢"，既是調平仄的需要（"野鶴如雙鬢"是仄仄平平仄，"鄰雞下五更"是平平仄仄平，上下兩句平仄相對），也使對仗更爲工整。例③將"秋與鶴飛"說成"秋鶴與飛"，文字更爲矯健有力而多變化。

七、變　文

通過換用同義字詞以避免同字重出、行文重複，求得文句有所變化而不板滯，這種修辭方式叫做變文。

變文避複是古人行文的習慣，瞭解到古漢語這一特點，我們便可以利用避複的詞語互相訓釋，從而獲得詞義。例如：

①夫禮，天之經也，地之義也，民之行也。天地之經，而民實則之。則天之明，因地之性，生其六氣，用其五行。（《左傳·昭公二十五年》）

②流共工於幽州，放驩兜於崇山，竄三苗於三危，殛鯀於羽山。（《尚書·舜典》）

③魯人皆以儒教，而朱家用俠聞。（《史記·游俠列傳》）

④前年殺彭越，往年殺韓信。（《漢書·黥布傳》）

例①孔穎達疏曰："既言'天之經'，不可復言'地之經'，故變文稱'義'；既言'則天之明'，不可復言'則地之性'，故變文言'因'，'因'之與'則'，互相通也。正是變文使相辟耳。"例②"流"、"放"、"竄"、"殛"四字變文而同義，皆取"流放"之意。其中"殛"爲"極"字假借，若依本字釋爲"誅殺"，可就錯了。例③"以"、"用"變文，作用相同。例④彭越、韓信並死於公元前196年。此"前年"、"往年"都是"去年"的意思。顏師古注引張晏曰："往年與前年同耳，文相避也。"

八、互　文

當需要同時敘述兩件存在某些共同性的事物時，爲了避免行文重複或者爲了使得句式整齊，將其共同性一分爲二分配給這兩件事物，使各舉其一而省其一，多數情況下並用相同的語法結構加以敘述，這種修辭方式叫做互文。

互文在古詩文中頗爲常見，閱讀時凡遇使用互文之處，必須前後參合理解才能得到完整的意義。

根據句式不同，互文可以分爲"本句互文"與"對句互文"兩類，今各舉例如下：

（一）本句互文

①秦時明月漢時關，萬里長征人未還。（王昌齡《出塞》）

②煙籠寒水月籠沙，夜泊秦淮近酒家。（杜牧《泊秦淮》）

例①"秦"與"漢"互文，言"秦"則含"漢"，言"漢"則含"秦"。"明月"與"關"互文，言"明月"則含"關"，言"關"則含"明月"。首句本可說"秦漢時明月秦漢時關"，可是受到音節和字數的限制，須要省去兩個，於是前但舉"秦"而省"漢"，後但舉"漢"而省"秦"，解釋時務須參合以見意。例②"煙"與"月"互文，"寒水"與"沙"互文。此句寫河邊夜景，言"煙氣和月光同時籠罩著帶寒意的河水與沙灘"。

（二）對句互文

①雄兔腳撲朔，雌兔眼迷離。（《木蘭詩》）

②不以物喜，不以己悲。（范仲淹《岳陽樓記》）

例①“雄兔”與“雌兔”互文，“腳撲朔”與“眼迷離”互文。這是説“雄兔、雌兔都腳撲朔、眼迷離”。例②“物”與“己”互文，“喜”與“悲”互文。此言“不因環境（的好壞）和自己（的得失）而高興或悲傷”。

九、合　敘

爲了使句子緊湊、文字簡約，把兩件事物合在一起加以敘述，這種修辭方式叫做合敘，或稱並提。例如：

①齊、楚遣項它、田巴將兵，隨市救魏。（《漢書·魏豹傳》）

②重巖疊嶂，隱天蔽日，自非亭午夜分，不見曦月。（《水經·江水注》）

③句讀之不知，惑之不解，或師焉，或否焉，小學而大遺，吾未見其明也。（韓愈《師説》）

例①顏師古注：“楚遣項它，齊遣田巴。”顯然，《漢書》這裏用了合敘。值得注意的是，此例合敘，表示主語的兩個詞的先後與表示賓語的兩個詞的先後並不一致。例②“亭午”、“夜分”是兩個不同的時間，“曦”、“月”是兩種不同的自然現象，合起來講不通。這裏用的是合敘修辭法，應理解爲：自非亭午不見曦，自非夜分不見月。例③本意謂“句讀之不知，或師焉；惑之不解，或否焉”，今將“句讀之不知”與“惑之不解”合敘，頗易使人迷惑。

十、連　及

本來是對甲事物作描述，但行文時爲了湊個音節，又連帶涉及乙事物，把乙事物作爲陪襯，這在修辭上叫做連及。例如：

①禹稷當平世，三過其門而不入。（《孟子·離婁下》）

②又嘗同席讀書，有乘軒冕過門者，寧讀如故，歆廢書出看。（《世説新語·德行》）

③便可白公姥，及時相遣歸。（《古詩爲焦仲卿妻作》）

例①“三過其門而不入”的是大禹，作者這裏則連帶説到了后稷。例②因説軒（大夫乘坐的車）而連帶説到冕（高官戴的禮帽）。例③該詩中衹出現劉蘭芝的婆婆，“白公姥”當是向婆婆稟告，此因説“姥”連帶及“公”。

通論七　避諱基本知識

一、甚麼是避諱

避諱有廣狹二義。

廣義的避諱實際包括敬諱、忌諱與憎諱三種情況。

出於迷信畏忌心理而諱用、諱言兇惡不吉利字眼或音節的，這是忌諱。如（明）陸容《菽園雜記》卷一所説，吴人諱言“離散”，稱“梨”爲“圓果”，稱“傘”爲“竪笠”，就是例子。

出於厭惡憎恨心理而不願名姓、物稱與仇家或鄙夷之人姓、名同的，這是憎諱。如唐肅宗惡安禄山，郡縣名帶“安”字的多加改易：安定郡改保定，安化郡改順化，安邊郡改興唐，安康郡改漢陰，安邑縣改虞邑，尚安縣改萬全，同安縣改桐城，綏安縣改廣德，等等，就是例子。

由於封建禮制、禮俗的規定、約束，或出於敬重的原因，而不敢直稱尊長名字，以至諱用與尊長名同或僅音同的字的，這是敬諱（敬諱發展到了極端，也有不限於諱避名字的，詳見下文）。如漢武帝名徹，漢人諱“徹”爲“通”，而《史記》、《漢書》並稱“蒯徹”作“蒯通”，就是例子。

狹義的避諱專指敬諱一類情況。這是我國古代史上特有的現象，其俗起於周，成於秦，盛於唐宋，延及清末，歷時近三千年，它不但是我國古代文化史研究中的一個重要課題，而且也是一切需要利用古書材料進行研究工作者所不容忽視的問題。

敬諱之初，衹避君主、上司、父祖、一切尊者、長者、敬重者之名及名之相同字而已，即所謂避正諱。三國以後，開始有連與名音同、甚至音近的字也回避的，即所謂避嫌名。如晉代羊祜爲荆州守，州人爲他諱名，把户稱爲“門”，又改“户曹”作“辭曹”，就是例子。後世諱避嫌名的風氣愈演愈烈，到了宋代頒布的文書令，居然有的皇帝應避嫌名多至五十幾字。

敬諱之初，對於二字名，衹需避免二字連用，無須逐字諱避。《禮記·曲禮上》説：“二名不偏諱”，即指此言。然而到了唐代，則往往名有兩字，兩字均諱。唐太宗武德九年曾經明令：“依禮，二名不偏諱。近代以來，兩字兼避，廢闕已多，率意而行，有違經典。其官號、人名、公私文籍，有‘世民’兩字不連續者，並不須諱。”然而今天我們所見唐修《晉書》、《隋書》、《南史》、《北史》諸史，諱“世”爲“代”，諱“民”作“人”之例，比比皆是，可知太宗身後，即使二名也“偏諱”了。

唐宋之世，敬諱的回避既繁且濫，除嫌名、偏諱外，又有避及偏旁字的。唐武宗名炎，兼避“談”、“淡”、“郯”字。時人改“談”作“譚”；書“淡”爲“澹”；而唐順宗子李經，本封郯王，其後人李嗣周則因避武宗諱，襲爵改稱爲嗣覃王。更有甚者，宋代宋偓本名延渥，衹因父名廷浩，下字从“水”，開寶初遂上言改名“偓”。這就連名字的形旁也諱避了。

敬諱例以諱名爲主，不過也有諱字的，諱姓的，以至諱陵名、諱謚號、諱年號的，等等。

《顔氏家訓·風操篇》説："古者，名以正體，字以表德，名終則諱之，字乃可以爲孫氏。……江南至今不諱字也。河北士人全不辨之，名亦呼爲字，字固呼爲字。尚書王元景兄弟，皆號名人，其父名雲，字羅漢，一皆諱之，其餘不足怪也。"説的便是南北朝時諱字的情况。

明代以國姓朱，内臣姓朱者令改姓諸，以副"公族無刑人"之義，這是諱姓。

南朝宋明帝，以長寧郡名與文帝陵同，改稱爲永寧郡，這是諱陵名。

魏朝本來賜謚司馬昭父懿爲文侯、兄師爲武侯，司馬昭以文、武乃魏高祖、太祖謚號，不敢與二祖同，上表請改，遂易謚"宣文"、"忠武"，這是諱謚號。

晉惠帝因用年號永康，遂改永康縣爲武康，這是諱年號。

要之，敬諱的内容十分豐富，實不限於諱名一項。

二、敬諱的方法

古人出於避"敬諱"的需要，曾經創造性地發明了各種各樣的避諱的方法，今略作介紹如下：

（一）作"某"

不敢斥稱君主、尊長之名而用一"某"字代。如《尚書·金縢》載，周武王有疾，周公願代其死，對在天先王而祝曰："惟爾元孫某，遘厲虐疾。若爾三王是有丕子之責於天，以旦代某之身。"孔氏《傳》曰："元孫，武王。某，名。臣諱君，故曰'某'。"周武王名發，祝文對神而誓，當不避武王名，此必其後史官追諱而改作"某"。明吴元滿《六書正義》説："某，未定之詞，知其名不敢犯諱皆曰'某'。"清人周廣業更認爲："以'某'代名，自周迄漢並然，至《三國志》始於《帝紀》書'諱'。"

（二）作"某甲"

不敢斥稱君主、尊長之名而用"某甲"二字代替。如《三國志·崔琰傳》裴松之注引《魏略》曰：許攸字子遠，"自恃勳勞，時與太祖相戲，每在席，不自限齊，至呼太祖小字曰：'某甲，卿不得我，不得冀州也。'"魏太祖曹操小字阿瞞，此"某甲"二字本來當是"阿瞞"，史臣不敢斥尊，因而作了"技術處理"。又如《南齊書·祥瑞志》載會稽剡縣刻石文曰："黄天星，姓蕭字某甲，得賢帥，天下太平。"碑文讖語所言爲南朝齊高帝蕭道成事，"某甲"原文當是"道成"，這也是史臣避諱所追改，然而經此一改，韻語也就變成散句了。

（三）標"諱"

凡遇御名（國君名）、廟諱（國君先人名），不予書出，祇標"諱"字。如《三國志》卷五《魏后妃傳》裴松之注引《魏書》："（甄）后笑答之曰：'諱等自隨夫人，我當何

憂!’”“諱”指後來的魏明帝（曹）睿。

（四）省闕

凡遇必須避諱的字，或徑直省去，或留空白，或作空圍（口）。唐末朱温專權，避父朱誠嫌名，諸縣名内有“城”字的，如韋城、考城、胙城、襄城等，一概去掉“城”字；又，《隋書》避唐太祖景皇帝李虎諱，韓擒虎衹稱“韓擒”。

（五）代字

凡遇必須避諱的字，改用其他字代替。用來代替的字，通常以同義爲常見，正如北齊顔之推所説的：“凡避諱者，皆須得其同訓以代换之。”漢高祖名邦，西漢人凡遇“邦”字都改寫成“國”；淮南王劉安父名長，安所著《淮南子》，諸“長”字都改用“修”。此外，隋唐以前，還有用音同音近字代替避諱字的：司馬遷父名談，《史記》於是稱張孟談爲“張孟同”，趙談爲“趙同”，李談爲“李同”；南朝宋范曄父名泰，而《後漢書》改書郭泰作“郭太”，鄭泰作“鄭太”，即是。又後世偶爾也有用形近字代替避諱字的，如唐高祖李淵父名昺，兼避嫌名“秉”，而《北史·崔鑒傳》改“崔秉”爲“崔康”，《王思政傳》改思政子“王秉”爲“王康”，《王肅傳》也改王肅弟“秉”爲“康”，《薛安都傳》又改“沮渠秉”爲“沮渠康”，所用“康”字代“秉”，即取形近。

（六）改稱

遇有名號觸諱的人、事、物，就换用别的叫法來稱呼它。如《晉書》避唐高祖李淵諱，於劉淵則稱其字“劉元海”，於戴淵則稱其字“戴若思”，避不言名；五代楊行密據江淮，當時人避其名諱，稱荇溪爲“菱溪”，稱杏爲“甜梅”，稱蜜爲“蜂糖”；清末帝溥儀，避偏諱“儀”，改儀徵縣爲揚子縣，就是例子。

（七）更讀

遇到必須避諱的字，並不竄改字形，而衹變讀字音，或者徑自改讀他字。元孔齊撰《至正直記》卷三説：“丘字，聖人諱也。子孫讀經史，凡云孔丘者，則讀作‘某’，以朱筆圈之；凡有‘丘’字，讀若‘區’；至如詩以爲韻者，皆讀作‘休’。”説的便是這種情况。又據清人鄭廉《豫變紀略》所載：明末秀才陳天清被農民起義軍俘虜，義軍部帥有綽號琉璃滑的讀過一點兒書，令陳誦陶淵明《歸去來辭》扇文，至“晨光熹微”句，急喊停止，説：“汝非秀才也！當作‘某微’，何乃作‘熹微’乎？”陳鄂然，好久方纔醒悟過來：這是避考亭夫子朱熹諱啊！可知更讀避諱的方法，並非説説而已，確實曾經實行過的。

（八）缺筆

遇必須避諱的字，書寫時省一兩畫，甚至三畫。其法創自唐初，沿用直至清末。如清仁宗名顒琰，清人書“顒”作“**顒**”，即是。而尤其以省去字的最後一筆爲常見，無庸舉例。

（九）變體

遇必須避諱的字，故意不按常體書寫而改變其字形。《金史·孫即康傳》載：泰和末，金章宗曾嚮尚書右丞孫即康請教廟諱回避書式，於是規定熙宗廟諱（亶）从“面”从“且”；睿宗廟諱（宗堯）上字从“未”，下字从“𡉱”；世宗廟諱（雍）从“系”；顯宗廟諱（允恭）如正犯字形，止書斜畫，“沇”字、“鈗”字各从“口”，“兑”、“悦”之類各从本體。即其例。又如，清人避仁宗諱，書“琰”作“琂”；（清）景日昣父名星，日昣所撰《説嵩》聲稱：“集中‘星’字，先子諱也，變筆爲‘甠’。”也都屬於此類。

（十）草書

《朱子語類》卷一三八所謂“見人名諱同，不可遽改，衹半真半草寫之”，即是。

（十一）拆字

不敢斥稱君主、尊長名字而將一字拆成偏旁先後説出。如宋鄭思肖《先君菊山翁家傳》説：“祖左氵右斤。”即是不敢直斥祖名，而將“沂”字説成“左氵右斤”。（宋）沈括《夢溪筆談》卷三説：“予家有閻博陵畫唐秦府十八學士，各有真贊，亦唐人書，多與舊史不同。……蘇典簽名从日从九，《唐書》乃从日从助。”其中不言“旭”而言“从日从九”，不稱“勗”而稱“从日从助”，則是爲了諱避宋神宗趙頊的嫌名。又如《吴越備史》卷一引羅隱《賀昭宗更名表》説：“上則姬昌之半字，右則虞舜之全文。”不明説“曄”字而稱“上則……”、“右則……”，原因既寓贊美，也爲避諱。“（姬）昌”爲周文王名，“昌”之半，即“日”字；虞舜名重華，此所謂“虞舜之全文”，實僅指“華”字全文。“日”、“華”左右相合，即成“曄”字。不言“左右”而言“上右”，則是爲避吴越忠獻王錢佐嫌諱。

（十二）連字

名稱兩字中有一字犯諱，爲避諱將兩字連成一字。如李延壽《北史》避唐高祖李淵廟諱，卷七十八張大淵本傳追改張大淵作“張奫”，而曰：“本名犯廟諱”，即是其例。

（十三）曲説

遇必須避諱的字，直言既不方便，就采取轉彎抹角的方式曲折説出。如鄭思肖《先君菊山翁家傳》説：“先君字叔起，號菊山，名與字之下字同，昔年嘗名正東方之卦。”鄭思肖於《家傳》中不明言父名起，嘗名震，即寓有避諱之深意。又據宋李石《續博物志》卷六載，後唐末帝李從珂，“小字二十三，蓋正月二十三日生也。以是日爲千秋節；人臣奏對，但云兩旬三日。或數物，則云二十二更過二十四”，也是很典型的曲説避諱的例子。

（十四）析言

於先世名，其二字者，取古禮“二名不偏諱”之義，不連稱，離析爲單字分開説出。

清俞樾《茶香室叢鈔》卷五說："今人稱其先世之名，每曰'上諱某，下諱某'。此語宋人已然。宋王楙《野客叢書》有'髯奴事'一條，云：'炳之，僕曾大父也。上字諱伯，下字諱虎。'又宋張世南《遊宦紀聞》云：'先伯諱，上大下正。'"即指此言。又如，鄭思肖《先君菊山翁家傳》："高祖上字秀下字穎，曾祖上字昭下字嗣。"也是不敢直斥高祖、曾祖名而將二字名離析爲單字說出的例子。

（十五）倒言

名之二字恰與尊長名稱讀音相近，爲避嫌諱顛倒二字次序稱之。宋蔡絛《鐵圍山叢談》卷二載："宰相堂食，必一吏咊咊呼其名，聽索而後供。此禮舊矣。独'菜羹'以其音頗類魯公姓諱，故回避而曰'羹菜'，至今爲故事。"所說魯公指宋徽宗朝太師、魯國公蔡京。此因"菜羹"音近"蔡京"，避諱倒言變成"羹菜"。

（十六）填諱

行文遇父祖之名，留空不書，而託他人代筆填寫。如明代邵經邦，作《一鑒亭記》，因父名鑒，故"鑒"字不自書，而由李坰填諱。就是例子。又，舊時子孫爲先人撰寫行狀碑志等文，每請人代書祖先名號，其例尤常見，清人王芑孫《碑版文廣例・碑用他人填諱書名例》說之甚詳。

（十七）覆黄

字同御名，覆以黄紙。宋胡安國《春秋傳》卷首《論名諱劄子》說："臣今奉旨纂修……臣所纂修缮寫進本，援引他經子史之類，欲乞應犯聖朝廟諱不可遷避者，依太常博士王晳所進《春秋解》例，並依監本空缺點畫，於淵聖御名亦不改易本字，覆以黄紙。庶幾名實不亂，上尊《春秋》之法，亦以消臣子諂諛之端。"據胡氏言，則"覆黄"的作法在其《春秋傳》前已有王晳《春秋解》先例。而既可"名實不亂"，又不至犯上忤逆，可謂兩全其美，故其法金代也曾行之。《金史・樂志上》載："初，太宗取汴，得宋之儀章鐘磬樂簴，挈之以歸。皇統元年，熙宗加尊號，始就用宋樂，有司以鐘磬刻'晟'字者犯太宗諱，皆以黄紙封之。"可證。

（十八）覆絳

字與父、祖名同，覆以絳羅。元袁桷《書陸淳〈春秋纂例〉後》說："劉氏《傳》，乃先越公居宥府時，岳肅之侍郎所遺。家諱咸以絳羅覆。"所說的劉氏《傳》指宋劉敞《春秋傳》；先越公指其曾祖袁韶，韶於宋理宗朝任參知政事，卒贈越國公；岳肅之侍郎即南宋的岳珂，肅之是他的字。封建社會，黄爲皇家專用色，他人不得染指。故御諱覆黄，袁氏家諱欲效其法，然而不能覆黄，衹可覆絳。

以上介紹歷代避諱方法凡 18 例，其中最爲常見的當數省闕、代字、改稱、缺筆 4 例。從這些方法的應用中可以見到：古人爲了顯示尊君崇祖、敬上重尊，確實曾經絞盡脑汁、挖空心思，精心設計出許許多多荒誕可笑、自欺欺人的所謂避諱形式。而這一切，都是在强烈的封建宗法觀念支配下自覺或不自覺地進行的。

三、敬諱的影響

敬諱作爲中國古代史上特有的現象，它對於漢文化影響的廣泛、深遠，是任何一種避諱現象對於世界任何其他民族文化的影響所不能比擬的。今略舉其數端：

（一）對漢語詞彙的影響

敬諱對漢語詞彙的影響主要表現在以下4個方面：

1. 增加新義項

"代"本義爲更替，《説文·人部》："代，更也。"段玉裁注："凡以此易彼謂之代。"而其字从"人"，當是取義於父子相繼更替，即"世代"義，故在唐以前僅可用於下而不可行於上，即可以説"三代孫"而不可説"三代祖"。後者本當説"三世祖"，可是到了唐代，因避太宗李世民諱，於是有了"某代祖"的説法。

> 《舊唐書·王方慶傳》載方慶上奏則天皇帝："臣十代從伯祖羲之書……唯有一卷見今在。又進臣十一代祖導、十代祖洽、九代祖珣、八代祖曇首、七代祖僧綽、六代祖仲寶、五代祖騫……並九代三從伯祖晉中書令獻之已下二十八人書，共十卷。"

又如："諱"本無"名稱"義，但因古代避諱盛行，避諱即諱避名稱，而"名諱"二字又常連用，加上避諱方法有標一"諱"字以代替需要諱避名稱的所謂"標諱"例，凡此種種，久而久之，便使"諱"字産生了"名稱"這一新的義項。

> 《水滸傳》第三回："史進道：'小人大膽，敢問官人高姓大名？'那人道：'洒家是經略府提轄，姓魯，諱個達字。敢問阿哥，你姓甚麽？'史進道：'小人是華州華陰縣人氏，姓史，名進。'"

這裏，魯達所謂"諱個達字"意思即是"稱個達字"，"名個達字"，此"諱"字實際上與史進回答的"名進"的"名"同義。

2. 出現新讀音

漢代諸侯國魯有個屬縣叫蕃縣，取"魯國南藩"的意思，"蕃"本來讀如藩屏的"藩"。漢末陳逸爲魯相，因陳逸父名恰好與縣名相同，國人避諱，變讀縣名爲音"皮"。於是，"蕃"便有了"皮"的新讀音。元人何異孫《十一經問對·孟子問對》：

> 問曰："《離婁下》'愛人者，人恒愛之；敬人者，人恒敬之'，《文公上》'恒産'、'恒心'，皆訓'常'，讀亦'常'。今之小學，盍從胡登反？本音如何？"
>
> 對曰："此恒字係宋真廟諱，今已革命，合依《周易·恒卦》，照十七登韻本音爲正……《易·乾卦》'進退無恒'、'上下無常'，今老於儒學者尚有'常常'之讀，何責小學！"

據此可知，宋人曾經因避宋真宗趙恒諱，而賦予"恒"讀爲"常"的新讀音。

3. 産生新詞語

唐代敬避高祖李淵名諱，於是便有"泉藪"的説法；敬避太宗李世民名諱，廟號因而没有"世宗"而有"代宗"，"世系"也稱爲"代系"；敬避玄宗李隆基名諱，又稱"穹隆"作"穹崇"。這裏，"泉藪"、"代宗"、"代系"、"穹崇"等詞語，便都是敬諱的産物。又，成語"管中窺豹"，最初的説法應當是"管中窺虎"，《三國志·魏武帝紀》

裴松之注引曹操建安八年令："論者之言，一似管窺虎皸！"可證。唐人避李淵祖父諱，改稱"窺豹"，於是沿用到了今日。至於"祇許州官放火，不許百姓點燈"這一至今家喻户曉的俗語，更完全是出自於宋代的避諱典故。

4．造成怪誕詞及詞的怪誕用法

晉人避簡文鄭太后阿春諱，稱"春秋"爲"陽秋"，於義不通；然而後世仿效，宋葛立方竟名所撰詩話爲《韻語陽秋》。宋范鎮父名度，鎮所撰《仁宗實録》説："古者黄鐘爲萬事根本，故尺量權衡，皆起於黄鐘。"爲避父諱而將"度量權衡"説成"尺量權衡"。然而度、量、權、衡四字於此皆表計量行爲，本同一類，改用上一個表示計量單位的"尺"，就不倫不類了。唐高祖李淵祖父名虎，唐人爲避諱，於是"畫虎不成反類狗"的成語竟成爲"畫龍不成反爲狗"①，令人費解；還有"熊武之姿"、"握蛇騎武"、"龍行武步"、"武視江湖"一類説法，也都怪誕離奇，失其義理。

（二）對漢字使用的影響

敬諱對漢字使用的影響包括3個方面内容：

1．産生殘缺字

利用缺筆來達到避諱目的，這是唐初人的一大發明。由於此法簡便易行且不混淆詞義、無須竄改史實，因此出現之後頗爲盛行，並一直沿用到了清末。宋洪邁在《容齋隨筆》中稱："孟蜀所刻石經，其書'淵'、'世'、'民'三字皆缺畫，蓋避唐高祖、太宗諱也。"説的正是這種情況。而今所見傳世清代刊本書籍，凡與清帝名同諸字莫不缺筆，幾乎成了定例。

2．造成異體字

古人遇到須要敬諱的字，有時故意不按常體書寫而變其形，於是造成了一批異體字，其中有的還取代了正字流傳下來。宋張世南《遊宦紀聞》卷九説：

> "世"字因唐太宗諱世民，故今"牒"、"葉"、"棄"皆去"世"而從"云"。"漏泄"、"縲紲"又去"世"而從"曳"。"世"之與"云"，形相近；與"曳"，聲相近。若皆從"云"，則"泄"爲"汯"矣，故又從"云"而變爲"曳"也。

又説：

> "民"則易而從"氏"。"昏"、"愍"、"泯"之類，至今猶或從"氏"也。

説的就是這種情況。又如，金避熙宗完顔亶諱，規定"亶"字寫成"从'面'从'旦'"；避世宗完顔雍諱，規定"雍"字作"**雝**"；明避成祖朱棣諱，"棣"字變體作"椃"；清避仁宗顒琰諱，"琰"字變體作"**琂**"，也都是這一方面的例子。

3．出現代用字

明人避光宗朱常洛諱，凡應當用"常"字的地方每每用"嘗"字代。其時所刊書籍，常可見到"嘗伯"、"奉嘗"、"天嘗"、"倫嘗"、"綱嘗"、"尋嘗"、"太嘗寺"、"嘗熟縣"一類詞語，内中"嘗"字實都是"常"的避諱代用字。清人避高宗弘曆諱，凡遇"弘"字多寫作"宏"，於是書唐高宗年號弘道作"宏道"，書南明福王年號弘光作"宏光"，

① 語見《後漢書·馬援傳》。（宋）王楙以爲："蓋章懷太子避唐諱所改爾。"

書前代弘文館作“宏文館”，書唐高宗太子弘作“宏”，書南唐元宗太子弘冀作“宏冀”，書宋宣祖趙弘殷名作“宏殷”。又避聖祖玄燁諱，書籍行文之中用“元”代“玄”，也成定例，無庸贅述。

（三）對名物制度的影響

敬諱對名物制度影響之大，異乎尋常。舉其要，則有：

1. 名物易稱

有改官稱、爵號的，如：春秋晉僖侯名司徒，因改稱司徒爲中軍；宋武公名司空，因改稱司空作司城。漢武帝名徹，因改徹侯爲通侯，或曰列侯。有改姓氏、名字的，如：唐代丙粲，因避唐高祖父親、追尊世祖元皇帝李昞嫌名，改姓李氏。後唐王傪，因與時相韋説祖父同名，改名爲“操”。有改州郡縣名的，如：後唐避莊宗父親李國昌諱，同光二年二月丁酉日經吏部奏請敕准，改易州縣名達37處之多。有改山、水名的，如：唐避世祖李昞嫌名，改稱興州順政縣大丙山、小丙山爲大景山、小景山。後秦避太祖姚萇嫌名，改長水爲荆溪。諸如此類的例子非常之多，無庸贅舉。

2. 文書改式

歷代文書用語本來多有定式，但也有因敬避名諱而改變慣常做法的。如：後漢督郵具有推荐人才權力，依照當時的文書式，其板狀於正文下當署“某官某甲保舉”，卻因敬避順帝劉保諱，改書爲“某官某甲守舉”。宋張舜民父名蓋，舜民避父諱，所上表，改套語“蓋伏……”爲“此乃伏……”。又，宋葉夢得《石林燕語》卷四説：“尚書省文字下六司、諸路，例皆言‘勘會’。曾魯公爲相，始改作‘勘當’，以其父名會，避之也。”（清）阮葵生《茶餘客話》卷六載：“鄂西林相公名拜，其子孫寫刺，止用‘頓首’，不寫‘拜’字。”也都是這方面的例子。

3. 職官辭免

晉世定制：“父祖與官職同名，皆得改選。”唐代規定：“諸府號官稱犯祖、父名而冒榮居之者，徒一年。”歷代因所授職府號官稱犯祖、父名而辭職、改選的例子極多。如：南朝齊文惠太子蕭長懋，宋末授秘書丞，因避曾祖承之嫌名，辭不赴任，改中書郎。宋代馬騭，紹興八年知衡州，因爲州内有安仁縣，與父同名，於是辭官。除了府號官稱犯祖、父名須要回避之外，晉世還曾經回避官職與本人同名。《晉書・江統傳》載：江統叔父江春授宜春令，統上疏抗爭：“臣以爲身名與官職同者，宜與觸父祖名爲比。”朝廷從之。

4. 科舉失落

史書所載敬諱影響科舉的例子不少，其中，有因科目名與祖、父名同（或僅音同）而避不就試的：《舊唐書・李賀傳》載：“父名晉肅，以是不應進士，韓愈爲之作《諱辨》，賀竟不就試。”《宋史・劉熙古傳》載：“熙古年十五，通《易》、《詩》、《書》；十九，通《春秋》、子、史。避祖諱，不舉進士。”就是例子。有因祖父名與主考官姓氏同音而就試時受非議的，如：唐裴德融祖父名皋，高鍇以禮部侍郎典貢舉，德融入試，鍇曰：“伊諱皋，嚮某下就試，與及第，困一生事。”有因考生姓氏與父名同音而辭讓主考官的，如：唐崔殷夢父名龜從，殷夢知舉，吏部尚書歸仁晦託弟仁澤，至於三四。殷夢以歸姓與父名首字同音，進表讓官。還有因科舉程文誤犯嫌名而枉被黜落的：明沈德符《萬曆野獲編》

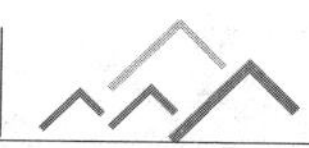

卷一說："宋欽宗諱桓，則並嫌名丸字避之。科場韻脚用'丸'字者，皆黜落。"宋王應麟《詞學指南·作文法》引攻媿樓公說："申錫赴宏辭，多用奇字，已在選中，用'倦飢'字而有司以爲犯廟諱嫌名而罷之。"其實"倦飢"的"飢"字本當作"㑱"，《方言》："㑱，倦也。"《集韻》音竭戟切。俗省作"飢"，於是與亭名"飢㑱、《類篇》胡官切音桓的"飢"相混。更有因名與御名音近而枉降甲第的：明黃溥《閒中今古録》載："天順庚辰，殿試讀卷，定祁順卷第一。既而司禮監太監問所定卷，閣老以姓名對，太監曰：'此卷固出人一等，但傳臚時北方人音與御名相似'。閣老愕然，乃以王一夔卷易之，而祁第二甲中。"所謂御名，指明英宗祁鎮。

5. 禮儀興革

敬諱涉及禮儀，最明顯的例子是"請諱"制度的應運而生。漢世以後，諱避漸嚴，爲防無意之中觸犯對方（尤其上司）家諱，於是産生了所謂的"請諱"制度。《晉書·王述傳》載：永和十年，"（述）代殷浩爲揚州刺史，加征虜將軍。初至，主簿請諱。報曰：'亡祖先君，名播海内，遠近所知；内諱不出門；餘無所諱'，"便是"請諱"見於史書中的例子。明葉子奇《草木子·雜制篇》更是頗爲詳細地記載了宋人"請諱"的做法："宋有禮筵，名曰大排。凡所招親賓，則先請其三代名諱。筵中倡優雜戲歌曲，皆逐一刊定回避，然後呈進。及入人家，皆先問父祖諱，然後接談，冀無誤犯。"此外，敬諱還影響到禮用器物的改制，如：唐高祖李淵祖父名虎，唐朝始一建立，即廢用銀虎符，改用銅魚符。影響到典禮的參與，如：明代丁礦，父名賓，丁礦因此屢次鄉飲舉賓皆堅辭不赴。影響到禮節應酬，如：宋英宗次子趙顥封徐王，顥舊屬官僚鄭穆本來極想前往慶賀，卻因所說方言"顥"、"賀"同音，因而作罷。

（四）對文獻典籍的影響

敬諱對文獻典籍的影響主要表現在對古書文字的删改上。如漢世避高帝劉邦諱，蔡邕所書熹平石經，凡經文中"邦"字都改作"國"。因而《尚書·盤庚中》"安定厥邦"變成"安定厥國"，《論語·八佾》"邦君"變成"國君"，同書《微子》"何必去父母之邦"變成"何必去父母之國"。姚思廉撰《梁書》，諱避父姚察名，《劉孝綽傳》中引《論語·衛靈公》"衆惡之，必察焉；衆好之，必察焉"，兩"必察焉"並改作"必監焉"。《晉書》避唐世祖李昺廟諱，《禮志中》載張華造甲乙之問以論喪服，有"甲娶乙爲妻，後又娶景"云云，簡直不知所云。宋米芾書《千字文》，避宋太宗趙炅舊名光義諱，遂將"金生麗水，玉出昆岡，劍號巨闕，珠稱夜光"四句省去。顯然，這種删改造成古書文字失真，内容令人費解，嚴重的還會引致史實的淆亂，如：《新五代史·杜重威傳》有給事中陳同，實名陳觀，歐陽修父名觀，諱其同名而改爲"同"。《遼史·聖宗紀五》載：統和二十六年七月，"謚皇太弟李胡曰欽順皇帝。"此"欽順"實爲"恭順"，陳大任避金章宗父允恭名追改。魏張揖著書名《廣雅》，至隋避煬帝楊廣諱，被竄改作《博雅》，《崇文總目》卷一小學類上乃有"《博雅》十卷，張揖撰"的記載。《新唐書·地理志一》鳳翔府扶風郡寶雞縣，注曰："東有渠引渭水入昇原渠，通長安故城，咸通三年開。"此"咸通"實爲"咸亨"，是唐人諱避肅宗李亨名改竄的遺留。可是這樣一改，便與一百九十年後唐肅宗時的"咸通"年號相混淆了。

總之，敬諱於古代漢文化影響至深、至廣、至巨。今天看來，其積極的作用少而消極的作用多。不過，作爲一種曾經在人們日常生活中存在了兩千多年之久的文化現象，還是有許多值得研究、探討的地方的。特別是敬諱的結果每每引致古書内容失實、淆亂，學者稍有不慎，極易爲所迷惑，甚而以訛傳訛，貽誤後人。因此，對於辭書編撰者來説，對於所有文史工作者來説，對於學習古代漢語的人來説，弄清古書中錯綜複雜的避諱情况，實在是很有必要的。

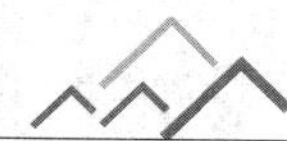

文選五　古代韻文(古注)

詩　經

(漢)毛亨傳,(漢)鄭玄箋,(唐)陸德明音義

關雎(周南)

《關雎》,后妃之德也[1],風之始也,所以風天下而正夫婦也。故用之鄉人焉,用之邦國焉[2]。……是以《關雎》樂得淑女,以配君子,憂在進賢,不淫其色;哀窈窕,思賢才,而無傷善之心焉。是《關雎》之義也[3]。

[1] ○關雎:舊解云,三百一十一篇詩,並是作者自爲名。后妃:芳非反。《爾雅》云:妃,媲也,對也。《左傳》云:嘉耦曰妃。《礼記》云:天子之妃曰后。之德也:舊説云,起此至"用之邦國焉",名《關雎序》,謂之《小序》;自"風,風也"訖末,名爲《大序》。沈重云:案鄭《詩譜》意,大序是子夏作;小序是子夏、毛公合作,卜商意有不盡,毛更足成之。或云《小序》是東海衛敬仲所作。今謂此序止是《關雎》之序,總論《詩》之綱領,無大小之異。解見詩義序,並是鄭注,所以無"箋云"者,以無所疑亂故也。

[2] ○風之始:此風謂十五國風,風是諸侯政教也。下云"所以風天下",《論語》云"君子之德風",並是此義。所以風:如字;徐福鳳反,今不用。

[3] "哀"蓋字之誤也,當爲"衷"。衷,謂中心恕之,無傷善之心,謂好逑也。○淑,常六反,善也。哀,前儒並如字,《論語》云:"哀而不傷",是也。鄭氏改作"衷",竹隆反。窈,烏了反。窕,徒了反。毛云:窈窕,幽閑也。王肅云:善心曰窈;善容曰窕。恕,音庶,本又作"念"。好,呼報反。逑,音求。

關關雎鳩,在河之洲[1];窈窕淑女,君子好逑[2]。
參差荇菜,左右流之[3];窈窕淑女,寤寐求之[4]。
求之不得,寤寐思服[5]。悠哉悠哉,輾轉反側[6]。
參差荇菜,左右采之[7];窈窕淑女,琴瑟友之[8]。
參差荇菜,左右芼之[9];窈窕淑女,鍾鼓樂之[10]。

[1] 興也。關關,和聲也。雎鳩,王雎也;鳥摯而有別。水中可居者曰洲。后妃説樂君子之德,無不和諧,又不淫其色,慎固幽深,若關雎之有別焉,然後可以風化天下。夫婦有別則父子親,父子親則君臣敬,君臣敬則朝廷正,朝廷正則王化成。箋云:"摯"之言,"至"也;謂王雎之鳥雌雄情意至,然而有別。○雎,七胥反。鳩,九尤反,鳥之有至別者。洲,音州。興,虚應反;沈許甑反。案:興是譬諭之名,意有不盡,故題曰興。他皆放此。摯,本亦作鷙,音至。別,彼竭反;下同。説,音悦。樂,音洛。諧,户皆反。朝,直遥反。廷,徒佞反。

[2] 窈窕,幽間也。淑,善;逑,匹也。言后妃有關雎之德,是幽間貞專之善女,宜爲君子之好匹。箋云:怨耦曰仇。言后妃之德和諧,則幽間處深宮。貞專之善女,能爲君子和好衆妾之怨

者，言皆化后妃之德，不嫉妬，謂三夫人以下。○好，毛如字，鄭呼報反。《兔罝》詩放此。逑，音求；毛云："匹也。"本亦作"仇"，音同，鄭云："怨耦曰仇。"閒，音閑，下同。耦，五口反。能爲，于僞反。嫉，音疾，徐音自；後皆同。妬，丁路反，以色曰妬。

[3] 荇，接余也。流，求也。后妃有關雎之德，乃能共荇菜、備庶物以事宗廟也。箋云：左右，助也。言后妃將共荇菜之葅，必有助而求之者，言三夫人九嬪以下皆樂后妃之事。○參，初金反。差，初宜反，又初佳反。荇，衡猛反，本亦作"莕"，沈有並反。左右，王申毛如字；鄭上音佐，下音佑。接余，音餘，本或作"萎荼"，非。共，音恭，本或作"供"；下"共荇菜"並同。菹，阻魚反，字又作葅。嬪，鼻申反，内官名。樂，音洛，又音岳。

[4] 寤，覺；寐，寢也。箋云：言后妃覺寐則常求此賢女，欲與之共己職也。寤，五路反。寐，莫利反。覺，音教。

[5] 服，思之也。箋云：服，事也。求賢女而不得，覺寐則思：己職事當誰與共之乎？

[6] 悠，思也。箋云：思之哉，思之哉，言己誠思之。卧而不周曰輾。○悠，音由。輾，本亦作"展"，哲善反，吕忱從車展。鄭云"不周曰輾"，注本或作"卧而不周"者，剩二字也。

[7] 箋云：言后妃既得荇菜，必有助而采之者。

[8] 宜以琴瑟友樂之。箋云：同志爲友。言賢女之助后妃共荇菜，其情意乃與琴瑟之志同。共荇菜之時樂必作。

[9] 芼，擇也。箋云：后妃既得荇菜，必有助而擇之者。○芼，毛報反。

[10] 德盛者宜有鍾鼓之樂。箋云：琴瑟在堂，鍾鼓在庭，言共荇菜之時，上下之樂皆作，盛其禮也。○樂之，音洛，又音岳，或云，協韻宜五教反。

行露（召南）

《行露》，召伯聽訟也。衰亂之俗微，貞信之教興，彊暴之男不能侵陵貞女也[1]。

[1]"衰亂之俗微，貞信之教興"者，此殷之末世，周之盛德，當文王與紂之時。

厭浥行露，豈不夙夜？謂行多露[1]！

誰謂雀無角，何以穿我屋？誰謂女無家，何以速我獄[2]？雖速我獄，室家不足[3]！

誰謂鼠無牙，何以穿我墉？誰謂女無家，何以速我訟[4]？雖速我訟，亦不女從[5]！

[1] 興也。厭浥，濕意也。行，道也。豈不，言有是也。箋云：夙，早也。厭浥然濕道中始有露，謂二月中，嫁取時也。言我豈不知當早夜成昏礼與？謂道中之露大多，故不行耳。今彊暴之男以此多露之時，礼不足而彊來，不度時之可否，故云然。《周禮》，仲春之月，令會男女之無夫家者，行事必以昏昕。○厭，於葉反，徐於十反，又於立反，沈又於占反。浥，本又作"挹"，同；於及反，又於脅反。莫，本又作"暮"，同；忙故反，又亡博反，《小星》詩同。與，音餘。大，音泰，舊吐賀反。彊，其丈反，下"强委"同；沈其常反。度，待洛反。否，方九反。令，力政反；後不音者放此。昏昕，許巾反。至礼用昕，親迎用昏。

[2] 不思物變而推其類，雀之穿屋，似有角者。速，召；獄，埆也。箋云：女，女彊暴之男。變，異也。人皆謂雀之穿屋似有角，彊暴之男召我而獄，似有室家之道於我也。物有似而不同，雀之穿屋不以角，乃以咮。今彊暴之男召我而獄，不以室家之道於我，乃以侵陵。物與事有似而非者，士師所當審也。○穿，本亦作"穿"，音川。女，音汝；下皆同。獄，音玉。埆，音角，又户角反。盧植云：相質觳争訟者也。崔云：埆者，埆正之義；一云獄名。咮，本亦作"噣"，郭張救反，何都豆反，鳥口也。

［3］昏礼，純帛不過五兩。箋云：幣可備也；室家不足，謂媒妁之言不和六礼之來，彊委之。○紂帛，側基反；依字“糸”旁“才”，後人遂以“才”爲“屯”，因作“純”字。兩，音諒。媒，音梅，謀也。妁，時酌反，又音酌，《廣雅》云：“妁，酌也。”

［4］墉，牆也。視牆之穿，推其類，可謂鼠有牙。○墉，音容。訟，如字；徐取韻，音才容反。

［5］不從，終不棄礼而隨此彊暴之男。

擊鼓（邶風）

《擊鼓》，怨州吁也。衛州吁用兵暴亂，使公孫文仲將而平陳與宋，國人怨其勇而無禮也[1]。

［1］將者，將兵以伐鄭也。平，成也。將伐鄭，先告陳與宋，以成其伐事。《春秋傳》曰：“宋殤公之即位也，公子馮出奔鄭，鄭人欲納之。及衛州吁立，將修先君之怨於鄭而求寵於諸侯，以和其民。使告於宋曰：‘君若伐鄭以除君害，君爲主，敝邑以賦與陳、蔡從，則衛國之願也。’宋人許之。於是陳、蔡方睦於衛，故宋公、陳侯、蔡人、衛人伐鄭”是也。伐鄭在魯隱四年。○將，于亮反；注“將”者同。殤，音傷。馮，本亦作“憑”，同；皮冰反。蔡從，才用反；下“陳蔡從”同。

擊鼓其鏜，踊躍用兵[1]。土國城漕，我獨南行[2]。
從孫子仲，平陳與宋[3]。不我以歸，憂心有忡[4]！
爰居爰處，爰喪其馬[5]。于以求之？于林之下[6]。
“死生契闊”，與子成說[7]。執子之手，與子偕老[8]。
于嗟闊兮，不我活兮[9]！于嗟洵兮，不我信兮[10]！

［1］鏜然擊鼓聲也，使衆皆踊躍用兵也。箋云：此用兵謂治兵時。○鏜，吐當反。

［2］漕，衛邑也。箋云：此言衆民皆勞苦也，或役土功於國，或修理漕城，而我獨見使從軍南行伐鄭，是尤勞苦之甚。○漕，音曹。

［3］孫子仲，謂公孫文仲也，平陳於宋。箋云：子仲，字也。平陳於宋，謂使告宋曰：“君爲主，敝邑以賦與陳、蔡從。”

［4］憂心忡忡然。箋云：以，猶與也。與我南行，不與我歸期。兵，凶事，懼不得歸，豫憂之。○忡，勑忠反。

［5］有不還者，有亡其馬者。箋云：爰，於也。不還，謂死也、傷也、病也。今於何居乎？於何處乎？於何喪其馬乎？○喪，息浪反，注同。

［6］山木曰林。箋云：于，於也。求不還者及亡其馬者，當於山林之下。軍行必依山林，求其故處近得之。○處，昌慮反。近，附近之近。

［7］契闊，勤苦也。說，數也。箋云：從軍之士與其伍約：死也生也，相與處勤苦之中，我與子成相說愛之恩，志有相存救也。○契，本亦作“挈”，同；苦結反。闊，苦活反。《韓詩》云：“約束也。”說，音悦。數，色主反。

［8］偕，俱也。箋云：執其手與之約誓，示信也。言俱老者，庶幾俱免於難。○偕，音皆。與之約，如字，又於妙反；下同。一本作“與之約誓”。難，乃旦反。

［9］不與我生活也。箋云：州吁阻兵安忍。阻兵無衆，安忍無親，衆叛親離。軍士棄其約，離散相

遠，故吁嗟歎之："闊兮，女不與我相救活！"傷之。○遠，于萬反。

[10] 洵，遠；信，極也。箋云：歎其棄約，不與我相親信。亦傷之。○洵，呼縣反。本或作"詢"，誤也；詢，音荀。《韓詩》作"敻"；敻，亦遠也。信，毛音申。案，信即古"伸"字也。鄭如字。

碩人（衛風）

《碩人》，閔莊姜也。莊公惑於嬖妾，使驕上僭。莊姜賢而不荅，終以無子，國人閔而憂之[1]。

[1] ○嬖，補惠反。上，時掌反。僭，作念反。

碩人其頎，衣錦褧衣[1]。齊侯之子，衛侯之妻。東宮之妹，邢侯之姨，譚公維私[2]。

手如柔荑[3]，膚如凝脂[4]。領如蝤蠐[5]，齒如瓠犀[6]。螓首蛾眉[7]，巧笑倩兮[8]，美目盼兮[9]。

碩人敖敖，說于農郊[10]。四牡有驕，朱幩鑣鑣，翟茀以朝[11]。大夫夙退，無使君勞[12]。

河水洋洋，北流活活。施罛濊濊，鱣鮪發發，葭菼揭揭。庶姜孽孽，庶士有朅[13]。

[1] 頎，長貌。錦，文衣也。夫人德盛而尊，嫁則錦衣加褧襜。箋云：碩，大也。言莊姜儀表長麗俊好頎頎然。褧，襌也。國君夫人衣翟而嫁。今衣錦者，在塗之所服也。尚之以襌衣，爲其文之大著。○頎，其機反。衣錦，於既反。注"夫人衣翟"、"今衣錦"同。褧，苦迥反，徐又孔穎反，《說文》作"檾"，枲屬也。襜，昌占反。佼，本又作"姣"，古卯反，下同。襌，音丹。爲，于僞反。大，音泰，下"大子"同，舊音勑賀反。

[2] 東宮，齊大子也。女子後生曰妹。妻之姊妹曰姨。姊妹之夫曰私。箋云：陳此者，言莊姜容貌既美，兄弟皆正大。○邢，音形，姬姓國。譚，徒南反，國名。

[3] 如荑之新生。○荑，徒奚反。

[4] 如脂之凝。

[5] 領，頸也。蝤蠐，蝎也。○蝤，似脩反，徐音曹。蠐，本亦作"螬"，又作"齊"，同；音齊，沈又音茨。《爾雅》云："蟦，螬蠐。蝤蠐，蝎。"郭云："螬蠐在糞土中，蝎在木中。蝎，桑蠹。"是也。蟦，音肥分反。蠹，音妬。蝎也，音曷，或音葛。

[6] 瓠犀，瓠瓣。○瓠，户故反。犀，音西。瓣，補遍反，又蒲莧反，沈又蒲閑反。

[7] 螓首，顙廣而方。箋云：螓謂蜻蜻也。○螓，音秦。蛾，我波反。顙，蘇黨反。蜻，郭、徐子盈反，沈又慈性反；方頭，有文，王肅云："如蟬而小。"

[8] 倩，好口輔。○倩，本亦作"蒨"，七薦反，《韓詩》云："蒼白色。"

[9] 盼，白黑分。箋云：此章說莊姜容貌之美，所宜親幸。○盼，敷莧反，徐又膚諫反。《韓詩》云："黑色也。"《字林》云："美目也。匹間反，又匹莧反。"

[10] 敖敖，長貌。農郊，近郊。箋云：敖敖，猶頎頎也。說，當作"襚"；《禮》、《春秋》之"襚"讀皆宜同。衣服曰襚，今俗語然。此言莊姜始來，更正衣服于衛近郊。○敖，五刀反。說，本或作"稅"，毛始銳反，舍也；鄭作"襚"，音遂。

[11] 驕，壯貌。幩，飾也。人君以朱纏鑣扇汗，且以爲飾。鑣鑣，盛貌。翟，翟車也，夫人以翟羽飾車。茀，蔽也。箋云：此又言莊姜自近郊既正衣服，乘是車馬以入君之朝，皆用嫡夫人

之正禮，今而不荅。○驕，起橋反。幩，孚云反，又符云反，《説文》云："馬纏鑣扇汗也。"鑣，表驕反，馬銜外鐵也，一名扇汗，又曰排沫。《爾雅》云："鑣謂之钀。"钀，音魚列反。沫，音末。茀，音弗。朝，直遥反，注皆同。適，丁歷反，本亦作"嫡"。

[12] 大夫未退，君聽朝於路寢，夫人聽内事於正寢；大夫退，然後罷。箋云：莊姜始來時，衛諸大夫朝夕者皆早退。無使君之勞倦者，以君夫人新爲妃耦，宜親親之故也。○夙退：《韓詩》："退，罷也。"案《禮記》云：朝廷曰退，妃曰配。

[13] 洋洋，盛大也。活活，流也。罛，魚罟。濊，施之水中。鱣，鯉也。鮪，鮥也。發發，盛貌。葭，蘆；菼，薍也。揭揭，長也。孽孽，盛飾。庶士，齊大夫送女者。朅，武壯貌。箋云：庶姜，謂姪娣。此章言齊地廣饒，士女佼好，禮儀之備，而君何爲不荅夫人。○洋，音羊，徐又音祥。活，古闊反，又如字。罛，音孤。濊，呼活反，馬云：大魚網，目大豁豁也。《韓詩》云：流貌。《説文》云：凝流也。鱣，陟連反，大魚，口在頷下，長二三丈，江南呼黄魚，與鯉全異。鮪，于軌反，似鱣，大者名王鮪，小者曰叔鮪。沈云：江淮間曰叔，伊洛曰鮪，海濱曰鮥。發，補末反，馬云：魚著罔，尾發發然。《韓詩》作"鱍"。葭，音加。菼，他覽反，《主篇》通敢反。揭，其謁反，徐居謁反。孽，魚竭反，徐五謁反，《韓詩》作"钀"，牛遏反，長貌。朅，欺列反，徐起謁反，《韓詩》作"桀"，云：健也。罛，音孤。罟，音古。鮥，音洛。蘆，音盧。薍，五患反，江東呼之烏蓲。蓲，音丘。

七月（豳風）

《七月》，陳王業也。周公遭變，故陳后稷先公風化之所由，致王業之艱難也[1]。

[1] 周公遭變者，管蔡流言，辟居東都。○王業，于況反，又如字；下同。

七月流火，九月授衣[1]。一之日觱發，二之日栗烈。無衣無褐，何以卒歲[2]？三之日于耜，四之日舉趾。同我婦子，饁彼南畝；田畯至喜[3]。

七月流火，九月授衣[4]。春日載陽，有鳴倉庚。女執懿筐，遵彼微行，爰求柔桑[5]。春日遲遲，采蘩祁祁。女心傷悲，殆及公子同歸[6]。

七月流火，八月萑葦[7]。蠶月條桑，取彼斧斨，以伐遠揚，猗彼女桑[8]。七月鳴鵙，八月載績。載玄載黄，我朱孔陽，爲公子裳[9]。

四月秀葽，五月鳴蜩。八月其穫，十月隕蘀[10]。一之日于貉，取彼狐貍，爲公子裘[11]。二之日其同，載纘武功。言私其豵，獻豜于公[12]。

五月斯螽動股，六月莎雞振羽。七月在野，八月在宇，九月在户，十月蟋蟀入我牀下[13]。穹窒熏鼠，塞向墐户[14]。嗟我婦子，曰爲改歲，入此室處[15]。

六月食鬱及薁，七月亨葵及菽。八月剥棗，十月穫稻；爲此春酒，以介眉壽[16]。七月食瓜，八月斷壺，九月叔苴。采荼薪樗，食我農夫[17]。

九月築場圃[18]，十月納禾稼，黍稷重穋，禾麻菽麥[19]。嗟我農夫，我稼既同，上入執宫功[20]。晝爾于茅，宵爾索綯[21]。亟其乘屋，其始播百穀[22]。

二之日鑿冰沖沖，三之日納于凌陰。四之日其蚤，獻羔祭韭[23]。九月肅霜，十月滌場。朋酒斯饗，曰殺羔羊[24]。躋彼公堂，稱彼兕觥，萬壽無疆[25]！

[1] 火，大火也。流，下也。九月霜始降，婦功成，可以授冬衣矣。箋云：大火者，寒暑之候也。

火星中而寒暑退，故將言寒，先著火所在。

[2] 一之日，十之餘也。一之日，周正月也。觱發，風寒也。二之日，殷正月也。栗烈，寒氣也。箋云：褐，毛布也。卒，終也。此二正之月，人之貴者無衣，賤者無褐，將何以終歲乎？是故八月則當績也。○觱，音必。《説文》作"畢"。發音如字。栗烈，並如字，《説文》作"颲颲"。褐，音曷。

[3] 三之日，夏正月也。豳土晚寒。于耜，始脩耒耜也。四之日，周四月也，民無不舉足而耕矣。饁，饋也。田畯，田大夫也。箋云：同，猶俱也。喜讀爲饎；饎，酒食也。耕者之婦子俱以饟來，至於南畝之中，其見田大夫，又爲設酒食焉。言勸其事，又愛其吏也。此章陳人以衣食爲急，餘章廣而成之。○耜，音似。饁，炎輒反，野饋也，《字林》于劫反。畯，音俊。喜，王申毛如字；鄭作"饎"，尺志反。下同。夏，户雅反，下"染夏"、"夏小正"同。晚寒，如字，謂晚節而氣寒也。饋，其愧反。饟，式亮反。又爲，于僞反。

[4] 箋云：將言女功之始，故又本於此。

[5] 倉庚，離黄也。懿筐，深筐也。微行，牆下徑也。五畝之宅，樹之以桑。箋云："載"之言，"則"也。陽，温也。温而倉庚又鳴，可蠶之候也。柔桑，穉桑也；蠶始生，宜穉桑。○離，本又作"鵹"、作"鸝"，同；力知反。穉，直吏反，本亦作"稚"。

[6] 遲遲，舒緩也。蘩，白蒿也，所以生蠶。祁祁，衆多也。傷悲，感事苦也。春女悲，秋士悲，感其物化也。殆，始；及，與也。豳公子躬率其民，同時出，同時歸也。箋云：春女感陽氣而思男，秋士感陰氣而思女，是其物化，所以悲也。悲則始有與公子同歸之志，欲嫁焉。女感事苦而生此志，是謂豳風。○祁，巨之反，一音上之反。殆，音待。

[7] 薍爲萑，葭爲葦。豫畜萑葦，可以爲曲也。箋云：將言女功自始至成，故亦又本於此。○萑，户官反。葦，韋鬼反。薍，五患反。葭，音加。畜，本又作"蓄"，同，勑六反；下同。

[8] 斨，方銎也。遠，枝遠也。揚，條揚也。角而束之曰猗。女桑，荑桑也。箋云：條桑，枝落之，采其葉也。女桑，少枝長條不枝落者，束而采之。○條，徒彫反，注"條桑"同，又如字，沈暢遥反。斨，七羊反。猗，於綺反，徐於宜反。銎，曲容反，《説文》云：斧空也。荑，徒兮反。

[9] 鵙，伯勞也。載績，絲事畢而麻事起矣。玄，黑而有赤也。朱，深纁也。陽，明也。祭服，玄衣纁裳。箋云：伯勞鳴，將寒之候也；五月則鳴。豳地晚寒，鳥物之候，從其氣焉。凡染者，春暴練，夏纁玄，秋染夏。爲公子裳，厚於其所貴者説也。○鵙，圭覔反，《字林》工役反。纁，許云反。暴，蒲卜反。染，如琰反。

[10] 不榮而實曰秀。葽，葽草也。蜩，螗也。穫，禾可穫也。隕，墜；蘀，落也。箋云：《夏小正》："四月，王萯秀"，葽其是乎？秀葽也，鳴蜩也，穫禾也，隕蘀也，四者皆物成而將寒之候。物成自秀葽始。○葽，於遥反。蜩，徒彫反。穫，户郭反，下同。隕，于敏反。蘀，音託。螗，音唐。墜，直類反。萯，音婦。

[11] 于貉，謂取狐狸皮也。狐貉之厚以居。孟冬，天子始裘。箋云：于貉，往搏貉；以自爲裘也。狐狸，以共尊者。言此者，時寒宜助女功。○貉，户各反，獸名。貍，力之反，獸名。搏，音博，舊音付。自爲，于僞反。

[12] 纘，繼；功，事也。豕一歲曰豵，三歲曰豜。大獸公之，小獸私之。箋云：其同者，君臣及民因習兵俱出田也。不用仲冬，亦豳地晚寒也。豕生三曰豵。○纘，子管反。豵，子公反。豜，古牽反，又音牽。

[13] 斯螽，蚣蝑也。莎雞羽成而振訊之。箋云：自七月在野至十月入我牀下，皆謂蟋蟀也。言此三物之如此，著將寒有漸，非卒來也。○螽，音終。莎，音沙，徐又素和反，沈云："舊多作

'莎'，今作'沙'，音素何反。”宇，屋四垂爲宇。《韓詩》云：“宇，屋霤也。”蟋，音悉。蟀，所律反。蚣，相容反，又相工反。蝑，相魚反，又相吕反。訊，音信，本又作“迅”，同。卒，寸忽反。

[14] 穹，窮；窒，塞也。向，北出牖也。墐，塗也。庶人蓽户。箋云：爲此四者以備寒。○穹，起弓反。窒，珍悉反，徐得悉反。熏，許云反。塞向，如字，北出牖也，《韓詩》云：“北向窻也。墐，音覲。牖，音酉。蓽，音必。

[15] 箋云：曰爲改歲者，歲終而一之日觱發，二之日栗烈，當避寒氣而入所穹窒墐户之室而居之，至此女功止。○曰爲，上音越，下音于僞反；一讀上而實反，下如字；《漢書》作“聿爲”。

[16] 鬱，棣屬。薁，蘡薁也。剥，擊也。春酒，凍醪也。眉壽，豪眉也。箋云：介，助也。既以鬱下及棗助男功，又穫稻而釀酒以助其養老之具，是謂豳雅。○薁，於六反。亨，普庚反。菽，音叔，本亦作“叔”，藿也。剥，普卜反，注同。介，音界。棣，大計反。蘡，於盈反，或於耕反。凍，丁貢反。醪，老刀反。釀，女亮反。

[17] 壺，瓠也。叔，拾也。苴，麻子也。樗，惡木也。箋云：瓜瓠之畜，麻實之糝，乾荼之菜，惡木之薪，亦所以助男養農夫之具。○瓜，古花反；字或加艸，非。苴，七餘反。荼，音徒。樗，勑書反，又他胡反。食，音嗣。瓠，户故反。拾，音十。糝，素感反。

[18] 春夏爲圃，秋冬爲場。箋云：場、圃同地耳，物生之時，耕治之以種菜茹，至物盡成熟，築堅以爲場。○場，直羊反，下同；本又作“塲”，塲依字失陽反，今亦宜直羊反。圃，布古反，一音布。茹，如豫反。

[19] 後熟曰重，先熟曰穋。箋云：納，内也，治於場而内之囷倉也。○重，直容反，注同；先種後熟曰重；又作“種”，音同。《説文》云“禾”邊作“重”是重穋之字，“禾”邊作“童”是穜蓺之字。今人亂之已久。穋，音六本；又作“稑”，音同。《説文》云：“稑或從翏。”後種先熟曰稑。囷，丘倫反。

[20] 入爲上，出爲下。箋云：既同，言已聚也。可以上入都邑之宅，治宫中之事矣。於是時，男之野功畢。○上，時掌反，注同。

[21] 宵，夜；綯，絞也。箋云：爾，女也。女當晝日往取茅歸，夜作絞索以待時用。○索，素落反。綯，徒刀反。絞，古卯反。

[22] 乘，升也。箋云：亟，急；乘，治也。十月定星將中，急當治野廬之屋。其始播百穀，謂祈來年百穀于公社。○亟，紀力反。定，都佞反。

[23] 冰盛水腹，則命取冰於山林。沖沖，鑿冰之意。凌陰，冰室也。箋云：古者，日在北陸而藏冰，西陸朝覿而出之。祭司寒而藏之，獻羔而啓之。其出之也，朝之禄位，賓食喪祭，於是乎用之。《月令》：“仲春，天子乃獻羔、開冰，先薦寢廟。”《周礼》凌人之職：“夏，頒冰掌事。秋，刷。”上章備寒，故此章備暑。后稷先公，礼教備也。○鑿，在洛反。沖，直弓反，聲也。凌，力證反，又音陵；《説文》作“**Ꮲ**”，音凌。蚤，音早。韭，音九；字或加艸，非。複，音福。覿，徒歷反。祭司寒，本或作“祭寒”。朝之，直遥反。刷，所劣反，《爾雅》云：“清也。”《三蒼》云：“埽也。”

[24] 肅，縮也。霜降而收縮萬物。滌場，功畢入也。兩樽曰朋。饗者，鄉人以狗，大夫加以羔羊。箋云：十月民事男女俱畢，無飢寒之憂，國君閒於政事而饗羣臣。○滌，直歷反，埽也。曰，音越；或人實反，非。縮，所六反。閒，音閑。

[25] 公堂，學校也。觥，所以誓衆也。疆，竟也。箋云：於饗而正齒位，故因時而誓焉。飲酒既樂，欲大壽無竟，是謂豳頌。○躋，子兮反，升也。兕，徐履反，本或作“兕”。觥，虢彭反，本亦作“觵”。疆，居良反；或音注爲“境”，非。校，户教反。樂，音洛。

車攻（小雅）

《車攻》，宣王復古也。宣王能内脩政事，外攘夷狄，復文武之竟土，脩車馬，備器械，復會諸侯於東都，因田獵而選車徒焉[1]。

［1］東都，王城也。○攘，如羊反，除也，却也。竟，音境。械，户戒反，《三蒼》云："械，揔名也。"《説文》云："無所盛曰械。"復會，扶又反。選，宣兖反，數也，沈思戀反；下同。

我車既攻，我馬既同[1]。四牡龐龐，駕言徂東[2]。
田車既好，四牡孔阜。東有甫草，駕言行狩[3]。
之子于苗，選徒囂囂[4]。建旐設旄，薄狩于敖[5]。
駕彼四牡，四牡奕奕[6]。赤芾金舄，會同有繹[7]。
決拾既佽，弓矢既調[8]。射夫既同，助我舉柴[9]。
四黄既駕，兩驂不猗[10]。不失其馳，舍矢如破[11]。
蕭蕭馬鳴，悠悠旆旌[12]。徒御不驚，大庖不盈[13]。
之子于征，有聞無聲[14]。允矣君子，展也大成[15]。

［1］攻，堅；同，齊也。宗廟齊豪，尚純也；戎事齊力，尚强也；田獵齊足，尚疾也。○豪，户刀反，依字作"毫"也。

［2］龐龐，充實也。東，洛邑也。○龐，鹿同反，徐扶公反。

［3］甫，大也。田者，大芟草以爲防，或舍其中，褐纏旃以爲門，裘纏質以爲槸，間容握，驅而入，擊則不得入，左者之左，右者之右，然後焚而射焉。天子發，然後諸侯發；諸侯發，然後大夫士發。天子發，抗大綏；諸侯發，抗小綏；獻禽於其下。故戰不出頃，田不出防，不逐奔走，古之道也。箋云：甫草者，甫田之草也。鄭有甫田。○甫，毛如字，大也；鄭音補，謂"圃田，鄭藪也"。艾，魚廢反。褐，音曷。槸，魚列反，何魚孑反，門中闑。擊，音計，劉兆注《穀梁》云："繼也。"本又作"擊"，音同，或古歷反。之左者之左，一本無上"之"字，下句亦然。射，食弋反。抗，苦浪反，舉也。綏，本亦作"緌"，而佳反，下同。頃，苦穎反。甫田，舊音補；十藪，鄭有圃田；下同；毛依字，甫，大也。

［4］之子，有司也。夏獵曰苗。囂囂，聲也。維數車徒者爲有聲也。箋云：于，曰也。囂，五刀反，或許驕反。數，所主反。

［5］敖，地名。箋云：狩，田獵搏獸也。敖，鄭地，今近熒陽。○搏，音博，舊音付。近，附近之近。

［6］言諸侯來會也。

［7］諸侯赤芾金舄。舄，達屨也。時見曰會，殷見曰同。繹，陳也。箋云：金舄，黄朱色也。○舄，音昔。繹，音亦。見，賢遍反，下同。

［8］決，鉤弦也。拾，遂也。佽，利也。箋云：佽，謂手指相佽比也。調，謂弓强弱與矢輕重相得。○夬，本又作"決"，或作"抉"，同，古穴反。佽，音次，《説文》子利反，云"便利也。"比，毗志反。

［9］柴，積也。箋云：既同，已射，同復將射之位也。雖不中，必助中者舉積禽也。○柴，子智反，又才寄反，《説文》作"**擘**"，士賣反。中，丁仲反，下"中者"同。

［10］言御者之良也。○猗，於寄反，又於綺反。

［11］言習於射御法也。箋云：御者之良，得舒疾之中。射者之工，矢發則中，如椎破物也。〇舍，音捨。椎，直追反。

［12］言不讙譁也。〇讙，音歡，又音喧。譁，音花。

［13］徒，輦也。御，御馬也。不驚，驚也。不盈，盈也。一曰乾豆，二曰賓客，三曰充君之庖。故自左膘而射之，達于右腢，爲上殺；射右耳本，次之；射左髀，達于右䯚，爲下射。面傷不獻，踐毛不獻，不成禽不獻。禽雖多，擇取三十焉；其餘以與大夫士，以習射於澤宫。田雖得禽，射不中，不得取禽；田雖不得禽，射中，則得取禽。古者以辭讓取，不以勇力取。箋云：不驚，驚也；不盈，盈也：反其言美之也。射右耳本，"射"當爲"達"。三十者，每禽三十也。〇庖，蒲茅反。膘，頻小反，又扶了反，《三蒼》云："小腹兩邊肉也。"《説文》云："脅後髀前肉也。"本亦作"髀"，蒲禮反，或又作"䯚"。射，食亦反，下"射左髀"同。腢，本亦作"髃"，音愚，又五厚反，謂肩前也，《説文》同；郭音偶，謂肩前兩間骨；何休注《公羊》："自左膘射之，達於右腢中心，死疾鮮潔也。"又五回、五公二反。射右耳，食亦反。脾，本又作"髀"，方爾反，又薄禮反，謂股外。䯚，餘繞反，又胡了反，謂水䐿也，字書無此字；一本作"䏯"，音羊紹反，又羊招反；吕忱于小反，本或作"膘"。踐，子淺反。

［14］有善聞而無諠譁之聲。箋云：晉人伐鄭，陳成子救之，舍於柳舒之上，去穀七里，穀人不知，可謂"有聞無聲"。〇聞，音問，注同，本亦作"問"。

［15］箋云：允，信；展，誠也。大成，謂致太平也。

正月（小雅）

《正月》，大夫刺幽王也[1]。

［1］〇正，音政。

正月繁霜，我心憂傷[1]。民之訛言，亦孔之將[2]。念我獨兮，憂心京京。哀我小心，癙憂以痒[3]。

父母生我，胡俾我瘉？不自我先，不自我後[4]。好言自口，莠言自口[5]。憂心愈愈，是以有侮[6]。

憂心惸惸，念我無禄[7]。民之無辜，并其臣僕[8]。哀我人斯，于何從禄[9]？瞻烏爰止，于誰之屋[10]？

瞻彼中林，侯薪侯蒸[11]。民今方殆，視天夢夢[12]。既克有定，靡人弗勝[13]。有皇上帝，伊誰云憎[14]？

謂山蓋卑？爲岡爲陵[15]。民之訛言，寧莫之懲[16]。召彼故老，訊之占夢[17]。具曰"予聖"，誰知烏之雌雄[18]！

謂天蓋高？不敢不局。謂地蓋厚？不敢不蹐。維號斯言，有倫有脊[19]。哀今之人，胡爲虺蜴[20]？

瞻彼阪田，有菀其特[21]。天之扤我，如不我克[22]。彼求我則，如不我得[23]。執我仇仇，亦不我力[24]。

心之憂矣，如或結之。今兹之正，胡然厲矣[25]？燎之方揚，寧或滅之[26]？赫赫宗周，褒姒威之[27]！

終其永懷，又窘陰雨[28]。其車既載，乃棄爾輔[29]。載輸爾載，“將伯助予[30]！”

無棄爾輔，員于爾輻[31]。屢顧爾僕，不輸爾載[32]。終踰絶險，曾是不意[33]！

魚在于沼，亦匪克樂。潛雖伏矣，亦孔之炤[34]。憂心慘慘，念國之爲虐[35]。

彼有旨酒，又有嘉殽[36]。洽比其鄰，昏姻孔云[37]。念我獨兮，憂心慇慇[38]。

佌佌彼有屋，蔌蔌方有穀[39]。民今之無禄，天夭是椓[40]。哿矣富人，哀此惸獨[41]！

[1] 正月，夏之四月。繁，多也。箋云：夏之四月，建巳之月，純陽用事而霜多。急恒寒若之異，傷害萬物，故心爲之憂傷。○繁，扶袁反。夏，扶雅反，下同。巳，音似。爲，于僞反。

[2] 將，大也。箋云：訛，僞也。人以僞言相陷入，使王行酷暴之刑，致此災異，故言亦甚大也。○酷，苦毒反。

[3] 京京，憂不去也。癙、痒，皆病也。箋云：念我獨兮者，言我獨憂此政也。○癙，音鼠，《字林》“癙”音“恕”。痒，音羊。

[4] 父母，謂文武也。我，我天下。瘉，病也。箋云：自，從也。天使父母生我，何故不長遂我，而使我遭此暴虐之政而病？此何不出我之前，居我之後？窮苦之情，苟欲免身。○瘉，音庾。長，張丈反，下“正長”、“伯長”、“長者”皆同。

[5] 莠，醜也。箋云：自，從也。此疾訛言之人：善言從女口出，惡言亦從女口出，女口一耳，善也、惡也同出其中。謂其可賤。○莠，餘九反。

[6] 愈愈，憂懼也。箋云：我心憂政如是，是與訛言者殊塗，故用是見侵侮也。

[7] 惸惸，憂意也。箋云：無禄者，言不得天禄，自傷值今生也。○惸，本又作“煢”，其營反，一云：“獨也。”篇末同。

[8] 古者有罪，不入於刑，則役之圜土，以爲臣僕。箋云：辜，罪也。人之尊卑有十等，僕第九，臺第十。言王既刑殺無罪，并及其家之賤者，不止於所罪而已。《書》曰：“越兹麗刑并制。”○并，必正反，注“并制”同。圜土，音圓。圜土，獄也。

[9] 箋云：斯，此；于，於也。哀乎！今我民人見遇如此，當於何從得天禄免於是難？○難，乃旦反，下“之難”同。

[10] 富人之屋，烏所集也。箋云：視烏集於富人之屋，以言今民亦當求明君而歸之。

[11] 中林，林中也。薪蒸，言似而非。箋云：侯，維也。林中大木之處，而維有薪蒸爾，喻朝廷宜有賢者而但聚小人。○蒸，之丞反。處，昌慮反，下“之處”同。朝，直遥反，下皆同。

[12] 王者爲亂，夢夢然。箋云：方，且也。民今且危亡，視王者所爲，反夢夢然而亂，無統理安人之意。○夢，莫紅反，亂也，沈莫滕反，《韓詩》云：“惡貌也。”

[13] 勝，乘也。箋云：王既能有所定，尚復事之小者爾。無人而不勝，言凡人所定，皆勝王也。○勝，毛音升，鄭尸證反。復，扶又反，篇末同。

[14] 皇，君也。箋云：伊，讀當爲“緊”；緊，猶“是”也。有君上帝者，以情告天也。使王暴虐如是，是憎惡誰乎？欲天指害其所憎而已。○緊，烏兮反。惡，烏路反。

[15] 在位非君子，乃小人也。箋云：此喻爲君子賢者之道，人尚謂之卑，況爲凡庸小人之行。○卑，本又作“痺”，同，音婢，又必支反。行，下孟反。

[16] 箋云：小人在位，曾無欲止衆民之爲僞言相陷害也。

[17] 故老，元老；訊，問也。箋云：君臣在朝，侮慢元老，召之不問政事，但問占夢。不尚道德而信徵祥之甚。○訙，本又作“訊”，音信。

[18] 君臣俱自謂聖也。箋云：時君臣賢愚適同，如烏雌雄相似，誰能別異之乎？○別，彼列反。

[19] 局，曲也。蹐，累足也。倫，道；脊，理也。箋云：局蹐者，天高而有雷霆，地厚而有陷淪

也。此民疾苦王政上下皆可畏怖之言也。維民號呼而發此言，皆有道理。所以至然者，非徒苟妄爲誣辭。○局，本又作“跼”，其欲反。脊，井亦反，徐音積，《説文》：“小步也。”維號，音豪，注同。霆，音庭，又音挺。淪，音倫，又倫峻反。怖，普故反。號呼，好路反。誣，音無。

[20] 蜴，螈也。箋云：虺蜴之性，見人則走。哀哉！今之人何爲如是？傷時政也。○虺，暉鬼反。蜴，星歷反，字又作“蜥”。螈，音元。

[21] 言朝廷曾無桀臣。箋云：阪田崎嶇墝埆之處，而有菀然茂特之苗，喻賢者在閒辟隱居之時。○阪，音反，又扶版反。菀，音鬱，徐又於阮反。崎，起宜反。嶇，丘俱反。墝，苦交反。埆，户角反，又苦角反，又音角。閒，音閑。辟，婢亦反。

[22] 扤，動也。箋云：我，我特苗也。天以風雨動搖我，如將不勝我，謂其迅疾也。○扤，五忽反，徐又音月。迅，音峻。

[23] 箋云：彼，彼王也。王之始徵求我，如恐不得我。言其礼命之繁多。

[24] 仇仇，猶謷謷也。箋云：王既得我，執留我，其礼待我謷謷然，亦不問我在位之功力。言其有貪賢之名，無用賢之實。○謷，本又作“嗷”，五報反，沈五刀反。

[25] 厲，惡也。箋云：兹，此；正，長也。心憂如有結之者，憂今此之君臣何一然爲惡如是。

[26] 滅之以水也。箋云：火田爲燎。燎之方盛之時，炎熾熛怒，寧有能滅息之者？言無有也。以無有喻有之者爲甚也。○燎，力詔反，徐力燒反。熾，尺志反。熛，必遥反。

[27] 宗周，鎬京也。褒，國也。姒，姓也。烕，滅也。有褒國之女，幽王惑焉，而以爲后。詩人知其必滅周也。○褒，補毛反。姒，音似，鄭云：“字也。”烕，呼説反，齊人語也，《字林》武劣反，《説文》云：“從火，戌聲。火死於戌，陽氣至戌而盡。”本或作“滅”。鎬，胡老反。

[28] 窘，困也。箋云：窘，仍也。終王之所行，其長可憂傷矣。又將仍憂於陰雨。陰雨，喻君有泥陷之難。○窘，求殞反，《字林》巨畏反。泥，乃計反。

[29] 大車重載，又棄其輔。箋云：以車之載物，喻王之任國事也。棄輔，喻遠賢也。○遠，于萬反。

[30] 將，請；伯，長也。箋云：輸，墮也。棄女車輔，則墮女之載，乃請長者見助。以言國危而求賢者，已晚矣。○爾載，才再反，注及下同。將，七羊反，注皆同。墮，許規反，本又作“憜”，待果反。

[31] 員，益也。○員，音云。輻，方六反。

[32] 箋云：屢，數也。僕，將車者也。顧，猶視也，念也。○婁，力注反，又作“屢”。數，音朔，下同。

[33] 箋云：女不棄車之輔，數顧女僕，終用是踰度陷絶之險，女曾不以是爲意乎？以商事喻治國也。

[34] 沼，池也。箋云：池魚之所樂而非能樂，其潛伏於淵，又不足以逃，甚炤炤易見，以喻時賢者在朝廷，道不行無所樂，退而窮處，又無所止也。○沼，之紹反。樂，音洛，注同。炤，音灼，之若反。易見，夷豉反，下如字，又賢遍反。

[35] 慘慘，猶戚戚也。○慘，七感反。戚，千歷反。

[36] 言礼物備也。箋云：彼，彼尹氏大師也。○肴，本又作“殽”，户交反。

[37] 洽，合；鄰，近；云，旋也。是言王者不能親親以及遠。箋云：云，猶友也。言尹氏富，獨與兄弟相親友爲朋黨也。○比，毗志反。云，本又作“員”，音同。

[38] 慇慇然痛也。箋云：此賢者孤特自傷也。○慇，音殷，又於謹反。

[39] 佌佌，小也。蔌蔌，陋也。箋云：穀，禄也。此言小人富而窶陋將貴也。○佌，音此；《説

文》作“俶”，音徒。蔌，音速。方穀，本或作“方有穀”，非也。窶，其矩反，一音慮。

[40] 君夭之，在位椓之。箋云：民於今而無禄者，天以薦瘥夭殺之，是王者之政又復椓破之。言遇害甚也。○夭，於兆反，又於遥反，災也。椓，陟角反。

[41] 哿，可；獨，單也。箋云：此言王政如是，富人已可，惸獨將困也。○哿，哥我反。

生民（大雅）

《生民》，尊祖也。后稷生於姜嫄，文武之功起於后稷，故推以配天焉[1]。

[1] ○嫄，音原。姜，姓；嫄，名。有邰氏之女，帝嚳元妃，后稷母也。

厥初生民，時維姜嫄[1]。生民如何？克禋克祀，以弗無子[2]。履帝武敏歆，攸介攸止。載震載夙，載生載育，時維后稷[3]。

誕彌厥月，先生如達[4]。不坼不副，無菑無害[5]，以赫厥靈。上帝不寧，不康禋祀？居然生子[6]。

誕寘之隘巷，牛羊腓字之[7]。誕寘之平林，會伐平林[8]。誕寘之寒冰，鳥覆翼之[9]。鳥乃去矣，后稷呱矣[10]。實覃實訏，厥聲載路。

誕實匍匐，克岐克嶷，以就口食[11]。蓺之荏菽，荏菽旆旆。禾役穟穟，麻麥幪幪，瓜瓞唪唪[12]。

誕后稷之穡，有相之道[13]。茀厥豐草，種之黄茂。實方實苞，實種實褎，實發實秀，實堅實好，實穎實栗。即有邰家室[14]。

誕降嘉種：維秬維秠，維穈維芑[15]。恒之秬秠，是穫是畝；恒之穈芑，是任是負，以歸肇祀[16]。

誕我祀如何？或舂或揄，或簸或蹂。釋之叟叟，烝之浮浮[17]。載謀載惟，取蕭祭脂。取羝以軷，載燔載烈[18]。以興嗣歲[19]。

卬盛于豆，于豆于登，其香始升。上帝居歆，胡臭亶時[20]。后稷肇祀，庶無罪悔，以迄于今[21]。

[1] 生民，本后稷也。姜，姓也。后稷之母，配高辛氏帝焉。箋云：厥，其；初，始；時，是也。言周之始祖，其生之者，是姜嫄也。姜姓者，炎帝之後；有女名嫄，當堯之時，爲高辛氏之世妃。本后稷之初生，故謂之生民。

[2] 禋，敬；弗，去也。去無子，求有子，古者必立郊禖焉。玄鳥至之日，以大牢祠于郊禖。天子親往，后妃率九嬪御，乃礼天子所御。带以弓韣，授以弓矢，于郊禖之前。箋云：克，能也。“弗”之言，“祓”也。姜嫄之生后稷如何乎？乃禋祀上帝於郊禖，以祓除其無子之疾而得其福也。能者，言齊肅當神明意也。二王之後，得用天子之礼。○禋，音因。嬪，婢人反。韣，音獨，弓衣。祓，音拂，又音廢；下同。齊，側皆反，本亦作“齋”，篇末“齊敬”同。

[3] 履，踐也。帝，高辛氏之帝也。武，迹；敏，疾也。從於帝而見于天，將事齊敏也。歆，饗；介，大也。止，福禄所止也。震，動；夙，早；育，長也。后稷播百穀以利民。箋云：帝，上帝也。敏，拇也。介，左右也。“夙”之言，“肅”也。祀郊禖之時，時則有大神之迹。姜嫄履之，足不能滿履其拇指之處，心體歆歆然，其左右所止住，如有人道感己者也。於是遂有身，而肅戒不復御。後則生子而養長之，名曰弃。舜臣堯而舉之，是爲后稷。○敏，密謹反。歆，

許金反。介，音戒。震，真慎反。見，賢遍反。齊敏，側皆反，又如字。

[4] 誕，大；彌，終；達，生也。姜嫄之子，先生者也。箋云：達，羊子也。大矣后稷之在其母，終人道十月而生。生如達之生，言易也。○彌，面支反。達，他末反，註同，《説文》云："小羊也。"沈云："毛如字。"易，以豉反，下同。

[5] 言易也。凡人在母，母則病，生則拆副，菑害其母，横逆人道。○拆，勑宅反。副，孚逼反，《説文》云："分也。"《字林》云："判也。匹亦反。"菑，音災，註同。

[6] 赫，顯也。不寧，寧也。不康，康也。箋云：康、寧皆安也。姜嫄以赫然顯著之徵，其有神靈審矣。此乃天帝之氣也，心猶不安之。又不安徒以禋祀而無人道，居默然自生子，懼時人不信也。

[7] 誕，大；寘，置；腓，辟；字，愛也。天生后稷，異之於人，欲以顯其靈也。帝不順天，是不明也，故承天意而異之於天下。箋云：天異之，故姜嫄置后稷於牛羊之徑，亦所以異之。○寘，之豉反，下同。隘，於懈反。巷，户降反。腓，符非反，避也。

[8] 牛羊而辟人者，理也。置之平林，又爲人所收取之。

[9] 大鳥來，一翼覆之，一翼藉之。人而收取之，又其理也。故置之於寒冰。○藉，在夜反。

[10] 於是知有天異，往取之矣，后稷呱呱然而泣。○呱，音孤，泣聲也，《尚書》云："啓呱呱而泣"，是也。

[11] 覃，長；訏，大；路，大也。岐，知意也。嶷，識也。箋云："實"之言，"是"也。覃，謂始能坐也。訏，謂張口嗚呼也。是時聲音則已大矣。能匍匐則岐岐然意有所知也，其貌嶷嶷然有所識别也。以此至于能就衆人口自食，謂六七歲時。○覃，徒南反，本或作"譚"。訏，況于反。匍，音蒲，又音符；本亦作"扶"。匐，蒲北反，又音服；本亦作"服"。岐，其宜反。嶷，魚極反，《説文》作"啜"，云："小兒有知。"長，張丈反，或如字。别，彼列反。

[12] 荏菽，戎菽也。旆旆然長也。役，列也。穟穟，苗美好也。幪幪然茂盛也。唪唪然多實也。箋云：蓺，樹也。戎菽，大豆也。就口食之時則有種殖之志，言天性也。○蓺，魚世反。荏菽，而甚反。叔，或作"菽"，音同；郭璞云："今胡豆"，是。旆，蒲具反。穟，音遂。幪，莫孔反。瓞，田節反。唪，布孔反，徐又薄孔反。長，如字，又張丈反。

[13] 相，助也。箋云：大矣后稷之掌稼穡，有見助之道。謂若神助之力也。○相，息亮反，註同。

[14] 茀，治也。黄，嘉穀也。茂，美也。方，極畝也。苞，本也。種，雜種也。褎，長也。發，盡發也。不榮而實曰秀。穎，垂穎也。栗，其實栗栗然。邰，姜嫄之國也。堯見天因邰而生后稷，故國后稷於邰，命使事天以顯神，順天命耳。箋云：豐，苞，亦茂也。方，齊等也。種，生不雜也。褎，枝葉長也。發，發管時也。栗，成就也。后稷教民除治茂草，使種黍稷；黍稷生則茂好，孰則大成，以此成功。堯改封於邰，就其成國之家室，無變更也。○茀，音拂；《韓詩》作"拂"，拂，弗也。種，支勇反；注"種，雜種"、"種，生不雜"、下"嘉種"并注，並同。褎，余秀反。穎，營井反，穗也，《尚書》云："唐叔得禾，異畝同穎"，是也。邰，他來反，后稷所封國也，今在京兆武功縣。

[15] 天降嘉種。秬，黑黍也。秠，一稃二米也。穈，赤苗也。芑，白苗也。箋云：天應堯之顯后稷，故爲之下嘉種。○秬，音巨。秠，孚鄙反，亦黑黍也；又孚卑反，郭芳婢反。穈，音門，《爾雅》作"虋"，同；郭亡偉反，赤粱粟也。芑，音起，徐又巨已反，郭云："白粱粟也。"稃，芳于反，《字書》云："𥢶糠也。"應，應對之應。爲，于僞反；下"天爲己"同。

[16] 恒，徧；肇，始也。始歸郊祀也。箋云：任，猶抱也。肇，郊之神位也。后稷以天爲己下此四穀之故，則徧種之，成熟則穫而畝計之，抱負以歸，於郊祀天。得祀天者，二王之後也。○恒，古鄧反，本又作"亘"。穫，户郭反。任，音壬，注同。肇，音兆。徧，音遍，下同。

[17] 揄，抒臼也。或簸糠者，或蹂米者。釋，淅米也。叟叟，聲也。浮浮，氣也。箋云："蹂"之

言，“潤”也。大矣我后稷之祀天如何乎？美而將説其事也。春而抒出之，簸之又潤濕之，將復舂之，趣於鑿也。釋之烝之，以爲酒及簠簋之實。○舂，傷容反。揄，音由，又以朱反；《説文》作“舀”，弋紹反。簸，波我反。蹂，音柔。叟，所留反，字又作“溲”，濤米聲也；《爾雅》作“溞”，音同，郭音騷。烝，之丞反。浮，如字，《爾雅》、《説文》並作“烰”，云：“烝也。”抒，食汝反，《蒼頡篇》云：“取出也。”糠，音康，字亦作“康”；俗“米”旁作“康”，非。淅，星歷反，《説文》云：“汏也。”汏，音太。復，扶又反。鑿，子洛反，精米也，《字林》作“糳”，云：“糲米，一斛舂爲八斗也。子沃反。”簠，音甫。簋，音軌。

[18] 嘗之日，涖卜來歲之芟。獮之日，涖卜來歲之戒。社之日，涖卜來歲之稼。所以興來而繼往也。穀熟而謀，陳祭而卜矣。取蕭合黍稷，臭達牆屋，既奠而後爇蕭，合馨香也。羝羊，牡羊也。軷，道祭也。傅火曰燔，貫之加於火曰烈。箋云：惟，思也。“烈”之言，“爛”也。后稷既爲郊祀之酒及其米，則諏謀其日，思念其礼。至其時，取蕭草與祭牲之脂，爇之於行神之位。馨香既聞，取羝羊之體以祭神，又燔烈其肉爲尸羞焉。自此而往郊。○羝，都礼反，字亦作“羝”。軷，蒲末反，《説文》云：出必告道神，爲壇而祭爲軷。《字林》同，父末反。燔，音煩，後皆同。涖，音利，又音類。芟，所銜反。獮，息淺反。奠，徒練反。爇，如悦反。馨，呼丁反。傅，音附。貫，古亂反。諏，足須反。

[19] 興來歲，繼往歲也。箋云：嗣歲，今新歲也。以先歲之物齊敬犯軷而祀天者，將求新歲之豐年也。孟春之月令曰：乃擇元日，祈穀于上帝。

[20] 卬，我也。木曰豆，瓦曰登。豆，薦葅醢也；登，大羹也。箋云：“胡”之言，“何”也。亶，誠也。我后稷盛葅醢之屬，當于豆者，于登者，其馨香始上行，上帝則安而歆享之，何芳臭之誠得其時乎。美之也。祀天用瓦豆，陶器質也。○卬，五郎反。盛，音成，注同。其香，一本作“馨”。亶，都但反。葅，莊居反。醢，音海。上，時掌反。

[21] 迄，至也。箋云：庶，衆也。后稷肇祀上帝於郊，而天下衆民咸得其所，無有罪過也。子孫蒙其福，以至於今，故推以配天焉。○迄，許乞反。

載芟（周頌）

《載芟》，春籍田而祈社稷也[1]。

[1] 籍田，甸師氏所掌，王載耒耜所耕之田，天子千畝，諸侯百畝。“籍”之言，“借”也，借民力治之，故謂之籍田。○芟，所銜反，除草也。甸，田見反。

載芟載柞，其耕澤澤。千耦其耘，徂隰徂畛。侯主侯伯，侯亞侯旅，侯彊侯以[1]。有嗿其饁，思媚其婦，有依其士[2]。

有略其耜，俶載南畝。播厥百穀，實函斯活[3]。驛驛其達，有厭其傑。厭厭其苗，緜緜其麃[4]。載穫濟濟，有實其積，萬億及秭[5]。

爲酒爲醴，烝畀祖妣，以洽百禮[6]。有飶其香，邦家之光[7]；有椒其馨，胡考之寧[8]。匪且有且，匪今斯今，振古如兹[9]！

[1] 除草曰芟，除木曰柞。畛，埸也。主，家長也。伯，長子也。亞，仲叔也。旅，子弟也。彊，彊力也。以，用也。箋云：載，始也。隰，謂新發田也。畛，謂舊田有徑路者。强，有餘力者。《周禮》曰：“以强予任民。”以，謂閒民，今時傭賃也。《春秋》之義，能東西之曰“以”。成王之時，萬民樂治田業。將耕，先始芟柞其草木；土氣烝達而和，耕之則澤澤然解

散。於是耘除其根株葦，作者千耦。言趨時也。或往之隰，或往之畛，父子餘夫俱行，强有餘力者相助，又取傭賃，務疾畢已當種也。○柞，側伯反，除木也。澤澤，音釋釋，注同，《爾雅》作“郝”，音同，云：“耕也。”郭云：“言土解也。”耦，五口反。芸，音云，本又作“耘”，除草也。畛，之忍反，徐又音真。强，其良反，有餘力。易，本又作“埸”，音亦。長，張丈反，下同。徑，古定反。閒，音閑。傭，音容。賃，女鴆反。烝，音證。解，音蟹。

[2] 嗿，衆貌。士，子弟也。箋云：饁，饋饟也。“依”之言，“愛”也。婦子來饋饟其農人於田野，乃逆而媚愛之，言勸其事勞不自苦。○嗿，勑感反。饁，于輒反。饋，其愧反。饟，式亮反。

[3] 畧，利也。箋云：俶載，當作“熾菑”。播，猶種也。實，種子也。函，含也。活，生也。農夫既耘除草木根株，乃更以利耜熾菑之而後種。其種皆成，好含生氣。○畧，如字；《字書》作“䂮”，同。俶載，毛並如字，鄭作“熾菑”，下篇同。函，户南反，下篇同。熾，尺志反，盛也。菑，側其反。種，章勇反，下“其種”同。株，音誅。

[4] 達，射也。有厭其傑，言傑苗厭然特美也。麃，耘也。箋云：達，出地也。傑，先長者。厭厭其苗，衆齊等也。○驛，音亦；《爾雅》作“繹繹”，云：“生也。”厭，於豔反，下同。緜緜，如字；《爾雅》云：“麃也。”《韓詩》作“民民”，云：“衆貌。”麃，表嬌反，芸也。《説文》作“穮”，音同，云：“穮，耨鉏田也。”《字林》云：“穮，耕禾間也。方遥反。”射，食亦反。長，張丈反。

[5] 濟濟，難也。箋云：難者，穗衆難進也。有實，實成也。其積之乃“萬億及秭”，言得多也。○穫，户郭反。積，子賜反，又如字，注同。秭，音姊。

[6] 箋云：烝，進；畀，予；洽，合也。進予祖妣，謂祭先祖、先妣也。以洽百礼，謂饗燕之屬。○烝，之丞反。畀，必二反，注同。

[7] 飶，芬香也。箋云：芬香之酒醴饗燕賓客，則多得其歡心，於國家有榮譽。○飶，蒲即反，芬芳也，《説文》云：“食之香也。”字又作“苾”，音同，一音蒲必反；注同。

[8] 椒，猶飶也。胡，壽也。考，成也。箋云：寧，安也。以芬香之酒醴祭於祖妣，則多得其福右。○椒，子消反，徐子料反。沈作“俶”，尺叔反，云：“作‘椒’者誤也，此論釀酒芬香，無取椒氣之芳也。”案：《唐風·椒聊》箋云：“椒之性芬芳。”王註云：“椒，芬芳之物。”此傳云：“椒，猶飶。”飶芬香，椒是芬芳之物，此正相協，無取改字爲“俶”。俶，始也，非芬香。馨，呼庭反。

[9] 且，此也。振，自也。箋云：匪，非也。振，亦古也。饗燕祭祀，心非云且而有且，謂將有嘉慶，禎祥先來見也；心非云今而有今，謂嘉慶之事，不閒而至也。言脩德行礼，莫不獲報。乃古古而如此，所由來者久，非適今時。○且，七也反，又子餘反，下同。見賢遍反。

玄鳥（商頌）

《玄鳥》，祀高宗也[1]。

[1]“祀”當爲“祫”；祫，合也。高宗，殷王武丁，中宗玄孫之孫也。有雊雉之異，又懼而脩德，殷道復興，故亦表顯之，號爲高宗云。崩而始合祭於契之廟，歌是詩焉。古者君喪，三年既畢，禘於其廟，而後祫祭於太祖。明年春，禘于羣廟。自此之後，五年而再殷祭。一禘一祫，《春秋》謂之大事。○玄鳥：玄鳥，燕也；一名鳦，音乙。祀，毛、王如字，鄭作“祫”，户夾反，三年喪畢之祭也。雊，古豆反。之異：《尚書》云：“高宗祭成湯，有飛雉升鼎耳而雊”，是也。復，扶又反。契，息列反，殷之始祖也。本又作“偰”，同；又作“禼”，古字也。後放

此。古者喪，三年既畢，祫于大祖；明年，禘于羣廟：一本作“古者君喪，三年既畢，禘于其廟，而後祫祭于太祖。明年春，禘于羣廟”。案：此序一注舊有兩本，前“祫”後“禘”，是前本；兩“禘”夾一“祫”，是後本也。

天命玄鳥，降而生商，宅殷土芒芒[1]。古帝命武湯，正域彼四方。方命厥后，奄有九有[2]。商之先后，受命不殆，在武丁孫子[3]。武丁孫子，武王靡不勝。龍旂十乘，大糦是承[4]。邦畿千里，維民所止，肇域彼四海[5]。四海來假，來假祁祁。景員維河，殷受命咸宜，百禄是何[6]。

[1] 玄鳥，鳦也。春分，玄鳥降湯之先祖。有娀氏女簡狄，配高辛氏帝，帝率與之祈于郊禖而生契，故本其爲天所命，以玄鳥至而生焉。芒芒，大貌。箋云：降，下也。天使鳦下而生商者，謂鳦遺卵，娀氏之女簡狄吞之而生契，爲堯司徒，有功封商，堯知其後將興，又錫其姓焉。自契至湯八遷，始居亳之殷地而受命，國日以廣大芒芒然。湯之受命，由契之功，故本其天意。○芒，莫剛反，後同。娀，夙忠反，契母之本國名。郊禖，音梅，本亦作“高禖”。卵，力管反。亳，傍各反，地名。

[2] 正，長；域，有也。九有，九州也。箋云：古帝，天也。天帝命有威武之德者成湯，使之長有邦域，爲政於天下。方命其君，謂徧告諸侯也。湯有是德，故覆有九州，爲之王也。○長，張丈反，下同。徧，音遍。

[3] 武丁，高宗也。箋云：后，君也。商之先君，受天命而行之不解殆者，在高宗之孫子。言高宗興湯之功，法度明也。○解，音懈。

[4] 勝，任也。箋云：交龍爲旂。糦，黍稷也。高宗之孫子有武功、有王德於天下者，無所不勝服，乃有諸侯建龍旂者十乘，奉承黍稷而進之者。亦言得諸侯之歡心。十乘者，二王後、八州之大國與？○武王，于況反，又如字，注同。勝，毛音升，鄭式證反。乘，繩證反，注同。糦，尺志反，《韓詩》云：“大祭也。”任，音壬，下“何任”同。

[5] 畿，疆也。箋云：止，猶居也。肇，當作“兆”，王畿千里之内，其民居安，乃後兆域正天下之經界。言其爲政自内及外。○疆，居良反。

[6] 景，大；員，均；何，任也。箋云：假，至也。祁祁，衆多也。員，古文“云”。“河”之言，“何”也。天下既蒙王之政令，皆得其所，而來朝覲貢獻；其至也，祁祁然衆多。其所貢於殷，大至，所云維言何乎？言殷王之受命，皆其宜也。百禄是何，謂當擔負天之多福。○假，音格，下同。祁，巨移反，或上之、尺之二反。員，毛音圓，鄭音云。河，王以爲河水，本或作“何”；何，音河，河可反，本亦作“荷”，音同；鄭云：“擔負也。”下篇“何天”同。朝，直遥反。擔，都藍反，下篇同。

楚　辭

（漢）王逸章句，（宋）洪興祖補注

離騷（節錄）

《離騷經》者，屈原之所作也。屈原與楚同姓，仕於懷王，爲三閭大夫。三閭之職，

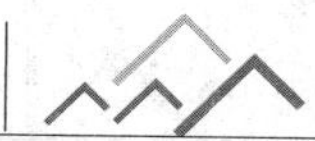

掌王族三姓，曰昭、屈、景[1]。屈原序其譜屬，率其賢民，以厲國士。入則與王圖議政事，决定嫌疑；出則監察羣下，應對諸侯。謀行職修，王甚珍之。同列大夫上官、靳尚妒害其能，共譖毁之[2]。王乃疏屈原[3]。屈原執履忠貞而被讒衺[4]，憂心煩亂，不知所愬，乃作《離騷經》。離，别也。騷，愁也。經，徑也。言己放逐離别，中心愁思，猶依道徑[5]，以風諫君也[6]。故上述唐、虞、三后之制，下序桀、紂、羿、澆之敗，冀君覺悟，反於正道而還己也。是時，秦昭王使張儀譎詐懷王，令絶齊交；又使誘楚，請與俱會武關，遂脅[7]與俱歸，拘留不遣，卒客死於秦[8]。其子襄王，復用讒言，遷屈原於江南[9]。屈原放在草野[10]，復作《九章》，援天引聖，以自證明。終不見省，不忍以清白久居濁世，遂赴汨淵自沈而死[11]。《離騷》之文，依《詩》取興，引類譬諭，故善鳥香草，以配忠貞；惡禽臭物，以比讒佞；靈脩美人，以媲於君[12]；宓妃佚女，以譬賢臣；虬龍鸞鳳，以託君子；飄風雲霓[13]，以爲小人。其詞温而雅，其義皎而朗[14]。凡百君子，莫不慕其清高，嘉其文采，哀其不遇，而愍其志焉[15]。

[1]《戰國策》：楚有昭奚恤。《元和姓纂》云：屈，楚公族芈姓之後。楚武王子瑕食采於屈，因氏焉。屈重、屈蕩、屈建、屈平，並其後。又云：景，芈姓。楚有景差。漢徙大族昭、屈、景三姓於關中。

[2]《史記》曰：上官大夫與之同列。又曰：用事臣靳尚。

[3] 疏，一作逐。

[4] 一作邪。

[5] 一云陳直徑，一云陳道徑。

[6] 太史公曰：離騷者，猶離憂也。班孟堅曰：離，猶遭也，明己遭憂作辭也。顔師古云：憂動曰騷。余按：古人引《離騷》未有言“經”者，蓋後世之士祖述其詞，尊之爲經耳，非屈原意也。逸説非是。

[7] 一作脇。

[8]《史記》曰：屈平既絀，其後秦欲伐齊，齊與楚從親，惠王患之，乃令張儀詳去秦，厚幣委質事楚。詳與佯同。又曰：秦昭王與楚婚，欲與懷王會。屈平曰：“秦，虎狼之國，不可信，不如無行。”懷王卒行。入武關，秦伏兵絶其後，因留懷王。然則使張儀譎詐懷王，令絶齊者，乃惠王，非昭王也。

[9]《史記》曰：懷王長子頃襄王立，令尹子蘭使上官大夫短屈原於頃襄王，王怒而遷之。

[10] 草，一作山。

[11]《前漢・地理志》：長沙有羅縣。《荆州記》曰：縣北带汨水，水源出豫章艾縣界，西流注湘。沿湘西北，去縣三十里，名爲屈潭，屈原自沈處。汨，音覓。

[12] 媲，配也，匹詣切。

[13] 飄，一作飃。

[14] 一作明。

[15] 愍，一作閔。魏文帝《典論》云：優游按衍，屈原尚之；窮侈極妙，相如之長也。然原據託譬喻其意，周旋綽有餘度，長卿、子雲不能及。宋子京云：《離騷》爲詞賦之祖，後人爲之，如至方不能加矩，至圓不能過規矣。

帝高陽之苗裔兮[1]，朕皇考曰伯庸[2]。攝提貞于孟陬兮[3]，惟庚寅吾以降[4]。皇覽揆余初度兮[5]，肇錫余以嘉名[6]。名余曰正則兮[7]，字余曰靈均[8]。紛吾既有此内美兮[9]，又重之以脩能[10]。扈江離與辟芷兮[11]，紉秋蘭以爲佩[12]。汩余若將不及兮[13]，恐年歲之不吾與[14]。朝搴阰之木蘭兮[15]，夕攬洲之宿莽[16]。日月忽其不淹兮[17]，春與秋其代序[18]。惟草木之零落兮[19]，恐美人之遲暮[20]。不撫壯而棄穢兮[21]，何不改此度[22]？乘騏驥以馳騁兮[23]，來吾道夫先路[24]。

[1] 德合天地稱帝。苗，胤也。裔，末也。高陽，顓頊有天下之號也。《帝繫》曰：顓頊娶于騰隍氏女而生老僮，是爲楚先。其後熊繹事周成王，封爲楚子，居于丹陽。周幽王時，生若敖，奄征南海，北至江、漢。其孫武王求尊爵於周，周不與，遂僭號稱王。始都於郢，是時生子瑕，受屈爲客卿，因以爲氏。屈原自道本與君共祖，俱出顓頊胤末之子孫，是恩深而義厚也。〔補〕曰：皇甫謐曰：高陽都帝丘，今東郡濮陽是也。張晏曰：高陽，所興之地名也。劉子玄《史通》云：作者自敘，其流出於中古。《離騷經》首章，上陳氏族，下列祖考；先述厥生，次顯名字。自敘發跡，實基於此。降及司馬相如，始以自敘爲傳。至馬遷、楊雄、班固，自敘之篇，實煩於代。

[2] 朕，我也。皇，美也。父死稱考。《詩》曰：既右烈考。伯庸，字也。屈原言我父伯庸，體有美德，以忠輔楚，世有令名，以及於己。〔補〕曰：蔡邕云：朕，我也。古者上下共之，咎繇與帝舜言稱朕，屈原曰“朕皇考”。至秦獨以爲尊稱，漢遂因之。唐五臣注《文選》云：古人質，與君同稱朕。又以伯庸爲屈原父名，皆非也。原爲人子，忍斥其父名乎？

[3] 太歲在寅曰攝提格。孟，始也。貞，正也。于，於也。正月爲陬。〔補〕曰：並出《爾雅》。陬，側鳩切。

[4] 庚寅，日也。降，下也。《孝經》曰：故親生之膝下。寅爲陽正，故男始生而立於寅。庚爲陰正，故女始生而立於庚。言己以太歲在寅，正月始春，庚寅之日，下母之體而生，得陰陽之正中也。〔補〕曰：《天問》云：皆歸躲鞠，而無害厥躬。何后益作革，而禹播降？《九歎》云：赴江湘之湍流兮，順波湊而下降。徐徘徊於山阿兮，飄風來之匈匈。降，乎攻切，下也。見《集韻》。《説文》曰：元氣起於子。男左行三十，女右行二十，俱立於巳，爲夫婦。裹妊於巳，巳爲子，十月而生。男起巳至寅，女起巳至申。故男年始寅，女年始申也。《淮南子》注同。

[5] 皇，皇考也。覽，觀也。揆，度也。初，始也。覽，一作鑒。一本“余”下有“于”字。五臣云：我父鑒度我初生之法度。

[6] 肇，始也。錫，賜也。嘉，善也。言父伯庸觀我始生年時，度其日月，皆合天地之正中，故賜我以美善之名也。

[7] 正，平也。則，法也。

[8] 靈，神也。均，調也。言正平可法則者，莫過於天；養物均調者，莫神於地。高平曰原，故父伯庸名我爲平以法天，字我爲原以法地。言己上能安君，下能養民也。《禮》曰：子生三月，父親名之，既冠而字之。名所以正形體、定心意也；字者所以崇仁義、序長幼也。夫人非名不榮，非字不彰，故子生，父思善應而名字之，以表其德、觀其志也。五臣云：靈，善也。均，亦平也。言能正法則，善平理。〔補〕曰：《史記》：屈原名平。《文選》以平爲字，誤矣。正則以釋名平之義，靈均以釋字原之義。名有五，屈原以德命也。《禮記》曰：三月之末，父執子之右手，咳而名之。又曰：既冠以字之，成人之道也。《士冠禮》云：賓字之曰：昭告爾字，爰字孔嘉。字雖朋友之職，亦父命也。

[9] 紛，盛貌。五臣曰：内美，謂忠貞。

[10] 脩，遠也。言己之生，内含天地之美氣，又重有絶遠之能，與衆異也。言謀足以安社稷，智足以解國患，威能制强禦，仁能懷遠人也。〔補〕曰：重，儲用切，再也，非輕重之重。能，本獸名，熊屬，故有絶人之才者，謂之能。此讀若耐，叶韻。

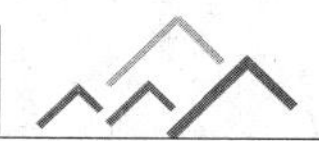

［11］扈，被也。楚人名被爲扈。江離、芷，皆香草名。辟，幽也。芷幽而香。《文選》離作蘺。五臣云：扈，披也。〔補〕曰：扈，音户。《左傳》云：九扈爲九農正，扈民無淫者也。扈，止也。江離，説者不同，《説文》曰：江蘺，蘼蕪。然司馬相如賦云：被以江離，糅以蘼蕪。乃二物也。《本草》蘼蕪一名江離。江離非蘼蕪也。猶杜若一名杜蘅，杜蘅非杜若也。蘼蕪見《九歌》。郭璞云：江離似水薺。張勃云：江離出海水中，正青，似亂髮。郭恭義云：赤葉。未知孰是。辟，匹亦切。白芷，一名白茝，生下澤，春生，葉相對婆娑，紫色，楚人謂之葯。

［12］紉，索也。蘭，香草也，秋而芳。佩，飾也，所以象德。故行清潔者佩芳，德仁明者佩玉，能解結者佩觿，能決疑者佩玦，故孔子無所不佩也。言己脩身清潔，乃取江離、辟芷，以爲衣被；紉索秋蘭，以爲佩飾；博采衆善，以自約束也。〔補〕曰：紉，女鄰切。《方言》曰：續，楚謂之紉。《説文》云：繟繩也。古者男女皆佩容臭。臭，香物也。又曰：佩帨茝蘭，則蘭芷之類，古人皆以爲佩也。相如賦云：蕙圃衡蘭。顏師古云：蘭，即今澤蘭也。《本草注》云：蘭草、澤蘭，二物同名。蘭草一名水香。李云都梁是也。《水經》云：零陵郡都梁縣西小山上，有渟水，其中悉生蘭草，緑葉紫莖。澤蘭如薄荷，微香，荆、湘、嶺南人家多種之。此與蘭草大抵相類。但蘭草生水傍，葉光潤尖長，有歧，陰小紫，花紅白色而香，五六月盛。而澤蘭生水澤中及下溼地，苗高二三尺，葉尖，微有毛，不光潤，方莖紫節，七月八月開花，带紫白色，此爲異耳。《詩》云：士與女方秉蕑兮。陸機云：蕑即蘭也，其莖葉似藥草。澤蘭廣而長節，節中亦高四五尺，漢諸池苑及許昌宫中皆種之。《文選》云：秋蘭被涯。注云：秋蘭，香草。生水邊，秋時盛也。《荀子》云：蘭生深林。《本草》亦云：一種山蘭，生山側，似劉寄奴，葉無椏，不對生，花心微黄赤。《楚詞》有秋蘭、春蘭、石蘭，王逸皆曰香草，不分别也。近時劉次莊《樂府集》云：《離騷》曰：紉秋蘭以爲佩。又曰：秋蘭兮青青，緑葉兮紫莖。今沅、澧所生，花在春則黄，在秋則紫，然而春黄不若秋紫之芬馥也。由是知屈原真所謂多識草木鳥獸，而能盡究其所以情狀者歟。黄魯直《蘭説》云：蘭生深山叢薄之中，不爲無人而不芳，含香體潔，平居與蕭艾同生而不殊。清風過之，其香藹然，在室滿室，在堂滿堂，所謂含章以時發者也。然蘭蕙之才德不同，蘭似君子，蕙似士夫。槩山林中十蕙而一蘭也。《離騷》曰：予既滋蘭之九畹，又樹蕙之百畝。《招魂》：光風轉蕙泛崇蘭。以是知楚人賤蕙而貴蘭矣。蘭蕙叢出，蒔以沙石則茂，沃以湯茗則芳，是所同也。至其發華，一幹一華而香有餘者蘭，一幹五七華，而香不足者蕙也。蕙雖不若蘭，其視椒、樧則遠矣。其言蘭蕙如此，當俟博物者。

［13］汩，去貌，疾若水流也。不，一作弗。〔補〕曰：五臣云：歲月行疾，若將追之不及。汩，越筆切。《方言》云：疾行也，南楚之外曰汩。

［14］言我念年命汩然流去，誠欲輔君，心中汲汲，常若不及。又恐年歲忽過，不與我相待，而身老耄也。〔補〕曰：恐，區用切，疑也，下並同。《論語》曰：日月逝矣，歲不我與。

［15］搴，取也。阰，山名。〔補〕曰：搴，音蹇。《説文》：攓，拔取也，南楚語，引“朝攓阰之木蘭”。阰，頻脂切，山在楚南。《本草》云：木蘭皮似桂而香，狀如楠樹，高數仞。任昉《述異記》云：木蘭川在尋陽江，地多木蘭。

［16］攬，采也。水中可居者曰洲。草冬生不死者，楚人名曰宿莽。言己旦起陞山采木蘭，上事太陽，承天度也；夕入洲澤采取宿莽，下奉太陰，順地數也。動以神祇自敕誨也。木蘭去皮不死，宿莽遇冬不枯，以喻讒人雖欲困己，己受天性，終不可變易也。攬，一作擥，一作掔。洲，一作中洲。〔補〕曰：攬，盧敢切，取也。莽，莫補切。《爾雅》云：卷施草拔心不死，即宿莽也。

［17］淹，久也。忽，《釋文》作曶。

［18］代，更也。序，次也。言日月晝夜常行，忽然不久。春往秋來，以次相代。言天時易過，人

年易老也。

[19] 零、落，皆墮也，草曰零，木曰落。零，一作苓。

[20] 遲，晚也。美人，謂懷王也。人君服飾美好，故言美人也。言天時運轉，春生秋殺，草木零落，歲復盡矣。而君不建立道德，舉賢用能，則年老耄晚暮，而功不成，事不遂也。〔補〕曰：屈原有以美人喻君者，“恐美人之遲暮”是也；有喻善人者，“滿堂兮美人”是也；有自喻者，“送美人兮南浦”是也。

[21] 年德盛曰壯。棄，去也。穢，行之惡也，以喻讒邪。百草爲稼穡之穢，讒佞亦爲忠直之害也。《文選》無“不”字。五臣云：撫，持也。言持盛壯之年，廢棄道德，用讒邪之言，爲穢惡之行。〔補〕曰：撫，芳武切。不撫壯而棄穢者，謂其君不肯當年德盛壯之時，棄遠讒佞也。五臣注誤。

[22] 改，更也。言願令君甫及年德盛壯之時，脩明政教，棄去讒佞，無令害賢，改此惑誤之度，脩先王之法也。甫及，一作撫及，一作務及。《文選》云：何不改其此度。一云“何不改乎此度也”。五臣云：何不早改此法度，以從忠正之言。

[23] 騏驥，駿馬也，以喻賢智。言乘駿馬，一日可致千里。以言任賢智，則可成於治也。乘，一作椉，《文選》作策。馳，一作駝。〔補〕曰：駝即馳字，下同。

[24] 路，道也。言己如得任用，將驅先行，願來隨我，遂爲君導入聖王之道也。《文選》作“導夫先路”。一本句末有“也”字。五臣云：言君能任賢人，我得申展，則導引入先王之道路。

昔三后之純粹兮[1]，固衆芳之所在[2]。雜申椒與菌桂兮[3]，豈維紉夫蕙茝[4]？彼堯舜之耿介兮[5]，既遵道而得路[6]。何桀紂之猖披兮[7]，夫唯捷徑以窘步[8]。惟夫黨人之偷樂兮[9]，路幽昧以險隘[10]。豈余身之憚殃兮[11]，恐皇輿之敗績[12]。忽奔走以先後兮，及前王之踵武[13]。荃不察余之中情兮[14]，反信讒而齌怒[15]。余固知謇謇之爲患兮[16]，忍而不能舍也[17]。指九天以爲正兮[18]，夫唯靈脩之故也[19]。曰黄昏以爲期兮，羌中道而改路[20]。初既與余成言兮[21]，後悔遁而有他[22]。余既不難夫離别兮[23]，傷靈脩之數化[24]。

[1] 后，君也。謂禹、湯、文王也。至美曰純，齊同曰粹。

[2] 衆芳，諭羣賢。言往古夏禹、殷湯、周之文王，所以能純美其德而有聖明之稱者，皆舉用衆賢，使居顯職，故道化興而萬國寧也。五臣云：三王所以有純美之德，以衆賢所在故也。

[3] 申，重也。椒，香木也。其芳小，重之乃香。菌，薰也。葉曰蕙，根曰薰。五臣云：雜，非一也。申，用也。椒、菌桂皆香木。〔補〕曰：菌，音窘。《博雅》云：菌，薰也，其葉謂之蕙。則菌與蕙一種也。下文别言蕙茝，又云：矯菌桂以紉蕙；則菌桂自是一物。《本草》有菌桂，花白蘂黄，正圓如竹。菌，一作箘，其字從竹。五臣以爲香木是矣，其以申爲用則非也。《淮南子》曰：申茮、杜茝，美人之所懷服。

[4] 紉，索也。蕙、茝，皆香草，以諭賢者。言禹、湯、文王，雖有聖德，猶雜用衆賢，以至於治，非獨索蕙茝，任一人也。故堯有禹、咎繇、伯夷、朱虎、伯益、夔，殷有伊尹、傅説，周有吕、旦、散宜、召、畢，是雜用衆芳之效也。〔補〕曰：《本草》云：薰草一名蕙草，生下溼地。陶隱居云：俗人呼鷰草，狀如茅而香，爲薰草，人家頗種之。引《山海經》云：薰草麻葉而方莖，赤花而黑實，氣如蘼蕪，可以已厲。又《廣志》云：蕙草緑葉紫花。陳藏器云：此即是零陵香，生零陵山谷。《南越志》名燕草。黄魯直説與此異，已見上。椒與菌桂木類也，蕙茝草類也，以言賢無小大，皆在所用。茝，白芷也，昌改切。

[5] 堯、舜，聖德之王也。耿，光也。介，大也。〔補〕曰：耿，古迴、古幸二切。

[6] 遵，循也。路，正也。堯、舜所以有光大聖明之稱者，以循用天地之道，舉賢任能，使得萬事之正也。夫先三后者，據近以及遠，明道德同也。五臣云：循用大道。〔補〕曰：上言三后，下言堯、舜，謂三后遵堯、舜之道以得路也。路，大道也。

[7] 桀、紂，夏、殷失位之君。猖披，衣不帶之貌。猖，一作昌，《釋文》作倡。披，一作被。五臣云：昌披，謂亂也。〔補〕曰：《博雅》云：裮被，不帶也。被音披。

[8] 捷，疾也。徑，邪道也。窘，急也。言桀、紂愚惑，違背天道，施行惶遽，衣不及帶，欲涉邪徑，急疾爲治，故身觸陷阱，至于滅亡，以法戒君也。唯，一作維。五臣云：言桀、紂苦人使亂，用捷疾邪徑急步而理之。〔補〕曰：桀、紂之亂，若衣披不帶者，以不由正道，而所行蹙迫耳。《左傳》曰：待我不如捷之速也。捷，邪出也。《論語》曰：行不由徑。徑，步道也。

[9] 黨，朋也。《論語》曰：朋而不黨。偷，苟且也。一無“夫”字。

[10] 路，道也。幽昧，不明也。險隘，諭傾危。言己念彼讒人相與朋黨，嫉妒忠直，苟且偷樂，不知君道不明，國將傾危，以及其身也。〔補〕曰：小人朋黨，偷爲逸樂，則中正之路塞矣。隘，狹也。《遠遊》云：悲世俗之迫阨。相如《大人賦》作迫隘，阨、隘一也。

[11] 憚，難也。殃，咎也。一無“身”字。〔補〕曰：小人用事，則賢人被殃。憚，徒案切。忌，難也。

[12] 皇，君也。輿，君之所乘，以喻國也。績，功也。言我欲諫争者，非難身之被殃咎也，但恐君國傾危，以敗先王之功。五臣云：言我所以不難殃咎諫争者，恐君行事之失。〔補〕曰：皇輿宜安行于大中至正之道，而當幽昧險隘之地，則敗績矣。《左傳》曰：大崩曰敗績。

[13] 踵，繼也。武，跡也。《詩》曰：履帝武敏歆。言己急欲奔走先後，以輔翼君者，冀及先王之德，繼續其跡而廣其基也。奔走先後，四輔之職也。《詩》曰：予聿有奔走，予聿有先後。是之謂也。忽，一作急。〔補〕曰：忽，疾貌。奔，舊音布頓切。相導前後曰先後。先，先見切。踵，亦跡也。

[14] 荃，香草，以諭君也。人君被服芬香，故以香草爲諭。惡數指斥尊者，故變言荃也。察，一作揆。中，一作忠。〔補〕曰：荃與蓀同。《莊子》云：得魚而忘荃。《音義》云：七全切，崔音孫，香草，可以餌魚。疏云：蓀，荃也。陶隱居云：東間溪側有名溪蓀者，根形氣色極似石上菖蒲，而葉正如蒲，無脊，詩詠多云蘭蓀，正謂此也。

[15] 齌，疾也。言懷王不徐徐察我忠信之情，反信讒言而疾怒己也。齌，一作齊。〔補〕曰：齌，音賫，又音妻。《説文》云：齌，炊餔疾也。《釋文》：齊，或作齎，並相西切。五臣云：齊，同也。反信讒人，與之同怒於我。

[16] 謇謇，忠貞貌也。《易》曰：王臣謇謇，匪躬之故。〔補〕曰：今《易》作蹇蹇，先儒引經多如此，蓋古今本或不同耳。

[17] 舍，止也。言己知忠言謇謇諫君之過，必爲身患，然中心不能自止而不言也。《文苑》無“而”字。一本“忍”上有“余”字，一無“也”字。五臣云：恐君之敗，故忍此禍患而不能止。〔補〕曰：顔師古云：舍，尸夜切，訓止息，人之屋舍，及星辰次舍，其義皆同。《論語》曰：不舍晝夜。謂曉夕不息耳。今人音捨，非也。

[18] 指，語也。九天，謂中央八方也。正，平也。五臣云：九，陽數，謂天也。〔補〕曰：《九章》云：所作忠而言之兮，指蒼天以爲正。《淮南子》九天：中央鈞天，東方蒼天，東北變天，北方玄天，西北幽天，西方昊天，西南朱天，南方炎天，東南陽天。又《廣雅》：九天，東方皡天，南方赤天，西方成天。餘同。

[19] 靈，神也。脩，遠也。能神明遠見者，君德也，故以諭君。言己將陳忠策，内慮之心，上指九天，告語神明，使平正之，唯用懷王之故，欲自盡也。唯，一作惟。一無“也”字。五臣云：靈脩，言有神明長久之道者，君德也。言我指九天，欲爲君行正平之道，而君不用我，

故將欲自盡。〔補〕曰：王逸言自盡者，謂自竭盡耳。五臣説誤。

[20]〔補〕曰：一本有此二句，王逸無注，至下文“羌内恕己以量人”，始釋羌義，疑此二句後人所增耳。《九章》曰：昔君與我誠言兮，曰黄昏以爲期。羌中道而回畔兮，反既有此他志。與此語同。

[21] 初，始也。成，平也。言，猶議也。〔補〕曰：成言，謂誠信之言，一成而不易也。《九章》作誠言。

[22] 遁，隱也。言懷王始信任己，與我平議國政，後用讒言，中道悔恨，隱匿其情，而有他志也。遁，一作遯。他，一作佗。五臣云：悔，改；遯，移也。改移本情，而有他志。

[23] 近曰離，遠曰别。一無“夫”字。

[24] 化，變也。言我竭忠見過，非難與君離别也。傷念君信用讒言，志數變易，無常操也。五臣云：傷，惜也。〔補〕曰：數，所角切。化，音花，下同。

余既滋蘭之九畹兮[1]，又樹蕙之百畝[2]。畦留夷與揭車兮[3]，雜杜衡與芳芷[4]。冀枝葉之峻茂兮[5]，願竢時乎吾將刈[6]。雖萎絶其亦何傷兮[7]，哀衆芳之蕪穢[8]。衆皆競進以貪婪兮[9]，憑不猒乎求索[10]。羌内恕己以量人兮[11]，各興心而嫉妒[12]。忽馳騖以追逐兮[13]，非余心之所急[14]。老冉冉其將至兮[15]，恐脩名之不立[16]。朝飲木蘭之墜露兮[17]，夕餐秋菊之落英[18]。苟余情其信姱以練要兮[19]，長顑頷亦何傷[20]？擥木根以結茝兮[21]，貫薜荔之落蕊[22]。矯菌桂以紉蕙兮[23]，索胡繩之纚纚[24]。謇吾法夫前脩兮，非世俗之所服[25]。雖不周於今之人兮[26]，願依彭咸之遺則[27]。長太息以掩涕兮，哀民生之多艱[28]。余雖好脩姱以鞿羈兮[29]，謇朝誶而夕替[30]。既替余以蕙纕兮[31]，又申之以攬茝[32]。亦余心之所善兮，雖九死其猶未悔[33]。怨靈脩之浩蕩兮[34]，終不察夫民心[35]。衆女嫉余之蛾眉兮[36]，謠諑謂余以善淫[37]。固時俗之工巧兮，偭規矩而改錯[38]。背繩墨以追曲兮[39]，競周容以爲度[40]。忳鬱邑余侘傺兮[41]，吾獨窮困乎此時也[42]。寧溘死以流亡兮[43]，余不忍爲此態也[44]。鷙鳥之不羣兮[45]，自前世而固然[46]。何方圜之能周兮，夫孰異道而相安[47]。屈心而抑志兮[48]，忍尤而攘詬[49]。伏清白以死直兮，固前聖之所厚[50]。

[1] 滋，蒔也。十二畝曰畹，或曰田之長爲畹也。五臣云：滋，益也。《釋文》作蕺，音栽。〔補〕曰：《説文》：田三十畝曰畹。於阮切。

[2] 樹，種也。二百四十步爲畝。言己雖見放流，猶種蒔衆香，修行仁義，勤身自勉，朝暮不倦也。五臣云：蘭蕙喻行，言我雖被斥逐，脩行彌多。《釋文》：畝作晦。〔補〕曰：畝，莫後切。《司馬法》：六尺爲步，步百爲畝。秦孝公之制，二百四十步爲畝。畹或曰十二畝，或曰三十畝，九畹蓋多於百畝矣。然則種蘭多於蕙也。此古人貴蘭之意。

[3] 畦，共呼種之名。留夷，香草也。揭車，亦芳草，一名苎輿。五十畝爲畦也。揭，一作藒。《文選》作畱荑、藒車。〔補〕曰：畦，音攜。揭、藒、藒，並丘謁切。相如賦云：雜以留夷。張揖曰：留夷，新夷。顔師古曰：留夷，香草，非新夷，新夷乃樹耳。一云：留夷，藥名。《爾雅》：藒車，苎輿。《本草拾遺》云：藒車味辛，生彭城，高數尺，白花。苎，音迄。

[4] 杜衡、芳芷，皆香草也。言己積累衆善，以自潔飾，復植留夷、杜衡，雜以芳芷，芬香益暢，德行彌盛也。衡，一作蘅。〔補〕曰：《爾雅》杜、土鹵。注云：杜衡也，似葵而香。《山海經》云：天帝山有草，狀似葵，其臭如蘼蕪，名曰杜衡。《本草》云：葉似葵，形如馬蹄，故俗云馬蹄香。

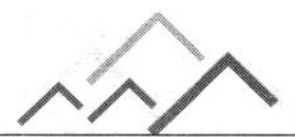

[5] 冀，幸也。峻，長也。《文選》作葰。五臣云：茂盛貌，音俊。〔補〕曰：相如賦云：實葉葰楙。葰，音峻。

[6] 刈，穫也。草曰刈，穀曰穫。言己種植衆芳，幸其枝葉茂長，實核成熟，願待天時，吾將穫取收藏，而饗其功也。以言君亦宜蓄養衆賢，以時進用，而待仰其治也。《文選》竢作俟。

[7] 萎，病也。絶，落也。〔補〕曰：萎，草木枯死也，於危切。

[8] 言己所種芳草，當刈未刈，蚤有霜雪，枝葉雖蚤萎病絶落，何能傷於我乎？哀惜衆芳摧折，枝葉蕪穢而不成也。以言己脩行忠信，冀君任用，而遂斥棄，則使衆賢志士失其所也。五臣云：言我積行，爲讒邪所害見逐，亦猶植芳草爲霜露所傷而落。雖如是，於我亦何能傷，但恐衆賢志士，見而蕪穢不自脩也。〔補〕曰：蕪，荒也。穢，惡也。

[9] 競，並也。愛財曰貪，愛食曰婪。以，一作而。〔補〕曰：並逐曰競。婪，盧含切。

[10] 憑，滿也。楚人名滿曰憑。言在位之人，無有清潔之志，皆並進取，貪婪於財利，中心雖滿，猶復求索，不知猒飽也。憑，一作凴。〔補〕曰：憑，皮冰切。索，求也。《書序》曰：八卦之説，謂之八索。徐邈讀作蘇故切，則索亦有素音。

[11] 羌，楚人語詞也，猶言卿何爲也。以心揆心爲恕。量，度也。〔補〕曰：羌，去羊切，楚人發語端也。《文選注》云：乃也。一曰歎聲也。量，力香切。

[12] 興，生也。害賢爲嫉，害色爲妒。言在位之臣，心皆貪婪，内以其志恕度他人，謂與己不同，則各生嫉妒之心，推棄清潔，使不得用也。故《外傳》曰：太山之鴟，嚇鵷雛。此之謂也。興心，《文選》誤作與心。五臣云：貪婪之人，乃内恕於己，以量度它人，謂與己同貪。若否，則各生嫉妒之心，讒譖之，使不得進用。〔補〕曰：貪婪之人，不知其非，自恕以度人。謂君子亦有競進求索之心，故各興心而嫉妒也。

[13] 五臣云：忽，急也。馳，一作駝。〔補〕曰：騖，亂馳也。

[14] 言衆人所以馳騖惶遽者，爭追逐權貴，求財利也，故非我心之所急。衆人急於財利，我獨急於仁義也。

[15] 七十曰老。冉冉，行貌。五臣云：冉冉，漸漸也。

[16] 立，成也。言人年命冉冉而行，我之衰老，將以來至，恐脩身建德，而功不成名不立也。《論語》曰：君子疾没世而名不稱焉。屈原建志清白，貪流名於後世也。〔補〕曰：脩名，脩潔之名也。屈原非貪名者，然無善名以傳世，君子所恥，故孔子曰：伯夷、叔齊餓于首陽之下，民到于今稱之。脩與修同，古書通用。

[17] 墜，墮也。

[18] 英，華也。言己旦飲香木之墜露，吸正陽之津液；暮食芳菊之落華，吞正陰之精蕊，動以香淨，自潤澤也。餐，一作湌。五臣云：取其香潔以合己之德。〔補〕曰：飲，啜也，音蔭。餐，吞也，七安切。秋花無自落者，當讀如“我落其實而取其華”之落。（按《左傳・僖公十五年》作“我落其實而取其材”。）魏文帝云：芳菊含乾坤之純和，體芬芳之淑氣。故屈原悲冉冉之將老，思湌秋菊之落英，輔體延年，莫斯之貴。

[19] 苟，誠也。練，簡也。五臣云：苟，且；姱，大；練，擇也。且信大擇道要而行。〔補〕曰：信姱，言實好也，與信芳、信美同意。姱，苦瓜切。要，於笑切。

[20] 顑頷，不飽貌。言己飲食清潔，誠欲使我形貌信而美好，中心簡練，而合於道要，雖長顑頷，飢而不飽，亦何所傷病也。何者？衆人苟欲飽於財利，己獨欲飽於仁義也。〔補〕曰：言我中情實美，又擇要道而行，雖顏色憔悴，形容枯槁，亦何傷乎？彼先口體而後仁義，豈知要者。或曰：有道者，雖貧賤，而容貌不枯，屈原何爲其顑頷也？曰：當是時，國削而君辱，原獨得不憂乎？顑，虎感切。頷，户感切。又上古湛切，下魚檢切。顑頷，食不飽，面黄貌。頷，一作頜，音同。

[21] 擥，持也。根以喻本。《文選》擥作擥。〔補〕曰：擥，啓妍切，亦持也。《荀子》云：蘭槐之根，是爲芷。注云：苗名蘭槐，根名芷。然則木根與茝皆喻本也。

[22] 貫，累也。薜荔，香草也，緣木而生。蕊，實也。累香草之實，執持忠信貌也。言己施行，常擥木引堅，據持根本，又貫累香草之實，執持忠信，不爲華飾之行也。五臣云：貫，拾也。蕊，花心也。言我持木之本，佩結香草，拾其花心，以表己之忠信。〔補〕曰：薜，蒲計切。荔，郎計切。《山海經》：小華之山，其草多薜荔，狀如烏韭，而生於石上。注云：亦緣木生。《管子》云：薜荔白芷，蘼蕪椒連，五臭所校。校謂馨烈之鋭。《前漢・樂章》云：都荔遂芳。謂都良、薜荔俱有芬芳也。花外曰萼，内曰蕊。蕊，花鬚頭點也。

[23] 矯，直也。五臣云：矯，舉也。舉此香木以自比。〔補〕曰：《九章》云：擣木蘭以矯蕙。

[24] 胡繩，香草也。纚纚，索好貌。言己行雖據履根本，猶復矯直菌桂芬香之性，紉索胡繩，令之澤好，以善自約束，終無懈倦也。〔補〕曰：《説文》：索，昔各切。草有莖葉，可作繩索。纚，所綺切。

[25] 言我忠信謇謇者，乃上法前世遠賢，固非今時俗人之所服行也。一云：謇，難也。言己服飾雖爲難法，我倣前賢以自修潔，非本今世俗人之所服佩。《文選》謇作蹇，世作時。五臣云：蹇，難也。前修，謂前代修習道德之人。服，用也。言我所以遭難者，吾法前修道德之人，故不爲代俗所用。〔補〕曰：謇，又訓難易之難，非蹇難之字也。世所傳《楚詞》，惟王逸本最古，凡諸本異同，皆當以此爲正。又李善注本有以世爲時爲代，以民爲人之類，皆避唐諱，當從舊本。

[26] 周，合也。

[27] 彭咸，殷賢大夫，諫其君不聽，自投水而死。遺，餘也。則，法也。言己所行忠信，雖不合於今之世，願依古之賢者彭咸餘法，以自率厲也。〔補〕曰：顔師古云：彭咸，殷之介士，不得其志，投江而死。按屈原死於頃、襄之世，當懷王時作《離騷》，已云："願依彭咸之遺則。"又曰："吾將從彭咸之所居。"蓋其志先定，非一時忿懟而自沈也。《反離騷》曰：弃由、聃之所珍兮，摭彭咸之所遺。豈知屈子之心哉！

[28] 艱，難也。言己自傷所行不合於世，將效彭咸沈身於淵，乃太息長悲，哀念萬民受命而生，遭遇多難，以隕其身。申生雉經，子胥沈江，是謂多難也。五臣云：太息掩涕，哀此萬姓，遭輕薄之俗，而多屯難。〔補〕曰：掩涕，猶拉淚也。《遠遊》曰：哀民生之長勤。與此意同。

[29] 鞿羈，以馬自喻。韁在口曰鞿，革絡頭曰羈，言爲人所係累也。五臣云：言我雖習前人之大道，而爲讒人所銜勒。〔補〕曰：鞿，居依切。羈，居宜切。下文云：余獨好脩以爲常。脩姱，謂脩潔而姱美也。

[30] 誶，諫也。《詩》曰：誶予不顧。替，廢也。言己雖有絶遠之智，姱好之姿，然以爲讒人所鞿羈而係累矣。故朝諫謇謇於君，夕暮而身廢弃也。〔補〕曰：誶音邃，又音信，今《詩》作訊。訊，告也。

[31] 纕，佩带也。〔補〕曰：纕，息羊切。下云：解佩纕以結言。

[32] 又，復也。言君所以廢弃己者，以余带佩衆香，行以忠正之故也。然猶復重引芳茝，以自結束，執志彌篤也。一云：又申之攬茝。五臣云：申，重也。攬，持也。

[33] 悔，恨也。言己履行忠信，執守清白，亦我中心之所美善也。雖以見過支解九死，終不悔恨。五臣云：九，數之極也。以此遇害，雖九死無一生，未足悔恨。

[34] 上政迷亂則下怨，父行悖惑則子恨。靈脩，謂懷王也。浩猶浩浩，蕩猶蕩蕩，無思慮貌也。《詩》曰：子之蕩兮。〔補〕曰：今《詩》作湯。湯，蕩也。孔子曰：《詩》可以怨。孟子曰：《小弁》之怨，親親也。親之過大而不怨，是愈疏也。屈原於懷王，其猶《小弁》之怨乎？

[35] 言己所以怨恨於懷王者，以其用心浩蕩，驕敖放恣，無有思慮，終不省察萬民善惡之心，故

朱紫相亂，國將傾危也。夫君不思慮，則忠臣被誅；忠臣被誅，則風俗怨而生逆暴，故民心不可不熟察之也。民，一作人。五臣云：浩蕩，法度壞貌。言我怨君法度廢壞，終不察衆人悲苦。

[36] 衆女，謂衆臣。女，陰也，無專擅之義，猶君動而臣隨也，故以喻臣。蛾眉，好貌。蛾，一作娥。〔補〕曰：《反離騷》云：知衆嫮之疾妒兮，何必揚纍之蛾眉。此亦班孟堅、顏之推以爲露才揚己之意。夫冶容誨淫，目挑心與，孟子所謂不由其道者，而以污原，何哉？詩人稱莊姜之賢曰螓首蛾眉，蓋言其質之美耳。師古云：蛾眉，形若蠶蛾眉也。

[37] 謡，謂毀也。諑，猶譖也。淫，邪也。言衆女嫉妒蛾眉美好之人，譖而毀之，謂之美而淫，不可信也；猶衆臣嫉妒忠正，言己淫邪不可任也。以，一作之。五臣云：讒邪之人，謂我善爲淫亂。〔補〕曰：謡，音遥。《爾雅》：徒歌謂之謡，謂謡言也。諑，竹角切。《方言》云：諑，愬也，楚以南謂之諑。言衆女競爲謡言，以譖愬我，彼淫人也，而謂我善淫，所謂恕己以量人。

[38] 偭，背也。圓曰規，方曰矩。改，更也。錯，置也。言今世之工，才知强巧，背去規矩，更造方圓，必失堅固、敗材木也。以言佞臣巧於言語，背違先聖之法，以意妄造，必亂政治、危君國也。五臣云：規矩，法則也。〔補〕曰：偭，音面。賈誼云：偭鴞獺以隱處。錯，音措。

[39] 追，猶隨也。繩墨，所以正曲直。〔補〕曰：背，違也。墨，度名也，五尺曰墨。追，古隨字。

[40] 周，合也。度，法也。言百工不循繩墨之直道，隨從曲木，屋必傾危而不可居也。以言人臣不脩仁義之道，背弃忠直，隨從枉佞，苟合於世，以求容媚，以爲常法，身必傾危而被刑戮也。〔補〕曰：偭規矩而改錯者，反常而妄作；背繩墨以追曲者，枉道以從時。

[41] 忳，憂貌。侘傺，失志貌。侘，猶堂，堂，立貌也。傺，住也，楚人名住曰傺。邑，一作悒。一本注云：忳，自念貌。五臣云：忳鬱，憂思貌。悒，不安也。〔補〕曰：忳，徒渾切，悶也。鬱邑，憂貌。下文曰：曾歔欷余鬱邑兮。五臣以忳鬱爲句絶，誤矣。侘，敕加切。傺，丑利切。又上勑駕切，下勑界切。《方言》云：傺，逗也，南楚謂之傺。郭璞云：逗，即今住字。

[42] 言我所以忳忳而憂，中心鬱邑，悵然住立而失志者，以不能隨從世俗，屈求容媚，故獨爲時人所窮困。憂，一作自念。一無"也"字。

[43] 溘，猶奄也。以，一作而。奄，一作晻。下注同。〔補〕曰：溘，奄忽也，渴合切。

[44] 言我寧奄然而死，形體流亡，不忍以中正之性，爲邪淫之態。一無"也"字。

[45] 鷙，執也。謂能執伏衆鳥，鷹鸇之類也，以喻中正。〔補〕曰：鷙，脂利切，擊鳥也。《月令》曰：鷹隼蚤鷙。

[46] 言鷙鳥執志剛厲，特處不羣，以言忠正之士，亦執分守節，不隨俗人，自前世固然，非獨於今，比干、伯夷是也。李善《文選》世作代。

[47] 言何所有圜鑿受方枘而能合者？誰有異道而相安耶？言忠佞不相爲謀也。圜，一作圓。周，一作同。一云方鑿受圓枘。

[48] 抑，案也。〔補〕曰：案，讀若按。

[49] 尤，過也。攘，除也。詬，耻也。言己所以能屈案心志，含忍罪過而不去者，欲以除去耻辱，誅讒佞之人，如孔子誅少正卯也。《釋文》詬作訽。〔補〕曰：詬、訽，並呼漏切，又古豆切。《禮記》曰：以儒相詬病。詬病，耻辱也。

[50] 言士有伏清白之志，以死忠直之節者，固乃前世聖王之所厚哀也。故武王伐紂，封比干之墓，表商容之閭也。〔補〕曰：比干諫而死，孔子稱仁焉，厚之也。

悔相道之不察兮[1]，延佇乎吾將反[2]。回朕車以復路兮[3]，及行迷之未遠[4]。步余馬於蘭皋兮[5]，馳椒丘且焉止息[6]。進不入以離尤兮，退將復脩吾初服[7]。製芰荷以爲衣兮[8]，集芙蓉以爲裳[9]。不吾知其亦已兮，苟余情其信芳[10]。高余冠之岌岌兮[11]，長余佩之陸離[12]。芳與澤其雜糅兮[13]，唯昭質其猶未虧[14]。忽反顧以遊目兮[15]，將往觀乎四荒[16]。佩繽紛其繁飾兮[17]，芳菲菲其彌章[18]。民生各有所樂兮，余獨好脩以爲常[19]。雖體解吾猶未變兮，豈余心之可懲[20]！

[1] 悔，恨也。相，視也。察，審也。〔補〕曰：相，息亮切。

[2] 延，長也。佇，立貌。《詩》曰：佇立以泣。言己自悔恨，相視事君之道不明審，當若比干伏節死義，（當原作察，據《文選》李善注引及翻宋本改。）故長立而望，將欲還反，終己之志也。〔補〕曰：佇，直吕切，久立也。異姓事君，不合則去；同姓事君，有死而已。屈原去之，則是不察於同姓事君之道，故悔而欲反也。

[3] 回，旋也。路，道也。回，一作迴。

[4] 迷，誤也。言乃旋我之車，以反故道，及己迷誤欲去之路，尚未甚遠也。同姓無相去之義，故屈原遵道行義，欲還歸也。

[5] 步，徐行也。澤曲曰皋，《詩》云：鶴鳴于九皋。〔補〕曰：皋，九折澤也。一云：澤中水溢出所爲坎。《招魂》曰：皋蘭被徑。

[6] 土高四墮曰椒丘。言己欲還，則徐步我之馬於芳澤之中，以觀聽懷王。遂馳高丘而止息，以須君命也。馳，一作駝。五臣云：椒丘，丘上有椒也。行息依蘭椒，不忘芳香以自潔也。〔補〕曰：司馬相如賦云：椒丘之闕。服虔云：丘名。如淳云：丘多椒也。按椒，山顛也。此以椒丘對蘭皋，則宜從如淳、五臣之説。焉，語助，尤虔切。

[7] 退，去也。言己誠欲遂進，竭其忠誠，君不肯納，恐重遇禍，故將復去，脩吾初始清潔之服也。一無“復”字。五臣云：尤，過也。〔補〕曰：《九章》云：欲儃佪以干傺兮，恐重患而離尤。離，遭也。曹植《七啓》曰：願反初服，從子而歸。

[8] 製，裁也。芰，蔆也，秦人曰薢茩。荷，芙蕖也。〔補〕曰：芰，奇寄切，生水中，葉浮水上，花黄白色。

[9] 芙蓉，蓮華也。上曰衣，下曰裳。言己進不見納，猶復裁製芰荷，集合芙蓉，以爲衣裳，被服愈潔，脩善益明。集，一作集。〔補〕曰：《爾雅》曰：荷，芙蕖。注云：别名芙蓉。《本草》云：其葉名荷，其華未發爲菡萏，已發爲芙蓉。芰，荷葉也，故以爲衣。芙蓉，華也，故以爲裳。《反離騷》云：衿芰茄之緑衣，被芙蓉之朱裳。是也。《北山移文》曰：焚芰製而裂荷衣。蓋用此語。薢茩，音皆苟。又上胡買切，下胡口切。

[10] 五臣云：言君不知我，我亦將止。然我情實美。〔補〕曰：芳，敷方切，香艸也。

[11] 岌岌，高貌。〔補〕曰：岌，魚及切。

[12] 陸離，猶參嵯，衆貌也。言己懷德不用，復高我之冠，長我之佩，尊其威儀，整其服飾，以異於衆也。〔補〕曰：許慎云：陸離，美好貌。顔師古云：陸離，分散也。《九章》云：帶長鋏之陸離兮，冠切雲之崔嵬。

[13] 芳，德之臭也。《易》曰：其臭如蘭。澤，質之潤也。玉堅而有潤澤。糅，雜也。〔補〕曰：糅，女救切。

[14] 唯，獨也。昭，明也。虧，歇也。言我外有芬芳之德，内有玉澤之質，二美雜會，兼在於己，而不得施用，故獨保明其身，無有虧歇而已。所謂道行則兼善天下，不用則獨善其身。虧，一作虧，其字從兮。五臣云：唯獨守其明潔之質，猶未爲自虧損也。

[15] 忽，疾貌。遊，一作游。

[16] 荒，遠也。言己欲進忠信，以輔事君，而不見省，故忽然反顧而去，將遂游目往觀四荒之外，以求賢君也。五臣云：觀四荒之外，以求知己者。〔補〕曰：《爾雅》：觚竹、北户、西王母、日下謂之四荒，皆四方昏荒之國。禮失而求諸野，當是時國無人，莫我知者，故欲觀乎四荒，以求同志，此孔子浮海居夷之意。然原初未嘗去楚者，同姓無可去之義故也。賈誼《弔屈原》云：瞝九州而相其君兮，何必懷此都。失之矣。

[17] 繽紛，盛貌。繁，衆也。〔補〕曰：繽，匹賓切。

[18] 菲菲，猶勃勃。芬，香貌也。章，明也。言己雖欲之四方荒遠，猶整飾儀容，佩玉繽紛而衆盛，忠信勃勃而愈明，終不以遠故改其行。五臣云：佩忠信芳香之行，彌加明潔。

[19] 言萬民稟天命而生，各有所樂，或樂諂佞，或樂貪淫，我獨好脩正直以爲常行也。《文選》民作人。脩，一作循。〔補〕曰：樂，魚教切，欲也。下文云：汝何博謇而好脩。又曰：苟中情其好脩。皆言好自脩潔也。

[20] 懲，艾也。言己好脩忠信，以爲常行，雖獲罪支解，志猶不艾也。豈，一作非。《文選》可作何。五臣云：言我執忠貞之心，雖遭支解，亦不能變，於我心更何所懼。懲，懼也。〔補〕曰：解，古蟹切。《説文》：懲，㣻也。㣻與艾並音乂，謂懲創也。以可爲何，以懲訓懼，皆非是。

湘夫人（九歌）

帝子降兮北渚[1]，目眇眇兮愁予[2]。嫋嫋兮秋風[3]，洞庭波兮木葉下[4]。白薠兮騁望[5]，與佳期兮夕張[6]。鳥萃兮蘋中[7]，罾何爲兮木上[8]。沅有茝兮醴有蘭[9]，思公子兮未敢言[10]。荒忽兮遠望，觀流水兮潺湲[11]。麋何食兮庭中[12]？蛟何爲兮水裔[13]？朝馳余馬兮江皋[14]，夕濟兮西澨[15]。聞佳人兮召予[16]，將騰駕兮偕逝[17]。築室兮水中，葺之兮荷蓋[18]。蓀壁兮紫壇[19]，𠉦芳椒兮成堂[20]。桂棟兮[21]蘭橑[22]，辛夷楣兮[23]葯房[24]。罔薜荔兮爲帷[25]，擗蕙櫋兮既張[26]。白玉兮爲鎮[27]，疏石蘭兮爲芳[28]。芷葺兮荷屋[29]，繚之兮杜衡[30]。合百草兮實庭[31]，建芳馨兮廡門[32]。九嶷繽兮並迎[33]，靈之來兮如雲[34]。捐余袂兮江中[35]，遺余褋兮醴浦[36]。搴汀洲兮杜若，將㠯遺兮遠者[37]。時不可兮驟得[38]，聊逍遥兮容與[39]。

[1] 帝子，謂堯女也。降，下也。言堯二女娥皇、女英，隨舜不反，没於湘水之渚，因爲湘夫人。〔補〕曰：此言帝子之神，降於北渚，來享其祀也。帝子，以喻賢臣。

[2] 眇眇，好貌。予，屈原自謂也。言堯二女儀德美好，眇然絶異，又配帝舜，而乃没命水中。屈原自傷，不遭值堯、舜，而遇闇君，亦將沈身湘流，故曰愁我也。予，一作余。五臣云：其神儀德美好，愁我失志焉。〔補〕曰：眇眇，微貌。言神之降，望而不見，使我愁也。以況思賢而不得見也。予，音與。

[3] 嫋嫋，秋風摇木貌。〔補〕曰：嫋，長弱貌，奴鳥切。

[4] 言秋風疾，則草木摇，湘水波，而樹葉落矣。以言君政急則衆民愁，而賢者傷矣。或曰屈原見秋風起而木葉墮，悲歲徂盡，年衰老也。五臣云：喻小人用事，則君子棄逐。〔補〕曰：《淮南》云：見一葉落，而知歲之將暮。又曰：桑葉落而長年悲。下，音户。

[5] 薠，草，秋生，今南方湖澤皆有之。騁，平也。薠，或作蘋。一本此句上有“登”字，皆非也。〔補〕曰：薠，音煩。《淮南子》云：路無莎薠。注云：薠，狀如葴。葴，音針，見《爾雅》。又《説文》云：青薠似莎者。司馬相如賦注云：似莎而大，生江湖，鴈所食。

[6] 佳，謂湘夫人也。不敢指斥尊者，故言佳也。張，施也。言己願以始秋蘋草初生平望之時，修設祭具，夕早灑掃，張施帷帳，與夫人期歆饗之也。一本“佳”下有“人”字。一云：與佳人兮期夕張。五臣云：佳期，謂湘夫人言己願以此夕設祭祀，張帷帳，冀夫人之神來此歆饗，以喻張設忠信以待君命。〔補〕曰：《說文》云：佳，善也。《廣雅》云：佳，好也。張，音帳，陳設也。《周禮》曰：凡邦之張事。《漢書》曰：供張東都門外。言夕張者，猶黄昏以爲期之意。

[7] 萃，集。一本“萃”上有“何”字。五臣云：蘋，水草。〔補〕曰：萃，音遂。

[8] 罾，漁網也。夫鳥當集木巔，而言草中，罾當在水中，而言木上，以喻所願不得，失其所也。〔補〕曰：罾，音增。

[9] 言沅水之中有盛茂之茝，澧水之内有芬芳之蘭，異於衆草，以興湘夫人美好亦異於衆人也。茝，一作芷。醴，一作澧。五臣云：蘭、芷，喻己之善。〔補〕曰：《水經》云：澧水，又東南注於沅水，曰澧口，蓋其枝瀆耳。引沅有芷兮澧有蘭。或曰：澧州有蘭江，因此爲名。

[10] 公子，謂湘夫人也。重以卑説尊，故變言公子也。言己想若舜之遇二女，二女雖死，猶思其神，所以不敢達言者，士當須介，女當須媒也。五臣云：公子，謂夫人喻君也。未敢言者，欲待賢主。〔補〕曰：諸侯之子，稱公子。謂子椒、子蘭也。思椒、蘭，宜有蘭、茝之芬芳。未敢言者，恐逢彼之怒耳。此原陳己之志於湘夫人也。《山鬼》云：思公子兮徒離憂。

[11] 言鬼神荒忽，往來無形，近而視之，彷彿若存，遠而望之，但見水流而潺湲也。荒，一作慌。忽，一作惚。〔補〕曰：慌，《釋文》、《文選》並音荒。此言遠望楚國，若有若無，但見流水之潺湲耳。荒忽，不分明之貌。

[12] 麋，獸名，似鹿也。食，一作爲。〔補〕曰：麋，音眉。《月令》曰：麋角解。疏云：麋陰獸，情淫而遊澤。

[13] 蛟，龍類也。麋當在山林，而在庭中，蛟當在深淵，而在水涯，以言小人宜在山野，而陞朝廷，賢者當居尊官，而爲僕隸也。裔，一作褏。〔補〕曰：裔，邊也，末也。蛟在水裔，猶所謂神龍失水而陸居也。

[14] 一云朝馳騁兮江皐。

[15] 濟，渡也。澨，水涯也。自傷驅馳不出湘、潭之間。〔補〕曰：澨，音逝。《説文》曰：澨，埤增水邊土，人所居者。

[16] 予，屈原自謂也。

[17] 偕，俱也。逝，往也。屈原幽居草澤，思神念鬼，冀湘夫人有命召呼，則願命駕騰馳而往，不待侣偶也。五臣云：冀聞夫人召我，將騰馳車馬，與使者俱往，喻有君命亦將然矣。〔補〕曰：佳人以喻賢人，與己同志者。

[18] 屈原困於世，願築室水中，託附神明而居處也。一本云以荷蓋。五臣云：願築室結茨於水底，用荷葉蓋之，務清潔也。〔補〕曰：築，版築也。葺，七入切。《説文》：茨也。

[19] 以蓀草飾室壁，累紫貝爲室壇。蓀，一作荃。〔補〕曰：《荀子》曰：東海則有紫紶魚鹽焉。紫，紫貝也。《相貝經》曰：赤電黑雲謂之紫貝。郭璞曰：今之紫貝，以紫爲質，黑爲文點。陸機云：紫貝，其白質如玉，紫點爲文。《本草》云：貝類極多，而紫貝尤爲世所貴重。《淮南子》曰：腐鼠在壇。注云：楚人謂中庭爲壇。《七諫》曰：雞鶩滿堂壇兮。注云：高殿敞陽爲堂，平場廣坦爲壇。音善。

[20] 布香椒於堂上。一云：播芳椒兮盈堂。〔補〕曰：𢪛，古播字，本作𢪛。《漢官儀》曰：椒房，以椒塗壁，取其温也。

[21] 以桂木爲屋棟。〔補〕曰：《爾雅》：棟謂之桴。注：屋穩也。

[22] 以木蘭爲榱也。〔補〕曰：橑，音老。《説文》：椽也。一曰：星橑，簷前木。《爾雅》曰：桷

謂之榱。

[23] 辛夷，香草，以作户楣。〔補〕曰：《本草》云：辛夷，樹大連合抱，高數仞。此花初發如筆，北人呼爲木筆。其花最早，南人呼爲迎春。逸云香草，非也。楣，音眉。《説文》云：秦名屋檐聯也。《爾雅》：楣謂之梁。注云：門户上横梁。

[24] 葯，白芷也。房，室也。五臣云：以馨香爲房之飾。〔補〕曰：《本草》：白芷，楚人謂之葯。《博雅》曰：芷，其葉謂之葯，渥、約二音。

[25] 罔，結也。言結薜荔爲帷帳。〔補〕曰：罔，讀若網。在旁曰帷。

[26] 擗，柎也。以柎蕙覆櫋屋。擗，一從木，一作擘。柎，一作析。櫋，一作槾。五臣云：罔結以爲帷帳，擗析以爲屋聯，盡張設於中也。〔補〕曰：擗，普覓切，一音覓。櫋，音綿，又彌堅切。

[27] 以白玉鎮坐席也。鎮，一作瑱。一本“爲”上有“以”字。

[28] 石蘭，香草。疏，布陳也。一本“兮”下有“以”字。一云：疏石蘭以爲芳。五臣云：疏布其芳氣。

[29] 葺，蓋屋也。一本“葺”下有“之”字。五臣云：以芷草及荷葉葺以蓋屋也。

[30] 繚，縛束也。杜衡，香草。一本“兮”下有“以”字。衡，一作蘅。〔補〕曰：繚，音了，纏也。謂以荷爲屋，以芷覆之，又以杜衡繚之也。五臣云：束縛杜衡，置于水中。非是。

[31] 合百草之華，以實庭中。五臣云：百草，香草。實，滿也。

[32] 馨，香之遠聞者，積之以爲門廡也。屈原生遭濁世，憂愁困極，意欲隨從鬼神，築室水中，與湘夫人比鄰而處。然猶積聚衆芳以爲殿堂，修飾彌盛，行善彌高也。〔補〕曰：廡，音武。《説文》曰：堂下周屋也。廡門，謂廡與門也。

[33] 九嶷，山名，舜所葬也。嶷，一作疑。〔補〕曰：迎，去聲。

[34] 言舜使九嶷之山神，繽然來迎二女，則百神侍送，衆多如雲也。如，一作若。〔補〕曰：《詩》云：有女如雲。言衆多也。

[35] 袂，衣袖也。〔補〕曰：袂，彌蔽切。

[36] 褋，襜襦也。屈原託與湘夫人共鄰而處，舜復迎之而去，窮困無所依，故欲捐棄衣物，裸身而行，將適九夷也。醴，一作澧。五臣云：褋，禮襜袖襦也。袂、褋，皆事神所用，今夫人既去，君復背己，無所用也，故棄遺之。〔補〕曰：遺，平聲。褋，音牒。《方言》曰：襌衣，江、淮、南楚之閒謂之褋。捐袂遺褋與捐玦遺佩同意。玦珮，貴之也。袂褋，親之也。

[37] 汀，平也。遠者，謂高賢隱士也。言己雖欲之九夷絶域之外，猶求高賢之士，平洲香草以遺之，與共修道德也。者，一作渚。五臣云：搴，取也。杜若，以喻誠信。遠者，神及君也。〔補〕曰：汀，它丁切，水際平地。遺，去聲。既詒湘夫人以袂褋，又遺遠者以杜若，好賢不已也。舊本者音渚。《集韻》：者，有覩音。

[38] 驟，數。

[39] 言富貴有命，天時難值，不可數得，聊且遊戲，以盡年壽也。與，一作冶。〔補〕曰：不可再得則已矣。不可驟得，猶冀其一遇焉。

思美人（九章）

思美人兮[1]，擥涕而竚眙[2]。媒絶路阻兮[3]，言不可結而詒[4]。蹇蹇之煩冤兮[5]，陷滯而不發[6]。申旦以舒中情兮[7]，志沈菀而莫達[8]。願寄言於浮雲兮[9]，遇豐隆而不將[10]。因歸鳥而致辭兮[11]，羌宿高而難當[12]。高辛之靈盛兮[13]，遭玄鳥而致詒[14]。欲變節以從俗兮[15]，媿易初而屈志[16]。獨歷年而離愍兮[17]，羌馮心猶未化[18]。寧隱閔而壽考兮[19]，何變易之可爲[20]！

[1] 言己憂思，念懷王也。

[2] 竚立悲哀，涕交横也。〔補〕曰：擥，猶拔也。竚，直吕切，久立也。眙，直視也，丑吏切。《文選》注云：佇眙，立視也。今市聚人，謂之立眙。

[3] 良友隔絶，道壞崩也。一云：媒絶而道路阻。《文苑》作路絶而媒阻。

[4] 秘密之語，難傳誦也。一無"而"字。

[5] 忠謀盤紆，氣盈胸也。冤，一作惋。〔補〕曰：《易》曰：王臣蹇蹇。

[6] 含辭鬱結，不得揚也。陷，一作涫。〔補〕曰：《懷沙》云：陷滯而不濟。

[7] 誠欲日日陳己心也。以，一作不。〔補〕曰：《九辯》云：申旦而不寐。五臣云：申，至也。

[8] 思念沈積，不得通也。一無"志"字。〔補〕曰：菀，音鬱，積也。

[9] 思託要謀於神靈也。

[10] 雲師徑遊，不我聽也。

[11] 思附鴻鴈，達中情也。

[12] 飛集山林，道徑異也。一云：羌迅高而難寓。〔補〕曰：當，值也。

[13] 帝嚳之德茂神靈也。盛，一作晟，一作威。〔補〕曰：《史記》：帝嚳高辛者，黄帝之曾孫。生而神靈，自言其名。張晏曰：高辛，所興之地名也。

[14] 嚳妃吞燕卵以生契也。言殷契合神靈之祥知而生，於是性有賢仁，爲堯三公。屈原亦得天地正氣而生，自傷不遭聖主，而遇亂世也。

[15] 念改忠直，隨讒佞也。

[16] 慙恥本行，中回傾也。〔補〕曰：媿，與愧同。志，音之，叶韻。

[17] 脩德累歲，身疲病也。

[18] 憤懣守節，不易性也。〔補〕曰：馮與憑同。

[19] 懷智佯愚，終年命也。

[20] 心不改更，死忠正也。一云：何變初而可爲。

知前轍之不遂兮[1]，未改此度[2]。車既覆而馬顛兮[3]，蹇獨懷此異路[4]。勒騏驥而更駕兮[5]，造父爲我操之[6]。遷逡次而勿驅兮[7]，聊假日以須旹[8]。指嶓冢之西限兮[9]，與纁黄以爲期[10]。

[1] 比干、子胥，蒙禍患也。轍，一作道。

[2] 執心不回，志彌固也。

[3] 君國傾側，任小人也。車以喻君，馬以喻臣。言車覆者，君國危也；馬顛仆者，所任非人。

[4] 遭逢艱難，思忠臣也。

[5] 舉用才德，任俊賢也。

[6] 御民以道，須明君也。〔補〕曰：《史記》：秦之先造父，以善御幸於周繆王。得驥、温驪、驊騮、騄耳之駟，西巡狩。父，音甫。操，七刀切。

[7] 使臣以禮，得中和也。〔補〕曰：遷逡，猶逡巡，行不進貌。再宿爲信，過信爲次。《説文》曰：次，不前也。逡，七旬切。

[8] 朞月考功，知德化也。〔補〕曰：假日，見《騷經》。須，待也。旹，古時字。

[9] 澤流山野，被流沙也。嶓冢，山名。《尚書》：嶓冢導漾。限，一作隅。〔補〕曰：嶓，音波。《禹貢》：導嶓冢至於荆山。注云：嶓冢，在梁州。指嶓冢之西限，言日薄於西山也。

［10］待閒静時，與賢謀也。纁黄，蓋黄昏時也。纁，一作曛。〔補〕曰：纁，淺絳也。其爲色黄而兼赤。曛，日入餘光。並音薰。

開春發歲兮[1]，白日出之悠悠[2]。吾將蕩志而愉樂兮[3]，遵江夏以娱憂[4]。擥大薄之芳茝兮[5]，搴長洲之宿莽[6]。惜吾不及古人兮[7]，吾誰與玩此芳草[8]？解萹薄與雜菜兮[9]，備以爲交佩[10]。佩繽紛以繚轉兮[11]，遂萎絶而離異[12]。吾且儃佪以娱憂兮[13]，觀南人之變態[14]。竊快在中心兮[15]，揚厥憑而不竢[16]。

［1］承陽施惠，養百姓也。

［2］君政温仁，體光明也。

［3］滌我憂愁，弘佚豫也。將，一作且。〔補〕曰：愉，音逾。

［4］循兩水涯，以娱志也。

［5］欲援芳茝，以爲佩也。擥，一作攬。茝，一作芷。〔補〕曰：薄，叢薄也。

［6］采取香草，用飾己也。楚人名冬生草曰宿莽。

［7］生後殷湯、周文王也。惜，一作然。一云：古之人。

［8］誰與竭節，盡忠厚也。此，一作斯。〔補〕曰：玩，五換切。《説文》：弄也。

［9］萹，萹畜也。雜菜，雜香之菜。〔補〕曰：萹，音匾。《爾雅》曰：竹萹蓄。注云：似小藜，赤莖節，好生道旁。《本草》云：亦呼爲萹竹。萹薄，謂萹蓄之成叢者。按萹蓄、雜菜，皆非芳艸。此言解去萹菜而備芳茝、宿莽以爲交佩也。

［10］交，合也。言己解折萹蓄，雜以香菜，合而佩之，言修飾彌盛也。備，一作脩。

［11］德行純美，能絶異也。以，一作其。〔補〕曰：繽，匹賓切。繚，音了，繚繞也。

［12］終以放斥而見疑也。〔補〕曰：萎，於危切。

［13］聊且遊戲，樂所志也。儃佪，一作徘徊。

［14］覽察楚俗，化改易也。

［15］私懷僥倖，而欣喜也。一無“在”字。一云：吾竊快在其中心兮。一無“吾”字。

［16］思舒憤懣，無所待也。

芳與澤其雜糅兮[1]，羌芳華自中出[2]。紛郁郁其遠承兮[3]，滿内而外揚[4]。情與質信可保兮[5]，羌居蔽而聞章[6]。令薜荔以爲理兮[7]，憚舉趾而缘木[8]。因芙蓉而爲媒兮[9]，憚蹇裳而濡足[10]。登高吾不説兮[11]，入下吾不能[12]。固朕形之不服兮[13]，然容與而狐疑[14]。廣遂前畫兮[15]，未改此度也[16]。命則處幽，吾將罷兮[17]，願及白日之未暮[18]。獨煢煢而南行兮，思彭咸之故也。

［1］正直温仁，德茂盛也。

［2］生含天姿，不外受也。〔補〕曰：出，尺類切，自中而外也。

［3］法度文辭，行四海也。一云：行度文辭，流四海也。承，一作蒸。〔補〕曰：《説文》：郁，有章也。承，奉也。

［4］修善於身，名譽起也。

［5］言行相副，無表裏也。

［6］雖在山澤，名宣布也。居，一作重。一云：居重蔽而聞章。

［7］意欲升高，事貴戚也。以，一作而。

［8］憚，難也。誠難抗足，屈蜷跼也。

[9] 意欲下求，從風俗也。因，一作用。

[10] 又恐汙泥，被垢濁也。〔補〕曰：《莊子》曰：搴裳躩步。搴，起虔切。蓋讀若褰，謂摳衣也。足，一作之。

[11] 事上得位，我不好也。

[12] 隨俗顯榮，非所樂也。

[13] 我性婞直，不曲撓也。

[14] 徘徊進退，觀衆意也。

[15] 恢廓仁義，弘聖道也。〔補〕曰：畫，音獲，計策也。

[16] 心終不變，内自守也。一無"也"字。〔補〕曰：度，徒故切。

[17] 受禄當窮，身勞苦也。一無"則"字。〔補〕曰：罷，讀若疲。

[18] 思得進用，先年老也。一本句末有"也"字。

思美人 此章言己思念其君，不能自達，然反觀初志，不可變易，益自脩飭，死而後已也。

橘 頌

后皇嘉樹，橘徠服兮[1]。受命不遷，生南國兮[2]。深固難徙，更壹志兮[3]。緑葉素榮，紛其可喜兮[4]。曾枝剡棘，圓果摶兮[5]。青黄雜糅[6]，文章爛兮[7]。精色内白，類可任兮[8]。紛緼宜脩[9]，姱而不醜兮[10]。

[1] 后，后土也。皇，皇天也。服，習也。言皇天后土生美橘樹，異於衆木，來服習南土，便其風氣。屈原自喻才德如橘樹，亦異於衆也。便其風氣，一云便且遂也，一云便其性也。〔補〕曰：《禹貢》：淮海惟揚州，厥包橘柚錫貢。《漢書》：江陵千樹橘，與千户侯等。《異物志》云：橘爲樹，白華赤實。皮既馨香，又有善味。徠與來同。《説文》云：周所受瑞麥來麰。天所來也，故爲行來之來。

[2] 南國，謂江南也。遷，徙也。言橘受天命，生於江南，不可移徙。種於北地，則化而爲枳也。屈原自比志節如橘，亦不可移徙。

[3] 屈原見橘根深堅固，終不可徙，則專一己志，守忠信也。

[4] 緑，猶青也。素，白也。言橘青葉白華，紛然盛茂，誠可喜也。以言己行清白，可信任也。榮，一作華。〔補〕曰：《爾雅》：草謂之榮，木謂之華。此言素榮，則亦通稱也。曹植賦曰：朱實不萌，焉得素榮。李尤《七歎》曰：白華緑葉，扶疎冬榮。金衣素裏，班理内充。皆謂橘也。

[5] 剡，利也。棘，橘枝，刺若棘也。摶，圜也。楚人名圜爲摶。言橘枝重累，又有利棘，以象武也。其實圓摶，又象文也。以喻己有文武，能方圓也。圓果，一作圜實。摶，一作槫。〔補〕曰：曾，音增，重也。剡，音琰。《方言》曰：凡草木刺人，江湘之閒謂之棘。注引"曾枝剡棘"。《説文》云："摶，圜也"，其字從手；"槫，柩車也"，其字從木。音同，義異。

[6] 一作揉。

[7] 言橘葉青，其實黄，雜糅俱盛，爛然而明。以言己敏達道德，亦爛然有文章也。〔補〕曰：橘實初青，既熟則黄。若以青爲葉，則上文已言緑葉矣。

[8] 精，明也。類，猶貌也。言橘實赤黄，其色精明，内懷潔白。以言賢者亦然：外有精明之貌，内有潔白之志，故可任以道而事用之也。一云：類任道兮。〔補〕曰：青黄雜糅，言其外之文；精色内白，言其中之質也。

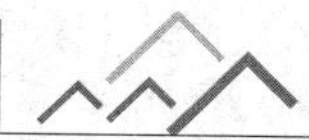

[9] 一作修。

[10] 紛緼，盛貌。醜，惡也。言橘類紛緼而盛，如人宜修飾，形容盡好，無有醜惡也。〔補〕曰：紛，音墳。緼，音氲。《集韻》：蒶蒕，積也。姱，好也。

嗟爾幼志，有以異兮[1]。獨立不遷，豈不可喜兮[2]？深固難徙，廓其無求兮[3]。蘇世獨立，横而不流兮[4]。閉心自慎，不終失過兮[5]。秉德無私，參天地兮[6]。願歲并謝，與長友兮[7]。淑離不淫，梗其有理兮[8]。年歲雖少，可師長兮[9]。行比伯夷，置以爲像兮[10]。

[1] 爾，汝也。幼，小也。言嗟乎衆臣，女少小之人，其志易徙，有異於橘也。

[2] 屈原言己之行度，獨立堅固，不可遷徙，誠可喜也。〔補〕曰：自此以下，申前義，以明己志。

[3]〔補〕曰：凡與世遷徙者，皆有求也。吾之志舉世莫得而傾之者，無求於彼故也。

[4] 蘇，寤也。言屈原自知爲讒佞所害，心中覺寤，然不可變節，猶行忠直，横立自持，不隨俗人也。〔補〕曰：死而更生曰蘇。《魏都賦》曰：非蘇世而居正。

[5] 言己閉心捐欲，敕慎自守，終不敢有過失也。一云：終不過兮。一云：終不失過兮。〔補〕曰：閉，必結切，闔也。俗作閇，非是。

[6] 秉，執也。言己執履忠正，行無私阿，故參配天地，通之神明，使知之也。〔補〕曰：天無私覆，地無私載。秉德無私，則與天地參矣。

[7] 謝，去也。言己願與橘同心并志，歲月雖去，年且衰老，長爲朋友，不相遠離也。〔補〕曰：《説文》云：謝，辭去也。此言己年雖與歲月俱逝，願長與橘爲友也。

[8] 淑，善也。梗，强也。言己雖設與橘離别，猶善持己行，梗然堅强，終不淫惑而失義也。

[9] 言己年雖幼少，言有法則，行有節度，誠可師用長老而事之。〔補〕曰：言可爲人師長。

[10] 像，法也。伯夷，孤竹君之子也。父欲立伯夷，伯夷讓弟叔齊，叔齊不肯受，兄弟弃國，俱去之首陽山下。周武王伐紂，伯夷、叔齊扣馬諫之曰：父死不葬，謀及干戈，可謂孝乎？以臣弒君，可謂忠乎？左右欲殺之，太公曰：不可。引而去之。遂不食周粟而餓死。屈原亦自以脩飾潔白之行，不容於世，將餓餒而終。故曰以伯夷爲法也。〔補〕曰：行，下孟切。比，音鼻，近也。韓愈曰：伯夷者，特立獨行，亘萬世而不顧者也。屈原獨立不遷，宜與伯夷無異。乃自謂近於伯夷而置以爲像，尊賢之詞也。

橘頌　美橘之有是德，故曰頌。《管子》篇名有《國頌》。説者云：頌，容也，陳爲國之形容。

漁　父

《漁父》者，屈原之所作也。屈原放逐，在江湘之閒，憂愁歎吟，儀容變易。而漁父避世隱身釣魚江濱，欣然自樂。時遇屈原川澤之域，怪而問之，遂相應答。楚人思念屈原，因敘其辭以相傳焉[1]。

[1]《卜居》、《漁父》，皆假設問答以寄意耳。而太史公《屈原傳》、劉向《新序》、嵇康《高士傳》或採《楚辭》、《莊子》漁父之言以爲實録，非也。

屈原既放[1]，游於江潭[2]，行吟澤畔[3]，顔色憔悴[4]，形容枯槁[5]。漁父見而問之[6]曰："子非三閭大夫與[7]？何故至於斯[8]？"

[1] 身斥逐也。

[2] 戲水側也。

[3] 履荆棘也。

[4] 皯黴，黑也。〔補〕曰：皯，古旱切。黴，力遲切。

[5] 癯瘦瘠也。〔補〕曰：槁，音考。

[6] 怪屈原也。

[7] 謂其故官。《史記》作歟。

[8] 曷爲遭此患也。《史記》云：何故而至此？

屈原曰："舉世皆濁[1]我獨清[2]，衆人皆醉[3]我獨醒[4]，是以見放[5]。"

[1] 衆貪鄙也。一作：世人皆濁。《史記》作：舉世混濁而我獨清，衆人皆醉而我獨醒。

[2] 志潔己也。

[3] 惑財賄也。一云：巧佞曲也。

[4] 廉自守也。

[5] 棄草野也。一本此句末有"爾"字。

漁父曰[1]："聖人不凝滯於物[2]，而能與世推移[3]。世人皆濁[4]，何不淈其泥[5]而揚其波[6]？衆人皆醉[7]，何不餔其糟[8]而歠其釃[9]？何故深思高舉[10]，自令放爲[11]？"

[1] 隱士言也。

[2] 不困辱其身也。《史記》云：夫聖人者。一本物上有"萬"字。

[3] 隨俗方圓。

[4] 人貪婪也。一作舉世皆濁。《史記》云：舉世混濁。

[5] 同其風也。《史記》作：隨其流。〔補〕曰：淈，古没切，又乎没切，濁也。

[6] 與沈浮也。五臣云：淈泥揚波，稍隨其流也。

[7] 巧佞曲也。

[8] 從其俗也。〔補〕曰：餔，布乎切。

[9] 食其禄也。《文選》釃作醨。五臣云：餔糟歠醨，微同其事也。餔，食也。歠，飲也。糟、醨，皆酒滓。〔補〕曰：釃，力支切，以水𤄙糟也。醨，薄酒也。

[10] 獨行忠直。五臣云：深思，謂憂君與民也。

[11] 遠在他域。《史記》云：何故懷瑾握瑜而自令見放爲？

屈原曰："吾聞之[1]：新沐者必彈冠[2]，新浴者必振衣[3]。安能以身之察察[4]，受物之汶汶者乎[5]？寧赴湘流[6]，葬於江魚之腹中[7]。安能以皓皓之白[8]，而蒙世俗之塵埃乎[9]？"

[1] 受聖人之制也。

[2] 拂土坌也。〔補〕曰：《荀子》云：新浴者振其衣，新沐者彈其冠，人之情也。其誰能以己之僬僬，受人之掝掝者哉？

[3] 去塵穢也。

[4] 己清潔也。五臣云：察察，潔白也。《史記》云：又誰能以身之察察。

[5] 蒙垢塵也。〔補〕曰：汶，音門。汶，濛，沾辱也。一音昏。《荀子》注引此作惛惛。惛惛，不明也。惛，門、昏二音。

[6] 自沈淵也。《史記》作常流。常，音長。

[7] 身消爛也。一無“之”字。《史記》云：而葬乎江魚腹中耳。

[8] 皓皓，猶皎皎也。皓，一作皎。五臣云：皓、白，喻貞潔。

[9] 被點玷也。一無“而”字。塵埃，《史記》作温蠖。説者曰：温蠖，猶惛憒也。

漁父莞爾而笑[1]，鼓枻而去[2]，歌曰[3]：“滄浪之水清兮[4]，可以濯吾纓[5]；滄浪之水濁兮[6]，可以濯吾足[7]。”遂去，不復與言[8]。

[1] 笑離齗也。莞，一作莧。〔補〕曰：莞爾，微笑。胡板切。

[2] 叩船舷也。枻，一作栧。〔補〕曰：枻，音曳。舷，船邊也。

[3] 一本“歌”上有“乃”字。

[4] 喻世昭明。〔補〕曰：浪，音郎。《禹貢》：嶓冢導漾，東流爲漢；又東爲滄浪之水。注云：漾水至武都，爲漢；至江夏，謂之夏水；又東，爲滄浪之水，在荆州。孟軻云：有孺子歌曰：滄浪之水清兮，可以濯我纓；滄浪之水濁兮，可以濯我足。清斯濯纓，濁斯濯足矣，自取之也。《水經》云：武當縣西北漢水中有洲，名滄浪洲。《地説》曰：水出荆山，東南流爲滄浪之水。是近楚都，故漁父歌云云。余案：《尚書·禹貢》言導漾水東流爲漢，又東爲滄浪之水。不言過而言爲者，明非它水。蓋漢、沔水自下有滄浪通稱耳。漁父歌之，不達水地，宜以《尚書》爲正。

[5] 沐浴升朝廷也。吾，一作我。五臣云：清喻明時，可以修飾冠纓而仕也。

[6] 喻世昏暗。

[7] 宜隱遁也。吾，一作我。五臣云：濁喻亂世，可以抗足遠去。

[8] 合道真也。〔補〕曰：《藝文志》云：《屈原賦》二十五篇。然則自《騷經》至《漁父》，皆賦也。後之作者苟得其一體，可以名家矣。而梁蕭統作《文選》，自《騷經》、《卜居》、《漁父》之外，《九歌》去其五，《九章》去其八。然司馬相如《大人賦》率用《遠遊》之語，《史記·屈原傳》獨載《懷沙》之賦，揚雄作《伴牢愁》，亦旁《惜誦》至《懷沙》。統所去取，未必當也。自漢以來，靡麗之賦，勸百而諷一，無復惻隱古詩之義。故子雲有曲終奏雅之譏，而統乃以屈子與後世詞人同日而論，其識如此，則其文可知矣。

鵩鳥賦 并序[1]

（漢）賈誼撰，（唐）李善注

誼爲長沙王傅[2]，三年，有鵩鳥飛入誼舍，止於坐隅。鵩似鴞，不祥鳥也[3]。誼既以謫居長沙[4]，長沙卑濕，誼自傷悼，以爲壽不得長，廼爲賦以自廣[5]。其辭曰：

單閼之歲兮，四月孟夏[6]。庚子日斜兮，鵩集予舍[7]。止于坐隅兮，貌甚閑暇[8]。異物來萃兮，私怪其故[9]。發書占之兮，讖言其度[10]。曰：野鳥入室兮，主人將去。請問于鵩兮，予去何之[11]？吉乎告我，凶言其災。淹速之度兮，語予其期[12]。鵩廼歎息，舉首奮翼。口不能言，請對以臆[13]。

[1]《漢書》曰：賈誼，洛陽人也，年十八，屬文稱於郡中。河南太守吴公聞其秀才，召置門下，甚幸愛。後，文帝召爲博士。爲絳、灌、馮敬之屬害之，於是天子踈之，以爲長沙王傅。然賈生英特，弱齡秀發。縱横海之巨鱗，矯冲天之逸翰，而不參謀棘署，贊道槐庭。虛離謗缺，爰

傅卑土。發憤嗟命，不亦宜乎！而班固謂之“未爲不（達）［遇］”，斯言過矣。

［2］《漢書》云：誼爲長沙王太傅，三年，鵩入誼舍。又云：後歲餘，文帝思誼，徵拜爲梁王傅。然文帝之世，王長沙者唯有吴芮之子孫耳，經史不載其謚號，故難得而詳也。又，《景帝十三王傳》曰：長沙定王發，母唐姬，無寵，故王卑濕國。

［3］晉灼曰：《巴蜀異物志》曰：有鳥小如雞，體有文色，土俗因形名之曰鵩。不能遠飛，行不出域。鴞，于妖切。

［4］韋昭曰：謫，譴也。

［5］自廣，自寬也。

［6］《爾雅》曰：太歲在卯曰單閼。徐廣曰：文帝六年，歲在丁卯。

［7］李奇曰：日西斜時也。

［8］閑暇，不驚恐也。

［9］萃，集也。

［10］《説文》曰：讖，驗也。有徵驗之書、河洛所出書曰讖。

［11］善曰：問于鵩鳥也。

［12］淹，遲也。速，疾也。謂死生之遲疾也。

［13］請以臆中之事以對也。

萬物變化兮，固無休息[1]。斡流而遷兮，或推而還[2]。形氣轉續兮，變化而嬗[3]。沕穆無窮兮，胡可勝言[4]！禍兮福所倚，福兮禍所伏[5]。憂喜聚門兮，吉凶同域[6]。彼吴强大兮，夫差以敗；越棲會稽兮，句踐霸世[7]。斯游遂成兮，卒被五刑[8]；傅説胥靡兮，迺相武丁[9]。夫禍之與福兮，何異糾纆[10]？命不可説兮，孰知其極[11]？水激則旱兮，矢激則遠；萬物迴薄兮，振盪相轉[12]。雲蒸雨降兮，糾錯相紛[13]。大鈞播物兮，坱圠無垠[14]。天不可預慮兮，道不可預謀[15]。遲速有命兮，焉識其時[16]？

［1］《莊子》曰：已化而生，又化而死。

［2］如淳曰：斡，轉也。善曰：《鶡冠子》曰：斡流遷徙，固無休息。

［3］韋昭曰：而，如也。蘇林曰：轉續，相傳與也。嬗，音蟬，如蜩蟬之蜕化也。或曰：嬗，相連也。

［4］沕穆，不可分别也。顔師古曰：沕穆，微深也。《鶡冠子》曰：變化無窮，何可勝言！沕，亡筆切。

［5］《鶡冠子》曰：禍乎福之所倚，福乎禍之所伏。《老子》注曰：倚，因也。聖人遭禍，而能悔過，責己脩善，則禍去福來也。中人得福，而爲驕恣，則福去而禍來也。

［6］《鶡冠子》曰：憂喜聚門，吉凶同域，或作“最”，亦聚也。董仲舒云：弔者在門，慶者在廬。今言皆在門者，好惡，故言同域也。

［7］《鶡冠子》曰：失反爲得，成反爲敗。吴大兵强，夫差以困。越棲會稽，句踐霸世。《史記》曰：越王句踐，其先允常，與吴王闔閭戰而相怨伐。允常卒，子句踐立，是爲越王。闔閭聞允常死，乃興師伐越。越王句踐使士挑戰，射傷吴王闔閭。闔閭且死，告其子夫差曰：“必無忘越！”三年，句踐聞吴王夫差日夜勒兵，且以報越，欲先吴未發往伐之。范蠡諫曰：“不可！”王曰：“已決之矣。”遂興師。吴王聞之，悉精兵以伐越，敗之夫椒。越王乃以甲兵五千人棲於會稽。吴師追而圍之。越王謂范蠡曰：“以不聽子，故至於此。爲之奈何？”蠡對曰：“持滿者與天，定傾者與人，節事者以地。卑辭厚禮以遺之，不許，而身與之市。”句踐曰：“諾。”乃令大夫種行成於吴，膝行頓首曰：“君王亡臣句踐使陪臣種敢告下執事：句踐請爲臣，妻爲

妾。”吴王將許，子胥言於吴王曰：“天以越賜吴，勿許也。”吴王不聽，卒許越平。句踐自會歸，拊循其士民。伐吴，大破吴，因留圍之三年，越遂棲吴王於姑蘇山。吴王謝曰：“吾老矣，不能事君王！”遂自殺。乃蔽面曰：“吾無以見子胥也！”高誘《淮南子注》云：山處曰棲。越滅吴，稱霸。

[8] 應劭曰：李斯西游於秦，身登相位，二世時爲趙高所讒，身被五刑。

[9]《尚書》曰：高宗夢得説，使百工營求諸野，得諸傅巖，爰立作相。孔安國曰：傅氏之巖，通道所經，有澗水壞道，使胥靡刑人築護此道。説賢而隱，代胥靡築之。《莊子》曰：夫道，傅説得之，以相武丁。

[10]《字林》曰：糾，兩合繩。纆，三合繩。應劭曰：禍福相與爲表裏，如糾纆索相附會也。臣瓚曰：糾，絞也。纆，索也。《鶡冠子》曰：禍與福如糾纆也。

[11]《鶡冠子》曰：終則有始，孰知其極？老子《道德經》曰：孰知其極？河上公注曰：禍福更相生死，孰知其窮極時也？顔監曰：極，止也。

[12] 言矢飛水流，各有常度；爲物所激，或旱或遠。斯則萬物變化，烏有常則乎？《鶡冠子》曰：水激則悍，矢激則遠；精神迴薄，振蕩相轉。悍與旱同，並户但切。《吕氏春秋》曰：激矢遠，激水旱。

[13]《黄帝素問》曰：地氣上爲雲，天氣下爲雨。韋昭《國語注》曰：蒸，升也。

[14] 如淳曰：陶者作器於鈞上。此以造化爲大鈞。應劭曰：陰陽造化，如鈞之造器也。其氣坱圠，非有限齊也。善曰：坱，烏黨切。圠，烏黠切。

[15]《鶡冠子》曰：天不可預謀，道不可預慮。

[16]《鶡冠子》曰：遲速止息，必中參伍。焉識其時，見下文也。

且夫天地爲鑪兮，造化爲工[1]；陰陽爲炭兮，萬物爲銅。合散消息兮，安有常則[2]？千變萬化兮，未始有極[3]。忽然爲人兮，何足控揣[4]？化爲異物兮，又何足患[5]？小智自私兮，賤彼貴我[6]。達人大觀兮，物無不可[7]。貪夫殉財兮，烈士殉名[8]。夸者死權兮，品庶每生[9]。怵迫之徒兮，或趨西東[10]。大人不曲兮，意變齊同[11]。愚士繫俗兮，僒若囚拘[12]。至人遺物兮，獨與道俱[13]。衆人惑惑兮，好惡積億[14]。真人恬漠兮，獨與道息[15]。釋智遺形兮，超然自喪[16]。寥廓忽荒[17]兮，與道翱翔[18]。乘流則逝兮，得坻則止[19]。縱軀委命兮，不私與己[20]。其生兮若浮，其死兮若休[21]。澹乎若深泉之静，泛乎若不繫之舟[22]。不以生故自寶兮，養空而浮[23]。德人無累，知命不憂[24]。細故蔕芥，何足以疑[25]！

[1]《莊子》：子黎曰：今一以天地爲大鑪，以造化爲大冶，惡乎往而不可哉？

[2]《莊子》曰：人之生也，氣之聚也。聚爲生，散爲死。《鶡冠子》曰：同合消散，孰識其時？

[3]《列子》曰：千變萬化，不可窮極。《莊子》曰：若人之形者，萬化而未始有極。司馬彪曰：當復化而爲無。

[4] 善曰：控揣，愛生之意也。孟康曰：控，引也。揣，持也。言人生忽然，何足引持自貴惜也。如淳曰：揣音團，或作“摶”。晉灼曰：“許慎云：揣，量也。度（商）［高］曰揣。”言何足度量己之年命長短而惜之乎？按《史記·英布傳》云：果如薛公揣之。陳平云：生揣我何念？皆訓爲量，與晉灼説同。音初毁切，又丁果切。但字者滋也，不可膠柱，在此賦訓揣爲量，義似未是；至於合韻，全復參差，且《史記》“揣”作“摶”字，如淳、孟康義爲是也。又《鶡冠子》亦曰：“彼時之至，安可復還，安可控摶”也。

[5] 患，音還。言人皆死變化，我何足患之。《莊子》曰：假於異物，託於同體。郭象曰：假，因

也。今死生聚散，變化無方，皆異物也。

[6]《列子》曰：小智自私怨之府。《莊子》：北海若曰："以道觀之，無貴無賤；以物觀之，自貴而相賤。"《鶡冠子》曰：小智立趣，好惡自懼。

[7]《鶡冠子》曰：達人大觀，乃見其符。《莊子》曰：物故有所然，物故有所可，無物不然，無物不可。

[8]《列子》云：胥士之殉名，貪夫之殉財，天下皆然，不獨一人。司馬彪曰：殉，營也。瓚曰：以身從物曰殉。

[9]善曰：《鶡冠子》曰：夸者死權，自貴矜容殉名。司馬彪《莊子注》曰：夸，虚名也。孟康曰：每，貪也。《莊子》曰：貪生失理。

[10]孟康曰：怵，爲利所誘怵也。迫，迫貧賤也。東西趨利也。趨，音娶。怵，音戍。

[11]文子曰：大人者，與天地合其德。

[12]《莊子》曰：不肖繫俗。儹，囚拘之貌，求殞切。

[13]《莊子》曰：不離於真，謂之至人。又孔子謂老聃曰：形體若槁木，似遺物而立於獨也。《鶡冠子》曰：聖人捐物。又曰：至人不遺，動與道俱。

[14]李奇曰：惑惑，東西也。所好所惡，積之萬億也。《鶡冠子》曰：衆人惑惑，迫於嗜慾。

[15]文子曰：得天地之道，故謂之真人也。《莊子》曰：虚静恬淡、寂漠無爲者，道德之至也。

[16]《莊子》云：仲尼問於顔回曰："何謂坐忘?"回曰："墮支體，黜聰明，離形去智，同於大道，此謂坐忘。"司馬彪曰：坐而自忘其身。《老子》曰：燕處超然。《莊子》曰：南伯子綦曰："嗟乎！我悲人之自喪。"

[17]悦。

[18]寥廓忽荒，元氣未分之貌。《廣雅》曰：寥，深也。廓，空也。《鶡冠子》曰：與道翱翔。

[19]孟康曰：《易》"坎爲險"，遇險難而止也。張晏曰：坻，水中小洲也。"坻"或爲"坎"。又曰：謂夷易則仕，險難則隱。《鶡冠子》曰：乘流以逝。

[20]《鶡冠子》曰：縱軀委命，與時往來。

[21]《莊子》曰：其生若浮，其死若休。

[22]《莊子》：老聃曰："其居也淵而静，其唯人心乎?"《鶡冠子》曰：泛泛乎若不繫之舟。

[23]鄧展曰：自寶，自貴也。鄭氏曰：道家養空虚，若浮舟也。《莊子》曰：汎若不繫之舟，虚而遨遊。

[24]《莊子》：苑風曰："願聞德人。"淳芒曰："德人者，居無思、行無慮也。"又曰：聖人循天之理，故無天災，故無物累。《周易》曰：樂天知命故不憂。

[25]《鶡冠子》曰：細故袃蒯，奚足以疑！袃蒯與蔕芥古字通。張揖《子虚賦注》曰：蔕芥，刺鯁也。

解　嘲　并序

（漢）揚雄撰，（唐）李善注

哀帝時，丁、傅、董賢用事[1]，諸附離之者，起家至二千石[2]。時雄方草創《太玄》，有以自守，泊如也。人有嘲雄以玄之尚白[3]，雄解之，號曰《解嘲》。其辭曰：

[1]《漢書》曰：定陶丁姬，哀帝母也，兄明爲大司馬。又曰：孝哀傅皇后，哀帝即位，封后父晏爲孔鄉侯。

[2]《漢書音義》:《莊子》曰："附離不以膠漆。"

[3] 服虔曰：玄當黑而尚白，將無可用。

客嘲楊子曰："吾聞上世之士，人綱人紀，不生則已[1]，生必上尊人君，下榮父母。析人之珪，儋人之爵，懷人之符，分人之禄[2]，紆青拖紫，朱丹其轂[3]。今吾子幸得遭明盛之世，處不諱之朝，與羣賢同行，歷金門上玉堂有日矣[4]。曾不能畫一奇，出一策，上説人主，下談公卿，目如耀星，舌如電光，一從一横，論者莫當[5]。顧默而作《太玄》五千文，枝葉扶疎，獨説十餘萬言[6]。深者入黄泉，高者出蒼天，大者含元氣，細者入無閒[7]。然而位不過侍郎，擢纔給事黄門[8]。意者玄得無尚白乎？何爲官之拓落也[9]？"

[1]《尚書》曰：先王肇修人紀。孔安國曰：修爲人綱紀也。《孔叢子》：子魚曰："丈夫不生則已，生則有云爲於世也。"

[2]《説文》曰：儋，荷也。應劭曰：文帝始與諸王竹使符。

[3]《東觀漢記》曰：印綬，漢制：公侯紫綬，九卿青綬。《漢書》曰：吏二千石朱兩轓。

[4] 應劭曰：待詔金馬門。晉灼曰：《黄圖》有大玉堂、小玉堂。

[5]《史記》：秦王曰："知一從一横，其説何？"

[6] 以樹喻文也。《説文》曰：扶疎，四布也。

[7]《春秋命厤序》曰：元氣正，則天地八卦孳。無閒，言至微也。《淮南子》曰：出入無閒。

[8] 蘇林曰：擢之纔爲給事黄門，不長作。

[9] 拓落，猶遼落，不諧偶也。

楊子笑而應之曰："客徒欲朱丹吾轂，不知一跌將赤吾之族也[1]！往昔周網解結，羣鹿争逸[2]，離爲十二，合爲六七[3]，四分五剖，並爲戰國[4]。士無常君，國無定臣，得士者富，失士者貧[5]。矯翼厲翮，恣意所存。故士或自盛以橐，或鑿坏以遁[6]。是故鄒衍以頡頏而取世資[7]，孟軻雖連[8]蹇猶爲萬乘師[9]。

[1]《廣雅》曰：跌，差也。赤，謂誅滅也。

[2] 服虔曰：鹿，喻在爵位者。

[3] 十二國，已見上文。張晏曰：謂齊、燕、楚、韓、趙、魏爲六，就秦爲七。

[4] 晉灼曰：此直道其分離之意耳。《鄒陽傳》云：濟北，四分五裂之國也。

[5]《春秋保乾圖》曰：得士則安，失士則危。

[6] 服虔曰：范雎入秦，藏於橐中。《史記》：王稽辭魏去，竊載范雎入秦。至湖，見車騎，曰："爲誰？"王稽曰："穰侯。"范雎曰："此恐辱我，我寧匿車中。"有頃，穰侯過。《淮南子》曰：顏闔，魯君欲相之，而不肯。使人以幣先焉，鑿坏而遁之。坏，普來切。

[7] 應劭曰：齊人，著書所言多大事，故齊人號"談天衍"，仕齊至卿。蘇林曰：頡，音提挈之挈。頡頏，奇怪之辭也。鄒衍著書雖奇怪，尚取世以爲資，而己爲之師也。言資，以避下文也。頏，苦浪切。

[8] 去聲。

[9] 蘇林曰：連蹇，言語不便利也。趙岐《孟子章指》曰：滕文公尊敬孟子，若弟子之問師。

"今大漢左東海[1]，右渠搜[2]，前番禺[3]，後椒塗[4]，東南一尉[5]，西北一候[6]。徽以糾墨，制以鑕鈇[7]；散以禮樂，風以《詩》《書》；曠以歲月，結以倚廬[8]。天下之士，雷動雲合，魚鱗雜襲，咸營于八區[9]。家家自以爲稷契，人人自以爲皋陶[10]。戴縰垂纓而談者，皆擬於阿衡[11]；五尺童子，羞比晏嬰與夷吾[12]。當塗者升青雲，失路者委溝渠。旦握權則爲卿相，夕失勢則爲匹夫。譬若江湖之崖，渤澥之島，乘鴈集不爲之多，雙鳧飛不爲之少[13]。

[1] 應劭曰：會稽東海也。

[2] 服虔曰：連西戎國也。應劭曰：《禹貢》析支渠搜，屬雍州，在金城河關之西。

[3] 應劭曰：南海郡。張晏曰：南越王都也。蘇林曰：番，音潘。

[4] 應劭曰：漁陽之北界。

[5] 如淳曰：《地理志》云：在會稽。

[6] 如淳曰：《地理志》曰：龍勒玉門陽關有候也。

[7] 服虔曰：制，縛束也。應劭曰：束以繩。徽纆之徽。《説文》曰：糾，三合繩也。又曰：墨，索也。《公羊傳》曰：不忍加之鈇鑕。何休注曰：斬腰之刑也。音質。

[8] 應劭曰：漢律，不爲親行三年服，不得選舉。結爲倚廬，以結其心。《左氏傳》曰：齊晏桓子卒，晏嬰麤斬衰，居倚廬。

[9]《史記》：蒯通曰："天下之士，雲合霧集，魚鱗雜遝。"遝，徒合切。

[10]《尚書》：帝曰："俞，咨！禹，汝平水土，惟時懋哉！禹讓于稷、契暨皋陶。

[11] 鄭玄《儀禮注》曰：纚與縰同。縰，所氏切。《詩》曰：實惟阿衡，左右商王。毛萇曰：阿衡，伊尹也。

[12]《孫卿子》曰：仲尼之門，五尺豎子羞言五伯。

[13]《方言》曰：飛鳥曰雙，四鴈曰乘。

"昔三仁去而殷墟，二老歸而周熾[1]；子胥死而吴亡，種蠡存而越霸[2]；五羖入而秦喜，樂毅出而燕懼[3]；范雎以折摺而危穰侯[4]，蔡澤以噤吟而笑唐舉[5]。故當其有事也，非蕭曹子房平勃樊霍則不能安；當其無事也，章句之徒，相與坐而守之，亦無所患。故世亂則聖哲馳騖而不足，世治則庸夫高枕而有餘[6]。

[1] 三仁，微子、箕子、比干。《孟子》曰：伯夷避紂，居北海之濵，聞文王作，興曰："盍歸乎來！吾聞西伯善養老者。"［太公辟紂，居東海之濵，聞文王作，興曰："盍歸乎來！吾聞西伯善養老者。"］二老者，天下之大老也。

[2]《史記》曰：吴既誅子胥，遂伐齊。越王勾踐襲殺吴太子，王聞，乃歸，與越平。越王勾踐遂滅吴。又曰：越王勾踐返國，奉國政屬大夫種，而使范蠡行成，爲質於吴。後越大破吴也。

[3]《史記》曰：百里奚亡秦走宛，秦穆公聞百里奚賢，欲重贖之，恐楚不與，請以五羖皮贖之。楚人許與之，繆公與語國事，繆公大悦。又曰：樂毅伐齊，破之。燕昭王死，子立，爲燕惠王。乃使騎劫代將而召毅。毅畏誅，遂西奔趙。惠王恐趙用樂毅以伐燕也。

[4] 危穰侯，已見李斯上書。折摺，已見鄒陽上書。晉灼曰：摺，古拉字也，力荅切。

[5]《史記》曰：唐舉見蔡澤，熟視而笑曰："吾聞聖人不相，殆先生乎？"韋昭曰：噤，欺稟切。吟，疑甚切。

[6]《説苑》曰：管仲，庸夫也，桓公得之，以爲仲父。《漢書》：賈誼曰："陛下高枕，終無山東之憂。"《楚辭》曰：堯舜皆有舉任兮，故高枕而自適。

"夫上世之士，或解縛而相，或釋褐而傅[1]；或倚夷門而笑[2]，或横江潭而漁[3]；或

七十説而不遇[4]，或立談而封侯[5]；或枉千乘於陋巷[6]，或擁篲而先驅[7]。是以士頗得信其舌而奮其筆，窒隙蹈瑕而無所詘也[8]。當今縣令不請士，郡守不迎師，羣卿不揖客，將相不俛眉。言奇者見疑，行殊者得辟[9]。是以欲談者捲舌而同聲，欲步者擬足而投跡[10]。嚮使上世之士處乎今，策非甲科[11]，行非孝廉，舉非方正，獨可抗疏，時道是非，高得待詔，下觸聞罷，又安得青紫[12]？

［1］《左氏傳》曰：齊鮑叔帥師來言曰："子糾，親也，請君討之。管召，讎也，請受而甘心焉。"乃殺子糾于生竇。召忽死之。管仲請囚，鮑叔受之，及堂阜而脱之，歸而以告曰："管夷吾治於高傒，使相可也。"公從之。《墨子》曰：傅説被褐帶索，庸築傅巖，武丁得之，舉以爲三公。

［2］應劭曰：侯嬴也。秦伐趙，趙求救於魏。無忌將百餘人往過嬴，嬴無所誡。更還見嬴，嬴笑之，以謀告無忌。韋昭曰：笑人不知己也。

［3］服虔曰：漁父也。

［4］應劭曰：孔丘也。已見東方朔《荅客難》。

［5］《史記》曰：虞卿説趙孝成王，再見，爲趙上卿，故號爲虞卿。譙周曰：食邑於虞也。

［6］《吕氏春秋》曰：齊桓公見小臣稷，一日三至，弗得見。從者曰："萬乘之主，見布衣之士，一日三至而不得見，亦可以止矣！"桓公曰："不然。士慠爵禄者，固輕其主；君慠霸王者，亦輕其士。從夫子慠爵禄，吾庸敢慠霸王乎？"

［7］擁篲，鄒衍也。《七略》曰：《方士傳》言，鄒子在燕，其游，諸侯畏之，皆郊迎擁篲也。

［8］李奇曰：君臣上下，有瑕隙乖離之漸，則可抵而取之。窒，竹栗切。

［9］言世尚同而惡異。《爾雅》曰：辟，罪也。行，趨步也。行，胡庚切。

［10］言不敢奇異也。故欲談者捲舌不言，待彼發而同其聲；欲行者擬足不前，待彼行而投其跡也。《周易》曰：子曰："同聲相應。"《莊子》曰：多物將往，投跡者衆。

［11］《史記》曰：歲課甲科爲郎中，乙科爲太子舍人。然甲科爲第一。

［12］言抗疏有所觸犯者，帝報以聞而罷之，言不任用也。

"且吾聞之：炎炎者滅，隆隆者絶。觀雷觀火，爲盈爲實[1]，天收其聲，地藏其熱。高明之家，鬼瞰其室[2]。攫拏者亡，默默者存；位極者宗危，自守者身全。是故知玄知默，守道之極[3]；爰清爰靜，游神之庭[4]；惟寂惟漠，守德之宅[5]。世異事變，人道不殊，彼我易時，未知何如[6]。今子乃以鴟梟而笑鳳皇，執蝘蜓而嘲龜龍，不亦病乎[7]？子之笑我玄之尚白，吾亦笑子病甚不遇俞跗與扁鵲也，悲夫[8]！"

［1］如淳曰：《周易》云："雷雨之動滿盈"。滿，水也，雷極則爲水。火之光炎，炎不可久，久亦消滅爲灰炭之實也。

［2］李奇曰：鬼神害盈而福謙。

［3］《淮南子》曰：天道玄默，無容無則。

［4］《老子》曰：知清知靜，爲天下正。

［5］《莊子》曰：恬淡寂漠，虛無無爲，此道德之質也。

［6］李奇曰：或能勝之。

［7］孫卿《雲賦》曰：以龜龍爲蝘蜓，鴟梟爲鳳皇。《説文》曰：在壁曰蝘蜓，在草曰蜥蜴。蝘，烏典切。蜓，徒顯切。

［8］《史記》：中庶子謂扁鵲曰："臣聞上古之時，醫有俞跗，醫病不以湯液。"《法言》曰：扁鵲，

盧人，而善醫。跗，音附。

客曰："然則靡玄無所成名乎[1]？范蔡以下，何必玄哉？"

楊子曰："范雎，魏之亡命也。折脅摺髂，免於徽索[2]，翕肩蹈背，扶服入橐[3]。激卬萬乘之主，介涇陽，抵穰侯而代之，當也[4]。蔡澤，山東之匹夫也。顩頤折頞，涕唾流沫，西揖强秦之相，搤其咽而亢其氣，拊其背而奪其位，時也[5]。天下已定，金革已平，都於洛陽[6]；婁敬委輅脱輓，掉三寸之舌，建不拔之策，舉中國徙之長安，適也[7]。五帝垂典，三王傳禮，百世不易；叔孫通起於枹鼓之間，解甲投戈，遂作君臣之儀，得也[8]。《吕刑》靡敝，秦法酷烈[9]，聖漢權制，而蕭何造律，宜也[10]。故有造蕭何之律於唐虞之世，則悂矣[11]。有作叔孫通儀於夏殷之時，則惑矣。有建婁敬之策於成周之世，則乖矣[12]。有談范蔡之説於金張許史之間，則狂矣[13]。夫蕭規曹隨，留侯畫策，陳平出奇，功若泰山，響若坻隤[14]，雖其人之贍智哉，亦會其時之可爲也。故爲可爲於可爲之時，則從；爲不可爲於不可爲之時，則凶。若夫藺生收功於章臺[15]，四皓采榮於南山[16]，公孫創業於金馬，驃騎發跡於祁連[17]，司馬長卿竊貲於卓氏，東方朔割炙於細君[18]，僕誠不能與此數子並，故默然獨守吾《太玄》。"

[1]《論語》曰：君子去仁，惡乎成名？

[2]《埤蒼》曰：髂，腰骨也。口亞切。

[3]《孟子》曰：脅肩諂笑。劉熙曰：脅肩，悚體也。入橐，已見上文。

[4] 如淳曰：激卬，怒也。善曰：《史記》曰：范雎至秦，上書，因感怒昭王，昭王乃免相國，逐涇陽君於關外。又曰：秦昭王母宣太后，長弟曰穰侯，姓魏名冉。昭王同母弟曰涇陽君。蘇林曰：介者，間其兄弟使踈也。《説文》曰：抵，側擊也，音紙。

[5] 韋昭曰：曲上曰顩，欺甚切。《史記》曰：蔡澤聞應侯内慙，乃西入秦。應侯使人召蔡澤，蔡澤入則揖應侯，應侯延入坐。數日，言於秦昭王曰："客有從山東來者，曰蔡澤，其人辯士。"昭王與語，悦之。應侯請歸相印，遂拜蔡澤爲相。《説文》曰：頞，鼻莖也。於達切。沫，洒面也，呼憒切。《廣雅》曰：咽，嗌也。一千切。嗌，音益。

[6]《禮記》：子夏曰："三年之喪，卒哭，金革之事無避也，禮歟？《漢書》曰：高祖西都洛陽。

[7]《漢書》曰：婁敬戍隴西，過洛陽，高帝在焉，敬脱輓曰："臣願見上言便宜。"又説上曰："陛下都洛陽不便，不如入關，據秦之固。"是日，車駕西都長安。應劭曰：輅，謂以木當胸，以輓車也。《論語摘輔像》曰：子貢掉三寸之舌，動於四海之内。

[8]《左氏傳》曰：援枹而鼓。《漢書》：叔孫通曰："臣願徵魯諸生弟子，共起朝儀也。"

[9]《尚書吕命序》曰：穆王訓夏贖刑。《禮記》曰：國家靡敝。鄧展曰：靡，音縻。

[10]《漢書》曰：相國蕭何，捃摭秦法，取其宜於時者，作律九章。

[11] 服虔曰：悂，猶繆也。悂，布迷切。悂或作"繆"。

[12]《左氏傳》曰：召穆公糾合宗族于成周。

[13] 金日磾、張安世、許廣漢、史恭、史高也。

[14] 應劭曰：天水有大坂，名曰隴坻，其山堆傍着崩落，作聲聞數百里，故曰坻隤。坻，丁禮切。韋昭坻音若"是理"之"是"。《字書》曰：巴蜀名山堆落曰坻。《韓子》曰：泰山之功，長立於國家。日月之名，久著於天地。

[15] 晉灼曰：相如獻璧於此臺。

[16] 四皓，已見上文。采榮，采取榮名也。

[17] 孟康曰：公孫弘對策於金馬門。《史記》曰：弘至太常，對策爲第一，拜爲博士。又曰：驃騎將軍霍去病，擊匈奴至祁連山，捕首虜甚多。

[18]《史記》曰：文君夜亡奔相如，卓王孫不得已，分予文君僮百人、錢百萬，爲富人居。《漢書》曰：伏日，詔賜從官肉，太官丞相晏不來，東方朔獨拔劍割肉，即懷肉去。太官奏之，上曰："先生起自責也！"朔曰："受賜不待詔，何無禮也！拔劍割肉，一何壯也！割之不多，又何廉也！歸遺細君，又何仁也！"上笑曰："使先生自責，乃反自譽！"復賜酒一石、肉百斤，歸遺細君。割炙，割損其炙也。

歸田賦[1]

（漢）張衡撰，（唐）李善注

遊都邑以永久，無明略以佐時。徒臨川以羡魚，俟河清乎未期[2]。感蔡子之慷慨，從唐生以決疑[3]。諒天道之微昧，追漁父以同嬉[4]。超埃塵以遐逝，與世事乎長辭[5]。

[1]《歸田賦》者，張衡仕不得志，欲歸於田，因作此賦。凡在曰朝，不曰歸田。

[2] 都，謂京都。永，長也。久，滯也。言久淹滯於京都，而無知略以匡佐其時君也。《字林》曰：羡，貪欲也。《淮南子》曰：臨河羡魚，不如歸家織網。高誘曰：羡，願也。《易乾鑿度》曰：天降嘉應，河清。清三日，變爲赤。赤變三日。鄭玄曰：聖王爲政，治平之所致。

[3]《史記》曰：蔡澤，燕人。遊學于諸侯，不遇，從唐舉相。舉熟視而笑曰："先生偈鼻戴肩，魋顔蹙頞，顙頤膝攣。吾聞聖人不相，殆先生乎？"澤知舉戲之，乃曰："富貴吾所自取，吾不知者壽也，願聞之。"舉曰："先生之壽，從今以往者四十三歲。"澤笑而謝去，謂御者曰："吾持粱刺齒肥，躍疾驅，懷黄金之印，結紫綬於腰，揖讓人主之前，食肉富貴，四十一年足矣。"及入秦，昭王召見，與語，大説，拜爲客卿，遂代范雎爲秦相。《説文》曰：慷慨，壯士不得志於心也。

[4] 諒，信也。微昧，幽隱。司馬遷《悲士不遇賦》曰：天道悠昧。《楚辭》曰：屈原既放，漁父見而問之曰："子非三閭大夫歟？"漁父悠爾而笑，鼓枻而去。王逸《楚辭序》曰：漁父避世隱身，釣魚江湖，欣然而樂。漁父歌曰："滄浪之水清，可以濯吾纓；滄浪之水濁，可以濯吾足。"嬉，樂也。

[5] 世務紛濁，以喻塵埃。《莊子》曰：遊乎塵埃之外。

於是仲春令月，時和氣清[1]。原隰鬱茂，百草滋榮。王雎鼓翼，倉庚哀鳴[2]。交頸頡頏，關關嚶嚶[3]。於焉逍遥，聊以娱情[4]。

[1]《儀禮》曰：令月吉日。鄭玄曰：令，善也。

[2] 雎鳩，王鳩也。郭璞曰：雕類也。《爾雅》曰：倉庚，黄鸝也。鸝，音利。

[3] 頡頏，上下也。毛萇《詩傳》曰：飛而上曰頡，飛而下曰頏。《爾雅》曰：關關噰噰，音聲和也。《釋訓》曰：丁丁嚶嚶，相切直也。注：嚶嚶，兩鳥鳴也。

[4]《毛詩》曰：於焉逍遥。《廣雅》曰：逍遥，儴徉也。

爾乃龍吟方澤，虎嘯山丘[1]。仰飛纖繳，俯釣長流。觸矢而斃，貪餌吞鈎[2]。落雲間之逸禽，懸淵沈之魦鰡[3]。

[1] 言己從容吟嘯，類乎龍虎。《春秋元命苞》曰：杓星高則羣龍吟。《淮南子》曰：龍吟而景雲至，虎嘯而谷風榛。

[2] 觸矢，射也。吞鉤，釣也。《楚辭》曰：知貪餌而近斃。

[3]《列子》曰：詹何以獨繭爲綸，芒針爲鉤，引盈車之魚於百仞之淵。楚王問其故，詹何曰：蒲且子之弋，弱弓纖繳，連雙鶬於青雲之際。臣因學釣五年，始盡其道。毛萇《詩傳》曰：魦，鮀也。《字指》曰：鰡，魦屬。

于時曜靈俄景，係以望舒[1]。極般遊之至樂，雖日夕而忘劬[2]。感老氏之遺誡，將迴駕乎蓬廬[3]。彈五絃之妙指，詠周孔之圖書[4]。揮翰墨以奮藻，陳三皇之軌模[5]。苟縱心於物外，安知榮辱之所如[6]！

[1]《廣雅》曰：曜靈，日也。王逸《楚辭注》曰：望舒，月御也。俄，斜也。

[2]《尚書》曰：般遊無度。

[3]《老子》曰：馳騁田獵，令人心發狂。注曰：精神安靜。馳騁呼吸，精散氣亡，故發狂。劉向《雅琴賦》曰：潛坐蓬廬之中、巖石之下。

[4] 五絃，琴也。《禮記》曰：舜作五絃之琴，以歌南風。鄭玄注曰：南風，長養之風也。《毛詩》曰：南風之薰兮，可以解吾民之愠兮。蔡邕《琴操》曰：伏羲氏作琴。絃有五者，象五行也。周，周公；孔，孔子也。

[5] 賈逵《國語注》曰：軌，法也。鄭玄《毛詩箋》曰：模，法也，莫奴切。

[6] 班固《漢書》述賈鄒枚路曰：榮如辱如，有機有樞。劉德曰：《易》曰："樞機之發，榮辱之主也。"張晏曰：乍榮乍辱。如，辭也。

登樓賦[1]

（魏）王粲撰，（唐）李善注

登兹樓以四望兮，聊暇日以銷憂[2]。覽斯宇之所處兮，實顯敞而寡仇[3]。挾清漳之通浦兮，倚曲沮之長洲[4]。背墳衍之廣陸兮，臨皋隰之沃流[5]。北彌陶牧，西接昭丘[6]。華實蔽野，黍稷盈疇[7]。雖信美而非吾土兮，曾何足以少留[8]！

[1] 盛弘之《荆州記》曰：當陽縣城樓，王仲宣登之而作賦。《魏志》曰：王粲字仲宣，山陽人。獻帝西遷，粲從至長安，以西京擾亂，乃之荆州依劉表；後太祖辟爲右丞相掾；魏國建，爲侍中，卒。

[2] 馮衍《顯志賦》曰：伏朱樓而四望，采三秀之華英。《孫卿子》曰：多暇日者，其出入不遠也。賈逵《國語注》曰：暇，閑也；暇或爲假。《楚辭》曰：遷逡次而勿驅，聊假日以消時。邊讓《章華臺賦》曰：冀彌日以銷憂。《漢書》東方朔曰：銷憂者莫若酒。假，古雅切。

[3]《西京賦》曰：雖斯宇之既坦。李尤《高安館銘》曰：增臺顯敞，禁室靜幽。《蒼頡篇》曰：敞，高顯也。《爾雅》曰：仇，匹也。

[4] 挾，猶带也。《山海經》曰：荆山，漳水出焉，而東南注于睢。《漢書·地理志》曰：漢中房陵東山，沮水所出，至郢入江。睢與沮同。

[5] 杜預《左氏傳注》曰：陸，道也。孟康《漢書注》曰：沃，灌溉也。

[6]《爾雅》曰：彌，終也，謂終極也。盛弘之《荆州記》曰：江陵縣西有陶朱公冢，其碑云，是

越之范蠡，而終於陶。《爾雅》曰：郊外曰牧。《荆州圖記》曰：當陽東南七十里有楚昭王墓，登樓則見，所謂昭丘。

[7]《春秋文耀鉤》曰：春致其時，華實乃榮。《説文》曰：疇，耕治之田也。賈逵《國語注》曰：一井爲疇。

[8]《楚辭》曰：雖信美而無禮。《北征賦》曰：曾不得乎少留。《説文》曰：曾，謂辭之舒也。

遭紛濁而遷逝兮，漫踰紀以迄今[1]。情眷眷而懷歸兮，孰憂思之可任[2]！憑軒檻以遥望兮，向北風而開襟[3]。平原遠而極目兮，蔽荆山之高岑[4]。路逶迤而脩迥兮，川既漾而濟深[5]。悲舊鄉之壅隔兮，涕横墜而弗禁[6]。昔尼父之在陳兮，有"歸歟"之歎音[7]。鍾儀幽而楚奏兮，莊舄顯而越吟[8]。人情同於懷土兮，豈窮達而異心[9]！

[1] 紛濁，喻代亂也。《楚辭》曰：吸精粹而吐紛濁。孔安國《尚書傳》曰：十二年曰紀。《毛詩》曰：以迄于今。毛萇曰：迄，至也。

[2]《韓詩》曰：眷眷懷顧。《毛詩》曰：豈不懷歸？毛萇曰：懷，思也。杜預《左氏傳注》曰：任，當也。

[3] 言感北風逾增鄉思也。《小雅》曰：凴，依也。《漢書》曰：天子自軒檻上隤銅丸。韋昭曰：軒檻，殿上欄軒上板也。《風賦》曰：有風颯然而至，王乃披襟而當之。

[4]《楚辭》曰：目極千里傷春心。《漢書》臨沮縣，荆山在東北也。《爾雅》曰：山小而高曰岑。

[5] 逶迤，長貌也。《爾雅》曰：迥，遠也。《韓詩》曰：江之漾矣，不可方思。薛君曰：漾，長也。《毛詩》曰：濟有深涉。《爾雅》曰：濟，渡也。漾，以上切。

[6]《楚辭》曰：忽臨睨夫舊鄉。《漢書》中山王勝曰：不知涕泣之横集。

[7]《左氏傳》曰：孔丘卒，公誄之曰：尼父，無自律。《論語》：子在陳，曰："歸欤！歸欤！"

[8]《左氏傳》曰：晉侯觀于軍府，見鍾儀，問曰："南冠而縶者，誰也？"有司對曰："鄭人所獻楚囚也。"使税之。問其族，對曰："伶人也。"使與之琴，操南音。公曰："樂操土風，不忘舊也。"《史記》曰：陳軫適楚，秦惠王曰："子去寡人之楚，亦思寡人不？"陳軫對曰："昔越人莊舄，仕楚執珪，有頃而病，楚王曰：'舄故越之鄙細人也，今仕楚執珪，富貴矣，亦思越不？'中謝對曰：'凡人之思故，在其病也。彼思越，則越聲；不思越，則且楚聲。'人往聽之，猶尚越聲也。今臣雖弃逐之楚，豈能無秦聲者哉！"

[9] 窮，謂鍾儀。達，謂莊舄。《論語》：子曰："小人懷土。"孔安國曰：懷，思也。《吕氏春秋》曰：道得於此，窮達一也。

惟日月之逾邁兮，俟河清其未極[1]。兾王道之一平兮，假高衢而騁力[2]。懼匏瓜之徒懸兮，畏井渫之莫食[3]。步棲遲以徙倚兮，白日忽其將匿[4]。風蕭瑟而並興兮，天慘慘而無色[5]。獸狂顧以求羣兮，鳥相鳴而舉翼[6]。原野闃其無人兮，征夫行而未息[7]。心悽愴以感發兮，意忉怛而憯[8]惻[9]。循堦除而下降兮，氣交憤於胸臆[10]。夜參半而不寐兮，悵盤桓以反側[11]。

[1]《尚書》云：日月逾邁，若弗云來。《左氏傳》：鄭子駟曰：《周詩》有之："俟河之清，人壽幾何？"杜預曰：逸詩也。《爾雅》曰：極，至也。

[2] 賈逵《國語注》曰：覬，望也。兾與覬同。《尚書》曰：王道正直。孔安國曰：王道平直也。高衢，謂大道也。薛君《韓詩章句》曰：騁，馳也。

[3]《論語》：子曰："吾豈匏瓜也哉，焉能繫而不食？"鄭玄曰：我非匏瓜，焉能繫而不食者？兾往

仕而得禄。《周易》曰：井渫不食，爲我心惻。鄭玄曰：謂已浚渫也。猶臣脩正其身，以事君也。張璠曰：可爲惻然，傷道未行也。然不食，以被任用也。

[4]《毛詩》曰：衡門之下，可以棲遲。《楚辞》曰：步徙倚而遥思。杜預《左氏傳注》曰：匿，藏也。

[5]《楚辭》曰：蕭瑟兮，草木摇落而變衰。《通俗文》曰：暗色曰黲。慘與黲古字通。

[6]《楚辭》曰：狂顧南行。王逸曰：狂，猶遽也。《大戴禮·夏小正》曰：鳴也者，相命也。

[7]原野闃無農人，但有征夫而已。《周易》曰：闚其户，闃其無人。《埤蒼》曰：闃，静也。《毛詩》曰：駪駪征夫。

[8]七感切。

[9]《廣雅》曰：慼，傷也。《毛詩》曰：勞心忉忉。毛萇曰：憂勞也。音刀。又曰：勞心怛怛。毛萇曰：怛怛，猶忉忉也。怛，丁達切。

[10]司馬彪《上林賦注》曰：除，樓陛也。杜預《左氏傳注》曰：交，戾也。王逸《楚辭注》曰：憤，懣也。《説文》曰：臆，胸也。於力切。

[11]《方言》曰：參，分也。《韓子》曰：衛靈公宿濮水，夜分而聞有鼓琴者。《毛詩》曰：耿耿不寐。《易》曰：初九，盤桓，利居貞。《廣雅》曰：盤桓，不進也。《毛詩》曰：展轉反側。

懷舊賦[1]

（晉）潘岳撰，（唐）李善注

余十二而獲見于父友東武戴侯楊君[2]，始見知名，遂申之以婚姻[3]；而道元公嗣，亦隆世親之愛[4]。不幸短命，父子凋殞[5]。余既有私艱，且尋役于外[6]，不歷嵩丘之山者，九年于兹矣[7]。今而經焉，慨然懷舊而賦之。曰：

[1]并序。《懷舊賦》者，懷，思也，謂思於親舊而賦也。

[2]臧榮緒《晉書》曰：岳父芘，琅邪内史。潘岳《楊肇碑》曰：肇字秀初，滎陽人，封東武伯；薨，謚曰戴。芘，音毗。

[3]言岳有名譽，爲肇所知。《漢書》曰：官皇帝知名者。賈弼之《山公表注》曰：楊肇女適潘岳。《左氏傳》：晉吕相絶秦曰：相好，勠力同心，申之以婚姻。《爾雅》曰：壻之父母相謂爲昏姻。

[4]賈弼之《山公表注》曰：肇生潭，字道元，太中大夫。次韶，字公嗣，射聲司馬。

[5]《論語》：哀公問孔子："弟子孰爲好學？"孔子曰："有顔回者，不幸短命死矣。今也則亡。"

[6]私艱，謂家難也。《毛詩》曰：未堪家多難，余又集于蓼。尋役，謂之任也。王充《論衡》曰：充罷州役。

[7]陸機《洛陽記》曰：嵩高在洛陽東南五十里。

啓開陽而朝邁，濟清洛以徑渡[1]。晨風凄以激冷，夕雪暠以掩路[2]。轍含冰以滅軌，水漸軔以凝沍[3]。塗艱屯其難進，日晼晚而將暮[4]。仰睎歸雲，俯鏡泉流[5]。前瞻太室，傍眺嵩丘[6]。東武託焉，建塋啓疇[7]。巖巖雙表，列列行楸[8]。

[1]《洛陽記》曰：大興在開陽門外。應劭《漢官儀》曰：開陽門始成，未有名。夜有一柱來樓上；琅邪開陽縣上言，南門一柱飛去。光武使視之，因刻記其年月日，以名門焉。《楚辭》曰：不能復陵波以徑渡。

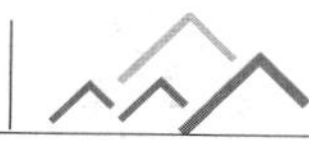

［2］《埤蒼》曰：冪，白也。掩，覆也。

［3］顏延年《纂要解》曰：車跡曰軌。車輪謂之軔。王逸《楚辭注》曰：軔，支輪木也。《廣雅》曰：漸，漬也。《字林》曰：凝，冰也。杜預曰：冱，閉也。

［4］《周易》曰：屯，難。《楚辭》曰：白日晼晚其將暮。

［5］傅毅《七激》曰：仰歸雲，遡遊風。《西都賦》曰：鏡清流。

［6］《山海經》曰：太室之山。郭璞曰：即中嶽嵩高山也，今在陽城縣西。《漢書》曰：太室，嵩高也。戴延之《西征記》曰：嵩高，中嶽也。東謂太室，西謂少室，揔名嵩也。《小說》曰：昔傅亮北征，在河中流。或人問之曰："潘安仁作《懷舊賦》曰：'前瞻太室，傍眺嵩丘'，嵩丘、太室一山，何云'前瞻'、'傍眺'哉？"亮對曰："有嵩丘山，去太室七十里。此是寫書誤耳。"《河南郡圖經》曰：嵩丘在縣西南十五里。

［7］如淳《漢書注》曰：塋，冢田也。賈逵《國語注》曰：一井爲疇。

［8］崔豹《古今注》曰：堯設誹謗之木，今華表也，以横木交柱頭。古人亦施之於墓。《爾雅》曰：槚大而皵楸。郭璞曰：老乃皮麤皵者爲楸。

望彼楸矣，感于予思[1]。既興慕於戴侯，亦悼元而哀嗣。墳壘壘而接壟，柏森森以攢植[2]。何逝没之相尋，曾（舊）［宿］草之未異[3]。余總角而獲見，承戴侯之清塵[4]。名余以國士，眷余以嘉姻[5]。自祖考而隆好，逮二子而世親。歡攜手以偕老，庶報德之有鄰[6]。今九載而一來，空館闃其無人[7]。陳荄被于堂除，舊圃化而爲薪[8]。步庭廡以徘徊，涕泫流而霑巾[9]。宵展轉而不寐，驟長歎以達辰[10]。獨鬱結其誰語，聊綴思於斯文[11]。

［1］《尚書》曰：予思日孜孜。

［2］古樂府詩曰：還望故鄉鬱何壘。《廣雅》曰：壘，重也。《說文》曰：壟丘也。仲長子《昌言》曰：古之葬，植松柏梧桐以識其墳。鄭玄《周禮注》曰：植，根生之屬。森森，一作榛榛。壘，平聲。

［3］《禮記》曰：朋友之墓，有宿草而不哭焉。鄭玄曰：宿草，陳根。

［4］《毛詩》曰：總角丱兮。孔安國《尚書傳》曰：承，奉也。《楚辭》曰：聞赤松之清塵。

［5］《史記》：豫讓曰：智伯以國士遇我，我故以國士報之。

［6］《毛詩》曰：君子偕老。《家語》：孔子曰："《詩》云：'皇皇上帝，其命不忒。天之與人，必報有德。'"《論語》：孔子曰："德不孤，必有鄰。"

［7］《周易》曰：闚其户，闃其無人。《埤蒼》曰：闃，静也。

［8］鄭玄《禮記注》曰：宿草，陳根也。《方言》曰：荄，根也，音皆。《說文》曰：除，殿堦也。

［9］《說文》曰：廡，堂下周屋。《禮記》曰：孔子泫然流涕。張平子《四愁詩》曰：側身北望涕霑巾。泫，胡犬切。

［10］《毛詩》曰：展轉伏枕。《漢書》曰：劉向或夜觀星宿，不寐達旦。

［11］《楚辭》曰：遭沈濁而汙穢兮，獨鬱結其誰語？

練習五

1. 古人運用"引用"修辭手法，有很大的靈活性，表現在哪些地方？

2．簡單解釋以下修辭學或避諱學名詞術語：

①藏詞　②委婉　③變文　④互文　⑤合敘　⑥連及

⑦敬諱　⑧正諱　⑨偏諱　⑩嫌名　⑪填諱　⑫覆黄

3．填空：

①雙關細分起來包括_______、_______、和_______三種不同類型。

②漢世避高祖劉邦諱，遇"邦"字每改作____________；避武帝劉徹諱，遇"徹"字或改作________。

③唐人避太宗皇帝李世民諱，通常用_______代"世"，用_______代"民"，又每將從"世"之字改爲從_______，從"民"之字改爲從_______。

④明人避光宗朱常洛諱，書籍中凡當用"常"字的地方每每用_______字代。

⑤清人避高宗弘曆諱，"弘"字多改書_______；避聖祖玄燁諱，"玄"字多改作_______。

⑥《淮南子》一書，因作者劉安諱其父名，凡遇"長"字皆改用_______。

4．下列句子裏各使用了甚麽修辭手法？

①乘堅策肥，履絲曳縞。（鼂錯《論貴粟疏》）

②行行向不惑，淹留遂無成。（陶淵明《飲酒》詩二十首之十六）

③一旦山陵崩，長安君何以自託於趙？（《戰國策·趙策四》）

④士蔿曰："太子不得立矣。分之都城而位以卿，先爲之極，又焉得立？不如逃之，無使罪至，爲吴太伯，不亦可乎！猶有令名，與其及也。"（《左傳·閔公元年》）

⑤天命玄鳥，降而生商，宅殷土芒芒。（《詩經·商頌·玄鳥》）

⑥見娘善容媚，願得結金蘭；空織無經緯，求匹理自難。（《子夜歌》）

⑦大城鐵不如，小城萬丈餘。（杜甫《潼關吏》）

⑧夫種蠡無一罪，身死亡。（《漢書·韓王信傳》）

⑨雖吾顔之云厚，猶内愧於寧蘧，有道吾不仕，無道吾不愚。（潘岳《閑居賦》）

⑩何以解憂？唯有杜康。（曹操《短歌行》）

⑪萬里抛朋侣，三年隔友于。（白居易《東南行一百韻》）

⑫日晻晻其將暮兮，覩牛羊之下來。（班彪《北征賦》）

⑬文采雙鴛鴦，裁爲合歡被；著以長相思，緣以結不解。（《古詩十九首》之十八）

⑭後朞年，齊王謂孟嘗君曰："寡人不敢以先王之臣爲臣！"（《戰國策·齊策四》）

⑮花徑不曾緣客掃，蓬門今始爲君開。（杜甫《客至》詩）

⑯魏收代史，吴均齊録，或牢籠一世，或苞舉一家。（劉知幾《史通》卷六《敘事篇》）

⑰二年九月，初與郡國守相爲銅虎符、竹使符。（《史記·文帝紀》）

⑱鄭，伯男也，而使從公侯之貢，懼弗給也。（《左傳·昭公十三年》）

5．古人避敬諱，曾經使用過許多方法，請選擇其中最爲常見的4种略作介紹。

6．古人使用代字避諱，代字與諱字的關係包括哪幾種情況？請舉例説明之。

7．歷代避諱對漢語言文字與文獻典籍有些甚麽樣的影響？

8．給下面短文加上標點，並翻譯成現代漢語：

昔詩人什篇爲情而造文辭人賦頌爲文而造情何以明其然蓋風雅之興志思蓄憤而吟詠情性以諷其上此爲情而造文也諸子之徒心非鬱陶苟馳誇飾鬻聲釣世此爲文而造情也故爲情者要約而寫真爲文者淫麗而煩濫而後之作者採濫忽真遠棄風雅近師辭賦故體情之製日疎逐文之篇愈盛。故有志深軒冕而汎詠臯壤心纏幾務而虚述人外真宰弗存翩其反矣夫桃李不言而成蹊有實存也男子樹蘭而不芳無其情也夫以草木之微依情待實況乎文章述志爲本言與志反文豈足徵

第六單元

通論八　音韻基本知識

音韻學研究漢語語音歷史演變發展的規律，它是漢語歷史語音學的一個分支。音韻學知識在古代漢語學習中佔有重要地位。傳統語言學包括文字、音韻、訓詁三個方面，而文字、訓詁的學習和研究都離不開音韻學。比如，我們要理解形聲字與其聲符字的相互關係，要瞭解它們曾經有過的歷史語音聯繫和它們的語音變化發展規律，要研究六書中的轉注、假借等理論，都要具備音韻學知識。古書釋讀更離不開音韻學。古籍多假借，據假借字讀古書，難免扞格不通，誤解古人意思；衹有從先秦古音方面破釋假借字的本字，纔能渙然冰釋。古書中許多字詞方面的疑難問題，也要借助音韻的知識，纔能得到解決。至於古注中的聲訓，關於同源詞和同族詞之間的語音聯繫，古書中韻文韻語的用韻規律和節律變化等等，更與音韻學關係密切。可以說，音韻和音韻學是人們學習和研讀古籍的重要工具，人們在古書釋讀方面取得的每一步進展，都是與音韻研究和音韻學知識的普及分不開的。所以我們要真正讀懂古書，學好古代漢語，就一定要重視音韻和音韻學的學習，有一個牢固的音韻學基礎。

音韻學包括今音學、古音學、等韻學三個方面。今音學，主要研究中古時期的語音系統，它以《廣韻》等韻書爲主要研究對象。古音學，主要研究上古時期的語音系統，它以《詩經》韻字和先秦語音系統爲主要研究對象。等韻，是人們用“等”的概念分析漢語語音的一種方法；研究等韻的學問就叫做等韻學。古音學是在今音學基礎上產生的，今音學是古音學的基礎。但對於閱讀先秦兩漢古書來說，古音學的基礎知識要顯得更爲實用，也更加重要。

一、古音與今音

從周秦時期發展到現代，兩千多年來漢語語音在聲、韻、調等方面都發生了很大變化。古音和現代音不同，不同歷史時期的古音又各不相同，它們相互區別，不能混爲一談。所以，在學習音韻學之前，我們不僅要知道現代音與古音不同，還要認識到在不同歷史階段上的古音各有不同的特點，這是學習漢語音韻學必須具備的觀念。

音韻學中，一般把漢代和漢以前的語音系統稱之爲古音，把唐宋時期的語音稱作今音，藉以與我們現代的語音系統相區別。古書中有許多證據可以證明古音和現代音不同。如古代詩歌都是押韻的，這些押韻字，一般要求韻腹（即主要元音）和韻尾相同或相近。可是用現代音去讀古詩，卻發現許多原來用韻的地方，現代不押韻了。如《楚辭·國殤》中的一段：

带長劍兮挾秦弓，首身離兮心不懲。

誠既勇兮又以武，終剛强兮不可凌。

詩中“弓”、“懲”、“凌”三字押韻。它們在上古時期，都是古韻蒸部字，韻部相同，統讀作［əŋ］。但用現代音讀，它們的韻母卻分別作 ōng（弓）、éng（懲）、íng（凌），韻尾相同，韻腹都變得不同了。這些在上古時期同韻的字，衹有用上古音讀，纔能體會出它們之間和諧鏗鏘的韻律感。

語音變化，從古書的假借字中也可以明顯看出。古書文字假借的條件是假借字與它的本字音同或音近。但現在卻有不少假借字和它的本字讀音差别很大，甚至完全不同。如：

①曰："不可。直不百步耳，是亦走也。"（《孟子·梁惠王上》）

②入則無法家拂士，出則無敵國外患者，國恒亡。（《孟子·告子下》）

例①“直不百步耳”的“直”，是假借字，它的本字是“特”。現在一個讀 zhí（直），一個讀 tè（特），聲母和韻母都完全不同，讀音有很大差異。但在上古時期，“直”是章母職部字，“特”是定母職部字，二字同爲職部舌音字，讀音近同，所以能够假借。例②“法家拂士”的“拂”，是“弼”（輔助）的假借字。上古時期，“拂”屬章母物部，“弼”屬並母物部，兩字同屬一個韻部，讀音近同。但現代一個讀 fú（拂），一個讀 bì（弼），讀音迥異。

又如形聲字。造字之初，聲符的作用是標記形聲字讀音的，聲符字和形聲字之間應該有音同或音近的關係。但用今音來讀，也有了很大變化。如：

平抨　　予抒野　　分頒盆　　乏泛貶

良狼　　若匿惹　　堯曉燒　　卑婢鞞

上列各組形聲字和它的聲符字在上古時期讀音近同，可是用現代音讀起來，聲母、韻母和聲調都有不同之處。從上述這些例子中，我們可以看到古音演進到今音後，漢語語音的顯著變化。

古音與今音的不同，現在看起來是一個很簡單的道理，但人們認識到這一點卻經歷了很長的時期。唐宋時期，人們用當時的語音讀上古韻文，就發現有許多該押韻的地方不押韻了。如唐玄宗讀《尚書》“無偏無頗，遵王之義”，下文句句押韻，唯此二句不押，覺得不妥，於是將“頗”改讀爲“陂”，以求與“義”相諧。這種在詩篇或韻文中臨時改讀押韻字的讀音，來達到上下韻字和諧的方法，在音韻學上稱作叶音。“叶”，通“協”，叶音就是協音的意思。叶音是一種標記古字音讀的錯誤方法，因爲用叶音標記的讀音往往既不是今音，也不是古音，許多用叶音的音讀，根本就不是這個字的音。但當時人們不明白語音是發展的，不知道古音與今音有許多不同，所以叶音十分盛行。宋代朱熹作《詩集傳》，就大量採用叶音的方法標注《詩經》韻字，叶音的應用發展到了極端。這樣過了很長時期，直到明代的陳第，纔有力地批評了叶音說。陳氏第一個明確提出古音和今音不同，他的《毛詩古音考·序》說：“時有古今，地有南北，字有更革，音有轉移，亦勢所必至。”陳第的這番話奠定了古音研究的基礎，給後人以極大啓示。但受研究材料和研究方法的限制，整個明代古音研究進展緩慢。直到清代，人們纔開始認真總結先秦韻字，在上古音韻系統的研究上取得了顯著進步。以後又經過幾代人的努力，關於上古汉語音韻系

統現在纔有了一個大家都能接受的基本意見。

現在人們不僅認識到古音與現代音不同，就是古音之中，也有時代的差異，不是一成不變的。過去人們研究音韻，是從《廣韻》推上古音，從《廣韻》看近代音。這樣就自然地把漢語歷史語音的發展分爲以《詩經》爲代表的上古音、以《廣韻》爲代表的中古音、以《中原音韻》爲代表的近古音、以現代普通話爲代表的現代音四個時期。隨著研究的深入，人們又認識到漢魏南北朝時期的語音系統與先秦語音有很大不同，應該區分出來。這樣，漢語歷史語音的發展就有了五個不同的時期。這五個時期的情況如下表所示：

上古音	周秦時期	（公元前 1111 年至公元前 207 年）
近古音	漢魏南北朝時期	（公元前 206 年至公元 580 年）
中古音	唐宋時期	（公元 581 年至公元 1279 年）
近代音	元明清時期	（公元 1280 年至公元 1911 年）
現代音	民國至現代	（公元 1911 年至今）

各個歷史時期語音系統不同，聲母、韻母、聲調三個方面都有很大變化，這是我們學習漢語音韻學時要特別留意的。

二、上古音的韻部

上古音，按理應該包括整個上古時期的語音系統，但從夏朝、商朝建立到秦始皇統一六國，前後大約有一千多年，漢語語音不可能没有變化。而先秦時期的文獻材料，如《詩經》、《楚辭》，經書及諸子文集等，又不能給我們提供這方面的材料。出土的甲骨文和早期金文中所反映的夏、商二代的語音材料也非常之少，僅憑這些材料，要得出夏商時期古音音系的完整結論，幾乎是不可能的。因此，漢語音韻學中所講的上古音，主要就是指自《詩經》以來周秦時期漢語語音的聲、韻、調系統了。

（一）《詩經》韻例

上古音的韻部系統主要是歸納《詩經》押韻字得出的。《詩經》是我國最早的一部詩歌總集，共三百零一篇。《詩經》中的入韻字，集中反映了西周時期漢語韻部系統的主要特點，是研究上古語音的一個重要依據。

研究《詩經》中的押韻字，首先要弄清楚《詩經》的韻例。即要明白《詩經》在一行詩的甚麼位置上用韻？《詩經》韻字與韻字之間的句位間隔有多大？一首《詩》中有没有換韻，換韻的規則怎樣？不同韻部的字能不能押韻，合韻（不同韻部相互押韻的情況）又有甚麼規律性特點，等等。祇有把這些都弄明白了，纔能從《詩經》韻字中總結出西周時期的韻部系統。可是，《詩經》時代，中國詩歌尚處於起始時期，人們依情賦詩，自由變換韻律，不受任何束縛，因而《詩經》中的韻字安排就十分自由。一行詩中，不但韻位不十分穩定，韻字與韻字的間隔也很隨意，合韻、換韻的規律性也不强。與後代整齊嚴格的詩歌韻律相比，《詩經》的韻例就顯得複雜得多。要從這種天籟般的歌詩中，總結出它的韻例，確實有些困難。直到現在爲止，對《詩經》一些具體篇章中哪些是入韻字，哪些不是入韻字，學者之間還存在不同意見。這些意見，導致人們更深入地分析《詩經》

韻例，也部分影響到對《詩經》韻字歸部的進一步認識和對整個上古韻部系統的整理。不過，現在這些分歧都衹表現在少數篇章的韻字上，《詩經》用韻的體例，還是有一些大家公認的基本規則，不是毫無規律的。關於《詩經》的韻例，可以從以下三個方面説：

1．韻字在句中的位置

詩歌的入韻字一般用在句子的最後一個字上，這個韻字叫做韻腳，這種用韻的詩句稱作句尾韻。句尾韻是《詩經》最常見的韻位。如：

①關關雎鳩，在河之洲。窈窕淑女，君子好逑。（《周南·關雎》）

②威儀孔時，君子有孝子。孝子不匱，永錫爾類。（《大雅·既醉》）

③鼓鍾欽欽，鼓瑟鼓琴，笙磬同音。以《雅》以《南》，以籥不僭。（《小雅·鼓鍾》）

例①《關雎》“鳩”、“洲”、“逑”韻，幽部。例②《既醉》“時”、“子”韻，之部。“匱”、“類”韻，物部。例③《鼓鍾》“欽”、“琴”、“音”、“南”、“僭”韻，侵部。

《詩經》也有句中韻。句中韻，押韻字多用在句中倒數第二字上，有時也用在句中倒數第三字上。韻字的主要作用是在音響上溝通各個語意跳躍的詩句，把它們連成一個整體。如果把韻字用在句中，各個詩行的韻響配合就没有那麼明顯。所以《詩經》在用句中韻時，各個韻字的句尾通常都採取一些字面相同的虚字，以配合句中韻的應用。這些配合句中韻的虚字主要有：“之”、“兮”、“矣”、“也”、“止”、“思”、“忌”、“只”、“焉”、“哉”、“與”、“我”、“女（汝）”等。古人没有像我們現代一樣的語法觀念，他們把名詞稱作實字，名詞以外的詞語，都稱作虚字。所以“我”、“汝”一類的詞語，也和其他語氣詞一樣，用在句中韻的後面。如：

④羔裘晏兮，三英粲兮，彼其之子，邦之彥兮。（《鄭風·羔裘》）

⑤墓門有棘，斧以斯之。夫也不良，國人知之。（《陳風·墓門》）

⑥爾還而入，我心易也。還而不入，否難知也。壹者之來，俾我祇也。（《小雅·何人斯》）

⑦父兮生我，母兮鞠我。拊我畜我，長我育我，顧我復我，出入腹我。（《小雅·蓼莪》）

⑧念茲皇祖，陟降庭止。維予小子，夙夜敬止。（《周頌·閔予小子》）

例④《羔裘》“晏”、“粲”、“彥”韻，元部，句尾同用虚字“兮”。例⑤《墓门》“斯”、“知”韻，支部，句尾同用虚字“之”。例⑥《何人斯》“易”、“知”、“祇”韻，錫支合韻，句尾同用虚字“也”。例⑦《蓼莪》“鞠”、“畜”、“育”、“復”、“腹”韻，覺部，句尾同用虚字“我”。例⑧《閔予小子》“庭”、“敬”韻，耕部，句尾同用虚字“止”。

句中韻也可用在句中倒數第三個字上，這時配合句尾韻所用的兩個虚字，也會相同。如《齊風·著》：

俟我於著乎而，充耳以素乎而，尚之以瓊華乎而。

詩中，“著”、“素”、“華”韻，魚部。三個韻字的後面都用虚字“乎而”。

《詩經》用句中韻時，由於句尾所用的虚字相同，這些相同的虚字從韻響的效果看，它們同樣應當歸入押韻字中。這麼一來，一行詩句中就有兩個或者兩個以上的字是入韻的，詩句因此具有更爲豐富的韻響，所以人們又把句中韻稱爲富韻。

2. 韻字的句位間隔

《詩經》韻字在詩句的句位間隔上，有句句押韻、隔句押韻兩種不同形式。

句句押韻，是詩中的每一句都用了韻字，韻字和韻字之間沒有句的間隔。如：

①丘中有麻，彼留子嗟。彼留子嗟，將其來施施。（《王風·丘中有麻》）

②左之左之，君子宜之。右之右之，君子有之。維其有之，是以似之。（《小雅·裳裳者華》）

③陟彼景山，松柏丸丸。是斷是遷，方斲是虔。松桷有梴，旅楹有閑。寢成孔安。（《商頌·殷武》）

例①《丘中有麻》"麻"、"嗟"、"嗟"、"施"韻，歌部。例②《裳裳者華》"左"、"宜"韻，歌部。"右"、"有"、"有"、"似"韻，之部。例③《殷武》"山"、"丸"、"遷"、"虔"、"梴"、"閑"、"安"韻，元部。以上各詩，無論是一章一韻，還是一章兩韻，都是句句入韻。

隔句押韻的情況稍爲複雜些。《詩經》最常見的是隔一句入韻。隔一句入韻的韻字一般放在偶句的位置上，奇句不入韻，所以又稱爲偶句入韻式。偶句入韻式中，有首句不入韻與首句入韻兩種。首句不入韻，是詩章的第一句不入韻，第二句以後的偶句纔入韻。這是《詩經》隔句入韻中的常式。如：

④揚之水，不流束薪。終鮮兄弟，維予二人。無信人之言，人實不信。（《鄭風·揚之水》）

⑤鴻鴈于飛，肅肅其羽。之子于征，劬勞于野。爰及矜人，哀此鰥寡。（《小雅·鴻鴈》）

⑥維南有箕，不可以簸揚。維北有斗，不可以挹酒漿。維南有箕，載翕其舌。維北有斗，西柄之揭。（《小雅·大東》）

例④《揚之水》"薪"、"人"、"信"韻，真部。例⑤《鴻鴈》中，"羽"、"野"、"寡"韻，魚部。例⑥《大東》"揚"、"漿"韻，陽部。"舌"、"揭"韻，月部。

首句入韻，是除了偶句用韻之外，每章詩的第一句也入韻。如：

⑦汎彼柏舟，亦汎其流。耿耿不寐，如有隱憂。（《邶風·柏舟》）

⑧靜女其姝，俟我於城隅。愛而不見，搔首踟躕。（《邶風·靜女》）

⑨正月繁霜，我心憂傷。民之訛言，亦孔之將。念我獨兮，憂心京京。哀我小心，癙憂以痒。（《小雅·正月》）

例⑦《柏舟》"舟"、"流"、"憂"韻，幽部。例⑧《靜女》"姝"、"隅"、"躕"韻，侯部。例⑨《正月》"霜"、"傷"、"將"、"京"、"痒"韻，陽部。

3. 一韻到底和換韻

一韻到底，是指詩的一章，全都用一個韻部，不摻雜其他韻部的字。如：

①氓之蚩蚩，抱布貿絲。匪來貿絲，來即我謀。送子涉淇，至于頓丘。
匪我衍期，子無良媒。將子無怒，秋以爲期。（《衛風·氓》）

②彼都人士，狐裘黃黃。其容不改，出言有章。行歸于周，萬民所望。（《小雅·都人士》）

③皇矣上帝，臨下有赫。監觀四方，求民之莫。維此二國，其政不獲。
維彼四國，爰究爰度。上帝耆之，憎其式廓。乃眷西顧，此維與宅。（《大雅·皇矣》）

例①《氓》“蚩”、“絲”、“絲”、“謀”、“淇”、“丘”、“期”、“媒”、“期”韻，之部。例②《都人士》“黄”、“章”、“望”韻，陽部。例③《皇矣》“赫”、“莫”、“獲”、“度”、“廓”、“宅”韻，鐸部。

換韻，是指詩的一章之中，不是一韻到底，而是中途改换了韻部，一章之中用了兩個或兩個以上的韻。《詩經》的换韻，可以分爲一般换韻和特殊换韻兩種形式。

一般换韻，是先用同一個韻部的字押韻，然後再换用另一韻部的字押韻。一個韻部被另一個韻部替换，不相重複。一般换韻之中，有兩韻相换的，如：

④于嗟闊兮，不我活兮。于嗟洵兮，不我信兮。（《邶風·擊鼓》）

⑤文王在上，於昭于天。周雖舊邦，其命維新。有周不顯，帝命不時。
文王陟降，在帝左右。（《大雅·文王》）

⑥思齊大任，文王之母。思媚周姜，京室之婦。大姒嗣徽音，則百斯男。（《大雅·思齊》）

例④《擊鼓》“闊”、“活”韻，月部；“洵”、“信”韻，真部。一章之中，月部、真部，兩韻相替。例⑤《文王》“天”、“新”韻，真部；“時”、“右”韻，之部。一章之中，真部、之部，兩韻互换。例⑥《思齊》“母”、“婦”韻，之部；“音”、“男”韻，侵部。一章之中，之部、侵部，兩韻替换。

也有用三韻遞换的。如：

⑦桑之未落，其葉沃若。于嗟鳩兮，無食桑葚。于嗟女兮，無與士耽。
士之耽兮，猶可說也。女之耽兮，不可說也。（《衛風·氓》）

⑧篤公劉。逝彼百泉，瞻彼溥原。迺陟南岡，迺覯于京。京師之野，于時處處，于時廬旅，
于時言言，于時語語。（《大雅·公劉》）

例⑦《氓》“落”、“若”韻，鐸部；“葚”、“耽”韻，侵部；“説”、“説”韻，月部。一章之中，鐸部、侵部、月部三韻相换。例⑧《公劉》“泉”、“原”韻，元部；“岡”、“京”韻，陽部；“野”、“處”、“旅”、“語”韻，魚部。一章之中，元部、陽部、魚部，三韻相替。

有的一章之中還會出現四韻或五韻相换的。如：

⑨四牡孔阜，六轡在手。騏駵是中，騧驪是驂。龍盾之合，鋈以觼軜。
言念君子，溫其在邑。方何爲期，胡然我念之。（《秦風·小戎》）

⑩九月築場圃，十月納禾稼。黍稷重穋，禾麻菽麥。嗟我農夫，我稼既同，上入執宫功。晝爾于茅，宵爾索綯。亟其乘屋，其始播百穀。（《豳風·七月》）

例⑨《小戎》“阜”、“手”韻，幽部；“中”、“驂”韻，侵部；“合”、“軜”、“邑”韻，緝部；“期”、“之”韻，之部。一章之中，幽部、侵部、緝部、之部，四韻相换。例⑩《七月》“圃”、“稼”韻，魚部；“穋”爲覺部，“麥”爲職部，覺職合韻；“同”、“功”韻，東部；“茅”、“綯”韻，幽部；“屋”、“穀”韻，屋部。一章之中，魚部、覺職合韻、東部、幽部、屋部，連换五韻。

特殊形式的换韻，又有交韻和抱韻兩種。交韻，即奇句與奇句相押，偶句與偶句相

押，一章之中，兩韻錯綜交替。如：

⑪肅肅兔罝，椓之丁丁。赳赳武夫，公侯干城。（《周南·兔罝》）

⑫野有死麕，白茅包之。有女懷春，吉士誘之。（《召南·野有死麕》）

⑬彼黍離離，彼稷之苗。行邁靡靡，中心搖搖。（《王風·黍離》）

例⑪《兔罝》"罝"、"夫"韻，魚部；"丁"、"城"韻，耕部。一章之中，魚部與耕部相互交替。例⑫《野有死麕》"麕"、"春"韻，文部；"包"、"誘"韻，幽部。一章之中，文部與幽部相交。例⑬《黍離》"離"、"靡"韻，歌部；"苗"、"搖"韻，宵部。一章之中，歌部與宵部相交。從上述諸例中可以看出，交韻基本上還是一種句句入韻式，韻的密度較大。

抱韻，是一章之中，首句和尾句用一個韻，中間數句用一個韻。好像是一個韻抱著另一個韻。如：

⑭決拾既佽，弓矢既調。射夫既同，助我舉柴。（《小雅·車攻》）

⑮有命自天，命此文王。于周于京，纘女維莘。（《大雅·大明》）

⑯思文后稷，克配彼天。立我烝民，莫匪爾極。（《周頌·思文》）

例⑭《車攻》"佽"爲脂部，"柴"爲支部，脂支合韻；"調"、"同"，東部。这是脂支合韻抱著東部韻。例⑮《大明》"天"、"莘"韻，真部；"王"、"京"韻，陽部。一章之中，真部韻抱著陽部韻。例⑯《思文》"稷"、"極"韻，職部；"天"、"民"韻，真部。一章之中，職部韻抱著真部韻。

（二）絲串線連和形聲字的利用

明白了《詩經》韻例，確定了《詩經》入韻字，還不能順利地將上古韻部系統總結出來。這是因爲《詩經》中同一韻部的韻字分散在各個不同的詩篇中，要用一個科學的方法將押同一韻部的字繫聯起來，纔能够進行分類整理，得出上古韻部系統。假如我們知道甲字與乙字押韻，乙字又與丙字押韻，丙字又可以與丁字押韻，就能够確定甲、乙、丙、丁諸字在《詩經》時代是同一韻部的字。繫聯《詩經》同韻字的方法，就好像用絲線串連珠璣一般，人們將它稱之爲絲串線連法。如：

終風且霾，惠然肯來。莫往莫來，悠悠我思。（《邶風·終風》）

毖彼泉水，亦流于淇。有懷于衛，靡日不思。孌彼諸姬，聊與之謀。（《邶風·泉水》）

籊籊竹竿，以釣于淇。豈不爾思，遠莫致之。（《衛風·竹竿》）

彼人是哉！子曰何其！心之憂矣，其誰知之？其誰知之？蓋亦勿思。（《魏風·園有桃》）

君子于役，不知其期。曷至哉？雞棲于塒。日之夕矣，羊牛下來。君子于役，如之何勿思！（《王風·君子于役》）

以上《終風》中"霾"、"來"、"來"、"思"四字押韻；其中的"思"字又與《泉水》中的"淇"、"姬"、"謀"押韻；而《泉水》中的"淇"字又與《竹竿》中的"之"押韻；《竹竿》中的"之"字又與《園有桃》中的"哉"、"其"押韻；《園有桃》中的

“哉”字又與《君子于役》中的“期”、“塒”、“矣”押韻。“淇”、“姬”、“謀”；“之”；“哉”、“其”；“期”、“塒”、“矣”諸字本來不處在同一詩篇中，但通過《終風》中的“霾”、“來”、“思”等字繫聯，就可以把它們串連到一起來，成爲一組可以認定在《詩經》時代相互押韻的同韻字了。採取這種絲串線連法，從一組押韻字繫聯到另外一組押韻字，又從第二組押韻字繫聯到第三組，這樣一組一組地進行，就可以將《詩經》中分散在各個詩篇中的全部押韻字聯繫到一起了。例如從《邶風·終風》中的“霾”、“來”、“思”三字出發，就可以串聯《詩經》中的“采友苢有趾沚事子止哉汜以悔李已絲治霾來思否久耳淇姬謀貽母齒俟之丘期媒右玖裏杞洧士晦喜佩畝其邑梅裘鯉騏耜狸裏”等一百多個入韻字，從而得出這些分佈在不同篇章中相互押韻的字在周秦時期本屬於同一韻部的結論。

還有一些字在《詩經》中不能通過絲串線連的方法串聯起來，就要另闢途徑，結合其他材料把它們聯繫到一起。人們注意到在《詩經》的押韻字中，同聲符的形聲字往往是處在同一韻部之中的。如上述押韻字中的“其淇期”、“止趾沚”、“母悔梅晦”、“謀媒”、“里霾鯉狸裏”等，都是同聲符的形聲字。《詩經》還有一些最典型的用例，可以作這方面的提示。如：

鸛鳴于垤，婦歎于室。洒埽穹窒，我征聿至。（《豳風·東山》）

《東山》詩的“垤”、“室”、“窒”、“至”四字，都是同一聲旁的形聲字。這種現象不是偶然的，而是普遍存在於《詩經》韻字当中。上古聲旁相同的字，它們的讀音也應該相同。因此，參照形聲字的聲旁来擴大《詩經》中同韻字的範圍，又成了繫聯先秦時期同韻字的一個重要途徑。如從《詩經》“霾”、“來”、“來”、“思”四字開始，串聯出《詩經》中的同韻字之後，又可據這些同韻字再把屬於以下聲旁的形聲字都歸入到這個韻部：

之絲台其臣里才茲來思不龜某母尤丘牛止喜
已己史耳子士宰采音又右有舊久婦司事而疑

用同樣的方法，我們再繫聯出《楚辭》及先秦古書中的其他一些韻文、韻語用字，這樣一方面可以擴大《詩經》韻字的範圍，另一方面也可以檢驗上古形聲字聲符歸部的正誤。隨著古韻研究的深入，人們還利用後代韻書，從語音演變發展的規律上來推斷個別文字的歸屬，這樣全部上古漢字的韻部歸部問題就逐漸地變得明晰起來了。

遵照音韻學的傳統習慣，同一韻部的字中要有一個字作爲這個韻部的代表字。以後再提到這個韻部，衹要説它的代表字就行了；或者説起這個韻部的代表字，就知道它代表了一個甚麼韻部。如我們從“霾”、“來”、“思”、“淇”、“子”、“姬”、“謀”、“之”、“哉”、“其”、“期”、“塒”諸字中取出“之”字作代表字，“之”就代表了“霾”、“來”、“思”、“淇”等字所處的韻部。以後一提到之部字，人們就知道這是一個怎樣的韻部，這個韻部中包括一些怎樣的韻字。

韻部的代表字叫做韻目。不同韻部有不同的韻目。依據韻目韻母的讀音將它們排列起來，就可以得到先秦時期韻部系統的基本情況。

（三）古韻部系統

古音學家對上古韻部系統的結論並不完全相同，這些不同主要表現在對《詩經》韻

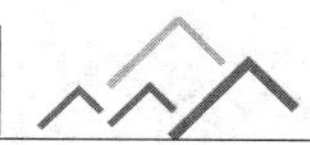

例認識不一，研究方法粗細相異，同時在入聲韻是否需要分離出來的問題上也存在不同認識。這些都造成了上古韻部分合不同的結果。自清代顧炎武將古音分爲十部以來，江永分作十三部，段玉裁分作十七部，戴震分爲九類二十五部，孔廣森分爲十八部，王念孫、江有誥各分作二十一部，黄侃分爲二十八部，王力定先秦爲二十九部、戰國三十部，羅常培、周祖謨分爲三十一部，李方桂、董同龢各分二十二部。李方桂、董同龢的二十二部没有分入聲韻，如果從中分出入聲韻九部的話，也爲三十一部。現在音韻學界的共識是上古韻部系統應該分作三十部。人們還用國際音標構擬了古音三十部的實際音值。上古三十韻部及其構擬如下表所示：

上古韻部表

	陰聲韻	入聲韻	陽聲韻
第一類	1. 之部［ə］	2. 職部［ək］	3. 蒸部［əŋ］
第二類	4. 幽部［u］	5. 覺部［uk］	6. 冬部［uŋ］
第三類	7. 宵部［o］	8. 藥部［ok］	
第四類	9. 侯部［ɔ］	10. 屋部［ɔk］	11. 東部［ɔŋ］
第五類	12. 魚部［a］	13. 鐸部［ak］	14. 陽部［aŋ］
第六類	15. 支部［e］	16. 錫部［ek］	17. 耕部［eŋ］
第七類	18. 歌部［ai］	19. 月部［at］	20. 元部［an］
第八類	21. 脂部［ei］	22. 質部［et］	23. 真部［en］
第九類	24. 微部［əi］	25. 物部［ət］	26. 文部［ən］
第十類		27. 緝部［əp］	28. 侵部［əm］
第十一類		29. 葉部［ap］	30. 談部［am］

古韻十一類三十部中，每一大類的主要元音相同。如第八類脂部、質部、真部的構擬音分別爲［ei］、［et］、［en］，它們的主要元音都是［e］。每一大類中，各韻部衹是韻尾不同。根據韻尾的性質，上古韻部又分爲陰聲韻、入聲韻、陽聲韻三大類。陰聲韻，是元音作韻尾或者無韻尾的韻。如，之部［ə］、侯部［ɔ］，都是無韻尾的韻；微部［əi］、歌部［ai］，都是元音作韻尾的韻。入聲韻，是塞音［－k］、［－t］、［－p］作韻尾的韻。如職部［ək］、月部［at］、緝部［əp］等韻。陽聲韻，是鼻音［－m］、［－n］、［－ŋ］作韻尾的韻。如，侵部［əm］、元部［an］、蒸部［əŋ］等韻。上古漢語韻部系統中，陰、陽、入三聲分立，形成一個非常整齊的格局。

（四）對轉和旁轉

《詩經》、《楚辭》等詩集中的押韻，不但韻例不嚴格，一些音近而非同一韻部的字還可以相互押韻。不同韻部的字相互押韻，叫合韻通押，習慣上稱合韻。分析上古韻部中《詩經》、《離騷》中押韻字的合韻現象，就有了對轉和旁轉的理論。

對轉，是指韻腹相同或相近的陰聲韻與陽聲韻、陰聲韻與入聲韻、陽聲韻與入聲韻之間的互相轉化。對轉的規律是：

（1）陰聲韻轉爲陽聲韻時，要在元音後面增加鼻音韻尾，或者將原来的元音韻尾换成鼻音韻尾；陽聲韻轉爲陰聲韻時，就要失去原有的鼻音韻尾。陰聲韻與陽聲韻對轉的例子，如：

①王事敦我，政事一埤遺我！我入自外，室人交徧摧我。（《詩·邶風·北門》）

②百神翳其備降兮，九疑繽其並迎。皇剡剡其揚靈兮，告余以吉故。（《楚辭·離騷》）

③吾聞之，新沐者必彈冠，新浴者必振衣。安能以身之察察，受物之汶汶者乎？（《楚辭·漁父》）

例①《北門》“敦”，文部；“遺”、“摧”，微部；文微合韻。微部，陰聲韻；文部，陽聲韻：陰陽對轉。例②《離騷》“迎”，陽部；“故”，魚部；陽魚合韻。陽部，陽聲韻；魚部，陰聲韻。例③《漁父》“衣”，微部；“汶”，文部；微文合韻。微部，陰聲韻；文部，陽聲韻。這種情況又稱陰陽對轉。

（2）陰聲韻轉爲入聲韻時，就要在元音韻尾上增加塞音韻尾，或者將元音韻尾改換成塞音韻尾。入聲韻轉爲陰聲韻時，或者失落塞音韻尾，或者將塞音韻尾改爲元音韻尾。陰聲韻與入聲韻對轉的例子，如：

①參差荇菜，左右芼之。窈窕淑女，鍾鼓樂之。（《詩·周南·關雎》）

②揚之水，白石皓皓。素衣朱繡，從子于鵠。既見君子，云何其憂？（《詩·唐風·揚之水》）

③用君之心，行君之意。龜策誠不能知事。（《楚辭·卜居》）

例①《關雎》“芼”，宵韻；“樂”，藥韻：宵藥合韻。宵部，陰聲韻；藥部，入聲韻。例②《揚之水》“皓”、“繡”、“憂”，幽部；“鵠”，覺部：幽覺合韻。幽部，陰聲韻；覺部，入聲韻。例③《卜居》“意”，職部；“事”，之部：之職合韻。之部，陰聲韻；職部，入聲韻。這種情況又稱陰入對轉。

（3）陽聲韻轉爲入聲韻，或入聲韻轉爲陽聲韻時，要將鼻音韻尾改換爲塞音韻尾，或將塞音韻尾改爲鼻音韻尾。陽聲韻與入聲韻對轉的例子，如：

①皋皋訿訿，曾不知其玷。兢兢業業，孔填不寧，我位孔貶。（《詩·大雅·召旻》）

②於乎悠哉！朕未有艾。將予就之，繼猶判渙。維予小子，未堪家多難。（《詩·周頌·訪落》）

例①《召旻》“玷”、“貶”，談韻；“業”，葉韻：談葉合韻。談部，陽聲韻；葉部，入聲韻。例②《訪落》“艾”，月韻；“渙”、“難”，元韻：月元合韻。月部，入聲韻；元部，陽聲韻。這種情況又叫陽入對轉。

清代以來的古音學家把陰陽對轉、陰入對轉、陽入對轉統稱作陰陽對轉。以與旁轉相區分。

旁轉，是指韻腹相同或相近的陰聲韻與陰聲韻、陽聲韻與陽聲韻、入聲韻與入聲韻之間的互相轉化。

（1）陰聲韻與陰聲韻的旁轉。具體用例如：

①遵彼汝墳，伐其條枚。未見君子，惄如調飢。（《詩·周南·汝墳》）

②如彼歲旱，草不潰茂。如彼棲苴，我相此邦，無不潰止。（《詩·大雅·召旻》）

③薄言追之，左右綏之。既有淫威，降福孔夷。（《詩·周頌·有客》）

例①《汝墳》“枚”，微部；“飢”，脂部：微脂合韻。例②《召旻》“茂”，幽部；“止”，之部：幽之合韻。例③《有客》“追”、“綏”、“威”，微部；“夷”，脂部：微脂合韻。這些都是陰聲韻與陰聲韻旁轉的用例。

（2）陽聲韻與陽聲韻的旁轉。具體用例如：

①巧笑倩兮，美目盼兮。（《詩·衛風·碩人》）

②天命降監，下民有嚴。不僭不濫，不敢怠遑。（《詩·商頌·殷武》）

③皇覽揆余初度兮，肇錫余以嘉名。名余曰正則兮，字余曰靈均。（《楚辭·離騷》）

例①《碩人》“倩”，真部；“盼”，文部：真文合韻。例②《殷武》“監”、“嚴”、“濫”，談部；“遑”，陽部：談陽合韻。例③《離騷》“名”，耕部；“均”，真部：耕真合韻。這都是陽聲韻和陽聲韻旁轉的用例。

（3）入聲韻與入聲韻的旁轉。具體用例如：

①彼黍離離，彼稷之穗。行邁靡靡，中心如醉。（《詩·王風·黍離》）

②四牡騤騤，載是常服。玁狁孔熾，我是用急。王于出征，以匡王國。（《詩·小雅·六月》）

③曲屋步壛，宜擾畜只。騰駕步遊，獵春囿只。（《楚辭·大招》）

例①《黍離》“穗”，質部；“醉”，物部：質物合韻。例②《六月》“服”、“熾”、“國”，職部；“急”，緝部：職緝合韻。例③《大招》“畜”，覺部；“囿”，職部：覺職合韻。這些都是入聲韻與入聲韻旁轉的用例。

三、上古音的聲母

考證上古聲母的材料十分缺乏，祇有形聲字、異文、聯綿字、合音字，以及古書中的音訓、讀若、異切（指一個字有兩個或兩個以上不同的反切注音）等一些材料可加以利用。這些材料零星散見，應用起來又要受到一定限制，要據此得出一個較爲可信的上古聲類系統，是比較困難的。所以，考證上古聲類比考證上古韻部的難度更大。

音韻學家考證上古聲類主要是依據中古時期的三十六字母。他們在中古三十六字母的基礎上，根據上古時期的語言材料，作了一些調整分合的功夫。古音學家在上古聲類考證中提出的一些意見是值得重視的，從中給我們提供了一些上古聲類的訊息。

（一）與聲母有關的幾個概念

1．三十六字母

是漢語音韻學中的一個術語。字母，就是指聲母。相傳三十六字母是在唐末和尚守溫提出來的三十字母基礎之上發展起來的，大體上代表了唐宋之間（公元九世紀到十一世紀）漢語語音的三十六個聲母。三十六字母是漢語音韻學中的一個十分重要的概念，在古代聲類系統的研究中佔有重要的地位。研究唐宋時期的中古聲類系統，或者從中古音往前推上古音聲類，都離不開三十六字母。

三十六字母是按照五音、七音和清濁的次第排列的，人們還用國際音標構擬了三十六字母的中古音值。中古三十六字母及其擬音列表如下：

三十六字母表

		全清	次清	全濁	次濁
唇音	重唇	幫［p］	滂［pʻ］	並［b］	明［m］
	輕唇	非［f］	敷［fʻ］	奉［v］	微［ɱ］
舌音	舌頭	端［t］	透［tʻ］	定［d］	泥［n］
	舌上	知［ȶ］	徹［ȶʻ］	澄［ȡ］	娘［ȵ］
齒音	齒頭	精［ts］	清［tsʻ］	從［dz］	
		心［s］		邪［z］	
	正齒	照［tɕ］	穿［tɕʻ］	牀［dʑ］	
		審［ɕ］		禪［ʑ］	
牙音		見［k］	溪［kʻ］	群［g］	疑［ŋ］
喉音		影 ø			
		曉［x］		匣［ɣ］	喻［j］
半舌音					來［l］
半齒音					日［ȵʑ］

2. 五音和七音

五音是指唇音、舌音、齒音、牙音、喉音。七音是在五音的基礎上再加上半舌音、半齒音而成。五音和七音，是古代音韻學家分析聲母發音部位的名稱。五音、七音與現代語音學发音部位術語的對照如下：

古代音韻學術語		現代語音學術語
唇音	重唇	雙唇音
	輕唇	唇齒音
舌音	舌頭	舌尖中音
	舌上	舌面前音
齒音	齒頭	舌尖前音
	正齒	舌面前音
牙音		舌根音
喉音		零聲母、舌根音、舌面中音（半元音）
半舌音		舌尖中邊音
半齒音		舌面前音

用現代語音學的術語來檢查，五音、七音所指稱的發音部位都不是很精確的。但五音、七音是音韻學中經常用到的術語，必須熟悉和掌握它。

3. 清音和濁音

清、濁是音韻學家分析聲母發音方法的術語。清音，指發音時聲帶不顫動的輔音聲母。濁音，指發音時聲帶顫動的輔音聲母。清音又分全清和次清。全清，指不送氣的清塞音、清塞擦音，以及清擦音聲母。次清，指送氣的清塞音和清塞擦音聲母。全濁，指濁塞音、濁塞擦音、濁擦音聲母。次濁，指鼻音、邊音、半元音聲母。

要知道三十六字母在唐宋時期的讀音，就要依據它們在五音、七音和清濁中的位置，横推竪看，從而確定其發音部位和發音方法。如“幫”字，屬重唇全清字，發這個音時，

就要上唇和下唇接觸，造成阻塞，然後突然放開，發出一種爆破音，發音時聲帶不顫動，讀音如［p］。

（二）上古聲母系統

從唐宋時期的三十六字母推上古聲母系統，古音學家的結論也很不一致。章炳麟分上古聲母爲二十一個，黄侃認爲上古聲母有十九個，錢玄同定上古聲母十四個，王力分爲三十三個、李方桂分作三十個。造成這種分歧的原因，一是古音學家依據的語言材料不同，二是他們對這些語言材料的處理方法不一。但以下一些結論卻得到了大多數人的認可：

1．古無輕唇音

上古時没有輕唇音，輕唇非、敷、奉、微四母分别歸併到重唇幫、滂、並、明四母當中。如：

①《詩·小雅·車攻》："東有甫草，駕言行狩。"《水經注》引《詩》，"甫"作"圃"。

②《禮記·祭義》："勿勿諸其欲其饗之也。"鄭玄注："勿勿，猶勉勉也。"

③《春秋·成公十八年》："晉侯使士魴來乞師。"《公羊傳》"士魴"作"士彭"。

例①《詩》"甫"，非母（所標聲母均爲中古聲類，下同）；"圃"，幫母。二字互爲異文，古音當同。例②《禮記》"勿"，微母；"勉"，明母。鄭玄注用音訓，二字古音同。例③《春秋》"魴"，奉母；"彭"，並母。"士魴"、"士彭"爲一人之名，"魴"、"彭"二字上古同音。以上例證説明上古時期重唇、輕唇不分。但爲甚麼説"古無輕唇音"，而不説"古無重唇音"呢？因爲現代閩方言、日譯漢音等語料中都不存在輕唇音，可以證明上古時期衹有重唇音，而無輕唇音。

2．古無舌上音

上古時期没有舌上音，舌上音知、徹、澄三母分别與舌頭音端、透、定三母合併。如：

①《吕氏春秋·尚忠》："特王子慶忌爲之賜而不殺耳。"高誘注："特，猶直也。"

②《說文·田部》："田，陳也。"

③《文選·七發》："踰岸出追。"李善注："追，亦堆字。今爲追，古字假借之也。"

例①《吕氏春秋》"特"，定母；"直"，澄母。高誘注用音訓，兩字古音當同。例②《説文》"田"，定母；"陳"，澄母。許慎釋詞用音訓，二字上古同音。例③《七發》"追"，知母；"堆"，端母。"追"、"堆"二字爲通假，上古時期理當同音。

3．娘日歸泥

上古時期的娘母、日母與泥母相同。在現在的許多材料中，上古時的泥母字與娘母字無法區分，應當歸爲一母。許多音韻學家還認爲中古時期的泥、娘二母也不必分開，三十六字母之所以有泥、娘二母之分，衹是爲了體系上的整飭齊一，實際上並没有必要。上古時期日母字與泥母字關係密切的語料如：

①《說文·入部》："入，内也。"

②《釋名·释长幼》："男，任也。"

例①《説文》"入"，日母；"内"，泥母。例②《釋名》"男"，泥母；"任"，日母。《説文》、《釋名》都用聲訓釋詞，"入"與"内"，"男"與"任"，上古時讀音應當相同，因而似乎可把日、泥併爲一類。但古音學家考慮到日母字在魏晉時候就已經完全獨立了，所以在歸並上古聲類體系時，還是從音系上把它與泥（娘）母字相互區分。

4. 照二歸精

中古時期，屬於照、穿、牀、審、禪五母的字，又可以再分爲二等、三等的不同。等，是等韻學中的一個基本概念。它是根據韻母中的主要元音及介音發音狀況的差異劃分出來的類别。這種類别在中古時期一共有四個等次。四等的區别完全在於聲音的洪細。清代江永《音學辨微》説："音韻有四等，一等洪大，二等次大，三四皆細，而四尤細。"用現代語音學的術語説，屬於一等、二等字的韻母中没有［i］介音，所以聲音"洪大"；三等、四等字的韻母中有［i］介音，所以聲音"細小"。雖然等是韻母的概念，但它與聲母也有密切關係。漢語中的聲母和韻母都有一定的搭配關係。在中古時期，照、穿、牀、審、禪五母衹與二等、三等韻母搭配，不與一等、四等韻母搭配。衹與二等韻母搭配的聲母，在音韻學中分别稱之爲照二、穿二、牀二、審二、禪二，統稱爲照組二等字，簡稱照二。衹與三等韻母搭配的聲母，分别稱爲照三、穿三、牀三、審三、禪三，統稱爲照組三等字，簡稱照三。上古時期，照組二等字全部歸入齒頭的精、清、從、心、邪五母當中。如：

①且苴沮/阻俎

②《廣韻·陌韻》："笮，側伯切。"又《鐸韻》："笮，在各切。"

③《廣韻·梗韻》："省，所景切。"又《静韻》："省，息井切。"

例①中的"且"、"苴"、"沮"，精母；"阻"、"俎"，是中古照母二等字：這些形聲字的聲符相同，上古時期它們的聲母也應該相同。例②《廣韻》"笮"字有兩個反切，"側伯切"是照組二等字；"在各切"是精組從母字。同一個字的反切讀音不同，韻母相差太大，聲母總該相同相近。例③《廣韻》的"省"字也有"所景切"和"息井切"兩個反切，前者是照母二等字，後者是精組心母字。這種異切也應當是上古同一讀音分化的結果。

5. 照三歸舌

上古時期，照組三等字，即照三、穿三、牀三、審三、禪三五母，全部歸併到舌音中。由於古無舌上音，所以照組三等字，實際上就是歸入到舌頭的端、透、定三母中。如：

①單簞殫鄲/闡幝禪

②《周禮·小司徒》："四邑爲丘，四丘爲甸。"鄭玄注："甸之言乘也。"

③《釋名·釋疾病》："喘，湍也。"

例①"單"、"簞"、"殫"、"鄲"、"闡"、"幝"、"禪"七字都是同聲符的形聲字。其中"單"、"簞"、"殫"、"鄲"，是中古端母字；"闡"、"幝"、"禪"，是中古照組三等字（分别爲穿三、穿三、禅三）；這些字均從"單"得聲，上古聲母理當相同。例②《周禮》"甸"是定母字，"乘"是牀母三等字。鄭玄以"乘"訓"甸"，是用音訓。例③《釋名》"喘"是穿母三等字；"湍"是定母字。以"湍"釋"喘"，也是音訓。古代音訓中的釋詞和被釋詞，都有音同或音近的關係。以上諸字，上古時期聲母的讀音理當相同。

6. 喻三歸匣

上古時期，喻母三等字歸入匣母。如：

①《詩・鄭風・出其東門》：“縞衣綦巾，聊樂我員。”《釋文》標“員”字，云：“《韓詩》作魂。”

②《韓非子・五蠹》：“自環者謂之私。”《說文》引《韓非子》，“自環”作“自營”。

③《莊子・人間世》：“不爲社者，且幾有翦乎？”《釋文》：“翦乎，子淺反，崔本作‘前’。”

例①《毛詩》的“員”，喻母三等字；《韓詩》作“魂”，是匣母字。兩字互爲異文，讀音當同。例②《韓非子》的“環”，匣母字；《說文》的“營”，喻母三等字：兩字互爲異文，上古讀音應當相同。例③《莊子》的“乎”，匣母字；其異文“于”，喻母三等字：二字上古讀音當同。

7. 喻四隸定

上古時期，喻母四等字歸入定母。如：

①《周易・渙》：“匪夷所思。”《釋文》：“夷，荀本作弟。”

②《管子・戒》：“桓公去易牙。”《論衡》“易牙”寫作“狄牙”。

③《史記・周本紀》：“子赧王延立。”《索隱》：“皇甫謐云：名誕。”

例①《周易》的“夷”，是喻母四等字；其異文“弟”，定母字。兩字互爲異文，上古時讀音當同。例②《管子》的“易”，是喻母四等字；《論衡》作“狄”，定母字。“易牙”與“狄牙”爲一人之名，一名兩寫，“狄”、“易”二字上古讀音亦當相同。例③《史記》的“延”，是喻母四等字；“誕”，是定母字：同人異名，上古讀音理當相同。

根據這些結論，我們可以按照編排三十六母的方式，將上古聲類列出一個系統。在這個上古音系統中，古音學家習慣用莊、初、崇、山代表照、穿、牀、審、禪中的照系二等字；用章、昌、船、書、禪代替照、穿、牀、審、禪中的照系三等字；用餘代替喻母四等字。人們還對這些聲類的古音作了構擬。上古聲類系統及其構擬如下表所示：

上古聲類表

		全清	次清	全濁	次濁
脣音	重脣	幫[p]	滂[p‘]	並[b]	明[m]
舌音	舌頭	端[t]	透[t‘]	定[d]	泥[n]
				餘[ʎ]	
	舌上	章[ȶɕ]	昌[ȶɕ]	船[ȡ]	
		書[ɕ]		禪[ʑ]	
齒音	齒頭	精[ts]	清[ts‘]	從[dz]	
		心[s]		邪[z]	
	正齒	莊[tʃ]	初[tʃ‘]	崇[ʤ]	山[ʃ]
牙音		見[k]	溪[k‘]	群[g]	疑[ŋ]
喉音		影[ø]			
		曉[x]		匣[ɣ]	
半舌音					來[l]
半齒音					日[ȵ]

四、上古的聲調

研究上古聲調的語言材料就更少了。《春秋公羊傳·莊公二十八年》記："春秋伐者爲客，伐者爲主。"何休注："伐人者爲客，讀伐長言之，齊人語也。見伐者爲主，讀伐短言之，齊人語也。"這裏的"長言"、"短言"，當是指聲調而言。可是這樣的材料在先秦時期並不多見，因而無法作全面系統的整理。《詩經》中有同調押韻的字，也有異調相押的字。但異調混押的情況比較多，可見《詩經》並不講究同調相押。後人據《詩經》韻字要得出上古聲調的結論，分歧就較大了。

關於上古的聲調，影響較大的有下列諸説：

（1）二聲説。黄侃認爲古代衹有平、入兩聲。

（2）三聲説。段玉裁認爲上古有平、上、去三聲，而無入聲。

（3）四聲説。①顧炎武認爲古有四聲，但某字歸某聲調並不固定，可以隨時變化（音韻學中稱爲"四聲一貫"）。②王念孫、江有誥認爲古有四聲，四聲讀法與後世不同。③王力認爲古代有平、入兩類，而兩類之中又有長短之别，這也是一種四聲説。

（4）五聲説。王國維主張古有五聲。

現在通行的説法是古有平、上、去、入四聲，不過上古時的四聲聲調與漢字的具體分屬，與唐宋時期已有很大的不同。

要确定上古時期各個字的聲、韻、調地位，可以查當今編寫的各種韻書。查上古時期各字的聲、韻、調地位，有唐作藩的《上古音手冊》、郭锡良的《漢字古音手册》。查中古時期各字的聲、韻、調地位，有丁聲樹的《古今字音對照手冊》。但要學好音韻學，對一些常用字的音韻歸屬，即它們的聲、韻、調地位，最好能够硬記下來。

五、古書的讀音

古書讀音涉及兩方面的問題，一是要讀準古書中古字、難字的字音；二是要注意古書中破讀字的讀音、假借字的讀音、古今字的讀音以及特殊詞語的讀音問題。下面重點講解後一部分内容。

（一）破讀

破讀，是古書音讀中的常用術語。破讀的意思是將此字本來的讀法，换成另外一種讀法。破讀的目的，主要是爲了在音讀上體現詞性的區别或詞義的不同。所以，破讀一般在詞語的詞性或詞義發生變化時纔應用。破讀的方法，主要是將古代的平聲（包括現在的陰平和陽平）、上聲或入聲改讀爲去聲。

1. 區别詞性

詞語的詞性發生了變化，古人就會在讀音上與它的本音相區分，其中最常見的方法就是改變這個字的聲調。破讀带來的聲調變化主要有這麽幾種：

（1）一般動詞用作使動用法時，破讀爲去聲。如：

①子重將左，子反將右，將飲馬於河而歸。（《左傳·宣公十二年》）

②遠人不服而不能來也。（《論語·季氏》）

“飲”，本是動詞，喝。讀作 yǐn，上聲字。如《孟子·告子上》：“冬日則飲湯，夏日則飲水。”但在例①中，“飲”的意思是給人、畜喝水，是動詞的使動用法，所以讀作 yìn，改上聲爲去聲。“來”，本是動詞，意指從彼地至此地，來到某處，讀 lái，平聲字。如《詩·小雅·采薇》：“今我來思，雨雪霏霏。”但在例②中，“來”讀作 lài，去聲。這是因爲它由動詞的一般用法，轉爲動詞的使動用法了。

（2）名詞用作動詞時，破讀爲去聲。如：

①禹之王天下也，身執耒臿以爲民先。（《韓非子·五蠹》）

②數年之後，諸侯之王大抵皆冠。（賈誼《陳政事疏》）

“王”，本讀 wáng，平聲，名詞，意指君王。如《詩·小雅·北山》：“溥天之下，莫非王土。”但在例①中，“王”卻讀作 wàng，去聲。這是因爲它由名詞活用作動詞，有“做王，統治天下”的意思了。“冠”，本讀 guān，平聲，名詞，意指帽子，禮帽，如《史記·屈原賈生列傳》：“屈原曰：‘吾聞之，新沐者必彈冠，新浴者必振衣。’”但在例②中，“冠”卻讀作 guàn，去聲。這是因爲它由名詞活用作動詞，有“加冠”之意了。

（3）形容詞用作動詞時，破讀作去聲。如：

①敬鬼神而遠之。（《論語、雍也》）

②好讀書，不求甚解。（陶淵明《五柳先生傳》）

“遠”，本讀 yuǎn，上聲，形容詞，表遥遠。如《國語·晉語二》：“道遠難通。”但“遠”字在例①中舊時卻要讀 yuàn，去聲。因爲原來的形容詞用作動詞，表“不接近，疏遠”之意了。“好”，本讀 hǎo，上聲，形容詞，表“美好”之意，如杜甫《江南逢李龜年》：“正是江南好風景，落花時節又逢君。”但在例②中，“好”卻要讀作 hào，去聲。這也是形容詞用作動詞，表“愛好，喜歡”之意。

（4）動詞用爲名詞時，破讀作去聲。如：

①齊子歸止，其從如雲。（《詩·齊風·敝笱》）

②此臣所以報先帝而忠陛下之職分也。（諸葛亮《出師表》）

“從”，本讀 cóng，平聲，動詞，表“跟隨，追隨”之意。如《後漢書·班超傳》：“今在危亡之地，死生從司馬。”但例①中的“從”，舊時卻要讀 zòng，去聲。因爲這是動詞用作名詞，有“隨從，隨行者”之意。“分”，本讀 fēn，平聲，動詞，表“分開，劃分”之意，如《史記·秦始皇本紀》：“分天下以爲三十六郡。”而例②中的“分”，卻要讀作 fèn，去聲。這是動詞用作名詞，表“名分，本分”之義。

2. 區别詞義

古書詞語所表達意義不是常用義，或者雖是常用義而語義需要相互區别時，也常發生音讀上的變化。如：

①靖郭君不聽，士尉辭而去。（《戰國策·齊策一》）

②（蔡邕）聞粲在門，倒屣迎之。（《三國志·魏書·王粲傳》）

“聽”，本讀 tīng，平聲，動詞，表“聽到“之意，如《論語·公冶長》：“今吾於人也，聽其言而觀其行。”但在例①中，“聽”表“聽從，聽任”之意，仍是動詞，舊時卻要讀 tìng，破讀爲去聲。“倒”，本讀 dǎo，上聲，動詞，表“仆倒，倒下”之意，如司馬相如《上林賦》：“弓不虛發，應聲而倒。”但在例②中，“倒”卻讀作 dào，去聲，動詞，表“前後、上下位序的顛倒”。

破讀的字音，在古代是嚴格區分的。但今天卻有一些破讀音不再破讀了，這裏面有一個語音發展變化的原因，也有一個人們不嚴格遵循舊讀的緣故。應該怎樣對待古書中的破讀呢？我們認爲，應當以現代詞典的收錄爲標準。有些破讀音存在于現代詞典中，在今天口語中仍然保留，説明這些破讀的音在區別詞義和詞性方面仍有它的積極作用，今天還應按傳統破讀的方法去讀。如“間”字，作“中間”義講時，讀 jiān；作“縫隙”義時，讀 jiàn。大小之“大”，讀 dà，但“大王”、“大夫”的“大”，卻要讀 dài。這些破讀音是可以繼續使用的，不要隨意改變，否則就影響了語言文字傳情表意的作用。但有些破讀音，已經在現代口語中消失，現代詞典也不再收錄。如“思”字，過去作動詞，表“思考”之意，讀作 sī；作名詞，表“心情、情思”之意時，讀 sì，如曹操《短歌行》：“慨當以慷，憂思難忘。”現在讀 sì 的音，已經不再通行了，現代漢語詞典也不收錄，所以這類字音，就不必再拘泥於舊讀，衹要按它的一般讀音去讀就可以了。上面所舉的“遠之”的“遠”、“其從”的“從”、“不聽”的“聽”讀作去聲的用例，現代口語也都不再區分，現代漢語詞典同樣没有收録，就表示這個讀音現代不再用了。

（二）假借字的讀音

古書中的假借字和它的本字，假借之初，二者之間都有著音同或音近的關係。但是演變到後來，語音變化發展了，部分假借字和它的本字在讀音上有了分化，有些甚至變得完全不同。在這種情況下，就不能按照假借字的本音來讀古書了，而要用本字的讀音來讀這個假借字。如：

①屈信相感，而利生焉。（《周易·繫辭下》）

②歲二月，東巡守，至於岱宗，柴。（《尚書·舜典》）

③害澣害否，歸寧父母。（《詩·周南·葛覃》）

例①的“信”字，假借爲伸展的“伸”，不讀作 xìn，讀作 shēn（“伸”）。例②的“守”字，假借爲君主外出巡視的“狩”，不能讀作 shǒu，要讀作 shòu（“狩”）。例③的“害”，假借爲疑問副詞“何”，讀作 hé（“何”），不能再讀 hài。

（三）古今字的讀音

古字承擔的義項較多，在今字産生之前，它還擔負著今字的意義。但今字創造出來後，古字就逐漸與今字分化，意義和用法也都有了區别。值得注意的是，部分今字的讀音也與古字有所不同。遇此，在古字表達今字意義時，也宜用今字的音來讀古字，不能再用古字的本音誦讀了。如：

①日莫人倦，齊莊正齊，而不敢解惰。（《禮記·聘義》）

②王使人爲冠，不使左右便辟而使工者，何也？（《戰國策·齊策四》）

③百姓内粟千石，拜爵一級。（《史記·秦始皇本紀》）

例①中的“莫”，表“日落”，今字用“暮”；故“莫”當讀作mù（“暮”），不讀mò。例②中的“辟”，表“寵倖”之義，今字是“嬖”；故“辟”當讀作bì（“嬖”），不讀pì。例③的“内”，表“交納”之意，今字是“納”，讀音當作nà（“納”），不讀nèi。

（四）古書中有特殊讀音的詞語

古書中有些詞語的讀音比較特殊，與它的一般讀法不同。這些有特殊讀音的詞語多屬於古代的國名、族名、地名、山名、水名、姓氏、人名、王號、官名等，如：

國名族名：	龜茲 Qiūcí	月氏 Yuèzhī
	回紇 Huíhé	先零 Xiānlián
地名：	鎬京 Hàojīng	阿房宮 Épánggōng
	盟津 Mèngjīn	琅邪 Lángyá
	會稽 Kuàjī	休屠 Xiūchú
山名水名：	華山 Huàshān	梁父山 Liángfǔshān
	剡溪 Shànxī	
姓氏：	長孫 Zhǎngsūn	燕 Yān
	召 Zhào	吾丘 Yúqiū
人名：	酈食其 Lìyìjī	佛貍 Bìlí
	皋陶 Gāoyáo	傅說 Fùyuè
職官王號：	單于 Chányú	閼氏 Yānzhī
	可汗 Kèhán	僕射 Púyè

古書中這些特殊讀音的詞語產生的原因有二：第一，當時這些漢字的本音與它的實際音讀之間就存在一定的距離。特别是有些漢語的外來詞，在用漢字標記它們讀音時，衹能記下它們的近似音，實際應用時還得按其本音去讀，這就造成了漢字與它的實際讀音之間的差距。如漢代西域三十六國之一的“大宛”，當時就讀作Dàyuān，不讀Dàwǎn。漢初匈奴的一個單于名Mòdú，漢字“冒頓”衹能記其近似音，實際讀時還要按其本來的音，讀作Mòdú，不能讀Màodùn。這類標記外來詞的漢字讀音一直保留了下來，成了漢語外來詞的一種固定讀法，不能隨意改變。第二，有些詞語在現代依然保留了它們近似古音的讀法，而不是它們的現代音。如《漢書·武帝紀》：“咸會番禺。”如淳注：“音潘愚，尉佗所都。”現在廣州市的“番禺”區，也一直讀作Pānyú，不讀Fānyú，就保留了“番”字的古讀。人名“皋陶”的“陶”讀Yáo，不讀Táo，也是古代讀音的遺留。

對於這些古書中的特殊讀音，今天也不能一概求同。那些被現代漢語詞典所收錄，經過普通話審音委員會審定過了的字，仍然要按照它們的傳統舊讀去讀。如“龜茲”，要讀作Qiūcí，不能讀Guīzī。“月氏”要讀作Yuèzhī，不讀作Yuèshì。而那些在現代已經改變了讀音的字，則可以按人民群衆的習慣，照它的通常讀音去讀，而不必强求舊讀。如山東費縣的“費”，本音讀Bì，現代已經通讀作Fèi了；葉公好龍的“葉”，作为姓氏，現在也不讀Shè，統讀作Yè了：這些今讀都被現代漢語詞典收錄，算作標準音讀了，所以不宜再用舊讀去讀。總而言之，對古書中有特殊讀音的字詞，哪些仍要讀它的舊音，哪些要變讀新音，既要尊重傳統，也要適應現代語音變化發展的規律和人民群衆的讀法，不可太拘泥，也不能隨意改讀。

文選六　語言學文選(標點)

説文解字敘（上）

許　慎

敘曰：古者庖犧氏之王天下也，仰則觀象於天，俯則觀法於地，視鳥獸之文與地之宜，近取諸身，遠取諸物，於是始作《易》八卦，以垂憲象。及神農氏結繩爲治而統其事，庶業其繁，飾僞萌生。黄帝之史倉頡，見鳥獸蹏迒之迹，知分理之可相别異也，初造書契。百工以乂，萬品以察，蓋取諸夬。夬："揚于王庭。"言文者宣教明化於王者朝廷，君子所以施禄及下，居德則忌也。

倉頡之初作書，蓋依類象形，故謂之文。其後形聲相益，即謂之字。文者，物象之本。字者，言孳乳而寖多也。箸於竹帛謂之書。書者，如也。以迄五帝三王之世，改易殊體，封于泰山者，七十有二代，靡有同焉。

《周禮》：八歲入小學，保氏教國子，先以六書。一曰指事。指事者，視而可識，察而見意，上下是也。二曰象形。象形者，畫成其物，隨體詰詘，日月是也。三曰形聲。形聲者，以事爲名，取譬相成，江河是也。四曰會意。會意者，比類合誼，以見指撝，武信是也。五曰轉注。轉注者，建類一首，同意相受，考老是也。六曰假借。假借者，本無其字，依聲讬事，令長是也。

及宣王太史籀，著大篆十五篇，與古文或異。至孔子書六經，左丘明述《春秋傳》，皆以古文，厥意可得而説。其後諸侯力政，不統於王，惡禮樂之害己，而皆去其典籍。分爲七國，田疇異畮，車涂異軌，律令異法，衣冠異制，言語異聲，文字異形。

秦始皇帝初兼天下，丞相李斯乃奏同之，罷其不與秦文合者。斯作《倉頡篇》，中車府令趙高作《爰歷篇》，太史令胡毋敬作《博學篇》，皆取史籀大篆，或頗省改，所謂小篆者也。是時秦燒滅經書，滌除舊典，大發吏卒，興戍役，官獄職務繁，初有隸書，以趣約易，而古文由此絶矣。

自爾秦書有八體：一曰大篆，二曰小篆，三曰刻符，四曰蟲書，五曰模印，六曰署書，七曰殳書，八曰隸書。漢興有艸書。尉律：學僮十七已上，始試，諷籀書九千字，乃得爲史。又以八體試之，郡移太史并課，最者以爲尚書史。書或不正，輒舉劾之。今雖有尉律不課，小學不修，莫達其説久矣。

孝宣皇帝時，召通《倉頡》讀者，張敞從受之。涼州刺史杜業，沛人爰禮，講學大夫秦近，亦能言之。孝平皇帝時，徵禮等百餘人，令説文字未央廷中，以禮爲小學元士。黄門侍郎楊雄采以作《訓纂篇》。凡《倉頡》已下十四篇，凡五千三百四十字，羣書所載，略存之矣。

及亡新居攝，使大司空甄豐等校文書之部，自以爲應制作，頗改定古文。時有六書：一曰古文，孔子壁中書也。二曰奇字，即古文而異者也。三曰篆書，即小篆，秦始皇帝使

下杜人程邈所作也。四曰左書，即秦隸書。五曰繆篆，所以模印也。六曰鳥蟲書，所以書幡信也。

壁中書者，魯恭王壞孔子宅而得《禮記》、《尚書》、《春秋》、《論語》、《孝經》。又北平侯張蒼獻《春秋左氏傳》，郡國亦往往於山川得鼎彝，其銘即前代之古文，皆自相似。雖叵復見遠流，其詳可得略説也。而世人大共非訾，以爲好奇者也，故詭更正文，鄉壁虚造不可知之書，變亂常行，以燿於世。諸生競逐説字解經誼，稱秦之隸書爲倉頡時書，云父子相傳，何得改易；乃猥曰“馬頭人爲長”，“人持十爲斗”，“虫者，屈中也”。廷尉説律，至以字斷法：“‘苛人受錢’，‘苛’之字，止句也。”若此者甚衆，皆不合孔氏古文，謬於史籒。俗儒啚夫，翫其所習，蔽所希聞，不見通學，未嘗覩字例之條，怪舊執而善野言，以其所知爲祕妙，究洞聖人之微恉。又見《倉頡篇》中“幼子承詔”，因曰古帝之所作也，其辭有神僊之術焉。其迷誤不諭，豈不悖哉！

《書》曰：“予欲觀古人之象。”言必遵修舊文而不穿鑿。孔子曰：“吾猶及史之闕文，今亡矣夫！”蓋非其不知而不問，人用己私，是非無正，巧説衺辭，使天下學者疑。蓋文字者，經藝之本，王政之始，前人所以垂後，後人所以識古。故曰：本立而道生，知天下之至嘖而不可亂也。

今敘篆文，合以古籒，博采通人，至於小大，信而有證，稽譔其説；將以理羣類，解謬誤，曉學者，達神恉。分别部居，不相雜廁。萬物咸覩，靡不兼載。厥誼不昭，爰明以諭。其偁《易》，孟氏；《書》，孔氏；《詩》，毛氏；《禮》，《周官》；《春秋》，左氏；《論語》、《孝經》，皆古文也。其於所不知，蓋闕如也。

後漢書·鄭玄列傳

范　曄

鄭玄字康成，北海高密人也。八世祖崇，哀帝時尚書僕射。玄少爲鄉嗇夫，得休歸，常詣學官，不樂爲吏，父數怒之，不能禁。遂造太學受業，師事京兆第五元先，始通《京氏易》、《公羊春秋》、《三統歷》、《九章筭術》。又從東郡張恭祖受《周官》、《禮記》、《左氏春秋》、《韓詩》、《古文尚書》。以山東無足問者，乃西入關，因涿郡盧植，事扶風馬融。

融門徒四百餘人，升堂進者五十餘生。融素驕貴，玄在門下，三年不得見，乃使高業弟子傳授於玄。玄日夜尋誦，未嘗怠倦。會融集諸生考論圖緯，聞玄善筭，乃召見於樓上，玄因從質諸疑義，問畢辭歸。融喟然謂門人曰：“鄭生此去，吾道東矣。”

玄自遊學，十餘年乃歸鄉里。家貧，客耕東萊，學徒相隨已數百千人。及黨事起，乃與同郡孫嵩等四十餘人俱被禁錮，遂隱修經業，杜門不出。時任城何休好《公羊》學，遂著《公羊墨守》、《左氏膏肓》、《穀梁廢疾》；玄乃發《墨守》，鍼《膏肓》，起《廢疾》。休見而歎曰：“康成入吾室，操吾矛，以伐我乎！”初，中興之後，范升、陳元、李育、賈逵之徒争論古今學，後馬融荅北地太守劉瓌及玄荅何休，義據通深，由是古學遂明。

靈帝末，黨禁解，大將軍何進聞而辟之。州郡以進權戚，不敢違意，遂迫脅，玄不得已而詣之。進爲設几杖，禮待甚優。玄不受朝服，而以幅巾見。一宿逃去。時年六十，弟子河内趙商等自遠方至者數千。後將軍袁隗表爲侍中，以父喪不行。國相孔融深敬於玄，屣履造門。告高密縣爲玄特立一鄉，曰："昔齊置'士鄉'，越有'君子軍'，皆異賢之意也。鄭君好學，實懷明德。昔太史公、廷尉吴公、謁者僕射鄧公，皆漢之名臣。又南山四皓有園公、夏黄公，潛光隱耀，世嘉其高，皆悉稱公。然則公者仁德之正號，不必三事大夫也。今鄭君鄉宜曰'鄭公鄉'。昔東海于公僅有一節，猶或戒鄉人侈其門閭，矧乃鄭公之德，而無駟牡之路！可廣開門衢，令容高車，號爲'通德門'。"

董卓遷都長安，公卿舉玄爲趙相，道斷不至。會黄巾寇青部，乃避地徐州。徐州牧陶謙接以師友之禮。建安元年，自徐州還高密，道遇黄巾賊數萬人，見玄皆拜，相約不敢入縣境。玄後嘗疾篤，自慮，以書戒子益恩曰："吾家舊貧，[不]爲父母羣弟所容，去廝役之吏，游學周、秦之都，往來幽、并、兗、豫之域，獲覲乎在位通人、處逸大儒，得意者咸從捧手，有所受焉。遂博稽《六蓺》，粗覽傳記，時覩祕書緯術之奥。年過四十，乃歸供養，假田播殖，以娱朝夕。遇閹尹擅埶，坐黨禁錮，十有四年，而蒙赦令，舉賢良方正有道，辟大將軍三司府。公車再召，比牒併名，早爲宰相。惟彼數公，懿德大雅，克堪王臣，故宜式序。吾自忖度，無任於此，但念述先聖之元意，思整百家之不齊，亦庶幾以竭吾才，故聞命罔從。而黄巾爲害，萍浮南北，復歸邦鄉。入此歲來，已七十矣。宿素衰落，仍有失誤，案之禮典，便合傳家。今我告爾以老，歸爾以事，將閑居以安性，覃思以終業。自非拜國君之命，問族親之憂，展敬墳墓，觀省野物，胡嘗扶杖出門乎！家事大小，汝一承之。咨爾煢煢一夫，曾無同生相依。其勗求君子之道，研鑽勿替，敬慎威儀，以近有德。顯譽成於僚友，德行立於己志。若致聲稱，亦有榮於所生，可不深念邪！可不深念邪！吾雖無紱冕之緒，頗有讓爵之高。自樂以論贊之功，庶不遺後人之羞。末所憤憤者，徒以亡親墳壟未成，所好羣書率皆腐敝，不得於禮堂寫定，傳與其人。日西方暮，其可圖乎！家今差多於昔，勤力務時，無恤飢寒。菲飲食，薄衣服，節夫二者，尚令吾寡恨。若忽忘不識，亦已焉哉！"

時大將軍袁紹總兵冀州，遣使要玄，大會賓客，玄最後至，乃延升上坐。身長八尺，飲酒一斛，秀眉明目，容儀溫偉。紹客多豪俊，並有才說，見玄儒者，未以通人許之，競設異端，百家互起。玄依方辯對，咸出問表，皆得所未聞，莫不嗟服。時汝南應劭亦歸於紹，因自贊曰："故太山太守應中遠，北面稱弟子何如？"玄笑曰："仲尼之門考以四科，回、賜之徒不稱官閥。"劭有慙色。紹乃舉玄茂才，表爲左中郎將，皆不就。公車徵爲大司農，給安車一乘，所過長吏送迎。玄乃以病自乞還家。

五年春，夢孔子告之曰："起，起！今年歲在辰，來年歲在巳。"既寤，以讖合之，知命當終，有頃寢疾。時袁紹與曹操相拒於官度，令其子譚遣使逼玄隨軍。不得已，載病到元城縣，疾篤不進，其年六月卒，年七十四。遺令薄葬。自郡守以下嘗受業者，縗絰赴會千餘人。

門人相與撰玄荅諸弟子問五經，依《論語》作《鄭志》八篇。凡玄所注《周易》、《尚書》、《毛詩》、《儀禮》、《禮記》、《論語》、《孝經》、《尚書大傳》、《中候》、《乾象歷》，又著《天文七政論》、《魯禮禘祫義》、《六蓺論》、《毛詩譜》、《駁許慎五經異義》、

《荅臨孝存周禮難》，凡百餘萬言。

玄質於辭訓，通人頗譏其繁。至於經傳洽孰，稱爲純儒，齊魯閒宗之。其門人山陽郗慮至御史大夫，東萊王基、清河崔琰著名於世。又樂安國淵、任嘏，時並童幼，玄稱淵爲國器，嘏有道德，其餘亦多所鑒拔，皆如其言。玄唯有一子益恩，孔融在北海，舉爲孝廉；及融爲黄巾所圍，益恩赴難隕身。有遺腹子，玄以其手文似己，名之曰小同。

論曰：自秦焚六經，聖文埃滅。漢興，諸儒頗修蓺文；及東京，學者亦各名家。而守文之徒，滯固所稟，異端紛紜，互相詭激，遂令經有數家，家有數説，章句多者或乃百餘萬言，學徒勞而少功，後生疑而莫正。鄭玄括囊大典，網羅衆家，刪裁繁誣，刊改漏失，自是學者略知所歸。王父豫章君每考先儒經訓，而長於玄，常以爲仲尼之門不能過也。及傳授生徒，並專以鄭氏家法云。

進古今文字表

江　式

臣聞庖羲氏作而八卦列其畫，軒轅氏興而龜策彰其彩。古史倉頡覽二象之爻，觀鳥獸之跡，別創文字，以代結繩，用書契以維事。宣之王庭，則百工以敘；載之方冊，則萬品以明。迄于三代，厥體頗異，雖依類取制，未能悉殊倉氏矣。故《周禮》八歲入小學，保氏教國子以六書：一曰指事，二曰象形，三曰諧聲，四曰會意，五曰轉注，六曰假借。蓋是史頡之遺法也。及宣王太史史籀著大篆十五篇，與古文或同或異，時人即謂之“籀書”。至孔子定六經，左丘明述《春秋》，皆以古文，厥意可得而言。

其後七國殊軌，文字乖別，暨秦兼天下，丞相李斯乃奏蠲罷不合秦文者。斯作《倉頡篇》，中車府令趙高作《爰歷篇》，太史令胡毋敬作《博學篇》，皆取史籀大篆，或頗省改，所謂小篆者也。於是秦燒經書，滌除舊典，官獄繁多，以趣約易，始用隸書。古文由此息矣。隸書者，始皇使下杜人程邈附於小篆所作也。以邈徒隸，即謂之隸書。故秦有八體：一曰大篆，二曰小篆，三曰刻符書，四曰蟲書，五曰模印，六曰署書，七曰殳書，八曰隸書。

漢興，有尉律學，復教以籀書，又習八體，試之課最，以爲尚書史。吏民上書，省字不正，輒舉劾焉。又有草書，莫知誰始，考其書形，雖無厥誼，亦是一時之變通也。孝宣時，召通《倉頡》讀者，獨張敞從之受。涼州刺史杜鄴、沛人爰禮、講學大夫秦近亦能言之。孝平時，徵禮等百餘人説文字於未央宫中，以禮爲小學元士。黄門侍郎揚雄採以作《訓纂篇》。及亡新居攝，自以應運制作，使大司空甄豐校文字之部，頗改定古文。時有六書：一曰古文，孔子壁中書也；二曰奇字，即古文而異者；三曰篆書，云小篆也；四曰佐書，秦隸書也；五曰繆篆，所以模印也；六曰鳥蟲，所以幡信也。壁中書者，魯恭王壞孔子宅而得《禮》、《尚書》、《春秋》、《論語》、《孝經》也。又北平侯張倉獻《春秋左氏傳》，書體與孔氏相類，即前代之古文矣。

後漢郎中扶風曹喜號曰工篆，小異斯法，而甚精巧，自是後學皆其法也。又詔侍中賈逵修理舊文。殊藝異術，王教一端，苟有可以加於國者，靡不悉集。逵即汝南許慎古文學之師也。後慎嗟時人之好奇，歎（儒）俗［儒］之穿鑿，惋文毀於譽，痛字敗於訾，更詭任情，變亂於世，故撰《說文解字》十五篇，首一終亥，各有部屬，包括六藝羣書之詁，評釋百氏諸子之訓，天地、山川、草木、鳥獸、昆蟲、雜物、奇怪珍異、王制禮儀、世間人事莫不畢載。可謂類聚羣分，雜而不越，文質彬彬，最可得而論也。左中郎將陳留蔡邕採李斯、曹喜之法爲古今雜形，詔於太學立石碑，刊載五經，題書楷法，多是邕書也。後開鴻都，書畫奇能莫不雲集，于時諸方獻篆無出邕者。

魏初，博士清河張揖著《埤倉》、《廣雅》、《古今字詁》。究諸《埤》、《廣》，綴拾遺漏，增長事類，抑亦於文爲益者。然其《字詁》，方之許慎篇，古今體用，或得或失矣。陳留邯鄲淳亦與揖同時，博古開藝，特善《倉》、《雅》，許氏字指、八體、六書，精究閑理，有名於揖，以書教諸皇子。又建《三字石經》於漢碑之西，其文蔚炳，三體復宣。校之《說文》，篆隸大同，而古字少異。又有京兆韋誕、河東衛覬二家，並號能篆。當時臺觀榜題、寶器之銘，悉是誕書。咸傳之子孫，世稱其妙。

晉世義陽王典祠令任城吕忱表上《字林》六卷，尋其況趣，附託許慎《說文》，而案偶章句，隱別古籀奇惑之字，文得正隸，不差篆意也。忱弟靜別放故左校令李登《聲類》之法，作《韻集》五卷，使宫、商、角、徵、羽各爲一篇，而文字與兄便是魯、衛，音讀楚、夏，時有不同。

皇魏承百王之季，紹五運之緒。世易風移，文字改變，篆形謬錯，隸體失真。俗學鄙習，復加虚（巧）［造］，（談）［巧］辯之士，又以意說。炫惑於時，難以釐改。故傳曰："以衆非，非行正"，信哉得之於斯情矣。乃曰追來爲歸，巧言爲辯，小兔爲䨲，神虫爲蠶，如斯甚衆，皆不合孔氏古書、史籀大篆、許氏《說文》、《石經》三字也。凡所闕古，莫不惆悵焉。嗟夫！文字者六藝之宗，王教之始，前人所以垂今，今人所以識古，故曰"本立而道生"。孔子曰："必也正名乎。"又曰："述而不作。"《書》曰："予欲觀古人之象。"皆言遵修舊史而不敢穿鑿也。

臣六世祖瓊家世陳留，往晉之初，與從父兄應元俱受學於衛覬，古篆之法，《倉》、《雅》、《方言》、《說文》之誼，當時並收善譽。而祖官至太子洗馬，出爲馮翊郡，值洛陽之亂，避地河西，數世傳習，斯業所以不墜也。世祖太延中皇威西被，牧犍内附，臣亡祖文威杖策歸國，奉獻五世傳掌之書，古篆八體之法，時蒙褒錄，敘列於儒林，官班文省，家號世業。

暨臣闇短，識學庸薄，漸漬家風，有忝無顯。但逢時來，恩出願外，每承澤雲津，厠霑漏潤，驅馳文閣，參預史官，題篆宫禁，猥同上哲。既竭愚短，欲罷不能，是以敢藉六世之資，奉遵祖考之訓，竊慕古人之軌，企踐儒門之轍，輒求撰集古來文字，以許慎《說文》爲主，爰採孔氏《尚書》、《五經音注》、《籀篇》、《爾雅》、《三倉》、《凡將》、《方言》、《通俗文》、《祖文宗》、《埤倉》、《廣雅》、《古今字詁》、《三字石經》、《字林》、《韻集》、諸賦文字有六書之誼者，皆以次類編聯，文無復重，糾爲一部。其古籀、奇惑、俗隸諸體，咸使班於篆下，各有區別。詁訓假借之誼，僉隨文而解；音讀楚、夏之聲，並逐字而注。其所不知者，則闕如也。脱蒙遂許，冀省百氏之觀，而同文字之域。典書秘書所須之書，乞垂敕給；并學士五人嘗習文字者，助臣披覽；書生五人，專令抄寫。侍中、黄門、國子祭酒一月一監，評議疑隱，庶無紕繆。所撰名目，伏聽明旨。

顔氏家訓・音辭篇

颜之推

夫九州之人，言語不同，生民已來，固常然矣。自《春秋》標齊言之傳，《離騷》目楚詞之經，此蓋其較明之初也。後有揚雄著《方言》，其言大備。然皆考名物之同異，不顯聲讀之是非也。逮鄭玄注六經，高誘解《吕覽》、《淮南》，許慎造《説文》，劉熹製《釋名》，始有譬況假借以證音字耳。而古語與今殊别，其間輕重清濁，猶未可曉；加以内言外言、急言徐言、讀若之類，益使人疑。孫叔言創《爾雅音義》，是漢末人獨知反語。至於魏世，此事大行，高貴鄉公不解反語，以爲怪異。自茲厥後，音韻鋒出，各有土風，遞相非笑，指馬之諭，未知孰是。共以帝王都邑，參校方俗，考覈古今，爲之折衷。搉而量之，獨金陵與洛下耳。南方水土和柔，其音清舉而切詣，失在浮淺，其辭多鄙俗。北方山川深厚，其音沈濁而鈋鈍，得其質直，其辭多古語。然冠冕君子，南方爲優；閭裏小人，北方爲愈。易服而與之談，南方士庶，數言可辨；隔垣而聽其語，北方朝野，終日難分。而南染吴越，北雜夷虜，皆有深弊，不可具論。其謬失輕微者，則南人以錢爲涎，以石爲射，以賤爲羡，以是爲舐；北人以庶爲戍，以如爲儒，以紫爲姊，以洽爲狎。如此之例，兩失甚多。至鄴已來，唯見崔子約、崔瞻叔侄，李祖仁、李蔚兄弟，頗事言詞，少爲切正。李季節著《音韻决疑》，時有錯失；陽休之造《切韻》，殊爲疎野。吾家兒女，雖在孩稚，便漸督正之；一言訛替，以爲己罪矣。云爲品物，未考書記者，不敢輒名，汝曹所知也。

古今言語，時俗不同；著述之人，楚、夏各異。《蒼頡訓詁》，反稗爲逋賣，反娃爲於乖；《戰國策》音刎爲免；《穆天子傳》音諫爲間；《説文》音戛爲棘，讀皿爲猛；《字林》音看爲口甘反，音伸爲辛；《韻集》以成、仍、宏、登合成兩韻，爲、奇、益、石分作四章；李登《聲類》以系音羿；劉昌宗《周官音》讀乘若承：此例甚廣，必須考校。前世反語，又多不切。徐仙民《毛詩音》反驟爲在遘，《左傳音》切椽爲徒緣，不可依信，亦爲衆矣。今之學士，語亦不正；古獨何人，必應隨其譌僻乎？《通俗文》曰："入室求曰搜。"反爲兄侯。然則兄當音所榮反。今北俗通行此音，亦古語之不可用者。璵璠，魯人寶玉，當音餘煩，江南皆音藩屏之藩。岐山當音爲奇，江南皆呼爲神祇之祇。江陵陷没，此音被於關中，不知二者何所承案。以吾淺學，未之前聞也。

北人之音，多以舉、莒爲矩；唯李季節云："齊桓公與管仲於臺上謀伐莒，東郭牙望見桓公口開而不閉，故知所言者莒也。然則莒、矩必不同呼。"此爲知音矣。

夫物體自有精麤，精麤謂之好惡；人心有所去取，去取謂之好惡。此音見於葛洪、徐邈。而河北學士讀《尚書》云好生惡殺。是爲一論物體，一就人情，殊不通矣。

甫者，男子之美稱，古書多假借爲父字；北人遂無一人呼爲甫者，亦所未喻。唯管仲、范增之號，須依字讀耳。

案諸字書，焉者，鳥名，或云語詞，皆音於愆反。自葛洪《要用字苑》分焉字音訓：若訓何訓安，當音於愆反，"於焉逍遥"、"於焉嘉客"、"焉用佞"、"焉得仁"之類是也；

若送句及助詞，當音矣愆反。“故稱龍焉”、“故稱血焉”、“有民人焉”、“有社稷焉”、“託始焉爾”、“晉、鄭焉依”之類是也。江南至今行此分别，昭然易曉；而河北混同一音，雖依古讀，不可行於今也。

邪者，未定之詞。《左傳》曰：“不知天之棄魯邪？抑魯君有罪於鬼神邪？”《莊子》云：“天邪？地邪？”《漢書》云：“是邪？非邪？”之類是也。而北人即呼爲也，亦爲誤矣。難者曰：“《繫辭》云：‘乾坤，《易》之門户邪？’此又爲未定辭乎？”答曰：“何爲不爾！上先標問，下方列德以（折）［析］之耳。”

江南學士讀《左傳》，口相傳述，自爲凡例，軍自敗曰敗，打破人軍曰敗。諸記傳未見補敗反，徐仙民讀《左傳》，唯一處有此音，又不言自敗、敗人之别，此爲穿鑿耳。

古人云：“膏粱難整。”以其爲驕奢自足，不能剋勵也。吾見王侯外戚，語多不正，亦由内染賤保傅，外無良師友故耳。梁世有一侯，嘗對元帝飲謔，自陳“癡鈍”，乃成“颸段”，元帝答之云：“颸異涼風，段非干木。”謂“郢州”爲“永州”，元帝啓報簡文，簡文云：“庚辰吴入，遂成司隸。”如此之類，舉口皆然。元帝手教諸子侍讀，以此爲誡。

河北切攻字爲古琮，與工、公、功三字不同，殊爲僻也。比世有人名暹，自稱爲纖；名琨，自稱爲衮；名洸，自稱爲汪；名䶑，自稱爲獡。非唯音韻舛錯，亦使其兒孫避諱紛紜矣。

史通·言語

劉知幾

蓋樞機之發，榮辱之主，言之不文，行之不遠，則知飾詞專對，古之所重也。夫上古之世，人惟樸略，言語難曉，訓釋方通。是以尋理則事簡而意深，考文則詞艱而義釋。若《尚書》載伊尹立訓，皋陶矢謨，《洛誥》、《康誥》、《牧誓》、《泰誓》是也。周監於二代，郁郁乎文。大夫、行人，尤重詞命，語微婉而多切，言流靡而不淫。若《春秋》載吕相絶秦，子産獻捷，臧孫諫君納鼎，魏絳對戮揚干是也。戰國虎争，馳説雲湧，人持弄丸之辯，家挾飛鉗之術。劇談者以譎誑爲宗，利口者以寓言爲主。若《史記》載蘇秦合從，張儀連衡，范雎反間以相秦，魯連解紛而全趙是也。

逮漢、魏已降，周、隋而往，世皆尚文，時無專對。運籌畫策，自具於章表。獻可替否，總歸於筆劄。宰我、子貢之道不行，蘇秦、張儀之業遂廢矣。假有忠言切諫，《答戲》、《解嘲》，其可稱者，若朱雲折檻以抗憤，張綱埋輪而獻直，秦宓之酬吴客，王融之答魯使，此之小辯，曾何足云。是以歷選載言，布諸方册。自漢已下，無足觀焉。

尋夫戰國已前，其言皆可諷詠，非但筆削所致，良由體質素美。何以覈諸？至如鶉賁、鸜鵒，童豎之謠也。山木、輔車，時俗之諺也。皤腹棄甲，城者之謳也。原田是謀，輿人之誦也。斯皆芻詞鄙句，猶能温潤若此，況乎束带立朝之士，加以多聞博古之説者哉？則知時人出言，史官入記，雖有討論潤色，終不失其梗概者也。

夫三傳之説，既不習於《尚書》、兩漢之詞，又多違於《戰策》，足以驗甿俗之遞改，知歲時之不同。而後來作者，通無遠識，記其當世口語，罕能從實而書，方復追效昔人，

示其稽古。是以好丘明者，則偏摸《左傳》；愛子長者，則全學史公。用使周秦言辭，見於魏晉之代；楚漢應對，行乎宋、齊之日。而僞修混沌，失彼天然，今古以之不純，真僞由其相亂。故裴少期譏孫盛錄曹公平素之語，而全作夫差亡滅之詞，雖言似《春秋》，而事殊乖越者矣。

然自晉咸洛不守，龜鼎南遷，江左爲禮樂之鄉，金陵實圖書之府，故其俗猶能語存規檢，言喜風流，顛沛造次，不忘經籍。而史臣修飾，無所費功。其於中國則不然。何者？於斯時也，先王桑梓，翦爲蠻貊，被發左衽，充牣神州。其中辯若駒支，學如郯子，有時而遇，不可多得。而彥鸞修僞國諸史，收、弘撰《魏》、《周》［二］書，必諱彼夷音，變成華語，等楊由之聽雀，如介葛之聞牛，斯亦可矣。而於其間則有妄益文彩，虛加風物，援引《詩》、《書》，憲章《史》、《漢》，遂使沮渠、乞伏，儒雅比於元封，拓跋、宇文，德音同於正始。華而失實，過莫大焉。

唯王、宋著書，敘元、高時事，抗詞正筆，務存直道，方言世語，由此畢彰。而今之學者皆尤二子，以言多滓穢，語傷淺俗。夫本質如此，而推過史臣，猶鑒者見嫫母多嗤，而歸罪於明鏡也。

又世之議者，咸以北朝衆作，《周史》爲工。蓋賞其記言之體，多同於古故也。夫以枉飾虛言，都捐實事，便號以良直，師其模楷，是以董狐、南史，舉目可求，班固、華嶠，比肩皆是者矣。

近有燉煌張太素，中山郎餘令並稱述者，自負史才。郎著《孝［德］傳》，張著《隋後略》，凡所撰（人）［今］語，皆依仿舊辭；若選言可以效古而書，其難類者，則忽而不取。料其所棄，可勝紀哉？

蓋江芊罵商臣曰："呼，役夫！宜君王廢汝而立職。"漢王怒酈生曰："豎儒！幾敗乃公事。"單固謂楊康曰："老奴！汝死自其分。"樂廣歎衛玠曰："誰家生得甯馨兒。"斯並當時侮嫚之詞，流俗鄙俚之説，必播以脣吻，傳諸諷誦。而世人皆以爲上之二言不失清雅，而下之兩句殊爲魯樸者，何哉？蓋楚漢世隔，事已成古；魏晉年近，言猶類今。已古者即謂其文，猶今者乃驚其質。夫天地久長，風俗無恒，後之視今，亦猶今之視昔。而作者皆怯書今語，勇效昔言，不其惑乎？

苟記事則約附五經，載語則依憑三史，是春秋之俗，戰國之風，與兩儀而並存，經千載而如一，奚以今來古往質文之屢變者哉？

蓋善爲政者，不擇人而理。故俗無精麤，咸被其化。工爲史者，不選事而書，故言無美惡，書傳於後。若事皆不謬，言必近真，庶幾可與古人同居，何止得其糟粕而已。

馬氏文通後序

馬建忠

荀卿子曰："人之所以異於禽獸者，以其能羣也。"夫曰羣者，豈惟羣其形乎哉？亦曰羣其意耳。而所以羣今人之意者則有話，所以羣古今人之意者則惟字。傳曰："形聲相益之謂字。"夫字形之衡從、曲直、邪正、上下、内外、左右，字聲之抑揚、開塞、合散、出入、高下、清濁，其變幻莫可端倪。微特同此圓頂方趾散處於五大洲者，其字之祖梵、祖伽盧、祖倉頡，而爲左行、爲右行、爲下行之各不相似而不能羣；即同所祖，而世與世相禪，則字形之由圓而方，由繁而簡，字聲之由舌而齒、而唇，而遞相變，羣之勢亦幾於窮且盡矣。然而言語不達者，極九譯而辭意相通矣，形聲或異者，通訓詁而經義孔昭矣。蓋所見爲不同者，惟此已形已聲之字，皆人爲之也。而亘古今、塞宇宙，其種之或黄、或白、或紫、或黑之鈞是人也，天皆賦之以此心之所以能意，此意之所以能達之理。則常探討晝革旁行諸國語言之源流，若希臘、若辣丁之文詞而屬比之，見其字别種而句司字，所以聲其心而形其意者，皆有一定不易之律，而因以律吾經籍子史諸書，其大綱蓋無不同。於是因所同以同夫所不同者，是則此編之所以成也。

而或曰："吾子之於西學，其形而上者性命之精微，天人之交際，與夫天律人律之淑身淑世，以及古今治教之因革，下至富國富民之體用，縱横捭闔之權策，而度、數、重、化、水、熱、光、電製器尚象之形而下者，浩浩乎，淵淵乎，深者測黄泉，高者出蒼天，大者含元氣，細者入無間，既無不目寓而心識之，閒嘗徵其用於理財使事，恢恢乎其有餘矣。今下關之撫初成，上下交困，而環而伺者與國六七，岌岌乎，識時務者方將孔孟西學，蒭狗文字也。今吾子不出所學以乘時焉，何勞精敝神於人所唾棄者爲？是時不馮唐而子自馮唐也，何居？"

曰："天下無一非道，而文以載之，人心莫不有理，而文以明之。然文以載道而非道，文以明理而非理。文者，所以循是而至於所止，而非所止也，故君子學以致其道。

"余觀泰西，童子入學，循序而進，未及志學之年，而觀書爲文無不明習；而後視其性之所近，肆力於數度、格致、法律、性理諸學而專精焉，故其國無不學之人，而人各學有用之學。計吾國童年能讀書者固少，讀書而能文者又加少焉，能及時爲文而以其餘年講道明理以備他日之用者，蓋萬無一焉。夫華文之點畫結構，視西學之切音雖難，而華文之字法句法，視西文之部分類别，且可以先後倒置以達其意度波瀾者則易。西文本難也而易學如彼，華文本易也而難學如此者，則以西文有一定之規矩，學者可循序漸進而知所止境，華文經籍雖亦有規矩隱寓其中，特無有爲之比儗而揭示之。遂使結繩而後，積四千餘載之智慧材力，無不一一消磨於所以載道所以明理之文，而道無由載，理不暇明，以與夫達道明理之西人相角逐焉，其賢愚優劣有不待言矣。

"斯書也，因西文已有之規矩，於經籍中求其所同所不同者，曲證繁引以確知華文義例之所在，而後童蒙入塾能循是而學文焉，其成就之速必無遜於西人。然後及其年力富强之時，以學道而明理焉，微特中國之書籍其理道可知，將由是而求西文所載之道，所明之理，亦不難精求而會通焉。則是書也，不特可羣吾古今同文之心思，將舉夫宇下之凡以口舌點畫以達其心中之意者，將大羣焉。夫如是，胥吾京陔億兆之人民而羣其材力，羣其心思，以求夫實用，而後能自羣，不爲他羣所羣。則爲此書者，正可謂識當時之務。"

光緒二十四年九月初九日丹徒馬建忠又序

練 習 六

1. 解釋下列音韻術語：

① 古音學 ②今音學 ③上古音 ④中古音 ⑤叶音 ⑥ 句尾韻 ⑦句中韻 ⑧句句押韻 ⑨隔句押韻 ⑩一韻到底 ⑪換韻 ⑫陰聲韻 ⑬陽聲韻 ⑭入聲韻 ⑮對轉 ⑯旁轉 ⑰三十六字母 ⑱五音 ⑲七音 ⑳全清 ㉑次清 ㉒全濁 ㉓次濁 ㉔古無輕唇音 ㉕古無舌上音 ㉖照二歸精 ㉗照三歸舌 ㉘破讀

2. 從字典辭書中查出下列各詞的讀音：

①墨翟 ②叔梁紇 ③李悝 ④吐谷渾 ⑤解元 ⑥葷粥 ⑦伍員 ⑧皐比 ⑨女紅 ⑩南無 ⑪閼逢 ⑫焉耆 ⑬僕射 ⑭亢父

3. 指出下列各句中有特殊讀音的字，並注上讀音：

①單于使使曉武。（《漢書・蘇武傳》）

②餓其體膚，空乏其身。（《孟子・告子下》）

③天不爲人之惡寒也輟冬。（《荀子・天論》）

④未知從今去，當復如此不？（陶淵明《遊斜川》）

⑤那作商人婦，愁水復愁風。（李白《長干行》）

4. 給下面短文加上標點，並翻譯成現代漢語：

凡思緒初發辭采苦雜心非權衡勢必輕重是以草創鴻筆先標三準履端於始則設情以位體舉正於中則酌事以取類歸餘於終則撮辭以舉要然後舒華布實獻（替）［質］節文繩墨以外美材既斲故能首尾圓合條貫統序若術不素定而委心逐辭異端叢至駢贅必多

故三準既定次討字句句有可削足見其疏字不得減乃知其密精論要語極略之體游心竄句極繁之體謂繁與略隨分所好引而申之則兩句敷爲一章約以貫之則一章刪成兩句思贍者善敷才覈者善刪善刪者字去而意留善敷者辭殊而意顯字刪而意闕則短乏而非覈辭敷而言重則蕪穢而非贍

第七單元

通論九　漢語史基本知識

漢語史是關於漢語發展的內部規律的科學。學習和研究漢語史對於全面深入地瞭解漢語自身發展的歷史，正確理解、使用和研究現代漢語及方言，都有十分重要的意義；對於普通語言學理論的發展也有十分重要的促進作用。本單元主要介紹漢語史的分期和漢語史各階段特點的一些基本知識。

一、漢語史的分期與語料

（一）漢語史的分期

現代漢語是如何形成的？它的語音、語法和詞彙系統在歷史上分別有甚麽樣的基本面貌和特徵？在不同的歷史時期分別有甚麽變化？要回答這些問題，就必須研究漢語史的分期。

關於漢語史的分期，各家的看法不完全一致。綜合考慮語音、語法和詞彙在歷史上的發展特點，我們采用如下的分期：

上古漢語：先秦——西漢

中古漢語：東漢——隋

近代漢語：唐代——清代初期

現代漢語：清代中期之後

爲甚麽要這樣分呢？因爲在每一個階段，語音、語法和詞彙的特點都不一樣。這些特點，我們會在後面幾節作簡要介紹。特別要强調的是，我們這裏引進的“中古漢語”和“近代漢語”的概念都是就漢語發展的實際情況來説的。因爲傳統的“古代漢語”衹指上古漢語，也就是所謂的“文言”；實際上，古代漢語應包括上古漢語、中古漢語和近代漢語。如果認爲漢語的發展是從上古漢語直接發展到現代漢語，那麽就會誤以爲現代漢語的各種現象都是突然出現的。事實上，所有的語言現象都是漸變的。王力先生主編的《古代漢語》在論及古代漢語課程的性質時説道：“古代漢語是一個比較廣泛的概念，大致説來它有兩個系統：一個是以先秦口語爲基礎而形成的上古漢語書面語言以及後來歷代作家仿古的作品中的語言，也就是通常所謂的文言；一個是唐宋以來以北方話爲基礎而形成的古白話。”吕叔湘先生也曾經設想：“把漢語史分成三個部分：語音史、文言史、白話史。”兩位學者都强調漢語史上曾經存在的白話，這些白話當然不是唐宋時才出現的，而在東漢就已經大量湧現了。我們讀魏晉南北朝詩歌，讀唐詩宋詞元曲，讀明清小説，都不會覺得有特別大的難度。究其原因，就是因爲這些文學作品使用的多是當時的口語，這些

口語離現代漢語詞彙系統的距離較近，而離上古漢語詞彙系統則較遠，所以我們才比較容易讀懂它們。總之，東漢以來口語的出現改變了傳統文言一統漢語江山的局面（當然這是就漢語書面語來説的），使漢語的語音、語法和詞彙都出現了不同於過去文言的特徵。

當然，這一分期也衹是大致的，因爲語言的諸要素的發展變化，在任何一個階段與前一時期、後一時期的界限都不是一刀切的，都有一個過渡時期，各種語言現象的交替重疊都是可能的。例如西漢，就有學者將其歸入中古漢語。而我們考慮到因爲從東漢開始佛經的翻譯極大地體現了漢語口語發展的新情況，並在許多方面影響了漢語的發展，所以我們把中古漢語的起點定在東漢。而隋代，作爲北朝六朝之一，我們把它放在中古漢語的尾段。

（二）漢語史各階段的語料

口語是最能反映語言發展變化的實際情況的，但我們今天研究和學習漢語史，衹能依靠歷史上流傳下來的具有較强口語色彩的書面材料。我們所熟知的上古漢語的許多材料，在當時其實也是口語性較强的，歷代傳統的書面語一直在模仿它。但是隨著口語的發展，書面語與口語離得越來越遠，書面語一般不再反映當時的語言實際運用情況。所以我們學習和研究漢語史，一定要找那些口語性較强的材料，也就是相對來説記録了當時較多的口語的材料。衹有這些語料才能反映語言發展變化的實際情況。但是，不同的語料所記録口語的狀况是不一樣的，有的口語性很强，幾乎通篇都是當時的口語，當然這類材料在數量上是較少的。大多數材料，衹是在傳統的文言中夾雜了一些口語材料。同時，我們也要注意，語言都是具有繼承性的，即使是口語性很强、記録了很多新興的語言現象的材料，其基本詞彙和語法還是與傳統的詞彙、語法密不可分的。

下面將漢語史各階段的語料分述於下。

1. 上古漢語語料

上古漢語的材料大家都比較熟悉。本教材所選文選都是具有代表性的語料，像“先秦史籍”中所列的《左傳》、《國語》、《戰國策》，“儒家經典”中所列的《周易》、《尚書》、《周禮》、《儀禮》、《禮記》、《公羊傳》、《穀梁傳》，“先秦子書”中所列的《老子》、《管子》、《晏子春秋》、《孫子》、《墨子》、《商君書》、《莊子》、《公孫龍子》、《荀子》、《吕氏春秋》、《韓非子》，“古代韻文”中所列的《詩經》、《楚辭》、漢賦等，都是典型的上古漢語語料。這些材料是研究上古漢語的傳統材料，這裏就不多説了。除此之外，更早的上古漢語語料還有甲骨卜辭、金文，較晚的則有戰國竹木簡、漢簡及漢代帛書等。

2. 中古漢語語料

中古漢語語料較多，分别有下面幾個大類：

漢譯佛經　東漢桓、靈時代開始，佛經在中國開始廣泛傳播。漢譯佛經由於與今天的翻譯方式不同（早期的佛經翻譯是由多人共同完成的）以及語言的獨特性（既受原典語言的影響，同時又在一定程度上記録了當時的漢語口語），口語性較强，研究價值很大。例如，據俞理明《佛經文獻語言》一書的統計，東漢至西晉時有名的譯人就很多：迦葉摩滕（竺摩騰）、安世高、支讖、安玄、嚴調佛、支曜、康孟詳、竺律炎、支謙、康僧會、康僧鎧、曇諦、白延、竺法護、聶承遠、聶道真、安法欽、無羅叉、竺叔蘭、白遠（一作帛遠，字法祖）、法炬、法立、支法度、若羅嚴、敦煌三藏。西晉之後譯人還有不少。要研究中古漢譯佛經的語言，可以讀這些譯人所譯佛經。從佛經角度來説，口語性、趣味性較强的有《六度集經》、《生經》、《雜譬喻經》、《百喻經》等。

小説　兩漢至魏晉南北朝時期，記録神仙鬼怪之事的誌怪小説和描述人物言談舉止的志人小説大量出現。從語言和故事内容來説，魯迅的《中國小説史略》被稱爲“粗陳梗概”。這一時期的誌怪小説主要有《漢武故事》、《列異傳》、《搜神記》、《幽明録》、《觀世音應驗記》、《異苑》等，志人小説主要有《裴子語林》、《郭子》、《世説新語》等。

史書　中古時期史書數量較多，正史有六朝人撰著的《三國志》、《後漢書》、《宋書》、《南齊書》、《魏書》，唐人撰著的《晉書》、《梁書》、《北齊書》、《周書》、《南史》、《北史》、《隋書》；其他還有《東觀漢記》、《華陽國志》、《十六國春秋》、《建康實録》等别史。這些史書中徵引了大量的前代文獻，包括詔令奏疏、書函信札、辭賦文章等，也有十分生動的人物口語。

詩歌　中古時期詩歌上承《詩經》、《楚辭》，下啓唐詩宋詞，具有濃厚的中古漢語的語言特色，數量也很多。它可以分爲樂府民歌和文人詩。漢樂府詩和北朝民歌大多文筆質樸、清新剛健；南朝樂府詩則多爲吴聲歌曲，多描寫愛情與離愁别恨。文人詩以五言爲主，内容廣泛。這些詩歌主要收録於逯欽立《先秦漢魏晉南北朝詩》中。

雜著　中古時期的雜著主要指北魏三書，即賈思勰的《齊民要術》、酈道元的《水經注》和楊衒之的《洛陽伽藍記》。《齊民要術》是我國現存最早的農學著作，《水經注》是一部地理名著，《洛陽伽藍記》則是一部以記載佛教寺廟興衰兼及當時經濟、政治、人物、風俗、地理、典故的著作。另外，家訓類材料——顔之推的《顔氏家訓》，也可歸入這一類。

道經　中古時期產生了不少道經名篇，如《淮南子》、《抱樸子内篇》、張角太平教信奉的《太平經》等。此外，還有五斗米道祭酒宣講《五千文》的注腳本《老子想爾注》，上清經籙派的《真誥》、《黄庭經》和《上清大洞真經》，晉代靈寶經系和三星經系的首經《度人經》、《三皇文》，南朝梁陶弘景《周氏冥通記》等著名道教典籍，都是語言研究的好材料。

書札　六朝人書札往往信手寫來，不假藻飾，多用於口語。《淳化閣貼》、《法書要録》、《全晉文》等都保存了大量的文人書札。

文書　出土文書如《樓蘭尼雅出土文書》、《吐魯番出土文書》等保存了許多民間契約、字據等，正史與《全上古三代秦漢三國六朝文》則載録了這一時期大量的文人文書。著名的有《僮約》、《失父零丁》和《奏彈劉整》等。

3. 近代漢語語料

近代漢語語料更多，分别有下面幾個大類：

敦煌文書　敦煌文書品種繁多，内容豐富。已有的研究主要集中於下面這些語料。其一，變文，這是一種韻散結合的通俗文學作品。其二，王梵志詩。敦煌所出王梵志詩寫本共有35種，加上散見於唐宋詩話筆記、禪宗語録中的王梵志詩，張錫厚著《王梵志校輯》釐定爲336首，項楚《王梵志詩校注》釐定爲331首。這三百多首王梵志詩，是數

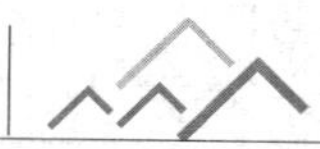

百年間由許多無名白話詩人陸續寫就的。其三，敦煌曲。敦煌曲包括傳統的詞和《十二時》、《五更轉》、《百歲篇》等民間俗曲。其四，願文。這是用於表達祈福禳災兼表頌贊的各種文章的總稱。除此之外，敦煌文書中值得我們研究的語料仍不少，其中大約百分之九十是佛教文獻，包括不少藏外佚經和疑僞經；道教、摩尼教、景教經典亦爲數不少；歷史、地理、公私文書以及文學資料、科技史料等都非常重要。

禪宗語録與其他佛教典籍　禪宗是佛教的一派，注重“頓悟”，師徒間常以問答作爲開悟的手段，這些對話記録下來就成爲語録。比較可靠的唐五代禪宗語録有敦煌寫本《六祖壇經》、《神會語録》和成書於五代時期的《祖堂集》。宋代的禪宗語録最常用的是道原所編、成書於北宋景德元年的《景德傳燈録》，此外，還有《天聖廣燈録》、《建中靖國續燈録》、《聯燈會要》、《嘉泰普燈録》，各三十卷。五書合編爲《五燈會元》。淳祐年間釋普濟簡縮爲二十卷，即今天所看到的本子。此外，宋代的禪宗語録還有《碧巖録》、《大慧書》。另外，唐代日僧圓仁《入唐求法巡禮行記》有較多的口語成分。

宋儒語録　儒學發展到宋代成爲“理學”，周敦頤、邵雍、張載、程顥、程頤、朱熹、陸九淵是理學的代表人物，都有講課及與弟子問答的記録，是爲宋儒語録。宋儒語録中分量最大的是《朱子語類》一百二十卷，清人張伯行刪定爲《朱子語類輯略》八卷。

詩詞曲民歌　唐宋詩中，不同的作品風格不一樣，有的傾向典雅，有的傾向通俗。非常通俗的詩有王梵志詩、寒山子詩、拾得詩；比較通俗的有白居易詩、楊萬里詩。在唐五代詞與宋詞中，黄庭堅、曹組、晁元禮有一部分俚俗詞，辛棄疾有一部分詞也多用口語。當然這些都衹是舉其代表。金代的白話資料主要有《劉知遠諸宫調》和《董解元諸宫調》。元曲包括雜劇和散曲。雜劇中的曲文是元代作家寫就的，而賓白由於演出時多次改動，到明代才逐漸寫定，所以賓白不能作爲元代語料。散曲的口語性比雜劇略差一些。但有少數散曲的口語化程度相當高，如現存元人選輯的散曲集《陽春白雪》、《太平樂府》、《樂府新聲》、《樂府羣玉》四種。在雜劇流行於北方的同時，南方流行的是南戲，又叫“戲文”。宋元戲文流傳下來的不多，宋代的有《張協狀元》，元代的有《殺狗勸夫》和《小孫屠》。此外，還有南戲十五種，收入《古本戲曲藝叢刊》。明代戲曲中具有較强口語性的有《琵琶記》和朱權、朱有燉的雜劇。明代民歌興盛，馮夢龍輯有《掛枝兒》、《山歌》，这些是研究明代口語的重要資料。其他資料可參見《明清民歌時調集》。

筆記與小説　唐宋元明時期文人筆記盛行，内容比較雜，有的以記録歷史爲主，有的以考證典故爲主，有的夾雜有神靈鬼怪故事，有的則以考證方言俗語爲主。不管什麼内容，其中往往用到一些當時的口語。唐五代小説基本上仍是文言寫的，到宋代話本，則以白話爲主。有學者以爲《大唐三藏取經詩話》是晚唐五代作品，也有人認爲在元代前後經過修改。《清平山堂話本》是明代編定的，但其中有不少宋元話本。明代馮夢龍所編“三言”收録宋元明話本和擬話本一百二十篇，但具體篇目時代的確定還需要進一步研究。宋代太平興國年間李昉奉敕編纂的《太平廣記》五百卷，收録漢代至宋初野史小説，具體篇目年代也需慎重考慮應用。《大宋宣和遺事》和《新編五代史平話》歷來認爲是宋人所作，但實際上可能成書於元代。明代小説口語性極强的有《三遂平妖傳》（二十回本）、《水滸傳》、《西遊記》、“二拍”等。

史籍　正史都用文言書寫，白話資料一般不多。中古以後的正史中，《舊唐書》、《舊

五代史》口語片斷相對多一些。正史之外的史籍中有時還保留了較多的口語資料。宋代的《三朝北盟會編》記述了宋徽宗、宋欽宗、宋高宗三朝與遼、金和戰的始末，其中所引的《燕雲奉使録》、《茅齋自序》、《靖康城下奉使録》、《山西軍前和議奉使録》、《紹興甲寅通和録》、《采石戰勝録》等口語資料很多。沈括的《乙卯入國奏請》（載《續資治通鑒長編》）、《建炎以來繫年要録》、《王俊首岳侯狀》（載王明清《揮麈録》）口語性都很强。元代史籍有《元典章》和白話碑。前者是元世祖至英宗時的法令、案牘彙編，後者爲刊刻在石碑上的白話文牘，主要是寺觀所刻的白話聖旨。明代史籍有洪武年間譯成漢文的《蒙古秘史》。另外，彙集明初到嘉靖十八年皇帝詔令的《皇明詔令》中有不少口語的記録。

直講與直譯　元代統治者爲學習漢文經典而使一些大臣用當時口語編寫，或用口語講解漢文典籍，這些講義流傳下來即爲直講或直譯。貫雲石的《孝經直解》將《孝經》譯成元代口語。許衡有《直説大學要略》、《大學直解》、《中庸直解》，吴澄有給皇帝講史書的“講議”，均見於其個人文集。

會話書　《老乞大》與《朴通事》是兩部朝鮮人學漢語的會話教材，作者與成書年代不詳，一般推測大約成書於高麗朝末期，約元末至元、至正年間。二書後來又有多次修訂，分别反映了當時口語的變化，是研究元代到清代漢語變化的寶貴資料。此外，類似會話書還有《訓世平話》、《華音啓蒙》、《你呢貴姓》、《學清》。《老乞大》與《朴通事》的不同版本以及其他會話書均已收於汪維輝所編的《朝鮮時代漢語教科書叢刊》中。

文集　明代的文人文集中往往收録了不少白話資料，如《李善長獄詞》是明太祖朱元璋給大臣李善長定罪時所録供詞、證詞，保存在錢謙益的《牧齋初學集》中。《劉仲璟遇恩録》是劉基的兒子劉仲璟多次受明太祖召見時談話的實録，收入《誠意伯文集》中。《正統臨戎録》是楊銘（原名哈銘）記録明英宗正統十四年英宗率軍親征而在土木堡全軍覆没並被俘的經過，收於《紀録彙編》。

以上語料對於研究中古近代漢語語法、詞彙價值很大。但在語音研究方面，除了詩詞曲等韻文的用韻可用於研究語音史之外，還需要更多的相關資料，主要有：①韻書。最早的韻書當推魏李登的《聲類》，久已失傳，現在能見到的最古的韻書是宋人根據隋陸法言《切韻》重修的《廣韻》。反映近代漢語語音變化的重要韻書有金韓道昭的《改併五音集韻》，元代黄公紹、熊忠的《古今韻會舉要》，周德清《中原音韻》，元明間的《中原雅音》，明代的《洪武正韻》等。②韻圖。重要的有敦煌寫本《守温韻學殘卷》，宋代的《韻鏡》、《七音略》、《四聲等子》、《切韻指掌圖》，元代的《經史正音切韻指南》，明代的《韻法直圖》、《韻法横圖》等。③漢語和非漢語的對音。如唐代佛經翻譯中的梵漢對音，敦煌寫本中的漢藏對音，西夏文獻《番漢合時掌中珠》、《音同》，宋代孫穆的《雞林類事》（用漢文記録高麗語詞），元代的《蒙古秘史》、《至元譯語》、《譯語》，明代的《老乞大諺解》、《朴通事諺解》、《四聲通解》等，元代用八思巴字譯寫漢語的《蒙古字韻》，明代利瑪竇用羅馬字給漢字註音的《泰西字母》、《西字奇跡》，金尼閣的《西儒耳目資》等。此外，古書中的註音（直音、讀若、反切）、諧聲字、假借字、異文與重文、音訓、聯緜字、方音等都是研究漢語語音史的重要資料。

二、漢語語音史的基本知識

我們在第六章談到漢語語音史的分期分別是上古音（周秦時期）、近古音（漢魏南北朝時期）、中古音（唐宋時期）、近代音（元明清時期）、現代音（民國至現代）。與整個漢語史的分期相比較可以看出，上古漢語的語音是上古音，中古漢語的語音是近古音，近代漢語的語音是中古音和近代音，現代漢語的語音是現代音。語音的分期名稱取約定俗成的説法，這是學習語音史要注意的。

我們在第六章已經瞭解了上古音的韻部系統與聲母系統，接下來我們主要介紹中古音與近代音及其發展變化。

（一）中古音的聲母

研究中古音一定要參考《切韻》系韻書。現在常用的是《廣韻》。《廣韻》是北宋初年由陳彭年、丘雍等人據《切韻》及唐人的增訂本對《切韻》所作的修訂本，於真宗景德四年（1007）完成，真宗大中祥符元年（1008）改名爲《大宋重修廣韻》，簡稱《廣韻》。這是第一部官修韻書，是《切韻》最重要的增訂本。雖距《切韻》成書時間已有400多年，但是其語音系統與《切韻》基本上是一致的，屬於《切韻》系統的韻書，衹是收字大爲增加，注釋也較爲詳細。此外，《廣韻》分韻爲206韻，比《切韻》多出13韻，這是分韻寬窄、粗細的問題，並非語音系統有甚麼變化。

我們在第六章説到了傳統的三十六字母。《廣韻》的聲母系統與之不同，是由《廣韻》的反切上字並參照其他情況歸納出來的。《廣韻》每一小韻都有反切註音。原則上反切下字跟被切字同韻母同聲調，而反切上字跟被切字同聲母。據此可以歸納出52聲類。但《廣韻》52聲類並不就是52個聲母。聲類是由反切上字繫聯、歸納出來的，而反切上字的運用要受反切下字的制約。一般來説，反切下字是洪音時，反切上字也要求是洪音；反切下字是細音時，反切上字也要求是細音。因此，有的聲母可以分成兩個聲類，聲類的數目要比聲母多。我們進一步歸納，就可以得出《廣韻》系統的36個聲母。列表於下：

<table>
<tr><th></th><th></th><th>全清</th><th>次清</th><th>全濁</th><th>次濁</th><th>清</th><th>濁</th><th>说明</th></tr>
<tr><td>脣音</td><td>重脣
輕脣</td><td>幫[p] {幫[p]
非[f]}</td><td>滂[p‘] {滂[p‘]
敷[f‘]}</td><td>並[b] {並[b]
奉[v]}</td><td>明[m] {明[m]
微[ɱ]}</td><td></td><td></td><td>《切韻》時期輕脣、重脣不分</td></tr>
<tr><td rowspan="2">舌音</td><td>舌頭</td><td>端[t]</td><td>透[t‘]</td><td>定[d]</td><td>泥(娘)[n]</td><td></td><td></td><td></td></tr>
<tr><td>舌上</td><td>知[ȶ]</td><td>徹[ȶ‘]</td><td>澄[ȡ]</td><td></td><td></td><td></td><td></td></tr>
<tr><td rowspan="2">齒音</td><td>齒頭</td><td>精[ts]</td><td>清[ts‘]</td><td>從[dz]</td><td></td><td>心[s]</td><td>邪[z]</td><td></td></tr>
<tr><td>正齒</td><td>莊[tʃ]
章[tɕ]} 照[tʃ]</td><td>初[tʃ‘]
昌[tɕ‘]} 穿[tʃ‘]</td><td>崇[dʒ‘]
船[dʑ]} 床[dʒ]</td><td></td><td>生[ʃ]
書[ɕ]} 審[ʑ]</td><td>禪[ʑ]
[ʒ]</td><td>唐末宋初莊章兩組合而爲一</td></tr>
</table>

（续上表）

		全清	次清	全濁	次濁	清	濁	说明
牙喉音	牙音	見［k］	溪［k‘］	群［g］	疑［ŋ］			
	喉音	影［ϕ］			雲[ɣj] 以[j] } 喻[j]	曉［x］	匣［ɣ］	
半舌音					來［l］			
半齒音					日［ȵʑ］			

從上古音到中古音，聲母系統的發展主要表現在以下幾個方面：

（1）輕唇音（唇齒音）的産生。上古漢語没有輕唇音“非敷奉微”，到三十六字母裏才明確分爲輕唇音和重唇音。

（2）舌上音的産生。上古没有“知徹澄”，到了唐代，舌上音從舌頭音分化出來。

（3）莊組聲母的産生及其與章組聲母的合流。上古没有《切韻》音系中的“莊初崇生俟”五母，“莊初崇生”是從齒頭音“精清從心”分化出來的，並進一步與“章昌船書”合併，加上“禪”母，即成爲三十六字母中的“照穿床審禪”五個聲母。

（4）雲、以合流。上古“匣”母從漢以後分爲“匣、雲”兩類，從晚唐開始，“雲”又和上古的“餘（以）”母合併爲“喻”母。

（二）中古音的韻母

研究中古韻母系統，也要依靠《廣韻》。《廣韻》跟《切韻》原書相比，韻目從193個增加到206個，訓釋内容增加了許多。但從語音系統看，兩部書是一致的。通常都用《廣韻》作爲《切韻》等韻書的代表。《廣韻》206韻列表如下：

平聲57	上聲55	去聲60	入聲34
東	董	送	屋
冬		宋	沃
鍾	腫	用	燭
江	講	絳	覺
支	紙	寘	
脂	旨	至	
之	止	志	
微	尾	未	
魚	語	御	
虞	麌	遇	
模	姥	暮	
齊	薺	霽	
		祭	
		泰	
佳	蟹	卦	
皆	駭	怪	

（续上表）

平聲57	上聲55	去聲60	入聲34
		夬	
灰	賄	隊	
咍	海	代	
		廢	
真	軫	震	質
諄	準	稕	術
臻			櫛
文	吻	問	物
欣	隱	焮	迄
元	阮	願	月
魂	混	慁	没
痕	很	恨	
寒	旱	翰	曷
桓	緩	換	末
刪	潸	諫	黠
山	産	襉	轄
先	銑	霰	屑
仙	獮	線	薛
蕭	篠	嘯	
宵	小	笑	
肴	巧	效	
豪	皓	號	
歌	哿	箇	
戈	果	過	
麻	馬	禡	
陽	養	漾	藥
唐	蕩	宕	鐸
庚	梗	映	陌
耕	耿	諍	麥
清	靜	勁	昔
青	迥	徑	錫
蒸	拯	证	職
登	等	嶝	德
尤	有	宥	
侯	厚	候	
幽	黝	幼	
侵	寢	沁	緝
覃	感	勘	合
談	敢	闞	盍
鹽	琰	豔	葉
添	忝	㮇	帖
咸	豏	陷	洽
銜	檻	鑒	狎
嚴	儼	釅	業
凡	範	梵	乏

這206個韻，有的衹是開合口的不同，有的衹是有無［i］介音的區別。有的韻在當時的共同語裏也許已經没有區別，但《切韻》爲了保存古音或方言，分立爲不同的韻部。至十三世紀，江北平水劉淵著《壬子新刊禮部韻略》，在《集韻》的基礎上把通用的韻加以合併，得107韻；後來又有人合併兩個，成106韻，這就是所謂的“平水韻”。《平水韻》爲元明以來近體詩押韻的依據，沿用至今。

宋代等韻學者爲了研究方便，又根據韻尾相同、主要元音相近的原則，將206个韻歸納成若干較大的類，叫做“攝”。《四聲等子》分爲16攝，舉平聲以賅上、去、入聲，分别是：

（1）通攝：東冬鍾［-ŋ］［-k］
（2）江攝：江［-ø］［-k］
（3）止攝：支脂之微［ø］
（4）遇攝：魚虞模［ø］
（5）蟹攝：齊佳皆灰咍祭泰夬廢［-i］
（6）臻攝：真諄臻文欣魂痕［-n］［-t］
（7）山攝：元寒桓刪山先仙［-n］［-t］
（8）效攝：蕭宵肴豪［-u］
（9）果攝：歌戈［ø］
（10）假攝：麻［ø］
（11）宕攝：陽唐［-ŋ］［-k］
（12）梗攝：庚耕清青［-ŋ］［-k］
（13）曾攝：蒸登［-ŋ］［-k］
（14）流攝：尤侯幽［-u］
（15）深攝：侵［-m］［-p］
（16）咸攝：覃談鹽添咸銜嚴凡［-m］［-p］

韻攝的歸併，把複雜的韻母系統變成比較簡單的韻類大系，以簡馭繁，便於人們認識和掌握。

《廣韻》206韻，舉平以賅上去，共得61個陰聲韻和陽聲韻部。入聲有［-p］、［-t］、［-k］韻尾，與平、上、去三聲不同。《廣韻》34個入聲韻就是34個韻部。61個陰聲和陽聲韻部，加上34個入聲韻部，《廣韻》共有95個韻部。

至於《廣韻》的韻母系統，應當從分析《廣韻》的韻類去探求。根據同用、互用、遞用的原則，繫聯《廣韻》反切下字1 200多個，陳澧求得《廣韻》311個韻類，周祖謨訂正爲324類。其他學者統計結果尚有不同。因爲有的韻衹有一個韻類，有的有2～4個韻類。同一韻類的字，韻母和聲調都相同。舉平以賅上去，入聲另立，《廣韻》共有140個韻母。它們是：

平上去聲	入聲
（1）東董送［uŋ］、［ǐuŋ］	（1）屋［uk］、［ǐuk］
（2）冬　宋［uoŋ］	（2）沃［uok］
（3）鍾腫用［ǐwoŋ］	（3）燭［ǐwok］

（4）江講絳［ɔŋ］
（5）支紙寘［ĭ］、［ıwe］
（6）脂旨至［i］、［wi］
（7）之止志［ĭə］
（8）微尾未［ĭəi］、［ıwəi］
（9）魚語御［ĭo］
（10）虞麌遇［ĭu］
（11）模姥暮［u］
（12）齊薺霽［iei］、［iwei］
（13）祭［ıɛi］、［ĭwɛi］
（14）泰［ɑi］、［uɑi］
（15）佳蟹卦［ai］、［wai］
（16）皆駭怪［ɐi］、［wɐi］
（17）夬［æi］、［wæi］
（18）灰賄隊［uɒi］
（19）咍海代［ɒi］
（20）廢［ĭɐi］、［ĭwɐi］
（21）真軫震［ıěn］、［ĭwěn］
（22）諄準稕［ĭwěn］
（23）臻［ĭen］
（24）文吻問［ĭwən］
（25）欣隱焮［ĭən］
（26）元阮願［ĭɐn］、［ĭwɐn］
（27）魂混恨［uən］
（28）痕很恨［ən］
（29）寒旱翰［ɑn］
（30）桓緩换［uɑn］
（31）刪潸諫［an］、［wan］
（32）山産襇［ien］、［wæn］
（33）先銑霰［ien］、［iwen］
（34）仙獮線［ĭɛn］、［ĭwɛn］
（35）蕭篠嘯［ieu］
（36）宵小笑［ĭɛu］
（37）肴巧效［au］
（38）豪皓號［ɑu］
（39）歌哿箇［ɑ］
（40）戈　過［uɑ］、［ĭɑ］、［ĭuɑ］
（41）麻馬禡［a］、［wa］、［ĭa］

（4）覺［ɔk］

（5）質［ĭět］、［ĭwět］
（6）術［ĭwět］
（7）櫛［ĭet］
（8）物［ĭwət］
（9）迄［ĭət］
（10）月［ĭɐt］、［ĭwɐt］
（11）没［uət］

（12）曷［ɑt］
（13）末［uɑt］
（14）鎋［at］、［wat］
（15）黠［æt］、［wæt］
（16）屑［iet］、［iwet］
（17）薛［ĭɛt］、［ĭwɛt］

（42）陽養漾［ıaŋ］、［ĭwaŋ］
（43）康蕩宕［aŋ］、［uaŋ］
（44）庚梗映［ɐŋ］、［wɐŋ］、［ĭɐŋ］、［ĭwɐŋ］
（45）耕耿諍［æŋ］、［wæŋ］
（46）清靜勁［ĭɛŋ］、［ĭwɛŋ］
（47）青迥徑［ieŋ］、［ĭweŋ］
（48）蒸拯澄［ĭəŋ］
（49）登等嶝［əŋ］、［uəŋ］
（50）尤有宥［ĭəu］
（51）侯厚候［əu］
（52）幽黝幼［iəu］
（53）侵寢沁［ĭĕm］
（54）覃感勘［ɒm］
（55）談敢闞［ɑm］
（56）鹽琰艷［ĭɛm］
（57）添忝㮇［iem］
（58）咸豏陷［ɐm］
（59）銜檻鑒［am］
（60）嚴儼釅［ĭɐm］
（61）凡范梵［ĭwɐm］

（18）藥［ĭak］、［ĭwak］
（19）鐸［ak］、［uak］
（20）陌［ɐk］、［wɐk］、［ĭɐk］
（21）麥［æk］、［wæk］
（22）昔［ĭɛk］、［ĭwɛk］
（23）錫［iek］、［iwek］
（24）職［ĭək］、［ĭwək］
（25）德［ək］、［uək］
（26）緝［ĭĕp］
（27）合［ɒp］
（28）盍［ɑp］
（29）葉［ĭɛp］
（30）帖［iep］
（31）洽［ɐp］
（32）狎［ap］
（33）業［ĭɐp］
（34）乏［ĭwɐp］

上述140個韻母就是五六世紀漢語文學語言的韻母系統，在相當大程度上反映了當時共同語的語音實際。

（三）近古音和中古音的聲調

齊梁以前，漢語没有“四聲”的名稱。相傳齊周顒、梁沈約首先發現四聲，分别著《四聲切韻》、《四聲譜》，惜均已不傳。《南史·陸厥傳》：“永明末，盛爲文章。吴興沈約、陳郡謝朓、琅琊王融，以氣類相推轂。汝南周顒善識聲韻。約等文皆用宫商，以平上去入爲四聲。以此制韻，平頭上尾，蜂腰鶴膝，五字之中音韻悉異，兩句之内角徵不同，不可增減，世呼爲永明體……時有王斌者，不知何許人，著《四聲論》，行於世。斌初爲道人，博涉經籍，雅有才辯，善屬文，能唱導。”《梁書·沈約傳》：“約撰《四聲譜》，以爲在昔詞人累千載而不悟，而獨得胸襟，窮其妙旨，自謂入神之作。高祖雅不好焉，嘗問周舍曰：‘何謂四聲？’舍曰：‘天子聖哲是也。’然帝竟不遵用。”“天子聖哲”四字分别是平上去入四聲。

四聲的調值不太清楚。了尊《悉曇輪略圖抄》卷一《四聲事》：“《元和新韻譜》云：‘平聲者哀而安，上聲厲而舉，去聲清而遠，入聲直而促。’謂春天氣平和，夏温氣上騰，秋果葉落去，冬草木歸入。仍約春夏秋冬歸平上去入也。”從這裏約略知道：平聲大約是一種長的中平調或低平調；上聲是一種短的昇調，用力較强，響度較大，調值上昇；去聲

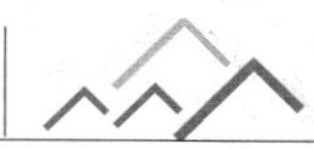

大約是一種長的高降調，“遠”是長的表現；入聲以［-p］、［-t］、［-k］收尾，發音短促，没有曲折，當是一種短低調，所以説“直而促”。但以四季來比附四聲，用語含糊，對於我們瞭解當時四聲的調值不能提供更多的信息。

隋代《切韻》和之後的《切韻》系韻書都有平上去入四個聲調。其中平上去三聲韻母相同，衹是音高不一，入聲則韻母和音高都不相同。這是近古音與中古音漢民族共同語聲調系統的特點。通過《切韻》的記載和整理，漢語四聲得到普遍重視，詩人用韻也嚴格注意四聲的區别。總體來説，相對上古的舒入兩聲四類到平上去入，是上古音到中古音聲調發展的總特點。

（四）近代音的聲母

近代音是指元明清時代以中原官話爲基礎的漢語共同語語音系統。反映近代音的韻書主要是元代周德清的《中原音韻》和明代蘭茂的《韻略易通》。《中原音韻》是爲指導元曲製作而編寫的一部韻書，成書於元泰定元年（1324）。此書改革歷來韻書撰作的宗旨和體例，不受《廣韻》一系韻書的束縛，而以元代北方話的實際語音爲依據，直接爲當時的詞曲服務。

《中原音韻》的聲母，各家看法不完全一致，我們采用向熹《簡明漢語史》中的説法，有25個聲母，分别是：幫［p］、滂［p‘］、明［m］、非［f］、微［v］、端［t］、透［t‘］、泥［n］、來［l］、照［tʃ］、穿［tʃ‘］、審［ʃ］、日［ʒ］、支［tʂ］、哆［tʂ‘］、詩［ʂ］、兒［ʐ］、精［ts］、清［ts‘］、心［s］、見［k］、溪［k‘］、曉［x］、疑［ŋ］、影［ø］。

《中原音韻》25聲母的格局没有保持多久，大約過了一百年，照［tʃ］穿［tʃ‘］審［ʃ］日［ʒ］就全部變成了支［tʂ］哆［tʂ‘］詩［ʂ］兒［ʐ］，疑［ŋ］母全部變成了零聲母。成書於明英宗正統七年（1442）的《韻略易通》明確將聲母確定爲20類，用“早梅詩”表示：“東風破早梅，向暖一枝開，冰雪無人見，春從天上來。”“早梅詩”所代表的聲母跟現代漢語普通話聲母十分接近，衹是多了［v］，少了［tɕ］［tɕ‘］［ɕ］。

從中古音到近代音聲母系統的發展主要是：

一是全濁聲母的清化。中古35個聲母中有10個全濁聲母，它們是並［b］、奉［v］、定［d］、澄［ɖ］、從［ʥ］、床［ʤ］、群［g］、邪［z］、禪［ʒ］、匣［ɣ］。到了元代，這些全濁聲母都消失了，變成同部位的清音聲母。演變的規律是，中古全濁聲母的塞音（並、定、群）和塞擦音（澄、從、床），平聲變爲同部位的吐氣清音，仄聲變爲同部位的不吐氣清音；擦音無吐氣與不吐氣之分，一律變爲同部位的清擦音。

二是知、照組合流和捲舌聲母的産生。唐末以來，知、照二系的字已開始相混，到了《中原音韻》裏，知、照兩組聲母完全合而爲一了。知、照兩組聲母在現代北京話裏都讀捲舌［tʂ］［tʂ‘］［ʂ］，這是十五世紀以後發生的事。《中原音韻》裏開始有捲舌聲母，但還處在演變的過渡階段，捲舌聲母還衹限定於部分照組字、部分日母字，以及知組中的“胝、征、祉”三字。

三是影、喻、疑（絶大部分）歸併和零聲母範圍擴大。中古影母讀零聲母［ø］，是清音；疑母讀［ŋ］，是次濁音；隋唐時雲［ɣj］、以［j］兩個聲母，唐末合併成喻［j］，也是次濁音。到了十四世紀，影、喻和絶大部分疑母字都合併了。喻、疑變成零聲母的規律是，平聲變成零聲母以後都歸陽平，上聲、去聲變成零聲母後聲調不變，入聲變成零聲母後都變成去聲。

（五）近代音的韻母

《中原音韻》全書共收5 866字，分19韻，各用兩個字代表：

一　東鐘　二　江陽　三　支思　四　齊微　五　魚模

六　皆來　七　真文　八　寒山　九　桓歡　十　先天

十一　蕭豪　十二　歌戈　十三　家麻　十四　車遮　十五　庚青

十六　尤侯　十七　侵尋　十八　監咸　十九　廉纖

一部之中包括平、上、去聲韻字，其中平聲分爲陰、陽兩類。中古的入聲字被分别附於平、上、去聲字之後，稱作“入派三聲”，各部中的同音字之間用〇隔開。

學界關於《中原音韻》的韻母一般確定爲46個：

東鍾［uŋ］、［iuŋ］

江陽［aŋ］、［uaŋ］、［iaŋ］

支思［i］

齊微［ei］、［i］、［uei］

魚模［u］、［iu］

皆來［ai］、［uai］、［iai］

真文［ən］、［uən］、［iən］、［iuən］

寒山［an］、［uan］、［ian］

桓歡［uɔn］

先天［iɛn］、［iuɛn］

蕭豪［au］、［iau］、［iɛu］

歌戈［o］、［uo］、［io］

家麻［a］、［ua］、［ia］

車遮［iɛ］、［uɛ］

庚青［əŋ］、［uəŋ］、［iəŋ］、［iuəŋ］

尤侯［ou］、［iou］

侵尋［əm］、［iəm］

監咸［am］、［iam］

廉纖［iɛm］

從中古音到《中原音韻》韻母的變化主要有以下幾個方面：

一是二呼四等變爲四呼，即“開合”變成“開齊合撮”，規律是：開口一二等變開口韻，開口三四等變齊齒韻，合口一二等變合口韻，合口三四等變撮口韻。

二是相近的韻母合併。中古同攝的韻讀音比較接近，其中一、二等韻，三、四等韻後來多數發生了合併。相近韻母的合併是中古韻母大量減少的重要原因之一。

三是［-m］尾韻變爲［-n］尾韻。《廣韻》中深、咸兩攝的韻都屬於［-m］韻尾，

這類韻共有9個，在《中原音韻》中，這9韻合併成“侵尋”、“監咸”、“廉纖”3部。到明末畢拱宸《韻略匯通》中，將此三部與“真文”、“寒山”、“桓歡”、“先天”4部合併爲“真尋”、“山寒”、“先全”3部，這說明［-m］尾已經消失。

四是入聲韻的消失。《中原音韻》中［-p］［-t］［-k］三個韻尾已經脱落，脱落後入聲韻變爲陰聲韻。

（六）近代音的聲調

《中原音韻》的聲調，陰平、陽平（周德清於平聲中分陰陽兩類）、上聲、去聲，與今天北京話四聲完全一致，衹是具體的歸字不同而已。關於中古的入聲字，周德清將它們分别附在平、上、去三聲之後，而未獨立爲之立類。這種情況表明中古的入聲到元代官話裏已經基本消失，學術界多數都持這種看法。但是，《中原音韻·正語作詞起例》又説：“入聲派入平、上、去三聲者，以廣其押韻，爲作詞而設耳。然呼吸言語之間，還有入聲之别。”由此，有學者持元代仍存入聲的看法。

《中原音韻》所反映的漢語聲調的變化如下：

一是平分陰陽。即平聲分成陰平、陽平兩類。清聲變陰平，濁音變陽平。

二是濁上變去。指古代全濁上聲字變爲去聲。

三是入派三聲。即入聲韻尾消失，分别派入陽平、上聲和去聲。規律是：全濁入聲變陰平，次濁入聲變去聲，清音入聲變上聲。

三、漢語語法史的基本知識

我們在第三單元學習了上古漢語語法的基本知識：詞類活用、古代漢語的句式、古代漢語的虚詞。漢語語法史的内容很多，我們不可能面面俱到，這裏再接著簡單地介紹一下中古近代漢語部分句式的發展和部分虚詞的發展。

（一）中古近代漢語句式的發展

1. 繫詞“是”和“是”字句的發展

戰國末期，繫詞“是”已經産生，但是西漢用“是”構成的判斷句還不多，結構也比較單純，主語和表語大都是名詞或名詞性詞組，往往同時用“也”煞尾。例如：

①此是何種也？（《韓非子·外儲說左上》）

②固曰：“此是家人之言耳。”（《史記·儒林列傳》）

汪維輝發現，東漢時期漢語佛經中已有不少用“不是”的例子，“不是”的出現是繫詞發展成熟的標誌。同時，繫詞“是”本來就用得相當普遍，而且經常受副詞的修飾。例如：

③其法不是弊魔及魔天之所滅，亦不是天中天弟子所滅。（支婁迦讖譯《阿閦佛國經》卷下）

④般若波羅蜜者，即是珍寶故。（支婁迦讖譯《道行般若經》卷四）

晉宋以後，“是”字句數量增加了很多，《世説新語》中用“是”構成的判斷句占全部判斷句的一半。《百喻經》裏“是”字句占全部判斷句的90%以上。近代漢語中更加普遍。例如：

⑤盧志於衆坐問陸士衡："陸遜、陸抗是君何物?"(《世說新語·方正》)

⑥彼王問言："爾是何人？何處得馬?"(《百喻經·五百歡喜丸喻》)

從結構上看，"是"字句的主語和表語可以有各種不同的情況：主語或表語可以是名詞、名詞性詞組或者代詞；表語是"所"字結構，動詞，形容詞；主語或表語是動賓形式或句子形式，"底"字結構。可以没有或省略主語，省略表語。從意義上看，中古以後，"是"字句不僅表示判斷，而且有了不同的引申用法。可以解釋事物發生的原因、表示比擬或比喻、表示一種存在。例如：

⑦庾曰："君復何所憂慘而忽瘦?"伯仁曰："吾無所憂，直是清虚日來，滓穢日去耳。"(《世說新語·言語》)

⑧謝太傅云："不得爾，此是屋下架屋耳。事事擬學，而不免儉狹。"(《世說新語·文學》)

⑨時時聞鳥語，處處是泉聲。(白居易《遺愛寺》)

從繫詞本身看，"是"的應用也有了很大發展，在近代漢語中產生了不少新的用法："是"的作用主要不是聯繫主語和謂語，而是加强句子的語氣。例如：

⑩無情最是章臺柳，依舊煙籠十裏堤。(韋莊《臺城》)

同時，繫詞句可以省去主語或没有主語，如果表語後接有别的分句，"是"的繫詞性也會減弱，最後完全失去繫詞的性質而具有"凡是"、"所有的"的意思。例如：

⑪今是水悉有之，黄花似莕。(《顔氏家訓·書证》)

⑫院院皆行，是事皆有。(《敦煌變文集·嘘山遠公話》)

在近代漢語中，出現繫詞"是"重出的判斷句，可能是受到阿爾泰語系的影響。例如：

⑬老身是孟老相公宅上嬷嬷的便是。(元無名氏《舉案齊眉》)

中古漢語中的繫詞"是"處在句子末尾時有兩種情況，一是表語已提到繫詞前面，一是省略表語。這兩種情況在近代漢語中均多見。近代漢語中進一步發展，"是"前面出現一個内容完整的句子形式，可以獨立存在，"是"置於句末，已經虚化。"是"前還可以有"是、便、就"，"是"後可以加語氣詞"了"。例如：

⑭這罪越添得重了，待走那裏去的是?(《水滸傳》第六十二回)

⑮你還我一紙休書來，你自留他便是了。(《水滸傳》第二十四回)

"是"的虚化還存在於選擇問句。"是"字用於選擇問句是從晚唐五代開始的，例如敦煌變文中的"不委是凡是聖"。後來逐漸失去繫詞的性質，變成了選擇連詞。例如：

⑯小姐是車兒來？是馬兒來?(鄭德輝《倩女離魂》第二折)

⑰這會子還是立刻叫他呢，還是等著?(《紅樓夢》第七十回)

2. 處置式的發展

處置式是用一定的虚詞把目的語（受事賓語）提到敘述語前面的一種句式，因爲這類句子大多具有對受事進行某種處置的意義，所以叫處置式。

上古漢語中的處置式用介詞"以"構成，這種用法六朝沿用。例如：

①今予將試以汝遷。(《書·盤庚中》)("以汝遷"就是"把你們遷走")

②因以死人頭投大賢前。(《搜神記》卷十八)

西晉時"將"字開始用於處置式：

③時遠方民，將一大牛，肥盛有力，賣與城中人。（西晉竺法護譯《生經》卷三）

④爾時世尊告諸比丘：汝等將此梵志，教授威儀，度爲比丘。（姚秦涼州沙門竺佛念譯《出曜經》卷二）。

到唐代，“將”和“把”都廣泛用於工具語和處置式，而且兩者常常並用。例如：

⑤敢將十指誇鍼巧，不把雙眉鬥畫長。（秦韜玉《貧女》）

⑥心將潭底測，手把波文裊。（皮日休《奉和魯望漁具十五詠》）

近代漢語中處置式的新發展主要有以下幾個方面：

其一，處置式跟現在有相同的一面（動詞後面帶賓語、補語或助詞，動詞前有各種修飾成分），也有不同的一面：動詞前後没有别的成分。例如：

⑦已用當時法，誰將此義陳？（杜甫《寄李十二白二十韻》）

⑧料理中堂，將少府安置。（張鷟《遊仙窟》）

⑨試把你裙帶兒拴，紐門兒扣。（王實甫《西廂記》四本二折）

其二，現代漢語裏，處置式的否定句，一般衹把否定副詞“不”放在“將”和“把”的前面，但近代漢語處置式没有這樣的限制。例如：

⑩念我常能數字至，將詩不必萬人傳。（杜甫《公安送魏二少府匡贊》）

⑪今人所以悠悠者，衹是把學問不曾做一件事看。（《朱子語類》卷八）

⑫林冲每日和智深吃酒，把這個事不記心了。（《水滸傳》第七回）

其三，出現没有動詞相呼應的處置式。例如：

⑬我把那驢賊醜生弟子孩兒！（孟漢卿《魔合羅》二折）

⑭我把你這個大膽的潑猴！怎敢這等欺人！（《西遊記》第三十五回）

其四，處置式和被動式結合使用。例如：

⑮如今把俺們也吃他活埋了，弄的漢子烏眼雞一般。（《金瓶梅》第十一回）

⑯今早帥衆與天王交戰，把七十二洞妖王與獨角鬼王盡被衆神捉了。（《西遊記》第五回）

其五，有些句子在現代漢語中不可以用處置式，但在近代漢語中是可以的。例如：

⑰二人辭了須好去，不用將心怨阿郎。（《敦煌變文集·董永變文》）

⑱不經旬日，行至勝山，將身即入。（《敦煌變文集·秋胡變文》）

其六，出現了不表處置的“把（將）字句”，例如：

⑲將大小將校，依令如此而行。（《水滸傳》第六十回）

⑳把一個高贊就喜得手舞足蹈。（《醒世恒言》卷七）

3. 被動句的發展

上古漢語非“被”字的各種被動句在中古近代漢語中仍然很多，應視爲仿古用法。例如：

①吾不能舉全吴之地，十萬之衆，受制於人。（《資治通鑒·赤壁之戰》）

②從來御魑魅，多爲才名誤。（杜甫《有懷台州鄭十八司户》）

③然而公不見信於人，私不見助於友。（《韓愈《進學解》）

④聞他宿營舊沙門婆羅門有大名德，而爲世人之所恭敬。（《百喻經·爲婦貿鼻喻》

⑤中道之郵亭人舍，多爲尊官有力者之所見占。（薛用弱《述異記》）

“被”字句大約萌芽於戰國末期，例如《戰國策》中的“萬乘之國，被圍於趙”，《韓非子》中的“今兄北被侵”，但這些“被”字後面還不帶關係語（即動作的施事）。帶關係語的"被"字句在漢末出現，到南北朝時增多。例如：

⑥五月二十日，臣被尚書召回。（蔡邕《被收時表》）

⑦禰衡被魏武謫爲鼓吏。（《世說新語·言語》）

中古近代漢語中，"被"字句有了全面的發展，出現了一些複雜的形式。

其一，有些"被"字句的謂語是一個固定詞組，所以不能還原爲主動句。例如：

⑧吾自到此土，被人六度下藥。（《祖堂集》）

⑨這閻婆惜被那張三小意兒百依百順，輕憐重惜。（《水滸傳》第二十一回）

其二，帶賓語的"被"字句，賓語可以是主語的一部分或爲主語所領有，或者，賓語就是主語。例如：

⑩如彼愚人，被他打頭。（《百喻經·以梨打頭破喻》）

⑪衹如上座過在什麼處，即被打之？（《祖堂集》）

其三，非被動關係的"被"字句數量不少，例如：

⑫二將奏曰："被漢王詐宣我王有敕，賺臣落馬。"（《敦煌變文集·漢將王陵變》）

⑬小人親兄武大被西門慶與嫂通姦，下毒藥謀害性命。（《水滸傳》第二十六回）

其四，"被"字句與"把"字句結合。例如：

⑭那人又飛起腳來踢，被李逵直把頭按將下去。（《水滸傳》第三十八回）

⑮被他把兩個青氈包袱提在手裏，駕斤斗雲，不知去向。（《西遊記》第五十七回）

其五，"被"字句的謂語前加"不"。例如：

⑯覷著鶯鶯，眼去眉來，被那女孩兒不睬不睬。（《董西廂》卷一）

⑰被武松不管他，拖了過來。（《水滸傳》第二十六回）

除"被"字句外，近代漢語中還有幾種其他形式的被動句。

一是"吃"字句（"吃"或作喫、乞）。"吃"的本義爲"食"，唐五代時引申出"蒙受、遭受"義，如敦煌變文中的"解事急說情由，不說眼看吃杖"，"火急離我門前，少時終須吃摑"，再進一步虛化就成爲表示被動關係的助詞，或用在"吃＋名＋動"格式裏作爲表示被動的介詞。例如：

⑱他心本不曾動，衹是忽然吃一跌，氣纔一暴，則其心志便動了。（《朱子語類》）

⑲黄羊野馬捻槍撥，虎鹿從頭吃箭川（穿）。（《敦煌變文集·王昭君變文》）

二是"給"字句。"給"作動詞在近代漢語中表示"給予"，引申爲動詞"讓，叫"，表示使對方做某事，例如，《紅樓夢》中"賈母忙拿出幾個小杌子來，給賴大母親等幾個高年有體面的媽媽坐了"，或表示容許對方做某事，如《紅樓夢》中的"没給寶玉看見過"。最後表示被動，例如：

⑳就是天，也是給氣運使唤著。（《兒女英雄傳》第三回）

到現代漢語中，這種被動句就用得很多了，如"别給雨淋了"之類。

三是"教"字句（"教"或作叫、交）。"教"字句是在唐代出現的，這些例句看起來像使役句，但要看作被動句也是完全可以的。

㉑五月販鮮魚，莫教人笑汝。（寒山詩）

㉒願爲化得紅綬帶，許教雙鳳一時銜。（李商隱《飲席代官妓贈兩從事》）

表被動的"教"字句中的施動者後來出現無生物，而且在句末出現"了"。例如：

㉓以前雖被愁將去，向後須教醉（一作酒）領來。（皮日休《奉酬魯望惜春見寄》）

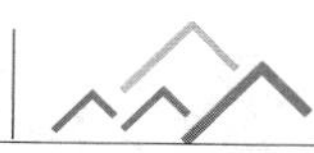

㉔叫雪滑倒了。(《紅樓夢》第八回)

(二)中古近代漢語虛詞的發展

1. 介詞的發展

上古漢語的介詞“從、爲、向、以、因、由、于(於)、與、在、自”等,中古近代漢語繼續使用。同時,中古近代漢語中也出現了不少新介詞。主要有下面這些:

把　介詞“把”由動詞虛化而來,有兩種用法,一是引出工具、材料或方法,二是把動詞的賓語提前,表示處置。例如:

①生爲不讀半行書,只把黄金買身貴。(李賀《嘲少年》)

②應是天仙狂舞,亂把白雲揉碎。(李白《清平樂》)

趁　介詞“趁”大約産生於唐代,表示等到某個時候,相當於“乘”。例如:

③月乘殘夜出,人趁早涼行。(白居易《早發楚城驛》)

④不關破賊須歸奏,自趁新年賀太平。(韓愈《同李二十八員外從裴相公野宿西界》)

扶　介詞“扶”産生於三國,表示方向,相當於“循”、“沿”。例如:

⑤玉樹扶道生,白虎夾門樞。(曹植《仙人篇》)

⑥既出,得其船,便扶向路,處處志之。(陶潛《桃花源記》)

共　上古“共”已有副詞用法,是“共同,一起”的意思,三國時引申有介詞用法,引出動作所涉及的對方,相當於“和”、“跟”。例如:

⑦其男長瓜,聰明博達,善能論議,常共其姊舍利,凡所論説,每常勝姊。姊既妊娠,共弟論議,弟又不如。時弟長瓜而作是言:我姊先來共我論議,常不如我;懷妊以來,論議殊勝,乃是胎子福德之力。(吴支謙譯《撰集百緣經》卷十)

⑧時彼比丘,作是念:我今不應共他婦女起惡名聲,我今欲於此林中自殺。(西晉法炬譯《比丘避女惡名欲自殺經》)

和　介詞“和”産生於唐朝,表示包括或强調動作所關涉的事物,相當於“連”。例如:

⑨紫芽嫩葉和枝採,朱橘香苞數瓣分。(元稹《貶江寧途中寄樂天》)

⑩主僕二人急叫店主人時,叫不應了,仔細看時,和店房都不見了,和王吉也乞一驚。(《清平山堂話本·陳巡檢梅嶺失妻記》)

就　介詞“就”引出動作發生的處所,相當於“從”或“向”。例如:

⑪但問情若爲,月就雲中墮。(謝靈運《東陽溪中贈答》)

⑫四員神將領了法旨,去不多時,就花園内起一陣風。(《清平山堂話本·洛陽三怪記》)

連　介詞“連”産生於南北朝,表示包括或强調動作所關涉的事物。例如:

⑬嘗發所在竹籬,有一官長連根取之,仍當足,乃超兩階用之。(《世説新語·政事》)

⑭若數西山得道者,連予便是三十人。(施肩吾《西山静中吟》)

似　介詞“似”産生於唐代,有兩種用法。一是放在動詞後,引出動作影響所及的對象,相當於“與,向”;另一種是表示比較,相當於“於,過”。例如:

⑮今朝别有承恩處,鸚鵡飛來説似人。(羅鄴《宫中》)

⑯逆旅主人相問,今回老似前回。(劉克莊《風入松》)

望　介詞“望”産生於魏晉。表示方向,相當於“對,向”;又表示趨向,相當於

“至，到”。例如：

⑰其寺東南北方五百步，前望嵩山少室，卻負帝城。（《洛陽伽藍記·景明寺》）

⑱蒲柳之姿，望秋而落。（《世説新語·言語》）

閩　介詞“閩”產生於唐代，表示及時，相當於“趁”。例如：

⑲莫度清秋吟蟋蟀，早閩黄閣畫麒麟。（杜甫《季夏送鄉弟韶陪黄門從叔朝謁》）

⑳閩閑且共賞，莫待繡衣新。（韋應物《早春對雪寄前殿中元侍御》）

問　介詞“問”產生於唐代，引出動作的方向或對象，相當於“向”。例如：

㉑爲問東州故人道，江淹已擬惠休書。（李益《送賈校書東歸寄振上人》）

㉒風雨荆州二月天，問人初雇峽中船。（竇群《自京將赴黔南》）

著　介詞“著”產生於唐朝，表示動作所用的工具，相當於“以，用”。例如：

㉓莫憂世事兼身事，須著人間比夢間。（韓愈《遣興》）

㉔傳語李君勞寄馬，病來唯著杖扶身。（白居易《還李十一馬》）

捉　介詞“捉”表示處置，相當於“把，將”。例如：

㉕向吾宅裹坐，卻捉主人欺。（《敦煌變文集·燕子賦》）

㉖布金買園無辭彈（憚），外道捉我苦刑持。（《敦煌變文集·降魔變文》）

自從　“自”和“從”連用爲複合介詞，漢代已有。中古近代漢語一直沿用。

㉗自從窮蟬以至於帝舜，皆微爲庶人。（《史記·五帝本紀》）

㉘高氏又説：“自從今日爲始，我再不與你做一處。……”（《清平山堂話本·錯認屍》）

此外，還有冲、除、況、憑、起、替、往、等、趕、打、打從、去、衹、朝、朝著、照、照著、拿、使、據、靠、給、跟、合、爲著、爲了，等等，限於篇幅，就不一一介紹了。另外，上古漢語中的一些介詞，如比、將、同、向，其用法在中古近代漢語中擴大了。

2. 連詞的發展

中古近代漢語中產生了不少新的連詞。下面分類述及。

其一，並列連詞。新產生的有“共”、“和”、“將”等。“共”的連詞用法產生於中古，“和”產生於唐代，“將”也始見於唐代。例如：

①譬如五人，共買一婢。（《百喻經·五人買婢共使作喻》）

②雀兒和燕兒，合作開元歌。（《敦煌變文集·燕子賦》）

③經山復歷水，百恨將千慮。（李頎《臨别送張諲人入蜀》）

其二，承接連詞。“便”、“乃”、“即”上古漢語中都是副詞，魏晉以後逐漸用作連詞。同時由它們構成的雙音詞“便即”、“便遂”、“便乃”、“即乃”、“遂即”等也表承接。例如：

④便遂乃揭卻一幕，捉得知更官健。（《敦煌變文集·漢將王陵變》）

⑤子胥聞船人此語，知無惡意，遂即出於蘆中。（《敦煌變文集·伍子胥變文》）

其三，遞進連詞。上古的遞進連詞有“並”、“況”、“且”等。中古近代漢語中又產生了新的遞進連詞：“何況”，放在後一分句句首；“不但、不論、不徒、不唯”，“非但、非論、非唯”都放在前一分句句首；“尚且、尚自”，放在前一分句主語之後；“無論”，放在前一分句句首，後一分句意思更進一層。例多不贅舉。

其四，轉折連詞。中古近代漢語中新產生的轉折連詞有“卻”、“但”、“衹是”。

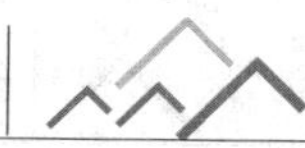

⑥既召見而惜之，但名字已去，不欲中改，於是遂行。（《世說新語·賢媛》）

其五，因果連詞。上古漢語中有"因"、"由"、"故"，中古以後又產生"爲緣"、"所以""因此"、"因茲"、"緣茲"等複合用法。例如：

⑦爲緣不識阿羅漢，百般笑效苦芬　。（《敦煌變文集·醜女緣起》）

其六，假設連詞。上古假設連詞多達二十多個，有些至中古不用了。但中古近代漢語中又新產生了一些假設連詞："但若"，"還"，"可中"，"忽、忽而、忽爾、忽然、忽若、若忽"，"如或、如若"，"若還、若或、若令、若使、若也、但若、或若"，"倘或、倘若、倘使"，"向令、向若"。例如：

⑧草櫬可中能有暇，迎春一醉也無妨。（李涉《早春霽後發頭陀寺寄院中》）

⑨向令太祖錄其小能，節以大禮，抑之以權勢，納之以軌則，則亂心無由而生，亂事無由而成矣。（《晉書·張華傳》）

其七，讓步連詞。中古以後新產生的讓步連詞有十多個：單音詞"便"、"就"、"任"、"然"、"饒"、"則"、"直"、"終"、"總"，複音詞有"就令"、"假如"、"假饒"、"假使"、"雖然"、"然須"、"直饒"、"縱饒"、"遮莫"、"遮不"、"終然"、"縱然"等。例如：

⑩遮莫你僂儸上陵天，南州北郡置莊田，未待此身裁與謝，商量男女擬分錢。（《敦煌變文集·太子成道經》）

⑪故眾生莫輕小惡，以爲無罪，死後有報，纖毫受之。父子至親，岐路各別。縱然相逢，無肯代受。（唐實叉難陀譯《地藏菩薩本願經》卷上）

另外，近代漢語中還新產生了很多其他的連詞，現代漢語中所有的連詞都已經在近代漢語中產生了。限於篇幅，也不再一一介紹。

3．助詞的發展

中古近代漢語中新出現的結構助詞有"底"、"地"、"的"。

底　產生於唐代，有三種用法。一是可以用在定語和中心語之間，表示領屬關係或修飾關係；二是放在形容詞後面，構成描寫性詞語，充當謂語、狀語或補語；三是用在名詞、代詞、動詞、形容詞或詞組後面，構成"底"字結構，充當主語、賓語或表語。例如：

①僧便問："作麼生是在頂上底眼?"（《祖堂集》卷四）

②拆開看時，裏面寫著四句詩，便是夜來夢裏見那渾家做底一般。（《清平山堂話本·簡貼和尚》）

③舉措悉皆索索底，時長恬恬底。（《祖堂集》卷七）

④顏色變異，呵呵底笑。（《祖堂集》卷二）

⑤更有一般底，錐又錐不動，召又召不應。（《祖堂集》卷四）

⑥王介甫家小底不如大底，南陽謝師宰家大底不如小底。（王銍《默記》卷中）

關於"底"的來源，諸家還有不同的看法。

地　"地"的產生是在唐代。它有兩種用法，一是用在狀語和中心語之間；二是置於形容詞後面構成描寫性謂語。例如：

⑦爾若自勝不及，即便忙忙地循一切境轉。（《臨濟惠照禪師語錄》）

⑧爾還識渠麼，活潑潑地，只是無根株。（《臨濟惠照禪師語錄》）

"地"和"底"不是同一來源，它應該是由處所名詞虛化爲近指代詞，再虛化爲助詞。

的　“的”的産生，吕叔湘説得很清楚：“‘的’字現在説輕聲（并且説 de 不説 di），想來‘底’和‘地’寫成‘的’，都已是變輕聲以後的事。‘地’字變輕聲當在‘底’字變輕聲之後，所以《京本通俗小説》等書和元人劇曲裹的‘底’字幾已全作‘的’，而‘地’字仍常見。”現在見到的“的”字的較早用例是在北宋：

⑨南朝𠯗是應副本國也，如有些小的公事，也且休恐惡模樣。（沈括《乙卯入國奏請》）

⑩學是至廣大的事，豈可以迫切之心爲之。（《二程語録》卷十一）

4．語氣詞的發展

中古近代漢語中産生了一大批新的語氣詞。如陳述語氣詞有“了”、“在”、“裹”、“的”、“罷了”、“便了”；疑問語氣詞有“麼”、“那”、“嗎”、“那”、“哩（裹）、呢”；祈使語氣詞有“著”、“者”、“咱”、“則”、“則個”、“好”、“休”、“罷”、“啵”、“吧”；感嘆語氣詞“呵（阿、啊）”、“呀”、“也麼哥”，等等。這裹衹介紹“啊”、“嗎”、“呢”三個。

啊　語氣詞“啊”出現在清代，它的來源不是單一的，而是由唐宋時期句中語氣詞“後”和句末語氣詞“好”、宋代語氣詞“呵”（有祈使、疑問、假設三種用法）、元代語氣詞“阿”合併而成的。例如：

①把酒問春因底意，爲誰來後爲誰歸？（五代王周《問春》）

②慚愧！大須努力好！（《祖堂集》卷七）

③我且歸家，你而今休呵。（歐陽修《醉蓬萊》）

④天阿！兀的不害殺我也！（楊顯之《瀟湘雨》楔子）

元代的“呵”又寫作“阿”，表明從元代開始，作語氣詞的“呵”的聲母已弱化，與“阿”讀音相同了。寫作“啊”則是在清代，例如：

⑤兩位姐姐，看得高興啊，也等我每看看。（洪昇《長生殿》）

嗎　“嗎”的最早出現是在清代，而關於“嗎”的來源，王力、太田辰夫等認爲來源於唐代疑問句句末的“無”，“無”又源於上古漢語否定詞“否”。《左傳·定公四年》：“問諸道路，不知信否？”到《史記》中，可以看到否定詞“不”、“未”放在句末表示反問：“秦王以十五城請易寡人之璧，可予不？”“君除吏已盡未？”到南北朝，已有“無”字出現於句尾。《賢愚經》卷一：“世間羸瘦，有劇我者無？”這種“無”還是對“有”的否定，不是語氣詞。到唐代，“無”可以出現在以一般動詞爲謂語的句子中，例如：

⑥草樹雲山如錦繡，秦川得及此間無？（李白《上皇西巡南京歌》之二）

⑦江花未落還成都，肯訪浣花老翁無？（杜甫《入奏行》）

唐代句末語氣詞“無”，在敦煌文書中寫作“磨”或“摩”，在《祖堂集》中寫作“摩”，唐詩中也有寫作“麽”的。寫作“嗎”始見於清代，例如：

⑧這是爆竹嗎？（《紅樓夢》第二十二回）

呢　現代漢語中“呢”按其語法功能大致可分爲兩類，一是表敘實（强調或夸張）的；一是表疑問的。表敘實的“呢”來源於唐宋時的“裹（哩、裹）”；表疑問的“呢”來源於唐宋時的“聻”，“聻”又源自先秦的“爾”。

⑨幸有光嚴童子裹，不交伊去唱將來。（《敦煌變文集·維摩詰經講經文》）

⑩後明皇帝幸蜀，至中路曰：“郎亦一遍到此來裹。”（《劉賓客嘉話錄》）

⑪云：“此人意作麼生？”雲：“此人不落意。”云：“不落意此人聻？”（《祖堂集》卷二）

⑫一日同遠經行法堂，偶童子趨庭吟曰：“萬象之中獨露身。”遠拊公背曰：“好聻！”（《續傳燈録·馮楫濟川居士》）

現代漢語中的語氣詞“呢”最早大約出現於宋元時期：

⑬問道：“擔子呢？”應道：“攛在河裹。”“匾擔呢？”“攛在河裹。”（《警世通言》卷三七）

⑭婆婆，俺那孩兒的呢？（張國賓《合汗衫》）

四、漢語詞彙史的基本知識

在語言的三要素中，詞彙最能體現語言變化的速度。詞彙的系統也不是一成不變的，不僅一般詞彙經常處在新陳代謝的變化中，基本詞彙也有變化。詞彙是如何發展變化的，每一階段有甚麽特點？這裹簡單地介紹一下關於漢語詞彙史的基本内容。

（一）上古漢語詞彙的發展

漢語在商代之前的情況已無文獻可考，研究漢語詞彙史衹能從甲骨文開始。概括整個先秦的漢語詞彙，可以歸納出以下幾個特點：

1. 反映社會生活的詞已成體系並進一步發展

甲骨文時代的生活相對簡單，目前已經能夠辨認出來的一千多個甲骨文，除少數人名、地名、官名由兩個字構成之外，基本上是一字一詞，這一千多個詞所包括的内容已經相當廣泛，反映社會生活各個方面的内容。例如：

關於漁獵的詞有：虞、虎、阱、網、羅、罟、罝、豸、[illegible]、象、貍、鹿、麐、麋、麠、麇、麌、麔、猶、獲、狼、熊、兔、雉、獸、猴、狩、鳥、雀、戈、畢、繳、魚、漁。

關於獸牧的詞有：豕、彘、豢、豚、圂、馬、驪、駁、騽、牛、牡、牝、犅、牢、物、犆、牧、雞、羊、犇、騂、[illegible]、駭、[illegible]、瑪、犬。

關於農耕的詞有：稻、麥、黍、稷、禾、米、蠶、絲、桑、農、穡、粟、穅、田、疇、畯、耤、圃、耒、箕。

關於手工藝的詞有：工、陶、編、作。

總的來説，商代雖已開始農耕，但主要的生産方式還是獸牧和漁獵；而有關手工藝的詞就非常少，商業方面的詞幾乎没有。但是，到了周秦時代，情況就不一樣了，社會生活的進步體現在詞彙中。以《詩經》爲例，其中提到的農作物就有“穀、禾、稻、稌、秬、麥、粱、菽、麻、桑、苴”等；農具則有“庤、鎛、錢、銍、耜、斧”等；關於農業生産的動詞則有“藨、耦、耘、耔、耕、芟、柞、播、採、獲、斷、叔、薪”等。例如《七月》一詩中寫到：

六月食鬱及薁，七月亨葵及菽，八月剝棗，十月獲稻。爲此春酒，以介眉壽。七月食瓜，八月斷壺，九月叔苴。採荼薪樗，食我農夫。

九月築場圃，十月納禾稼。黍稷重穋，禾麻菽麥。嗟我農夫，我稼既同，上入執宫功。晝爾於茅，宵爾索綯；亟其乘屋，其始播百穀。

其中關於農業生産的詞很多，可以從詞彙看出當時的農業發展的情況。同時，周秦時代的獸牧也相當發達，在周秦古籍和《爾雅》中有這樣一些與獸牧有關的詞：

牛：牝、牡、牢、牧、物、牟、犓、牲、牷、特、牽、牿、犁、犅、犆、犉、犌、犒、犗、犚、犝、犢、犧、犨

羊：美、羒、羔、羖、羜、羝、羣、羬、羭、羳、羶、羷、羸

豕：豚、豝、豵、豢、豥、豨、豬、豭、豵、貜

馬：馭、馴、馵、駔、駁、駂、駒、駓、駕、駜、駟、駣、駥、駪、駰、駱、駢、駸駸、駹、駽、騂、駼、騋、騎、騑騑、騜、騢、騥、騤騤、騧、騭、騯騯、騵、騶、驂、驒、驖、驤、驪

有關獸牧的詞數量之多反映了獸牧在周代社會生活中的重要性。事實上，當時的牛、馬已是作爲力畜來飼養了，加上祭祀、車戰的需要，獸牧發達也就理所當然了。和農耕、獸牧相比，周秦時代的漁獵大大衰落了，因此相關的詞相對也少了。與此同時，周秦時代的手工業和商業逐漸發展起來了，例如《孟子》一書中就有相當多的關於手工藝和商業的詞：商賈、工師、匠人、玉人、雕琢、市廛、矢人、弓人、市、商、梓匠、輪輿，等等。

2. 反映社會關係的詞日益豐富

在甲骨文中，反映社會關係的詞已經不少，例如：

關於親屬稱謂和人際關係的詞：父、母、子、女、且（祖）、妣、兒、孫、兄、妹、妻、姪、友、客。

關於階級關係的詞：君、王、侯、伯、史、尹、臣、僕、奴、隸、童、妾、奚。

關於戰爭的詞：征、伐、寇、衮、鬥、孚、弓、矢、箙、干、戈、斧、戊、矛、戎、戔、戋、戋、戒、戍。

由以上詞可以看出甲骨文時代的人際關係相對簡單，但階級關係復雜。“君、王、侯、伯”屬於貴族，“史、尹”則是貴族下面的官吏，“臣、僕、奴、隸、童、妾、奚”則是各種奴隸的名稱。“臣”是忠於主人爲主人所信任的奴隸，替奴隸主管理其他奴隸，如“耤臣”是管理農業奴隸的，“牧臣”是管理畜牧奴隸的；“僕”是在主人家中服役的男奴隸；“妾”是在主人家服役的女奴隸；“童”是未成年的奴隸；“奚”是用繩索牽著的奴隸。這些奴隸的來源，有的是戰爭俘虜，有的是奴隸的子女，有的是犯罪爲奴。

隨著社會的發展，甲骨文中表示階級關係的詞，到周秦古籍中，有的消失了，有的改變了內容。“百姓”改變爲“人民”的同義詞，“民”和“眾”也已擴大指一般人民。没落的貴族有時也自稱“民”。“宰”卻上升爲統治階級的一種名稱，如《論語·子路》：“仲弓爲季氏宰。”即家臣之長。一套表明新的階級關係的詞産生了，例如：帝、王、君、辟、公、侯、伯、子、男、卿、大夫、士、天子、公子、庶民、農夫、下民、君子、小人等。由於實行封建制度，也産生了“王畿、國、邦、邑、家”等詞。職官方面，有了“司徒、司寇、司空、司馬、內史”等一套名稱；法律上則有了“刑、獄、訟、律”乃至“刵、劓、刖、黥”等詞。

3. 反映禮制文化與抽象概念的詞發展迅速

禮制文化的一個重要表現是重視祭祀。祭祀在中國古代社會中佔有重要地位，甲骨文時代就已經如此。甲骨文中關於貞卜祭祀的詞很多，例如：帝、禘、示、福、祐、祭、祀、祠、祝、祊、烝、卜、卟、貞、占、乩、爻、巫、肜、賁、社、雩、鬼。當時有多種

不同的祭祀。"尞"是用火燒犧祭，"卯"是用刀殺牲祭，"沈"是把犧牲沈入水中祭，"貍"是把犧牲埋到土裏祭。到周秦時代，封建社會的禮制發展得越來越嚴密，關於社會生活各方面的禮制詞彙極其豐富，即使衹説神靈祭祀方面，就有一百多個詞。例如，"祭、祀（祠）"是祭祀的統稱、泛指；"祠、礿、嘗、烝、祫、禘、禫、祔、祥"是祭祖先；"封、禪、郊、雩、望、禷"是祭天地；"釁（衅）、封、乜、衈、考、解土"是祭建築或器物；"祖（且）、示、主、社"是受祭的象徵物——神主；"廟、祖、宗、禰、祧、寢、祠堂"是祭祀地點——宗廟；"壇、墠、封、社、稷、畤"是祭祀地點——祭壇。此外，還有祭祀方式、受祭神靈、主祭者，等等。可以看出，每一組詞都是一組同義詞，但各詞都有細微的語義差異；從語義場的角度來説，所有的同義詞層級組成一個大的語義場。這證明漢語詞彙從一開始就不是一盤散沙，而是有系統的。由此可見，上古漢語詞彙的豐富及其系統性。

抽象概念是人類思維進一步發展的標誌。在甲骨文時代，除了"仁、義、美、愛、祝、福、禄"等以外，這種詞語是有限的。到周秦時代，這類詞的數量大爲增加，概念内涵也發展了。例如儒家的"仁"，字雖早見於甲骨文，但到春秋戰國才"知（智）、仁、勇"並提，或"仁、義、禮、智、信"並提，構成一套完整的儒家道德觀。如《論語·子罕》："知者不惑，仁者不憂，勇者不懼。"《孟子·告子上》："惻隱之心，仁也；羞惡之心，義也；恭敬之心，禮也；是非之心，智也。仁義禮智，非由外鑠我也，我固有之也，弗思耳矣。"矛盾對立概念的詞彙也大大增加了，《老子》和《易經》中這類詞彙就很多，例如：大小、有無、美惡、難易、長短、高下、前後、强弱、虚實、遠近、内外、出入、進退、往來、得喪、有亡、生死、吉凶、禍福、泰否、損益、盈虚、消長、剥復。等等。

4. 上古漢語的詞以單音詞爲主，但有複音化的趨勢

上古漢語的詞雖以單音詞爲主，但漢語詞彙往複音化方向發展是一大趨勢。潘允中認爲，甲骨文、金文中都有一些合體文字，從結構來看，人們是把這些合體字作爲整體概念的，所以用"複音"來記録它們，這就是漢語複音詞結構的初級狀態。例如表示天氣的"允雨"、"小雨"、"其雨"，表示親屬和人名的"王母"、"中母"、"母癸"，表示時間或數目的"九百"、"一千"、"二月"，表示數量的"一牢"、"二朋"、"一卣"等。到周秦文獻中，複音詞的數量日見其多。上舉《老子》、《易經》中的複音詞即是其例。

（二）中古漢語詞彙的發展

中古時期，漢語詞彙發展迅速，社會發展與表達的需要促使大量新雙音詞産生，複音詞發展呈遞進狀態，外來詞尤其是佛教藉詞大量出現並影響到中土文獻，各種構詞法蓬勃發展。

1. 反映社會發展的新詞大量涌現

中古時期，社會各方面都發展迅速，漢語詞彙相應也記録這些發展情況。例如，在農業生産方面，各種耕作方式、灌溉方式、農産品加工方式等都取得了不同以往的成績。賈思勰的《齊民要術》就對當時農業生産作了詳細而系統的記録。農作物品種有"穄、穀、黍、粱、秫、粟、稷"，"稻、水稻、旱稻、粳稻"，"麥、大麥、小麥、青稞麥、宿麥、

蕎麥”，“豆、菽、大豆、小豆、緑豆、綿豆”，“麻、胡蘇、油麻”，“胡瓜、越瓜、冬瓜”，“茄子、瓠、芋、蔓菁、蒜、韭、葱、苜蓿、芥、芫荽、芸香、荏、蓼、薑、蘘荷、蕪菁、蘆菔、萵苣”，等等。關於農具的名稱，西漢時已有耦犂、耬車、人力犂等，東漢又有水排、翻車、渴烏、水碓等，《齊民要術》中又記録了“勞、犂、鍋棒、鉏、基鋤、刈鐮、剉鐮、陸軸、水車、轆轤”等。關於農業作業的詞有“耕、春耕、秋耕、耦耕、初耕”，“種、春種、夏種、播種、概種、穰種、穊種、栽種”，“鋤、春鋤、劁鋤、稀鋤、耘、剗、耰、耩、棓、榣、刈、鏟、鋒、劃、薅、墾、劚、灌溉、漬、淘”，等等。其中絶大部分都是這一時期出現的新詞。這些詞都反映了當時農業生産技術的進步。在其他社會生産領域，如手工業、醫學方面以及科學技術的發展等方面，莫不如此。

2. 複音詞大量産生，各種口語詞大規模出現在書面語中

中古時期，口語迅速發展，單音詞詞彙進一步豐富，複音詞更是大量産生，大批新詞新義涌現，漢語詞彙與過去相比幾乎煥然一新。西漢司馬遷作《史記》，在引用《尚書》時，因其詞彙與漢代口語相距甚遠，常改作當時通行的語言進行敘述。東漢之後，這種情況更加明顯。晉代郭璞爲《爾雅》作注，有意使用中古漢語中新興的複音詞。以《爾雅·釋詁》爲例：“舒、業、順、敘，緒也。”郭注：“四者又爲端緒。”端緒，義爲頭緒。“合、郃、盍、翕、仇、偶、妃、匹、會，合也。”郭注：“皆謂對合也。”對合，即相對、相合之意。“妃、合、會，對也。”郭璞注：“皆相當對。”當對，即對等、匹敵。“隕、殞、湮、下、降、墜、摽、蘦，落也。”郭注：“殞猶隕也，方俗語有輕重耳；湮，沉落也。”沉落，墜落。計《爾雅·釋詁》郭注中的雙音詞共29條，其中郭注沿用上古漢語中已産生的詞10條：勉强、選擇、功業、功勞、安靜、易直、險難、御正、新近、死亡；郭注沿用漢代新詞的6條：端緒、摩近、遭遇、遷徙、遊息、隨從；采用晉代新詞的有11條：當對、逃竄、沉落、高大、豐盛、感思、弛放、臻至、靜定、贊勉、延易；郭注采用晉代新義的2條：對合、彌離。由此可見，《爾雅·釋詁》中的郭注中記録了相當多的中古漢語雙音詞，也可以看出中古漢語中複音詞的規模。

與此同時，古人在書面文獻中已經記録了相當多的口語材料。例如，正規的史書中這類詞語就不少。《南齊書·謝超宗傳》載兼中丞袁彖奏劾謝超宗的一段文字：

> 輒攝白從王永先到臺辨問，“超宗有何罪過，詣諸貴皆有不遜言語，並依事列對”。永先列稱：“主人超宗恒行來詣諸貴要，每多觸忤，言語怨懟，與張敬兒周旋，許結姻好；自敬兒死後，惋歎忿慨。今月初詣李安民，語論‘張敬兒不應死’。安民道：‘敬兒書疏，墨迹炳然，卿何忽作此語?’其中多有不遜之言，小人不悉盡羅縷諳憶。”如其辭列，則與風聞符同。超宗罪自已彰，宜附常準。

這段奏文中，諸如“攝”（傳訊、傳唤），“白從”（僕役、差役），“臺”（御史臺），“辨問”（盤問，“辨”通“辯”），“貴”（顯要、權貴），“列對”（回答），“列稱”（陳述），“行來”（外出），“貴要”（權貴），“觸忤”（冒犯），“怨懟”（怨恨、不滿），“周旋”（交往），“姻好”（姻親），“惋嘆”（嘆惜），“語論”（談論、説到），“書疏”（書信），“炳然”（明白的樣子），“何忽”（爲何、何以），“悉盡”（全部、全都），“羅縷”（列舉、陳述），“諳憶”（所記住的），“辭列”（陳述），“風聞”（傳聞），“符同”（相符、吻合），“附”（交給、交付），“常準”（常法、定規）等詞語，大都是漢魏以來通行的口語詞。

3. 外來詞尤其是佛教借詞大量出現

外來詞在上古漢語中即已見，但數量還不多。如“橐駞”（駱駝）、“生生”（猩猩），北狄語，最早見於《逸周書》；“師比”（胡人用的一種金屬带鉤，又作犀比、鮮卑、胥紕、犀毗等），古鮮卑語；“琵琶”、“胭脂”（又作焉支、煙肢、燕支、胭肢、撚支、撚支），匈奴語。此外，還有一些西域借詞，但主要是西漢時借進的，如“吹鞭”（古樂器名）、“狻猊、獅子”、“膜拜”、“苜蓿”、“瑠璃”、“葡萄”、“石榴”等。東漢之後，由於漢譯佛經的需要，大量外來詞突然湧進，並深刻影響了漢語詞彙。來自佛經的外來詞主要是梵語借詞（也應包括其他種類的印度語文和其他的中亞古代語言）。

中古漢語中出現並且一直沿用到現代漢語的借自佛經的借詞不少。音譯詞（括號中註明該詞其他音譯形式或非簡縮形式），如：佛（浮圖、佛圖、佛陀、佛）、塔（窣堵波、率都婆）、比丘（苾芻）、比丘尼（苾芻尼）、僧（僧伽）、和尚（塢波陀耶）、沙門（桑門、喪門）、優婆塞（伊蒲塞）、優婆夷（優波夷）、菩薩（菩提薩埵）、羅漢（阿羅漢）、蘭若（阿蘭若）、伽藍（僧伽藍摩）、刹、閻羅（閻羅王）、魔（魔羅）、夜叉（藥叉，夜乞叉）、劫（劫簸、劫波）、刹那、三昧（三摩地、三摩提）、涅盤（泥洹），等等。意譯詞，如：平等、現在、過去、未來、轉變、變相、相應、慈悲、因緣、因果、結果、法門、法寶、法業（音譯爲“羯磨”）、信心、信仰、道師、煩惱、圓滿、輪回、方便、究竟、世界。另外還有半音半意的，如彼岸（波羅蜜＋岸）、懺悔（懺摩＋悔）、鉢盂（鉢多羅＋盂）。

在漢語詞彙中，往往以所借的詞作爲單音節語素，以之爲基礎而形成雙音節詞，這類詞數量不少。例如以“魔”爲語素的詞就有一大批。魔，梵語 mara 的音譯，最初譯作“磨羅、魔羅”，梁武帝認爲“字宜從鬼”，故專作“魔羅”，省作“魔”。“魔”意爲殺者、能奪命者、障礙等，凡一切擾亂身心、障礙修行的事物均可稱爲“魔”。以“魔”爲語素的詞語主要有（下面這些詞有少數不是始見於中古的）：魔子、魔女、魔國、魔民、魔軍、魔界、魔宮、魔障、魔道、魔事、魔網、魔緣、魔病、魔境、魔鬼、魔力、魔掌、魔法、魔窟、魔頭、魔縛、魔棍、魔杖、魔難、魔怪、魔母、魔火、陰魔、死魔、妖魔、業魔、心魔、病魔、著魔、入魔、惡魔、邪魔，等等。這些詞語中有相當一部分在現代漢語中一直都在使用。另外，中古漢語中也有借自其他語言的外來詞。

4. 各種構詞法均有大發展

中古漢語中新産生詞絶大多數是複音詞。由此可以分析出其構詞法。構詞法的大發展是中古漢語詞彙的一大特徵。下面分别舉例介紹。

其一，並列式。同義或近義的兩個單音詞經常連用，從而成爲一個新詞，這是一種最能産的構詞方式，也是雙音詞中比例較大的一部分。例如：

忽忘　即忘記。《史記・魏其武安侯列傳》：“武安愕，謝曰：‘吾昨日醉，忽忘與仲孺言。’”《漢書・張禹傳》：“上報曰：‘朕以幼年執政，萬機懼失其中，君以道德爲師，故委國政。君何疑而數乞骸骨，忽忘雅素，欲避流言？朕無聞焉。’”魏王粲詩（無標題）云：“白日已西邁，歡樂忽忘歸。”晉湛方生《還都帆》：“寤言賦新詩，忽忘羈客情。”《説文・心部》：“忽，忘也。”

恒長　恒常　即長久，常常。梁《横吹曲辭・紫騮馬歌》：“獨柯不成樹，獨樹不成林。念郎錦褔襠，恒長不忘心。”北周庾信《看舞》：“鸞回不假學，鳳舉自相關。到嫌衫

袖廣，恒長礙舉饕。”北周楊文佑《爲周宣帝歌》：“朝亦醉，暮亦醉，日日恒常醉，政事日無次。”

親交　即親友。漢《樂府古辭·上留田行》：“里中有啼兒，類似親交子。回車問啼兒，慷慨不可止。”又《善哉行》：“親交在門，饑不及食。”又《病婦行》：“閉門塞牖，舍孤兒到市。道逢親交，泣坐不能起。”魏曹植《贈徐干》：“親交義在敦，申章復何言。”“交”爲“友”義，如《病婦行》：“對交啼泣，淚不可止。我欲不傷悲不能已，探懷中錢授持交。”

其二，附加式。中古時期出現了一批構詞能力很强的詞綴，例如：

當　《世説新語·雅量》：“人有詣祖，見料視財物，客到，屏當未盡，餘兩小簏，著背後，側身障之。”屏當，義爲收拾、清理，由隱藏、遮蔽義引申而來。又作摒擋、併當、併譡、併擋、拼擋。“當”作詞綴，中古漢語還構成：知當、勘當、配當、般當、斷當、勾當、了當。

將　《世説新語·文學》：“劉真長與殷淵源談，劉理如小屈，殷曰：惡！卿不欲作將善雲梯仰攻？”“將”作助詞，用在動詞之後，有的表示動作的完成或實現，有的表示動作的持續，有時僅相當於一個詞綴。作詞綴的例子還有：送將、奪將、騎將。

行　《論衡·知實》：“孔子知五經，門人從之學，當復行問以爲人法，何故專口授弟子乎？”“行”作動詞，意義較爲抽象，容易虚化爲詞綴，又如：行見、行起、行剽、行劫、行計、行戲、行尋、行哭、行啼。

馨　《世説新語·文學》：“殷中軍嘗至劉良所，清言良久，殷理小屈，遊辭不已，劉亦不復答。殷去後，乃雲：‘田舍兒强學人作爾馨語！’”“爾馨”猶言“這樣的話”。又有“如馨”，《世説新語·容止》注引《語林》：“王仲祖有好儀形，每覽鏡自照，曰：‘王文開那生如馨兒！’”“寧馨”，《晉書·王衍傳》：“（王衍）神情明秀，風姿詳雅。總角嘗造山濤，濤嗟嘆良久，既去，目而送之曰：‘何物老嫗，生寧馨兒！’”唐代音變爲“生”。李白《戲贈杜甫》：“借問别來太瘦生，總爲從前作詩苦。”

其三，緊縮式。由一種比喻用法逐漸固定成詞，是新詞産生的方式之一。

抽　魏嵇康《思親》：“奈何愁兮愁無聊，恒惻惻兮心若抽。”晉孫楚《除婦服》：“臨祠痛感，中心若抽。”“抽”有抽緊、割裂之義，“若抽”表示痛苦之甚。魏曹操《善哉行》：“其窮如抽裂，自以思所怙。”單用“抽”亦表示精神痛苦、哀傷。宋鮑照《松柏篇》：“孝子撫墳號，父子知來不？欲還心依戀，欲見絶無由。煩冤荒隴側，肝心盡崩抽。”隋釋慧英《一三五七九言詩》：“游，愁，赤縣遠，丹思抽。”

飢渴　渴饑　魏曹植《責躬》：“遲奉聖顔，如渴如饑。”晉張載《贈司隸傅咸》：“未見君子，載渴載饑。”饑和渴由生理上的反應轉而形容心理上的需求，比喻分離之苦和思念之甚。中古漢語常用“飢渴”或“渴饑”表達此義。漢《古詩·李陵録别詩》：“浮雲日千裏，安知我心悲。思得瓊樹枝，以解長渴饑。”晉陸機《爲顧彦先贈婦》：“願保金石軀，慰妾長飢渴。”

雲雨　魏王粲《贈蔡子篤》：“濟岱江衡，邈焉異處。風流雲散，一别如雨。”曹植《名都篇》：“鳴儔嘯匹侣，列坐竟長筵。……雲散還城邑，清晨復來還。”晉傅玄《昔思君》：“昔君與我兮形影潛結，今君與我兮雲飛雨絶。”簡縮爲“雲雨”，表示分離，分别。

宋鮑照《登雲陽九里埭》："宿心不復歸，流年抱衰疾。既成雲雨人，悲緒終不一。"梁何遜《南還道中送贈劉諮議別》："入塞長雲雨，出國暫泥沙。握手分歧路，臨川何怨嗟。"隋姚察《遊明慶寺》："何言遂雲雨，懷此悵悠然。"

其四，凝固式。動詞性詞組及習語經常連用而固定成詞。例如：

投分 本義爲結交，情義相投。《東觀漢記·王丹傳》："家公欲與君投分，何爲拜子孫耶?"《魏書·裴佗傳》："佗性剛直，不好俗人交遊，其投分者必當時名勝。"由動作轉而固定爲一名詞，指情分。晉潘岳《金谷集作》："春容誰不慕，歲寒良獨希。投分寄石友，白首同所歸。"

生資 資生 晉陶淵明《歸去來兮辭序》："生生所資，未見其術。"謝靈運《遊名山志序》："夫衣食，生之所資；山水，性之所適。""生生所資"、"生之所資"謂資以爲生，憑藉生存，凝固成詞，則爲"生資"或"資生"，含義不變。晉束皙《補亡詩·崇丘》："恢恢大圓，茫茫九壤。資生仰化，於何不養。"引申爲資產義。晉王羲之《雜帖》："上方寬博多通，資生有十倍之覺。"

發摘 《漢書·趙廣傳》："其發姦擿伏如神，皆此類也。"《後漢書·法雄傳》："善政事，好發擿奸伏。盜賊稀發，吏人畏愛之。""發姦摘伏"或"發摘奸伏"經常連用而固定成"發摘"，指揭露奸伏罪惡如神明。《梁書·范雲傳》："官曹文墨，發摘若神，時人咸服其贍。"《三國志·蜀志·何祇傳》："眾咸畏祇之發摘，或以爲有術，無敢欺者。"

另外還有主從式、省略式等等，不一一介紹了。

（三）近代漢語詞彙的發展

近代漢語時期，漢語詞彙的發展速度更快，反映社會生產與文化發展的新詞、新義不斷湧現。現從以下幾個方面歸納其特點：

1. 俗語詞大量出現

近代漢語俗語詞承中古以更大規模更快的速度繼續出現，我們衹要稍微閱讀一下本單元的中古近代白話文選即會深切體會到這一點。以《清平山堂話本》爲例。該書彙集的小說有宋、元、明三代作品，明代洪楩編輯時没有任意修改，基本保留了嘉靖時代話本的面貌。從漢語詞彙史研究的角度來説，《清平山堂話本》保存了大量的宋、元、明三代的俗語詞，如果以當前最爲權威的《漢語大詞典》作爲參照，可以發現許多詞語或某一義項是第一次出現在漢語詞彙史上的。例如：挨肩擦背、安歇、不識竅、觸桶、打當、打底、打交、打招、大通、擔仗、點茶、耳光、放意、奉呈、告理、供招、骨槽風、關領、黑早、哄哄、後生家、話文、化緣、荒張失勢、闊略、火囤、火家、家間、焦噪、焦皂、嚼舌嚼黄、叫名、機扣、計掛、淨襪、可耐、老蠢、老人家、連近、連手、零利、漏風掌、滿堂紅、門公、篾篁、明正、鬧叢叢、鬧烘烘、弄嘴、排害、盤弄、抛聲衒俏、辟然、匹頭、撲蓼蓼、旗鼓、乞丐、錢紙、喬家公、喬模喬樣、且住、清楚、清清、情拷、趣味、惹、三茶六飯、三好兩怯、三上五落、三湯兩割、散旦、沙模兒、上行首、稍工、稍人、燒賣、少可、深粹、失張失志、事故、書會、水性、説不得、司公、廝撲、隨身燈、唆調、討分曉、添妝、甜鞋淨襪、天行時氣、調理、頭由、腿花、托大、外日、完飯、頑皮、晚西、晚些、問一答十、問十道百、窩窩凹凹、五量店、笑耍頭回、歇歇、行病、養身、一官半職、一管、一迷、姨婆、姨姨、應成、這等、這們、知寺、坐床。另外，這一時期方言詞（當然也屬於俗語詞）大量出現，有大量運用方言詞彙寫成的作品。

俗語詞大量出現的另一個顯著特徵是出現了“市語”。據王鍈《宋元明市語彙釋》，所謂市語，即市井小民的口頭語言，屬於社會方言。市語往往用增加詞綴的辦法來構成雙音詞，因此附加式構詞法特別發達。除了“子”、“兒”、“頭”之類的詞尾是通語和市語所共有的之外，市語還有一些自己特有的詞綴，如“老”、“作”、“物”、“粗”、“道”，等等。例如：蓋老（丈夫）、底老（妻子）、邦老（賊）、嵌老（口）、者作（賭）、便作（病）、灰作（大）、撚作（吃）、黄物（金）、白物（銀）、綀物（布）、豕物（豬）、拆道（腳）、線道（肉）、竄道（香）、稟道（文書）、侵粗（床）、線粗（雞）、者粗（豬肉）、浮粗（鵝鴨）。市語的語義構成可分爲變形與換形兩大類。變形類有析字語，如“丁不鉤”是一，“示不小”是二，“分不刀”是八，等等；有諧音雙關語，如“憶多嬌”是一，“耳邊風”是二，“霸陵橋”是八，等等；有反切語，如“勃蘭”爲盤，“突欒”爲團，“即零”爲精，等等；有藏頭縮腳語，如“柳青”指娘，“梁山”指伯，“踏莎”指行，等等。換形類則有聯想語，如“肩上”指哥哥，“肩下”指弟弟；有象形語，如“團魚”指鱉，“撒條”爲放屎；有比喻語，如“筍芽”指幼女，“踹瓢”指行船；有借代語，如“柔毛”指羊，“紅掌”指鵝。有些市語語彙來自“通語”、“雅言”，如稱日爲“燭龍”，源於《楚辭·天問》“日安不到，燭龍何照”，稱母舅爲“渭陽”，源於《詩·秦風·渭陽》“我送舅氏，曰至渭陽”，稱菊花爲“傲霜”，稱“縣尹”爲“百裏”，稱珠爲“蚌胎”，等等。另外，有的市語本身也具有很強的生命力，可以由市語變爲“通語”，如“團魚”、“火燒”、“扯淡”、“掃興”、“出神”等已成爲當今全民共同語中的一般語詞。

2. 外來詞來源以北方民族語言爲主

近代漢語時期，外來詞數量繼續增加，尤以元明戲曲爲最。這一時期的外來詞主要來自北方諸民族的語言。據蔣冀騁等《近代漢語綱要》，源自契丹語的，例如：“曳剌”（兵卒），《元曲選·虎頭牌》：“今番又著人去，不來時，直著幾個關西曳剌，將元帥府印信文書勾去，不怕他不來。”“撒剌”（一種酒樽），《遼史·耶律斜涅赤傳》：“耶律斜涅赤，字撒剌。……始字鐸盌，早隸太祖幕下，嘗有疾，賜樽酒飲而愈。遼言酒樽曰撒剌，故詔易字焉。”“朝定”（朋友），《契丹國志》卷一：“七月，唐遣姚坤如契丹告哀。太祖聞之慟哭曰：‘我朝定兒也。’”原注：“朝定，猶華言朋友也。”字又作“朝庭”，《王梵志詩》：“朝庭數十人，平章共博戲。”源自女真語的，例如：“阿媽”（父），《元曲選·五侯宴》：“今已得勝回營，比及見老阿媽，先見我阿媽走一遭去。”今滿族人猶沿此稱。“阿者”（母親），《元曲選外編·拜月亭》：“阿者，我這般没亂荒張到那裏?”“撒敦”（親戚），《元曲選·虎頭牌》：“我也曾吹彈那管弦，快活了萬千，可便是大拜門撒敦家的筵宴。”張福成《女真譯語》：“撒敦，親戚。”“撒敦”據方齡貴考證則爲蒙古語，可能是同源通用。

這一時期的外來詞以源自蒙古語的最多。方齡貴的《古典戲曲外來語考釋詞典》考釋元明清戲曲中的蒙古語詞數百條，兹據舉數例。“把都兒”，義爲勇士，馬致遠的《漢宮秋》：“把都兒！將毛延壽拿下，解送漢朝處治。”“虎兒赤”，義爲奏樂者，王實甫的《西廂記》：“左右將酒來，老丞相，滿飲一杯，一壁廂虎兒赤那都著與我動樂者。”“虎剌

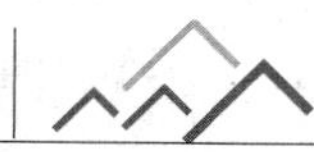

孩”，義爲盜賊，元無名氏《陳州糶米》：“你這個虎剌孩作死也，你的銀子又少，怎敢罵我?”“搭𧝞”，義爲襖子或皮襖，元武漢臣《生金閣》：“孩兒吃下這杯酒去，又與你添了一件綿搭𧝞麽。”“站、站赤”，即驛站，元楊景賢《西遊記》：“離了長安，於路有站。如今無了馬站，只有牛站，近日這牛站也少，到化外邊境，向前去，不知甚麽站。”“斡脱”，又作“斡脱”，有三義，其一是元代一種官商活動，“轉運官錢，散本求利之名”，元無名氏《貨郎擔》：“我死後你去催趲斡脱銀，就跟尋你那父親去咱。”“撒和”，義爲以草料飼驢馬，元無名氏《來生債》：“我清早起來……打了羅又要洗麩，洗了麩又要撒和頭口。”“那顔”，義爲官人、領主，《宋大將岳飛精忠》劇：“那顔瘸著腿，小番耳又聾。”“五裂篾迭”，義爲不知、不管，《哭存孝》：“我五裂篾迭。”

明代之後，隨著西方文明的傳入，西方政治、思想、文化、科技等方面的外來詞（主要是日語外來詞和印歐語外來詞）也開始産生。但在清代初年之前，即近代漢語階段，這類外來詞的數量還不多。大規模的外來詞産生是在清代的洋務運動之後了。

3．異形詞大幅增加

漢語中的異形詞即異字同詞現象，上古漢語即已存在，中古漢語中逐漸增加。有學者以爲語詞有多個變體，是由於音近或音同而造成的，即是一種筆誤。例如，見於中古漢語的“芬葩、紛葩、繁葩”均指芬芳的花朵，“年幾”、“年紀”同詞，“奔波、崩波”同詞。當然，除了筆誤之外，也跟時代或地域的語音演變有關。

到近代漢語中，這類現象大幅增加。例如：“尚兀子、尚兀自”（猶自、尚且），“没亂殺、没亂煞”（猶言急得要死或愁悶不堪），“猛可地、猛可的、猛可裏”（突然），“憊賴、潑賴、潑辣”，“糊涂、鶻突、鶻鶟”，“顧暢、怨悵、怨唱”（埋怨），“凋嘴、掉嘴、吊嘴”，（耍嘴皮）“祝付、囑付、囑咐”，“扶事、扶侍、伏侍”，“鏖糟、腌臢、骯臟、媕臢”、“辱没、辱抹、辱末、辱莫”，“不付能、不甫能”等均爲異形詞。

文選七　中古近代白話文選(今注)

僮　約[1]

王　褒

蜀郡王子淵，以事到湔，止寡婦楊惠舍[2]。惠有一奴，名便了。子淵倩奴行酤酒，便了拽大杖[3]，上夫塚巔曰："大夫買便了時，衹約守家，不約爲他人男子酤酒也[4]！"子淵大怒曰："奴寧欲賣邪？"惠曰："奴大杵人[5]，人無欲者。"子淵即決買券云云[6]。奴復曰："欲使便了，皆當上券；不上券，便了不能爲也！"子淵曰："諾！"

券文曰：神爵三年正月十五日，資中男子王子淵，從成都安志裏女子楊惠買亡夫時户下髯奴便了，決賈萬五千[7]。奴當從百役使，不得有二言。晨起灑掃，食了洗滌。居當穿臼縛箒，裁盂鑿斗[8]。浚渠縛落，鋤園斫陌[9]。杜埤地，刻大枷[10]。屈竹作杷，削治鹿盧。出入不得騎馬載車，踑坐大呶，下床振頭[11]。捶鉤刈芻，結葦躐纑，汲水酪，佐酣醲，織履作麤[12]。黏雀張烏，結網捕魚，繳雁彈鳧[13]，登山射鹿，入水捕龜。後園縱養雁鶩百餘，驅逐鴟鳥。持梢牧豬，種薑養芋，長育豚駒，糞除堂廡[14]，餵食馬牛。鼓四起坐，夜半益芻[15]。二月春分，被堤杜疆，落桑皮棕[16]，種瓜作瓠。别茄披葱，焚槎發芋[17]，壟集破封。日中早爇[18]，雞鳴起舂。調治馬驢，兼落三重。舍中有客，提壺行酤，汲水作餔[19]。滌杯整案，園中拔蒜，斷蘇切脯，築肉臛芋，膾魚炰鱉，烹茶盡具[20]。已而蓋藏，關門塞竇。餧豬縱犬，勿與鄰里争斗。奴但當飯豆飲水[21]，不得嗜酒。欲飲美酒，唯得染脣漬口，不得傾杯覆斗。不得晨出夜入，交關侔偶[22]。舍後有樹，當裁作船，上至江州，下到湔主，爲府掾求用錢[23]。推紡堊，販棕索。綿亭買席，往來都雒，當爲婦女求脂澤，販於小市。歸都擔枲[24]，轉出旁蹉。牽犬販鵝，武都買茶。楊氏擔荷，往來市聚，慎護姦偷[25]。入市不得夷蹲旁臥[26]，惡言醜駡。多作刀矛，持入益州，貨易羊牛。奴自教精慧，不得癡愚。持斧入山，斷輮裁轅。若有餘殘，當作俎几、木屐及彘盤。焚薪作炭，累石薄岸[27]。治舍蓋屋，削書代牘。日暮欲歸，當送乾薪二三束。四月當披，五月當穫，十月收豆，掄麥窖芋。南安拾粟採橘，持車載輳。多取蒲苧，益作繩索。雨墮無所爲，當編蔣織箔[28]。植種桃李、梨柿柘桑，三丈一樹，八尺爲行，果類相從，縱横相當。果熟收斂，不得吮嘗。犬吠當起，驚告鄰里。棖門柱户，上樓擊鼓。荷盾曳矛，還落三周。勤心疾作，不得遨遊。奴老力索，種莞織席[29]。事訖休息，當舂一石。夜半無事，浣衣當白。若有私斂，主給賓客。奴不得有姦私，事事當關白。奴不聽教，當笞一百。

讀券文適訖，詞窮詐索，仡仡叩頭[30]，兩手自搏，目淚下落，鼻涕長一尺："審如王大夫言，不如早歸黄土陌，丘蚓鑽額。早知當爾，爲王大夫酤酒，真不敢作惡也[31]。"

[1]《僮約》，西漢王褒作，是一篇遊戲文章。宋代洪邁的《容齋隨筆》卷七説它"辭句怪麗"，明代陸深《儼山外集》説它"質野切直，粲然成文"，都説到了它不同於傳統文言的白話文

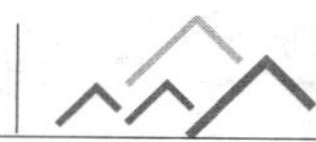

性質。

［2］子淵，王褒的字。湔，成都市郊的湔江。

［3］倩：請，要求。拽："曳"的增傍俗字，拖。

［4］大夫：主人。

［5］忤：違逆，頂撞。

［6］決：決定，寫定。買券：買奴的契約文書。

［7］賈，價的古字。決賈：定價。

［8］穿臼：挖地做臼。箒，帚的增傍俗字。縛箒：扎掃帚。裁盂鑿斗：用木頭剜作碗和鑿成飲酒的斗。

［9］浚渠：疏浚溝渠。縛落：扎縛籬落。鉏園：鋤菜園。斫陌：斫除田埂荒草。

［10］杜埤（bì）地：堵上低濕之地。刻大枷：刻鏤大枷（梻）。

［11］踑坐：箕踞。呶：喧鬧。振頭：搖頭，擺頭。

［12］捶鉤：鍛打鐮刀。刈芻：割草。躪纑：踐踏麻縷（浸泡踐踏以作布）。佐酤（cú）醭（mú）：助釀美酒。麤，本字當作"蘼"，草鞋。

［13］繳：繫上絲繩的箭或繫在箭上的絲繩。這裏作動詞。

［14］糞除：打掃，清除。

［15］益芻：添加草料。

［16］被堤：加固堤岸。杜疆：堵塞田埂（穴隙）。落桑：砍下桑樹枝條。皮棕：取棕皮。

［17］別茄：移栽茄子。披葱：分種葱。槎：農作物收割後留下的短樁。發芋：從地窖挖出芋頭以備種。

［18］熭（wèi）：暴曬。

［19］餔，《說文》："申時食也。"引申泛指飯食。

［20］蘇：紫蘇。脯（fǔ）：干肉。築：通"祝"，切斷。臛：做成羹。膾：細切。炰（fǒu）：蒸著。《詩·大雅·韓奕》："其殽維何？炰鼈鮮魚。"鄭玄箋："炰鼈，以火熟之也。"孔穎達疏："此及《六月》云'炰鼈'者，音皆作缹，然則炰與缹，以火熟之，謂烝煮之也。"盡具：洗滌茶具。

［21］飯，動詞。飯豆：吃豆子當飯。

［22］交關：結交。侔偶：伙伴。

［23］府掾：府署辟置的僚屬。

［24］枲（xǐ）：大蔴的雄株。衹開雄花，不結子，纖維可織麻布。亦泛指麻。

［25］護：救視，引申爲監視，防備。

［26］夷蹲：蹲，同義連用。

［27］薄：今作"駁"，壘砌。

［28］蔣：菰，即茭白，這裏指茭白草。箔，通"箔"，蠶簾。

［29］索：盡。莞：俗名水葱、席子草。

［30］仡，通"頡"。《小爾雅》："頡，勤也。"《廣韻》："頡，用力也。"仡仡：用力。

［31］作惡：發怒，發脾氣。

修行本起經[1]

聞如是：一時佛在迦維羅衛國釋氏精舍尼拘陀樹下[2]，與大比丘眾千二百五十人俱[3]，皆是阿羅漢，已從先佛淨修梵行，諸漏已盡，意解無垢，衆智自在，曉了諸法，離於重擔，逮得所願，三處已盡，正解已解，三神滿具，六通已達。比丘尼衆大伏愛等五百人，不可計。諸優婆塞、優婆夷四輩，普集諸異學婆羅門尼揵等，不可計，都悉來會。一切諸四天王，忉利天王，炎天王，兜術天王，尼摩羅提天王，波羅尼蜜天王，梵天王，乃至阿迦膩吒天王，各與無央數衆，皆悉來會。諸龍王阿須倫，迦留羅，真陀羅，摩休勒，一一尊神，復各與眷屬，皆悉會來。白淨王，無怒王，無怨王，甘露淨王，及迦維羅衛九億長者，名從官屬，一時來會。爲佛作禮，却坐一面。

爾時佛放身三十二相，八十種好，光明普照三千世界，如月盛滿星中特明，威神堂堂。衆聖中王一切衆會咸有疑心，各自念言：太子生迦維羅衛，長白淨王家，棄國行學，道成號佛。爲於樹下六年得道耶？十二年得乎？或復念言：本行何術，致斯巍巍？所事何師，今得特尊？始修何法，得成爲佛？佛知一切皆有疑意，便告摩訶目揵連：汝能爲怛薩阿竭説本起乎？於是目揵連即從座起，前整衣服，長跪叉手[4]，白佛言：唯然。世尊！今當承佛威神，持佛神力，爲一切故，當廣説之。佛言：宿命無數劫時，本爲凡人。初求佛道以來，精神受形，周遍五道，一身死壞，復受一身，生死無量。譬喻盡天下草木，斬以爲籌，計吾故身，不能數矣。夫極天地之始終，謂之一劫，而我更天地成壞者，不可稱載也。所以感傷世間貪意，長流没於愛欲之海。吾獨欲反其原故，自勉而特出。是以世世勤苦，不以爲勞。虚心樂靜，無爲無欲。損己布施，至誠守戒。謙卑忍辱，勇猛精進。一心思微，學聖智慧。仁活天下，悲窮傷厄。慰沃憂感，育養衆生，救濟苦人。承事諸佛，别覺真人。功勳累積，不可得記。至於昔者，錠光佛興世，有聖王號，名燈盛治，在提和衛國，人民長壽，慈孝仁義，地沃豐盛，其世太平。生一太子，字爲燈光。聰明智遠，世之少雙。聖王愛念，甚奇甚異。臨壽終時，國付太子。太子燈光，念計無常，傳國授弟，即時出家，行作沙門，道成號佛，無上至尊。神德光明，無晝無夜，從比丘衆六十二萬，遊行世界，開化羣生。當還提和衛國，度脱種姓及國臣民。與諸大衆，游詣本國。是時國中，百官群臣，謂佛大衆來攻奪國，皆共議言：今當興師，逆往拒之，不宜與國。即時相率，欲以向佛。佛以六通，逆照其心，化作大城，廣大嚴峻，與彼城對。佛哀國人，欲令解脱，即化二城，變爲琉璃，其城洞達，内外相照。復化六十二萬比丘，如佛無異，變化示現。王見惶怖，疑解心伏，即出詣佛，叩頭自悔：稟性空頑，惡意向佛，愚人所誤，幸唯原之。願佛便還精舍，七日之中，當修所供，奉迎至尊。佛知其意，默然便還，於是其王問諸群臣：奉迎聖王，其法云何？諸臣言：迎遮迦越王法，莊嚴國土[5]，面四十裏，平治道路，香汁灑地。金銀珍琦，七寶欄楯。起諸幢幡[6]，繒彩花蓋。城門街巷，莊嚴校飾。彈琴鼓樂，如忉利天。散花然燈，燒衆名香，敬侍道側。七日已辦。王勑群臣百官道從，躬親迎佛。佛哀人民，告諸比丘：嚴出應請。比丘受勑，行詣本國。佛告比丘：汝等見此供設嚴好光目者不？昔吾承事，往古諸佛供養莊嚴，亦如今也。

時有梵志儒童，名無垢光，幼懷聰叡，志大苞弘，隱居山林，守玄行禪。圖書祕讖，無所不知。心思供養，奉報師恩。辭行開化，道經丘聚。聚中梵志，名不樓陀，盛祀天祠，滿十二月。飯食供養梵志徒衆八萬四千人。歲終達嚫，金銀珍寶，車馬牛羊，衣被繒彩履屣，七寶之蓋，錫杖澡罐。最聰明智慧者，應受斯物，七日未竟。時儒童菩薩，入彼衆中，論道説義，七日七夜。爾時其衆，欣踴無量。主人長者，甚大歡喜。以女賢意，施

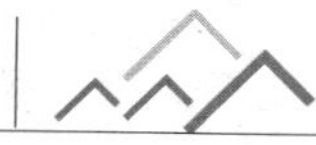

與菩薩。菩薩不受。唯取傘蓋錫杖，澡罐履屣，金銀錢各一千，還上本師。其師歡喜，便共分佈。儒童菩薩，復辭出行。時諸同學，各各贈送，人一銀錢。遂行入國，見人欣然。忽忽平治道路，灑掃燒香。即問行人：用何等故？行人答曰：錠光佛今日當來，施設供養。儒童聞佛，歡喜踴躍，衣毛肅然。佛從何來？云何供養？行人對曰：唯持花香，繒彩幢幡。於是菩薩便行入城，勤求供具。須臾周匝，了不可得。國人言：王禁花香，七日獨供。菩薩聞之，心甚不樂。須臾佛到，知童子心。時有一女，持瓶盛花。佛放光明，徹照花瓶，變爲琉璃，内外相見。

菩薩往趣，而説頌曰：銀錢凡五百，請買五莖花。奉上錠光佛。求我本所願。

女時説頌答菩薩言：此花直數錢，乃顧至五百[7]。今求何等願，不惜銀錢寶。

菩薩即答言：不求釋梵魔，四王轉輪聖。願我得成佛，度脱諸十方。

女言：善快哉！所願速得成。願我後世生，常當爲君妻。

菩薩即答言：女人多情態，壞人正道意。敗亂所求願，斷人布施心。

女答菩薩言：女誓後世生，隨君所施與。兒子及我身，今佛知我意。仁者慈愍我，唯賜求所願。此華便可得，不者錢還卿。即時思宿命，觀視其本行。以更五百世，曾爲菩薩妻。

於是便可之，歡喜受花去，意甚大悦：今我女弱，不能得前，請寄二華，以上於佛。即時佛到，國王臣民，長者居士，眷屬圍繞，數千百重。菩薩欲前散花，不能得前。佛知至意，化地作泥，人衆兩披，爾乃得前。便散五華，皆止空中。變成花蓋，面七十裏，二花住佛兩肩，上如根生。菩薩歡喜，布發著地：願尊蹈之。佛言：豈可蹈乎？菩薩對曰：唯佛能蹈。佛乃蹈之，即住而笑，口中五色光出，離口七尺，分爲兩分。一光繞佛三匝，光照三千大千刹土，莫不得所，還從頂入。一光下入十八地獄，苦痛一時得安。諸弟子白佛言：佛不妄笑，願説其意。佛言：汝等見此童子不？唯然，已見。世尊言：此童子於無數劫，所學清淨，降心棄命，舍欲守空，不起不滅，無倚之慈，積德行願。今得之矣。

[1]《修行本起經》東漢西域三藏竺大力共康孟詳譯，共兩卷，大乘佛教經典之一。這裏所選的是卷上“現變品第一”中的前面一部分。佛經中專名很多，請讀者參見丁福保主編《佛學大辭典》及相關書籍。

[2] 精舍：寺院别名，爲精行者所居，故曰精舍。非精妙之謂。此名自祇園精舍而來。

[3] 比丘：又名苾刍，煏刍，爲出家受具足戒者之通稱。男曰比丘，女曰比丘尼。大比丘，指比丘中之德高年長者。

[4] 叉手：本指兩手胸前相交，這裏指佛教的一種敬禮方式。兩掌對合於胸前。

[5] 莊嚴：裝飾。

[6] 幢：佛教的一種柱狀標幟，飾以雜彩，建於佛前，表示麾導群生、制伏魔衆之意。幡：從幢上垂下的長帛、旌旗之類。

[7] 顧，通“雇”，酬值。

搜神記[1]

干 寶

一

宋康王舍人韓凭娶妻何氏，美，康王奪之。凭怨，王囚之，論爲城旦[2]。妻密遺凭書，繆其辭曰："其雨淫淫，河大水深，日出當心。"既而王得其書，以示左右，左右莫解其意。臣蘇賀對曰："其雨淫淫，言愁且思也；河大水深，不得往來也；日出當心，心有死志也。"

俄而凭乃自殺，其妻乃陰腐其衣。王與之登臺，妻遂自投臺［下］，左右攬之，衣不中手而死。遺書於帶曰："王利其生，妾利其死。願以屍骨，賜凭合葬。"王怒，弗聽，使里人埋之，塚相望也。王曰："爾夫婦相愛不已，若能使塚合，則吾弗阻也。"

宿昔之間，便有大梓木生於二塚之端，旬日而大盈抱，屈體相就，根交於下，枝錯於上。又有鴛鴦，雌雄各一，恒棲樹上，晨夕不去，交頸悲鳴，音聲感人。宋人哀之，遂號其木曰"相思樹"。相思之名，起於此也。

南人謂此禽即韓凭夫婦之精魂。今睢陽有韓凭城，其歌謡至今猶存。

［1］《搜神記》，晉干寶著。以志怪爲主。這裏所選的韓凭妻的故事和王道平的故事分别見於二十卷本《搜神記》卷十一、十五。

［2］論：論告，彈劾。這裏指處置。城旦：古刑罰名，一種築城四年的勞役。

二

秦始皇時，有王道平，長安人也。少時，與同村人唐叔偕女——小名父喻，容色俱美——誓爲夫婦。尋王道平被差征伐，落墮南國，九年不歸。父母見女長成，即聘與劉祥爲妻。女與道平言誓甚重，不肯改事。父母逼迫，不免，出嫁劉祥。經三年，忽忽不樂，常思道平，忿怨之深，悒悒而死。

死經三年，平還家，乃詰鄰人："此女安在?"鄰人云："此女意在於君，被父母淩逼，嫁與劉祥。今已死矣。"平問："墓在何處?"鄰人引往墓所。平悲號哽咽，三呼女名，繞墓悲苦，不能自止。平乃祝曰："我與汝立誓天地，保其終身。豈料官有牽纏，致令乖隔[1]，使汝父母與劉祥；既不契於初心，生死永訣。然汝有靈聖，使我見汝生平之面。若無神靈，從兹而别。"言訖，又復哀泣。

逡巡，其女魂自墓出，問平："何處而來? 良久契闊[2]。與君誓爲夫婦，以結終身，父母强逼，乃出聘劉祥，已經三年，日夕憶君，結恨致死，乖隔幽途。然念君宿念不忘，再求相慰，妾身未損，可以再生，還爲夫婦。且速開塚破棺，出我即活。"平審言，乃啓墓門，捫看其女，果活。乃結束隨平還家。

其夫劉祥，聞之驚怪，申訴於州縣。檢律斷之，無條，乃録狀奏王。王斷歸道平爲

妻。壽一百三十歲。實謂精誠貫於天地，而獲感應如此。

［1］乖隔：分離，别離。

［2］契闊：《詩・邶風・擊鼓》："死生契闊，與子成説。"契闊本指勤苦、勞苦，因受"死生"影響而有"久别"義。

世説新語[1]

劉義慶

一

殷仲堪既爲荆州，值水儉，食常五盌盤[2]，外無餘肴。飯粒脱落盤席間，輒拾以噉之。雖欲率物[3]，亦緣其性真素。每語子弟云："勿以我受任方州，云我豁平昔時意，今吾處之不易。貧者，士之常，焉得登枝而捐其本！爾曹其存之。"

［1］《世説新語》，南朝宋劉義慶著，是志人小説的代表。本書所選兩則故事，分别見於《德行第一》和《言語第二》。

［2］五盌盤：一種成套食器，由一圓形托盤和上面的五個碗組成。

［3］物：人。率物：爲人表率。

二

孔文舉年十歲，隨父到洛。時李元禮有盛名，爲司隸校尉[1]，詣門者，皆儁才清稱及中表親戚乃通[2]。文舉至門，謂吏曰：'我是李府君親。'既通，前坐。元禮問曰：'君與僕有何親？'對曰：'昔先君仲尼與君先人伯陽[3]有師資之尊，是僕與君奕世爲通好也。'元禮及賓客莫不奇之。太中大夫陳韙後至，人以其語語之。韙曰：'小時了了[4]，大未必佳！'文舉曰：'想君小時，必當了了！'韙大踧踖[5]。

［1］司隸校尉：官名，漢武帝時置，領兵一千二百人，捕巫蠱，督察大姦猾。後罷其兵，改察三輔、三河、弘農七郡。哀帝時稱司隸，東漢復舊稱，仍察七郡。魏晉以後沿用，唐廢。

［2］中表：指與祖父、父親的姐妹的子女的親戚關係，或與祖母、母親的兄弟姐妹的子女的親戚關係。

［3］伯陽：老子的字。

［4］了了：聰慧，通曉事理。

［5］踧踖（cùjí）：恭敬而不安。

王梵志詩[1]

一

遥看世間人，村坊安社邑[2]。
一家有死生，合村相就泣。
張口哭他屍，不知身去急。
本是長眠鬼，暫來地上立。
欲似養兒氈，回乾且就濕[3]。
前死深埋卻，後死續即入。

[1] 王梵志，唐代通俗詩人。今天我們能看到的王梵志詩有近四百首，内容多爲宣傳佛教、感嘆人生。王梵志詩並非一人一時所作，而是包含了從初唐到宋初的許多無名的白話詩人的作品。

[2] 村坊：百姓居止之處，邑居者爲坊，郊外爲村。社邑：民間結社。

[3] 俗似：如似，好像。

二

吾富有錢時，婦兒看我好。
吾若脱衣裳，與吾疊袍襖。
吾出經求去，送吾即上道[1]。
將錢入舍來，見吾滿面笑。
遶吾白鴿旋，恰似鸚鵡鳥。
邂逅暫時貧，看吾即貌哨[2]。
人有七貧時，七富還相報[3]。
圖財不顧人，且看來時道[4]。

[1] 經求：經營。

[2] 貌哨：醜陋。

[3] 此二句謂貧久必富，循環相報，佛教觀念如此。

[4] 來時道：依佛教轉生之説，指地獄苦報。

朱子語類[1]

問："涵養於未發之初，令不善之端旋消，則易爲力；若發後，則難制。"曰："聖賢之論，正要就發處制，惟子思説'喜、怒、哀、樂，未發謂之中'。孔孟教人，多從發處説，未發時，固當涵養，不成發後便都不管？"

次日又云："雖是涵養於未發，源清則流清，然源清則未見得，被他流出來，已是濁了。須是因流之濁，以驗源之未清，就本原處理會。未有源之濁而流之能清者，亦未有流

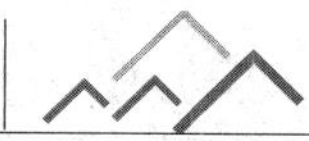

之濁而源清者。今人多是偏重了：祇是涵養於未發，而已發之失乃不能制，是有得於靜而無得於動；祇知制其已發，而未發時不能涵養，則是有得於動而無得於靜也。”

或問“誠敬”二字云云。先生曰：“也是如此，但不去做工夫，徒說得，不濟事。且如公一日間，曾有幾多時節去體察理會來？若不曾如此下工夫，祇據冊上寫底，把來口頭說，雖說得是，何益！某常說與學者，此個道理須是用工夫自去體究。講論固不可闕，若祇管講，不去體究，濟得甚事？蓋此義理盡廣大無窮盡，今日恁地說亦未必是，又恐他祇說到這裏，入深也更有在，若便領略將去，不過是皮膚而已；又不入思慮，則何緣會進？須是把來橫看竪看，子細窮究，都理會不得底，固當去看；便是領略得去者，亦當如此看。看來看去，方有疑處也，此個物事極密，毫釐間便相争，如何恁地疏略說得？若是那真個下工夫到田地底人[2]，說出來自別。”

廣云：“昨日聞先生教誨做工夫底道理，自看得來，所以無長進者，政緣不曾如此做工夫，故於看文字時不失之膚淺，則入於穿鑿。今若據先生之說，便如此著實下工夫去，則一日須有一日之功，一月須有一月之功；決不到虛度光陰矣。”先生曰：“昨日也偶然說到此。某將謂凡人讀書都是如此用工，後來看得卻多不如此。蓋此個道理問也問不盡，說也說不盡，頭緒甚多，須是自去看，看來看去，則自然一日深似一日，一日分曉似一日，一日簡易似一日。祇是要熟。《孟子》曰：‘仁，亦在乎熟之而已。’熟，則一喚在面前；不熟時，才被人問著，便須旋去尋討，迨尋討得來時，意思已不如初矣。”

先生諭廣曰：“今講學也須如此，更須於主一上做工夫。若無主一工夫，則所講底義理無安著處，都不是自家物事[3]。若有主一工夫，則外面許多義理方始爲我有，卻是自家物事。工夫到時，才主一便覺意思好，卓然精明；不然便緩散消索了，没意思。”廣云：“到此侍教誨三月，雖昏愚，然亦自覺得與前日不同，方始有個進修底田地，歸去當閉户自做工夫。”曰：“也不問在這裏不在這裏，也不說要如何頓段做工夫[4]，祇自脚下便做將去。固不免有散緩時，但才覺便收斂將來，漸漸做去，但得收斂時節多，散緩之時少，便是長進處。故《孟子》說：‘學問之道無他，求其放心而已。’所謂求放心者，非是别去求個心來存著，只才覺放心，便在此。《孟子》又曰：‘雞犬放，則知求之；心放，則不知求。’某常謂雞犬猶是外物，才放了，須去外面捉將來。若是自家心，便不用别求，才覺便在這裏。雞犬放，猶有求不得時，自家心則無求不得之理。”因言：“横渠說做工夫處更精切似二程[5]。二程資稟高，潔净，不大段用工夫[6]；横渠資稟有偏駁夾雜處，他大段用工夫來。觀其言曰：‘心清時少亂時多。其清時，視明聽聰，四體不待羈束而自然恭謹；其亂時，反是。’說得來大段精切。”

[1]《朱子語類》，是宋代朱熹講學的記録。這裏所選者是“訓門人”部分中的内容。

[2] 田地：某一地步，程度。

[3] 物事：東西。

[4] 頓段：分頓，分段。

[5] 横渠：横渠先生，指張載。二程：指程顥、程頤。

[6] 大段：十分。

燕雲奉使録[1]

趙良嗣

宣和二年春二月，詔遣中奉大夫右文殿修撰趙良嗣假朝奉大夫由登州泛海使女真，忠訓郎王環副之，以計議依祖宗朝故事買馬爲名，因議約夾攻契丹，取燕、薊、雲、朔等舊漢地復歸於朝廷。元奉密旨令面議，別不曾賫文字前去。三月二十六日，自登州泛海，由小謝駞基末島棋子灘東城會口皮囤島。四月十四日，抵蘇州關下。會女真已出師，分三路趨上京，良嗣自咸州會於青牛山，諭令相隨看。攻上京城破，遂與阿骨打相見於龍岡，致議約之意。大抵以燕京一帶本是舊漢地，欲相約夾攻契丹，使女真取中京，本朝取燕京一帶。阿骨打令譯者言云："契丹無道，我已殺敗，應係契丹州域全是我家田地。爲感南朝皇帝好意，及燕京本是漢地，特許燕雲與南朝，候三四日便引兵去。"良嗣對云："契丹無道，運盡數窮，南北夾攻，不亡何待？貴國兵馬去西京甚好，自今日議約既定，祇是不可與契丹議講和。"阿骨打云："自家既已通好，契丹甚閒事，怎生和得？便來乞和，須説與已共南朝約定，與了燕京。除將燕京與南朝，可以和也。"良嗣對："今日説約既定，雖未設盟誓，天地鬼神實皆照臨，不可改也。"食罷，約入上京，看契丹大内居室，相與上馬，並轡由西偏門入，並乘馬過五鑾、宣政等殿，遂置酒於延和樓。良嗣有詩云："建國舊碑胡日暗，興王故地野風乾。回頭笑謂王公子，騎馬隨軍上五鑾。"遂議歲賜。良嗣許三十萬。卻云："契丹時燕京不屬南朝，猶自與五十萬，如今與了燕京，如何衹三十萬？"辨論久之，卒許契丹舊數。良嗣問阿骨打："燕京一帶舊漢地、漢州則併西京是也。"阿骨打云："西京地本不要，止爲去挐阿適須索一到。（阿適天祚小字）若挐了阿適，也待與南朝。"良嗣又言："平營本燕京地，自是屬燕京地分。"高慶裔云："今所議者，燕地也。平灤自别是一路。"阿骨打云："書約已定，更不可改。本國兵馬已定八月九日到西京，使副到南朝，便教起兵相應。"趣歸，且言："緣在軍上，不及遣使前去。"止以事目一紙付良嗣回，約女真兵自平州松林趨古北口，南朝兵自雄州趨白溝夾攻，不可違約，不如約則難依已許之約。以二百騎護送東歸，過鐵州，遣人走馬追及："别有事商量，請使副回相見。"良嗣回至女真所，居阿木火。阿骨打言："本約到西京以兵相應，卻爲牛疫死且回，候來年約日同舉。爲恐失信，請使副回見。"楊樸諭云："郎君門意思不肯將平州畫斷作燕京地分[2]，此高慶裔所見如此，須著個方便[3]。"後來與粘罕議事，諭以兩朝議約既定，務在明白，庶免異時計較。粘罕問："有幾事？"對以將來舉軍之後，北兵不得過松亭、古北、榆關之南，免致兩軍相見，不測紛爭。此最大事，一也。其地界至臨時可以理會，且先以古北、松亭及平州東榆關爲界，此其二也。要約之後，不可與契丹講和，此三也。西京管下，爲恐妨收捉阿適道路，所有蔚、應、朔三州，最近於南界，將來舉兵，欲先取此三州，其餘西京、歸化、奉聖等州，侯挐了阿適回日然後交割，四也。兩國方以義理通好，將來本朝取了燕京，卻要係官錢物，此無義理，可便除去，五也。事定之後，當於榆關之東置榷場，六也。（榆關在平州之東，臣屢以榆關爲言者，蓋欲包平州在内也。）粘罕云："所言都好，但蔚、應州亦恐阿適走去，彼處候我家兵馬到日來商量。

所要係官財物，曾思量來，也係不是，便待除去。”粘罕、兀室云：“我皇帝從上京到了，必不與契丹講和。昨來再過上京，把契丹墓墳、宮室、廟像一齊燒了，圖教契丹斷了通和底公事。而今契丹更有甚面目來和也？千萬必不通和。衹是使副到南朝，奏知皇帝，不要似前番一般，中間裏斷絶了。我亦曾聽得數年前童貫將兵到邊，卻恁空回。”對以“此探報傳言之誤，若是實曾領兵上邊，衹恁休得？郎君門亦莫輕信。”粘罕大喜云：“兩家都如此，則甚好。若要信道將來必不與契丹通和，待於回去底國書内寫著。”打球射柳及所在宴飲，必召同集，及令上京俘獲契丹吴王妃作舞獻酒，（妃初已配吴王既而延禧私納之，又與其下犯法，故幽囚於上京。）且言“此是契丹男婦媳，且教與自家勸酒，要見自家兩國歡好。”阿骨打與良嗣把盞酬酢曰：“契丹煞大國土，被我殺敗，我如今煞是大皇帝。昨來契丹要通和，衹爲不著做‘兄’字，以至領兵討伐。自家、南朝是天地齊生底國主皇帝，有道有德，將來衹恁地好相待通好，更不争要做兄弟。這個事是天教做，不恁地後[4]，怎生隔著個恁大海便往來得？我從生來不會説脱空，今日既將燕京許與南朝，便如我自取得，亦與南朝。”於是差使副以攻破上京俘獲鹽鐵使蘇壽吉來獻，其意以爲既以燕地割隸中朝，以壽吉本燕人，故獻之。仍以質留劉亮等六人及因風吹逐刀漁船於立等兵級二十人，並交付良嗣帶朝。

［1］《燕雲奉使録》，載《三朝北盟會編》，南宋趙良嗣撰。這裏衹選其中一部分。

［2］門，同“們”。

［3］方便：方法，辦法。

［4］恁地：如此。後：語氣詞，表假設。

張協狀元[1]

（丑作强人出白）但自家不務農桑，不忻砍伐。嫌殺拽犁使，懶能負重擔輕。又要賭錢，專欣吃酒。别無運智，風高時放火燒山；欲逞難容，月黑夜偷牛過水。販私鹽，賣私茶，是我時常道業；剝人牛，殺人犬，是我日逐營生。一條扁擔，敵得塞幕裏官兵；一柄朴刀，敢殺當巡底弓手。假使官程擔仗，結隊火劫了均分；縱饒挑販客家，獨自個擔來做己有。没道路放七五隻獵犬，生擒底是麋鹿猱獐；有采時捉一兩個大蟲，且落得做袍搕腦。林浪裏假裝做猛獸，山徑上潛等著客人。今日天寒，圖個大帳。懦弱底與它幾下刀背，頑猾底與它一頓鐵查[2]。十頭羅刹不相饒，八臂那吒渾不怕。教你會使天上無窮計，難免目前眼下憂。（丑下）

（末做客出唱）［生查子］重重疊疊山，渺渺茫茫水。行貨已齎排，獨自難區處[3]。

（白）但小客肩擔五十秤，揹負五十斤。通得諸路鄉談，辨得川廣行貨。冲煙披霧，不辭千裏之迢遥；帶雨冒風，何惜此身之跋涉。欲經過五磯山上，小客獨自不敢向前，等待官程，不然車仗，廝趕過去。正是養家千百口，衹恐獨自失便宜。

（净做客出）喂！客長，相待過嶺歇子。喂！

（末）喂！客長。

（净、末相喂）（末）甚人？遠觀不審，近睹分明。誰？

（净喏）不相見多時。

（末）我門不認得你。

（净）不認得我？一番成都府提刑衙前打賣金駞駞底。

（末）是了，我略記得丰姿。

（净）我是甚麼人？我是客家，行南走北有聲價人。它來買金駝駝與我。

（末）我門約莫記個，客長到被它打。

（净）你說錯了。

（末）客長在下頭，它在上頭打拳。

（净）它都打我不著，我在下面兩拳如飛。（有）

（末）你如何叫？

（净）我不叫！甚年會叫？

（末）恁地不叫？

（净）大痛無聲，都叫不出。

（末）依然吃拳踢。

（净）叵耐賣金駝駝底走來抱我腰，被它把一拳——（打末腦）

（末）是我。

（净）它打我一拳，被我閃過，踢了一腳。

（末）鬼亂一和！

（净）我是誰！

（末）有眼不識太山。如今要過五磯山，怕有剪逕底劫掠人，厮趕去。

（净）好，好，好。你撞著我，是你有採！客長是那裏人？

（末）是梓州人。客長仙鄉那裏？

（净）我是浙東路處州人。相捶相打，刺鎗使棒，天下有名人！

（末）慚愧，拖带一道行。

（净）你命快，撞著我一道行。

（净唱）［復襄陽］一步又一步，一步又一步。檐兒擔不起，怎趕得程路？氣力全無，汗出悄如雨[4]。尚有三千里，怎生行路！

（末白）挨也！我上又不得，下又不得。且歇一歇了，去坐地。

（末唱）［同前］一步遠一步，一步遠一步。你與我同出路，也被人欺負。遇著强人，你門怎區處？把擔杖錢和本，便與它將去。

（净白）我物事到强人來劫去，你自放心！我使幾路棒與你看。

（末）願聞。

（净使棒介）這個山上棒，這個山下棒。這個船上棒，這個水底棒。這個你吃底。

（末）甚棒？

（净）地，地頭棒。

（末）甚罪過！

（净）棒來與它使棒，鎗來與它刺鎗。有路上槍，馬上鎗，海船上鎗。如何使棒？有南棒，南北棒，有大開門，有小開門。賊若來時，我便關了門。

（末）且是穩當。

（净）棒，更有山東棒，有草棒。我是徽州婺源縣祠山廣德軍鎗棒部署[5]，四山五嶽刺鎗使棒有名人。

（末）衹怕你説得一丈。

（净）我怕誰！

（丑走出唱）唯！不得要去。

（末）尉遲間著單雄信。

（净）來！你唤做劫賊。

（末）莫要道著。

（丑叫）林浪裏五十個大漢，不得出來，我獨自一個奈何它！

（末）好一對兒。

（净）你要對付誰？

（丑）對付你！你來抵敵我。

（净）你來劫我物事。

（末）我也知得。

（丑）你要好時，留下金珠買路，我便饒你去。

（净）你抵得我一條棒過時，便把與你去。

（丑）莫要走！

（净）我不走。一個來我不怕你！

（丑）兩個來我也不怕你！

（净）三個來我也不怕你！

（丑）四個來我也不怕你！

（净）五個來我也不怕你！

（末）都説得一合。

（净）要打是便打。

（丑）四個來我也不怕你！

（净）五個來我也不怕你！

（末）都説得一合。

（净）要打是便打。

（丑）這裏狹，且打短棒。

（净丑呆立）（末）客長怎地不動？慚愧，我且擔檐走了。

（丑）猜你那裏去。

（末）卻又會説叫。

（丑）我思量鎗法。

（净）我思量棒法。

（末）了得！孫子。

（净丑打）（有介）（净倒）告壯士，乞條性命！

（丑打）（末）告乞留性命！

（丑）你也膽大！它要來抵敵我！我把你擔仗去，略略地高聲，我便殺了你！經過此

山者，分明是你災。從前做過事，没興一齊來。（丑下）（净在地唤）

（末）客長，你相悮！

（净）挨也！相救。

（末）好！你説一和，大開門都使不得！

（净）我衹會使雷棒。

（末）又骨自説。苦！兩人查裹都把去了[6]。

（净）查裹由閑，可惜一條短棒。

（末）隨身之寶。你且起來。

（净唱）［福州歌］伊奪檐去，我底行貨，都是川裏買來底。我妻我兒，家裏望消息。

（合）雪兒又飛，今夜兩人在那裏睡！

（末）［同前］它來打你，你不肯和順，好言告它去。使鎗使棒，一心逞雄威。

（合）檐兒把去，今夜兩人在那裏睡！

（净）［同前］朔風又起，檐兒裹，紙被襖兒盡劫去。手兒腳兒，渾身悄如水。

（合）雪兒又飛，今夜兩人在那裏睡！

（末）［同前］你莫打渠，苦必苦，廝打你每早先輸。你腰我腰，没錢又無米。

（合）檐兒把去，今夜兩人在那裏睡！

（末白）下山轉去休。

（净）上山去。

（末）上山做甚麼？

（净）没檐空手人最好上山。

（末）卻來打渾。下山去。

（净）下山也好。

（末）如何？

（净）下山去借一條棒，更相打一合。

（末）你使不得。

（净）願你長做小婁羅，自有傍人奈汝何！

（末）百草怕霜霜怕日，惡人自有惡人磨。（並下）

［1］《張協狀元》，一般認爲作於南宋，收入《永樂大典》一三九九一卷。這裏選的是第八出。

［2］鐵查：鐵檛，鐵鞭。

［3］行（háng）貨：商品，貨物。區處：籌劃安排。

［4］悄：渾，簡直。

［5］部署：指拳棒教師或擂臺比武的主持人。

［6］查裹：行李。

合同文字記[1]

入話：

吃食少添鹽醋，不是去處休去。

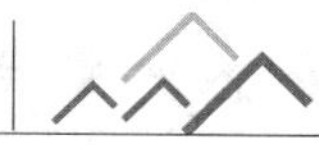

要人知重勤學，怕人知事莫做。

話說宋仁宗朝慶曆年間，去這東京汴梁城離城三十裏，有個村，喚做老兒村。村裏有個農莊人家，弟兄二人，姓劉：哥哥名劉添祥，年四十歲，妻已故；兄弟名劉添瑞，年三十五歲，妻田氏，年三十歲，生得一個孩兒，叫名安住，年三歲。弟兄專靠耕田種地度日。

其年因爲旱澇不收，一日，添瑞向哥哥道："看這田禾不收，如何過日？不若我們搬去路州高平縣下馬村，投奔我姨夫張學究處趁熟[2]，將勤補拙過幾時。你意下如何？"添祥道："我年紀高大，去不得。兄弟，你和二嫂去走一遭。"添瑞道："哥哥，則今日請我友人李社長爲明证，見立兩紙合同文字，哥哥收一紙，兄弟收一紙。兄弟往他州趁熟，'人無前後眼'，哥哥年紀大，有桑田、物業、家緣，又將不去，今日寫爲照证。"添祥言："兄弟見得是。"遂請李社長來家，寫立合同明白，各收一紙，安排酒相待之間，這李社長對劉添祥説："我有個女孩兒，劉二哥求作媳婦，就今日説開。"劉大言："既如此，選個吉日良辰，下些定禮。"

不數日完備，劉二辭了哥哥，收拾了行李，長行而去。衹因劉二要去趁熟，有分交：去時有路，回卻無門。正是：

> 旱澇天氣數[3]，家國有興亡；
> 萬事分已定，浮生空自忙。

當日，劉二帶了妻子，在路行了數日，已到高平縣下馬村，見了姨夫張學究，備説來趁熟之事。其人大喜，留在家。

光陰荏苒，不覺兩年。這劉二嫂害著個腦疽瘡，醫療一月有餘，疼痛難忍，飲食不進，一命傾世。劉二痛哭哀哀，殯葬已畢。又過兩月，劉二懨懨成病，醫療少可。張學究勸劉二休憶妻子，將息身體，好養孩兒安住。又過半年，忽然劉二感天行時氣[4]，頭疼發熱。正是：

> 福無雙至從來有，禍不單行自古聞。

害了六七日，一命嗚呼，已歸泉下。張學究葬於祖墳邊劉二嫂墳上，已畢。

光陰似箭，日月如梭，安住在張家村裏一住十五年，孩兒長成十八歲，聰明智慧，德行方能，讀書學禮。一日，正值清明節日，張學究夫妻兩口兒打點祭物，同安住去墳上祭掃。到墳前將祭物供養，張學究與婆婆道："我有話和你説。想安住今已長成人了。今年是大通之年，我有心待交他將著劉二兩口兒骨殖還鄉，認他伯父。你意下如何？"婆婆道："丈夫，你説得是。這的是陰騭勾當[5]。"

夫妻商議已定，交安住："拜了祖墳，孩兒然後去兀那墳前，也拜兒拜。"安住問云："父親，這是何人的墳？"拜畢，學究言："孩兒休問，燒了紙，回家去。"安住云："父親不通名姓，有失其親。我要性命如何？不如尋個自刎。"學究云："孩兒且住，我説與你，這是你生身父母。我是你養身父母，你是汴梁離城三十裏老兒村居住。你的伯父劉添祥。你父劉添瑞同你母親劉二嫂，將著你，年方三歲，十五年前三口兒因爲年歉，來俺家趁熟。你母患腦疽瘡身死，你父得天行時氣而亡，俺夫妻兩口兒備棺木殯葬了，將孩兒如嫡親兒子看養。"

不説萬事俱休，説罷，安住向墳前放聲大哭，曰："不孝子那知生身父母雙亡？"學究云："孩兒不須煩惱！選吉日良時，將你父母骨殖還鄉，去認了伯父劉添祥，葬埋了你父母骨殖。休忘了俺兩口兒的撫養之恩！"安住云："父親、母親之恩，過如生身父母，孩兒怎敢忘恩？若得身榮，結草銜環報答！"道罷，收拾回家。至次日，交人擇選吉日，將父母骨殖包裹了，收拾衣服、盤費，并合同文字，做一擔兒挑了，來辭張學究夫妻兩口兒。學究云："你爹娘來時，盤纏無一文，一頭挑著孩兒，一頭是些窮家私。孩兒路上在意，山峻難行，到地頭便稍信來，與我知之。"安住云："父親放心，休憶念！"遂拜别父母，挑了擔兒而去。

話休絮煩。卻說劉添祥忽一日自思："我兄弟劉二夫妻兩個都去趁熟，至今十五六年，並無音信，不知有無？"因爲家中無人，娶這個婆婆王氏，带著前夫之子來家，一同過活。一日，王氏自思："我丈夫老劉有個兄弟，和侄兒趁熟去，倘若還鄉來時，那裏發付我孩兒？好煩惱人哉！"

當日春社，老劉吃酒不在家。至下午，酒席散回家，卻好安住於路問人，來到門首，歇下擔兒。劉婆婆問云："你這後生尋誰？"安住云："伯娘，孩兒是劉添瑞之子，十五年前，父母與孩兒出外趁熟，今日回來。"正議論間，劉大醉了回來，見了安住，問云："你是誰？來俺門前做甚麼？"安住云："爹爹，孩兒是安住！"老劉問："你那父母在何處？"安住云："自從離了伯父，到路州高平縣下馬村張學究家趁熟，過不得兩年，父母雙亡，止存得孩兒。親父母已故，多虧張學究看養到今。今將父母骨殖還鄉安葬，望伯父見憐！"

當下老劉酒醉。劉婆言："我家無在外趁熟人，那裏走這個人來，胡認我家？"安住云："我見有合同文字爲照，特來認伯父。"劉婆教老劉："打這廝出去，胡廝纏來認我們！"老劉拿塊磚，將安住打破了頭，重傷血出，倒於地下。有李社長過，問老劉："打倒的是誰人？"老劉云："他詐稱是劉二兒子，認我又罵我，被我打倒推死。"李社長云："我聽得人説，因此來看。休問是與不是，等我扶起來問他。"

李社長問道："你是誰？"安住云："我是劉添瑞之子安住的便是。"社長問："你許多年那裏去來？"安住云："孩兒在路州高平縣下馬村張學究家撫養長成，如今带父母骨殖回鄉安葬。伯父、伯母言孩兒詐認，我見將著合同文字，又不肯看，把我打倒，又得爹爹救命。"

社長交安住："挑了擔兒，且同我回去。"即時領安住回家中。歇下擔兒，拜了李社長。社長道："婆婆，你的女婿劉安住將著父母骨殖回鄉。"李社長教安住將骨殖放在堂前，乃言："安住，我是丈人，婆婆是你丈母。"交滿堂女孩兒出來："參拜了你公公、婆婆的靈柩。"安排祭物，祭祀化紙已畢，安排酒食相待，乃言："孩兒，明日去開封府包府尹處，告理被晚伯母、親伯父打傷事[6]。"

當日歇了一夜，至次早，安住徑往開封府告包相公。相公隨即差人捉劉添祥併晚婆婆來，就带合同，一併赴官。又拘李社長明正。當口一干人到開封府廳上，包相公問："劉添祥，這劉安住是你侄兒不是？"老劉言："不是。"劉婆亦言："不是。既是親侄兒，緣何多年不知有無？"

包相公取兩紙合同一看，大怒，將老劉收監問罪。安住告相公："可憐伯伯年老，無兒無女，望相公可憐見！"包相公言："將晚伯母收監問罪。"安住道："望相公祇問孩兒

之罪，不干伯父伯婆之事。”包相公交將老劉打三十下。安住告相公：“寧可打安住，不可打伯父。告相公，祇要明白家事，安住日後不忘相公之恩!”

包相公見安住孝義，發放各回家：“待吾具表奏聞。”朝廷喜其孝心，旌表孝子劉安住孝義雙全，加贈陳留縣尹，全劉添祥一家團圓。

包相判畢，各自回家。其李社長選日令劉安住與女李滿堂成親。一月之後，收拾行裝，夫妻二人拜辭兩家父母，就起程直到高平具，拜謝張學究已畢，遂往陳留縣赴任爲官。夫妻諧老，百年而終。正是：

李社長不悔婚姻事，劉晚妻欲損相公嗣；
劉安住孝義兩雙全，包待制斷合同文字。

話本説徹，權作散場。

［1］本篇話本據胡士瑩《話本小説概論》考證爲宋代話本（但有可能摻入後代一些語言成分），其文字質樸，多宋元俗語。本話本是《清平山堂話本》中的一篇。《清平山堂話本》是明刊《六十家小説》的輯佚本，明代錢塘人洪楩編。

［2］學究：唐宋時科舉考試科目，引申为讀書人通稱，亦可指私塾教師。趁熟：趕往有收成的地方謀生，即逃荒。

［3］天氣數：天數與氣數，指上天安排的命運。

［4］天行時氣：流行病。

［5］陰騭：陰德。勾當：事情。

［6］晚：後來的，繼任的。

原本老乞大[1]

伴當，恁從那裏來[2]？
俺從高麗王京來。
如今那裏去？俺［往］大都去。
恁幾時離了王京？
俺這月初一日離了王京。
［既］恁這月初一日離了王京，到今半箇月，怎麽纔到的這裏？
俺有一箇伴當落後了來。俺沿路上慢慢的行著［等］候來。爲那上，遲了來。
那伴當如今趕上來那不曾？
這［箇］伴當便是，夜來纔來到。
恁這月盡頭到的大都那到［不］得？
知他，那話怎敢道？天可憐見，身巳（己）安樂呵[3]，也到［得］［有］。

恁是高麗人，卻怎麽漢兒言語説的好有？
俺漢兒人［上］學文書來的上頭，些小漢兒言語省的有。
你誰根底［學］文書來？
我在漢兒學堂裏學文書來。

你學甚麽文書來?

讀《論語》、《孟子》、《小學》。

恁每日做甚麽工課?

每日清早晨起來，到學裏，師傅行受了生文書。下學到家，喫飯罷，卻［到］學裏寫做書。寫做書罷對句，對句罷吟詩，吟詩罷，師［傅］行講書。

講甚麽文書?

講《小學》、《論語》、《孟子》。

說書罷，更做［甚］麽工課?

到晚，師傅行撤簽背唸書。背過的師傅與免［帖］一箇；若背不過時，教當直學生背起，打三下。

怎生是撤簽背唸書？怎生是免帖?

每一箇竹簽上寫著一箇學生的姓名，眾學生的姓名都這般寫著，一箇簽筒兒裏盛著。教當直學生將簽筒來搖撼動，內中撤一箇。撤著［誰］［的］，便著那人背書。背念過的，師傅與免帖一箇。那免帖［上］寫著“免決三下”，師傅上頭畫著押字。若再撤簽試不過，將出免帖來毀了，便將功折過免了打。若無免帖，定然吃三下。

你是高麗人，學他漢兒文書怎麽?

你說的也是。各自人都有主見。

你有甚麽主見？你說我試聽咱。

如今朝廷一統天下，世間用著的是漢兒言語。咱這高麗言語，衹是高麗田地裏行的。過的義州，漢兒田地裏來，都是漢兒言語。有人問著一句話，也說不得時，教別人將咱每做甚麽人看?

你這般學漢兒文書呵，是你自意裏學來那，你的爺娘教你學來?

是俺爺娘教我學來。

你學了多少時?

我學半年有餘也。

省的那省不的?

每日和漢兒學生每一處學文書來的上頭，些小理會的有。

你的師傅是甚麽人?

是漢兒人有。

多少年紀?

三十五歲也。

耐繁教那不耐繁教?

俺師傅性兒溫克，好生耐繁教。

恁那眾學生內中，多少漢兒人？多少高麗人?

漢兒、高麗中半。

裏頭也有頑的麼?

可知有頑的。每日學長將那頑學生師傅行呈著，那般打了呵，則是不怕。漢兒小廝每哏頑，高麗小廝每較争些箇。

伴當，恁如今那裏去?

我也往大都去。

既恁投大都去時，俺是高麗人，漢兒田地裏不慣行。你把似拖帶俺做伴當去，不好那?

那般者，咱每一處去來。

哥哥你貴姓?

我姓王。

本家在那裏住?

我在遼陽城裏住。

恁大都爲甚麼勾當去?

我將這幾箇馬賣去。

那般呵更好。俺也待賣這幾箇馬去。更這馬上馳著的些小毛施、帖里布，一就待賣去。既恁賣馬去呵，咱每恰好做伴當去。

哥哥曾知得大都馬價如何?

近有相識人來説，馬的價錢這其間也好。似這一等的馬賣五定之上，這一等的馬賣四定之上。

曾知得布價高低?

布價如常往年的價錢一般。

大都吃食貴賤?

俺那相識人曾説，他來時六兩一斗粳米，五兩一斗小米，十兩十三斤面，二兩半一斤羊肉。

似那般時，俺年時也在大都來，價錢都一般。

咱每今夜那裏宿去?

咱每往前行的十裏來田地裏有箇店子，名喚瓦店。咱每到時，或早或晚則那裏宿去。若過去了呵，那壁有二十里地無人家。

既那般呵，前不著村後不著店也。咱每則迭那裏宿去。

到那裏便早時也好，咱每歇息頭口，明日早行。

這裏到大都有幾程地?

這裏到大都，則是有五百裏之上。天可憐見，身己安樂呵，更著五箇日頭到也者。

咱每到時，那裏安下去便當?

咱每則投順承門關店裏下去來。那裏就便投馬市里去哏近。

你道的是，我也心裏那般想著有。你説的恰和我意同。則除那裏好，但是直東去的客人每，别處不下，都在那裏安下。俺年時也在那裏下來，哏便當。

你這幾箇頭口，每夜吃的草料通該多少鈔？

這六箇馬每一箇五升料、草一束，通筭過來，盤纏著五兩鈔。這六箇馬每夜吃的草料不等：草料貴處，盤纏六、七兩鈔；草料賤處，盤纏四、五兩鈔。

這箇馬也行的好，可知有幾步慢竄。

除了這箇馬，别箇的都不甚好。

你這馬和布子到大都賣了時，卻買些甚麽行貨，迴還高麗田地裏賣去？

俺往直南濟寧府東昌、高唐，收買些絹子、綾子、綿子回還王京賣去。

到恁那地面裏也有些利錢麽？

那的也中。俺年時根著漢兒伴當，到高唐收買些綿絹，將到王京賣了，也覓了些利錢。

恁那綾絹綿子，就地頭多少價錢買來？到王京多少價錢賣？

俺買的價錢，薄絹一疋十七兩，打染做小紅裏絹；綾子每疋二十五兩，染做鴉青和小紅。絹子每疋染錢三兩，綾子每疋染錢，鴉青的五兩、小紅的三兩。更綿子每兩價錢一兩二錢半。到王京，絹子一疋賣五綜麻布三疋，折鈔三十兩，綾子一疋，鴉青的賣布六疋，折鈔六十兩，小紅的賣布五疋，折鈔五十兩。綿子每四兩賣布一疋，折鈔十兩。通滾筭著，除了牙稅繳計外，也覓了加五利錢。

你自來到大都賣了行貨，卻買綿絹，到王京賣了，前後住了多少時？

俺從年時正月裏將馬和布子到大都賣了，五月裏到高唐，收起綿絹，到直沽裏上舡過海，十月裏到王京。投到年終，行貨都賣了，又買了這些馬並毛施布來了。

這三箇伴當，是你親眷那，是相合來的？都不曾問姓甚麽。

這箇姓金，是小人姑舅哥哥。這箇姓李，是小人兩姨兄弟。這箇姓趙，是俺街坊。

你是姑舅弟兄，誰是舅舅上孩兒？誰是姑姑上孩兒？

小人是姑姑生的，他是舅舅生的。

恁兩姨弟兄，是親兩姨那，是房親兩姨？

是親兩姨弟兄。俺母親是姐姐，他母親是姊妹。

恁既是姑舅兩姨弟兄，怎麽沿路穢語不迴避？

俺高麗體例，親弟兄也不隔話，姑舅兩姨更那裏問？

咱每閒話且休説，兀那店子便是瓦店，尋箇好乹（乾）淨店裏下去來，歇住頭口者。街北這箇店子是俺舊主人家，咱每則這裏下去來。

拜揖主人家哥。

嗳，卻是王大哥！多時不見，好麽？好麽？你這幾箇伴當從那裏廝合將來？

俺沿路相合著，做伴當大都去。你這店裏草料都有那没？

草料都有。料是黑豆，草是稈草。

是稈草好。若是稻穰時，這頭口每多有不吃的。黑豆多少一斗？草多少一束？

黑豆二兩半一鬥，草一兩一束。

是真箇麽？你卻休瞞俺。

這哥哥甚麽言語？你是熟客人，咱每便是自家裏一般。俺怎麽敢胡説？怕你不信時，別箇店裏試商量去。盡教，俺則是這般道。

俺通是十一箇馬，量著六斗料與十一束草者。

這鍘刀鈍，不快，若干草幾時切得了？主人家，別處快鍘刀借一箇去。

那般者，我借去。

這鍘刀是俺親眷家的，不付能哀告借將來[4]，風刃也似快。恁小心些使，休損了他的。

這伴當，你過的草忒麤，頭口每怎生吃的？好生細細的過者。

這伴當，你敢不會煮料的法度？你燒的鍋滾時，下上豆子。但滾的一霎兒，將這切了的草，豆子上蓋覆了，休燒火，氣休教走了，自然熟也。

客人每，恁打火那不打火？

俺不打火喝風那甚麽？你疾快做著五箇人的飯者。

恁吃甚麽飯？

俺五箇人，打著三斤麵的餅者，俺自買下飯去。

那般者，你買下飯去時，這間壁肉案上買豬肉去，是今日殺來的好豬肉。

多少一斤？

一兩半一斤。

恁主人家一就與俺買去，買著一斤肉者。休要底似肥的，帶脇條肉買者。大片兒切著將來爨者。

[1]《老乞大》是朝鮮時代最重要的漢語教科書之一，“乞大”是蒙古語的譯音，就是“契丹”，指中國。“老乞大”就是“中國通”的意思。《老乞大》的作者與成書年代不詳，一般推測大約成書於高麗朝末期，約當中國元末至元、至正年間。原本《老乞大》中，本國稱“高麗”，“北京”稱“大都”，“遼陽”稱“東京”，可以印证它的成書年代。

[2] 伴當：伙伴。

[3] 身已：身體。“己”亦“身”義。呵：語氣詞，表假設。

[4] 不付能：又寫作“不甫能”，才能夠，好容易。

掛枝兒[1]

同　心

眉兒來，眼兒去，我和你一齊看上，不知幾百世修下來，與你恩愛這一場，便道更有個妙人兒，你我也插他不上，人看著你是男我是女，怎知我二人合一個心腸，若將我二人上一上天平也，你半斤我八兩。[2]

[1]“掛枝兒”是明代萬曆年流行的一種民間時調小曲，由馮夢龍輯集的《掛枝兒》成爲研究民間文學和民間俗語的重要資料。本書選録《掛枝兒》的《歡部二卷》中的兩首。

[2]馮夢龍原注：“這天平欺頭否，不然二人定爲情死。”

感　恩

感深恩，無報答，衹得祈天求地，願衹願我二人相交得到底，同行同坐不廝離，日裏同茶飯，夜間同枕席。死便同死也，與你地下同做鬼。[1]

[1]馮夢龍原注：“生則願同衾，死則願同穴。李三郎千古情語。余有憶侯慧卿詩三十首，末一章云：詩狂酒癖總休論，病裏時時書掩門。最是一生淒絶處，鴛鴦塚上欲招魂。亦此意。第二句係余所改，舊云：願只願我二人做一對夫妻。反覺少味。”

山　歌[1]

笑

東南風起打斜來，好朵鮮花葉上開。後生娘子家没要嘻嘻笑，多少私情笑裏來。[2]

[1]“山歌”是宋代以來的民間歌曲，明代吴中尤盛。馮夢龍輯集的《山歌》與《掛枝兒》齊名，是研究民間文學與方言俗語的重要語料。本書選録《山歌》卷一和卷三各一首。

[2]馮夢龍原注：“凡生字、聲字、争字，俱從俗談叶入江陽韻，此類甚多，不能備載。吴人歌吴，譬諸打瓦拋錢，一方之戲，正不必如欽降文規，須行天下也。”

送　郎

送郎出去並肩行，娘房前燈火亮瞪瞪[1]。解開襖子遮郎過，兩人並做子一人行。送郎送到竈跟頭，吃郎踢動子火叉頭。娘道丫頭要個響，小阿奴奴回言道燈臺落地狗偷油。送郎送到屋簷頭，吃郎踢動子石磚頭。娘道丫頭要頭響，小阿奴奴回言道是蛇盤蛤蚆落洋溝。姐送情哥到半場，門前狗咬兩三聲。小阿奴奴玉手親抱住了金絲狗，莫咬子我情哥驚覺子娘。

[1]原注：瞪音橙。

練習七

1. 漢語史是如何分期的？中古漢語、近代漢語語料分別有哪些主要類別？每類各舉三種文獻。
2. 從上古音到中古音，聲母系統的發展主要表現在哪些方面？
3. 《廣韻》有多少個韻母？它是如何歸納出來的？
4. 從中古音到近代音聲母系統的發展主要表現在哪些方面？
5. 從中古音到《中原音韻》的韻母的變化主要表現在哪些方面？
6. 《中原音韻》反所映的漢語聲調的變化表現在哪些方面？
7. 分析下列“是”字句中“是”的語法作用。

   ①無情最是章臺柳，依舊煙籠十裏堤。（韋莊《臺城》）

   ②今是水悉有之，黃花似莕。（《顏氏家訓・書证》）

   ③這罪越添得重了，待走那裏去的是？（《水滸傳》第六十二回）
8. 分析下列處置式句子與現代漢語處置式的不同。

   ①已用當時法，誰將此義陳？（杜甫《寄李十二白二十韻》）

   ②念我常能數字至，將詩不必萬人傳。（杜甫《公安送韋二少府匡贊》）

   ③我把那驢賊丑生弟子孩兒！（孟漢卿《魔合羅》二折）
9. 指出下列三個“被”字句的語法特點。

   ①這閻婆惜被那張三小意兒百依百順，輕憐重惜。（《水滸傳》第二十一回）

   ②如彼愚人，被他打頭。（《百喻經・以梨打頭破喻》）

   ③二將奏曰：“被漢王詐宣我王有敕，賺臣落馬。”（《敦煌變文集・漢將王陵變》）
10. 找出下列句子中的介詞，並指出其語法作用。

    ①既出，得其船，便扶向路，處處志之。（陶潛《桃花源記》）

    ②時彼比丘，作是念：我今不應共他婦女起惡名聲。（西晉法炬譯《比丘避女惡名欲自殺經》）

    ③主僕二人……仔細看時，和店房都不見了，和王吉也乞一驚。（《清平山堂話本・陳巡檢梅嶺失妻記》）

    ④四員神將領了法旨，去不多時，就花園內起一陣風。（《清平山堂話本・洛陽三怪記》）

    ⑤今朝别有承恩處，鸚鵡飛來說似人。（羅鄴《宮中》）

    ⑥聞閑且共賞，莫待繡衣新。（韋應物《早春對雪　寄前殿中元侍御》）

    ⑦向吾宅裏坐，卻捉主人欺。（《敦煌變文集・燕子賦》）
11. 找出下列句子中的連詞，並指出其語法作用。

    ①經山復歷水，百恨將千慮。（李頎《臨别送張湮人入蜀》）

    ②子胥聞船人此語，知無惡意，遂即出於蘆中。（李頎《伍子胥變文》）

    ③既召見而惜之，但名字已去，不欲中改，於是遂行。（《世說新語・賢媛》）

    ④草檄可中能有暇，迎春一醉也無妨。（李涉《早春霽後發頭陀寺寄院中》）

    ⑤父子至親，岐路各别。縱然相逢，無肯代受。（唐實叉難陀譯《地藏菩薩本願經》卷上）
12. 解釋下列句子中加點詞的詞義。

    ①寤言賦新詩，忽忘羈客情。（湛方生《還都帆》）

    ②到嫌衫袖廣，恒長礙舉鬟。（庾信《看舞》）

③親交義在敦，申章復何言。（曹植《贈徐干》）

④客到，屏當未盡，餘兩小簏，著背後，側身障之。（《世說新語·雅量》）

⑤劉真長與殷淵源談，劉理如小屈，殷曰：惡！卿不欲作將善雲梯仰攻？（《世說新語·文學》）

⑥孔子知五經，門人從之學，當復行問以爲人法，何故專口授弟子乎？（《論衡·知實》）

⑦王仲祖有好儀形，每覽鏡自照，曰："王文開那生如馨兒！"（《世說新語·容止》注引《語林》）

⑧煩冤荒隴側，肝心盡崩抽。（鮑照《松柏篇》）

⑨願保金石軀，慰妾長飢渴。（陸機《爲顧彥先贈婦》）

⑩入塞長雲雨，出國暫泥沙。（何遜《南還道中送贈劉諮議別》）

⑪投分寄石友，白首同所歸。（潘岳《金谷集作》）

⑫資生仰化，於何不養。（束皙《補亡詩·崇丘》）

⑬官曹文墨，發摘若神，時人咸服其膽。（《梁書·范雲傳》）

13. 上古漢語詞彙史有何特點？試舉例述之。

14. 中古漢語詞彙史有何特點？試舉例述之。

15. 近代漢語詞彙史有何特點？試舉例述之。

附録一

實用辭書簡介

學習古代漢語，常常會碰到一些比較生僻的字和詞，既不知道它們的讀音，又不瞭解它們的意義；也常常會碰到一些字和詞，看來面熟，卻不知它的確切含义；還常常會碰到一些成語典故，不大好懂。這些都要依靠語文辭書來解決。下面，我們擇要介紹若干種學習古漢語時查閱字、詞的形、音、義及用法的實用辭書。

1.《古漢語常用字字典》與《漢語大字典》

查檢漢字音、義，可用這兩部字典。前書適用於查古漢語常用字；後書適用於查古今漢字，而且兼及字形。

《古漢語常用字字典》　商務印書館 1979 年出版。

本書正文共收古漢語常用字 3 700 多個（不包括異體字），對於古今意義相同而且現代漢語中也很常用的字，古書中很少出現的生僻字和意義，古白話和現代漢語中纔出現的字和意義，以及詩詞曲中特有的意義，一般不收。

全書字頭按照漢語拼音字母順序排列，若要查不明讀音的字，則可以利用書前的《部首檢字》。每字頭下依次予以注音、釋義、舉例。注音包括采用漢語拼音字母注音和采用注音字母注音兩種。釋義照顧到各義項間的關係，按詞義引申的次序由近而遠排列，即：先本義（或基本義），再依次列引申義，最後是假借義。對魏晉以後出現的義項，一概注明“後起意義”。例句主要選用典型性强、明白易懂者，不考慮是否出自始見書。在一些字條下設有【注意】或【辨】，前者一般指出在詞義的歷史發展中應當注意的地方，後者一般用於同義詞或近義詞的辨析。本書後有附録《難字表》，收難字 2 600 多個，衹有注音、釋義，没有例句，作爲字典正文的補充。

《漢語大字典》　徐中舒主編，湖北辭書出版社、四川辭書出版社 1986—1990 年出版。

本書是湖北、四川兩省 300 餘名專家學者自 1975 年開始十年艱苦奋鬥的產物。全書 8 卷，共收列單字 56 000 左右，是當時世界上所收漢字最多的字典。

本書單字按照新定 200 部首分部編排。釋字注重形、音、義的密切配合，盡可能歷史地、正確地反映漢字形、音、義的發展。在字形方面，於楷書單字條目下收列了能够反映字形源流演變的、有代表性的甲骨文、金文、小篆和隸書，並就其形體結構作出簡要的說明。在字音方面，對所收列的楷書單字盡可能地注出現代讀音，並收列中古的反切，標注上古的韻部。在字義方面，不僅注重收列常用字的常用義，而且注意考釋常用字的生僻義以及生僻字的意義，還適當地收錄了複音詞中的詞素義。對於多義字的各個義項，一般按照本義、引申義、通假義的順序排列。除名詞、動詞、形容詞外，數詞、量詞、代詞、副詞以及其他虛詞都予標明詞性。有些名物字，難以用文字描繪或較罕見，則附插圖以助釋義。

2.《説文解字今釋》

辨識漢字的形體結構，瞭解字、詞的本義，可用本書。

《説文解字今釋》　（東漢）許慎原著，湯可敬今釋，岳麓書社1997年出版，凡三册。

東漢許慎的《説文解字》是第一部運用六書理論系統分析漢字形體結構、考究漢字本義的字典，至今仍然具有重要的參考价值。然而由於時代久遠，今人讀之已有相當難度。

本書試圖全面吸收説文學、古文字學的研究成果，益以己意，使《説文》成爲現代學子都能讀懂的雅俗共賞之作。全書每條分字頭、正文、注音、譯文、注釋、參證等部分。在將許書嚴格校勘之後，譯文按照直譯爲主、忠實原著的原則將説解譯成白話。注釋順著許氏思路，以直接引用已有公論的段、桂、王、朱等近兩百個文字學家的古注爲主，以保證工具書的科學性並方便讀者進一步深入學習、研究。參證利用舉世公認的文字學成果特别是古文字學成果，證明、豐富、發展許學，糾正許氏的錯誤，彌補許學的不足。書後附新編“部首檢字表”和“音序檢字表”，查檢也極方便。

3.《辭源》（修訂本）與《漢語大詞典》

查檢古代漢語語詞和典故，可用這兩部詞典。

《辭源》（修訂本）　由廣東、廣西、河南、湖南四省（區）及商務印書館編輯部協作修訂而成。商務印書館1979—1983年出版。全四册。

舊《辭源》初版於1915年，1931年出版續編，1939年出版正續編合訂本，是我國現代第一部較大規模的語文辭書。原書以語詞爲主，兼收百科。1958年，開始對《辭源》進行修訂，根據與《辭海》、《現代漢語詞典》分工的原則，删去了原書中關於現代自然科學、社會科學和應用技術的詞條，專收古代漢語的詞彙，使之成爲一部閱讀一般古籍的專業詞典。

全書共收單字12 890個，複詞84 134條。單字條的組成包括字頭、漢語拼音、注音字母、《廣韻》反切與韻部、聲紐、釋義、書證。複詞條的組成包括釋義和書證。多義詞解釋按照本義、引申、通假的顺序。書證重在溯源，盡可能取用始見書。本書單字依照明清以來字書習用的214部首排列。每分册後均附有該分册詞條的四角號碼索引，最後一個分册附有全書單字的漢語拼音索引。

《漢語大詞典》　羅竹風主編，上海辭書出版社1986—1994年出版。

本書由上海、山東、江蘇、安徽、浙江、福建等省市有關單位約400餘名專家學者自1975年起前後經歷了十年多時間編成，是一部大型的、歷史性的漢語語文辭典。全書正文12卷，共收詞目約37萬條，5 000餘萬字。另有檢索表和附録1卷。

本書所收條目與《辭源》（修訂本）一樣，也分單字條目與多字條目，並按照“以字帶詞”的原則將多字條目列於單字條目之下。至於單字條目的排序，則與《漢語大字典》相同，依新定200部首歸部而稍異於《辭源》（修訂本）。單字條目字頭之下，依次標注現代音與中古或近古音：前者用漢語拼音字母標注；後者用反切標注，並在《廣韻》、《集韻》的反切後依次列出聲調、韻部與聲類（其他韻書反切後衹標聲調和韻部，字書則衹列反

切)。多字條目則一般衹釋義不注音。本書所收條目力求義項完備，從語詞的歷史演變過程加以全面的闡述。然而由於所收僅限漢語一般語詞，凡未進入一般語詞範圍内的專科詞，概不收錄，因此，本書雖説詞條收入量是《辭源》(修訂本)的四倍，但未能完全包括或取代《辭源》(修訂本)。實際上有不少詞，在《漢語大詞典》中查不到，在《辭源》中卻能查到。當然這主要是指一些地名、政區名、人名以及其他專名；至於語詞，應該説還是《漢語大詞典》收錄比較齊全，解釋也比較詳盡。

4.《故訓匯纂》

查檢一個詞在古書中有哪些用法，可用這部工具書。

《故訓匯纂》　宗福邦、陳世鐃、蕭海波主編，商務印書館2003年出版。

本書彙集了從先秦至晚清經史子集中200餘部重要典籍的訓詁資料，加以合理編排，摘錄原例，詳列出處。全書共收字頭近兩萬個，引據的訓詁資料50萬條，篇幅達1 300萬字。該書是對兩百年前清代阮元主編的著名辭書《經籍籑詁》的繼承和拓展，它囊括了《經籍籑詁》的全部内容，並作了認真的校訂，又在此基礎上作了大幅度的補充。資料豐富，規模宏大，編排合理，檢索方便，是其顯著的特色。其他辭書不曾涉及的詞義，每可從此書中查得，其功用非同一般。

5.《詩詞曲語辭匯釋》、《詩詞曲語辭例釋》(增訂本)與《詩詞曲語辭集釋》

查檢詩、詞、曲中特殊語辭的詞義，可以用這三部辭書。

《詩詞曲語辭匯釋》　近人張相著，中華書局1953年初版，1955年出第三版，分上下册。

本書彙集了唐、宋、金、元、明以來流行於詩、詞、曲中的許多特殊語词，詳引例證，解釋詞義與用法，兼談其流變及演化。全書標目537，附目600多，下依義項分立800多條(每義一條)。書後附有“語辭筆畫索引”，要注意利用。

《詩詞曲語辭例釋》(增訂本)王鍈著，中華書局1980年初版，1986年出第二版增訂本。

本書可看作張相《詩詞曲語辭匯釋》的補編。增訂本所收詞語標目321，附目255，下依義項分立412條(每義一條)。詞條按照漢語拼音字母順序排列，書後另附《筆畫索引》。

《詩詞曲語辭集釋》　王鍈、曾明德編，語文出版社1991年出版。

本書是1949年10月至1985年12月間報刊所見考釋詩詞曲語辭的單篇論文的集錄，共收自唐迄明韻文語辭557條。

6.《古代漢語虛詞詞典》

查檢古代漢語虛詞的用法，可以用這部詞典。

《古代漢語虛詞詞典》　中國社會科學院語言研究所古代漢語研究室編，商務印書館1999年出版。

本書所收虛詞範圍比較寬泛，包括副詞、介詞、連詞、助詞、語氣詞、感嘆詞、助動詞、代詞、不定數詞等，其中有的並非嚴格意義上的虛詞。收詞以古代漢語虛詞爲主，同時也酌收部分近代漢語虛詞。除了單音節詞之外，還收複合虛詞、慣用詞組和固定格式。全書共收詞目1 855條。每一詞條都從用法、意義、舉例等幾個部分加以説明；間附按語，以對某些與理解有關的問題作進一步的解釋。有的詞條還設有“辨析”一欄，用來辨析該詞語與其他有關詞語的差異、古今用法或意義的差異等。本書無論單音虛詞還是複合虛詞，一律注明所屬詞類。對於單音虛詞，一般還勾畫了它的虛化過程，說明在不同歷史時期的不同用法或語法意義。對於複合虛詞與慣用語，則一般都注明結構類型。本書條目按漢語拼音字母順序排列，卷首附"筆畫檢字表"，使用稱便。

7.《古字通假會典》與《漢字通用聲素研究》

查檢古籍中文字的假借與通用情況，可用這兩本書。

《古字通假會典》　高亨纂著，董治安整理，齊魯書社 1989 年出版。

本書是中國古代文字通用例證的彙編，主要取材於先秦兩漢時期的古籍和舊注，兼及少量魏晉以後的著作和注解。所輯通用字例證包括古籍異文以及字書、古注中關於通用字的訓釋，資料力求全備。全書所收通用字例按照古韻十九部的順序排列，同部之字再按所屬聲系編次。爲了方便讀者查閱本書，書前除"條目索引"外，還附有"筆畫索引"。

《漢字通用聲素研究》　張儒、劉毓慶者，山西古籍出版社 2002 年出版。

所謂聲素，是指形聲字以外的所有漢字。例如"人"是象形字，"亦"是指事字，"好"是會意字，"人"、"亦"、"好"就是三個聲素。形聲字也有聲素。由於形聲字的聲符還可以是形聲字，因此形聲字的聲素總是最原始的那個不是形聲字的聲符。例如"覆"的聲符是"復"，"復"的聲符是"复"。"复"字便是"復"、"覆"兩級形聲字的共同聲素。本書從先秦兩漢文獻用字中歸納出聲素 1 300 個。每個聲素下有該聲素的聲素系統和通用聲素兩項內容。讀者可以根據聲素系統查找同一聲素系統的通用字，根據通用聲素查找不具備共同聲素的通用字。本書的作用不衹在告訴讀者歷史上哪些字曾經通用，更主要的是提供了一條識別通用字的途徑，使讀者能夠通過這條途徑去識別古籍中前人尚未發現的通用字。

8.《同源字典》與《同源字典補》、《同源字典再補》

查檢漢語中的同源詞，可用這三本書。

《同源字典》　王力著，商務印書館 1982 年出版。

本書是第一部專收漢語同源詞的工具書。雖名"同源字典"，實際上準確地說應叫做"同源詞典"。全書共收同源詞 1 026 組，以古韻 29 部爲綱、古聲紐 33 母爲目對入收同源詞組進行排列。各同源詞組下都引用大量古籍訓詁材料作爲證明。書後附"音序檢字表"及"部首檢字表"，以便不熟悉古音系者檢索之用。

《同源字典補》、《同源字典再補》　劉鈞傑著，分别於 1999 年由商務印書館與語文出版社出版。

兩書同爲《同源字典》拾遺補缺之作，體例亦同《同源字典》，其中前書補充辨釋同源字（詞）456 組，後書再補充辨釋同源字（詞）569 組。

9.《類别詞匯釋》

查檢古代漢語同義詞、近義詞在意義及用法上的差異，可用本書。

《類别詞匯釋》　李新魁著，河南人民出版社 1989 年出版。

所謂類别詞，是指同一類事物之内各種具體細類的詞。如"鼎"與"鑊"同屬炊具，而"有足曰鼎，無足曰鑊"，"鼎"、"鑊"爲類别詞；"珠"與"璣"同是珠子，而"圓者曰珠，不圓者曰璣"，"珠"、"璣"爲類别詞。諸如此類的類别詞，通常也被視爲廣義

上的同義詞或近義詞。

本書從古代典籍中廣泛搜羅兩兩竝見，且經分箋訓釋的各種類别詞，彙集有關材料加以印證、比較或者補充。每一詞條先録古代典籍中的“分箋”文字，注明出處，然後加以箋釋。箋釋一般先彙集與本條有關的各種材料作爲參證，再對本條所涉及的語詞進行説解。全書按詞義分天象、地理、居室、人身、親族、典制、言文、人事、社會活動、服飾、器物、飲食、動物、植物、性狀、抽象概念 16 大類；各大類之下再分若干小類；小類之中，分别收録各個有關條目。爲方便讀者查檢書中各詞，書後另附有“音序檢字表”和“部首檢字表”。

10.《歷代避諱字彙典》

查檢歷代避諱字及其相應避諱方式、方法與影響等，可用本書。

《歷代避諱字彙典》　王彦坤編著，中州古籍出版社 1997 年初版，中華書局 2009 年出新 1 版。

本書是迄今爲止彙録歷代避諱字材料最爲豐贍的工具書。中華版全書徵引古今圖籍近 530 種，所收避諱材料上至先秦，下逮民國；以敬諱材料爲主，兼及忌諱、憎諱材料；以史料爲主，但不完全排除非史材料；公諱、私諱兼收，正諱、偏諱、嫌名並録；共收歷代避諱字（詞）1 043 個，依朝代及避諱物件不同分立 1 402 條，涉及歷代因避諱而產生或竄改之人名、地名、書名、職官名等 1 萬個以上。全書依據各朝或各人的避諱本字設立條目。各條目按照中文拼音字母順序編次。條目下彙録歷代避諱史實，對於其中一字而數朝或多人共諱的，則按時代先後分（一）、（二）、（三）……予以撰述。一條中凡屬一朝或一人之諱，避諱史實按照先正諱後嫌名的原則，同時根據所用避諱方式進行編排。又以〔　〕號標出避諱方法或形式（如〔省闕〕、〔代字〕、〔更讀〕、〔辭官〕等），以〈　〉號標示避諱行爲所關涉之方面或範疇（如〈姓氏〉、〈人名〉、〈縣名〉、〈篇籍〉等）。至於書中所録歷代避諱材料，凡編著者以爲存在錯誤或可疑的，一概以〔疑誤〕或〔存疑〕標示。間加按語，或指出避諱事實在避諱史上的地位及影响，或評價前人議論的得失，或説明禁忌的因由，或分析諱、代字間的音義關係。該書卷末附有以書中所涉全部避諱字、避諱代用字、因避諱而產生或竄改的人名、地名、書名、職官名等專有名詞作爲檢索對象的“四角號碼綜合索引”。

11.《漢字古音手册》

查檢漢字的上古音及中古音，可用本書。

《漢字古音手册》　郭錫良編著，北京大學出版社 1986 年初版，商务印书馆 2010 年出增訂本。

本手册用於從今音查對漢字的上古音及中古音。增訂本全書收録古代漢字约 11 700 个，包括了《説文解字》中的全部 9 000 多个字以及《王力古漢語字典》、《漢語大字典》中凡東漢以前有用例的字，同時删去初版所收的東漢以后才有用例的 200 多个後起字。編排體例是，先按今音的韻母分部，同韻的字再按聲母排列。字頭前採用漢語拼音字母標注今音；字頭後標明該字在上古和中古的音韻地位，具體做法是，第一行列舉上古的聲母和韻母，後注擬音。第二行列舉《廣韻》的反切；空一格注明中古的聲母、韻類、開合口、等、聲調、韻攝；然後再注擬音。擬音全部採取通用的國際音標。

附録二

簡化字總表

（1986 年新版）

第一表

不作简化偏旁用的简化字

本表共收简化字 350 个，按读音的拼音字母顺序排列。本表的简化字都不得作简化偏旁使用。

A

碍〔礙〕
肮〔骯〕
袄〔襖〕

B

坝〔壩〕
板〔闆〕
办〔辦〕
帮〔幫〕
宝〔寶〕
报〔報〕
币〔幣〕
毙〔斃〕
标〔標〕
表〔錶〕
别〔彆〕
卜〔蔔〕
补〔補〕

C

才〔纔〕
蚕〔蠶〕①
灿〔燦〕
层〔層〕
搀〔攙〕
谗〔讒〕
馋〔饞〕
缠〔纏〕②
忏〔懺〕
偿〔償〕
厂〔廠〕
彻〔徹〕
尘〔塵〕
衬〔襯〕
称〔稱〕
惩〔懲〕
迟〔遲〕
冲〔衝〕
丑〔醜〕
出〔齣〕
础〔礎〕
处〔處〕
触〔觸〕
辞〔辭〕
聪〔聰〕
丛〔叢〕

D

担〔擔〕
胆〔膽〕
导〔導〕
灯〔燈〕
邓〔鄧〕
敌〔敵〕
籴〔糴〕
递〔遞〕
点〔點〕
淀〔澱〕
电〔電〕
冬〔鼕〕
斗〔鬥〕
独〔獨〕
吨〔噸〕
夺〔奪〕
堕〔墮〕

E

儿〔兒〕

F

矾〔礬〕
范〔範〕
飞〔飛〕
坟〔墳〕
奋〔奮〕
粪〔糞〕
凤〔鳳〕
肤〔膚〕
妇〔婦〕
复〔復〕
〔複〕

G

盖〔蓋〕
干〔乾〕③
〔幹〕
赶〔趕〕
个〔個〕
巩〔鞏〕
沟〔溝〕
构〔構〕
购〔購〕
谷〔穀〕
顾〔顧〕
刮〔颳〕
关〔關〕
观〔觀〕
柜〔櫃〕

H

汉〔漢〕
号〔號〕
合〔閤〕
轰〔轟〕
后〔後〕
胡〔鬍〕
壶〔壺〕
沪〔滬〕
护〔護〕
划〔劃〕
怀〔懷〕
坏〔壞〕④
欢〔歡〕
环〔環〕

---

① 蚕：上从天，不从夭。
② 缠：右从廛，不从厘。
③ 乾坤、乾隆的乾读 qián（前），不简化。
④ 不作坯。坯是砖坯的坯，读 pī（批），坏坯二字不可互混。

还〔還〕
回〔迴〕
伙〔夥〕①
获〔獲〕
〔穫〕

J

击〔擊〕
鸡〔鷄〕
积〔積〕
极〔極〕
际〔際〕
继〔繼〕
家〔傢〕
价〔價〕
艰〔艱〕
歼〔殲〕
茧〔繭〕
拣〔揀〕
硷〔鹼〕
舰〔艦〕
姜〔薑〕
浆〔漿〕②
桨〔槳〕
奖〔獎〕
讲〔講〕
酱〔醬〕
胶〔膠〕

阶〔階〕
疖〔癤〕
洁〔潔〕
借〔藉〕③
仅〔僅〕
惊〔驚〕
竞〔競〕
旧〔舊〕
剧〔劇〕
据〔據〕
惧〔懼〕
卷〔捲〕

K

开〔開〕
克〔剋〕
垦〔墾〕
恳〔懇〕
夸〔誇〕
块〔塊〕
亏〔虧〕
困〔睏〕

L

腊〔臘〕
蜡〔蠟〕
兰〔蘭〕
拦〔攔〕
栏〔欄〕
烂〔爛〕
累〔纍〕
垒〔壘〕
类〔類〕④
里〔裏〕
礼〔禮〕
隶〔隸〕
帘〔簾〕
联〔聯〕
怜〔憐〕
炼〔煉〕
练〔練〕
粮〔糧〕
疗〔療〕
辽〔遼〕
了〔瞭〕⑤
猎〔獵〕
临〔臨〕⑥
邻〔鄰〕
岭〔嶺〕⑦
庐〔廬〕
芦〔蘆〕
炉〔爐〕
陆〔陸〕
驴〔驢〕
乱〔亂〕

M

么〔麽〕⑧
霉〔黴〕
蒙〔矇〕
〔濛〕
〔懞〕
梦〔夢〕
面〔麵〕
庙〔廟〕
灭〔滅〕
蔑〔衊〕
亩〔畝〕

N

恼〔惱〕
脑〔腦〕
拟〔擬〕
酿〔釀〕
疟〔瘧〕

P

盘〔盤〕
辟〔闢〕
苹〔蘋〕
凭〔憑〕
扑〔撲〕
仆〔僕〕⑨
朴〔樸〕

Q

启〔啓〕
签〔籤〕
千〔韆〕
牵〔牽〕
纤〔縴〕
〔纖〕⑩
窍〔竅〕
窃〔竊〕
寝〔寢〕
庆〔慶〕⑪
琼〔瓊〕
秋〔鞦〕
曲〔麯〕
权〔權〕
劝〔勸〕
确〔確〕

R

让〔讓〕
扰〔擾〕
热〔熱〕
认〔認〕

S

洒〔灑〕
伞〔傘〕
丧〔喪〕
扫〔掃〕
涩〔澀〕
晒〔曬〕
伤〔傷〕
舍〔捨〕
沈〔瀋〕
声〔聲〕
胜〔勝〕
湿〔濕〕
实〔實〕
适〔適〕⑫
势〔勢〕
兽〔獸〕

---

① 作多解的夥不简化。

② 浆、桨、奖、酱：右上角从夕，不从夕或爫。

③ 藉口、凭藉的藉简化作借，慰藉、狼藉等的藉仍用藉。

④ 类：下从大，不从犬。

⑤ 瞭：读 liǎo（了解）时，仍简作了，读 liào（瞭望）时作瞭，不简作了。

⑥ 临：左从一短竖一长竖，不从刂。

⑦ 岭：不作岺，免与岑混淆。

⑧ 读 me 轻声。读 yāo（夭）的么应作幺（么本字）。吆应作吆。麽读 mó（摩）时不简化，如幺麽小丑。

⑨ 前仆后继的仆读 pū（扑）。

⑩ 纤维的纤读 xiān（先）。

⑪ 庆：从大，不从犬。

⑫ 古人南宫适、洪适的适（古字罕用）读 kuò（括）。此适字本作𨑹，为了避免混淆，可恢复本字𨑹。

书〔書〕
术〔術〕①
树〔樹〕
帅〔帥〕
松〔鬆〕
苏〔蘇〕
〔囌〕
虽〔雖〕
随〔隨〕

T

台〔臺〕
〔檯〕
〔颱〕
态〔態〕
坛〔壇〕
〔罎〕
叹〔嘆〕
誊〔謄〕
体〔體〕
粜〔糶〕
铁〔鐵〕
听〔聽〕
厅〔廳〕②
头〔頭〕
图〔圖〕
涂〔塗〕
团〔團〕
〔糰〕
椭〔橢〕

W

洼〔窪〕
袜〔襪〕③
网〔網〕
卫〔衛〕
稳〔穩〕
务〔務〕
雾〔霧〕

X

牺〔犧〕
习〔習〕
系〔係〕
〔繫〕④
戏〔戲〕
虾〔蝦〕
吓〔嚇〕⑤
咸〔鹹〕
显〔顯〕
宪〔憲〕
县〔縣〕⑥
响〔響〕
向〔嚮〕
协〔協〕
胁〔脅〕
亵〔褻〕
衅〔釁〕
兴〔興〕
须〔鬚〕
悬〔懸〕
选〔選〕
旋〔鏇〕

Y

压〔壓〕⑦
盐〔鹽〕
阳〔陽〕
养〔養〕
痒〔癢〕
样〔樣〕
钥〔鑰〕
药〔藥〕
爷〔爺〕
叶〔葉〕⑧
医〔醫〕
亿〔億〕
忆〔憶〕
应〔應〕
痈〔癰〕
拥〔擁〕
佣〔傭〕
踊〔踴〕
忧〔憂〕
优〔優〕
邮〔郵〕
余〔餘〕⑨
御〔禦〕
吁〔籲〕⑩
郁〔鬱〕
誉〔譽〕
渊〔淵〕
园〔園〕
远〔遠〕
愿〔願〕
跃〔躍〕
运〔運〕
酝〔醞〕

Z

杂〔雜〕
赃〔贜〕
脏〔臟〕
〔髒〕
凿〔鑿〕
枣〔棗〕
灶〔竈〕
斋〔齋〕
毡〔氈〕
战〔戰〕
赵〔趙〕
折〔摺〕⑪
这〔這〕
征〔徵〕⑫
症〔癥〕
证〔證〕
只〔隻〕
〔祇〕
致〔緻〕
制〔製〕
钟〔鐘〕
〔鍾〕
肿〔腫〕
种〔種〕
众〔衆〕
昼〔晝〕
朱〔硃〕
烛〔燭〕
筑〔築〕
庄〔莊〕⑬
桩〔樁〕
妆〔妝〕
装〔裝〕
壮〔壯〕
状〔狀〕
准〔準〕
浊〔濁〕
总〔總〕
钻〔鑽〕

---

① 中药苍术、白术的术读 zhú（竹）。
② 厅：从厂，不从广。
③ 袜：从末，不从未。
④ 系带子的系读 jì（计）。
⑤ 恐吓的吓读 hè（赫）。
⑥ 县：七笔。上从且。
⑦ 压：六笔。土的右旁有一点。
⑧ 叶韵的叶读 xié（协）。
⑨ 在余和馀意义可能混淆时，仍用馀。如文言句“馀年无多”。
⑩ 喘吁吁，长吁短叹的吁读 xū（虚）。
⑪ 在折和摺意义可能混淆时，摺仍用摺。
⑫ 宫商角徵羽的徵读 zhǐ（止），不简化。
⑬ 庄：六笔。土的右旁无点。

第二表

可作简化偏旁用的简化字和简化偏旁

本表共收简化字 132 个和简化偏旁 14 个。简化字按读音的拼音字母顺序排列，简化偏旁按笔数排列。

A

爱〔愛〕

B

罢〔罷〕
备〔備〕
贝〔貝〕
笔〔筆〕
毕〔畢〕
边〔邊〕
宾〔賓〕

C

参〔參〕
仓〔倉〕
产〔産〕
长〔長〕①
尝〔嘗〕②
车〔車〕
齿〔齒〕
虫〔蟲〕
刍〔芻〕
从〔從〕
窜〔竄〕

D

达〔達〕
带〔帶〕
单〔單〕
当〔當〕
　〔噹〕
党〔黨〕
东〔東〕
动〔動〕
断〔斷〕
对〔對〕
队〔隊〕

E

尔〔爾〕

F

发〔發〕
　〔髮〕
丰〔豐〕③
风〔風〕

G

冈〔岡〕
广〔廣〕
归〔歸〕
龟〔龜〕
国〔國〕
过〔過〕

H

华〔華〕
画〔畫〕
汇〔匯〕
　〔彙〕
会〔會〕

J

几〔幾〕
夹〔夾〕
戋〔戔〕
监〔監〕
见〔見〕
荐〔薦〕
将〔將〕④
节〔節〕
尽〔盡〕
　〔儘〕
进〔進〕
举〔舉〕

K

壳〔殼〕⑤

L

来〔來〕
乐〔樂〕
离〔離〕
历〔歷〕
　〔曆〕
丽〔麗〕⑥
两〔兩〕
灵〔靈〕
刘〔劉〕
龙〔龍〕
娄〔婁〕
卢〔盧〕
虏〔虜〕
卤〔鹵〕
　〔滷〕
录〔録〕
虑〔慮〕
仑〔侖〕
罗〔羅〕

① 长：四笔。笔顺是：丿 𠂉 ⻓ 长。
② 尝：不是賞的简化字。賞的简化字是赏（见第三表）。
③ 四川省酆都县已改丰都县。姓酆的酆不简化作邦。
④ 将：右上角从夕，不从夕或⺤。
⑤ 壳：几上没有一小横。
⑥ 丽：七笔。上边一横，不作两小横。

M

马〔馬〕①
买〔買〕
卖〔賣〕②
麦〔麥〕
门〔門〕
黾〔黽〕③

N

难〔難〕
鸟〔鳥〕④
聂〔聶〕
宁〔寧〕⑤
农〔農〕

Q

齐〔齊〕
岂〔豈〕
气〔氣〕
迁〔遷〕
佥〔僉〕
乔〔喬〕
亲〔親〕
穷〔窮〕
区〔區〕⑥

S

啬〔嗇〕
杀〔殺〕
审〔審〕
圣〔聖〕
师〔師〕
时〔時〕
寿〔壽〕
属〔屬〕
双〔雙〕
肃〔肅〕⑦
岁〔歲〕
孙〔孫〕

T

条〔條〕⑧

W

万〔萬〕
为〔爲〕
韦〔韋〕
乌〔烏〕⑨
无〔無〕⑩

X

献〔獻〕
乡〔鄉〕
写〔寫〕⑪
寻〔尋〕

Y

亚〔亞〕
严〔嚴〕
厌〔厭〕
尧〔堯〕⑫
业〔業〕
页〔頁〕
义〔義〕⑬
艺〔藝〕
阴〔陰〕
隐〔隱〕
犹〔猶〕
鱼〔魚〕
与〔與〕
云〔雲〕

Z

郑〔鄭〕
执〔執〕
质〔質〕
专〔專〕

简化偏旁

讠〔言〕⑭
饣〔食〕⑮
𠃓〔昜〕⑯
纟〔糸〕
収〔臤〕
𭕄〔𤇾〕
𫩏〔臨〕
只〔戠〕
钅〔金〕⑰
𫝀〔𦥯〕
睾〔睪〕⑱
𢀖〔巠〕
亦〔䜌〕
呙〔咼〕

---

① 马：三笔。笔顺是㇆马马。上部向左稍斜。左上角开口，末笔作左偏旁时改作平挑。

② 卖：从十从买，上不从士或土。

③ 黾：从口从电。

④ 鸟：五笔。

⑤ 作门屏之间解的宁（古字罕用）读 zhù（柱）。为避免此宁字与寧的简化字混淆，原读 zhù 的宁作㝉。

⑥ 区：不作匚。

⑦ 肃：中间一竖下面的两边从八，下半中间不从米。

⑧ 条：上从夂，三笔，不从攵。

⑨ 乌：四笔。

⑩ 无：四笔。上从二，不可误作旡。

⑪ 写：上从冖，不从宀。

⑫ 尧：六笔。右上角无点，不可误作尧。

⑬ 义：从乂（读 yì）加点，不可误作叉（读 chā）。

⑭ 讠：二笔。不作⻈。

⑮ 饣：三笔。中一横折作乛，不作乚或点。

⑯ 𠃓：三笔。

⑰ 钅：第二笔是一短横，中两横，竖折不出头。

⑱ 睾丸的睾读 gāo（高），不简化。

第三表

应用第二表所列简化字和简化偏旁得出来的简化字

本表共收简化字 1 753 个（不包含重见的字。例如“缆”分见“纟、𠂉、见”三部，只算一字），以第二表中的简化字和简化偏旁作部首，按第二表的顺序排列。同一部首中的简化字，按笔数排列。

爱

嗳〔噯〕
嫒〔嬡〕
叆〔靉〕
瑷〔璦〕
暧〔曖〕

罢

摆〔擺〕
〔襬〕
罴〔羆〕
䅋〔穲〕

备

惫〔憊〕

贝

贞〔貞〕
则〔則〕
负〔負〕
贡〔貢〕
呗〔唄〕
员〔員〕
财〔財〕
狈〔狽〕
责〔責〕
厕〔厠〕
贤〔賢〕
账〔賬〕
贩〔販〕
贬〔貶〕
败〔敗〕
贮〔貯〕
贪〔貪〕
贫〔貧〕
侦〔偵〕
侧〔側〕
货〔貨〕
贯〔貫〕
测〔測〕
浈〔湞〕
恻〔惻〕
贰〔貳〕
贲〔賁〕
贳〔貰〕
费〔費〕
郧〔鄖〕
勋〔勛〕
帧〔幀〕
贴〔貼〕
贶〔貺〕
贻〔貽〕
贱〔賤〕
贵〔貴〕
钡〔鋇〕
贷〔貸〕
贸〔貿〕
贺〔賀〕
陨〔隕〕
涢〔溳〕
资〔資〕
祯〔禎〕
贾〔賈〕
损〔損〕
贽〔贄〕
埙〔塤〕
桢〔楨〕
唝〔嗊〕
唢〔嗩〕
赅〔賅〕
圆〔圓〕
贼〔賊〕
贿〔賄〕
赆〔贐〕
赂〔賂〕
债〔債〕
赁〔賃〕
渍〔漬〕
惯〔慣〕
琐〔瑣〕
赉〔賚〕
匮〔匱〕
掼〔摜〕
殒〔殞〕
勚〔勩〕
赈〔賑〕
婴〔嬰〕
啧〔嘖〕
赊〔賒〕
帻〔幘〕
偾〔僨〕
铡〔鍘〕
绩〔績〕
溃〔潰〕
溅〔濺〕
赓〔賡〕
愦〔憒〕
愤〔憤〕
蒉〔蕢〕
赍〔賫〕
蒇〔蕆〕
䞍〔䝼〕
赔〔賠〕
赕〔賧〕
遗〔遺〕
赋〔賦〕
喷〔噴〕
赌〔賭〕
赎〔贖〕
赏〔賞〕①
赐〔賜〕
赒〔賙〕
锁〔鎖〕
馈〔饋〕
赖〔賴〕
赪〔赬〕
碛〔磧〕
㱮〔殨〕
赗〔賵〕
腻〔膩〕
赛〔賽〕
𫌀〔襀〕
赘〔贅〕
撄〔攖〕
槚〔檟〕
嘤〔嚶〕
赚〔賺〕
赙〔賻〕
罂〔罌〕
镄〔鐨〕
箦〔簀〕
鲗〔鰂〕
缨〔纓〕
璎〔瓔〕
聩〔聵〕
樱〔櫻〕
赜〔賾〕
篑〔簣〕
濑〔瀨〕
瘿〔癭〕
懒〔懶〕
赝〔贋〕
豮〔豶〕
赠〔贈〕
鹦〔鸚〕
獭〔獺〕
赞〔贊〕
赢〔贏〕
赡〔贍〕
癞〔癩〕
攒〔攢〕
籁〔籟〕
缵〔纘〕
瓒〔瓚〕
臜〔臢〕
赣〔贛〕
趱〔趲〕
躜〔躦〕
戆〔戇〕

笔

滗〔潷〕

① 赏：不可误作尝。尝是嘗的简化字（见第二表）。

毕

荜〔蓽〕
哔〔嗶〕
筚〔篳〕
跸〔蹕〕

边

笾〔籩〕

宾

傧〔儐〕
滨〔濱〕
摈〔擯〕
嫔〔嬪〕
缤〔繽〕
殡〔殯〕
槟〔檳〕
膑〔臏〕
镔〔鑌〕
髌〔髕〕
鬓〔鬢〕

参

渗〔滲〕
惨〔慘〕
掺〔摻〕
骖〔驂〕
毵〔毿〕
瘆〔瘮〕
碜〔磣〕
䅟〔穇〕
糁〔糝〕

仓

伧〔傖〕
创〔創〕
沧〔滄〕
怆〔愴〕
苍〔蒼〕
抢〔搶〕
呛〔嗆〕
炝〔熗〕
玱〔瑲〕
枪〔槍〕
戗〔戧〕
疮〔瘡〕
鸧〔鶬〕
舱〔艙〕
跄〔蹌〕

产

浐〔滻〕
萨〔薩〕
铲〔鏟〕

长

伥〔倀〕
怅〔悵〕
帐〔帳〕
张〔張〕
枨〔棖〕
账〔賬〕
胀〔脹〕
涨〔漲〕

尝

鲿〔鱨〕

车

轧〔軋〕
军〔軍〕
轨〔軌〕
厍〔厙〕
阵〔陣〕
库〔庫〕
连〔連〕
轩〔軒〕
诨〔諢〕
郓〔鄆〕
轫〔軔〕
轭〔軛〕
匦〔匭〕
转〔轉〕
轮〔輪〕
斩〔斬〕
软〔軟〕
浑〔渾〕
恽〔惲〕
砗〔硨〕
轶〔軼〕
轲〔軻〕
轱〔軲〕
轷〔軤〕
轻〔輕〕
轳〔轤〕
轴〔軸〕
挥〔揮〕
荤〔葷〕
轹〔轢〕
轸〔軫〕
轺〔軺〕
涟〔漣〕
珲〔琿〕
载〔載〕
莲〔蓮〕
较〔較〕
轼〔軾〕
轾〔輊〕
辂〔輅〕
轿〔轎〕
晕〔暈〕
渐〔漸〕
惭〔慚〕
皲〔皸〕
琏〔璉〕
辅〔輔〕
辄〔輒〕
辆〔輛〕
堑〔塹〕
啭〔囀〕
崭〔嶄〕
裤〔褲〕
裢〔褳〕
辇〔輦〕
辋〔輞〕
辍〔輟〕
辊〔輥〕
椠〔槧〕
辎〔輜〕
暂〔暫〕
辉〔輝〕
辈〔輩〕
链〔鏈〕
翚〔翬〕
辏〔輳〕
辐〔輻〕
辑〔輯〕
输〔輸〕
毂〔轂〕
辔〔轡〕
辖〔轄〕
辕〔轅〕
辗〔輾〕
舆〔輿〕
辘〔轆〕
撵〔攆〕
鲢〔鰱〕
辙〔轍〕
錾〔鏨〕
辚〔轔〕

齿

龀〔齔〕
啮〔嚙〕
龆〔齠〕
龅〔齙〕
龃〔齟〕
龄〔齡〕
龇〔齜〕
龈〔齦〕
龉〔齬〕
龊〔齪〕
龌〔齷〕
龋〔齲〕

虫

蛊〔蠱〕

刍

诌〔謅〕
㑇〔㑳〕
邹〔鄒〕
㤘〔㥮〕
驺〔騶〕
绉〔縐〕
皱〔皺〕
趋〔趨〕
雏〔雛〕

从

苁〔蓯〕
纵〔縱〕
枞〔樅〕
怂〔慫〕
耸〔聳〕

窜

撺〔攛〕
镩〔鑹〕
蹿〔躥〕

达

㳠〔澾〕
闼〔闥〕
挞〔撻〕
哒〔噠〕
鞑〔韃〕

带

滞〔滯〕

单

郸〔鄲〕
惮〔憚〕
阐〔闡〕
掸〔撣〕
弹〔彈〕
婵〔嬋〕
禅〔禪〕
殚〔殫〕
瘅〔癉〕
蝉〔蟬〕

筸〔篔〕
蕲〔蘄〕
帺〔幱〕

当

挡〔擋〕
档〔檔〕
裆〔襠〕
铛〔鐺〕

党

谠〔讜〕
傥〔儻〕
镋〔钂〕

东

冻〔凍〕
陈〔陳〕
岽〔崬〕
栋〔棟〕
胨〔腖〕
鸫〔鶇〕

动

恸〔慟〕

断

簖〔籪〕

对

怼〔懟〕

队

坠〔墜〕

尔

迩〔邇〕
弥〔彌〕
〔瀰〕
祢〔禰〕
玺〔璽〕
猕〔獼〕

发

泼〔潑〕
废〔廢〕
拨〔撥〕
钹〔鏺〕

丰

沣〔灃〕
艳〔艷〕
滟〔灧〕

风

讽〔諷〕
沨〔渢〕
岚〔嵐〕
枫〔楓〕
疯〔瘋〕
飒〔颯〕
砜〔碸〕
飓〔颶〕
飔〔颸〕
飕〔颼〕

飗〔飀〕
飘〔飄〕
飙〔飆〕

冈

刚〔剛〕
㭎〔棡〕
岗〔崗〕
纲〔綱〕
㭎〔棡〕
钢〔鋼〕

广

邝〔鄺〕
圹〔壙〕
扩〔擴〕
犷〔獷〕
纩〔纊〕
旷〔曠〕
矿〔礦〕

归

岿〔巋〕

龟

阄〔鬮〕

国

掴〔摑〕
帼〔幗〕
腘〔膕〕
蝈〔蟈〕

过

挝〔撾〕

华

哗〔嘩〕
骅〔驊〕
烨〔燁〕
桦〔樺〕
晔〔曄〕
铧〔鏵〕

画

婳〔嫿〕

汇

㧟〔擓〕

会

刽〔劊〕
郐〔鄶〕
侩〔儈〕
浍〔澮〕
荟〔薈〕
哙〔噲〕
狯〔獪〕
绘〔繪〕
烩〔燴〕
桧〔檜〕
脍〔膾〕
鲙〔鱠〕

几

讥〔譏〕
叽〔嘰〕
饥〔饑〕
机〔機〕
玑〔璣〕
矶〔磯〕
虮〔蟣〕

夹

郏〔郟〕
侠〔俠〕
陕〔陝〕
浃〔浹〕
挟〔挾〕
荚〔莢〕
峡〔峽〕
狭〔狹〕
惬〔愜〕
硖〔硤〕
铗〔鋏〕
颊〔頰〕
蛱〔蛺〕
瘗〔瘞〕
箧〔篋〕

戋

刬〔剗〕
浅〔淺〕
饯〔餞〕
线〔綫〕
残〔殘〕
栈〔棧〕
贱〔賤〕
盏〔盞〕

钱〔錢〕
笺〔箋〕
溅〔濺〕
践〔踐〕

监

滥〔濫〕
蓝〔藍〕
尴〔尷〕
槛〔檻〕
褴〔襤〕
篮〔籃〕

见

苋〔莧〕
岘〔峴〕
觃〔覎〕
视〔視〕
规〔規〕
现〔現〕
枧〔梘〕
觅〔覓〕
觉〔覺〕
砚〔硯〕
觇〔覘〕
览〔覽〕
宽〔寬〕
蚬〔蜆〕
觊〔覬〕
笕〔筧〕
觋〔覡〕
觌〔覿〕
靓〔靚〕
搅〔攪〕
揽〔攬〕
缆〔纜〕

窥〔窺〕
榄〔欖〕
觎〔覦〕
靓〔靚〕
觐〔覲〕
觑〔覷〕
髋〔髖〕

荐

鞯〔韉〕

将

蒋〔蔣〕
锵〔鏘〕

节

栉〔櫛〕

尽

浕〔濜〕
荩〔藎〕
烬〔燼〕
赆〔贐〕

进

琎〔璡〕

举

榉〔櫸〕

壳

悫〔慤〕

来

涞〔淶〕
莱〔萊〕
崃〔崍〕
徕〔徠〕
赉〔賚〕
睐〔睞〕
铼〔錸〕

乐

泺〔濼〕
烁〔爍〕
栎〔櫟〕
轹〔轢〕
砾〔礫〕
铄〔鑠〕

离

漓〔灕〕
篱〔籬〕

历

沥〔瀝〕
坜〔壢〕
苈〔藶〕
呖〔嚦〕
枥〔櫪〕
疬〔癧〕
雳〔靂〕

丽

俪〔儷〕
郦〔酈〕
逦〔邐〕
骊〔驪〕
鹂〔鸝〕
酾〔釃〕
鲡〔鱺〕

两

俩〔倆〕
唡〔啢〕
辆〔輛〕
满〔滿〕
瞒〔瞞〕
颟〔顢〕
螨〔蟎〕
魉〔魎〕
懑〔懣〕
蹒〔蹣〕

灵

棂〔欞〕

刘

浏〔瀏〕

龙

陇〔隴〕
泷〔瀧〕
宠〔寵〕
庞〔龐〕
垄〔壟〕

拢〔攏〕
茏〔蘢〕
咙〔嚨〕
珑〔瓏〕
栊〔櫳〕
龚〔龔〕
昽〔曨〕
胧〔朧〕
砻〔礱〕
袭〔襲〕
聋〔聾〕
龚〔龔〕
龛〔龕〕
笼〔籠〕
詟〔讋〕

娄

偻〔僂〕
溇〔漊〕
蒌〔蔞〕
搂〔摟〕
嵝〔嶁〕
喽〔嘍〕
缕〔縷〕
屡〔屢〕
数〔數〕
楼〔樓〕
瘘〔瘻〕
褛〔褸〕
窭〔窶〕
瞜〔瞜〕
镂〔鏤〕
屦〔屨〕
蝼〔螻〕
篓〔簍〕
耧〔耬〕
薮〔藪〕

擞〔擻〕
髅〔髏〕

卢

泸〔瀘〕
垆〔壚〕
栌〔櫨〕
轳〔轤〕
胪〔臚〕
鸬〔鸕〕
颅〔顱〕
舻〔艫〕
鲈〔鱸〕

虏

掳〔擄〕

卤

鹾〔鹺〕

录

箓〔籙〕

虑

滤〔濾〕
摅〔攄〕

仑

论〔論〕
伦〔倫〕
沦〔淪〕
抡〔掄〕

囵〔圇〕
纶〔綸〕
轮〔輪〕
瘪〔癟〕

罗

萝〔蘿〕
啰〔囉〕
逻〔邏〕
猡〔玀〕
椤〔欏〕
锣〔鑼〕
箩〔籮〕

马

冯〔馮〕
驭〔馭〕
闯〔闖〕
吗〔嗎〕
犸〔獁〕
驮〔馱〕
驰〔馳〕
驯〔馴〕
妈〔媽〕
玛〔瑪〕
驱〔驅〕
驳〔駁〕
码〔碼〕
驼〔駝〕
驻〔駐〕
驵〔駔〕
驾〔駕〕
驿〔驛〕
驷〔駟〕
驶〔駛〕
驹〔駒〕

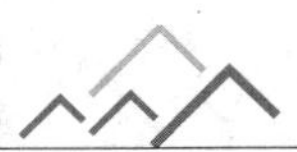

驺〔騶〕
骀〔駘〕
驸〔駙〕
驽〔駑〕
骂〔罵〕
蚂〔螞〕
笃〔篤〕
骇〔駭〕
骈〔駢〕
骁〔驍〕
骄〔驕〕
骅〔驊〕
骆〔駱〕
骊〔驪〕
骋〔騁〕
验〔驗〕
骏〔駿〕
骎〔駸〕
骑〔騎〕
骐〔騏〕
骒〔騍〕
骓〔騅〕
骖〔驂〕
骗〔騙〕
骘〔騭〕
骛〔騖〕
骚〔騷〕
骞〔騫〕
骜〔驁〕
蓦〔驀〕
腾〔騰〕
骝〔騮〕
骟〔騸〕
骠〔驃〕
骢〔驄〕
骡〔騾〕
羁〔羈〕
骤〔驟〕
骥〔驥〕
骧〔驤〕

买

荬〔蕒〕

卖

读〔讀〕
渎〔瀆〕
续〔續〕
椟〔櫝〕
觌〔覿〕
赎〔贖〕
犊〔犢〕
牍〔牘〕
窦〔竇〕
黩〔黷〕

麦

唛〔嘜〕
麸〔麩〕

门

闩〔閂〕
闪〔閃〕
们〔們〕
闭〔閉〕
闯〔闖〕
问〔問〕
扪〔捫〕
闱〔闈〕
闵〔閔〕
闷〔悶〕
闰〔閏〕
闲〔閑〕
间〔間〕
闹〔鬧〕①
闸〔閘〕
钔〔鍆〕
阂〔閡〕
闺〔閨〕
闻〔聞〕
闼〔闥〕
闽〔閩〕
闾〔閭〕
闿〔闓〕
[illegible]〔[illegible]〕
阁〔閣〕
阀〔閥〕
润〔潤〕
涧〔澗〕
悯〔憫〕
阆〔閬〕
阅〔閱〕
阃〔閫〕
阄〔鬮〕①
[illegible]〔閦〕
娴〔嫻〕
[illegible]〔閛〕
阈〔閾〕
阉〔閹〕
阊〔閶〕
阍〔閽〕
阌〔閿〕
阋〔鬩〕①
阐〔闡〕
阎〔閻〕
焖〔燜〕
阑〔闌〕
裥〔襇〕
阔〔闊〕
痫〔癇〕
鹇〔鷴〕
阕〔闋〕
阒〔闃〕
搁〔擱〕
锏〔鐧〕
锎〔鐦〕
阙〔闕〕
阖〔闔〕
阗〔闐〕
榈〔櫚〕
简〔簡〕
谰〔讕〕
阚〔闞〕
蔺〔藺〕
澜〔瀾〕
斓〔斕〕
㘎〔㘚〕
镧〔鑭〕
躏〔躪〕

黾

渑〔澠〕
绳〔繩〕
鼋〔黿〕
蝇〔蠅〕
鼍〔鼉〕

难

傩〔儺〕
滩〔灘〕
摊〔攤〕
瘫〔癱〕

鸟

凫〔鳧〕
鸠〔鳩〕
岛〔島〕
茑〔蔦〕
鸢〔鳶〕
鸣〔鳴〕
枭〔梟〕
鸩〔鴆〕
鸦〔鴉〕
䴓〔鳾〕
鸥〔鷗〕
鸨〔鴇〕
鸧〔鶬〕
窎〔窵〕
莺〔鶯〕
鸪〔鴣〕
捣〔搗〕
鸫〔鶇〕
鸬〔鸕〕
鸭〔鴨〕
鸯〔鴦〕
鸮〔鴞〕
鸲〔鴝〕
鸰〔鴒〕
鸳〔鴛〕
鸵〔鴕〕
袅〔裊〕
鸱〔鴟〕
鸶〔鷥〕
鸾〔鸞〕
䴔〔鵁〕
鸿〔鴻〕
鸷〔鷙〕
鸸〔鴯〕
䴕〔鴷〕
鸼〔鵃〕
鸽〔鴿〕
鸹〔鴰〕
鸺〔鵂〕
鸻〔鴴〕
鹈〔鵜〕
鹇〔鷳〕
鹁〔鵓〕
鹂〔鸝〕
鹃〔鵑〕
鹆〔鵒〕
鹄〔鵠〕
鹅〔鵝〕
鹑〔鶉〕
鹒〔鶊〕
䴖〔鶄〕
鹉〔鵡〕
鹊〔鵲〕
鹋〔鶓〕
鹌〔鵪〕
鹏〔鵬〕
鹐〔鵮〕
鹚〔鷀〕
鹕〔鶘〕
鹖〔鶡〕
䴗〔鶪〕
鹗〔鶚〕
鹘〔鶻〕
鹙〔鶖〕
鹜〔鶩〕
鹛〔鶥〕
鹤〔鶴〕
鹣〔鶼〕
鹞〔鷂〕
鹡〔鶺〕
䴘〔鷉〕
鹧〔鷓〕
鹥〔鷖〕
鹦〔鸚〕
鹨〔鷚〕

① 鬥字头的字，一般也写作門字头，如鬧、鬮、鬩写作閙、䦨、鬩。因此，这些鬥字头的字可简化作门字头。但鬥争的鬥应简作斗（见第一表）。

鸴〔鷽〕
鹓〔鵷〕
鸼〔鵃〕
鹞〔鷂〕
鹰〔鷹〕
鹯〔鸇〕
鹭〔鷺〕
鹛〔鶥〕
鹳〔鸛〕

聂

慑〔懾〕
滠〔灄〕
摄〔攝〕
嗫〔囁〕
镊〔鑷〕
颞〔顳〕
蹑〔躡〕

宁

泞〔濘〕
拧〔擰〕
咛〔嚀〕
狞〔獰〕
柠〔檸〕
聍〔聹〕

农

侬〔儂〕
浓〔濃〕
哝〔噥〕
脓〔膿〕

齐

剂〔劑〕
侪〔儕〕
济〔濟〕

荠〔薺〕
挤〔擠〕
脐〔臍〕
蛴〔蠐〕
跻〔躋〕
霁〔霽〕
鲚〔鱭〕
齑〔齏〕

岂

剀〔剴〕
凯〔凱〕
恺〔愷〕
闿〔闓〕
垲〔塏〕
桤〔榿〕
觊〔覬〕
硙〔磑〕
皑〔皚〕
铠〔鎧〕

气

忾〔愾〕
饩〔餼〕

迁

跹〔躚〕

佥

剑〔劍〕
俭〔儉〕
险〔險〕
捡〔撿〕
猃〔獫〕
验〔驗〕
检〔檢〕
殓〔殮〕

敛〔斂〕
脸〔臉〕
裣〔襝〕
睑〔瞼〕
签〔簽〕
潋〔瀲〕
蔹〔蘞〕

乔

侨〔僑〕
挢〔撟〕
荞〔蕎〕
峤〔嶠〕
骄〔驕〕
娇〔嬌〕
桥〔橋〕
轿〔轎〕
硚〔礄〕
矫〔矯〕
鞒〔鞽〕

亲

榇〔櫬〕

穷

䓖〔藭〕

区

讴〔謳〕
伛〔傴〕
沤〔漚〕
怄〔慪〕
抠〔摳〕
奁〔奩〕
呕〔嘔〕
岖〔嶇〕
妪〔嫗〕

驱〔驅〕
枢〔樞〕
瓯〔甌〕
欧〔歐〕
殴〔毆〕
鸥〔鷗〕
眍〔瞘〕
躯〔軀〕

啬

蔷〔薔〕
墙〔墻〕
嫱〔嬙〕
樯〔檣〕
穑〔穡〕

杀

铩〔鎩〕

审

谉〔讅〕
婶〔嬸〕

圣

柽〔檉〕
蛏〔蟶〕

师

浉〔溮〕
狮〔獅〕
蛳〔螄〕
筛〔篩〕

时

埘〔塒〕

莳〔蒔〕
鲥〔鰣〕

寿

俦〔儔〕
涛〔濤〕
祷〔禱〕
焘〔燾〕
畴〔疇〕
铸〔鑄〕
筹〔籌〕
踌〔躊〕

属

嘱〔囑〕
瞩〔矚〕

双

扨〔摐〕

肃

萧〔蕭〕
啸〔嘯〕
潇〔瀟〕
箫〔簫〕
蟏〔蠨〕

岁

刿〔劌〕
哕〔噦〕
秽〔穢〕

孙

荪〔蓀〕
狲〔猻〕

逊〔遜〕

条

涤〔滌〕
绦〔縧〕
鲦〔鰷〕

万

厉〔厲〕
迈〔邁〕
励〔勵〕
疠〔癘〕
虿〔蠆〕
趸〔躉〕
砺〔礪〕
粝〔糲〕
蛎〔蠣〕

为

伪〔僞〕
沩〔溈〕
妫〔媯〕

韦

讳〔諱〕
伟〔偉〕
闱〔闈〕
违〔違〕
苇〔葦〕
韧〔韌〕
帏〔幃〕
围〔圍〕
纬〔緯〕
炜〔煒〕
祎〔禕〕
玮〔瑋〕

韨〔韍〕
涠〔潿〕
韩〔韓〕
韫〔韞〕
韪〔韙〕
韬〔韜〕

乌

邬〔鄔〕
坞〔塢〕
呜〔嗚〕
钨〔鎢〕

无

怃〔憮〕
庑〔廡〕
抚〔撫〕
芜〔蕪〕
呒〔嘸〕
妩〔嫵〕

献

谳〔讞〕

乡

芗〔薌〕
飨〔饗〕

写

泻〔瀉〕

寻

浔〔潯〕
荨〔蕁〕
挦〔撏〕
鲟〔鱘〕

亚

垩〔堊〕
垭〔埡〕
挜〔掗〕
哑〔啞〕
娅〔婭〕
恶〔惡〕
〔噁〕
氩〔氬〕
壶〔壺〕

严

俨〔儼〕
酽〔釅〕

厌

恹〔懨〕
厣〔厴〕
靥〔靨〕
餍〔饜〕
魇〔魘〕
黡〔黶〕

尧

侥〔僥〕
浇〔澆〕
挠〔撓〕
荛〔蕘〕
峣〔嶢〕
哓〔嘵〕
娆〔嬈〕
骁〔驍〕
绕〔繞〕
饶〔饒〕
烧〔燒〕
桡〔橈〕
晓〔曉〕
硗〔磽〕
铙〔鐃〕
翘〔翹〕
蛲〔蟯〕
跷〔蹺〕

业

邺〔鄴〕

页

顶〔頂〕
顷〔頃〕
项〔項〕
顸〔頇〕
顺〔順〕
须〔須〕
颃〔頏〕
烦〔煩〕
顼〔頊〕
顽〔頑〕
顿〔頓〕
颀〔頎〕
颁〔頒〕
颂〔頌〕
倾〔傾〕
预〔預〕
庼〔廎〕
硕〔碩〕
颅〔顱〕
领〔領〕
颈〔頸〕
颇〔頗〕
颏〔頦〕
颊〔頰〕
颉〔頡〕
颍〔潁〕
颌〔頜〕
颋〔頲〕
滪〔澦〕
颐〔頤〕
蓣〔蕷〕
频〔頻〕
颓〔頹〕
颔〔頷〕
颖〔穎〕
颗〔顆〕
额〔額〕
颜〔顏〕
撷〔擷〕
题〔題〕
颙〔顒〕
颛〔顓〕
缬〔纈〕
濒〔瀕〕
颠〔顛〕
颟〔顢〕
颞〔顳〕
颡〔顙〕
嚣〔囂〕
颢〔顥〕
颤〔顫〕
巅〔巔〕
颥〔顬〕
癫〔癲〕
灏〔灝〕
颦〔顰〕
颧〔顴〕

义

议〔議〕
仪〔儀〕
蚁〔蟻〕

艺

呓〔囈〕

阴

荫〔蔭〕

隐

瘾〔癮〕

犹

莸〔蕕〕

鱼

鱽〔魛〕
渔〔漁〕
鲂〔魴〕
鱿〔魷〕
鲁〔魯〕
鲎〔鱟〕
蓟〔薊〕
鲆〔鮃〕
鲏〔鮍〕
鲅〔鮁〕
鲈〔鱸〕
鲇〔鮎〕
鲊〔鮓〕
䲟〔鮣〕
稣〔穌〕
鲋〔鮒〕
鲍〔鮑〕
鲐〔鮐〕
鲞〔鯗〕
鲝〔鮺〕
鲚〔鱭〕
鲛〔鮫〕
鲜〔鮮〕
鲑〔鮭〕
鲒〔鮚〕
鲔〔鮪〕
鲟〔鱘〕
鲗〔鰂〕
鲖〔鮦〕
鲙〔鱠〕
鲨〔鯊〕
噜〔嚕〕
鲡〔鱺〕
鲠〔鯁〕
鲢〔鰱〕
鲫〔鯽〕
鲥〔鰣〕
鲩〔鯇〕
鲣〔鰹〕
鲤〔鯉〕
鲦〔鰷〕
鲧〔鯀〕
橹〔櫓〕
氇〔氌〕
鲸〔鯨〕
鲭〔鯖〕
鲮〔鯪〕
鲰〔鯫〕
鲲〔鯤〕
鲻〔鯔〕
鲳〔鯧〕
鲱〔鯡〕
鲵〔鯢〕
鲷〔鯛〕
鲶〔鯰〕
藓〔蘚〕
䲡〔鰌〕
䲠〔鰆〕
鲿〔鱨〕
鳊〔鯿〕
鲽〔鰈〕
鳁〔鰛〕

鳃〔鰓〕
鳄〔鰐〕
镥〔鑥〕
鳅〔鰍〕
鳆〔鰒〕
鳇〔鰉〕
鳌〔鰲〕
䲡〔鰌〕
鰧〔䲢〕
鳒〔鰜〕
鳍〔鰭〕
鳎〔鰨〕
鳏〔鰥〕
鳑〔鰟〕
癣〔癬〕
鳖〔鱉〕
鳙〔鱅〕
鳛〔鰼〕
鳕〔鱈〕
鳔〔鰾〕
鳓〔鰳〕
鳘〔鰵〕
鳗〔鰻〕
鳝〔鱔〕
鳟〔鱒〕
鳞〔鱗〕
鳜〔鱖〕
鳣〔鱣〕
鳢〔鱧〕

与

屿〔嶼〕
欤〔歟〕

云

芸〔蕓〕
昙〔曇〕
叆〔靉〕
叇〔靆〕

郑

掷〔擲〕
踯〔躑〕

执

垫〔墊〕
挚〔摯〕
贽〔贄〕
鸷〔鷙〕
蛰〔蟄〕
絷〔縶〕

质

锧〔鑕〕
踬〔躓〕

专

传〔傳〕
抟〔摶〕
转〔轉〕
䏝〔膞〕
砖〔磚〕
啭〔囀〕

讠

计〔計〕
订〔訂〕
讣〔訃〕
讥〔譏〕
议〔議〕
讨〔討〕
讧〔訌〕
讦〔訐〕
记〔記〕
讯〔訊〕
讪〔訕〕
训〔訓〕
讫〔訖〕
访〔訪〕
讶〔訝〕
讳〔諱〕
讵〔詎〕
讴〔謳〕
诀〔訣〕
讷〔訥〕
设〔設〕
讽〔諷〕
讹〔訛〕
䜣〔訢〕
许〔許〕
论〔論〕
讼〔訟〕
讻〔訩〕
诂〔詁〕
诃〔訶〕
评〔評〕
诏〔詔〕
词〔詞〕
译〔譯〕
诎〔詘〕
诇〔詗〕
诅〔詛〕
识〔識〕
诌〔謅〕
诋〔詆〕
诉〔訴〕
诈〔詐〕
诊〔診〕
诒〔詒〕
诨〔諢〕
该〔該〕
详〔詳〕
诧〔詫〕
诓〔誆〕
诖〔詿〕
诘〔詰〕
诙〔詼〕
试〔試〕
诗〔詩〕
诩〔詡〕
诤〔諍〕
诠〔詮〕
诛〔誅〕
诔〔誄〕
诟〔詬〕
诣〔詣〕
话〔話〕
诡〔詭〕
询〔詢〕
诚〔誠〕
诞〔誕〕
浒〔滸〕
诮〔誚〕
说〔說〕
诫〔誡〕
诬〔誣〕
语〔語〕
诵〔誦〕
罚〔罰〕
误〔誤〕
诰〔誥〕
诳〔誑〕
诱〔誘〕
诲〔誨〕
诶〔誒〕
狱〔獄〕
谊〔誼〕
谅〔諒〕
谈〔談〕
谆〔諄〕
谉〔讅〕
谇〔誶〕
请〔請〕
诺〔諾〕
诸〔諸〕
读〔讀〕
诼〔諑〕
诹〔諏〕
课〔課〕
诽〔誹〕
诿〔諉〕
谁〔誰〕
谀〔諛〕
调〔調〕
谄〔諂〕
谂〔諗〕
谛〔諦〕
谙〔諳〕
谜〔謎〕
谚〔諺〕
谝〔諞〕
谘〔諮〕
谌〔諶〕
谎〔謊〕
谋〔謀〕
谍〔諜〕
谐〔諧〕
谏〔諫〕
谞〔諝〕
谑〔謔〕
谒〔謁〕
谔〔諤〕
谓〔謂〕
谖〔諼〕
谕〔諭〕
谥〔謚〕
谤〔謗〕
谦〔謙〕
谧〔謐〕
谟〔謨〕
谠〔讜〕
谡〔謖〕
谢〔謝〕
谣〔謠〕
储〔儲〕
谪〔謫〕
谫〔譾〕
谨〔謹〕
谬〔謬〕
谩〔謾〕
谱〔譜〕
谮〔譖〕
谭〔譚〕
谰〔讕〕
谲〔譎〕
谯〔譙〕
蔼〔藹〕
槠〔櫧〕
谴〔譴〕
谵〔譫〕
谳〔讞〕
辩〔辯〕
䜩〔讌〕
雠〔讎〕①
谶〔讖〕
霭〔靄〕

饣

饥〔饑〕

① 雠：用于校雠、雠定、仇雠等。表示仇恨、仇敌义时用仇。

饦〔飥〕
饧〔餳〕
饨〔飩〕
饭〔飯〕
饮〔飲〕
饫〔飫〕
饩〔餼〕
饪〔飪〕
饬〔飭〕
饲〔飼〕
饯〔餞〕
饰〔飾〕
饱〔飽〕
饴〔飴〕
饳〔飿〕
饸〔餄〕
饷〔餉〕
饺〔餃〕
饻〔餏〕
饼〔餅〕
饵〔餌〕
饶〔饒〕
蚀〔蝕〕
饹〔餎〕
饽〔餑〕
馁〔餒〕
饿〔餓〕
馆〔館〕
馄〔餛〕
馃〔餜〕
馅〔餡〕
馉〔餶〕
馇〔餷〕
馈〔饋〕
馊〔餿〕
馐〔饈〕
馍〔饃〕
馎〔餺〕
馏〔餾〕
馑〔饉〕
馒〔饅〕
馓〔饊〕
馔〔饌〕
馕〔饢〕

𠃓

汤〔湯〕
扬〔揚〕
场〔場〕
旸〔暘〕
饧〔餳〕
炀〔煬〕
杨〔楊〕
肠〔腸〕
疡〔瘍〕
砀〔碭〕
畅〔暢〕
钖〔鍚〕
殇〔殤〕
荡〔蕩〕
烫〔燙〕
觞〔觴〕

纟

丝〔絲〕
纠〔糾〕
纩〔纊〕
纡〔紆〕
纣〔紂〕
红〔紅〕
纪〔紀〕
纫〔紉〕
纥〔紇〕
约〔約〕
纨〔紈〕
级〔級〕
纺〔紡〕
纹〔紋〕
纬〔緯〕
纭〔紜〕
纯〔純〕
纰〔紕〕
纽〔紐〕
纳〔納〕
纲〔綱〕
纱〔紗〕
纴〔紝〕
纷〔紛〕
纶〔綸〕
纸〔紙〕
纵〔縱〕
纾〔紓〕
纼〔紖〕
咝〔噝〕
绊〔絆〕
线〔綫〕
绀〔紺〕
绁〔紲〕
绂〔紱〕
绋〔紼〕
绎〔繹〕
经〔經〕
绍〔紹〕
组〔組〕
细〔細〕
䌷〔紬〕
绅〔紳〕
织〔織〕
绌〔絀〕
终〔終〕
绉〔縐〕
绐〔紿〕
哟〔喲〕
绖〔絰〕
荮〔葤〕
荭〔葒〕
绞〔絞〕
统〔統〕
绒〔絨〕
绕〔繞〕
绔〔絝〕
结〔結〕
绗〔絎〕
给〔給〕
绘〔繪〕
绝〔絕〕
绛〔絳〕
络〔絡〕
绚〔絢〕
绑〔綁〕
莼〔蓴〕
绠〔綆〕
绨〔綈〕
绡〔綃〕
绢〔絹〕
绣〔綉〕
绥〔綏〕
绦〔縧〕
鸶〔鷥〕
综〔綜〕
绽〔綻〕
绾〔綰〕
绻〔綣〕
绩〔績〕
绫〔綾〕
绪〔緒〕
续〔續〕
绮〔綺〕
缀〔綴〕
绿〔綠〕
绰〔綽〕
绲〔緄〕
绳〔繩〕
绯〔緋〕
绶〔綬〕
绸〔綢〕
绷〔綳〕
绺〔綹〕
维〔維〕
绵〔綿〕
缁〔緇〕
缔〔締〕
编〔編〕
缕〔縷〕
缃〔緗〕
缂〔緙〕
缅〔緬〕
缘〔緣〕
缉〔緝〕
缇〔緹〕
缈〔緲〕
缗〔緡〕
缊〔緼〕
缌〔緦〕
缆〔纜〕
缓〔緩〕
缄〔緘〕
缑〔緱〕
缒〔縋〕
缎〔緞〕
辔〔轡〕
缞〔縗〕
缤〔繽〕
缟〔縞〕
缣〔縑〕
缢〔縊〕
缚〔縛〕
缙〔縉〕
缛〔縟〕
缜〔縝〕
缝〔縫〕
缡〔縭〕
潍〔濰〕
缩〔縮〕
缥〔縹〕
缪〔繆〕
缦〔縵〕
缨〔纓〕
缫〔繅〕
缧〔縲〕
蕴〔藴〕
缮〔繕〕
缯〔繒〕
缬〔纈〕
缭〔繚〕
橼〔櫞〕
缰〔韁〕
缳〔繯〕
缲〔繰〕
缱〔繾〕
缴〔繳〕
辫〔辮〕
缵〔纘〕

収

坚〔堅〕
贤〔賢〕
肾〔腎〕
竖〔竪〕
悭〔慳〕
紧〔緊〕
铿〔鏗〕
鲣〔鰹〕

𫇦

劳〔勞〕
茕〔煢〕
茔〔塋〕
荧〔熒〕
荣〔榮〕
荥〔滎〕
荦〔犖〕
涝〔澇〕
崂〔嶗〕
莹〔瑩〕
捞〔撈〕
唠〔嘮〕
莺〔鶯〕
萤〔螢〕
营〔營〕
萦〔縈〕
痨〔癆〕
嵘〔嶸〕
铹〔鐒〕
耢〔耮〕
蝾〔蠑〕

𫩏

览〔覽〕
揽〔攬〕
缆〔纜〕
榄〔欖〕
鉴〔鑒〕

只

识〔識〕
帜〔幟〕
织〔織〕
炽〔熾〕
职〔職〕

钅

钆〔釓〕
钇〔釔〕
钌〔釕〕
钋〔釙〕
钉〔釘〕
针〔針〕
钊〔釗〕
钗〔釵〕
钎〔釺〕
钓〔釣〕
钏〔釧〕
钍〔釷〕
钐〔釤〕
钒〔釩〕
钖〔鍚〕
钕〔釹〕
钔〔鍆〕
钬〔鈥〕
钫〔鈁〕
钚〔鈈〕
钘〔鈃〕
钪〔鈧〕
钯〔鈀〕
钭〔鈄〕
钙〔鈣〕
钝〔鈍〕
钛〔鈦〕
钘〔鈃〕
钮〔鈕〕
钞〔鈔〕
钢〔鋼〕
钠〔鈉〕
钡〔鋇〕
钤〔鈐〕
钧〔鈞〕
钩〔鈎〕
钦〔欽〕
钨〔鎢〕
铋〔鉍〕
钰〔鈺〕
钱〔錢〕
钲〔鉦〕
钳〔鉗〕
钴〔鈷〕
钺〔鉞〕
钵〔鉢〕
钹〔鈸〕
钼〔鉬〕
钾〔鉀〕
铀〔鈾〕
钿〔鈿〕
铎〔鐸〕
䥽〔鏺〕
铃〔鈴〕
铅〔鉛〕
铂〔鉑〕
铄〔鑠〕
铆〔鉚〕
铍〔鈹〕
钶〔鈳〕
铊〔鉈〕
钽〔鉭〕
铌〔鈮〕
钷〔鉕〕
铈〔鈰〕
铉〔鉉〕
铒〔鉺〕
铑〔銠〕
铕〔銪〕
铟〔銦〕
铷〔銣〕
铯〔銫〕
铥〔銩〕
铪〔鉿〕
铞〔銱〕
铫〔銚〕
铵〔銨〕
衔〔銜〕
铲〔鏟〕
铰〔鉸〕
铳〔銃〕
铱〔銥〕
铓〔鋩〕
铗〔鋏〕
铐〔銬〕
铏〔鉶〕
铙〔鐃〕
银〔銀〕
铛〔鐺〕
铜〔銅〕
铝〔鋁〕
铡〔鍘〕
铠〔鎧〕
铨〔銓〕
铢〔銖〕
铣〔銑〕
铤〔鋌〕
铭〔銘〕
铬〔鉻〕
铮〔錚〕
铧〔鏵〕
铩〔鎩〕
揿〔撳〕
锌〔鋅〕
锐〔鋭〕
锑〔銻〕
锒〔鋃〕
铺〔鋪〕
铸〔鑄〕
嵚〔嶔〕
锓〔鋟〕
锃〔鋥〕
链〔鏈〕
铿〔鏗〕
锏〔鐧〕
销〔銷〕
锁〔鎖〕
锄〔鋤〕
锅〔鍋〕
锉〔銼〕
锈〔銹〕
锋〔鋒〕
锆〔鋯〕
铹〔鐒〕
锔〔鋦〕
锕〔錒〕
锎〔鐦〕
铽〔鋱〕
铼〔錸〕
锇〔鋨〕
锂〔鋰〕
锧〔鑕〕
锘〔鍩〕
锞〔錁〕
锭〔錠〕
锗〔鍺〕
锝〔鍀〕
锫〔錇〕
错〔錯〕
锚〔錨〕
锛〔錛〕
锯〔鋸〕
锰〔錳〕
锢〔錮〕
锟〔錕〕
锡〔錫〕
锣〔鑼〕
锤〔錘〕
锥〔錐〕
锦〔錦〕
锨〔鍁〕
锱〔錙〕
键〔鍵〕
镀〔鍍〕
镃〔鎡〕
镁〔鎂〕
镂〔鏤〕
锲〔鍥〕
锵〔鏘〕
锷〔鍔〕
锶〔鍶〕
锴〔鍇〕
锾〔鍰〕
锹〔鍬〕
锿〔鎄〕
镅〔鎇〕
镄〔鐨〕
锻〔鍛〕
锸〔鍤〕
锼〔鎪〕
镎〔鎿〕
镓〔鎵〕
镋〔钂〕
镔〔鑌〕
镒〔鎰〕
镉〔鎘〕
镑〔鎊〕
镐〔鎬〕
镉〔鎘〕
镊〔鑷〕
镇〔鎮〕
镍〔鎳〕
镌〔鎸〕
镏〔鎦〕
镜〔鏡〕
镝〔鏑〕

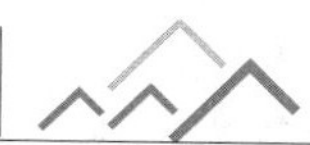

镛〔鏞〕
镞〔鏃〕
镖〔鏢〕
镚〔鏰〕
镗〔鏜〕
𬭚〔鐯〕
镘〔鏝〕
镩〔鑹〕
镦〔鐓〕
𫔀〔鐥〕
镨〔鐠〕
镧〔鑭〕
镥〔鑥〕
镤〔鏷〕
镢〔鐝〕
镣〔鐐〕
镫〔鐙〕

镪〔鏹〕
镰〔鐮〕
镱〔鐿〕
镭〔鐳〕
镬〔鑊〕
镮〔鐶〕
镯〔鐲〕
镲〔鑔〕
镳〔鑣〕
镴〔鑞〕
镶〔鑲〕
䦆〔钁〕

⺍

峃〔嶨〕
学〔學〕
觉〔覺〕
搅〔攪〕
喾〔嚳〕
鸴〔鷽〕
黉〔黌〕

𠬤

译〔譯〕
泽〔澤〕
怿〔懌〕
择〔擇〕
峄〔嶧〕
绎〔繹〕
驿〔驛〕
铎〔鐸〕
萚〔蘀〕
释〔釋〕
箨〔籜〕

𢀖

劲〔勁〕
刭〔剄〕
陉〔陘〕
泾〔涇〕
茎〔莖〕
径〔徑〕
经〔經〕
烃〔烴〕
轻〔輕〕
氢〔氫〕
胫〔脛〕
痉〔痙〕
羟〔羥〕
颈〔頸〕
巯〔巰〕

亦

变〔變〕
弯〔彎〕
孪〔孿〕
峦〔巒〕
娈〔孌〕
恋〔戀〕
栾〔欒〕
挛〔攣〕
鸾〔鸞〕
湾〔灣〕
蛮〔蠻〕
脔〔臠〕
滦〔灤〕
銮〔鑾〕

呙

剐〔剮〕
涡〔渦〕
埚〔堝〕
㖞〔喎〕
莴〔萵〕
娲〔媧〕
祸〔禍〕
脶〔腡〕
窝〔窩〕
锅〔鍋〕
蜗〔蝸〕